JILPT　調査シリーズ　No.178
2018年3月

大学生・大学院生の多様な採用に対する
ニーズ調査

独立行政法人　労働政策研究・研修機構
The Japan Institute for Labour Policy and Training

ま　え　が　き

　本調査シリーズは、労働政策研究・研修機構が多様な選考・採用機会の拡大に向けた雇用政策の検討に資することを目的に実施した「大学生・大学院生の多様な採用に対するニーズ調査」について、基礎的な集計結果をまとめたものである。

　近年、大卒就職内定率が上昇し、若年層の雇用関連指標も改善している。しかし一方で、大学生・大学院生が地元での就職を希望していながら、企業の受け皿が十分用意されていないというような指摘がある。仮に大学生・大学院生と企業の間において採用に関わるミスマッチが存在するならば、それを解消することによって、若年層が就業を通してさらに活躍できる環境を整備することは重要な課題である。

　多様な選考・採用機会の拡大に向けた雇用政策を検討するためには、本調査のように大学生・大学院生にどのような雇用形態への応募意向があり、また彼らがどのような採用方法を求めているかを把握することが必要である。

　雇用政策の企画・立案に、また、若年層の労働力供給に関する分析の基礎資料として、本調査シリーズを広く活用していただければ幸いである。

2018 年 3 月

独立行政法人　労働政策研究・研修機構

理事長　　菅　野　和　夫

執筆担当者

氏　名	所　　　　属
中野　諭（なかの　さとし）	労働政策研究・研修機構　副主任研究員

なお、アンケート調査票の設計は、浅尾裕（労働政策研究・研修機構　特任研究員）および中野諭が行った。

目　　次

第 1 章　調査の目的と方法 ･･････････････････････････････････････ 1

　第 1 節　調査の目的 ･･ 1

　第 2 節　調査の方法 ･･ 1

第 2 章　調査結果の概要 ･･････････････････････････････････････ 2

　第 1 節　回答者の概要 ･･････････････････････････････････････ 2

　第 2 節　就職活動開始時の状況 ･･････････････････････････････ 6

　　1　就職活動を始めた時期 ･････････････････････････････････ 6

　　2　就職活動開始時の希望職種 ･････････････････････････････ 7

　　3　就職活動開始時の希望就職先 ･･････････････････････････ 13

　　4　就職活動開始時の限定正社員に対する応募意向 ･･･････････ 15

　　　4.1　全般 ･･ 15

　　　4.2　地域限定正社員 ･･････････････････････････････････ 16

　　　4.3　職務限定正社員 ･･････････････････････････････････ 25

　　　4.4　勤務時間限定正社員 ･･････････････････････････････ 31

　第 3 節　現在の就職活動の状況 ････････････････････････････ 35

　第 4 節　就職活動を終えた学生の状況 ･･････････････････････ 36

　　1　就職活動を終えた時期 ･･･････････････････････････････ 36

　　2　就職活動を終えた理由 ･･･････････････････････････････ 38

　　3　就職予定先企業の業種 ･･･････････････････････････････ 40

　　4　就職予定先企業での働き方 ････････････････････････････ 43

　　5　就職予定先企業での働き方は希望していたものか ････････ 47

　第 5 節　現在就職活動を続けている学生の状況 ･･････････････ 51

　　1　現在就職活動を続けている理由 ･･････････････････････ 51

　　2　希望する業種の変化 ･････････････････････････････････ 53

　　3　希望する働き方の変化 ･･･････････････････････････････ 62

　第 6 節　通年募集・秋季募集に対する学生の意向 ･･･････････ 67

　第 7 節　海外留学の状況 ･････････････････････････････････ 71

第 3 章　おわりに ･･･ 77

調査票 ･･ 79

付属統計表（％表）･･･････････････････････････････････････ 105

第1章　調査の目的と方法

第1節　調査の目的

　本調査の目的は、大学生・大学院生の多様な採用に対するニーズの実態を把握することによって、政府の「働き方改革実行計画」に掲げられる多様な選考・採用機会の拡大に向けた検討を行う際の基礎資料を提供することである。なお、本調査は厚生労働省人材開発統括官付若年者・キャリア形成支援担当参事官室の要請に基づく調査研究の一環として実施したものである。

第2節　調査の方法

　調査名：「大学生・大学院生の多様な採用に対するニーズ調査」

　調査方法：Webサイトを活用したアンケート調査

　調査対象：就職活動支援サイト「マイナビ」の保有するモニターに属し、2018年3月
　　　　　　以降に入社予定で就職活動をしている、あるいは就職活動をしていた大学
　　　　　　生および大学院生 5,601人

　調査期間：2017年7月5日〜7月13日

　主な質問項目：性別、現在および高校卒業時の居住地、大学・大学院の所在地、学年、
　　　　　　　　専攻、就職活動を始めた・終えた時期、就職活動開始時の希望業種と
　　　　　　　　その後の変化、希望する就職先企業の種類、限定正社員の応募意向、
　　　　　　　　就職予定先企業の業種、就職予定先企業での働き方、通年募集・秋季
　　　　　　　　募集に対する希望および希望する理由、海外留学経験の有無（詳しく
　　　　　　　　は巻末の調査票を参照のこと）

第2章 調査結果の概要

第1節 回答者の概要

サンプル全体では、回答者のうち大学の学部4年生が約72.6%、大学院修士課程が約24.0%である（図表2－1）。男女ともに文系学生は、ほぼ学部4年生で占められている。男性の理系学生は、学部4年生が約37.7%、大学院修士課程が約57.9%である。また、女性の理系学生は、学部4年生および大学院修士課程がそれぞれ約44.4%および約42.5%、学部6年生が約12.1%である。

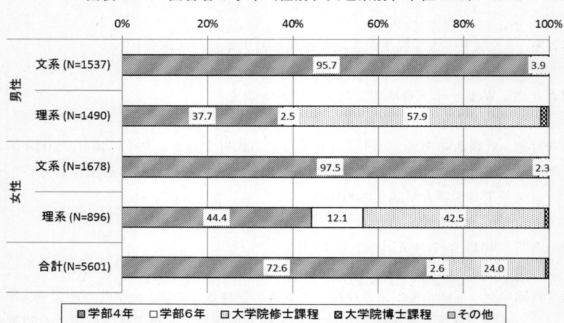

図表2－1　回答者の学年（性別、文理系別、単位：%）

男性の文系学生の主な専攻は、社会科学が約69.8%（大学4年生）および約55.0%（大学院生（修士課程））であり、男性の理系学生の専攻は、工学が約65.6%（大学4年生）および約66.6%（大学院生（修士課程））である（図表2－2）。女性の文系学生の主な専攻は、社会科学が約38.4%（大学4年生）および約41.0%（大学院生（修士課程））、人文科学が約26.7%（大学4年生）および約15.4%（大学院生（修士課程））、その他が約23.2%（大学4年生）および約30.8%（大学院生（修士課程））である。また、女性の理系学生の主な専攻は、工学が約26.4%（大学4年生）および約36.7%（大学院生（修士課程））、理学が約21.1%（大学4年生）および約27.8%（大学院生（修士課程））である。

図表 2－2　回答者の専攻（性別、文理系別、単位：％）

サンプル全体		人文科学	社会科学	理学	工学	農学	保健
男性	文系	14.8	69.1	0.0	0.0	0.2	0.3
	理系	0.0	0.1	17.9	64.2	8.2	5.5
女性	文系	26.5	38.4	0.0	0.0	0.3	0.2
	理系	0.0	0.1	21.7	27.7	17.1	19.3
合計		12.0	30.5	8.2	21.5	5.1	4.7
		商船	家政	教育	芸術	その他	N
男性	文系	0.0	0.2	2.3	1.0	12.2	1537
	理系	0.3	0.2	0.1	0.3	3.2	1490
女性	文系	0.0	1.8	4.9	4.5	23.4	1678
	理系	0.0	9.3	0.3	0.4	4.1	896
合計		0.1	2.1	2.2	1.8	11.8	5601
うち大学4年生		人文科学	社会科学	理学	工学	農学	保健
男性	文系	14.4	69.8	0.0	0.0	0.1	0.1
	理系	0.0	0.2	14.1	65.6	9.8	2.1
女性	文系	26.7	38.4	0.0	0.0	0.3	0.2
	理系	0.0	0.3	21.1	26.4	19.1	6.8
合計		15.9	40.8	4.0	11.6	3.4	1.1
		商船	家政	教育	芸術	その他	N
男性	文系	0.0	0.2	1.9	1.0	12.4	1471
	理系	0.5	0.4	0.0	0.7	6.6	561
女性	文系	0.0	1.9	4.9	4.5	23.2	1636
	理系	0.0	18.1	0.5	0.3	7.5	398
合計		0.1	2.7	2.7	2.3	15.5	4066
うち大学院生（修士課程）		人文科学	社会科学	理学	工学	農学	保健
男性	文系	25.0	55.0	0.0	0.0	0.0	1.7
	理系	0.0	0.1	20.4	66.6	7.4	3.9
女性	文系	15.4	41.0	0.0	0.0	0.0	0.0
	理系	0.0	0.0	27.8	36.7	18.6	11.8
合計		1.6	3.7	21.0	53.2	10.1	6.0
		商船	家政	教育	芸術	その他	N
男性	文系	0.0	0.0	10.0	1.7	6.7	60
	理系	0.1	0.1	0.1	0.1	1.0	862
女性	文系	0.0	0.0	5.1	7.7	30.8	39
	理系	0.0	2.6	0.3	0.8	1.3	381
合計		0.1	0.8	0.7	0.6	2.2	1342

　図表2－3によれば、文系の学生は、現在東京圏（東京都、千葉県、埼玉県、神奈川県）に居住している割合（もっとも割合の低い男性の大学院生（修士課程）で約36.7％、もっとも割合の高い女性の大学院生（修士課程）で59.0％）が相対的に高い。一方、理系の学生は、現在三大都市圏以外に居住している割合（もっとも割合の低い男性の大学院生（修士課程）で約40.3％、もっとも割合の高い女性の学部4年生で約46.0％）が相対的に高い。ただし、東京圏に居住している割合（もっとも割合の低い女性の大学院生（修士課程）で約29.4％、もっとも割合の高い男性の学部4年生で約36.4％）も高い。

図表2−3　回答者の現在の居住地域（性別、文理系別、単位：％）

サンプル全体	男性		女性		合計
	文系	理系	文系	理系	
東京圏	42.4	32.2	40.5	33.5	37.7
名古屋圏	8.7	9.1	8.5	6.8	8.4
大阪圏	23.7	17.7	21.7	15.4	20.2
三大都市圏以外	25.2	40.9	29.3	44.3	33.7
海外	0.1	0.1	0.0	0.0	0.1
N	1537	1490	1678	896	5601
うち学部4年生	男性		女性		合計
	文系	理系	文系	理系	
東京圏	42.7	36.4	40.0	34.9	40.0
名古屋圏	8.8	9.3	8.6	6.8	8.6
大阪圏	23.1	11.9	21.9	12.3	20.0
三大都市圏以外	25.3	42.2	29.5	46.0	31.3
海外	0.1	0.2	0.0	0.0	0.0
N	1471	561	1636	398	4066
うち大学院生（修士課程）	男性		女性		合計
	文系	理系	文系	理系	
東京圏	36.7	29.7	59.0	29.4	30.8
名古屋圏	5.0	8.8	5.1	7.1	8.0
大阪圏	40.0	21.1	12.8	17.8	20.8
三大都市圏以外	18.3	40.3	23.1	45.7	40.3
海外	0.0	0.1	0.0	0.0	0.1
N	60	862	39	381	1342

注：東京圏には、埼玉県、千葉県、東京都、神奈川県が含まれる。名古屋圏には、岐阜県、愛知県、三重県が含まれる。大阪圏には、京都府、大阪府、兵庫県、奈良県が含まれる。

　文系の学生の大学（大学院）所在地（図表2−4）は、東京圏である割合（もっとも割合の低い男性の大学院生（修士課程）で約35.0％、もっとも割合の高い女性の大学院生（修士課程）で約59.0％）が相対的に高い。理系の学生の大学（大学院）所在地は、三大都市圏以外にある割合（もっとも割合の低い男性の大学院生（修士課程）で約40.3％、もっとも割合の高い女性の学部4年生で約46.2％）が相対的に高い。ただし、東京圏にある割合（もっとも割合の低い男性の大学院生（修士課程）で約29.6％、もっとも割合の高い男性の学部4年生で約36.4％）も高い。

　いずれの学生も、高校卒業時の居住地域（図表2−5）が三大都市圏以外である割合（もっとも割合の低い男性・文系の大学院生（修士課程）で約31.7％、もっとも割合の高い男性・理系の大学院生（修士課程）で約49.0％）が相対的に高い。ただし、高校卒業時の居住地域が東京圏である割合（もっとも割合の低い男性・文系の大学院生（修士課程）で約20.0％、もっとも割合の高い女性・文系の大学院生（修士課程）で約33.3％）も高い。

図表 2－4　回答者の大学（大学院）の所在地域（性別、文理系別、単位：％）

サンプル全体	男性		女性		合計
	文系	理系	文系	理系	
東京圏	43.6	32.1	42.0	34.0	38.5
名古屋圏	8.5	8.9	8.5	6.5	8.3
大阪圏	24.5	17.5	22.5	15.5	20.6
三大都市圏以外	23.4	41.3	27.1	44.0	32.6
海外	0.1	0.1	0.0	0.0	0.1
N	1537	1490	1678	896	5601
うち学部4年生	男性		女性		合計
	文系	理系	文系	理系	
東京圏	44.1	36.4	41.5	35.4	41.1
名古屋圏	8.6	9.1	8.6	6.5	8.5
大阪圏	23.9	11.1	22.7	11.8	20.4
三大都市圏以外	23.4	43.3	27.2	46.2	29.9
海外	0.1	0.2	0.0	0.0	0.0
N	1471	561	1636	398	4066
うち大学院生（修士課程）	男性		女性		合計
	文系	理系	文系	理系	
東京圏	35.0	29.6	59.0	29.9	30.8
名古屋圏	5.0	8.7	5.1	6.8	7.9
大阪圏	40.0	21.3	12.8	18.4	21.1
三大都市圏以外	20.0	40.3	23.1	44.9	40.2
海外	0.0	0.1	0.0	0.0	0.1
N	60	862	39	381	1342

注：東京圏には、埼玉県、千葉県、東京都、神奈川県が含まれる。名古屋圏には、岐阜県、愛知県、三重県が含まれる。大阪圏には、京都府、大阪府、兵庫県、奈良県が含まれる。

図表 2－5　回答者の高校卒業時の居住地域（性別、文理系別、単位：％）

サンプル全体	男性		女性		合計
	文系	理系	文系	理系	
東京圏	31.3	24.4	32.0	30.2	29.5
名古屋圏	10.7	11.0	10.3	8.4	10.3
大阪圏	19.8	16.0	17.8	15.3	17.5
三大都市圏以外	37.0	48.1	39.0	45.1	41.8
海外	1.2	0.4	0.9	1.0	0.9
N	1537	1490	1678	896	5601
うち学部4年生	男性		女性		合計
	文系	理系	文系	理系	
東京圏	31.8	29.4	31.9	31.9	31.5
名古屋圏	10.9	10.7	10.3	7.5	10.3
大阪圏	19.6	13.0	18.1	14.1	17.5
三大都市圏以外	37.0	46.5	39.1	46.2	40.1
海外	0.7	0.4	0.6	0.3	0.6
N	1471	561	1636	398	4066
うち大学院生（修士課程）	男性		女性		合計
	文系	理系	文系	理系	
東京圏	20.0	21.6	33.3	26.8	23.3
名古屋圏	6.7	11.4	5.1	10.8	10.8
大阪圏	28.3	17.9	7.7	15.2	17.3
三大都市圏以外	31.7	49.0	41.0	45.4	46.9
海外	13.3	0.2	12.8	1.8	1.6
N	60	862	39	381	1342

注：東京圏には、埼玉県、千葉県、東京都、神奈川県が含まれる。名古屋圏には、岐阜県、愛知県、三重県が含まれる。大阪圏には、京都府、大阪府、兵庫県、奈良県が含まれる。

第2節　就職活動開始時の状況
1　就職活動を始めた時期

　サンプル全体（図表2−6）では、いずれの学生も、「2016年6月以前」に就職活動を始めた割合が高い（もっとも割合の低い男性の理系学生で約27.4%、もっとも割合の高い女性の文系学生で約36.8%、サンプル全体の合計で約31.7%）。就職活動を始める時期の2つ目のピークは、「2017年3月」（もっとも割合の低い女性の理系学生で約9.9%、もっとも割合の高い男性の理系学生で約15.6%、サンプル全体の合計で約12.3%）にある。なお、女性の方が男性よりも相対的に早く就職活動を始める傾向がある。

図表2−6　就職活動を始めた時期（サンプル全体、性別、文理系別、単位：%）

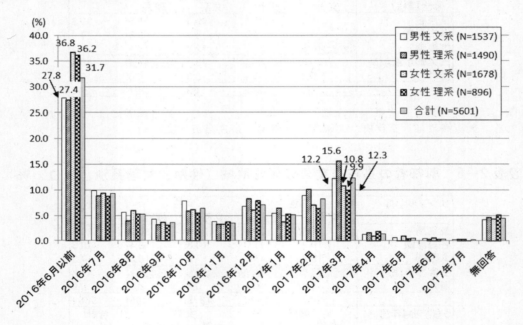

　学部4年生では、女性の理系学生の就職活動開始時期がやや男性に近づく、つまり少し遅くなるが、概してサンプル全体と同様の傾向である（図表2−7）。大学院生（修士課程）では、やはりサンプル全体と同様の傾向であるが、女性の学生の回答が「2016年6月以前」（文系：約38.5%、理系：約43.0%）により集中している（図表2−8）。

図表2-7　就職活動を始めた時期（学部4年生、性別、文理系別、単位：%）

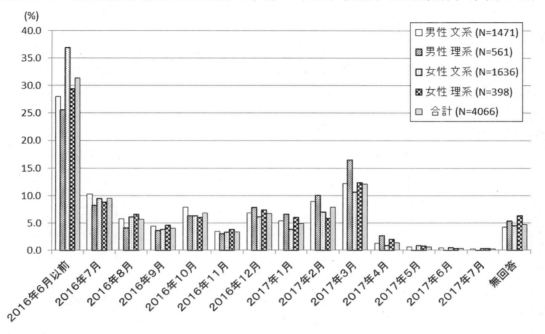

図表2-8　就職活動を始めた時期（大学院生（修士課程）、性別、文理系別、単位：%）

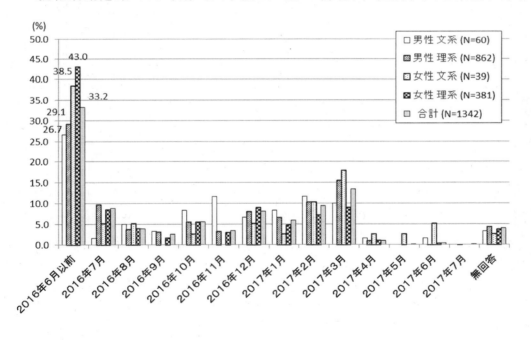

2　就職活動開始時の希望職種

サンプル全体（図表2-9）で見ると、文系の学生は、就職活動開始時の希望業種が「銀行・証券」（男性：約30.1%、女性：約29.0%）である割合が相対的に高い。男性の理系学生は、希望業種が「電子・電気・OA機器」（約26.0%）である割合が高い。

また、女性の理系学生は、希望業種が「食品」（約 45.4%）である割合が高い。

図表 2−9　就職活動開始時の希望業種
（サンプル全体、複数回答可、性別、文理系別、単位：%）

		農林・水産	食品	建設・設備関連	住宅・インテリア	アパレル・服飾関連	繊維・紙・パルプ	化学・石油	薬品・化粧品	ゴム・ガラス・セラミックス	鉄鋼・金属・鉱業
男性	文系 (N=1537)	5.8	22.1	9.2	10.5	4.0	6.0	9.8	5.3	4.9	9.5
	理系 (N=1490)	6.6	20.1	8.7	3.4	0.7	8.1	22.7	16.0	10.0	11.4
女性	文系 (N=1678)	3.3	26.9	6.9	16.4	8.8	7.3	5.0	9.9	3.2	5.1
	理系 (N=896)	12.8	45.4	7.3	6.6	2.5	9.8	25.7	36.9	7.4	4.6
合計 (N=5601)		6.4	26.7	8.0	9.8	4.3	7.6	14.3	14.6	6.2	7.9

		機械	プラント・エンジニアリング	電子・電気・OA機器	自動車・輸送用機器	精密・医療機器	印刷・事務機器・日用品	スポーツ・玩具・ゲーム製品	その他メーカー・製造関連	総合商社	商社
男性	文系	10.5	4.3	8.6	12.2	6.6	7.2	10.6	4.6	16.6	19.6
	理系	19.5	11.8	26.0	20.7	15.8	5.1	5.3	4.5	3.5	3.7
女性	文系	6.4	1.6	5.2	6.4	6.6	16.2	8.9	4.9	15.0	19.1
	理系	6.8	4.7	7.6	7.5	11.6	7.5	4.0	3.6	3.9	6.7
合計		11.1	5.6	12.0	11.9	9.8	9.4	7.6	4.5	10.6	13.2

		百貨店・スーパー・コンビニ	専門店	銀行・証券	信金・労金・信組	クレジット・信販・リース・その他金融	生保・損保	不動産	鉄道・航空	陸運・海運・物流	電力・ガス・エネルギー
男性	文系	10.4	5.3	30.1	12.9	10.6	13.7	14.8	21.7	10.7	11.9
	理系	1.1	0.9	4.4	1.2	1.1	2.6	2.6	11.8	2.8	11.7
女性	文系	13.4	8.0	29.0	14.5	9.7	13.5	12.6	18.4	7.2	6.2
	理系	3.9	3.6	5.2	1.5	0.7	2.9	2.8	6.1	1.8	6.4
合計		7.8	4.7	18.9	8.4	6.2	9.0	9.4	15.6	6.1	9.3

		レストラン・給食・フードサービス	ホテル・旅行	医療機関・調剤薬局	福祉サービス	フィットネスクラブ・エステ・理美容	アミューズメント・レジャー	冠婚葬祭	専門・その他サービス	コンサルティング・シンクタンク・調査	人材サービス（派遣・紹介）
男性	文系	2.0	10.0	1.3	2.2	0.5	4.5	1.9	2.5	9.4	5.6
	理系	0.5	0.8	3.3	0.2	0.2	1.1	0.1	0.9	6.8	1.3
女性	文系	3.0	19.6	5.2	4.5	1.5	7.1	6.8	2.4	7.2	8.6
	理系	3.8	2.3	16.1	2.0	0.9	1.8	1.2	1.5	5.4	1.5
合計		2.2	9.2	5.4	2.3	0.8	3.9	2.8	1.9	7.4	4.7

		教育	ソフトウエア・情報処理・ネット関連	ゲームソフト	通信	マスコミ（放送・新聞）	マスコミ（出版・広告）	芸能・エンタテインメント	官公庁・公社・団体	これら以外のその他	特に決めていなかった
男性	文系	6.6	13.1	5.0	6.5	11.3	11.2	4.7	18.8	1.2	3.6
	理系	2.1	23.0	6.0	12.6	2.7	2.0	0.7	11.9	0.5	1.4
女性	文系	12.3	11.1	4.0	5.4	13.9	19.7	8.9	16.2	0.8	4.1
	理系	2.9	11.8	3.1	4.8	4.2	4.7	2.2	15.2	1.0	1.2
合計		6.5	14.9	4.7	7.5	8.7	10.2	4.5	15.6	0.9	2.8

　大学 4 年生の就職開始時の希望業種（図表 2−10）で相対的に割合が高いのは、文系の学生で「銀行・証券」（男性：約 30.1%、女性：約 29.4%）、男性の理系学生で「ソフトウェア・情報処理・ネット関連」（約 31.6%）、女性の理系学生で「食品」（約 52.0%）である。

図表 2−10　就職活動開始時の希望業種

（学部 4 年生、複数回答可、性別、文理系別、単位：%）

		農林・水産	食品	建設・設備関連	住宅・インテリア	アパレル・服飾関連	繊維・紙・パルプ	化学・石油	薬品・化粧品	ゴム・ガラス・セラミックス	鉄鋼・金属・鉱業
男性	文系（N=1471）	5.8	22.6	9.4	10.7	4.2	6.1	9.9	5.2	5.1	9.7
	理系（N=561）	9.4	18.2	14.1	5.2	1.2	4.5	9.3	5.9	3.9	9.1
女性	文系（N=1636）	3.4	27.4	7.0	16.7	8.9	7.2	5.0	9.7	3.2	5.1
	理系（N=398）	15.8	52.0	11.3	9.3	3.8	6.0	16.3	23.9	2.8	3.3
合計	（N=4066）	6.3	26.8	9.2	12.2	5.7	6.3	8.5	8.9	4.0	7.1

		機械	プラント・エンジニアリング	電子・電気・OA機器	自動車・輸送用機器	精密・医療機器	印刷・事務機器・日用品	スポーツ・玩具・ゲーム製品	その他メーカー・製造関連	総合商社	商社
男性	文系	10.7	4.5	8.6	12.0	6.5	7.3	11.0	4.8	16.5	19.9
	理系	19.1	11.1	22.6	19.4	11.2	4.6	6.2	4.3	4.6	6.2
女性	文系	6.4	1.6	5.1	6.2	6.5	16.1	8.9	4.9	14.8	19.1
	理系	6.0	3.5	5.0	6.0	8.0	6.3	6.0	2.8	6.8	11.3
合計		9.6	4.1	8.8	10.1	7.3	10.4	9.0	4.6	13.2	16.8

		百貨店・スーパー・コンビニ	専門店	銀行・証券	信金・労金・信組	クレジット・信販・リース・その他金融	生保・損保	不動産	鉄道・航空	陸運・海運・物流	電力・ガス・エネルギー
男性	文系	10.7	5.4	30.1	13.1	10.7	14.0	15.2	22.1	10.9	12.2
	理系	2.7	2.1	6.1	2.3	1.4	3.6	3.9	12.8	4.5	10.2
女性	文系	13.2	8.0	29.4	14.7	9.8	13.7	12.7	18.5	7.3	6.2
	理系	7.8	6.3	9.5	3.0	1.5	5.3	4.0	6.3	1.5	4.5
合計		10.3	6.1	24.5	11.3	8.1	11.5	11.5	17.8	7.6	8.3

		レストラン・給食・フードサービス	ホテル・旅行	医療機関・調剤薬局	福祉サービス	フィットネスクラブ・エステ・理美容	アミューズメント・レジャー	冠婚葬祭	専門・その他サービス	コンサルティング・シンクタンク・調査	人材サービス（派遣・紹介）
男性	文系	2.1	10.3	1.3	2.2	0.5	4.5	1.9	2.5	8.4	5.5
	理系	1.1	1.4	1.8	0.4	0.4	2.0	0.0	1.6	5.9	2.1
女性	文系	3.1	19.9	5.2	4.5	1.6	7.2	6.8	2.4	6.6	8.5
	理系	8.0	3.8	11.1	3.8	1.8	3.5	2.0	1.0	3.8	1.5
合計		3.0	12.3	3.9	3.0	1.1	5.1	3.6	2.2	6.9	5.9

		教育	ソフトウエア・情報処理・ネット関連	ゲームソフト	通信	マスコミ（放送・新聞）	マスコミ（出版・広告）	芸能・エンタテインメント	官公庁・公社・団体	これら以外のその他	特に決めていなかった
男性	文系	6.3	13.2	5.1	6.7	10.9	11.1	4.8	18.4	1.2	3.7
	理系	2.3	31.6	8.6	16.6	3.7	2.7	1.1	12.3	0.7	3.0
女性	文系	12.0	10.8	4.0	5.3	13.9	19.4	8.9	15.8	0.8	4.2
	理系	3.5	19.6	5.5	7.8	5.3	5.4	4.3	12.6	1.0	2.3
合計		7.8	15.4	5.2	7.6	10.6	12.8	5.9	15.9	0.9	3.7

　大学院生（修士課程）の就職活動開始時の希望職種（図表 2−11）で相対的に割合が高いのは、文系の学生で「コンサルティング・シンクタンク・調査」（男性：約 31.7%、女性：約 30.8%）、男性の理系学生で「化学・石油」（約 31.4%）、女性の理系学生で「食品」（約 47.8%）である。

図表 2－11　就職活動開始時の希望業種

（大学院生（修士課程）、複数回答可、性別、文理系別、単位：％）

		農林・水産	食品	建設・設備関連	住宅・インテリア	アパレル・服飾関連	繊維・紙・パルプ	化学・石油	薬品・化粧品	ゴム・ガラス・セラミックス	鉄鋼・金属・鉱業
男性	文系（N=60）	3.3	8.3	5.0	3.3	0.0	3.3	8.3	6.7	1.7	6.7
	理系（N=862）	5.2	21.9	5.7	2.4	0.3	10.7	31.4	20.4	14.3	13.7
女性	文系（N=39）	0.0	5.1	2.6	7.7	5.1	10.3	2.6	17.9	2.6	5.1
	理系（N=381）	12.6	47.8	5.2	5.8	1.8	16.8	41.2	47.2	14.2	7.3
合計（N=1342）		7.1	28.2	5.4	3.6	0.9	12.1	32.3	27.3	13.3	11.3

		機械	プラント・エンジニアリング	電子・電気・OA機器	自動車・輸送用機器	精密・医療機器	印刷・事務機器・日用品	スポーツ・玩具・ゲーム製品	その他メーカー・製造関連	総合商社	商社
男性	文系	5.0	0.0	8.3	16.7	8.3	6.7	1.7	0.0	20.0	10.0
	理系	21.0	13.0	29.2	22.7	19.4	5.7	5.1	5.0	3.0	2.2
女性	文系	10.3	2.6	10.3	15.4	15.4	15.4	10.3	5.1	23.1	23.1
	理系	9.7	7.3	12.3	11.3	17.8	11.0	3.1	5.0	1.6	2.9
合計		16.8	10.5	23.0	19.0	18.2	7.5	4.5	4.8	3.9	3.4

		百貨店・スーパー・コンビニ	専門店	銀行・証券	信金・労金・信組	クレジット・信販・リース・その他金融	生保・損保	不動産	鉄道・航空	陸運・海運・物流	電力・ガス・エネルギー
男性	文系	3.3	1.7	28.3	10.0		8.3	8.3	13.3	6.7	5.0
	理系	0.2	0.2	3.4	0.5	0.9	2.1	1.9	11.9	1.9	13.6
女性	文系	20.5	7.7	12.8	5.1	5.1	7.7	10.3	12.8	2.6	5.1
	理系	1.0	1.3	1.8	0.0	0.0	1.0	2.1	7.6	2.6	10.0
合計		1.2	0.8	4.3	0.9	1.2	2.2	2.5	10.8	2.3	11.9

		レストラン・給食・フードサービス	ホテル・旅行	医療機関・調剤薬局	福祉サービス	フィットネスクラブ・エステ・理美容	アミューズメント・レジャー	冠婚葬祭	専門・その他サービス	コンサルティング・シンクタンク・調査	人材サービス（派遣・紹介）
男性	文系	0.0	3.3	1.7	0.0	0.0	5.0	1.7	0.0	31.7	6.7
	理系	0.1	0.3	1.3	0.1	0.1	0.6	0.1	0.5	7.1	
女性	文系	0.0	7.7	5.1	7.7	0.0	2.6	7.7	5.1	30.8	15.4
	理系	0.5	1.3	3.1	0.8	0.3	0.3	0.8	2.4	7.3	0.8
合計		0.2	1.0	1.9	0.5	0.1	0.7	0.6	1.1	8.9	1.5

		教育	ソフトウエア・情報処理・ネット関連	ゲームソフト	通信	マスコミ（放送・新聞）	マスコミ（出版・広告）	芸能・エンタテインメント	官公庁・公社・団体	これら以外のその他	特に決めていなかった
男性	文系	15.0	11.7	3.3	3.3	23.3	13.3	3.3	30.0	0.0	0.0
	理系	2.0	18.4	4.5	10.1	2.2	1.6	0.6	11.4	0.3	0.3
女性	文系	23.1	23.1	2.6	5.1	15.4	30.8	7.7	30.8	2.6	2.6
	理系	2.6	6.3	1.3	3.1	4.2	4.2	0.5	16.8	0.8	0.5
合計		3.4	14.8	3.5	7.7	4.1	3.7	0.7	14.3	0.5	0.4

　サンプル全体（図表 2－12）で見ると、就職開始時にもっとも希望していた業種で割合が高いのは、文系の学生で「銀行・証券」（男性：約9.4％、女性：約9.5％）、男性の理系学生で「ソフトウェア・情報処理・ネット関連」（約13.1％）、女性の理系学生で「食品」（約19.6％）である。

図表 2－12　就職活動開始時にもっとも希望していた業種
（サンプル全体、性別、文理系別、単位：%）

		農林・水産	食品	建設・設備関連	住宅・インテリア	アパレル・服飾関連	繊維・紙・パルプ	化学・石油	薬品・化粧品	ゴム・ガラス・セラミックス	鉄鋼・金属・鉱業
男性	文系 (N=1537)	1.0	6.1	1.0	1.1	0.5	0.4	1.7	0.9	0.3	0.8
	理系 (N=1490)	1.5	7.4	3.2	0.7	0.1	0.3	9.5	5.2	0.3	1.5
女性	文系 (N=1678)	0.4	6.6	0.7	2.4	0.9	0.5	0.5	1.8	0.1	0.2
	理系 (N=896)	2.1	19.6	3.1	1.9	0.4	0.6	6.9	17.2	0.7	0.2
合計 (N=5601)		1.1	8.8	1.8	1.5	0.5	0.4	4.2	4.9	0.3	0.7

		機械	プラント・エンジニアリング	電子・電気・OA機器	自動車・輸送用機器	精密・医療機器	印刷・事務機器・日用品	スポーツ・玩具・ゲーム製品	その他メーカー・製造関連	総合商社	商社
男性	文系	1.0	0.1	0.9	3.4	0.8	1.1	2.9	0.5	3.5	2.6
	理系	6.7	1.7	8.9	7.7	2.8	0.5	0.5	0.4	0.8	0.4
女性	文系	1.1	0.2	0.5	1.5	0.6	1.8	1.7	0.8	1.3	2.6
	理系	1.8	0.9	1.9	1.3	1.9	0.7	0.7	0.8	0.1	0.6
合計		2.7	0.7	3.1	3.6	1.5	1.1	1.5	0.6	1.6	1.7

		百貨店・スーパー・コンビニ	専門店	銀行・証券	信金・労金・信組	クレジット・信販・リース・その他金融	生保・損保	不動産	鉄道・航空	陸運・海運・物流	電力・ガス・エネルギー
男性	文系	1.8	0.5	9.4	1.7	1.1	2.3	3.1	7.5	1.9	1.7
	理系	0.1	0.0	1.1	0.1	0.0	0.9	0.5	4.1	0.5	2.6
女性	文系	1.4	0.8	9.5	1.3	1.4	2.7	2.4	5.4	1.6	0.7
	理系	0.2	0.5	0.5	0.0	0.0	0.6	0.4	1.2	0.1	1.3
合計		1.0	0.5	5.8	0.9	0.7	1.8	1.7	4.9	1.1	1.6

		レストラン・給食・フードサービス	ホテル・旅行	医療機関・調剤薬局	福祉サービス	フィットネスクラブ・エステ・理美容	アミューズメント・レジャー	冠婚葬祭	専門・その他サービス	コンサルティング・シンクタンク・調査	人材サービス（派遣・紹介）
男性	文系	0.0	2.3	0.1	0.4	0.1	0.7	0.2	0.5	3.3	0.7
	理系	0.0	0.2	1.9	0.0	0.0	0.1	0.0	0.1	2.8	0.0
女性	文系	0.5	5.0	1.3	1.1	0.3	1.0	0.9	0.6	1.3	1.3
	理系	0.8	0.3	9.8	0.2	0.2	0.3	0.0	0.1	2.0	0.3
合計		0.3	2.2	2.5	0.5	0.2	0.5	0.3	0.3	2.4	0.6

		教育	ソフトウエア・情報処理・ネット関連	ゲームソフト	通信	マスコミ（放送・新聞）	マスコミ（出版・広告）	芸能・エンタテインメント	官公庁・公社・団体	これら以外のその他	非該当
男性	文系	2.5	4.7	0.7	0.4	4.2	4.2	0.7	9.0	0.3	3.6
	理系	0.7	13.1	1.1	1.9	1.1	0.3	0.1	4.8	0.2	1.4
女性	文系	3.3	3.0	0.9	0.6	3.8	6.7	2.4	8.2	0.3	4.1
	理系	0.4	6.0	0.3	0.6	0.6	1.2	0.0	6.0	0.4	1.2
合計		1.9	6.7	0.8	0.9	2.7	3.4	1.0	7.2	0.3	2.8

　学部 4 年生が就職活動開始時にもっとも希望していた業種（図表 2－13）で割合が高いのは、文系の学生で「銀行・証券」（約 9.6％）、男性の理系学生で「ソフトウェア・情報処理・ネット関連」（約 21.2％）、女性の理系学生で「食品」（約 25.6％）である。

図表 2－13　就職活動開始時にもっとも希望していた業種

（学部 4 年生、性別、文理系別、単位：%）

		農林・水産	食品	建設・設備関連	住宅・インテリア	アパレル・服飾関連	繊維・紙・パルプ	化学・石油	薬品・化粧品	ゴム・ガラス・セラミックス	鉄鋼・金属・鉱業
男性	文系 (N=1471)	1.1	6.4	1.0	1.2	0.5	0.4	1.6	1.0	0.3	0.9
	理系 (N=561)	2.9	7.5	5.7	1.1	0.4	0.2	2.1	1.1	0.0	0.5
女性	文系 (N=1636)	0.4	6.8	0.7	2.5	0.9	0.6	0.5	1.8	0.1	0.2
	理系 (N=398)	2.0	25.6	5.3	2.8	1.0	0.5	2.3	9.0	0.0	0.0
合計 (N=4066)		1.1	8.6	2.0	1.8	0.7	0.4		2.1	0.1	0.5

		機械	プラント・エンジニアリング	電子・電気・OA機器	自動車・輸送用機器	精密・医療機器	印刷・事務機器・日用品	スポーツ・玩具・ゲーム製品	その他メーカー・製造関連	総合商社	商社
男性	文系	1.0	0.1	0.9	3.3	0.7	1.1	3.0	0.5	3.5	2.7
	理系	6.6	0.9	5.3	7.0	1.6	0.9	0.4	0.5	1.1	0.9
女性	文系	1.0	0.2	0.6	1.4	0.6	1.8	1.7	0.8	1.3	2.5
	理系	2.0	0.5	0.5	0.5	2.0	0.8	0.8	0.8	0.3	1.0
合計		1.9	0.3	1.3	2.8	0.9	1.3	1.9	0.7	2.0	2.2

		百貨店・スーパー・コンビニ	専門店	銀行・証券	信金・労金・信組	クレジット・信販・リース・その他金融	生保・損保	不動産	鉄道・航空	陸運・海運・物流	電力・ガス・エネルギー
男性	文系	1.8	0.5	9.6	1.8	1.1	2.3	3.1	7.7	2.0	1.7
	理系	0.2	0.0	1.8	0.4	0.0	0.7	0.7	5.0	0.9	2.1
女性	文系	1.4	0.9	9.6	1.3	1.4	2.8	2.4	5.4	1.7	0.7
	理系	0.5	0.8	1.3	0.0	0.5	1.3	0.8	1.0	0.3	0.8
合計		1.3	0.6	7.7	1.2	1.0	2.2	2.3	5.8	1.5	1.3

		レストラン・給食・フードサービス	ホテル・旅行	医療機関・調剤薬局	福祉サービス	フィットネスクラブ・エステ・理美容	アミューズメント・レジャー	冠婚葬祭	専門・その他サービス	コンサルティング・シンクタンク・調査	人材サービス（派遣・紹介）
男性	文系	0.0	2.4	0.1	0.4	0.1	0.7	0.2	0.5	2.4	0.5
	理系	0.0	0.5	1.1	0.0	0.0	0.0	0.0	0.2	3.2	0.0
女性	文系	0.5	5.1	1.3	1.1	0.3	1.0	0.9	0.6	1.2	1.2
	理系	1.8	0.8	5.8	0.5	0.5	0.8	0.0	0.0	1.0	0.5
合計		0.4	3.1	1.3	0.6	0.2	0.7	0.4	0.4	1.9	0.7

		教育	ソフトウエア・情報処理・ネット関連	ゲームソフト	通信	マスコミ（放送・新聞）	マスコミ（出版・広告）	芸能・エンタテインメント	官公庁・公社・団体	これら以外のその他	非該当
男性	文系	2.3	4.8	0.6	0.4	4.0	4.1	0.7	8.8	0.3	3.7
	理系	0.9	21.2	1.6	1.4	1.6	0.4	0.0	6.4	0.2	3.0
女性	文系	3.1	3.0	0.9	0.6	3.9	6.6	2.4	7.9	0.2	4.2
	理系	0.3	11.3	0.5	0.8	1.0	1.5	0.0	5.0	0.5	2.3
合計		2.2	7.0	0.9	0.7	3.3	4.3	1.3	7.8	0.3	3.7

　大学院生（修士課程）が就職活動開始時にもっとも希望していた業種（図表 2－14）で割合が高いのは、男性の文系学生で「コンサルティング・シンクタンク・調査」（約23.3%）、女性の文系学生で「官公庁・公社・団体」（約 15.4%）である。男性の理系学生では「化学・石油」（約 14.2%）であり、女性の理系学生では「薬品・化粧品」（約21.3%）である。

図表2-14　就職活動開始時にもっとも希望していた業種
（大学院生（修士課程）、性別、文理系別、単位：%）

		農林・水産	食品	建設・設備関連	住宅・インテリア	アパレル・服飾関連	繊維・紙・パルプ	化学・石油	薬品・化粧品	ゴム・ガラス・セラミックス	鉄鋼・金属・鉱業
男性	文系 (N=60)	0.0	0.0	0.0	0.0	0.0	0.0	1.7	0.0	0.0	0.0
	理系 (N=862)	0.8	7.8	1.7	0.5	0.0	0.5	14.2	6.5	0.6	2.2
女性	文系 (N=39)	0.0	0.0	0.0	0.0	0.0	0.0	0.0	0.0	0.0	0.0
	理系 (N=381)	2.6	18.9	1.8	1.6	0.0	0.8	13.6	21.3	1.6	0.5
合計	(N=1342)	1.3	10.4	1.6	0.7	0.0	0.5	13.0	10.2	0.8	1.6

		機械	プラント・エンジニアリング	電子・電気・OA機器	自動車・輸送用機器	精密・医療機器	印刷・事務機器・日用品	スポーツ・玩具・ゲーム製品	その他メーカー・製造関連	総合商社	商社
男性	文系	0.0	0.0	1.7	5.0	3.3	1.7	0.0	0.0	3.3	0.0
	理系	7.2	2.4	11.1	8.6	3.8	0.3	0.6	0.3	0.7	0.1
女性	文系	2.6	0.0	0.0	5.1	0.0	0.0	0.0	2.6	0.0	5.1
	理系	2.1	1.6	3.7	2.6	2.4	0.8	0.8	1.0	0.0	0.0
合計		5.3	2.0	8.3	6.6	3.3	0.5	0.7	0.6	0.6	0.2

		百貨店・スーパー・コンビニ	専門店	銀行・証券	信金・労金・信組	クレジット・信販・リース・その他金融	生保・損保	不動産	鉄道・航空	陸運・海運・物流	電力・ガス・エネルギー
男性	文系	1.7	0.0	3.3	0.0	1.7	3.3	1.7	1.7	0.0	1.7
	理系	0.0	0.0	0.7	0.0	0.0	1.0	0.3	3.8	0.1	3.1
女性	文系	2.6	0.0	5.1	0.0	0.0	0.0	2.6	2.6	0.0	0.0
	理系	0.0	0.0	0.0	0.0	0.0	0.0	0.3	1.6	0.0	2.4
合計		0.1	0.0	1.0	0.0	0.1	0.8	0.4	3.1	0.1	2.8

		レストラン・給食・フードサービス	ホテル・旅行	医療機関・調剤薬局	福祉サービス	フィットネスクラブ・エステ・理美容	アミューズメント・レジャー	冠婚葬祭	専門・その他サービス	コンサルティング・シンクタンク・調査	人材サービス（派遣・紹介）
男性	文系	0.0	0.0	0.0	0.0	0.0	0.0	0.0	0.0	23.3	1.7
	理系	0.0	0.0	0.6	0.0	0.0	0.1	0.0	0.0	2.6	0.0
女性	文系	0.0	0.0	0.0	0.0	0.0	0.0	0.0	2.6	7.7	5.1
	理系	0.0	0.0	1.3	0.0	0.0	0.0	0.0	0.0	3.4	0.0
合計		0.0	0.0	0.7	0.0	0.0	0.1	0.0	0.1	3.9	0.2

		教育	ソフトウエア・情報処理・ネット関連	ゲームソフト	通信	マスコミ（放送・新聞）	マスコミ（出版・広告）	芸能・エンタテインメント	官公庁・公社・団体	これら以外のその他	非該当
男性	文系	6.7	5.0	1.7	0.0	8.3	6.7	0.0	15.0	0.0	0.0
	理系	0.5	8.6	0.8	2.3	0.9	0.3	0.2	3.5	0.1	0.3
女性	文系	10.3	5.1	0.0	0.0	2.6	12.8	2.6	15.4	2.6	2.6
	理系	0.5	2.4	0.0	0.3	0.0	1.3	0.3	6.8	0.3	0.5
合計		1.0	6.6	0.7	1.6	1.1	1.3	0.3	5.3	0.2	0.4

3　就職活動開始時の希望就職先

　サンプル全体（図表2-15）で見ると、就職活動開始時の主な希望就職先は「全国規模の企業（勤務地が限定される）」（約40.0%）、「全国規模の企業（全国転勤がある）」（約29.5%）および「海外展開もしている企業」（約27.3%）となっており、事業所を広域に展開している企業を希望する傾向がある。

　ただし、女子学生は、「全国規模の企業（勤務地が限定される）」（文理ともに約47.0%）および「主に特定の地域に展開する企業」（文系：約32.7%、理系：約29.8%）を希望する割合が高く、勤務地が限定される企業を希望する傾向がある。男性の文系学生は、「全国規模の企業（全国転勤がある）」（約37.5%）および「全国規模の企業（勤務地が限定される）」（約27.8%）の順に希望する割合が高く、やや傾向が異なる。

　学部4年生の就職活動開始時の希望就職先の傾向は、サンプル全体と同様である（図表2-16）。ただし、サンプル全体に比べ、理系の学生が「海外展開もしている企業」

－13－

（男性：約19.1％、女性：約15.6％）、「全国規模の企業であって、全国転勤がある企業」（男性：約23.2％、女性：約22.6％）を希望する割合が低く、「主に特定の地域に展開している企業」を希望する割合（男性：約25.0％、女性：約30.7％）、「特に決めていなかった」割合（男性：約24.1％、女性：約24.9％）が高くなっている。

図表2-15　就職活動開始時の希望就職先
（サンプル全体、複数回答可、性別、文理系別、単位：％）

		海外展開もしている企業	全国規模の企業であって、全国転勤がある企業	全国規模の企業であって、勤務地が特定の地域に限定されている企業	主に特定の地域に展開している企業	公務員（教員を除く）	教員	その他	特に決めていなかった	N
男性	文系	27.0	37.5	27.8	25.1	15.2	1.8	2.8	19.0	1537
	理系	32.8	29.7	40.5	19.8	10.1	0.8	2.3	22.5	1490
女性	文系	23.5	24.0	47.0	32.7	13.2	2.1	2.4	17.7	1678
	理系	25.4	26.0	47.0	29.8	14.3	1.2	2.5	19.8	896
	合計	27.3	29.5	40.0	26.7	13.1	1.5	2.5	19.7	5601

図表2-16　就職活動開始時の希望就職先
（学部4年生、複数回答可、性別、文理系別、単位：％）

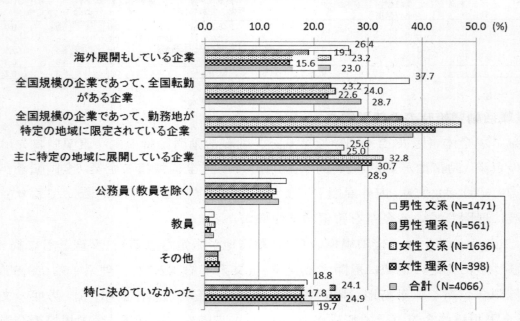

-14-

大学院生（修士課程）の就職活動開始時の希望就職先として、文系の学生が「海外展開もしている企業」（男性：約 40.0％、女性：約 38.5％）を希望する割合が高い（図表 2－17）。ただし、女性の文系学生は、「全国規模の企業であって、勤務地が特定の地域に限定されている企業」（約 38.5％）を希望する割合も同程度に高い。理系の学生は、「全国規模の企業であって、勤務地が特定の地域に限定されている企業」（男性：約 43.2％、女性：約 50.7％）を希望する割合が高い。

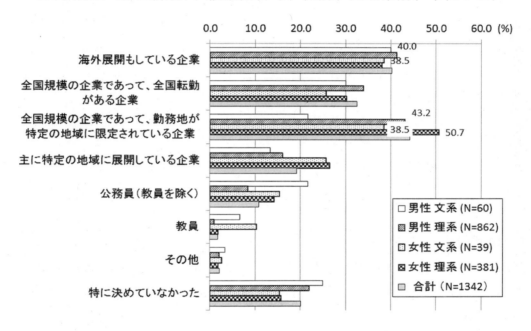

図表 2－17　就職活動開始時の希望就職先
（大学院生（修士課程）、複数回答可、性別、文理系別、単位：％）

4　就職活動開始時の限定正社員に対する応募意向
4.1　全般

　サンプル全体の就職活動開始時の限定正社員に対する応募意向を概観すると（図表 2－18）、約 72.6％が地域限定正社員、約 58.0％が職務限定正社員、約 51.8％が勤務時間限定正社員への応募意向がある（「是非応募したい」および「（限定のない一般の正社員と）処遇に大きな差がなければ応募したい」の割合の合計[1]。以下同様）。なお、女性の方が、男性よりも限定正社員への応募意向のある割合が高い。

---

[1] たとえば、地域限定正社員への応募意向がある学生の割合（約 72.6％）は、地域限定正社員に「是非応募したい」割合（約 24.5％）および「処遇に大きな差がなければ応募したい」割合（約 48.1％）の合計。

図表 2－18　就職活動開始時の限定正社員に対する応募意向（単位：％）

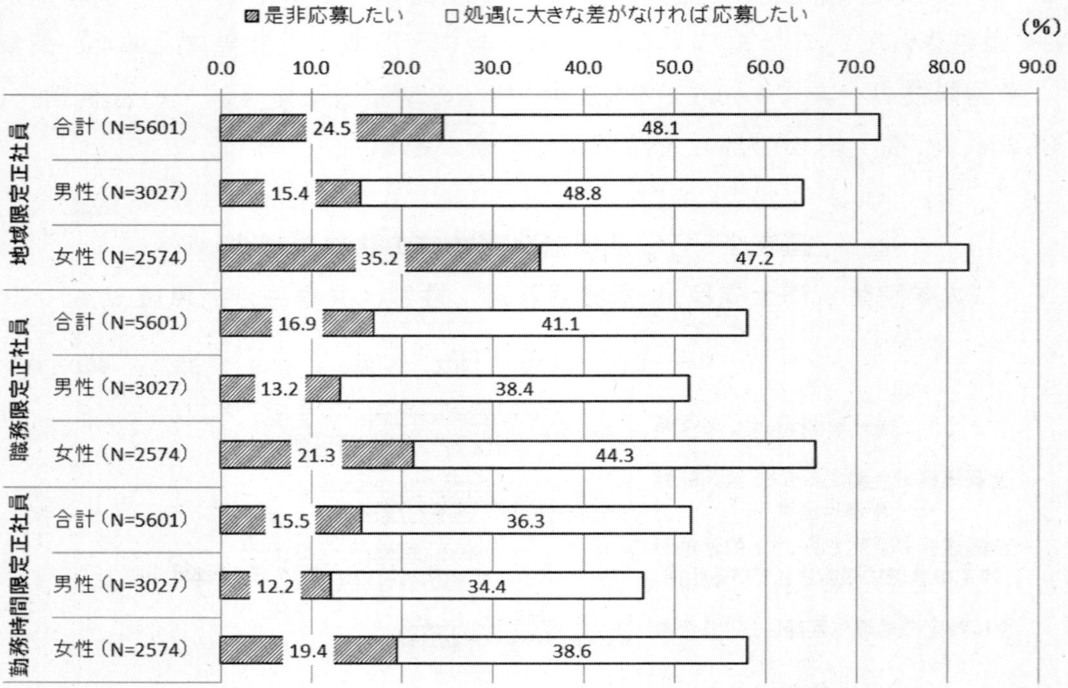

■是非応募したい　　□処遇に大きな差がなければ応募したい　　　　　　　　　　　　（％）

		是非応募したい	処遇に大きな差がなければ応募したい
地域限定正社員	合計（N=5601）	24.5	48.1
	男性（N=3027）	15.4	48.8
	女性（N=2574）	35.2	47.2
職務限定正社員	合計（N=5601）	16.9	41.1
	男性（N=3027）	13.2	38.4
	女性（N=2574）	21.3	44.3
勤務時間限定正社員	合計（N=5601）	15.5	36.3
	男性（N=3027）	12.2	34.4
	女性（N=2574）	19.4	38.6

4.2　地域限定正社員

　図表 2－18 で見た就職活動開始時の地域限定正社員に対する応募意向を、性別、文理別に概観する。サンプル全体（図表 2－19）で見ると、女性の文系学生は、約 85.3％（「是非応募したい」（約 40.5％）＋「処遇に大きな差がなければ応募したい」（約 44.8％））と地域限定正社員への応募意向のある割合が相対的に高い。もっとも応募意向のある割合が低い男性の理系学生では、約 64.1％（「是非応募したい」（約 14.0％）＋「処遇に大きな差がなければ応募したい」（約 50.1％））となっている。

　学部 4 年生の就職活動開始時の地域限定正社員への応募意向（図表 2－20）について、「是非応募したい」学生は、男性の学生で約 17.0％（文系）および約 20.0％（理系）、女性の文系学生で約 41.0％、女性の理系学生で約 30.7％、合計で約 28.4％である。地域限定正社員に「処遇に大きな差がなければ応募したい」学生は、もっとも割合の高い男性の理系学生で約 49.9％、もっとも割合の低い女性の文系学生で約 44.6％、合計で約 47.0％である。

－16－

図表 2-19 就職活動開始時の地域限定正社員への応募意向
（サンプル全体、性別、文理系別、単位：%）

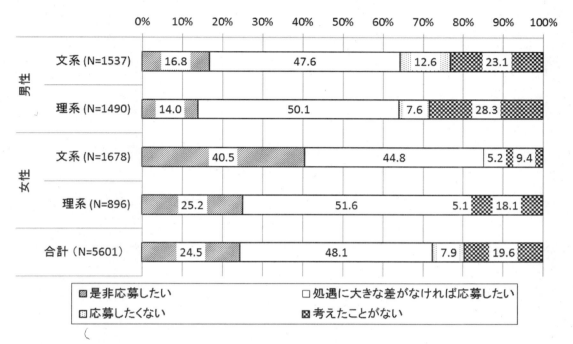

図表 2-20 就職活動開始時の地域限定正社員への応募意向
（学部 4 年生、性別、文理系別、単位：%）

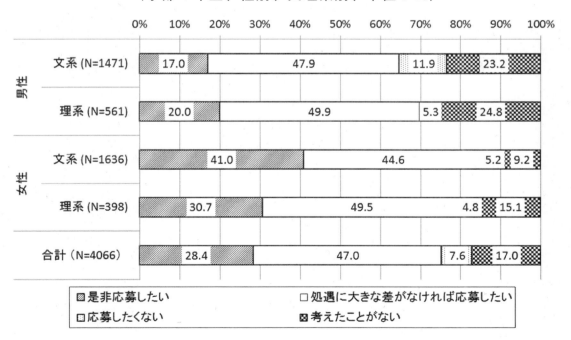

大学院生（修士課程）の就職活動開始時の地域限定正社員への応募意向（図表 2－21）について、「是非応募したい」学生は、男性の学生で約 11.7％（文系）および約 9.5％（理系）、女性の学生で約 23.1％（文系）および約 17.6％（理系）、合計で約 12.3％である。地域限定正社員に「処遇に大きな差がなければ応募したい」学生は、もっとも割合の高い女性の理系学生で約 53.8％、もっとも割合の低い男性の文系学生で約 41.7％、合計で約 50.6％である。サンプル全体と比べると、「是非応募したい」学生の割合が低くなっている。

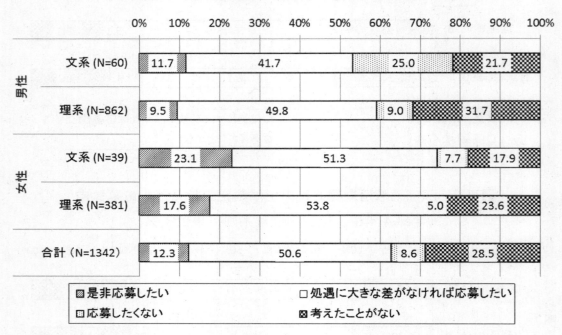

図表 2－21　就職活動開始時の地域限定正社員への応募意向
（大学院生（修士課程）、性別、文理系別、単位：％）

　サンプル全体（図表 2－22）で見ると、地域限定正社員の応募を希望する学生の現在の居住地域は、東京圏が約 36.7％、名古屋圏が約 8.7％、大阪圏で約 19.5％であり、三大都市圏計で約 64.9％となっている。

図表 2－22　地域限定正社員への応募意向がある学生の現在の居住地（単位：％）

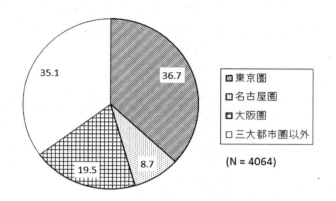

注：東京圏には、埼玉県、千葉県、東京都、神奈川県が含まれる。名古屋圏には、岐阜県、愛知県、三重県が含まれる。大阪圏には、京都府、大阪府、兵庫県、奈良県が含まれる。

　サンプル全体で見ると、就職活動開始時に地域限定正社員への応募を希望する学生が勤務地として希望する地域（図表 2－23）は、「現在の居住地域」（もっとも割合の高い女性の文系学生で約 84.6％、もっと割合の低い男性の理系学生で約 65.1％、サンプル全体の合計で約 76.6％）である割合がもっとも高く、ついで「高校卒業時の居住地域」（もっとも割合の高い女性の理系学生で約 48.0％、もっとも割合の低い女性の文系学生で約 38.2％、サンプル全体の合計で約 42.0％）となっている。
　なお、学部 4 年生もサンプル全体と同様の傾向である（図表 2－24）。

図表2-23　就職活動開始時の地域限定正社員としての希望地域
（サンプル全体、性別、文理系別、単位：%）

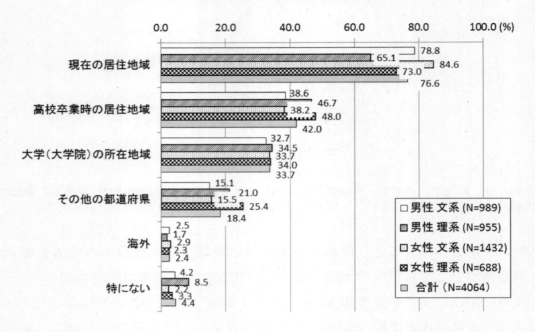

図表2-24　就職活動開始時の地域限定正社員としての希望地域
（学部4年生、性別、文理系別、単位：%）

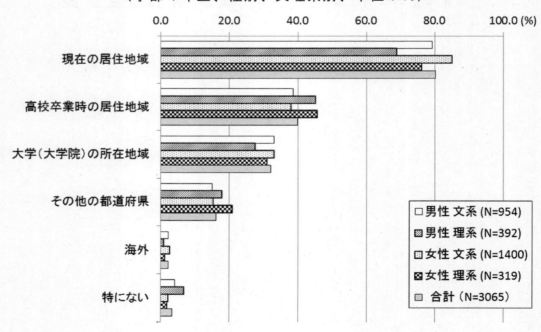

　大学院生（修士課程）のうち就職活動開始時に地域限定正社員への応募を希望す

る学生が勤務地として希望する地域（図表 2－25）は、「現在の居住地域」（もっとも割合の高い女性の理系学生で約 66.5％、もっとも割合の低い男性の理系学生で約 62.6％、大学院生（修士課程）の合計で約 64.1％）である割合がもっとも高い。ただし、サンプル全体と比べ、次に割合の高い「高校卒業時の居住地域」（もっとも割合の高い女性の理系学生で約 53.7％、もっとも割合の低い男性の文系学生で約 40.6％、大学院生（修士課程）の合計で約 49.4％）、「大学（大学院）の所在地域」（もっとも割合の高い女性の文系学生で約 55.2％、もっとも割合の低い男性の文系学生で約 25.0％、大学院生（修士課程）の合計で約 39.6％）との差が縮小している。

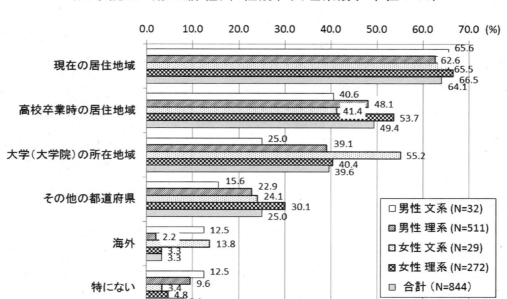

図表 2－25　就職活動開始時の地域限定正社員としての希望地域
（大学院生（修士課程）、性別、文理系別、単位：％）

サンプル全体、学部 4 年生および大学院生（修士課程）のそれぞれの合計で見ると（図表 2－26）、いずれも就職活動開始時に地域限定正社員への応募を希望する学生が勤務地として希望する「現在の居住地域」は、「大学（大学院）の所在地域」とほぼ同じ地域ブロック（都市圏）だが（サンプル全体では約 94.6％が一致）、「高校卒業時の居住地域」とは約 2 割乖離している（サンプル全体では約 79.0％が一致）[2]。つまり、勤務地として希望する「現在の居住地域」が「高校卒業時の居住地域」とは異なる地域ブロックである学生の割合は約 2 割である。

なお、地域の一致度（％）は、三大都市圏は都市圏ごとに集計されたレベルで、

---

[2] 図表 2－26～2－31 については、集計表の単位を構成比にすると数値が非常に小さくなるセルが存在し、傾向を捉えることが難しくなるため、単位を人数にしていることに注意されたい。

三大都市圏以外は都道府県レベルでそれぞれ一致している割合を示している。

図表2−26　地域限定正社員の勤務地として希望する「現在の居住地域」
（サンプル全体、学部4年生、大学院（修士課程）、単位：人）

サンプル全体（合計）		大学（大学院）の所在地域				
		東京圏	名古屋圏	大阪圏	三大都市圏以外	海外
現在の居住地域	東京圏	1244	0	0	13	0
	名古屋圏	1	288	5	1	0
	大阪圏	0	0	618	32	0
	三大都市圏以外	44	5	29	834	0
	海外	0	0	0	0	0

うち学部4年生（合計）		大学（大学院）の所在地域				
		東京圏	名古屋圏	大阪圏	三大都市圏以外	海外
現在の居住地域	東京圏	1014	0	0	9	0
	名古屋圏	1	235	3	1	0
	大阪圏	0	0	465	29	0
	三大都市圏以外	40	5	26	631	0
	海外	0	0	0	0	0

うち大学院生（修士課程）（合計）		大学（大学院）の所在地域				
		東京圏	名古屋圏	大阪圏	三大都市圏以外	海外
現在の居住地域	東京圏	183	0	0	4	0
	名古屋圏	0	47	1	0	0
	大阪圏	0	0	129	3	0
	三大都市圏以外	3	0	3	168	0
	海外	0	0	0	0	0

サンプル全体（合計）		高校卒業時の居住地域				
		東京圏	名古屋圏	大阪圏	三大都市圏以外	海外
現在の居住地域	東京圏	990	17	13	227	10
	名古屋圏	1	276	1	15	2
	大阪圏	6	22	523	98	1
	三大都市圏以外	11	14	23	857	7
	海外	0	0	0	0	0

うち学部4年生（合計）		高校卒業時の居住地域				
		東京圏	名古屋圏	大阪圏	三大都市圏以外	海外
現在の居住地域	東京圏	822	13	12	172	4
	名古屋圏	0	228	1	10	1
	大阪圏	3	14	409	68	3
	三大都市圏以外	5	9	16	669	3
	海外	0	0	0	0	0

うち大学院生（修士課程）（合計）		高校卒業時の居住地				
		東京圏	名古屋圏	大阪圏	三大都市	海外
現在の居住地域	東京圏	131	3	1	46	6
	名古屋圏	1	41	0	5	1
	大阪圏	3	7	93	28	1
	三大都市圏以外	6	5	7	152	4
	海外	0	0	0	0	0

注：東京圏には、埼玉県、千葉県、東京都、神奈川県が含まれる。名古屋圏には、岐阜県、愛知県、三重県が含まれる。大阪圏には、京都府、大阪府、兵庫県、奈良県が含まれる。

　サンプル全体を性別、文理系別（図表2−27）に見ると、いずれも就職活動開始時に地域限定正社員への応募を希望する学生が勤務地として希望する「現在の居住地域」は、「大学（大学院）の所在地域」とほぼ同じ地域ブロック（都市圏）だが、「高校卒業時の居住地域」とは約2割乖離している。つまり、前述したサンプル全体の合計の傾向と同様である。

　なお、学部4年生を性別、文理系別に見た場合も、サンプル全体と同様の傾向になっている（図表2−28）。

図表2−27 地域限定正社員の勤務地として希望する「現在の居住地域」
（サンプル全体、性別、文理系別、単位：人）

男性・文系	大学（大学院）の所在地域					男性・理系	大学（大学院）の所在地域				
	東京圏	名古屋圏	大阪圏	三大都市圏以外	海外		東京圏	名古屋圏	大阪圏	三大都市圏以外	海外
現在の居住地域 東京圏	316	0	0	2	0	現在の居住地域 東京圏	217	0	0	6	0
名古屋圏	1	76	0	0	0	名古屋圏	0	62	2	1	0
大阪圏	0	0	173	10	0	大阪圏	0	0	109	8	0
三大都市圏以外	14	1	8	178	0	三大都市圏以外	5	1	2	209	0
海外	0	0	0	0	0	海外	0	0	0	0	0

女性・文系	大学（大学院）の所在地域					女性・理系	大学（大学院）の所在地域				
	東京圏	名古屋圏	大阪圏	三大都市圏以外	海外		東京圏	名古屋圏	大阪圏	三大都市圏以外	海外
現在の居住地域 東京圏	520	0	0	2	0	現在の居住地域 東京圏	191	0	0	3	0
名古屋圏	0	115	2	0	0	名古屋圏	0	35	1	0	0
大阪圏	0	0	244	10	0	大阪圏	0	0	92	4	0
三大都市圏以外	19	3	16	280	0	三大都市圏以外	6	0	3	167	0
海外	0	0	0	0	0	海外	0	0	0	0	0

男性・文系	高校卒業時の居住地域					男性・理系	高校卒業時の居住地域				
	東京圏	名古屋圏	大阪圏	三大都市圏以外	海外		東京圏	名古屋圏	大阪圏	三大都市圏以外	海外
現在の居住地域 東京圏	232	6	3	75	2	現在の居住地域 東京圏	169	2	1	50	1
名古屋圏	0	73	1	3	0	名古屋圏	1	56	0	8	0
大阪圏	3	4	150	25	1	大阪圏	1	6	85	25	0
三大都市圏以外	2	2	5	190	2	三大都市圏以外	3	5	10	199	0
海外	0	0	0	0	0	海外	0	0	0	0	0

女性・文系	高校卒業時の居住地域					女性・理系	高校卒業時の居住地域				
	東京圏	名古屋圏	大阪圏	三大都市圏以外	海外		東京圏	名古屋圏	大阪圏	三大都市圏以外	海外
現在の居住地域 東京圏	426	6	8	78	4	現在の居住地域 東京圏	163	3	1	24	3
名古屋圏	0	112	0	4	1	名古屋圏	0	35	0	0	1
大阪圏	1	8	209	36	0	大阪圏	1	4	79	12	0
三大都市圏以外	1	5	3	306	3	三大都市圏以外	5	2	5	162	2
海外	0	0	0	0	0	海外	0	0	0	0	0

図表2−28 地域限定正社員の勤務地として希望する「現在の居住地域」
（学部4年生、性別、文理系別、単位：人）

男性・文系	大学（大学院）の所在地域					男性・理系	大学（大学院）の所在地域				
	東京圏	名古屋圏	大阪圏	三大都市圏以外	海外		東京圏	名古屋圏	大阪圏	三大都市圏以外	海外
現在の居住地域 東京圏	309	0	0	1	0	現在の居住地域 東京圏	108	0	0	3	0
名古屋圏	1	75	0	0	0	名古屋圏	0	28	0	1	0
大阪圏	0	0	163	10	0	大阪圏	0	0	25	6	0
三大都市圏以外	14	1	8	174	0	三大都市圏以外	3	1	0	95	0
海外	0	0	0	0	0	海外	0	0	0	0	0

女性・文系	大学（大学院）の所在地域					女性・理系	大学（大学院）の所在地域				
	東京圏	名古屋圏	大阪圏	三大都市圏以外	海外		東京圏	名古屋圏	大阪圏	三大都市圏以外	海外
現在の居住地域 東京圏	504	0	0	2	0	現在の居住地域 東京圏	93	0	0	3	0
名古屋圏	0	114	2	0	0	名古屋圏	0	18	1	0	0
大阪圏	0	0	243	10	0	大阪圏	0	0	34	3	0
三大都市圏以外	19	3	16	277	0	三大都市圏以外	4	0	2	85	0
海外	0	0	0	0	0	海外	0	0	0	0	0

男性・文系	高校卒業時の居住地域					男性・理系	高校卒業時の居住地域				
	東京圏	名古屋圏	大阪圏	三大都市圏以外	海外		東京圏	名古屋圏	大阪圏	三大都市圏以外	海外
現在の居住地域 東京圏	227	5	3	73	2	現在の居住地域 東京圏	91	0	0	19	1
名古屋圏	0	72	1	3	0	名古屋圏	0	26	0	3	0
大阪圏	2	4	144	23	0	大阪圏	0	3	23	5	0
三大都市圏以外	2	2	5	188	0	三大都市圏以外	1	2	5	91	0
海外	0	0	0	0	0	海外	0	0	0	0	0

女性・文系	高校卒業時の居住地域					女性・理系	高校卒業時の居住地域				
	東京圏	名古屋圏	大阪圏	三大都市圏以外	海外		東京圏	名古屋圏	大阪圏	三大都市圏以外	海外
現在の居住地域 東京圏	418	6	8	73	1	現在の居住地域 東京圏	86	2	1	7	0
名古屋圏	0	111	0	4	1	名古屋圏	0	19	0	0	0
大阪圏	1	7	209	36	0	大阪圏	0	0	33	4	0
三大都市圏以外	1	5	3	304	2	三大都市圏以外	1	0	3	86	1
海外	0	0	0	0	0	海外	0	0	0	0	0

サンプル全体、学部 4 年生および大学院生（修士課程）のそれぞれの合計で見ると（図表 2－29）、いずれも就職活動開始時に地域限定正社員への応募を希望する学生が勤務地として希望する「高校卒業時の居住地域」は、「現在の居住地域」とは地域ブロック（都市圏）が約 2 割乖離している（サンプル全体では約 76.2％が一致）。したがって、サンプル全体で見ると、地域限定正社員への応募を希望する学生の約 10％（＝『勤務地として「高校卒業時の居住地域」を希望する割合（約 42.0％）』×『勤務地として希望する「高校卒業時の居住地域」と「現在の居住地域」が一致していない割合（約 23.8％）』）が潜在的な UJ ターン就職希望者であると考えられる。

図表 2－29　地域限定正社員の勤務地として希望する「高校卒業時の居住地域」
（サンプル全体、学部 4 年生、大学院（修士課程）、単位：人）

サンプル全体（合計）		高校卒業時の居住地域				
		東京圏	名古屋圏	大阪圏	三大都市圏以外	海外
現在の居住地域	東京圏	495	8	6	101	2
	名古屋圏	0	110	0	12	1
	大阪圏	2	10	209	58	1
	三大都市圏以外	4	11	9	326	3
	海外	0	0	0	0	0

うち学部4年生（合計）		高校卒業時の居住地域				
		東京圏	名古屋圏	大阪圏	三大都市圏以外	海外
現在の居住地域	東京圏	395	5	5	70	0
	名古屋圏	0	81	0	7	0
	大阪圏	1	4	144	30	0
	三大都市圏以外	2	7	3	231	2
	海外	0	0	0	0	0

うち大学院生（修士課程）（合計）		高校卒業時の居住地域				
		東京圏	名古屋圏	大阪圏	三大都市圏以外	海外
現在の居住地域	東京圏	83	3	1	26	2
	名古屋圏	0	25	0	5	1
	大阪圏	1	6	60	26	1
	三大都市圏以外	2	3	6	82	1
	海外	0	0	0	0	0

　サンプル全体を性別、文理系別（図表 2－30）に見ると、いずれも就職活動開始時に地域限定正社員への応募を希望する学生が勤務地として希望する「高校卒業時の居住地域」は、「現在の居住地域」とは地域ブロックが約 2 割乖離している。つまり、前述したサンプル全体の合計の傾向と同様である。

　なお、学部 4 年生を性別、文理系別に見た場合も、サンプル全体と同様の傾向になっている（図表 2－31）。

図表 2－30　地域限定正社員の勤務地として希望する「高校卒業時の居住地域」
（サンプル全体、性別、文理系別、単位：人）

男性・文系		高校卒業時の居住地域				
		東京圏	名古屋圏	大阪圏	三大都市圏以外	海外
現在の居住地域	東京圏	122	2	1	31	0
	名古屋圏	0	24	0	1	0
	大阪圏	1	3	54	11	0
	三大都市圏以外	0	3	2	67	1
	海外	0	0	0	0	0

男性・理系		高校卒業時の居住地域				
		東京圏	名古屋圏	大阪圏	三大都市圏以外	海外
現在の居住地域	東京圏	89	3	0	29	0
	名古屋圏	0	23	0	9	0
	大阪圏	1	2	52	23	1
	三大都市圏以外	0	6	5	86	0
	海外	0	0	0	0	0

女性・文系		高校卒業時の居住地域				
		東京圏	名古屋圏	大阪圏	三大都市圏以外	海外
現在の居住地域	東京圏	202	3	3	28	1
	名古屋圏	0	44	0	2	0
	大阪圏	0	1	74	17	0
	三大都市圏以外	1	2	0	103	1
	海外	0	0	0	0	0

女性・理系		高校卒業時の居住地域				
		東京圏	名古屋圏	大阪圏	三大都市圏以外	海外
現在の居住地域	東京圏	82	0	2	13	1
	名古屋圏	0	19	0	0	1
	大阪圏	0	4	29	7	0
	三大都市圏以外	3	0	2	70	1
	海外	0	0	0	0	0

図表2-31　地域限定正社員の勤務地として希望する「高校卒業時の居住地域」
（学部4年生、性別、文理系別、単位：人）

男性・文系		高校卒業時の居住地域					男性・理系		高校卒業時の居住地域				
		東京圏	名古屋圏	大阪圏	三大都市圏以外	海外			東京圏	名古屋圏	大阪圏	三大都市圏以外	海外
現在の居住地域	東京圏	120	2	1	31	0	現在の居住地域	東京圏	36	0	0	11	0
	名古屋圏	0	23	0	1	0		名古屋圏	0	7	0	4	0
	大阪圏	1	3	54	10	0		大阪圏	0	0	9	3	0
	三大都市圏以外	0	3	2	64	0		三大都市圏以外	0	2	0	36	0
	海外	0	0	0	0	0		海外	0	0	0	0	0

女性・文系		高校卒業時の居住地域					女性・理系		高校卒業時の居住地域				
		東京圏	名古屋圏	大阪圏	三大都市圏以外	海外			東京圏	名古屋圏	大阪圏	三大都市圏以外	海外
現在の居住地域	東京圏	195	3	3	26	0	現在の居住地域	東京圏	44	0	1	2	0
	名古屋圏	0	43	0	2	0		名古屋圏	0	8	0	0	0
	大阪圏	0	1	73	16	0		大阪圏	0	0	8	1	0
	三大都市圏以外	1	2	0	99	1		三大都市圏以外	1	0	1	32	1
	海外	0	0	0	0	0		海外	0	0	0	0	0

4.3　職務限定正社員

図表2-18で見た就職活動開始時の職務限定正社員に対する応募意向を、性別、文理別に概観する。サンプル全体（図表2-32）で見ると、女性の理系学生は、約67.5%（「是非応募したい」（約22.7%）＋「処遇に大きな差がなければ応募したい」（約44.8%））と職務限定正社員への応募意向のある割合が相対的に高い。男性の文系学生では、約46.2%（「是非応募したい」（約10.9%）＋「処遇に大きな差がなければ応募したい」（約35.3%））と応募意向のある割合が相対的に低い。

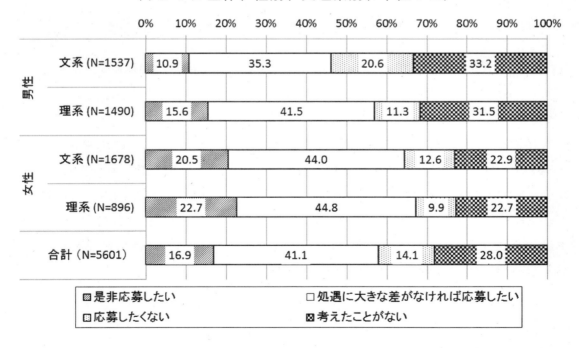

図表2-32　就職活動開始時の職務限定正社員への応募意向
（サンプル全体、性別、文理系別、単位：%）

学部4年生の就職活動開始時の職務限定正社員への応募意向（図表2-33）について、「是非応募したい」学生は、男性の学生で約10.9％（文系）および約15.7％（理系）、女性の学生で約20.7％（文系）および約21.4％（理系）、合計で約16.6％である。職務限定正社員に「処遇に大きな差がなければ応募したい」学生は、もっとも割合が高い女性の理系学生で約47.2％、もっとも割合が低い男性の文系学生で35.3％、合計では約40.7％である。サンプル全体と同様の傾向だが、とりわけ職務限定正社員に「処遇に大きな差がなければ応募したい」女性の理系学生の割合が高い。

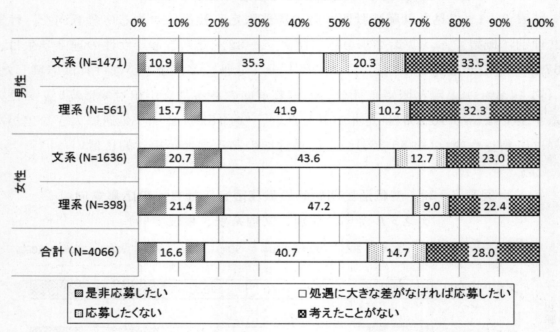

図表2-33 就職活動開始時の職務限定正社員への応募意向
（学部4年生、性別、文理系別、単位：％）

大学院生（修士課程）の就職活動開始時の職務限定正社員への応募意向（図表2-34）について、「是非応募したい」学生は、男性の学生で約10.0％（文系）および約15.0％（理系）、女性の学生で約12.8％（文系）および約19.9％（理系）、合計で約16.1％である。職務限定正社員に「処遇に大きな差がなければ応募したい」学生は、男性で約38.3％（文系）および約41.4％（理系）、女性で約56.4％（文系）および約45.4％（理系）、合計では約42.8％である。

図表2-34 就職活動開始時の職務限定正社員への応募意向
（大学院生（修士課程）、性別、文理系別、単位：%）

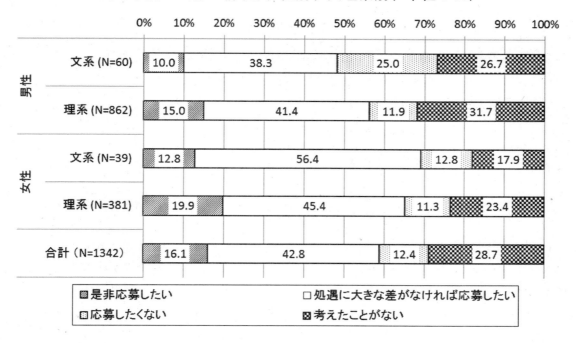

　サンプル全体で見ると、就職活動開始時に職務限定正社員への応募を希望する学生が希望する職種（図表2-35）は、理系の学生において「大学・大学院の専攻に直結した仕事」（男性：約62.7%、女性：約54.3%）を希望する割合が高い。男性の文系学生は、「大学・大学院の専攻に直結した仕事」（約22.8%）以外にも、「一般事務の仕事」（約24.8%）および「営業の仕事」（約24.6%）を希望する割合が高い。女性の文系学生は、「一般事務の仕事」（約51.2%）を希望する割合が高い。

　なお、学部4年生もサンプル全体と同様の傾向である（図表2-36）。

図表2-35 就職活動開始時の職務限定正社員としての希望職種
（サンプル全体、性別、文理系別、単位：％）

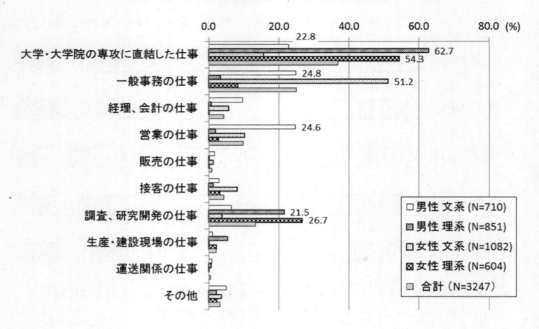

図表2-36 就職活動開始時の職務限定正社員としての希望職種
（学部4年生、性別、文理系別、単位：％）

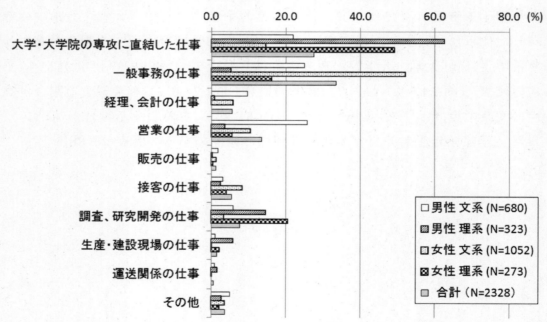

大学院生（修士課程）のうち就職活動開始時に職務限定正社員への応募を希望する学生が希望する職種（図表2－37）は、「大学・大学院の専攻に直結した仕事」（もっとも割合が高い男性の理系学生で約62.8％、もっとも割合が低い男性の文系学生で約41.4％、大学院生（修士課程）の合計で約59.0％）の割合が高い。次に希望割合が高いのは、「調査、研究開発の仕事」（もっとも割合が高い女性の理系学生で約38.2％、もっとも割合が低い男性の文系学生で約20.7％、大学院生（修士課程）の合計で約29.3％）であり、その他の職種の希望は少ない。

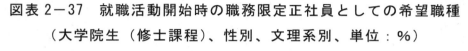

図表2－37　就職活動開始時の職務限定正社員としての希望職種
（大学院生（修士課程）、性別、文理系別、単位：％）

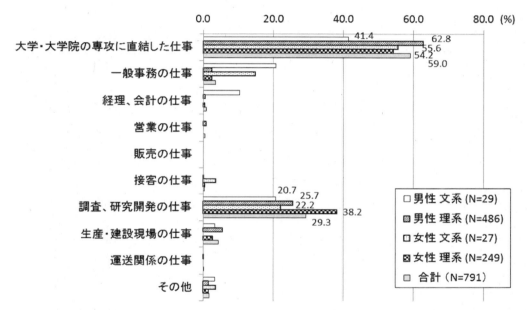

　サンプル全体（図表2－38）で見ると、就職活動開始時に職務限定正社員への応募を希望する学生のうち職種として「大学・大学院の専攻に直結した仕事」を希望する学生の専攻は、男性の文系学生で「社会科学」が約62.3％、男性の理系学生で「工学」が約67.6％と割合が高い。一方、女性の文系学生で「社会科学」、女性の理系学生で「工学」がそれぞれ約27.2％および約31.7％とやはり相対的に割合は高いが、男性に比べて専攻が分散している。
　なお、学部4年生でも、サンプル全体と同様の傾向であるが、より特定の専攻に集中している（図表2－39）。
　大学院生（修士課程）（図表2－40）では、就職活動開始時に職務限定正社員への応募を希望する学生のうち職種として「大学・大学院の専攻に直結した仕事」を希

望する学生の専攻は、男性の理系学生で「工学」が約 68.5％と割合が高い。一方、女性の理系学生で「工学」が約 40.0％と相対的に割合は高いが、サンプル全体と同様、男性に比べて専攻が分散している。

図表 2－38　職務限定正社員で「大学・大学院の専攻に直結した仕事」を希望する学生の専攻（サンプル全体、性別、文理系別、単位：％）

		人文科学	社会科学	理学	工学	農学	保健
男性	文系	16.7	62.3	0.0	0.0	1.2	0.0
	理系	0.0	0.2	13.7	67.6	7.9	6.2
女性	文系	22.5	27.2	0.0	0.0	0.6	1.2
	理系	0.0	0.0	12.8	31.7	15.9	23.8
合計		5.4	12.4	9.6	39.0	8.1	9.5
		商船	家政	教育	芸術	その他	N
男性	文系	0.0	0.0	3.7	1.9	14.2	162
	理系	0.4	0.4	0.2	0.4	3.2	534
女性	文系	0.0	3.0	6.5	17.8	21.3	169
	理系	0.0	10.4	0.3	0.9	4.3	328
合計		0.2	3.4	1.6	3.2	7.5	1193

図表 2－39　職務限定正社員で「大学・大学院の専攻に直結した仕事」を希望する学生の専攻（学部 4 年生、性別、文理系別、単位：％）

		人文科学	社会科学	理学	工学	農学	保健
男性	文系	15.4	65.1	0.0	0.0	0.7	0.0
	理系	0.0	0.0	9.4	72.3	6.4	3.5
女性	文系	21.6	27.5	0.0	0.0	0.7	1.3
	理系	0.0	0.0	11.9	36.6	12.7	9.7
合計		8.8	21.8	5.5	30.6	5.0	3.4
		商船	家政	教育	芸術	その他	N
男性	文系	0.0	0.0	2.0	2.0	14.8	149
	理系	0.5	0.5	0.0	1.0	6.4	202
女性	文系	0.0	3.3	6.5	19.0	20.3	153
	理系	0.0	20.9	0.0	0.7	7.5	134
合計		0.2	5.3	2.0	5.5	11.9	638

図表 2－40　職務限定正社員で「大学・大学院の専攻に直結した仕事」を希望する学生の専攻（大学院生（修士課程）、性別、文理系別、単位：％）

		人文科学	社会科学	理学	工学	農学	保健
男性	文系	33.3	33.3	0.0	0.0	0.0	0.0
	理系	0.0	0.3	17.4	68.5	9.5	2.3
女性	文系	26.7	26.7	0.0	0.0	0.0	0.0
	理系	0.0	0.0	17.8	40.0	23.7	11.1
合計		1.7	1.9	16.5	56.3	13.1	4.7
		商船	家政	教育	芸術	その他	N
男性	文系	0.0	0.0	25.0	0.0	8.3	12
	理系	0.3	0.3	0.3	0.0	1.0	305
女性	文系	0.0	0.0	6.7	6.7	33.3	15
	理系	0.0	3.7	0.7	1.5	1.5	135
合計		0.2	1.3	1.3	0.6	2.4	467

4.4 勤務時間限定正社員

図表2-18で見た就職活動開始時の勤務時間限定正社員に対する応募意向を、性別、文理別に概観する。サンプル全体（図表2-41）で見ると、女性の理系学生は、約61.3%（「是非応募したい」（約17.3%）＋「処遇に大きな差がなければ応募したい」（約41.0%））と勤務時間限定正社員への応募意向のある割合が相対的に高い。男性の文系学生では、約46.1%（「是非応募したい」（約13.2%）＋「処遇に大きな差がなければ応募したい」（約33.0%））と応募意向のある割合が相対的に低い。

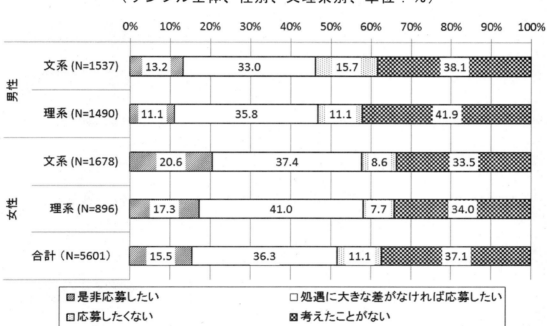

図表2-41 就職活動開始時の勤務時間限定正社員への応募意向
（サンプル全体、性別、文理系別、単位：%）

学部4年生の就職活動開始時の勤務時間限定正社員への応募意向（図表2-42）について、「是非応募したい」学生は、男性の学生で約13.2%（文系）および約15.5%（理系）、女性の学生で約20.5%（文系）および約18.8%（理系）、合計で約17.0%である。勤務時間限定正社員に「処遇に大きな差がなければ応募したい」学生は、もっとも割合の高い女性の理系学生で約42.5%、もっとも割合が低い男性の文系学生で約32.9%、合計で約36.2%である。

大学院生（修士課程）の就職活動開始時の勤務時間限定正社員への応募意向（図表2-43）について、男性の文系学生で「処遇に大きな差がなければ応募したい」の割合が約38.3%であるのを除き、サンプル全体と比較して、「是非応募したい」、「処遇に大きな差がなければ応募したい」学生の割合が概して低くなっている。

図表2-42 就職活動開始時の勤務時間限定正社員への応募意向
（学部4年生、性別、文理系別、単位：％）

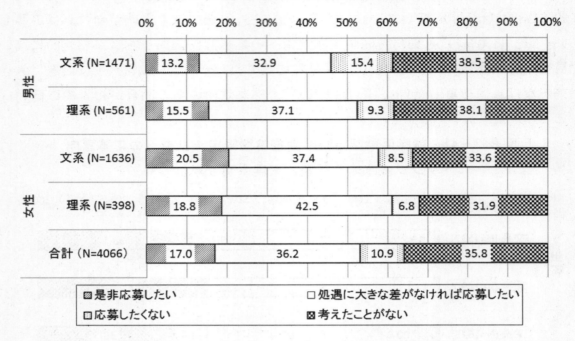

図表2-43 就職活動開始時の勤務時間限定正社員への応募意向
（大学院生（修士課程）、性別、文理系別、単位：％）

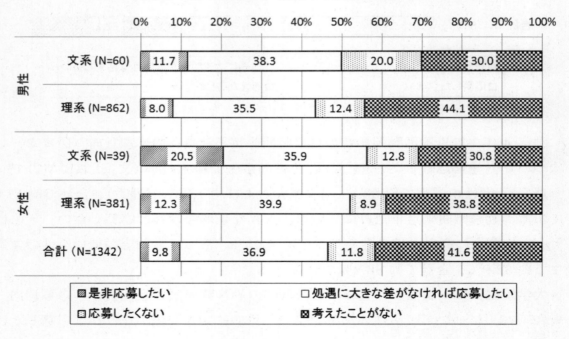

サンプル全体で見ると、就職活動開始時に勤務時間限定正社員への応募を希望する学生が希望する勤務時間（図表2-44）は、「8時間（ただし、残業がない）」（もっとも割合が高い男性の理系学生で約87.0%、もっとも割合の低い男性の文系学生で約76.9%、サンプル全体の合計で約82.0%）の割合が高い。つまり、所定内時間の短さよりも、時間外勤務（残業）がないことを重視する傾向がある。

図表2-44　就職活動開始時の勤務時間限定正社員としての希望勤務時間
（サンプル全体、性別、文理系別、単位：％）

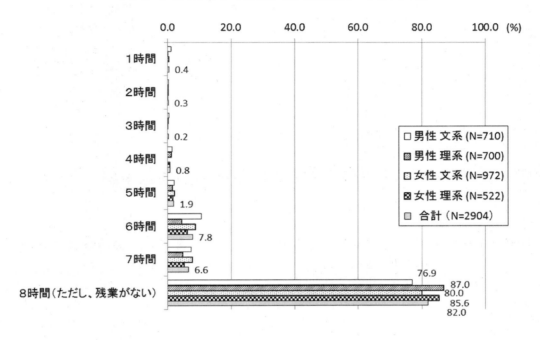

　なお、学部4年生および大学院生（修士課程）もサンプル全体と同様の傾向である（図表2-45、図表2-46）。

図表2-45 就職活動開始時の勤務時間限定正社員としての希望勤務時間
（学部4年生、性別、文理系別、単位：％）

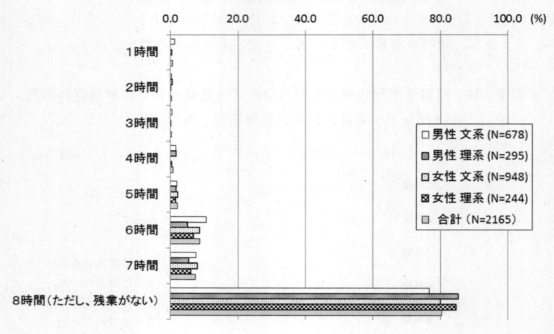

図表2-46 就職活動開始時の勤務時間限定正社員としての希望勤務時間
（大学院生（修士課程）、性別、文理系別、単位：％）

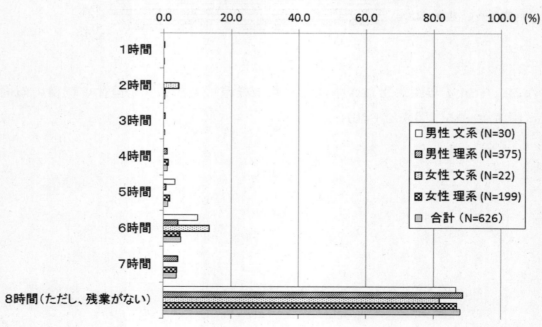

第3節　現在の就職活動の状況

　サンプル全体で見ると、文系の学生の約62.7%(男性)および約56.6%（女性）、理系の学生の約78.1%（男性）および約74.6%（女性）、合計の約66.8%が、現在就職活動を終えている（図表2-47）。

図表2-47　現在の就職活動の状況（サンプル全体、性別、文理系別、単位：%）

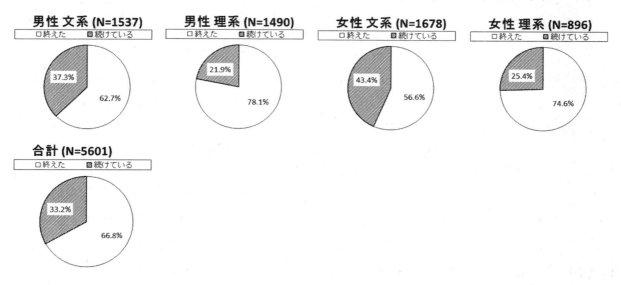

　学部4年生はサンプル全体と同様の傾向であるが、サンプル全体に比べ、理系の学生が現在就職活動を終えている割合（約70.1%）が若干低い（図表2-48）。

図表2-48　現在の就職活動の状況（学部4年生、性別、文理系別、単位：%）

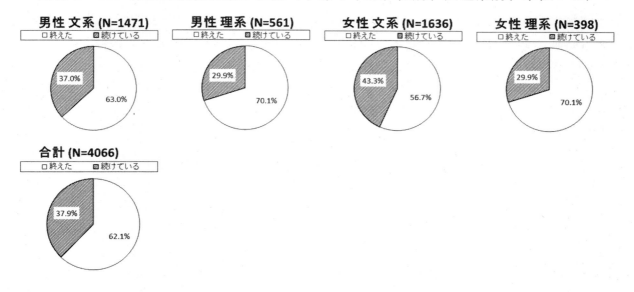

なお、大学院生（修士課程）は、サンプル全体と同様の傾向である（図表2-49）。

図表2-49 現在の就職活動の状況（大学院生（修士課程）、性別、文理系別、単位：%）

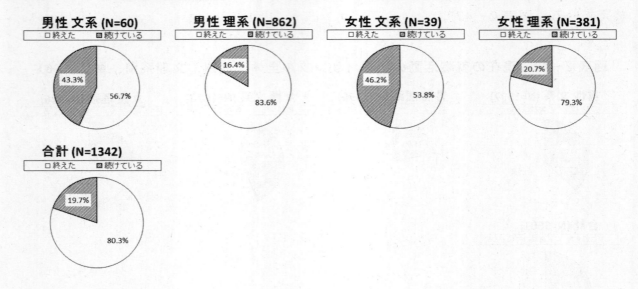

第4節 就職活動を終えた学生の状況
1 就職活動を終えた時期

　就職活動を終えた学生をサンプル全体（図表2-50）で見ると、いずれの学生も「2017年6月」に就職活動を終えた割合が高い（もっとも割合が高い女性の文系学生が約61.5%、もっとも割合が低い女性の理系学生が約50.1%、合計では約55.5%）。理系の学生の方が、文系の学生よりも相対的に早く就職活動を終える傾向がある。

　就職活動を終えた学部4年生および大学院生（修士課程）で見ても、就職活動を終える時期の傾向はサンプル全体と同様である（図表2-51、図表2-52）。

図表2-50 就職活動を終えた時期（サンプル全体、性別、文理系別、単位：％）

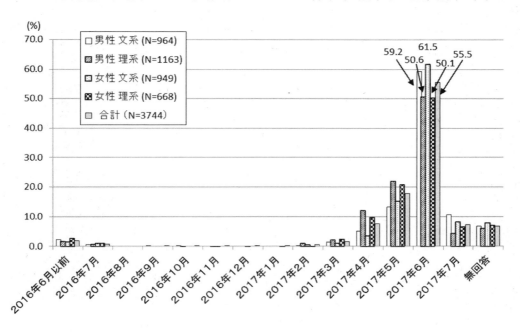

図表2-51 就職活動を終えた時期（学部4年生、性別、文理系別、単位：％）

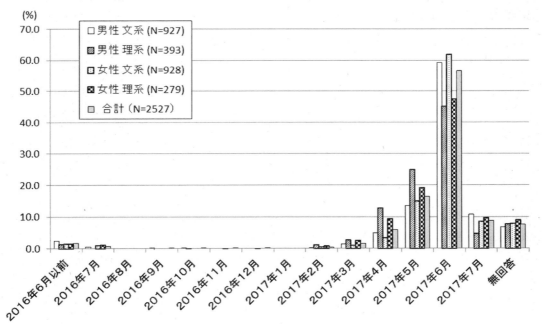

図表2-52 就職活動を終えた時期（大学院生（修士課程）、性別、文理系別、単位：％）

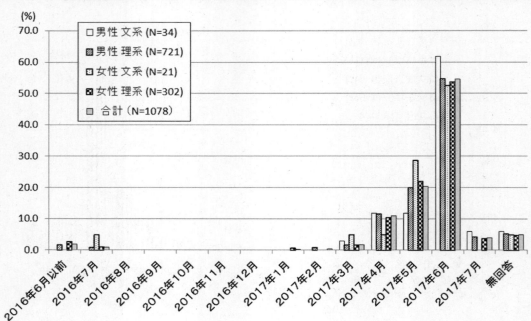

2 就職活動を終えた理由

　就職活動を終えた学生をサンプル全体（図表2-53）で見ると、就職活動を終えた理由が「希望する就職先の内定を得たから」であるのは、もっとも割合が高い男性の理系学生で約86.6％、もっとも割合が低い男性の文系学生で約80.3％、合計では約83.7％である。「希望していた就職先ではないが、内定を得たから」であるのは、もっとも割合が高い男性の文系学生で約18.5％、もっとも割合が低い男性の理系学生で約11.7％、合計では約14.9％である。つまり、ほぼすべての学生が就職先の内定を得て就職活動を終えている。

　就職活動を終えた学部4年生および大学院生（修士課程）で見ても、就職活動を終える理由の傾向はサンプル全体と同様である（図表2-54、図表2-55）。

図表 2-53 就職活動を終えた理由（サンプル全体、性別、文理系別、単位：％）

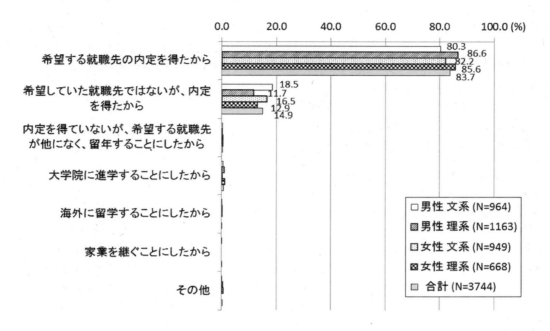

図表 2-54 就職活動を終えた理由（学部4年生、性別、文理系別、単位：％）

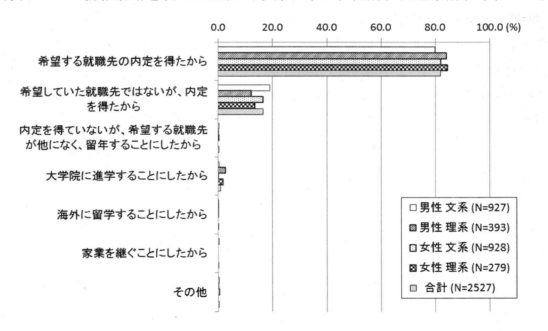

図表2-55　就職活動を終えた理由（大学院生（修士課程）、性別、文理系別、単位：％）

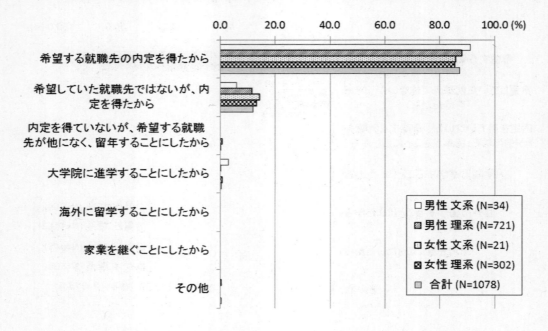

3　就職予定先企業の業種

就職先企業の内定を得た学生をサンプル全体（図表2-56）で見ると、就職予定先企業の業種で相対的に割合が高いのは、男性の学生で「ソフトウェア・情報処理・ネット関連」（文系：約10.2％、理系：約14.6％）、女性の文系学生で「銀行・証券」（約12.0％）、女性の理系学生で「薬品・化粧品」（約14.2％）である。

図表 2－56　就職予定先企業の業種

（サンプル全体、性別、文理系別、単位：％）

		農林・水産	食品	建設・設備関連	住宅・インテリア	アパレル・服飾関連	繊維・紙・パルプ	化学・石油	薬品・化粧品	ゴム・ガラス・セラミックス	鉄鋼・金属・鉱業
男性	文系（N=964）	0.9	3.5	2.7	1.7	0.6	0.4	2.5	0.9	0.4	1.0
	理系（N=1163）	0.5	4.6	4.8	1.1	0.0	0.5	6.9	4.4	1.1	3.1
女性	文系（N=949）	0.2	1.9	1.5	1.9	1.8	0.3	0.6	1.5	0.3	1.3
	理系（N=668）	1.5	10.8	3.7	1.5	0.3	1.6	7.3	14.2	1.0	1.0
合計	（N=3744）	0.7	4.8	3.2	1.5	0.7	0.6	4.2	4.5	0.7	1.7

		機械	プラント・エンジニアリング	電子・電気・OA機器	自動車・輸送用機器	精密・医療機器	印刷・事務機器・日用品	スポーツ・玩具・ゲーム製品	その他メーカー・製造関連	総合商社	商社
男性	文系	1.1	0.3	2.8	4.6	0.7	0.8	1.0	0.4	0.8	4.4
	理系	6.5	1.8	11.3	9.7	3.5	1.2	0.2	0.6	0.1	0.8
女性	文系	1.1	0.3	1.4	2.3	0.4	1.2	0.4	1.6	0.8	2.8
	理系	3.1	1.0	3.4	3.1	3.1	0.9	0.3	1.2	0.0	0.9
合計		3.2	0.9	5.2	5.3	1.9	1.0	0.5	0.9	0.5	2.2

		百貨店・スーパー・コンビニ	専門店	銀行・証券	信金・労金・信組	クレジット・信販・リース・その他金融	生保・損保	不動産	鉄道・航空	陸運・海運・物流	電力・ガス・エネルギー
男性	文系	3.7	1.8	9.5	2.7	2.4	4.6	2.8	3.8	3.4	1.7
	理系	0.3	0.3	0.9	0.3	0.1	0.9	0.5	2.1	0.4	2.2
女性	文系	2.7	2.7	12.0	3.3	3.0	5.4	3.1	3.3	2.3	0.1
	理系	0.3	1.3	1.0	0.1	0.3	0.9	0.4	0.7	0.6	0.9
合計		1.8	1.5	6.0	1.6	1.4	3.0	1.7	2.6	1.7	1.3

		レストラン・給食・フードサービス	ホテル・旅行	医療機関・調剤薬局	福祉サービス	フィットネスクラブ・エステ・理美容	アミューズメント・レジャー	冠婚葬祭	専門・その他サービス	コンサルティング・シンクタンク・調査	人材サービス（派遣・紹介）
男性	文系	0.0	2.2	0.5	0.5	0.0	0.4	0.2	1.1	2.8	1.5
	理系	0.1	0.3	2.1	0.0	0.1	0.2	0.0	0.9	3.0	0.5
女性	文系	0.6	3.7	1.1	1.6	0.3	0.5	0.5	2.5	3.4	1.7
	理系	1.0	0.6	9.0	0.4	0.1	0.1	0.0	1.8	2.1	1.0
合計		0.4	1.7	2.7	0.6	0.1	0.3	0.2	1.5	2.9	1.1

		教育	ソフトウェア・情報処理・ネット関連	ゲームソフト	通信	マスコミ（放送・新聞）	マスコミ（出版・広告）	芸能・エンタテインメント	官公庁・公社・団体	これら以外のその他	非該当
男性	文系	1.5	10.2	0.1	1.3	1.7	2.2	0.5	3.4	0.5	1.2
	理系	0.2	14.6	0.3	2.7	0.7	0.1	0.0	1.5	0.1	1.7
女性	文系	3.4	9.9	0.2	1.5	0.7	2.0	0.7	2.1	0.8	1.3
	理系	0.4	10.0	0.0	0.7	0.3	0.7	0.1	1.9	0.7	1.5
合計		1.4	11.5	0.2	1.7	0.9	1.2	0.3	2.2	0.5	1.4

　就職先企業の内定を得た学部 4 年生の就職予定先企業の業種（図表 2－57）で相対的に割合が高いのは、「ソフトウェア・情報処理・ネット関連」（男性の文系学生で約 10.0％、男性の理系学生で約 25.2％、女性の理系学生で約 16.8％）である。また、女性の文系学生では、「銀行・証券」（約 12.2％）の割合が相対的に高い。

図表 2－57　就職予定先企業の業種

（学部 4 年生、性別、文理系別、単位：%）

		農林・水産	食品	建設・設備関連	住宅・インテリア	アパレル・服飾関連	繊維・紙・パルプ	化学・石油	薬品・化粧品	ゴム・ガラス・セラミックス	鉄鋼・金属・鉱業
男性	文系 (N=927)	1.0	3.7	2.8	1.7	0.6	0.4	2.5	1.0	0.4	1.0
	理系 (N=393)	0.8	7.6	9.4	1.8	0.0	0.0	0.8	1.3	0.0	0.8
女性	文系 (N=928)	0.2	1.9	1.5	1.9	1.8	0.3	0.6	1.5	0.3	1.3
	理系 (N=279)	2.2	14.3	6.8	2.2	0.7	0.4	3.9	8.6	0.4	0.7
合計 (N=2527)		0.8	4.8	3.8	1.9	1.0	0.3	1.7	2.1	0.3	1.0

		機械	プラント・エンジニアリング	電子・電気・OA機器	自動車・輸送用機器	精密・医療機器	印刷・事務機器・日用品	スポーツ・玩具・ゲーム製品	その他メーカー・製造関連	総合商社	商社
男性	文系	1.1	0.3	2.8	4.4	0.8	0.9	1.1	0.4	0.9	4.5
	理系	7.4	1.5	6.9	6.4	1.5	0.0	0.0	1.0	0.3	1.5
女性	文系	1.1	0.3	1.3	2.2	0.4	1.2	0.4	1.6	0.9	2.8
	理系	2.9	1.1	1.8	0.7	1.8	1.1	0.0	1.4	0.0	1.8
合計		2.3	0.6	2.8	3.5	0.9	1.0	0.6	1.1	0.7	3.1

		百貨店・スーパー・コンビニ	専門店	銀行・証券	信金・労金・信組	クレジット・信販・リース・その他金融	生保・損保	不動産	鉄道・航空	陸運・海運・物流	電力・ガス・エネルギー
男性	文系	3.8	1.8	9.3	2.8	2.5	4.7	2.8	3.9	3.6	1.6
	理系	0.3	1.0	1.0	0.8	0.0	0.8	0.8	3.3	1.0	1.5
女性	文系	2.8	2.8	12.2	3.3	3.0	5.5	3.1	3.3	2.4	0.1
	理系	0.7	2.9	1.8	2.4	0.7	1.8	0.7	0.7	0.7	1.4
合計		2.5	2.2	8.2	2.4	2.1	4.1	2.4	3.2	2.4	1.0

		レストラン・給食・フードサービス	ホテル・旅行	医療機関・調剤薬局	福祉サービス	フィットネスクラブ・エステ・理美容	アミューズメント・レジャー	冠婚葬祭	専門・その他サービス	コンサルティング・シンクタンク・調査	人材サービス（派遣・紹介）
男性	文系	0.0	2.2	0.5	0.5	0.0	0.4	0.2	1.2	2.5	1.5
	理系	0.3	0.8	0.8	0.0	0.3	0.0	0.0	0.8	2.8	0.5
女性	文系	0.6	3.8	1.1	1.6	0.3	0.5	0.5	2.6	2.9	1.6
	理系	2.5	1.4	2.2	0.7	0.4	0.4	0.0	1.4	1.4	1.4
合計		0.6	2.5	0.9	0.9	0.2	0.4	0.3	1.7	2.6	1.4

		教育	ソフトウェア・情報処理・ネット関連	ゲームソフト	通信	マスコミ（放送・新聞）	マスコミ（出版・広告）	芸能・エンタテインメント	官公庁・公社・団体	これら以外のその他	非該当
男性	文系	1.3	10.0	0.0	1.4	1.6	1.8	0.5	3.6	0.4	1.2
	理系	0.3	25.2	0.8	2.3	0.8	0.0	0.0	1.0	0.0	3.6
女性	文系	3.0	9.8	0.2	1.5	0.8	2.0	0.8	1.9	0.8	1.3
	理系	0.4	16.8	0.0	1.1	0.7	0.4	0.4	1.4	0.7	1.8
合計		1.7	13.1	0.2	1.5	1.1	1.5	0.5	2.3	0.5	1.7

　就職先企業の内定を得た大学院生（修士課程）の就職予定先企業の業種（図表 2－58）で相対的に割合が高いのは、男性の文系学生で「銀行・証券」および「ソフトウェア・情報処理・ネット関連」（いずれも約 14.7%）、男性の理系学生「電子・電気・OA 機器」（約 13.9%）である。また、女性の文系学生で「コンサルティング・シンクタンク・調査」（約 23.8%）、女性の理系学生で「薬品・化粧品」（約 15.9%）の割合が相対的に高い。

図表 2−58　就職予定先企業の業種

（大学院生（修士課程）、性別、文理系別、単位：%）

	農林・水産	食品	建設・設備関連	住宅・インテリア	アパレル・服飾関連	繊維・紙・パルプ	化学・石油	薬品・化粧品	ゴム・ガラス・セラミックス	鉄鋼・金属・鉱業
男性 文系 (N=34)	0.0	0.0	0.0	0.0	0.0	0.0	2.9	0.0	0.0	2.9
理系 (N=721)	0.4	3.3	2.5	0.8	0.0	0.8	10.0	5.1	1.8	4.4
女性 文系 (N=21)	0.0	0.0	0.0	0.0	0.0	0.0	0.0	0.0	0.0	0.0
理系 (N=302)	1.3	10.3	2.0	1.3	0.0	3.3	12.3	15.9	2.0	1.7
合計 （N=1078)	0.6	5.1	2.2	0.9	0.0	1.5	10.2	7.9	1.8	3.5

	機械	プラント・エンジニアリング	電子・電気・OA機器	自動車・輸送用機器	精密・医療機器	印刷・事務機器・日用品	スポーツ・玩具・ゲーム製品	その他メーカー・製造関連	総合商社	商社
男性 文系	0.0	0.0	2.9	8.8	0.0	0.0	0.0	0.0	0.0	0.0
理系	6.5	2.1	13.9	12.1	4.9	1.5	0.3	0.4	0.0	0.4
女性 文系	0.0	0.0	4.8	9.5	0.0	0.0	0.0	0.0	0.0	4.8
理系	4.3	1.3	6.0	6.3	5.3	1.0	0.7	1.3	0.0	0.3
合計	5.6	1.8	11.1	10.3	4.7	1.3	0.4	0.6	0.0	0.5

	百貨店・スーパー・コンビニ	専門店	銀行・証券	信金・労金・信組	クレジット・信販・リース・その他金融	生保・損保	不動産	鉄道・航空	陸運・海運・物流	電力・ガス・エネルギー
男性 文系	2.9	0.0	14.7	0.0	0.0	0.0	2.9	2.9	0.0	2.9
理系	0.3	0.0	1.0	0.0	0.1	1.1	0.4	1.7	0.0	2.8
女性 文系	0.0	0.0	4.8	0.0	0.0	0.0	0.0	0.0	0.0	0.0
理系	0.0	0.0	0.3	0.0	0.0	0.3	0.3	1.0	0.7	0.0
合計	0.3	0.0	1.3	0.0	0.1	0.8	0.5	1.5	0.2	2.1

	レストラン・給食・フードサービス	ホテル・旅行	医療機関・調剤薬局	福祉サービス	フィットネスクラブ・エステ・理美容	アミューズメント・レジャー	冠婚葬祭	専門・その他サービス	コンサルティング・シンクタンク・調査	人材サービス（派遣・紹介）
男性 文系	0.0	2.9	0.0	0.0	0.0	0.0	0.0	0.0	11.8	0.0
理系	0.0	0.0	0.6	0.0	0.0	0.3	0.0	1.1	3.1	0.4
女性 文系	0.0	0.0	0.0	0.0	0.0	0.0	0.0	0.0	23.8	4.8
理系	0.0	0.0	1.7	0.3	0.0	0.0	0.0	1.7	3.0	0.7
合計	0.0	0.1	0.8	0.1	0.0	0.2	0.0	1.2	3.7	0.6

	教育	ソフトウエア・情報処理・ネット関連	ゲームソフト	通信	マスコミ（放送・新聞）	マスコミ（出版・広告）	芸能・エンタテインメント	官公庁・公社・団体	これら以外のその他	非該当
男性 文系	5.9	14.7	2.9	0.0	2.9	11.8	0.0	0.0	0.0	2.9
理系	0.1	9.7	0.1	2.8	0.7	0.1	0.0	1.7	0.1	0.6
女性 文系	19.0	14.3	0.0	0.0	0.0	0.0	0.0	9.5	4.8	0.0
理系	0.7	6.3	0.0	0.7	0.0	1.3	0.0	2.3	0.3	1.3
合計	0.8	9.0	0.2	2.0	0.6	0.8	0.0	1.9	0.3	0.8

4　就職予定先企業での働き方

　就職先企業の内定を得た学生をサンプル全体（図表 2−59）で見ると、就職予定先企業での働き方は、「限定のない一般の正社員」が約 67.7％、「地域限定正社員」が約 21.8％、「職務限定正社員」が約 16.1％、「勤務時間限定正社員」が約 2.8％となっている。

　なお、就職先企業の内定を得た学部 4 年生の就職予定先企業での働き方は、サンプル全体の傾向と同様である（図表 2−60）。

図表 2-59 就職予定先企業での働き方
（サンプル全体、複数回答可、性別、文理系別、単位：%）

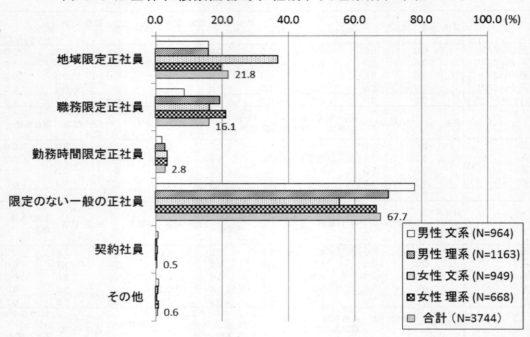

図表 2-60 就職予定先企業での働き方
（学部4年生、複数回答可、性別、文理系別、単位：%）

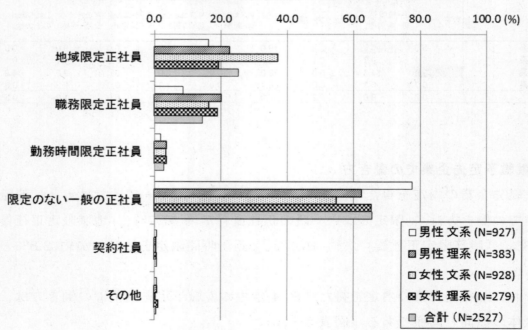

就職先企業の内定を得た大学院生(修士課程)の就職予定先企業での働き方（図表 2-61）は、サンプル全体の傾向と同様であるが、サンプル全体に比べ、「限定のない一般の正社員」の割合（もっとも割合が高い男性の文系学生で約 85.3%、もっとも割合が低い女性の理系学生で約 73.8%、合計では約 75.0%）が総じて高く、女性の文系学生で就職予定先企業での働き方が「職務限定正社員」（約 4.8%）である割合が低い。

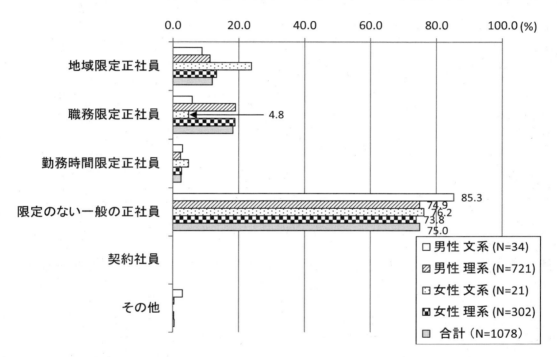

図表 2-61　就職予定先企業での働き方
（大学院生（修士課程）、複数回答可、性別、文理系別、単位：%）

サンプル全体（図表 2-62）で見ると、地域限定正社員への応募意向がある学生の約 28.6%（＝735 人／（791 人＋1,779 人））が、就職予定先企業で地域限定正社員として働く予定である。同割合は、男性のみで見ると約 22.0%、女性では約 35.0% である。

また、サンプル全体（図表 2-63）で見ると、職務限定正社員への応募意向がある学生の約 24.3%（男性：約 23.3%、女性：約 25.4%）が、就職予定先企業で職務限定正社員として働く予定である。

そして、サンプル全体（図表 2-64）で見ると、勤務時間限定正社員への応募意向がある学生の約 4.4%（男性：約 3.6%、女性：約 5.1%）が、就職予定先企業で勤務時間限定正社員として働く予定である。

図表2−62 地域限定正社員への応募意向と地域限定正社員としての就職予定
（単位：人）

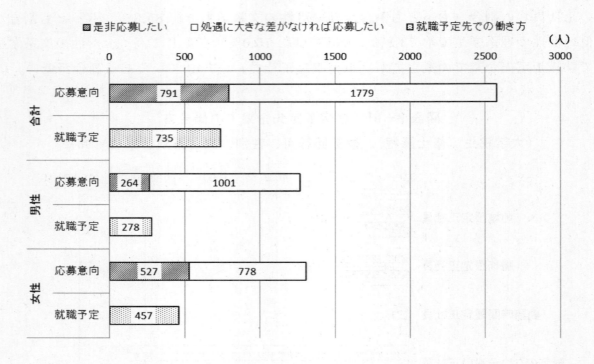

図表2−63 職務限定正社員への応募意向と職務限定正社員としての就職予定
（単位：人）

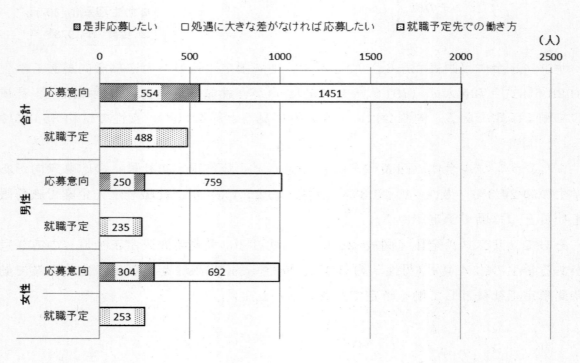

図表2-64　勤務時間限定正社員への応募意向と勤務時間限定正社員としての就職予定
（単位：人）

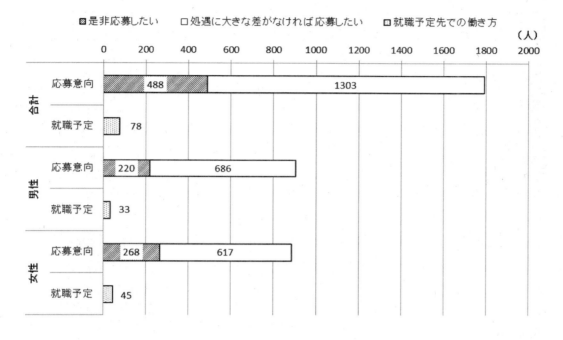

5　就職予定先企業での働き方は希望していたものか

　就職先企業の内定を得た学生をサンプル全体（図表2-65）で見ると、就職予定先企業での働き方が希望していた働き方である割合は、いずれの形態の正社員についても約9割と高い。働き方が希望通りではない割合（つまり、100から図表2-65の数値を引いた値）が5％以上であるのは、男性の文系学生で「地域限定正社員」（約8.4％）および「勤務時間限定正社員」（約11.1％）、女性の文系学生ですべての形態の正社員（もっとも希望通りではない割合が高い限定のない一般の正社員で約8.2％、もっとも割合が低い勤務時間限定正社員で約6.1％）、女性の理系学生で「勤務時間限定正社員」（約13.0％）および「限定のない一般の正社員」（約5.9％）である。

　サンプル全体（図表2-66）において就職活動開始時の応募意向と就職先企業での働き方を比較すると、就職予定先企業で限定のない一般の正社員として働く予定の学生の約95.5％が、希望通りの働き方であると回答している。就職活動開始時に地域限定正社員への応募意向があった学生に絞っても、限定のない一般の正社員として働く予定の学生の約93.6％が希望通りの働き方であると回答している。希望通りである割合が高いのは、限定正社員への応募を希望する学生が、同時に限定のない一般の正社員への応募も希望していることによる。

図表2−65　就職予定先企業での働き方は希望していたものか

（サンプル全体、性別、文理系別、単位：希望通り％）

		地域 限定正社員	職務 限定正社員	勤務時間 限定正社員	限定のない 一般の正社員	契約社員	その他
男性	文系	91.6	95.1	88.9	96.1	57.1	87.5
	理系	99.5	96.4	100.0	98.0	100.0	100.0
女性	文系	93.7	93.5	93.9	91.8	60.0	66.7
	理系	96.9	96.5	87.0	94.1	100.0	60.0
合計		95.1	95.5	93.4	95.5	70.6	82.6
N							
男性	文系	154	82	18	751	7	8
	理系	184	225	32	814	3	7
女性	文系	349	153	33	525	5	3
	理系	131	141	23	444	2	5
合計		818	601	106	2534	17	23

図表2−66　就職予定先企業での働き方は希望していたものか

（サンプル全体、就職活動開始時の応募意向別、単位：希望通り％）

		就職予定先企業での働き方			
		地域 限定正社員	職務 限定正社員	勤務時間 限定正社員	限定のない 一般の正社員
希望通り％					
全体		95.1	95.5	93.4	95.5
就職活動 開始時の 応募意向	地域限定正社員	95.6			93.6
	職務限定正社員		96.1		94.4
	勤務時間限定正社員			93.6	94.6
N（単位：人）					
全体		818	601	106	2534
就職活動 開始時の 応募意向	地域限定正社員	735			1593
	職務限定正社員		488		1133
	勤務時間限定正社員			78	1061

　就職先企業の内定を得た学部4年生のうち就職予定先企業での働き方が希望していた働き方である割合（図表2−67）は、サンプル全体の傾向と同様である。ただし、サンプル全体に比べ、男性の理系学生で「職務限定正社員」が希望通りの働き方ではないという割合が高く、約7.6％である。女性の理系学生においても、「限定のない一般の正社員」が希望通りの働き方ではないという割合（約7.1％）が若干高い。

−48−

図表 2−67　就職予定先企業での働き方は希望していたものか

（学部 4 年生、性別、文理系別、単位：希望通り%）

		地域 限定正社員	職務 限定正社員	勤務時間 限定正社員	限定のない 一般の正社員	契約社員	その他
男性	文系	91.4	96.3	88.2	96.0	57.1	83.3
	理系	100.0	92.4	100.0	97.1	100.0	100.0
女性	文系	93.6	93.4	93.8	91.7	60.0	66.7
	理系	98.1	96.2	90.0	92.9	100.0	66.7
合計		94.4	94.2	93.2	94.5	68.8	80.0
N							
男性	文系	151	80	17	720	7	6
	理系	89	79	14	245	2	3
女性	文系	344	152	32	509	5	3
	理系	54	53	10	182	2	3
合計		638	364	73	1656	16	15

　サンプルサイズが小さいため就業形態別に集計することは困難であるが、サンプル全体で見た就職予定先企業での働き方が希望と異なった理由（図表 2−68）が、「その働き方でしか採用されなかったから」であるのは、もっとも割合が高い女性の文系学生で約 33.3％、もっとも割合が低いで男性の理系学生で約 24.0％、合計では約 28.5％である。「希望する働き方での募集がなかったから」であるのは、もっとも割合が高い女性の理系学生で約 27.8％、もっとも割合が低い女性の文系学生で約 20.3％、合計では約 22.3％である。

　学部 4 年生では、就職予定先企業での働き方が希望と異なった理由（図表 2−69）が、「その働き方でしか採用されなかったから」であるのは、もっとも割合が高い男性の理系学生で約 38.5％、もっとも割合が低い女性の理系学生で約 23.5％、合計では約 29.5％となっている。ただし、女性の理系学生では「希望する働き方での募集がなかったから」が約 41.2％で相対的に割合が高い。

図表2-68 就職予定先企業での働き方が希望と異なった理由
（サンプル全体、性別、文理系別、単位：%）

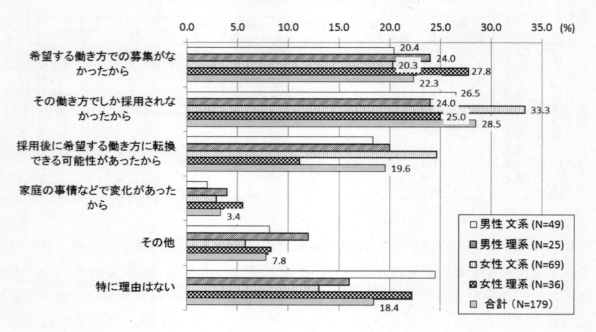

図表2-69 就職予定先企業での働き方が希望と異なった理由
（学部4年生、性別、文理系別、単位：%）

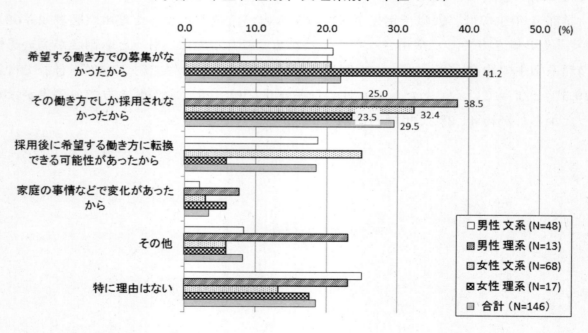

第5節　現在就職活動を続けている学生の状況
1　現在就職活動を続けている理由

サンプル全体（図表2-70）で見ると、現在就職活動を続けている理由が、「まだ内定を得ていないから」であるのは、もっとも割合が高い男性の理系学生で約56.9%、もっとも割合が低い女性の文系学生で約52.4%、合計では約53.3%である。「すでに内定を得ているが、就職を希望する企業が他にあるから」であるのは、もっとも割合が高い男性の文系学生で約45.0%、もっとも割合が低い男性の理系学生で約41.0%、合計では約44.0%である。

図表2-70　現在就職活動を続ける理由（サンプル全体、性別、文理系別、単位：%）

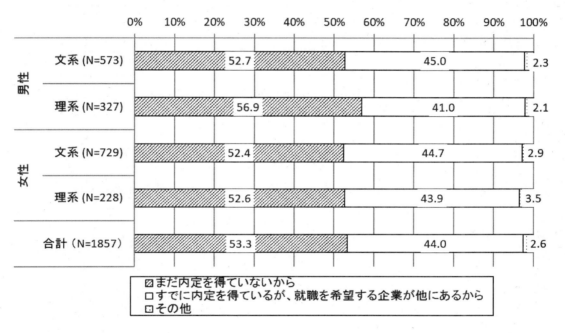

学部4年生の現在就職活動を続けている理由（図表2-71）は、サンプル全体と同様の傾向だが、サンプル全体に比べ、男性の理系学生で「まだ内定を得ていないから」の割合（約51.8%）がやや低く、女性の理系学生で同理由の割合（約55.5%）がやや高い。

大学院生（修士課程）の現在就職活動を続けている理由（図表2-72）は、サンプル全体と比べ、男性の理系学生で「まだ内定を得ていないから」の割合（約61.7%）が高く、女性の理系学生で同理由の割合（約51.9%）がやや低くなっている。

図表2-71 現在就職活動を続ける理由（学部4年生、性別、文理系別、単位：%）

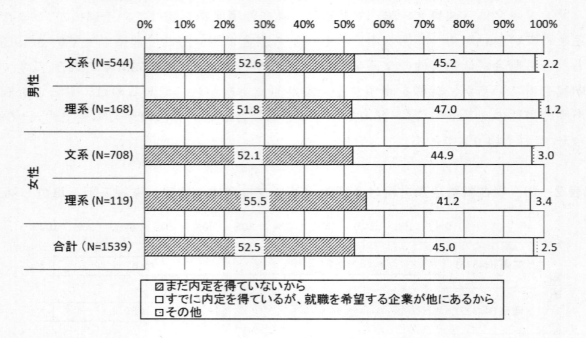

図表2-72 現在就職活動を続ける理由
（大学院生（修士課程）、性別、文理系別、単位：%）

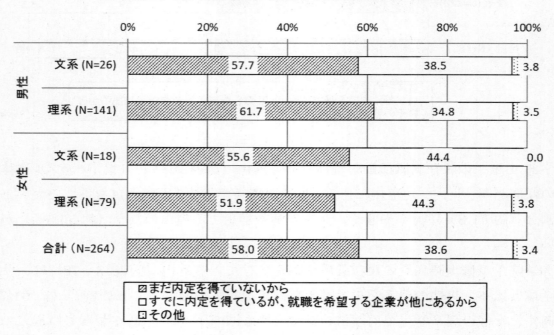

2 希望する業種の変化

サンプル全体（図表 2-73）で見ると、現在就職活動を続けている学生のうち「希望する業種が拡がった」学生は、男性の学生で約 43.5%（文系）および約 37.9%（理系）、女性の理系学生で約 39.9%、女性の文系学生で約 49.1%、合計で約 44.3%である。一方、「希望する業種を絞った」学生は、男性の文系学生で約 25.0%、男性の理系学生で約 20.8%、女性の学生で約 21.5%（文系）および約 20.2%（理系）、合計で 22.3%である。

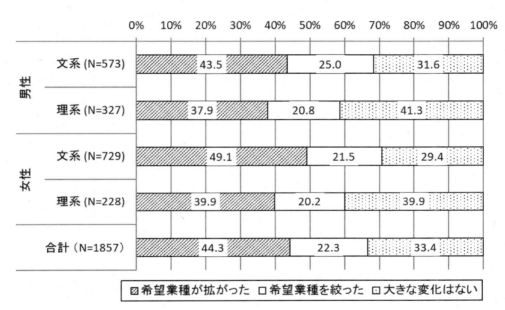

図表 2-73 現在就職活動を続けている学生の希望業種の変化
（サンプル全体、性別、文理系別、単位：%）

学部 4 年生のうち現在就職活動を続けている学生（図表 2-74）では、サンプル全体（図表 2-73）に比べ、理系の学生で「希望業種が拡がった」割合（男性：約 33.3%、女性：約 36.1%）が低く、「希望業種を絞った」および「大きな変化がない」割合（男性：約 22.6%、女性：約 21.8%、および男性：約 44.0%、女性：約 42.0%）が高い。

大学院生（修士課程）のうち現在就職活動を続けている学生（図表 2-75）では、サンプル全体に比べて、理系の学生で「希望業種が拡がった」割合（男性：約 46.1%、女性：約 49.4%）が高く、「希望業種を絞った」および「大きな変化がない」割合（約男性：約 17.0%、女性：約 13.9%、および男性：約 36.9%、女性：約 36.7%）が低くなっている。

図表2-74 現在就職活動を続けている学生の希望業種の変化
（学部4年生、性別、文理系別、単位：%）

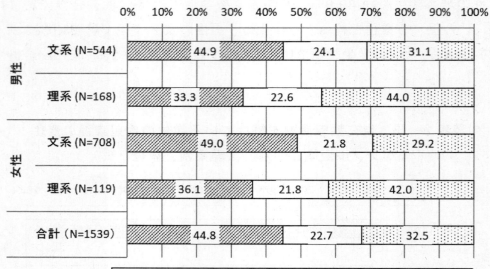

図表2-75 現在就職活動を続けている学生の希望業種の変化
（大学院生（修士課程）、性別、文理系別、単位：%）

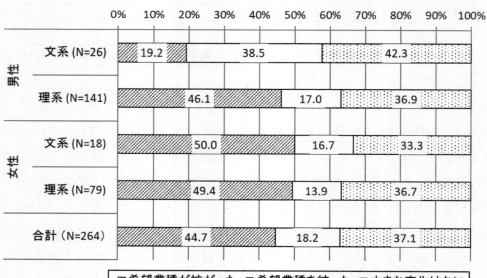

サンプル全体において、現在就職活動を続けている学生のうち「希望業種を拡げた」学生がどのように希望業種を変化させたかを確認すると、就職活動開始時（図表 2－76）から現在（図表 2－77）にかけて機械、精密・医療機器、ソフトウェア・情報処理・ネット関連に希望業種を拡げている。

図表2－76　現在就職活動を続けている学生のうち
希望業種を拡げた学生の就職活動開始時の希望業種
（サンプル全体、複数回答可、性別、文理系別、単位：%）

		農林・水産	食品	建設・設備関連	住宅・インテリア	アパレル・服飾関連	繊維・紙・パルプ	化学・石油	薬品・化粧品	ゴム・ガラス・セラミックス	鉄鋼・金属・鉱業
男性	文系（N=249）	8.0	22.5	9.6	10.4	4.0	7.6	8.4	7.6	5.6	9.2
	理系（N=124）	16.9	32.3	5.6	6.5	2.4	10.5	25.8	19.4	9.7	9.7
女性	文系（N=358）	3.1	28.2	6.1	15.1	7.5	6.1	5.6	10.3	1.7	5.9
	理系（N=91）	19.8	56.0	5.5	3.3	2.2	6.6	18.7	36.3	3.3	2.2
合計	（N=822）	8.5	30.2	7.1	11.1	5.1	7.3	10.9	13.7	4.3	7.1

		機械	プラント・エンジニアリング	電子・電気・OA機器	自動車・輸送用機器	精密・医療機器	印刷・事務機器・日用品	スポーツ・玩具・ゲーム製品	その他メーカー・製造関連	総合商社	商社
男性	文系	10.8	6.0	9.2	11.6	8.0	7.6	9.6	4.8	14.1	25.3
	理系	12.9	11.3	21.0	17.7	11.3	6.5	2.4	4.8	3.2	4.8
女性	文系	5.6	1.1	7.3	5.3	7.0	17.0	9.5	3.6	16.8	19.0
	理系	4.4	3.3	9.9	1.1	13.2	6.6	5.5	4.4	4.4	7.7
合計		8.2	4.4	10.2	8.6	8.6	11.4	8.0	4.3	12.5	17.5

		百貨店・スーパー・コンビニ	専門店	銀行・証券	信金・労金・信組	クレジット・信販・リース・その他金融	生保・損保	不動産	鉄道・航空	陸運・海運・物流	電力・ガス・エネルギー
男性	文系	10.8	4.0	25.7	13.3	12.0	8.4	12.4	19.3	10.0	10.0
	理系	1.6	0.8	6.5	4.0	0.8	3.2	4.8	11.3	3.2	9.7
女性	文系	11.2	7.5	22.6	11.2	7.5	8.9	8.1	14.5	6.4	5.6
	理系	3.3	2.2	3.3	1.1	0.0	2.2	4.4	4.4	1.1	5.5
合計		8.8	4.9	19.0	9.6	7.1	7.2	8.5	14.4	6.4	7.5

		レストラン・給食・フードサービス	ホテル・旅行	医療機関・調剤薬局	福祉サービス	フィットネスクラブ・エステ・理美容	アミューズメント・レジャー	冠婚葬祭	専門・その他サービス	コンサルティング・シンクタンク・調査	人材サービス（派遣・紹介）
男性	文系	2.8	10.8	2.0	2.0	0.8	4.8	1.6	2.8	6.0	4.0
	理系	0.8	2.4	0.8	0.0	0.8	2.4	0.0	3.2	8.9	0.8
女性	文系	2.0	15.1	5.9	4.5	1.4	6.4	4.2	2.0	4.7	7.0
	理系	4.4	1.1	9.9	2.2	1.1	0.0	1.1	2.2	6.6	2.2
合計		2.3	10.3	4.4	2.8	1.1	4.6	2.4	2.4	6.0	4.6

		教育	ソフトウエア・情報処理・ネット関連	ゲームソフト	通信	マスコミ（放送・新聞）	マスコミ（出版・広告）	芸能・エンタテインメント	官公庁・公社・団体	これら以外のその他	非該当
男性	文系	4.4	12.4	5.6	5.2	12.0	11.2	5.2	20.1	1.2	4.4
	理系	5.6	18.5	4.0	8.1	5.6	5.6	2.4	20.2	0.0	2.4
女性	文系	12.3	8.4	4.2	4.2	20.7	27.7	11.5	18.4	1.1	3.4
	理系	4.4	6.6	1.1	1.1	4.4	5.5	3.3	22.0	3.3	2.2
合計		8.0	10.9	4.3	4.7	14.0	16.9	7.3	19.6	1.2	3.4

図表2－77 現在就職活動を続けている学生のうち
希望業種を拡げた学生の現在の希望業種
（サンプル全体、複数回答可、性別、文理系別、単位：%）

		農林・水産	食品	建設・設備関連	住宅・インテリア	アパレル・服飾関連	繊維・紙・パルプ	化学・石油	薬品・化粧品	ゴム・ガラス・セラミックス	鉄鋼・金属・鉱業
男性	文系（N=249）	8.0	21.3	10.4	11.2	4.0	6.4	16.5	6.8	7.6	11.2
	理系（N=124）	19.4	28.2	13.7	12.9	4.8	15.3	29.0	19.4	13.7	16.9
女性	文系（N=358）	7.0	20.4	12.6	14.0	9.2	8.9	8.4	9.5	4.7	10.6
	理系（N=91）	19.8	46.2	6.6	4.4	2.2	6.6	25.3	37.4	5.5	2.2
合計	（N=822）	10.6	24.7	11.4	11.9	6.2	8.9	15.8	13.3	7.1	10.8

		機械	プラント・エンジニアリング	電子・電気・OA機器	自動車・輸送用機器	精密・医療機器	印刷・事務機器・日用品	スポーツ・玩具・ゲーム製品	その他メーカー・製造関連	総合商社	商社
男性	文系	15.3	8.8	15.3	8.4	8.8	8.0	8.8	3.6	13.3	25.3
	理系	20.2	13.7	22.6	18.5	23.4	12.1	5.6	8.9	8.1	8.9
女性	文系	11.7	5.9	8.7	7.0	9.8	17.9	7.8	5.6	14.0	27.9
	理系	4.4	6.6	7.7	3.3	14.3	9.9	2.2	7.7	3.3	8.8
合計		13.3	8.0	12.7	8.8	12.0	13.1	7.2	5.7	11.7	22.1

		百貨店・スーパー・コンビニ	専門店	銀行・証券	信金・労金・信組	クレジット・信販・リース・その他金融	生保・損保	不動産	鉄道・航空	陸運・海運・物流	電力・ガス・エネルギー
男性	文系	12.0	6.8	21.7	9.6		8.0	12.9	15.3	12.0	10.0
	理系	7.3	4.0	4.8	1.6	2.4	3.2	4.0	13.7	6.5	10.5
女性	文系	10.3	7.0	16.5	10.6	7.8	11.5	10.3	8.7	7.3	6.1
	理系	2.2	1.1	6.6	1.1	1.1	3.3	5.5	4.4	1.1	6.6
合計		9.5	5.8	15.2	7.9	6.3	8.3	9.6	10.9	7.9	8.0

		レストラン・給食・フードサービス	ホテル・旅行	医療機関・調剤薬局	福祉サービス	フィットネスクラブ・エステ・理美容	アミューズメント・レジャー	冠婚葬祭	専門・その他サービス	コンサルティング・シンクタンク・調査	人材サービス（派遣・紹介）
男性	文系	5.2	7.2	3.2	3.2	1.2	5.2	2.0	4.0	8.8	6.4
	理系	3.2	3.2	1.6	1.6	0.0	0.8	0.8	4.0	14.5	5.6
女性	文系	3.1	8.1	9.5	6.4	2.8	7.3	3.6	6.4	8.1	12.3
	理系	6.6	2.2	16.5	1.1	0.0	0.0	2.2	1.1	11.0	9.9
合計		4.1	6.4	7.2	4.1	1.6	4.9	2.6	4.7	9.6	9.2

		教育	ソフトウエア・情報処理・ネット関連	ゲームソフト	通信	マスコミ（放送・新聞）	マスコミ（出版・広告）	芸能・エンタテインメント	官公庁・公社・団体	これら以外のその他	非該当
男性	文系	5.6	18.9	4.0	6.0	8.4	9.6	4.4	18.5	2.4	5.2
	理系	6.5	28.2	4.0	14.5	4.8	6.5	1.6	15.3	1.6	2.4
女性	文系	10.9	22.3	3.4	8.9	11.5	17.9	7.5	16.5	2.2	5.3
	理系	5.5	27.5	1.1	4.4	6.6	12.1	3.3	30.8	3.3	1.1
合計		8.0	22.7	3.4	8.4	9.0	13.0	5.2	18.5	2.3	4.4

　学部4年生で現在就職活動を続けている学生のうち「希望業種を拡げた」学生がどのように希望業種を変化させたかを確認すると、就職活動開始時（図表2－78）から現在（図表2－79）にかけてソフトウェア・情報処理・ネット関連に希望業種を拡げている。

図表 2－78　現在就職活動を続けている学生のうち

希望業種を拡げた学生の就職活動開始時の希望業種

（学部 4 年生、複数回答可、性別、文理系別、単位：%）

		農林・水産	食品	建設・設備関連	住宅・インテリア	アパレル・服飾関連	繊維・紙・パルプ	化学・石油	薬品・化粧品	ゴム・ガラス・セラミックス	鉄鋼・金属・鉱業
男性	文系 (N=244)	8.2	23.0	9.4	10.7	4.1	7.8	8.6	7.4	5.7	9.4
	理系 (N=56)	21.4	26.8	7.1	8.9	3.6	3.6	14.3	8.9	3.6	7.1
女性	文系 (N=347)	3.2	28.5	6.1	14.7	7.2	6.1	5.5	9.5	1.7	6.1
	理系 (N=43)	25.6	67.4	2.3	2.3	4.7	4.7	11.6	23.3	0.0	0.0
合計 (N=690)		7.8	28.8	7.1	12.0	5.7	6.4	7.7	9.6	3.2	7.0

		機械	プラント・エンジニアリング	電子・電気・OA機器	自動車・輸送用機器	精密・医療機器	印刷・事務機器・日用品	スポーツ・玩具・ゲーム製品	その他メーカー・製造関連	総合商社	商社
男性	文系	11.1	6.1	8.6	11.1	8.2	7.4	9.8	4.9	13.9	25.4
	理系	14.3	7.1	21.4	21.4	5.4	7.1	3.6	3.6	1.8	7.1
女性	文系	5.8	1.2	7.2	5.5	7.2	16.7	9.5	3.7	16.7	18.2
	理系	2.3	0.0	4.7	0.0	11.6	4.7	4.7	0.0	9.3	9.3
合計		8.1	3.3	8.7	8.4	7.7	11.9	8.8	3.9	14.1	19.3

		百貨店・スーパー・コンビニ	専門店	銀行・証券	信金・労金・信組	クレジット・信販・リース・その他金融	生保・損保	不動産	鉄道・航空	陸運・海運・物流	電力・ガス・エネルギー
男性	文系	11.1	4.1	25.4	13.5	11.9	8.2	12.7	19.3	9.8	10.2
	理系	3.6	1.8	5.4	3.6	0.0	1.8	5.4	14.3	3.6	8.9
女性	文系	10.4	7.2	22.8	11.0	7.2	9.2	8.4	15.0	6.6	5.8
	理系	7.0	2.3	4.7	2.3	0.0	2.3	2.3	2.3	0.0	0.0
合計		9.9	5.4	21.2	10.7	7.8	7.8	9.3	15.7	7.1	7.2

		レストラン・給食・フードサービス	ホテル・旅行	医療機関・調剤薬局	福祉サービス	フィットネスクラブ・エステ・理美容	アミューズメント・レジャー	冠婚葬祭	専門・その他サービス	コンサルティング・シンクタンク・調査	人材サービス（派遣・紹介）
男性	文系	2.9	10.7	2.0	2.0	0.8	4.9	1.6	2.9	5.7	3.7
	理系	0.0	3.6	0.0	0.0	0.0	3.6	0.0	7.1	8.9	1.8
女性	文系	2.0	15.0	5.8	4.3	1.4	6.6	3.7	2.0	3.5	6.6
	理系	9.3	2.3	7.0	4.7	2.3	0.0	0.0	2.3	9.3	2.3
合計		2.6	11.7	4.1	3.2	1.2	5.4	2.6	2.8	5.1	4.9

		教育	ソフトウエア・情報処理・ネット関連	ゲームソフト	通信	マスコミ（放送・新聞）	マスコミ（出版・広告）	芸能・エンタテインメント	官公庁・公社・団体	これら以外のその他	非該当
男性	文系	4.5	12.3	5.7	5.3	12.3	11.1	5.3	20.1	1.2	4.5
	理系	5.4	25.0	7.1	10.7	5.4	8.9	1.8	19.6	0.0	3.6
女性	文系	12.1	8.6	4.3	4.0	21.0	27.4	11.5	18.7	1.2	3.5
	理系	4.7	9.3	2.3	2.3	7.0	9.3	7.0	16.3	0.0	4.7
合計		8.4	11.3	4.9	4.9	15.8	19.0	8.3	19.1	1.0	3.9

図表2－79　現在就職活動を続けている学生のうち
希望業種を拡げた学生の現在の希望業種
（学部4年生、複数回答可、性別、文理系別、単位：%）

		農林・水産	食品	建設・設備関連	住宅・インテリア	アパレル・服飾関連	繊維・紙・パルプ	化学・石油	薬品・化粧品	ゴム・ガラス・セラミックス	鉄鋼・金属・鉱業
男性	文系 (N=244)	8.2	21.7	10.7	11.5	4.1	6.1	16.0	7.0	7.0	11.5
	理系 (N=56)	12.5	19.6	16.1	14.3	5.4	7.1	16.1	7.1	10.7	14.3
女性	文系 (N=347)	7.2	20.5	12.4	14.1	9.2	8.6	8.4	9.2	4.9	10.4
	理系 (N=43)	27.9	53.5	2.3	2.3	2.3	11.6	14.0	25.6	4.7	0.0
合計 (N=690)		9.3	22.9	11.4	12.5	6.7	7.8	12.0	9.3	6.1	10.4

		機械	プラント・エンジニアリング	電子・電気・OA機器	自動車・輸送用機器	精密・医療機器	印刷・事務機器・日用品	スポーツ・玩具・ゲーム製品	その他メーカー・製造関連	総合商社	商社
男性	文系	15.6	9.0	15.2	8.2	8.6	7.8	9.0	3.7	12.7	25.4
	理系	19.6	8.9	17.9	16.1	17.9	8.9	5.4	10.7	10.7	14.3
女性	文系	11.8	5.5	8.4	6.9	9.5	18.2	7.8	5.2	13.8	28.0
	理系	2.3	2.3	4.7	7.0	11.6	16.3	4.7	7.0	2.3	9.3
合計		13.2	6.8	11.3	8.1	10.0	13.6	7.8	5.2	12.5	24.8

		百貨店・スーパー・コンビニ	専門店	銀行・証券	信金・労金・信組	クレジット・信販・リース・その他金融	生保・損保	不動産	鉄道・航空	陸運・海運・物流	電力・ガス・エネルギー
男性	文系	11.9	7.0	20.9	9.8	8.2	8.2	8.2	15.2	12.3	10.2
	理系	14.3	8.9	1.8	1.8	1.8	3.6	3.6	10.7	8.9	10.7
女性	文系	10.1	6.9	16.7	10.7	7.8	11.5	11.5	8.6	7.5	6.3
	理系	4.7	2.3	11.6	2.3	2.3	4.7	4.7	7.0	2.3	2.3
合計		10.7	6.8	16.7	9.1	7.1	9.3	9.3	11.0	9.0	7.8

		レストラン・給食・フードサービス	ホテル・旅行	医療機関・調剤薬局	福祉サービス	フィットネスクラブ・エステ・理美容	アミューズメント・レジャー	冠婚葬祭	専門・その他サービス	コンサルティング・シンクタンク・調査	人材サービス（派遣・紹介）
男性	文系	5.3	7.4	3.3	3.3	1.2	5.3	2.0	4.1	8.6	6.6
	理系	5.4	5.4	1.8	3.6	0.0	1.8	1.8	7.1	21.4	10.7
女性	文系	2.9	8.1	9.5	6.3	2.6	7.2	3.5	6.1	6.3	12.1
	理系	9.3	2.3	20.9	2.3	0.0	0.0	4.7	0.0	9.3	14.0
合計		4.3	7.2	7.4	4.8	1.7	5.7	2.9	5.1	8.6	10.1

		教育	ソフトウエア・情報処理・ネット関連	ゲームソフト	通信	マスコミ（放送・新聞）	マスコミ（出版・広告）	芸能・エンタテインメント	官公庁・公社・団体	これら以外のその他	非該当
男性	文系	5.7	18.9	4.1	5.3	8.6	9.0	4.5	18.4	2.5	5.3
	理系	8.9	32.1	3.6	17.9	5.4	10.7	0.0	12.5	1.8	3.6
女性	文系	11.0	22.5	3.2	8.6	11.5	17.6	7.5	16.7	2.3	5.2
	理系	7.0	27.9	2.3	4.7	11.6	14.0	7.0	23.3	4.7	2.3
合計		8.7	22.3	3.5	8.0	10.0	13.8	5.8	17.4	2.5	4.9

　サンプル全体において、現在就職活動を続けている学生のうち「希望業種を絞った」学生がどのように希望業種を変化させたかを確認すると、就職活動開始時（図表2－80）から現在（図表2－81）にかけて官公庁・公社・団体に希望業種を絞っている。

図表2－80　現在就職活動を続けている学生のうち
希望業種を絞った学生の就職活動開始時の希望業種
（サンプル全体、複数回答可、性別、文理系別、単位：％）

		農林・水産	食品	建設・設備関連	住宅・インテリア	アパレル・服飾関連	繊維・紙・パルプ	化学・石油	薬品・化粧品	ゴム・ガラス・セラミックス	鉄鋼・金属・鉱業
男性	文系 (N=143)	7.7	26.6	9.8	10.5	5.6	6.3	9.8	6.3	6.3	8.4
	理系 (N=68)	16.2	29.4	7.4	2.9	0.0	14.7	22.1	30.9	14.7	10.3
女性	文系 (N=157)	3.8	31.2	8.3	15.9	12.1	10.2	5.1	11.5	3.2	5.7
	理系 (N=46)	21.7	56.5	8.7	10.9	2.2	8.7	21.7	28.3	0.0	0.0
合計 (N=414)		9.2	32.1	8.7	11.4	6.8	9.4	11.4	14.7	5.8	6.8

		機械	プラント・エンジニアリング	電子・電気・OA機器	自動車・輸送用機器	精密・医療機器	印刷・事務機器・日用品	スポーツ・玩具・ゲーム製品	その他メーカー・製造関連	総合商社	商社
男性	文系	14.0	5.6	8.4	9.8	8.4	10.5	14.7	9.8	21.0	18.9
	理系	19.1	11.8	27.9	11.8	20.6	7.4	14.7	2.9	7.4	7.4
女性	文系	7.6	1.9	2.5	5.7	8.3	18.5	12.7	5.1	15.9	21.7
	理系	6.5	4.3	2.2	2.2	8.7	6.5	6.5	0.0	6.5	6.5
合計		11.6	5.1	8.7	7.7	10.4	12.6	13.0	5.8	15.2	16.7

		百貨店・スーパー・コンビニ	専門店	銀行・証券	信金・労金・信組	クレジット・信販・リース・その他金融	生保・損保	不動産	鉄道・航空	陸運・海運・物流	電力・ガス・エネルギー
男性	文系	17.5	10.5	24.5	14.0	8.4	9.8	16.1	25.2	13.3	11.2
	理系	5.9	4.4	8.8	5.9	2.9	4.4	1.5	13.2	5.9	8.8
女性	文系	15.9	9.6	26.1	17.2	8.9	10.8	15.3	19.7	7.6	5.7
	理系	13.0	6.5	10.9	4.3	0.0	2.2	6.5	6.5	0.0	2.2
合計		14.5	8.7	21.0	12.8	6.8	8.5	12.3	19.1	8.5	7.7

		レストラン・給食・フードサービス	ホテル・旅行	医療機関・調剤薬局	福祉サービス	フィットネスクラブ・エステ・理美容	アミューズメント・レジャー	冠婚葬祭	専門・その他サービス	コンサルティング・シンクタンク・調査	人材サービス（派遣・紹介）
男性	文系	2.1	16.1	2.8	3.5	2.1	4.9	2.1	4.9	12.6	7.7
	理系	1.5	1.5	10.3	0.0	0.0	2.9	0.0	1.5	4.4	1.5
女性	文系	5.1	24.2	6.4	4.5	2.5	10.2	10.8	3.2	6.4	12.7
	理系	6.5	6.5	30.4	6.5	2.2	6.5	2.2	2.2	6.5	0.0
合計		3.6	15.7	8.5	3.6	1.9	6.8	5.1	3.4	8.2	7.7

		教育	ソフトウエア・情報処理・ネット関連	ゲームソフト	通信	マスコミ（放送・新聞）	マスコミ（出版・広告）	芸能・エンタテインメント	官公庁・公社・団体	これら以外のその他	非該当
男性	文系	14.0	21.0	6.3	4.9	13.3	14.0	5.6	32.9	3.5	7.7
	理系	5.9	22.1	8.8	16.2	2.9	2.9	1.5	30.9	0.0	5.9
女性	文系	12.7	19.7	8.3	4.5	17.8	26.1	11.5	20.4	1.3	5.7
	理系	4.3	4.3	6.5	6.5	2.2	4.3	4.3	43.5	2.2	2.2
合計		11.1	18.8	7.5	6.8	12.1	15.7	7.0	29.0	1.9	6.0

図表 2-81　現在就職活動を続けている学生のうち
希望業種を絞った学生の現在の希望業種
（サンプル全体、複数回答可、性別、文理系別、単位：%）

		農林・水産	食品	建設・設備関連	住宅・インテリア	アパレル・服飾関連	繊維・紙・パルプ	化学・石油	薬品・化粧品	ゴム・ガラス・セラミックス	鉄鋼・金属・鉱業
男性	文系（N=143）	1.4	9.1	3.5	4.9	2.1	2.8	4.2	3.5	1.4	2.1
	理系（N=68）	10.3	11.8	7.4	2.9	0.0	4.4	11.8	8.8	2.9	7.4
女性	文系（N=157）	1.9	10.8	1.3	4.5	3.2	1.3	1.3	3.2	0.0	3.2
	理系（N=46）	8.7	17.4	4.3	0.0	0.0	2.2	4.3	8.7	0.0	0.0
合計	（N=414）	3.9	11.1	3.4	3.9	1.9	2.4	4.3	4.8	1.0	3.1

		機械	プラント・エンジニアリング	電子・電気・OA機器	自動車・輸送用機器	精密・医療機器	印刷・事務機器・日用品	スポーツ・玩具・ゲーム製品	その他メーカー・製造関連	総合商社	商社
男性	文系	3.5	0.0	4.2	2.1	2.1	4.9	2.8	2.1	3.5	7.7
	理系	7.4	4.4	10.3	1.5	5.9	1.5	4.4	2.9	4.4	2.9
女性	文系	3.8	1.3	1.3	1.3	3.8	5.7	1.3	1.3	5.1	9.6
	理系	0.0	0.0	2.2	0.0	2.2	0.0	0.0	0.0	0.0	4.3
合計		3.9	1.2	3.9	1.4	3.4	4.1	2.2	1.7	3.9	7.2

		百貨店・スーパー・コンビニ	専門店	銀行・証券	信金・労金・信組	クレジット・信販・リース・その他金融	生保・損保	不動産	鉄道・航空	陸運・海運・物流	電力・ガス・エネルギー
男性	文系	5.6	3.5	9.8	4.9	2.1	2.1	4.2	5.6	8.4	2.1
	理系	2.9	0.0	5.9	1.5	0.0	0.0	0.0	2.9	0.0	2.9
女性	文系	7.0	5.1	10.2	7.0	1.9	7.0	5.7	7.6	5.7	1.3
	理系	6.5	4.3	2.2	2.2	0.0	0.0	0.0	2.2	2.2	0.0
合計		5.8	3.6	8.5	4.8	1.4	3.4	3.9	5.6	5.1	1.7

		レストラン・給食・フードサービス	ホテル・旅行	医療機関・調剤薬局	福祉サービス	フィットネスクラブ・エステ・理美容	アミューズメント・レジャー	冠婚葬祭	専門・その他サービス	コンサルティング・シンクタンク・調査	人材サービス（派遣・紹介）
男性	文系	0.0	3.5	0.7	3.5	0.7	2.1	0.7	3.5	7.0	5.6
	理系	0.0	0.0	7.4	1.5	0.0	0.0	0.0	1.5	4.4	1.5
女性	文系	1.9	5.7	3.2	2.5	0.6	2.5	1.3	5.1	2.5	1.9
	理系	2.2	0.0	26.1	0.0	0.0	0.0	0.0	2.2	4.3	2.2
合計		1.0	3.4	5.6	2.4	0.5	1.7	0.7	3.6	4.6	3.1

		教育	ソフトウエア・情報処理・ネット関連	ゲームソフト	通信	マスコミ（放送・新聞）	マスコミ（出版・広告）	芸能・エンタテインメント	官公庁・公社・団体	これら以外のその他	非該当
男性	文系	7.0	17.5	4.9	5.6	7.0	5.6	4.2	30.1	0.7	0.7
	理系	1.5	19.1	1.5	5.9	2.9	1.5	1.5	22.1	0.0	0.0
女性	文系	13.4	15.3	1.9	3.2	4.5	8.9	2.5	15.9	3.2	4.5
	理系	0.0	4.3	0.0	2.2	2.2	0.0	2.2	39.1	2.2	4.3
合計		7.7	15.5	2.7	4.3	4.6	5.6	2.9	24.4	1.7	2.4

　学部 4 年生で現在就職活動を続けている学生のうち「希望業種を絞った」学生がどのように希望業種を変化させたかを確認すると、就職活動開始時（図表 2-82）から現在（図表 2-83）にかけて食品、ソフトウェア・情報処理・ネット関連、官公庁・公社・団体に希望業種を絞っている。

図表2－82　現在就職活動を続けている学生のうち

希望業種を絞った学生の就職活動開始時の希望業種

（学部4年生、複数回答可、性別、文理系別、単位：%）

		農林・水産	食品	建設・設備関連	住宅・インテリア	アパレル・服飾関連	繊維・紙・パルプ	化学・石油	薬品・化粧品	ゴム・ガラス・セラミックス	鉄鋼・金属・鉱業
男性	文系（N=131）	7.6	26.7	9.9	11.5	6.1	5.3	9.2	6.1	6.1	8.4
	理系（N=38）	15.8	28.9	10.5	2.6	0.0	7.9	7.9	18.4	5.3	7.9
女性	文系（N=154）	3.9	31.8	8.4	16.2	12.3	10.4	5.2	11.7	3.2	5.2
	理系（N=26）	15.4	73.1	7.7	7.7	3.8	7.7	7.7	19.2	23.1	0.0
合計（N=349）		7.4	32.7	9.2	12.3	8.0	8.0	8.0	11.2	4.3	6.3

		機械	プラント・エンジニアリング	電子・電気・OA機器	自動車・輸送用機器	精密・医療機器	印刷・事務機器・日用品	スポーツ・玩具・ゲーム製品	その他メーカー・製造関連	総合商社	商社
男性	文系	14.5	6.1	9.2	9.9	7.6	10.7	16.0	10.7	20.6	18.3
	理系	15.8	10.5	26.3	7.9	15.8	7.9	23.7	2.6	7.9	7.9
女性	文系	7.1	1.9	2.6	5.8	7.8	18.2	12.3	4.5	15.6	22.1
	理系	3.8	3.8	0.0	0.0	7.7	3.8	11.5	0.0	11.5	11.5
合計		10.6	4.6	7.4	7.2	8.6	13.2	14.9	6.3	16.3	18.3

		百貨店・スーパー・コンビニ	専門店	銀行・証券	信金・労金・信組	クレジット・信販・リース・その他金融	生保・損保	不動産	鉄道・航空	陸運・海運・物流	電力・ガス・エネルギー
男性	文系	19.1	10.7	25.2	13.7	9.2	10.7	17.6	26.7	13.7	11.5
	理系	10.5	7.9	15.8	10.5	5.3	7.9	2.6	13.2	10.5	7.9
女性	文系	16.2	9.7	26.6	17.5	9.1	11.0	15.6	20.1	7.1	5.8
	理系	19.2	7.7	15.4	7.7	0.0	3.8	3.8	3.8	0.0	0.0
合計		16.9	9.7	24.1	14.6	8.0	10.0	14.0	20.6	9.5	7.7

		レストラン・給食・フードサービス	ホテル・旅行	医療機関・調剤薬局	福祉サービス	フィットネスクラブ・エステ・理美容	アミューズメント・レジャー	冠婚葬祭	専門・その他サービス	コンサルティング・シンクタンク・調査	人材サービス（派遣・紹介）
男性	文系	2.3	17.6	2.3	3.1	2.3	5.3	2.3	4.6	11.5	6.9
	理系	2.6	2.6	5.3	0.0	0.0	5.3	0.0	2.6	5.3	2.6
女性	文系	5.2	24.7	6.5	4.5	2.6	10.4	11.0	3.2	6.5	12.3
	理系	11.5	7.7	23.1	7.7	3.8	11.5	0.0	0.0	3.8	0.0
合計		4.3	18.3	6.0	3.7	2.3	8.0	5.7	3.2	8.0	8.3

		教育	ソフトウエア・情報処理・ネット関連	ゲームソフト	通信	マスコミ（放送・新聞）	マスコミ（出版・広告）	芸能・エンタテインメント	官公庁・公社・団体	これら以外のその他	非該当
男性	文系	13.7	22.1	6.9	5.3	11.5	14.5	5.3	32.1	3.8	8.4
	理系	7.9	26.3	10.5	23.7	5.3	5.3	2.6	23.7	0.0	10.5
女性	文系	12.3	18.8	8.4	4.5	18.2	25.3	11.7	20.1	1.3	5.8
	理系	3.8	3.8	7.7	3.8	0.0	3.8	3.8	34.6	3.8	3.8
合計		11.7	19.8	8.0	6.9	12.9	17.5	7.7	26.1	2.3	7.2

図表 2－83　現在就職活動を続けている学生のうち

希望業種を絞った学生の現在の希望業種

（学部 4 年生、複数回答可、性別、文理系別、単位：%）

		農林・水産	食品	建設・設備関連	住宅・インテリア	アパレル・服飾関連	繊維・紙・パルプ	化学・石油	薬品・化粧品	ゴム・ガラス・セラミックス	鉄鋼・金属・鉱業
男性	文系 (N=131)	1.5	9.9	3.8	5.3	2.3	3.1	3.8	3.8	0.8	1.5
	理系 (N=38)	10.5	10.5	7.9	2.6	0.0	0.0	2.6	2.6	0.0	2.6
女性	文系 (N=154)	1.9	11.0	1.3	4.5	3.2	1.3	1.3	3.2	0.0	3.2
	理系 (N=26)	3.8	26.9	3.8	0.0	0.0	0.0	0.0	7.7	0.0	0.0
合計 (N=349)		2.9	11.7	3.2	4.3	2.3	1.7	2.3	3.7	0.3	2.3

		機械	プラント・エンジニアリング	電子・電気・OA機器	自動車・輸送用機器	精密・医療機器	印刷・事務機器・日用品	スポーツ・玩具・ゲーム製品	その他メーカー・製造関連	総合商社	商社
男性	文系	3.1	0.0	4.6	2.3	1.5	5.3	3.1	2.3	2.3	7.6
	理系	7.9	2.6	7.9	2.6	7.9	0.0	7.9	2.6	0.0	2.6
女性	文系	3.9	1.3	1.3	1.3	3.9	5.8	1.3	1.3	5.2	9.7
	理系	0.0	0.0	0.0	0.0	0.0	0.0	0.0	0.0	0.0	7.7
合計		3.7	0.9	3.2	1.7	3.2	4.6	2.6	1.7	3.2	8.0

		百貨店・スーパー・コンビニ	専門店	銀行・証券	信金・労金・信組	クレジット・信販・リース・その他金融	生保・損保	不動産	鉄道・航空	陸運・海運・物流	電力・ガス・エネルギー
男性	文系	6.1	3.8	9.9	4.6	2.3	2.3	4.6	6.1	8.4	2.3
	理系	5.3	0.0	10.5	2.6	0.0	0.0	0.0	2.6	0.0	2.6
女性	文系	7.1	5.2	10.4	7.1	1.9	7.1	5.8	7.8	5.8	1.3
	理系	11.5	7.7	3.8	3.8	0.0	0.0	3.8	3.8	0.0	0.0
合計		6.9	4.3	9.7	5.4	1.7	4.0	4.6	6.3	5.7	1.7

		レストラン・給食・フードサービス	ホテル・旅行	医療機関・調剤薬局	福祉サービス	フィットネスクラブ・エステ・理美容	アミューズメント・レジャー	冠婚葬祭	専門・その他サービス	コンサルティング・シンクタンク・調査	人材サービス（派遣・紹介）
男性	文系	0.0	3.8	0.8	3.8	0.8	2.3	0.8	3.8	6.1	4.6
	理系	0.0	0.0	5.3	2.6	0.0	0.0	0.0	0.0	5.3	0.0
女性	文系	1.9	5.8	3.2	2.6	0.0	2.6	1.3	5.2	2.6	1.9
	理系	3.8	0.0	23.1	0.0	0.0	0.0	0.0	0.0	0.0	0.0
合計		1.1	4.0	4.0	2.9	0.6	2.0	0.9	3.7	4.0	2.6

		教育	ソフトウエア・情報処理・ネット関連	ゲームソフト	通信	マスコミ（放送・新聞）	マスコミ（出版・広告）	芸能・エンタテインメント	官公庁・公社・団体	これら以外のその他	非該当
男性	文系	6.9	18.3	5.3	6.1	6.1	6.1	3.8	29.8	0.8	0.8
	理系	2.6	28.9	2.6	7.9	5.3	2.6	0.0	15.8	0.0	0.0
女性	文系	13.0	14.9	1.9	3.2	4.5	9.1	2.6	14.9	3.2	4.5
	理系	0.0	3.8	0.0	3.8	0.0	0.0	3.8	26.9	3.8	7.7
合計		8.6	16.9	3.2	4.9	4.9	6.6	2.9	21.5	2.0	2.9

3　希望する働き方の変化

　サンプル全体（図表 2－84）で見ると、現在就職活動を続けている学生の希望する働き方に「大きな変化がない」学生は、もっとも割合が高い女性の理系学生で約 91.2%、もっとも割合が低い男性の理系学生で約 88.1%、全体では約 89.4%である。「限定正社員や契約社員から（限定のない）一般の正社員希望に変えた」学生は、もっとも割合が高い男性の文系学生で約 8.6%、もっとも割合が低い女性の理系学生で約 5.3%、全体では約 7.1%である。「一般の正社員から限定正社員や契約社員希望に変えた」学生は、5%に満たない（もっとも割合が高い男性の理系学生で約 4.6%、もっとも割合が低い男性の文系学生で約 2.4%、全体では約 3.4%）。

　学部 4 年生（図表 2－85）および大学院生（修士課程）（図表 2－86）のうち現在就職活動を続けている学生においても、サンプル全体と同様の傾向である。

図表 2-84 現在就職活動を続けている学生の希望する働き方の変化
（サンプル全体、性別、文理系別、単位：％）

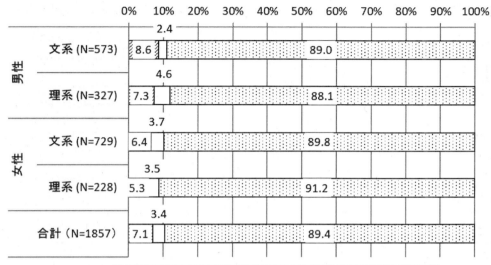

図表 2-85 現在就職活動を続けている学生の希望する働き方の変化
（学部4年生、性別、文理系別、単位：％）

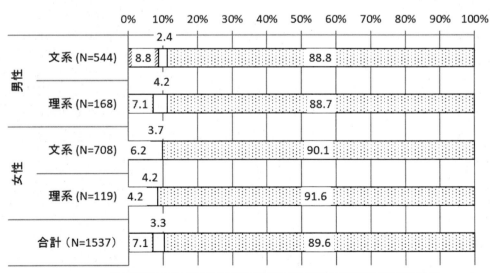

図表2-86 現在就職活動を続けている学生の希望する働き方の変化
(大学院生(修士課程)、性別、文理系別、単位:%)

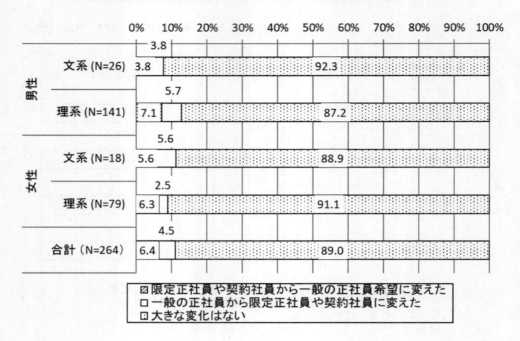

　サンプルサイズが小さいため参考程度に示すが、サンプル全体(図表2-87)で見ると、現在就職活動を続けている学生のうち働き方の希望を(限定のない)一般の正社員から地域限定正社員に変えた学生は合計で約67.2%、職務限定正社員に変えた学生は合計で約50.0%である。

　なお、サンプルサイズが小さいためやはり注意が必要だが、学部4年生の現在就職活動を続けている学生のうち働き方の希望を一般の正社員から限定正社員や契約社員に変えた学生についても、サンプル全体と同様の傾向である(図表2-88)。

図表2-87　現在就職活動を続けている学生のうち働き方の希望を一般の正社員から
限定正社員や契約社員に変えた学生の現在希望する働き方
（サンプル全体、性別、文理系別、単位：％）

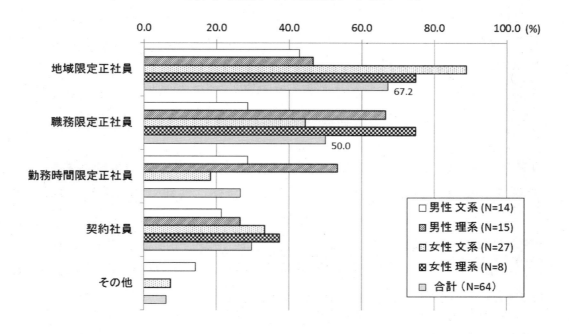

図表2-88　現在就職活動を続けている学生のうち働き方の希望を一般の正社員から
限定正社員や契約社員に変えた学生の現在希望する働き方
（学部4年生、性別、文理系別、単位：％）

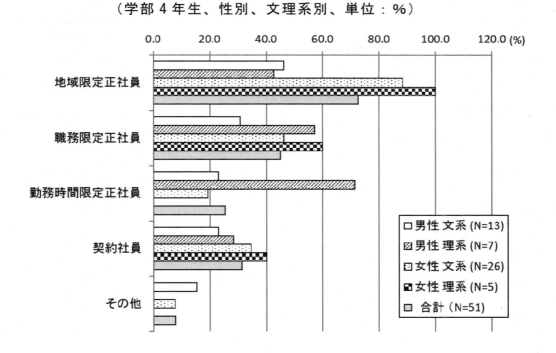

サンプル全体（図表 2－89）で見ると、現在就職活動を続けている学生のうち働き方の希望を変えた学生の希望する働き方が変わった理由が、「希望している企業のなかでは、その働き方でしか求人している企業がないから」であるのは、もっとも割合が高い男性の文系学生で約 42.9％、もっとも割合が低い男性の理系学生で約 30.8％、合計では約 35.2％である。「その働き方でしか内定を得られないと思うから」という理由であるのは、もっとも割合が高い女性の文系学生で約 25.7％、もっとも割合が低い男性の文系学生で約 19.0％、合計では約 23.5％である。

　なお、学部 4 年生で現在就職活動を続けている学生のうち働き方の希望を変えた学生についても、サンプル全体と同様の傾向である（図表 2－90）。

図表 2－89　現在就職活動を続けている学生のうち働き方の希望を変えた学生の希望する働き方が変わった理由（サンプル全体、性別、文理系別、単位：％）

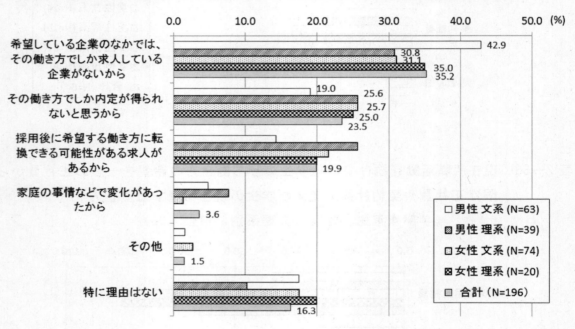

図表2-90 現在就職活動を続けている学生のうち働き方の希望を変えた学生の希望する働き方が変わった理由（学部4年生、性別、文理系別、単位：％）

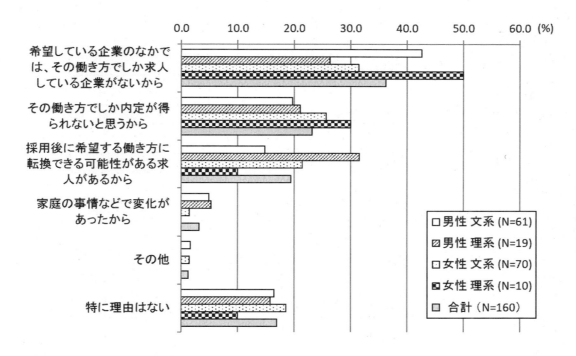

第6節 通年募集・秋季募集に対する学生の意向

サンプル全体（図表2-91）で見ると、通年募集・秋季募集を行う企業が多ければ良いと思う学生は、文系の学生で約66.6％（男性）および約64.7％（女性）、理系の学生で約55.4％（男性）および約51.3％（女性）、合計で約60.6％である。「どちらともいえない」学生は、文系の学生で約25.8％（男性）および約29.7％（女性）、理系の学生で約35.5％（男性）および約38.5％（女性）、合計で約31.6％である。

学部4年生については、サンプル全体と同様の傾向であるが、サンプル全体と比べ、通年募集・秋季募集が良いと思う理系の学生の割合（男性：約57.8％、女性：約52.0％）がやや高い（図表2-92）。

大学院生（修士課程）では、サンプル全体と同様の傾向であるが、サンプル全体と比べ、通年募集・秋季募集が良いと思う学生の割合がとりわけ文系の学生（男性：約70.0％、女性：約71.8％）で高い（図表2-93）。

図表2-91 通年募集・秋季募集を行う企業が多ければ良いと思うか
（サンプル全体、性別、文理系別、単位：%）

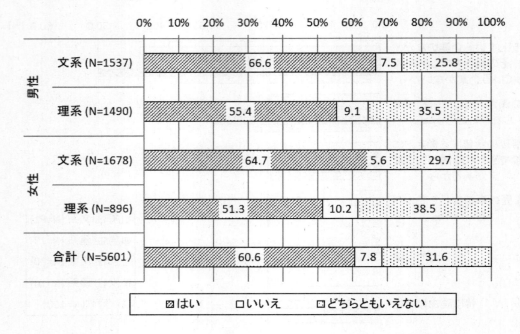

図表2-92 通年募集・秋季募集を行う企業が多ければ良いと思うか
（学部4年生、性別、文理系別、単位：%）

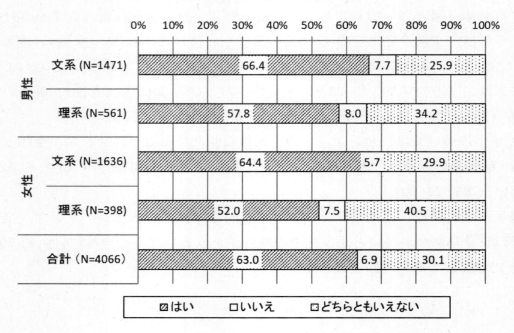

図表2-93　通年募集・秋季募集を行う企業が多ければ良いと思うか
（大学院生（修士課程）、性別、文理系別、単位：％）

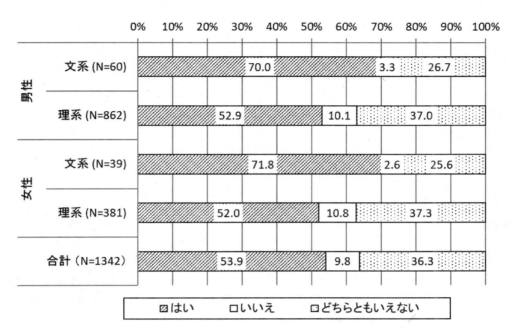

　サンプル全体（図表2-94）で見ると、通年募集・秋季募集を行う企業が多ければ良いと思う学生のその理由が、「就職活動に時間をかけて自分に合った企業を見極めたいから」であるのは、もっとも割合が高い女性の文系学生で約66.0％、もっとも割合が低い男性の理系学生で約57.7％、合計で約61.2％である。「希望する就職先の候補が複数あり、採用スケジュールが重なるのを避けたいから」であるのは、もっとも割合の高い女性の文系学生で約50.5％、もっとも割合が低い女性の理系学生で約45.0％、合計で約47.9％である。
　なお、学部4年生（図表2-95）および大学院生（修士課程）（図表2-96）で通年募集・秋季募集を行う企業が多ければ良いと思う学生のその理由は、サンプル全体と同様の傾向である。ただし、大学院生（修士課程）の女性の文系学生の傾向がサンプル全体と異なるが、サンプルサイズが小さいため注意を要する。

図表2-94 通年募集・秋季募集を行う企業が多ければ良いと思う理由
（サンプル全体、複数回答可、性別、文理系別、単位：％）

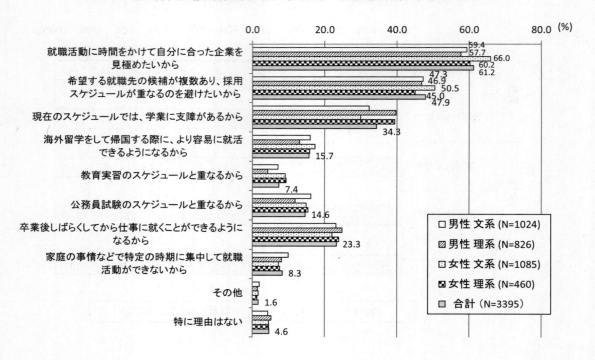

図表2-95 通年募集・秋季募集を行う企業が多ければ良いと思う理由
（学部4年生、複数回答可、性別、文理系別、単位：％）

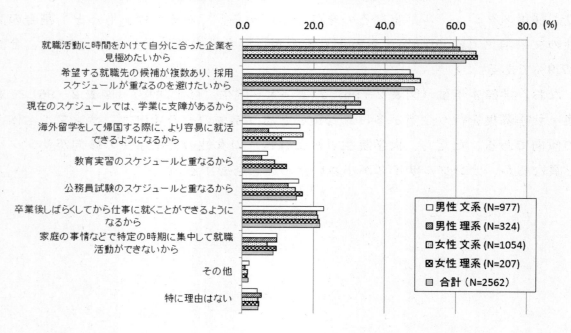

図表2-96　通年募集・秋季募集を行う企業が多ければ良いと思う理由
（大学院生（修士課程）、複数回答可、性別、文理系別、単位：%）

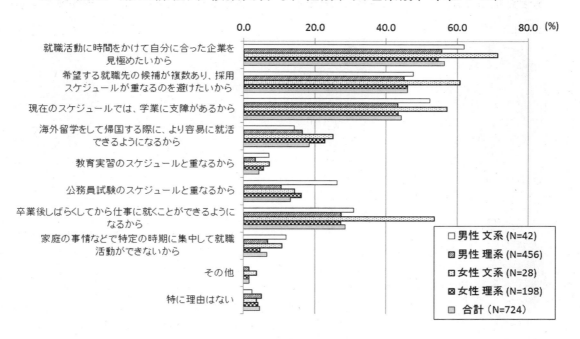

第7節　海外留学の状況

サンプル全体（図表2-97）で見ると、文系の学生の約16.7%（男性）および約22.3%（女性）、理系の学生の約7.6%（男性）および約12.2%（女性）、合計で約15.2%が海外留学の経験がある。

学部4年生では、サンプル全体と同様の傾向であるが、サンプル全体と比べ、いずれの学生も海外留学を経験している割合（もっとも割合が高い女性の文系学生で約21.7%、もっとも割合が低い男性の理系学生で約5.0%、全体で約16.1%）が低い（図表2-98）。

図表2-97 海外留学の経験（サンプル全体、性別、文理系別、単位：％）

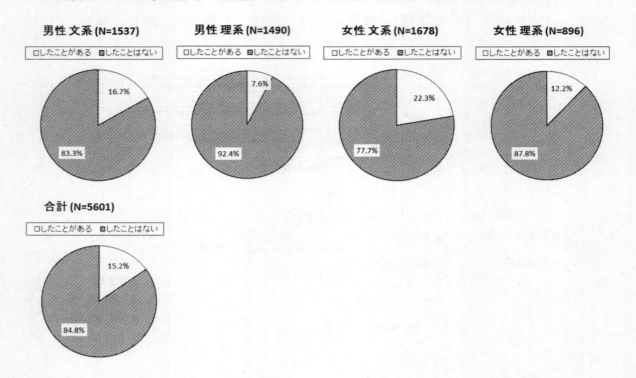

図表2-98 海外留学の経験（学部4年生、性別、文理系別、単位：％）

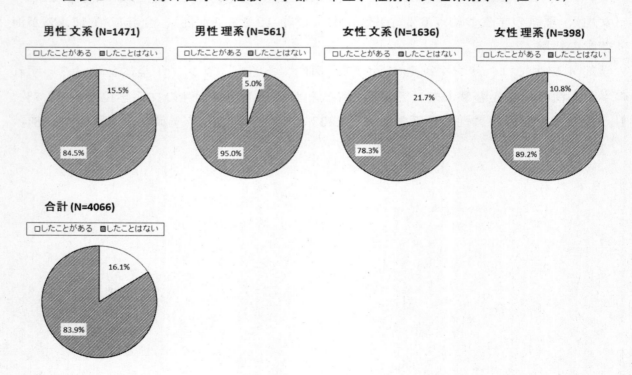

大学院生（修士課程）では、とりわけ文系学生のサンプルサイズが小さいため注意を要するが、文系の学生の約 43.3％（男性）および約 43.6％（女性）、理系の学生の約 8.9％（男性）および約 15.0％（女性）、合計で約 13.2％が海外留学を経験している（図表 2－99）。

図表 2－99　海外留学の経験（大学院生（修士課程）、性別、文理系別、単位：％）

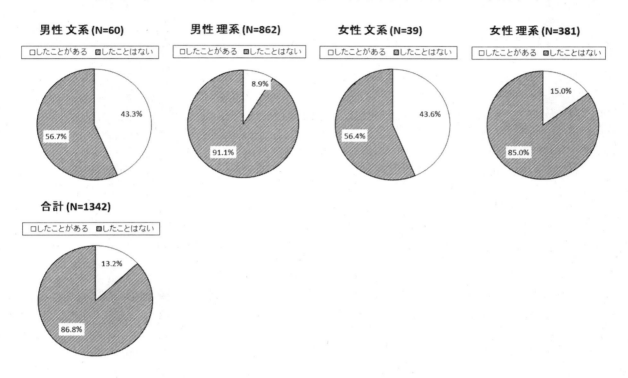

　サンプル全体（図表 2－100）で見ると、海外留学をしたことがある学生のうち「日本の大学・大学院の課程の一環で一定の期間留学した」学生は、もっとも割合が高い女性の文系学生で約 60.8％、もっとも割合が低い女性の理系学生で約 49.5％、合計で約 57.6％である。「海外の大学・大学院に入学し、卒業した」学生は、もっとも割合が高い男性の文系学生で約 13.2％、もっとも割合が低い女性の文系学生で約 4.8％、合計で約 7.7％である。

　学部 4 年生で海外留学をしたことがある学生の海外留学の形態では、文系の学生においてサンプル全体と同様の傾向である（図表 2－101）。理系の学生はサンプルサイズが小さいため、比較は行わない。

図表2-100 海外留学をしたことがある学生の海外留学の形態
（サンプル全体、性別、文理系別、単位：％）

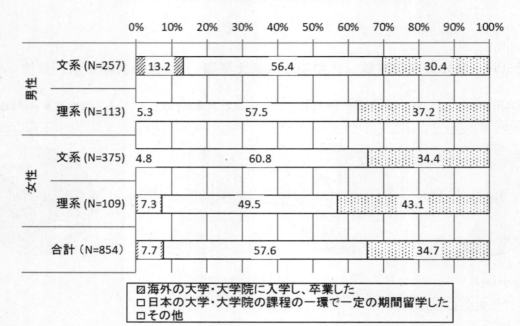

図表2-101 海外留学をしたことがある学生の海外留学の形態
（学部4年生、性別、文理系別、単位：％）

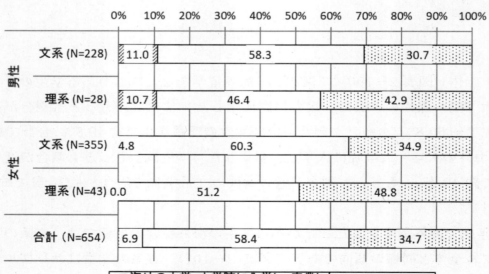

大学院生（修士課程）で海外留学をしたことがある学生の海外留学の形態では、サンプル全体に比べ、女性の理系学生で「海外の大学・大学院に入学し、卒業した」割合（約12.3%）がやや高い（図表 2-102）。なお、文系の学生の傾向がサンプル全体と異なるが、サンプルサイズが小さいため解釈に注意を要する。

図表 2-102　海外留学をしたことがある学生の海外留学の形態
（大学院生（修士課程）、性別、文理系別、単位：%）

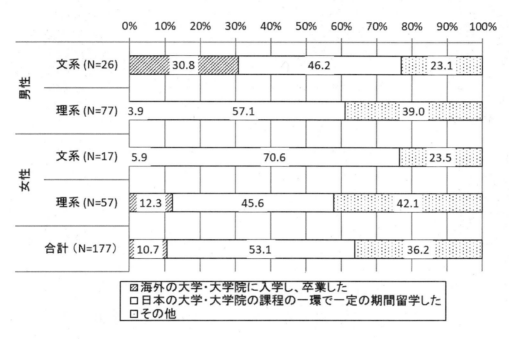

サンプルサイズが小さいため参考程度に示すが、サンプル全体（図表 2-103）で見ると、海外の大学・大学院に入学し、卒業した学生のうち海外留学終了時と採用スケジュールのミスマッチがあった学生は、合計で約 33.3%である。

やはりサンプルサイズが小さいため参考程度に示すが、学部 4 年生で海外の大学・大学院に入学し、卒業した学生のうち海外留学終了時と採用スケジュールのミスマッチがあった学生は、合計で約 33.3%である（図表 2-104）。

図表2−103 海外留学をしたことがある学生の
海外留学終了時期と採用スケジュールのミスマッチ
（サンプル全体、性別、文理系別、単位：％）

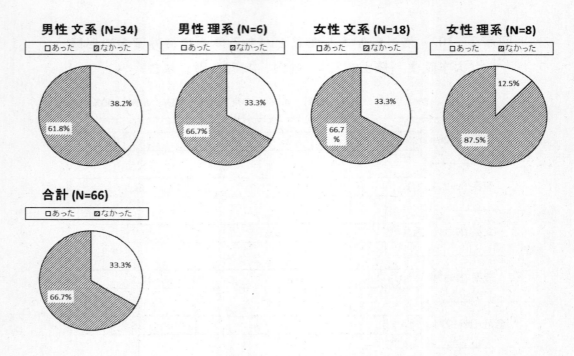

図表2−104 海外留学をしたことがある学生の
海外留学終了時期と採用スケジュールのミスマッチ
（学部4年生、性別、文理系別、単位：％）

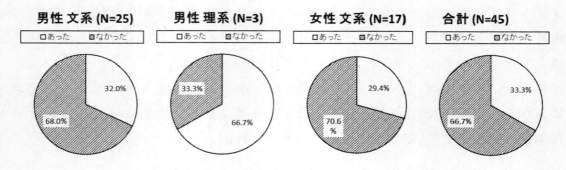

第3章　おわりに

第2章で概観した調査結果のうちポイントとなる点を本章で改めて整理する。

・希望する就職先企業

学生合計で見ると、「勤務地が限定される全国規模の企業」（約40.0%）、「全国転勤がある全国規模の企業」（約29.5%）および「海外展開もしている企業」（約27.3%）を希望する割合が高く、事業所を広域に展開している企業を希望している（13〜14ページ、図表2－15）。

ただし、女子学生は、「勤務地が限定される全国規模の企業」（約47.0%）および「主に特定の地域に展開する企業」（文系：約32.7%、理系：約29.8%）を希望する割合が高く、勤務地が限定される企業を希望する傾向がある。

・地域限定正社員への応募意向

就職活動開始時に地域限定正社員への応募意向がある割合（「是非応募したい」と「（限定のない一般の正社員と）処遇に大きな差がなければ応募したい」の合計）は、学生合計で約76.6%である（15〜17ページ、図表2－18〜2－19）。とりわけ女性の文系学生では約85.3%と、応募意向のある割合が相対的に高い。なお、応募意向のある学生の現在の居住地域は、約64.9%が東京・名古屋・大阪の三大都市圏である（18〜19ページ、図表2－22）。

勤務限定正社員への応募意向のある学生が希望する勤務地は、「現在の居住地域」が約76.6%でもっとも割合が高く、ついで「高校卒業時の居住地域」（約42.0%）である（19〜20ページ、図表2－23）。勤務地として希望する「現在の居住地域」は「大学（大学院）の所在地域」とほぼ同じ地域であるが（21〜22ページ、図表2－26）、勤務地として希望する「高校卒業時の居住地域」は「現在の居住地域」と約2割乖離している（24ページ、図表2－29）。

・職務限定正社員への応募意向

就職活動開始時に職務限定正社員への応募意向がある割合は、学生合計で約58.0%である（25ページ、図表2－32）。とりわけ女性の理系学生では約67.5%と、応募意向のある割合が相対的に高い。

職務限定正社員の応募を希望する理系の学生は、「大学・大学院の専攻に直結した仕事」（男性：約62.7%、女性：約54.3%）を希望する割合が高い（27〜28ページ、図表2－35）。ただし、男性の文系学生は、「一般事務の仕事」および「営業の仕事」を、女性の文系学生は、「一般事務の仕事」を希望する割合が高い。

・勤務時間限定正社員への応募意向

　就職活動開始時に勤務時間限定正社員への応募意向がある割合は、学生合計で約51.8%である（31ページ、図表2−41）。とりわけ女性の理系学生では約61.3%と、応募意向のある割合が相対的に高い。

　ただし、勤務時間限定正社員の応募を希望する学生の約82.0%は、残業がないことを希望しており、所定内勤務時間が短いことを希望する割合は低い。（33ページ、図表2−44）

・就職予定先企業での働き方

　内定を得て就職活動を終えた学生の就職予定先企業での働き方は、「限定のない一般の正社員」が約67.7%、「地域限定正社員」が約21.8%、「職務限定正社員」が約16.1%、「勤務時間限定正社員」が約2.8%となっている（43〜44ページ、図表2−59）。

　就職活動開始時の限定正社員への応募意向と就職予定先企業での働き方を比較すると、地域限定正社員への応募意向のある学生の約28.6%が就職予定先企業で地域限定正社員として働く予定である（45〜47ページ、図表2−62〜2−64）。同割合は、職務限定正社員では約24.3%、勤務時間限定正社員では約4.4%となっている。

・希望する働き方の変化

　調査時点で就職活動を続けている学生のうち希望する働き方に大きな変化のない学生は約89.4%だが、限定正社員や契約社員から一般の正社員希望に変えた学生が約7.1%いる（62〜63ページ、図表2−84）。希望する働き方が変わった主な理由は、「希望している企業のなかでは、その働き方でしか求人している企業がないから」が約35.2%、「その働き方でしか内定を得られないと思うから」が約23.5%である（66ページ、図表2−89）。

・通年募集・秋季募集

　通年募集・秋季募集が多ければ良いと思う学生は、合計で約60.6%である（67〜68ページ、図表2−91）。通年募集・秋季募集が多ければ良いと思う主な理由は、「就職活動に時間をかけて自分に合った企業を見極めたいから」が約61.2%、「希望する就職先の候補が複数あり、採用スケジュールが重なるのを避けたいから」が約47.9%である（69〜70ページ、図表2−94）。

調　査　票

ごあいさつ

この度は「就職活動の意識調査（大学生・大学院生の多様な採用に対するニーズ調査）」にご参加いただきありがとうございます。
回答はほとんどが選択式となっており、お時間は10分程度となっております。

アンケートご参加にあたっての諸注意

[1.参加条件]

1. マイナビよりメールを受け取った方ご本人様でIDをお持ちの方

2. 2018年3月以降に入社予定で就職活動をしている方、もしくはしていた方

※最初に今回のアンケートの参加条件であるIDをご入力していただきます。

[2. 締め切り]

▷　誠に勝手ながら、アンケートの締め切りは 2017年7月13日 (木) 午後5時00分 とさせていただきます。

[3. 有効回答]

▷　有効回答はこのアンケートのURLが記載されたメールを受け取ったご本人様、1回限りとさせていただきます。

[4. お礼]

個人情報についての取り扱い

■　就職活動の意識調査（大学生・大学院生の多様な採用に対するニーズ調査）アンケートにおける個人情報の利用の目的について

本アンケートは、独立行政法人労働政策研究・研修機構からの委託により、大学生、大学院生の就職活動の実態把握のため、実施いたします。
アンケートで回答していただきました個人情報（性別、お住まいの都道府県、大学・大学院のある都道府県、高校卒業時点でお住まいだった都道府県、大学での所属、現在の学年、専攻）は、個人を特定できない形式の統計データに加工した上で独立行政法人労働政策研究・研修機構にEmailにて提供いたします。

■　当社の個人情報の取り扱い

当社における個人情報の取り扱いは、「個人情報保護方針」に基づいて行われます。

■　個人情報保護管理者（代理人）

株式会社 マイナビ

■ 個人情報ご提供の任意性について

アンケート回答における個人情報のご提供はアンケート回答者の任意に基づきます。個人情報の提供に同意いただけない場合、アンケートに回答していただくことができません。

■ 免責

第三者による個人情報の取得に関して、次に該当する場合、当社は一切責任を負いません。
(1)会員自らの意思により個人情報を明らかにする場合
(2)会員の活動情報またはその他の会員が本アンケートに入力した情報により、期せずして本人が特定できてしまった場合
(3)本アンケートからリンクされる外部サイトにおいて、会員から個人情報が提供され、それが利用された場合

■ 外部委託について

当社は、個人情報の取り扱いの全部または一部を外部に委託する場合があります。

■ お問い合わせ

個人情報に関するお問い合わせについては、メールにてご連絡ください。お問い合わせ内容は、なるべく具体的にお書きください。3営業日を目安として、回答します。
(株式会社 マイナビ 社長室 HRリサーチ)

このアンケートのシステムについて

[5. 端末制限]

当アンケートは、スマートフォン・タブレット・パソコンのいずれかでのご回答をお願いいたします。もしエラーが発生いたしましたら、大変恐縮ですが、その環境でのご回答は断念いただきますようお願い申し上げます。

[6. ご回答におけるお願い]

▷ 各アンケートページの最後にある「次へ」ボタン をクリックすることによって、次のアンケートページに移ります。

▷ 「次へ」ボタン を一旦クリックして、次のアンケートページに移った後、その前のアンケートページに戻って、回答の変更や修正を行うことは出来ません。「次へ」ボタン をクリックする前に、そのアンケートページの回答内容をご確認ください。

SQ1,
上記「個人情報の取り扱い」についてご同意頂けますか。

☐ (1)同意する

■初めにIDをご入力いただきます

SQ2.
案内メールに記載されているID（8ケタの数字）を入力してください。

ID：

あなた自身についてお答えください。

F0.
2018年3月以降に入社予定で就職活動をしていますか、もしくはしていましたか。

○　(1)就職活動をしている（していた）

○　(2)就職活動をしていない

F1.
性別をお知らせください。

○　(1)男性

○　(2)女性

F2、F2SQ2 および F2SQ3 の選択肢は、いずれも 47 都道府県および海外の 48 個

F2.
現在お住まいの都道府県をお選びください。

－ 選択してください －

F2SQ2.
通学している大学（大学院）のある都道府県をお選びください。
※現在大学院に在籍されている方は、これ以降、大学ではなく大学院についてお答えください。

－ 選択してください －

F2SQ3.
高校卒業時点でお住まいだった都道府県をお選びください。

- 選択してください -

F3.
大学（大学院）での所属をお知らせください。

- ○ (1)文系
- ○ (2)理系

Q1.
現在の学年をお知らせください。

- ○ (1)学部4年（4年に進級後留年していない）
- ○ (2)学部4年（4年に進級後留年している）
- ○ (3)学部6年（医・薬学部など、6年に進級後留年していない）
- ○ (4)学部6年（医・薬学部など、6年に進級後留年している）
- ○ (5)大学院修士（前期博士）課程
- ○ (6)大学院博士（後期博士）課程
- ○ (7)その他

具体的に：

Q2.
専攻は、以下のいずれにあてはまりますか。

○ (1)人文科学
（文学、史学、哲学など）

○ (2)社会科学
（法学・政治学、商学・経済学、社会学など）

○ (3)理学
（数学、物理学、化学、生物学、地学など）

○ (4)工学
（機械工学、電気通信工学、土木建築工学、応用化学、応用理学、原子力工学、鉱山学、金属工学、繊維工学、船舶工学、航空工学、経営工学、工芸学など）

○ (5)農学
（農学、農芸化学、農業工学、農業経済学、林学、林産学、獣医学、畜産学、水産学など）

○ (6)保健
（医学、歯学、薬学、看護学など）

○ (7)商船

○ (8)家政
（家政学、食物学、被服学、住居学、児童学など）

○ (9)教育
（教育学、小学校など学校・幼稚園課程、体育学、障害児・特別支援教育課程など）

○ (10)芸術
（美術、デザイン、音楽など）

○ (11)その他
（教養学、総合科学、人文・社会科学、国際関係学、人間関係科学など）

就職活動を始めた 頃についてお答えください。

Q3.
就職活動（就活ナビサイトへの登録や就職関連書の購読も含む）を始めたのはいつ頃ですか。

- 選択してください -

Q4.
就職活動を始めた頃に、どのような業種を希望していましたか。下記の業種分類に基づいて**すべて**お選びください。

メーカー:

- ☐ (1)農林・水産
- ☐ (2)食品
- ☐ (3)建設・設備関連
- ☐ (4)住宅・インテリア
- ☐ (5)アパレル・服飾関連
- ☐ (6)繊維・紙・パルプ
- ☐ (7)化学・石油
- ☐ (8)薬品・化粧品
- ☐ (9)ゴム・ガラス・セラミックス
- ☐ (10)鉄鋼・金属・鉱業
- ☐ (11)機械
- ☐ (12)プラント・エンジニアリング

- ☐ (13)電子・電気・OA機器
- ☐ (14)自動車・輸送用機器
- ☐ (15)精密・医療機器
- ☐ (16)印刷・事務機器・日用品
- ☐ (17)スポーツ・玩具・ゲーム製品
- ☐ (18)その他メーカー・製造関連

商社:

- ☐ (19)総合商社
- ☐ (20)商社

流通・小売:

- ☐ (21)百貨店・スーパー・コンビニ
- ☐ (22)専門店

金融:

- ☐ (23)銀行・証券
- ☐ (24)信金・労金・信組
- ☐ (25)クレジット・信販・リース・その他金融
- ☐ (26)生保・損保

サービス・インフラ:

- ☐ (27)不動産
- ☐ (28)鉄道・航空
- ☐ (29)陸運・海運・物流
- ☐ (30)電力・ガス・エネルギー
- ☐ (31)レストラン・給食・フードサービス
- ☐ (32)ホテル・旅行
- ☐ (33)医療機関・調剤薬局
- ☐ (34)福祉サービス
- ☐ (35)フィットネスクラブ・エステ・理美容

- ☐ (36)アミューズメント・レジャー
- ☐ (37)冠婚葬祭
- ☐ (38)専門・その他サービス
- ☐ (39)コンサルティング・シンクタンク・調査
- ☐ (40)人材サービス(派遣・紹介)
- ☐ (41)教育

ソフトウエア・通信:

- ☐ (42)ソフトウエア・情報処理・ネット関連
- ☐ (43)ゲームソフト
- ☐ (44)通信

広告・出版・マスコミ:

- ☐ (45)マスコミ(放送・新聞)
- ☐ (46)マスコミ(出版・広告)
- ☐ (47)芸能・エンタテインメント

官公庁・公社・団体:

- ☐ (48)官公庁・公社・団体

その他:

- ☐ (49)これら以外のその他
- ☐ (50)特に決めていなかった

Q4SQ2.
そのうち、もっとも希望する業種はどれでしたか。

メーカー:

- ○ (1)農林・水産
- ○ (2)食品
- ○ (3)建設・設備関連
- ○ (4)住宅・インテリア
- ○ (5)アパレル・服飾関連
- ○ (6)繊維・紙・パルプ
- ○ (7)化学・石油
- ○ (8)薬品・化粧品
- ○ (9)ゴム・ガラス・セラミックス
- ○ (10)鉄鋼・金属・鉱業
- ○ (11)機械
- ○ (12)プラント・エンジニアリング
- ○ (13)電子・電気・OA機器
- ○ (14)自動車・輸送用機器
- ○ (15)精密・医療機器

- ○ (16)印刷・事務機器・日用品
- ○ (17)スポーツ・玩具・ゲーム製品
- ○ (18)その他メーカー・製造関連

商社:

- ○ (19)総合商社
- ○ (20)商社

流通・小売:

- ○ (21)百貨店・スーパー・コンビニ
- ○ (22)専門店

金融:

- ○ (23)銀行・証券
- ○ (24)信金・労金・信組
- ○ (25)クレジット・信販・リース・その他金融
- ○ (26)生保・損保

サービス・インフラ:

- ○ (27)不動産
- ○ (28)鉄道・航空
- ○ (29)陸運・海運・物流
- ○ (30)電力・ガス・エネルギー
- ○ (31)レストラン・給食・フードサービス
- ○ (32)ホテル・旅行
- ○ (33)医療機関・調剤薬局
- ○ (34)福祉サービス
- ○ (35)フィットネスクラブ・エステ・理美容
- ○ (36)アミューズメント・レジャー
- ○ (37)冠婚葬祭
- ○ (38)専門・その他サービス
- ○ (39)コンサルティング・シンクタンク・調査

- ○ (40)人材サービス（派遣・紹介）
- ○ (41)教育

ソフトウエア・通信:

- ○ (42)ソフトウエア・情報処理・ネット関連
- ○ (43)ゲームソフト
- ○ (44)通信

広告・出版・マスコミ:

- ○ (45)マスコミ（放送・新聞）
- ○ (46)マスコミ（出版・広告）
- ○ (47)芸能・エンタテインメント

官公庁・公社・団体:

- ○ (48)官公庁・公社・団体

その他:

- ○ (49)これら以外のその他

Q5.
就職活動を始めた頃、就職先として希望していたものを**すべて**お選びください。

- □ (1)海外展開もしている企業
- □ (2)全国規模の企業であって、全国転勤がある企業
- □ (3)全国規模の企業であって、勤務地が特定の地域に限定されている企業
- □ (4)主に特定の地域に展開している企業
- □ (5)公務員（教員を除く）
- □ (6)教員
- □ (7)その他
- □ (8)特に決めていなかった

Q6.
就職活動を始めた頃に、次のような働き方を希望していましたか。
実際に募集がなくても、こうした働き方での募集があれば是非応募したいと思った場合も含めてお答えください。

Q6SQ1.
地域限定正社員
(就業する地域が特定されているか一定の範囲内にあらかじめ決められている働き方の正社員)

- ○　(1)是非応募したい
- ○　(2)処遇に大きな差がなければ応募したい
- ○　(3)応募したくない
- ○　(4)考えたことがない

Q6SQ1 で(1)か(2)を選択した場合

Q6SQ1_a.
地域限定社員として、希望する地域としてあてはまるものを**すべて**お選びください。

- □　(1)現在お住まいの都道府県
- □　(2)高校卒業時点でお住まいだった都道府県
- □　(3)大学・大学院のある都道府県
- □　(4)その他の都道府県
- □　(5)海外
- □　(6)特にない

Q6.
就職活動を始めた頃に、次のような働き方を希望していましたか。
実際に募集がなくても、こうした働き方での募集があれば是非応募したいと思った場合も含めてお答えください。

Q6SQ2.
職務限定正社員
(従事する職務(職種)が特定されているか一定の範囲内にあらかじめ決められている働き方の正社員)

- ○　(1)是非応募したい
- ○　(2)処遇に大きな差がなければ応募したい
- ○　(3)応募したくない
- ○　(4)考えたことがない

Q6SQ2 で(1)か(2)を選択した場合

Q6SQ2_a.
職務限定正社員として、専念したい特定の職務（職種）として最もあてはまるものをひとつだけお選びください。

○ (1)大学・大学院の専攻に直結した仕事

○ (2)一般事務の仕事

○ (3)経理、会計の仕事

○ (4)営業の仕事

○ (5)販売の仕事

○ (6)接客の仕事

○ (7)調査、研究開発の仕事

○ (8)生産・建設現場の仕事

○ (9)運送関係の仕事

○ (10)その他

具体的に：

Q6.
就職活動を始めた頃に、次のような働き方を希望していましたか。
実際に募集がなくても、こうした働き方での募集があれば是非応募したいと思った場合も含めてお答えください。

Q6SQ3.
勤務時間限定正社員
（所定の勤務時間を超えた勤務はないか、あっても一定の場合の限られた時間にあらかじめ決められている働き方の正社員）

○ (1)是非応募したい

○ (2)処遇に大きな差がなければ応募したい

○ (3)応募したくない

○ (4)考えたことがない

Q6SQ3 で(1)か(2)を選択した場合のみ Q6SQ3_a に回答
選択肢は、1 時間～7 時間の 1 時間刻み、および 8 時間（残業なし）の 8 個

Q6SQ3_a.
一般的な正社員が1日8時間働くとすると、勤務時間限定正社員として、希望していた労働時間はどの程度ですか。

- 選択してください -

Q7.
現在、就職活動を終えていますか。

- ○ (1)終えた
- ○ (2)続けている

Q7 で「(1)終えた」を選択した場合 Q8〜Q11SQ3 に回答

就職活動を終えた 時点についてお答えください。

Q8.
就職活動を終えたのはいつ頃ですか。

- 選択してください -

Q9.
就職活動を終えた理由として、最もあてはまるものをひとつお選びください。

- ○ (1)希望する就職先の内定を得たから
- ○ (2)希望していた就職先ではないが、内定を得たから
- ○ (3)内定を得ていないが、希望する就職先が他になく、留年することにしたから
- ○ (4)大学院に進学することにしたから
- ○ (5)海外に留学することにしたから
- ○ (6)家業を継ぐことにしたから
- ○ (7)その他

具体的に：

Q10.
内定を得た企業のうち、就職しようと考えている企業の業種を下記の業種分類に基づいてお答えください。

メーカー:

- ○ (1)農林・水産
- ○ (2)食品
- ○ (3)建設・設備関連

- ○ (4)住宅・インテリア
- ○ (5)アパレル・服飾関連
- ○ (6)繊維・紙・パルプ
- ○ (7)化学・石油
- ○ (8)薬品・化粧品
- ○ (9)ゴム・ガラス・セラミックス
- ○ (10)鉄鋼・金属・鉱業
- ○ (11)機械
- ○ (12)プラント・エンジニアリング
- ○ (13)電子・電気・OA機器
- ○ (14)自動車・輸送用機器
- ○ (15)精密・医療機器
- ○ (16)印刷・事務機器・日用品
- ○ (17)スポーツ・玩具・ゲーム製品
- ○ (18)その他メーカー・製造関連

商社:

- ○ (19)総合商社
- ○ (20)商社

流通・小売:

- (21)百貨店・スーパー・コンビニ

○ (22)専門店

金融:

○ (23)銀行・証券

○ (24)信金・労金・信組

○ (25)クレジット・信販・リース・その他金融

○ (26)生保・損保

サービス・インフラ:

○ (27)不動産

○ (28)鉄道・航空

○ (29)陸運・海運・物流

○ (30)電力・ガス・エネルギー

○ (31)レストラン・給食・フードサービス

○ (32)ホテル・旅行

○ (33)医療機関・調剤薬局

○ (34)福祉サービス

○ (35)フィットネスクラブ・エステ・理美容

○ (36)アミューズメント・レジャー

○ (37)冠婚葬祭

○ (38)専門・その他サービス

○ (39)コンサルティング・シンクタンク・調査

○ (40)人材サービス(派遣・紹介)

○ (41)教育

ソフトウエア・通信:

○ (42)ソフトウエア・情報処理・ネット関連

○ (43)ゲームソフト

○ (44)通信

広告・出版・マスコミ:

○ (45)マスコミ（放送・新聞）

○ (46)マスコミ（出版・広告）

○ (47)芸能・エンタテインメント

官公庁・公社・団体:

○ (48)官公庁・公社・団体

その他:

○ (49)これら以外のその他

Q11.
現在のところ就職しようと考えている企業での働き方（雇用区分）として、あてはまるものを**すべて**お選びください。

☐ **(1)地域限定正社員**
（就業する地域が特定されているか一定の範囲内にあらかじめ決められている働き方の正社員）

☐ **(2)職務限定正社員**
（従事する職務（職種）が特定されているか一定の範囲内にあらかじめ決められている働き方の正社員）

☐ **(3)勤務時間限定正社員**
（所定の勤務時間を超えた勤務はないか、あっても一定の場合の限られた時間にあらかじめ決められている働き方の正社員）

☐ (4)上記のような限定のない一般の正社員

☐ (5)契約社員

☐ (6)その他

Q11 で(6)を選択した場合のみ Q11SQ1 に回答

Q11SQ1.
具体的にどのような働き方ですか。

Q11SQ2.
その働き方は、あなたのもともとの希望に沿ったものでしたか。

○ (1)はい

○ (2)いいえ

Q11SQ3.
希望と異なる働き方になった理由として、最もあてはまるものをひとつだけお選びください。

○ (1)希望する働き方での募集がなかったから

○ (2)その働き方でしか採用されなかったから

○ (3)採用後に希望する働き方に転換できる可能性があったから

○ (4)家庭の事情などで変化があったから

○ (5)その他

具体的に：

○ (6)特に理由はない

Q7 で「(2)続けている」を選択した場合のみ Q12～Q14SQ2 に回答

現在についてお答えください。

Q12.
現在、就職活動を続けている理由として最もあてはまるものをひとつだけお選びください。

○ (1)まだ内定を得ていないから

○ (2)すでに内定を得ているが、就職を希望する企業が他にあるから

○ (3)その他

具体的に：

Q13.
現在、希望している業種は、就職活動を始めた頃と大きく変わりましたか。

○ (1)希望業種が拡がった

○ (2)希望業種を絞った

○ (3)大きな変化はない

Q13 で(1)か(2)を選択した場合のみ Q13SQ1 に回答

> **Q13SQ1.**
> 現在、どのような業種を希望していますか。下記の業種分類に基づいて**すべて**お選びください。

メーカー:

- ☐ (1)農林・水産
- ☐ (2)食品
- ☐ (3)建設・設備関連
- ☐ (4)住宅・インテリア
- ☐ (5)アパレル・服飾関連
- ☐ (6)繊維・紙・パルプ
- ☐ (7)化学・石油
- ☐ (8)薬品・化粧品
- ☐ (9)ゴム・ガラス・セラミックス
- ☐ (10)鉄鋼・金属・鉱業
- ☐ (11)機械
- ☐ (12)プラント・エンジニアリング
- ☐ (13)電子・電気・OA機器
- ☐ (14)自動車・輸送用機器
- ☐ (15)精密・医療機器

- ☐ (16)印刷・事務機器・日用品
- ☐ (17)スポーツ・玩具・ゲーム製品
- ☐ (18)その他メーカー・製造関連

商社:

- ☐ (19)総合商社
- ☐ (20)商社

流通・小売:

- ☐ (21)百貨店・スーパー・コンビニ
- ☐ (22)専門店

金融:

- ☐ (23)銀行・証券
- ☐ (24)信金・労金・信組
- ☐ (25)クレジット・信販・リース・その他金融
- ☐ (26)生保・損保

サービス・インフラ:

- ☐ (27)不動産
- ☐ (28)鉄道・航空
- ☐ (29)陸運・海運・物流
- ☐ (30)電力・ガス・エネルギー
- ☐ (31)レストラン・給食・フードサービス
- ☐ (32)ホテル・旅行
- ☐ (33)医療機関・調剤薬局
- ☐ (34)福祉サービス
- ☐ (35)フィットネスクラブ・エステ・理美容
- ☐ (36)アミューズメント・レジャー
- ☐ (37)冠婚葬祭
- ☐ (38)専門・その他サービス

- ☐ (39)コンサルティング・シンクタンク・調査
- ☐ (40)人材サービス(派遣・紹介)
- ☐ (41)教育

ソフトウエア・通信:

- ☐ (42)ソフトウエア・情報処理・ネット関連
- ☐ (43)ゲームソフト
- ☐ (44)通信

広告・出版・マスコミ:

- □ (45)マスコミ（放送・新聞）
- □ (46)マスコミ（出版・広告）
- □ (47)芸能・エンタテインメント

官公庁・公社・団体:

- □ (48)官公庁・公社・団体

その他:

- □ (49)これら以外のその他

- □ (50)特に決めていない

Q14.

希望している、または希望するようになった働き方は、就職活動を始めた頃と大きく変わりましたか。あてはまるものをひとつお選びください。

- ○ (1)限定正社員や契約社員を希望していたが、一般の正社員希望に変えた、または一般の正社員に絞った
- ○ (2)一般の正社員を希望していたが、限定正社員や契約社員を希望するようになった
- ○ (3)大きな変化はない

Q14SQ1.

現在、希望している企業での働き方（雇用区分）として、あてはまるものをすべてお選びください。

- □ (1)地域限定正社員
  （就業する地域が特定されているか一定の範囲内にあらかじめ決められている働き方の正社員）
- □ (2)職務限定正社員
  （従事する職務（職種）が特定されているか一定の範囲内にあらかじめ決められている働き方の正社員）
- □ (3)勤務時間限定正社員
  （所定の勤務時間を超えた勤務はないか、あっても一定の場合の限られた時間にあらかじめ決められている働き方の正社員）
- □ (4)契約社員
  （一定の業務に就くことを前提に、期間の定めのある契約で採用する社員）
- □ (5)その他

Q14SQ1 で(5)を選択した場合のみ Q14SQ1_a に回答

Q14SQ1_a.
具体的にどのような働き方ですか。

Q14 で(1)か(2)を選択した場合のみ Q14SQ2 に回答

Q14SQ2.
もともとと異なる働き方を希望することとなった理由として、最もあてはまるものをひとつお選びください。

○ (1)希望している企業のなかでは、その働き方でしか求人している企業がないから

○ (2)その働き方でしか内定が得られないと思うから

○ (3)採用後に希望する働き方に転換できる可能性がある求人があるから

　(4)家庭の事情などで変化があったから

○ (5)その他

具体的に：

○ (6)特に理由はない

以下、全員回答

Q15.
学卒採用に関して、通年募集や秋季募集を行う企業が多ければ良いと思いますか。

○ (1)はい

○ (2)いいえ

○ (3)どちらともいえない

Q15 で(1)を選択した場合のみ Q15SQ1 に回答

Q15SQ1.
通年募集や秋季募集を行う企業が多ければ良いと思う理由として、あてはまるものを<u>すべて</u>お選びください。

☐ (1)就職活動に時間をかけて自分に合った企業を見極めたいから
☐ (2)希望する就職先の候補が複数あり、採用スケジュールが重なるのを避けたいから
☐ (3)現在のスケジュールでは、学業に支障があるから
☐ (4)海外留学をして帰国する際に、より容易に就活できるようになるから
☐ (5)教育実習のスケジュールと重なるから
☐ (6)公務員試験のスケジュールと重なるから
☐ (7)卒業後しばらくしてから仕事に就くことができるようになるから
☐ (8)家庭の事情などで特定の時期に集中して就職活動ができないから
☐ (9)その他
具体的に：

☐ (10)特に理由はない

Q16.
海外に留学したことはありますか。

○ (1)したことがある
○ (2)したことはない

Q16 で(1)を選択した場合のみ Q16SQ1 に回答

Q16SQ1.
どのような形での留学でしたか。

○ (1)海外の大学・大学院に入学し、卒業した
○ (2)日本の大学・大学院の課程の一環で一定の期間留学した
○ (3)その他

Q16 で(1)を選択した場合のみ Q16SQ2 に回答

Q16SQ2.
留学を終えて帰国したタイミングと採用のスケジュールが合わないことはありましたか。

○　(1)あった

○　(2)なかった

Q17.
企業の採用に対するご意見やご要望がありましたら、自由にご記入ください。

ご協力ありがとうございました！

付 属 統 計 表 （％表）

注：付属統計表は、表頭（列）の項目をすべて合計すると 100％になる％表である。

<u>F1.性別</u>

	N	男性	女性
全体	5601	54.0	46.0
F0.就職活動有無			
1.就職活動をしている（していた）	5601	54.0	46.0
2.就職活動をしていない	−	−	−
F1.性別			
1.男性	3027	100.0	−
2.女性	2574	−	100.0
F2.居住地域			
1.北海道	181	53.0	47.0
2.青森県	39	61.5	38.5
3.岩手県	40	45.0	55.0
4.宮城県	125	55.2	44.8
5.秋田県	27	55.6	44.4
6.山形県	32	46.9	53.1
7.福島県	22	72.7	27.3
8.茨城県	110	47.3	52.7
9.栃木県	40	52.5	47.5
10.群馬県	57	40.4	59.6
11.埼玉県	336	59.2	40.8
12.千葉県	280	52.5	47.5
13.東京都	926	51.8	48.2
14.神奈川県	569	53.6	46.4
15.新潟県	68	57.4	42.6
16.富山県	54	55.6	44.4
17.石川県	76	59.2	40.8
18.福井県	20	65.0	35.0
19.山梨県	33	60.6	39.4
20.長野県	33	60.6	39.4
21.岐阜県	76	59.2	40.8
22.静岡県	104	50.0	50.0
23.愛知県	350	57.1	42.9
24.三重県	46	50.0	50.0
25.滋賀県	96	64.6	35.4
26.京都府	286	57.0	43.0
27.大阪府	488	57.0	43.0
28.兵庫県	276	53.6	46.4
29.奈良県	80	48.8	51.3
30.和歌山県	13	46.2	53.8
31.鳥取県	16	43.8	56.3
32.島根県	20	70.0	30.0
33.岡山県	88	50.0	50.0
34.広島県	106	49.1	50.9
35.山口県	26	23.1	76.9
36.徳島県	19	36.8	63.2
37.香川県	17	58.8	41.2
38.愛媛県	45	55.6	44.4
39.高知県	15	53.3	46.7
40.福岡県	179	53.1	46.9
41.佐賀県	26	50.0	50.0
42.長崎県	35	48.6	51.4
43.熊本県	44	38.6	61.4
44.大分県	27	51.9	48.1
45.宮崎県	13	61.5	38.5
46.鹿児島県	21	57.1	42.9
47.沖縄県	18	66.7	33.3
48.海外	3	100.0	−

<u>F1.性別</u>

	N	男性	女性
全体	5601	54.0	46.0
F2SQ2.大学（大学院）の所在地域			
1.北海道	183	54.6	45.4
2.青森県	38	60.5	39.5
3.岩手県	40	47.5	52.5
4.宮城県	123	54.5	45.5
5.秋田県	25	56.0	44.0
6.山形県	32	53.1	46.9
7.福島県	23	65.2	34.8
8.茨城県	81	51.9	48.1
9.栃木県	38	55.3	44.7
10.群馬県	57	43.9	56.1
11.埼玉県	109	59.6	40.4
12.千葉県	145	54.5	45.5
13.東京都	1607	51.8	48.2
14.神奈川県	297	58.2	41.8
15.新潟県	67	56.7	43.3
16.富山県	50	56.0	44.0
17.石川県	78	59.0	41.0
18.福井県	22	63.6	36.4
19.山梨県	34	58.8	41.2
20.長野県	32	59.4	40.6
21.岐阜県	40	67.5	32.5
22.静岡県	94	47.9	52.1
23.愛知県	403	55.1	44.9
24.三重県	20	65.0	35.0
25.滋賀県	80	73.8	26.3
26.京都府	400	51.3	48.8
27.大阪府	474	62.7	37.3
28.兵庫県	234	50.0	50.0
29.奈良県	45	40.0	60.0
30.和歌山県	16	43.8	56.3
31.鳥取県	17	47.1	52.9
32.島根県	18	66.7	33.3
33.岡山県	94	50.0	50.0
34.広島県	101	48.5	51.5
35.山口県	31	32.3	67.7
36.徳島県	19	36.8	63.2
37.香川県	17	58.8	41.2
38.愛媛県	45	55.6	44.4
39.高知県	15	53.3	46.7
40.福岡県	174	52.9	47.1
41.佐賀県	26	42.3	57.7
42.長崎県	34	50.0	50.0
43.熊本県	43	37.2	62.8
44.大分県	26	53.8	46.2
45.宮崎県	12	58.3	41.7
46.鹿児島県	21	57.1	42.9
47.沖縄県	18	66.7	33.3
48.海外	3	100.0	－

F1.性別

	N	男性	女性
全体	5601	54.0	46.0
F2SQ3.高校卒業時の居住地域			
1.北海道	181	61.3	38.7
2.青森県	38	50.0	50.0
3.岩手県	46	50.0	50.0
4.宮城県	106	57.5	42.5
5.秋田県	38	63.2	36.8
6.山形県	44	50.0	50.0
7.福島県	67	55.2	44.8
8.茨城県	133	54.1	45.9
9.栃木県	79	58.2	41.8
10.群馬県	78	47.4	52.6
11.埼玉県	326	58.6	41.4
12.千葉県	260	49.2	50.8
13.東京都	585	48.0	52.0
14.神奈川県	482	50.8	49.2
15.新潟県	103	57.3	42.7
16.富山県	58	56.9	43.1
17.石川県	55	49.1	50.9
18.福井県	27	59.3	40.7
19.山梨県	40	75.0	25.0
20.長野県	90	46.7	53.3
21.岐阜県	107	61.7	38.3
22.静岡県	163	55.8	44.2
23.愛知県	387	57.1	42.9
24.三重県	82	51.2	48.8
25.滋賀県	105	65.7	34.3
26.京都府	140	50.0	50.0
27.大阪府	444	58.1	41.9
28.兵庫県	307	53.7	46.3
29.奈良県	89	57.3	42.7
30.和歌山県	38	55.3	44.7
31.鳥取県	22	59.1	40.9
32.島根県	21	38.1	61.9
33.岡山県	81	43.2	56.8
34.広島県	140	56.4	43.6
35.山口県	34	47.1	52.9
36.徳島県	30	53.3	46.7
37.香川県	33	63.6	36.4
38.愛媛県	54	53.7	46.3
39.高知県	13	38.5	61.5
40.福岡県	171	48.5	51.5
41.佐賀県	26	57.7	42.3
42.長崎県	57	57.9	42.1
43.熊本県	46	45.7	54.3
44.大分県	27	44.4	55.6
45.宮崎県	32	68.8	31.3
46.鹿児島県	34	50.0	50.0
47.沖縄県	34	58.8	41.2
48.海外	48	50.0	50.0

F1.性別

	N	男性	女性
全体	5601	54.0	46.0
F3.大学（大学院）での所属			
1.文系	3215	47.8	52.2
2.理系	2386	62.4	37.6
Q1.学年			
1.学部4年（4年に進級後留年していない）	3860	49.0	51.0
2.学部4年（4年に進級後留年している）	206	68.0	32.0
3.学部6年（医・薬学部など、6年に進級後留年していない）	138	25.4	74.6
4.学部6年（医・薬学部など、6年に進級後留年している）	7	28.6	71.4
5.大学院修士（前期博士）課程	1342	68.7	31.3
6.大学院博士（後期博士）課程	33	72.7	27.3
7.その他	15	80.0	20.0
Q2.専攻			
1.人文科学（文学、史学、哲学など）	672	33.9	66.1
2.社会科学（法学・政治学、商学・経済学、社会学など）	1709	62.3	37.7
3.理学（数学、物理学、化学、生物学、地学など）	461	57.9	42.1
4.工学（機械工学、電気通信工学、土木建築工学、応用化学、応用理学、原子力工学、鉱山学、金属工学、繊維工学、船舶工学、航空工学、経営工学、工芸学など）	1205	79.4	20.6
5.農学（農学、農芸化学、農業工学、農業経済学、林学、林産学、獣医学、畜産学、水産学など）	283	44.2	55.8
6.保健（医学、歯学、薬学、看護学など）	263	32.7	67.3
7.商船	4	100.0	－
8.家政（家政学、食物学、被服学、住居学、児童学など）	120	5.0	95.0
9.教育（教育学、小学校など学校・幼稚園課程、体育学、障害児・特別支援教育課程など）	121	29.8	70.2
10.芸術（美術、デザイン、音楽など）	100	20.0	80.0
11.その他（教養学、総合科学、人文・社会科学、国際関係学、人間関係科学など）	663	35.3	64.7
Q3.就職活動を始めた時期			
1.2016年6月以前	1778	47.1	52.9
2.2016年7月	521	54.7	45.3
3.2016年8月	297	49.8	50.2
4.2016年9月	205	56.1	43.9
5.2016年10月	363	57.9	42.1
6.2016年11月	199	55.3	44.7
7.2016年12月	402	57.0	43.0
8.2017年1月	291	61.9	38.1
9.2017年2月	464	62.1	37.9
10.2017年3月	689	60.8	39.2
11.2017年4月	76	57.9	42.1
12.2017年5月	28	35.7	64.3
13.2017年6月	21	47.6	52.4
14.2017年7月	11	54.5	45.5
15.無回答	256	53.1	46.9

F1.性別

	N	男性	女性
全体	5601	54.0	46.0
Q4.就職活動開始時の希望業種			
1.農林・水産	358	52.2	47.8
2.食品	1497	42.7	57.3
3.建設・設備関連	450	60.0	40.0
4.住宅・インテリア	548	38.9	61.1
5.アパレル・服飾関連	242	29.8	70.2
6.繊維・紙・パルプ	423	50.4	49.6
7.化学・石油	803	60.9	39.1
8.薬品・化粧品	817	39.2	60.8
9.ゴム・ガラス・セラミックス	345	65.2	34.8
10.鉄鋼・金属・鉱業	443	71.3	28.7
11.機械	620	72.7	27.3
12.プラント・エンジニアリング	311	77.8	22.2
13.電子・電気・OA機器	674	77.0	23.0
14.自動車・輸送用機器	669	74.0	26.0
15.精密・医療機器	551	61.2	38.8
16.印刷・事務機器・日用品	525	35.6	64.4
17.スポーツ・玩具・ゲーム製品	427	56.7	43.3
18.その他メーカー・製造関連	252	54.8	45.2
19.総合商社	593	51.8	48.2
20.商社	737	48.3	51.7
21.百貨店・スーパー・コンビニ	437	40.5	59.5
22.専門店	262	36.6	63.4
23.銀行・証券	1060	49.7	50.3
24.信金・労金・信組	473	45.9	54.1
25.クレジット・信販・リース・その他金融	347	51.6	48.4
26.生保・損保	503	49.7	50.3
27.不動産	502	53.0	47.0
28.鉄道・航空	872	58.4	41.6
29.陸運・海運・物流	342	60.2	39.8
30.電力・ガス・エネルギー	519	69.0	31.0
31.レストラン・給食・フードサービス	123	30.9	69.1
32.ホテル・旅行	515	32.0	68.0
33.医療機関・調剤薬局	300	23.0	77.0
34.福祉サービス	131	28.2	71.8
35.フィットネスクラブ・エステ・理美容	45	24.4	75.6
36.アミューズメント・レジャー	220	38.6	61.4
37.冠婚葬祭	155	19.4	80.6
38.専門・その他サービス	105	48.6	51.4
39.コンサルティング・シンクタンク・調査	413	59.3	40.7
40.人材サービス（派遣・紹介）	263	39.9	60.1
41.教育	366	36.3	63.7
42.ソフトウエア・情報処理・ネット関連	836	65.1	34.9
43.ゲームソフト	261	63.6	36.4
44.通信	420	68.3	31.7
45.マスコミ（放送・新聞）	486	44.0	56.0
46.マスコミ（出版・広告）	574	35.2	64.8
47.芸能・エンタテインメント	253	32.8	67.2
48.官公庁・公社・団体	873	53.4	46.6
49.これら以外のその他	49	53.1	46.9
50.特に決めていなかった	157	49.0	51.0

F1.性別

	N	男性	女性
全体	5601	54.0	46.0
Q4SQ2.就職活動開始時もっとも希望した業種			
1.農林・水産	64	60.9	39.1
2.食品	491	41.5	58.5
3.建設・設備関連	103	61.2	38.8
4.住宅・インテリア	85	31.8	68.2
5.アパレル・服飾関連	28	32.1	67.9
6.繊維・紙・パルプ	25	44.0	56.0
7.化学・石油	237	70.5	29.5
8.薬品・化粧品	276	33.3	66.7
9.ゴム・ガラス・セラミックス	16	56.3	43.8
10.鉄鋼・金属・鉱業	41	87.8	12.2
11.機械	149	77.2	22.8
12.プラント・エンジニアリング	38	71.1	28.9
13.電子・電気・OA機器	172	84.9	15.1
14.自動車・輸送用機器	203	81.8	18.2
15.精密・医療機器	82	67.1	32.9
16.印刷・事務機器・日用品	62	40.3	59.7
17.スポーツ・玩具・ゲーム製品	86	59.3	40.7
18.その他メーカー・製造関連	35	40.0	60.0
19.総合商社	89	74.2	25.8
20.商社	94	48.9	51.1
21.百貨店・スーパー・コンビニ	55	52.7	47.3
22.専門店	26	30.8	69.2
23.銀行・証券	325	49.5	50.5
24.信金・労金・信組	50	56.0	44.0
25.クレジット・信販・リース・その他金融	42	40.5	59.5
26.生保・損保	100	49.0	51.0
27.不動産	98	55.1	44.9
28.鉄道・航空	277	63.5	36.5
29.陸運・海運・物流	64	56.3	43.8
30.電力・ガス・エネルギー	88	73.9	26.1
31.レストラン・給食・フードサービス	15	–	100.0
32.ホテル・旅行	126	31.0	69.0
33.医療機関・調剤薬局	139	20.9	79.1
34.福祉サービス	26	23.1	76.9
35.フィットネスクラブ・エステ・理美容	9	22.2	77.8
36.アミューズメント・レジャー	30	36.7	63.3
37.冠婚葬祭	18	16.7	83.3
38.専門・その他サービス	19	42.1	57.9
39.コンサルティング・シンクタンク・調査	132	69.7	30.3
40.人材サービス（派遣・紹介）	35	28.6	71.4
41.教育	107	44.9	55.1
42.ソフトウエア・情報処理・ネット関連	373	71.8	28.2
43.ゲームソフト	45	60.0	40.0
44.通信	50	70.0	30.0
45.マスコミ（放送・新聞）	150	54.0	46.0
46.マスコミ（出版・広告）	193	35.8	64.2
47.芸能・エンタテインメント	58	22.4	77.6
48.官公庁・公社・団体	401	52.4	47.6
49.これら以外のその他	17	47.1	52.9
50.非該当	157	49.0	51.0

<u>F1.性別</u>

	N	男性	女性
全体	5601	54.0	46.0
Q5.就職活動開始時の希望就職先			
1.海外展開もしている企業	1527	59.2	40.8
2.全国規模の企業であって、全国転勤がある企業	1655	61.6	38.4
3.全国規模の企業であって、勤務地が特定の地域に限定されている企業	2240	46.0	54.0
4.主に特定の地域に展開している企業	1497	45.5	54.5
5.公務員（教員を除く）	735	52.4	47.6
6.教員	86	46.5	53.5
7.その他	141	55.3	44.7
8.特に決めていなかった	1101	56.9	43.1
Q6SQ1.就職活動開始時の希望（地域限定正社員）：応募			
1.是非応募したい	1372	34.0	66.0
2.処遇に大きな差がなければ応募したい	2692	54.9	45.1
3.応募したくない	440	69.5	30.5
4.考えたことがない	1097	70.8	29.2
Q6SQ1A.就職活動開始時の希望（地域限定正社員）：地域			
1.現在お住まいの都道府県	3114	45.0	55.0
2.高校卒業時点でお住まいだった都道府県	1705	48.6	51.4
3.大学・大学院のある都道府県	1368	47.7	52.3
4.その他の都道府県	747	46.9	53.1
5.海外	98	41.8	58.2
6.特にない	178	69.1	30.9
7.非該当	1537	70.5	29.5
Q6SQ2.就職活動開始時の希望（職務限定正社員）：応募			
1.是非応募したい	946	42.2	57.8
2.処遇に大きな差がなければ応募したい	2301	50.5	49.5
3.応募したくない	787	61.8	38.2
4.考えたことがない	1567	62.5	37.5
Q6SQ2A.就職活動開始時の希望（職務限定正社員）：職務			
1.大学・大学院の専攻に直結した仕事	1193	58.3	41.7
2.一般事務の仕事	809	25.3	74.7
3.経理、会計の仕事	138	54.3	45.7
4.営業の仕事	319	59.9	40.1
5.販売の仕事	28	46.4	53.6
6.接客の仕事	139	23.0	77.0
7.調査、研究開発の仕事	431	53.1	46.9
8.生産・建設現場の仕事	69	78.3	21.7
9.運送関係の仕事	14	85.7	14.3
10.その他	107	50.5	49.5
11.非該当	2354	62.3	37.7

F1.性別

	N	男性	女性
全体	5601	54.0	46.0
Q6SQ3.就職活動開始時の希望（勤務時間限定正社員）：応募			
1.是非応募したい	869	42.5	57.5
2.処遇に大きな差がなければ応募したい	2035	51.2	48.8
3.応募したくない	619	65.6	34.4
4.考えたことがない	2078	58.3	41.7
Q6SQ3A.就職活動開始時の希望（勤務時間限定正社員）：時間			
1.1時間	13	69.2	30.8
2.2時間	8	50.0	50.0
3.3時間	7	71.4	28.6
4.4時間	23	82.6	17.4
5.5時間	56	44.6	55.4
6.6時間	226	47.3	52.7
7.7時間	191	45.0	55.0
8.8時間（ただし、残業ががない）	2380	48.5	51.5
9.非該当	2697	60.0	40.0
Q7.就職活動終了状況			
1.終えた	3744	56.8	43.2
2.続けている	1857	48.5	51.5
Q8.就職活動終了時期			
1.2016年6月以前	70	57.1	42.9
2.2016年7月	27	44.4	55.6
3.2016年8月	－	－	－
4.2016年9月	1	100.0	－
5.2016年10月	2	100.0	－
6.2016年11月	2	50.0	50.0
7.2016年12月	1	－	100.0
8.2017年1月	2	－	100.0
9.2017年2月	19	68.4	31.6
10.2017年3月	62	61.3	38.7
11.2017年4月	284	66.2	33.8
12.2017年5月	666	57.7	42.3
13.2017年6月	2078	55.8	44.2
14.2017年7月	274	55.8	44.2
15.無回答	256	53.1	46.9
16.非該当	1857	48.5	51.5
Q9.就職活動終了理由			
1.希望する就職先の内定を得たから	3133	56.8	43.2
2.希望していた就職先ではないが、内定を得たから	557	56.4	43.6
3.内定を得ていないが、希望する就職先が他になく、留年することにしたから	11	45.5	54.5
4.大学院に進学することにしたから	25	64.0	36.0
5.海外に留学することにしたから	3	66.7	33.3
6.家業を継ぐことにしたから	2	100.0	－
7.その他	13	53.8	46.2
8.非該当	1857	48.5	51.5

F1.性別

	N	男性	女性
全体	5601	54.0	46.0
Q10.就職予定先企業の業種			
1.農林・水産	27	55.6	44.4
2.食品	178	49.4	50.6
3.建設・設備関連	121	67.8	32.2
4.住宅・インテリア	57	50.9	49.1
5.アパレル・服飾関連	25	24.0	76.0
6.繊維・紙・パルプ	24	41.7	58.3
7.化学・石油	159	65.4	34.6
8.薬品・化粧品	169	35.5	64.5
9.ゴム・ガラス・セラミックス	27	63.0	37.0
10.鉄鋼・金属・鉱業	65	70.8	29.2
11.機械	118	73.7	26.3
12.プラント・エンジニアリング	34	70.6	29.4
13.電子・電気・OA機器	194	81.4	18.6
14.自動車・輸送用機器	200	78.5	21.5
15.精密・医療機器	73	65.8	34.2
16.印刷・事務機器・日用品	39	56.4	43.6
17.スポーツ・玩具・ゲーム製品	18	66.7	33.3
18.その他メーカー・製造関連	34	32.4	67.6
19.総合商社	17	52.9	47.1
20.商社	84	60.7	39.3
21.百貨店・スーパー・コンビニ	67	58.2	41.8
22.専門店	56	37.5	62.5
23.銀行・証券	224	46.0	54.0
24.信金・労金・信組	61	47.5	52.5
25.クレジット・信販・リース・その他金融	54	44.4	55.6
26.生保・損保	112	49.1	50.9
27.不動産	65	50.8	49.2
28.鉄道・航空	98	63.3	36.7
29.陸運・海運・物流	64	59.4	40.6
30.電力・ガス・エネルギー	49	85.7	14.3
31.レストラン・給食・フードサービス	14	7.1	92.9
32.ホテル・旅行	63	38.1	61.9
33.医療機関・調剤薬局	100	30.0	70.0
34.福祉サービス	23	21.7	78.3
35.フィットネスクラブ・エステ・理美容	5	20.0	80.0
36.アミューズメント・レジャー	12	50.0	50.0
37.冠婚葬祭	7	28.6	71.4
38.専門・その他サービス	58	37.9	62.1
39.コンサルティング・シンクタンク・調査	108	57.4	42.6
40.人材サービス（派遣・紹介）	43	46.5	53.5
41.教育	51	31.4	68.6
42.ソフトウエア・情報処理・ネット関連	429	62.5	37.5
43.ゲームソフト	7	71.4	28.6
44.通信	63	69.8	30.2
45.マスコミ（放送・新聞）	33	72.7	27.3
46.マスコミ（出版・広告）	46	47.8	52.2
47.芸能・エンタテインメント	13	38.5	61.5
48.官公庁・公社・団体	83	60.2	39.8
49.これら以外のその他	19	31.6	68.4
50.非該当	1911	48.8	51.2

F1.性別

	N	男性	女性
全体	5601	54.0	46.0
Q11.就職予定先企業での働き方			
1.地域限定正社員（就業する地域が特定されているか一定の範囲内にあらかじめ決められている働き方の正社員）	818	41.3	58.7
2.職務限定正社員（従事する職務（職種）が特定されているか一定の範囲内にあらかじめ決められている働き方の正社員）	601	51.1	48.9
3.勤務時間限定正社員（所定の勤務時間を超えた勤務はないか、あっても一定の場合の限られた時間にあらかじめ決められている働き方の正社員）	106	47.2	52.8
4.上記のような限定のない一般の正社員	2534	61.8	38.2
5.契約社員	17	58.8	41.2
6.その他	23	65.2	34.8
7.非該当	1911	48.8	51.2
Q11SQ2.就職予定先企業での働き方は希望していたものか			
1.はい	3511	57.6	42.4
2.いいえ	179	41.3	58.7
3.非該当	1911	48.8	51.2
Q11SQ3.就職予定先企業での働き方が希望と異なった理由			
1.希望する働き方での募集がなかったから	40	40.0	60.0
2.その働き方でしか採用されなかったから	51	37.3	62.7
3.採用後に希望する働き方に転換できる可能性があったから	35	40.0	60.0
4.家庭の事情などで変化があったから	6	33.3	66.7
5.その他	14	50.0	50.0
6.特に理由はない	33	48.5	51.5
7.非該当	5422	54.5	45.5
Q12.就職活動継続理由			
1.まだ内定を得ていないから	990	49.3	50.7
2.すでに内定を得ているが、就職を希望する企業が他にあるから	818	47.9	52.1
3.その他	49	40.8	59.2
4.非該当	3744	56.8	43.2
Q13.希望業種の変化			
1.希望業種が拡がった	822	45.4	54.6
2.希望業種を絞った	414	51.0	49.0
3.大きな変化はない	621	50.9	49.1
4.非該当	3744	56.8	43.2

F1.性別

	N	男性	女性
全体	5601	54.0	46.0
Q13SQ1.現在の希望業種			
1.農林・水産	103	51.5	48.5
2.食品	249	43.8	56.2
3.建設・設備関連	108	49.1	50.9
4.住宅・インテリア	114	46.5	53.5
5.アパレル・服飾関連	59	32.2	67.8
6.繊維・紙・パルプ	83	50.6	49.4
7.化学・石油	148	61.5	38.5
8.薬品・化粧品	129	40.3	59.7
9.ゴム・ガラス・セラミックス	62	64.5	35.5
10.鉄鋼・金属・鉱業	102	55.9	44.1
11.機械	125	58.4	41.6
12.プラント・エンジニアリング	71	59.2	40.8
13.電子・電気・OA機器	120	65.8	34.2
14.自動車・輸送用機器	78	61.5	38.5
15.精密・医療機器	113	51.3	48.7
16.印刷・事務機器・日用品	125	34.4	65.6
17.スポーツ・玩具・ゲーム製品	68	52.9	47.1
18.その他メーカー・製造関連	54	46.3	53.7
19.総合商社	112	45.5	54.5
20.商社	212	41.0	59.0
21.百貨店・スーパー・コンビニ	102	48.0	52.0
22.専門店	63	42.9	57.1
23.銀行・証券	160	48.8	51.3
24.信金・労金・信組	85	40.0	60.0
25.クレジット・信販・リース・その他金融	58	44.8	55.2
26.生保・損保	82	32.9	67.1
27.不動産	95	45.3	54.7
28.鉄道・航空	113	57.5	42.5
29.陸運・海運・物流	86	58.1	41.9
30.電力・ガス・エネルギー	73	58.9	41.1
31.レストラン・給食・フードサービス	38	44.7	55.3
32.ホテル・旅行	67	40.3	59.7
33.医療機関・調剤薬局	82	19.5	80.5
34.福祉サービス	44	36.4	63.6
35.フィットネスクラブ・エステ・理美容	15	26.7	73.3
36.アミューズメント・レジャー	47	36.2	63.8
37.冠婚葬祭	24	29.2	70.8
38.専門・その他サービス	54	38.9	61.1
39.コンサルティング・シンクタンク・調査	98	54.1	45.9
40.人材サービス（派遣・紹介）	89	36.0	64.0
41.教育	98	33.7	66.3
42.ソフトウエア・情報処理・ネット関連	251	47.8	52.2
43.ゲームソフト	39	59.0	41.0
44.通信	87	51.7	48.3
45.マスコミ（放送・新聞）	93	41.9	58.1
46.マスコミ（出版・広告）	130	31.5	68.5
47.芸能・エンタテインメント	55	36.4	63.6
48.官公庁・公社・団体	253	48.6	51.4
49.これら以外のその他	26	34.6	65.4
50.特に決めていない	46	37.0	63.0
51.非該当	4365	56.0	44.0

―117―

F1.性別

	N	男性	女性
全体	5601	54.0	46.0
Q14.希望する働き方の変化			
1. 限定正社員や契約社員を希望していたが、一般の正社員希望に変えた、または一般の正社員に絞った	132	55.3	44.7
2. 一般の正社員を希望していたが、限定正社員や契約社員を希望するようになった	64	45.3	54.7
3. 大きな変化はない	1661	48.0	52.0
4. 非該当	3744	56.8	43.2
Q14SQ1. 現在希望する働き方			
1. 地域限定正社員（就業する地域が特定されているか一定の範囲内にあらかじめ決められている働き方の正社員）	43	30.2	69.8
2. 職務限定正社員（従事する職務（職種）が特定されているか一定の範囲内にあらかじめ決められている働き方の正社員）	32	43.8	56.3
3. 勤務時間限定正社員（所定の勤務時間を超えた勤務はないか、あっても一定の場合の限られた時間にあらかじめ決められている働き方の正社員）	17	70.6	29.4
4. 契約社員（一定の業務に就くことを前提に、期間の定めのある契約で採用する社員）	19	36.8	63.2
5. その他	4	50.0	50.0
6. 非該当	5537	54.1	45.9
Q14SQ2. 希望する働き方が変わった理由			
1. 希望している企業のなかでは、その働き方でしか求人している企業がないから	69	56.5	43.5
2. その働き方でしか内定が得られないと思うから	46	47.8	52.2
3. 採用後に希望する働き方に転換できる可能性がある求人があるから	39	48.7	51.3
4. 家庭の事情などで変化があったから	7	85.7	14.3
5. その他	3	33.3	66.7
6. 特に理由はない	32	46.9	53.1
7. 非該当	5405	54.1	45.9
Q15. 通年募集・秋季募集は良いと思うか			
1. はい	3395	54.5	45.5
2. いいえ	436	57.6	42.4
3. どちらともいえない	1770	52.3	47.7
Q15SQ1. 通年募集・秋季募集が良いと思う理由			
1. 就職活動に時間をかけて自分に合った企業を見極めたいから	2078	52.2	47.8
2. 希望する就職先の候補が複数あり、採用スケジュールが重なるのを避けたいから	1626	53.6	46.4
3. 現在のスケジュールでは、学業に支障があるから	1165	56.6	43.4
4. 海外留学をして帰国する際に、より容易に就職活動できるようになるから	533	51.0	49.0
5. 教育実習のスケジュールと重なるから	250	43.2	56.8
6. 公務員試験のスケジュールと重なるから	497	53.1	46.9
7. 卒業後しばらくしてから仕事に就くことができるようになるから	791	55.9	44.1
8. 家庭の事情などで特定の時期に集中して就職活動ができないから	283	59.7	40.3
9. その他	56	57.1	42.9
10. 特に理由はない	157	55.4	44.6
11. 非該当	2206	53.4	46.6

F1.性別

	N	男性	女性
全体	5601	54.0	46.0
Q16.海外留学経験			
1.したことがある	854	43.3	56.7
2.したことはない	4747	56.0	44.0
Q16SQ1.海外留学の形			
1.海外の大学・大学院に入学し、卒業した	66	60.6	39.4
2.日本の大学・大学院の課程の一環で一定の期間留学した	492	42.7	57.3
3.その他	296	40.5	59.5
4.非該当	4747	56.0	44.0
Q16SQ2.海外留学終了時期と採用スケジュールのミスマッチ			
1.あった	22	68.2	31.8
2.なかった	44	56.8	43.2
3.非該当	5535	54.0	46.0

F2 居住地域

	N	北海道	青森県	岩手県	宮城県	秋田県	山形県	福島県	茨城県	栃木県	群馬県	埼玉県	千葉県
全体	5601	3.2	0.7	0.7	2.2	0.5	0.6	0.4	2.0	0.7	1.0	6.0	5.0
F0.就職活動有無													
1.就職活動をしている（していた）	5601	3.2	0.7	0.7	2.2	0.5	0.6	0.4	2.0	0.7	1.0	6.0	5.0
2.就職活動をしていない	-												
F1.性別													
1.男性	3027	3.2	0.8	0.6	2.3	0.5	0.5	0.5	1.7	0.7	0.8	6.6	4.9
2.女性	2574	3.3	0.6	0.9	2.2	0.5	0.7	0.2	2.3	0.7	1.3	5.3	5.2
F2.居住地域													
1.北海道	181	100.0	-	-	-	-	-	-	-	-	-	-	-
2.青森県	39	-	100.0	-	-	-	-	-	-	-	-	-	-
3.岩手県	40	-	-	100.0	-	-	-	-	-	-	-	-	-
4.宮城県	125	-	-	-	100.0	-	-	-	-	-	-	-	-
5.秋田県	27	-	-	-	-	100.0	-	-	-	-	-	-	-
6.山形県	32	-	-	-	-	-	100.0	-	-	-	-	-	-
7.福島県	22	-	-	-	-	-	-	100.0	-	-	-	-	-
8.茨城県	110	-	-	-	-	-	-	-	100.0	-	-	-	-
9.栃木県	40	-	-	-	-	-	-	-	-	100.0	-	-	-
10.群馬県	57	-	-	-	-	-	-	-	-	-	100.0	-	-
11.埼玉県	336	-	-	-	-	-	-	-	-	-	-	100.0	-
12.千葉県	280	-	-	-	-	-	-	-	-	-	-	-	100.0
13.東京都	926	-	-	-	-	-	-	-	-	-	-	-	-
14.神奈川県	569	-	-	-	-	-	-	-	-	-	-	-	-
15.新潟県	68	-	-	-	-	-	-	-	-	-	-	-	-
16.富山県	54	-	-	-	-	-	-	-	-	-	-	-	-
17.石川県	76	-	-	-	-	-	-	-	-	-	-	-	-
18.福井県	20	-	-	-	-	-	-	-	-	-	-	-	-
19.山梨県	33	-	-	-	-	-	-	-	-	-	-	-	-
20.長野県	33	-	-	-	-	-	-	-	-	-	-	-	-
21.岐阜県	76	-	-	-	-	-	-	-	-	-	-	-	-
22.静岡県	104	-	-	-	-	-	-	-	-	-	-	-	-
23.愛知県	350	-	-	-	-	-	-	-	-	-	-	-	-
24.三重県	46	-	-	-	-	-	-	-	-	-	-	-	-
25.滋賀県	96	-	-	-	-	-	-	-	-	-	-	-	-
26.京都府	286	-	-	-	-	-	-	-	-	-	-	-	-
27.大阪府	488	-	-	-	-	-	-	-	-	-	-	-	-
28.兵庫県	276	-	-	-	-	-	-	-	-	-	-	-	-
29.奈良県	80	-	-	-	-	-	-	-	-	-	-	-	-
30.和歌山県	13	-	-	-	-	-	-	-	-	-	-	-	-
31.鳥取県	16	-	-	-	-	-	-	-	-	-	-	-	-
32.島根県	20	-	-	-	-	-	-	-	-	-	-	-	-
33.岡山県	88	-	-	-	-	-	-	-	-	-	-	-	-
34.広島県	106	-	-	-	-	-	-	-	-	-	-	-	-
35.山口県	26	-	-	-	-	-	-	-	-	-	-	-	-
36.徳島県	19	-	-	-	-	-	-	-	-	-	-	-	-
37.香川県	17	-	-	-	-	-	-	-	-	-	-	-	-
38.愛媛県	45	-	-	-	-	-	-	-	-	-	-	-	-
39.高知県	15	-	-	-	-	-	-	-	-	-	-	-	-
40.福岡県	179	-	-	-	-	-	-	-	-	-	-	-	-
41.佐賀県	26	-	-	-	-	-	-	-	-	-	-	-	-
42.長崎県	35	-	-	-	-	-	-	-	-	-	-	-	-
43.熊本県	44	-	-	-	-	-	-	-	-	-	-	-	-
44.大分県	27	-	-	-	-	-	-	-	-	-	-	-	-
45.宮崎県	13	-	-	-	-	-	-	-	-	-	-	-	-
46.鹿児島県	21	-	-	-	-	-	-	-	-	-	-	-	-
47.沖縄県	18	-	-	-	-	-	-	-	-	-	-	-	-
48.海外	3	-	-	-	-	-	-	-	-	-	-	-	-
F2SQ2. 大学（大学院）の所在地域													
1.北海道	183	97.3	0.5	0.5	-	-	-	-	-	0.5	-	-	-
2.青森県	38	-	100.0	-	-	-	-	-	-	-	-	-	-
3.岩手県	40	-	-	97.5	-	-	-	-	2.5	-	-	-	-
4.宮城県	123	-	-	-	97.6	-	0.8	-	0.8	-	-	-	-
5.秋田県	25	-	-	-	-	100.0	-	-	-	-	-	-	-
6.山形県	32	-	-	-	3.1	-	93.8	-	-	-	-	3.1	-
7.福島県	23	-	-	-	13.0	-	4.3	78.3	-	-	-	-	-
8.茨城県	81	-	-	-	-	-	-	-	90.1	-	-	3.7	2.5
9.栃木県	38	-	-	-	-	-	-	2.6	2.6	78.9	5.3	7.9	-
10.群馬県	57	-	-	-	1.8	1.8	-	-	-	5.3	80.7	10.5	-
11.埼玉県	109	-	-	-	-	-	-	-	1.8	2.8	0.9	65.1	3.7
12.千葉県	145	-	-	-	-	-	-	0.7	-	-	4.8	8.3	69.0
13.東京都	1607	0.2	-	-	-	-	-	-	1.6	0.2	0.4	14.4	10.5
14.神奈川県	297	-	-	-	-	0.3	-	-	-	-	-	2.7	2.0
15.新潟県	67	-	-	-	-	-	-	-	-	-	-	-	-
16.富山県	50	-	-	-	-	-	-	-	-	-	-	-	-
17.石川県	78	-	-	-	-	-	-	-	-	-	-	-	-
18.福井県	22	-	-	-	-	-	-	-	-	-	-	-	-
19.山梨県	34	-	-	-	-	-	-	-	-	-	-	2.9	-
20.長野県	32	-	-	-	-	-	-	-	-	-	-	-	-
21.岐阜県	40	-	-	-	-	-	-	-	-	-	-	-	-
22.静岡県	94	-	-	-	-	-	-	1.1	-	-	-	-	-
23.愛知県	403	-	-	-	-	-	-	-	-	-	-	-	-
24.三重県	20	-	-	-	-	-	-	-	-	-	-	-	-
25.滋賀県	80	-	-	-	-	-	-	-	-	-	-	-	-
26.京都府	400	-	-	-	-	-	-	-	-	-	-	-	-
27.大阪府	474	-	-	-	-	-	-	-	-	-	-	-	-
28.兵庫県	234	-	-	-	-	-	-	-	-	-	-	-	-
29.奈良県	45	-	-	-	-	-	-	-	-	-	-	-	-
30.和歌山県	16	-	-	-	-	-	-	-	-	-	-	-	-
31.鳥取県	17	-	-	-	-	-	-	-	-	-	-	-	-
32.島根県	18	-	-	-	-	-	-	-	-	-	-	-	-
33.岡山県	94	-	-	-	-	-	-	-	-	-	-	-	-
34.広島県	101	-	-	-	-	-	-	-	-	-	-	-	-
35.山口県	31	-	-	-	-	-	-	-	-	-	-	-	-
36.徳島県	19	-	-	-	-	-	-	-	-	-	-	-	-
37.香川県	17	-	-	-	-	-	-	-	-	-	-	-	-
38.愛媛県	45	-	-	-	-	-	-	-	-	-	-	-	-
39.高知県	15	-	-	-	-	-	-	-	-	-	-	-	-
40.福岡県	174	-	-	-	-	-	-	-	-	-	-	-	-
41.佐賀県	26	-	-	-	-	-	-	-	-	-	-	-	-
42.長崎県	34	-	-	-	-	-	-	-	-	-	-	-	-
43.熊本県	43	-	-	-	-	-	-	-	-	-	-	-	-
44.大分県	26	-	-	-	-	-	-	-	-	-	-	-	-
45.宮崎県	12	-	-	-	-	-	-	-	-	-	-	-	-
46.鹿児島県	21	-	-	-	-	-	-	-	-	-	-	-	-
47.沖縄県	18	-	-	-	-	-	-	-	-	-	-	-	-
48.海外	3	-	-	-	-	-	-	-	-	-	-	-	-

F2 居住地域

	N	東京都	神奈川県	新潟県	富山県	石川県	福井県	山梨県	長野県	岐阜県	静岡県	愛知県	三重県
全体	5601	16.5	10.2	1.2	1.0	1.4	0.4	0.6	0.6	1.4	1.9	6.2	0.8
F0.就職活動有無													
1.就職活動をしている（していた）	5601	16.5	10.2	1.2	1.0	1.4	0.4	0.6	0.6	1.4	1.9	6.2	0.8
2.就職活動をしていない													
F1.性別													
1.男性	3027	15.9	10.1	1.3	1.0	1.5	0.4	0.7	0.7	1.5	1.7	6.6	0.8
2.女性	2574	17.3	10.3	1.1	0.9	1.2	0.3	0.5	0.5	1.2	2.0	5.8	0.9
F2.居住地域													
1.北海道	181	–	–	–	–	–	–	–	–	–	–	–	–
2.青森県	39	–	–	–	–	–	–	–	–	–	–	–	–
3.岩手県	40	–	–	–	–	–	–	–	–	–	–	–	–
4.宮城県	125	–	–	–	–	–	–	–	–	–	–	–	–
5.秋田県	27	–	–	–	–	–	–	–	–	–	–	–	–
6.山形県	32	–	–	–	–	–	–	–	–	–	–	–	–
7.福島県	22	–	–	–	–	–	–	–	–	–	–	–	–
8.茨城県	110	–	–	–	–	–	–	–	–	–	–	–	–
9.栃木県	40	–	–	–	–	–	–	–	–	–	–	–	–
10.群馬県	57	–	–	–	–	–	–	–	–	–	–	–	–
11.埼玉県	336	–	–	–	–	–	–	–	–	–	–	–	–
12.千葉県	280	–	–	–	–	–	–	–	–	–	–	–	–
13.東京都	926	100.0	–	–	–	–	–	–	–	–	–	–	–
14.神奈川県	569	–	100.0	–	–	–	–	–	–	–	–	–	–
15.新潟県	68	–	–	100.0	–	–	–	–	–	–	–	–	–
16.富山県	54	–	–	–	100.0	–	–	–	–	–	–	–	–
17.石川県	76	–	–	–	–	100.0	–	–	–	–	–	–	–
18.福井県	20	–	–	–	–	–	100.0	–	–	–	–	–	–
19.山梨県	33	–	–	–	–	–	–	100.0	–	–	–	–	–
20.長野県	33	–	–	–	–	–	–	–	100.0	–	–	–	–
21.岐阜県	76	–	–	–	–	–	–	–	–	100.0	–	–	–
22.静岡県	104	–	–	–	–	–	–	–	–	–	100.0	–	–
23.愛知県	350	–	–	–	–	–	–	–	–	–	–	100.0	–
24.三重県	46	–	–	–	–	–	–	–	–	–	–	–	100.0
25.滋賀県	96	–	–	–	–	–	–	–	–	–	–	–	–
26.京都府	286	–	–	–	–	–	–	–	–	–	–	–	–
27.大阪府	488	–	–	–	–	–	–	–	–	–	–	–	–
28.兵庫県	276	–	–	–	–	–	–	–	–	–	–	–	–
29.奈良県	80	–	–	–	–	–	–	–	–	–	–	–	–
30.和歌山県	13	–	–	–	–	–	–	–	–	–	–	–	–
31.鳥取県	16	–	–	–	–	–	–	–	–	–	–	–	–
32.島根県	20	–	–	–	–	–	–	–	–	–	–	–	–
33.岡山県	88	–	–	–	–	–	–	–	–	–	–	–	–
34.広島県	106	–	–	–	–	–	–	–	–	–	–	–	–
35.山口県	26	–	–	–	–	–	–	–	–	–	–	–	–
36.徳島県	19	–	–	–	–	–	–	–	–	–	–	–	–
37.香川県	17	–	–	–	–	–	–	–	–	–	–	–	–
38.愛媛県	45	–	–	–	–	–	–	–	–	–	–	–	–
39.高知県	15	–	–	–	–	–	–	–	–	–	–	–	–
40.福岡県	179	–	–	–	–	–	–	–	–	–	–	–	–
41.佐賀県	26	–	–	–	–	–	–	–	–	–	–	–	–
42.長崎県	35	–	–	–	–	–	–	–	–	–	–	–	–
43.熊本県	44	–	–	–	–	–	–	–	–	–	–	–	–
44.大分県	27	–	–	–	–	–	–	–	–	–	–	–	–
45.宮崎県	13	–	–	–	–	–	–	–	–	–	–	–	–
46.鹿児島県	21	–	–	–	–	–	–	–	–	–	–	–	–
47.沖縄県	18	–	–	–	–	–	–	–	–	–	–	–	–
48.海外	3	–	–	–	–	–	–	–	–	–	–	–	–
F2SQ2.大学（大学院）の所在地域													
1.北海道	183	–	0.5	–	–	–	–	–	–	–	–	0.5	–
2.青森県	38	–	–	–	–	–	–	–	–	–	–	–	–
3.岩手県	40	–	–	–	–	–	–	–	–	–	–	–	–
4.宮城県	123	–	–	–	–	–	–	–	–	–	–	–	–
5.秋田県	25	–	–	–	–	–	–	–	–	–	–	–	–
6.山形県	32	–	–	–	–	–	–	–	–	–	–	–	–
7.福島県	23	–	4.3	–	–	–	–	–	–	–	–	–	–
8.茨城県	81	1.2	–	–	–	–	–	–	–	–	–	1.2	–
9.栃木県	38	2.6	–	–	–	–	–	–	–	–	–	–	–
10.群馬県	57	–	–	–	–	–	–	–	–	–	–	–	–
11.埼玉県	109	21.1	2.8	0.9	–	–	–	–	–	–	0.9	–	–
12.千葉県	145	14.5	2.1	–	–	–	–	–	–	–	–	–	–
13.東京都	1607	51.9	20.3	–	–	–	–	0.1	0.1	–	0.2	0.1	–
14.神奈川県	297	15.2	78.8	–	–	–	–	–	–	–	1.0	–	–
15.新潟県	67	–	–	100.0	–	–	–	–	–	–	–	–	–
16.富山県	50	–	–	–	96.0	2.0	–	–	–	2.0	–	–	–
17.石川県	78	–	–	–	6.4	93.6	–	–	–	–	–	–	–
18.福井県	22	–	–	–	–	9.1	90.9	–	–	–	–	–	–
19.山梨県	34	2.9	2.9	–	–	–	–	91.2	–	–	–	–	–
20.長野県	32	–	–	–	–	–	–	–	96.9	–	–	–	–
21.岐阜県	40	–	–	–	–	–	–	–	–	75.0	–	20.0	–
22.静岡県	94	–	–	–	–	–	–	–	–	–	96.8	1.1	–
23.愛知県	403	–	–	–	–	–	–	–	–	10.7	1.0	82.4	5.7
24.三重県	20	–	–	–	–	–	–	–	–	–	–	15.0	85.0
25.滋賀県	80	–	–	–	–	–	–	–	–	1.3	–	1.3	–
26.京都府	400	–	–	–	–	–	–	–	–	0.3	0.5	0.5	0.5
27.大阪府	474	–	–	–	0.2	–	–	–	–	–	–	–	0.6
28.兵庫県	234	–	–	–	–	–	–	–	–	–	–	–	–
29.奈良県	45	–	–	–	–	–	–	–	–	–	–	–	2.2
30.和歌山県	16	–	–	–	–	–	–	–	–	–	–	–	–
31.鳥取県	17	–	–	–	–	–	–	–	–	–	–	–	–
32.島根県	18	–	–	–	–	–	–	–	–	–	–	–	–
33.岡山県	94	–	–	–	–	–	–	–	–	–	–	1.1	–
34.広島県	101	–	–	–	–	–	–	–	–	–	–	–	–
35.山口県	31	–	–	–	–	–	–	–	–	–	–	–	–
36.徳島県	19	–	–	–	–	–	–	–	–	–	–	–	–
37.香川県	17	–	–	–	–	–	–	–	–	–	–	–	–
38.愛媛県	45	–	–	–	–	–	–	–	–	–	–	–	–
39.高知県	15	–	–	–	–	–	–	–	–	–	–	–	–
40.福岡県	174	–	–	–	–	–	–	–	–	–	–	–	–
41.佐賀県	26	–	–	–	–	–	–	–	–	–	–	–	–
42.長崎県	34	–	–	–	–	–	–	–	–	–	–	–	–
43.熊本県	43	–	–	–	–	–	–	–	–	–	–	–	–
44.大分県	26	–	–	–	–	–	–	–	–	–	–	–	–
45.宮崎県	12	–	–	–	–	–	–	–	–	–	–	–	–
46.鹿児島県	21	–	–	–	–	–	–	–	–	–	–	–	–
47.沖縄県	18	–	–	–	–	–	–	–	–	–	–	–	–
48.海外	3	–	–	–	–	–	–	–	–	–	–	–	–

— 121 —

F2.居住地域

	N	滋賀県	京都府	大阪府	兵庫県	奈良県	和歌山県	鳥取県	島根県	岡山県	広島県	山口県	徳島県
全体	5601	1.7	5.1	8.7	4.9	1.4	0.2	0.3	0.4	1.6	1.9	0.5	0.3
F0.就職活動有無													
1.就職活動をしている（していた）	5601	1.7	5.1	8.7	4.9	1.4	0.2	0.3	0.4	1.6	1.9	0.5	0.3
2.就職活動をしていない	–												
F1.性別													
1.男性	3027	2.0	5.4	9.2	4.9	1.3	0.2	0.2	0.5	1.5	1.7	0.2	0.2
2.女性	2574	1.3	4.8	8.2	5.0	1.6	0.3	0.3	0.2	1.7	2.1	0.8	0.5
F2.居住地域													
1.北海道	181	–	–	–	–	–	–	–	–	–	–	–	–
2.青森県	39	–	–	–	–	–	–	–	–	–	–	–	–
3.岩手県	40	–	–	–	–	–	–	–	–	–	–	–	–
4.宮城県	125	–	–	–	–	–	–	–	–	–	–	–	–
5.秋田県	27	–	–	–	–	–	–	–	–	–	–	–	–
6.山形県	32	–	–	–	–	–	–	–	–	–	–	–	–
7.福島県	22	–	–	–	–	–	–	–	–	–	–	–	–
8.茨城県	110	–	–	–	–	–	–	–	–	–	–	–	–
9.栃木県	40	–	–	–	–	–	–	–	–	–	–	–	–
10.群馬県	57	–	–	–	–	–	–	–	–	–	–	–	–
11.埼玉県	336	–	–	–	–	–	–	–	–	–	–	–	–
12.千葉県	280	–	–	–	–	–	–	–	–	–	–	–	–
13.東京都	926	–	–	–	–	–	–	–	–	–	–	–	–
14.神奈川県	569	–	–	–	–	–	–	–	–	–	–	–	–
15.新潟県	68	–	–	–	–	–	–	–	–	–	–	–	–
16.富山県	54	–	–	–	–	–	–	–	–	–	–	–	–
17.石川県	76	–	–	–	–	–	–	–	–	–	–	–	–
18.福井県	20	–	–	–	–	–	–	–	–	–	–	–	–
19.山梨県	33	–	–	–	–	–	–	–	–	–	–	–	–
20.長野県	33	–	–	–	–	–	–	–	–	–	–	–	–
21.岐阜県	76	–	–	–	–	–	–	–	–	–	–	–	–
22.静岡県	104	–	–	–	–	–	–	–	–	–	–	–	–
23.愛知県	350	–	–	–	–	–	–	–	–	–	–	–	–
24.三重県	46	–	–	–	–	–	–	–	–	–	–	–	–
25.滋賀県	96	100.0	–	–	–	–	–	–	–	–	–	–	–
26.京都府	286	–	100.0	–	–	–	–	–	–	–	–	–	–
27.大阪府	488	–	–	100.0	–	–	–	–	–	–	–	–	–
28.兵庫県	276	–	–	–	100.0	–	–	–	–	–	–	–	–
29.奈良県	80	–	–	–	–	100.0	–	–	–	–	–	–	–
30.和歌山県	13	–	–	–	–	–	100.0	–	–	–	–	–	–
31.鳥取県	16	–	–	–	–	–	–	100.0	–	–	–	–	–
32.島根県	20	–	–	–	–	–	–	–	100.0	–	–	–	–
33.岡山県	88	–	–	–	–	–	–	–	–	100.0	–	–	–
34.広島県	106	–	–	–	–	–	–	–	–	–	100.0	–	–
35.山口県	26	–	–	–	–	–	–	–	–	–	–	100.0	–
36.徳島県	19	–	–	–	–	–	–	–	–	–	–	–	100.0
37.香川県	17	–	–	–	–	–	–	–	–	–	–	–	–
38.愛媛県	45	–	–	–	–	–	–	–	–	–	–	–	–
39.高知県	15	–	–	–	–	–	–	–	–	–	–	–	–
40.福岡県	179	–	–	–	–	–	–	–	–	–	–	–	–
41.佐賀県	26	–	–	–	–	–	–	–	–	–	–	–	–
42.長崎県	35	–	–	–	–	–	–	–	–	–	–	–	–
43.熊本県	44	–	–	–	–	–	–	–	–	–	–	–	–
44.大分県	27	–	–	–	–	–	–	–	–	–	–	–	–
45.宮崎県	13	–	–	–	–	–	–	–	–	–	–	–	–
46.鹿児島県	21	–	–	–	–	–	–	–	–	–	–	–	–
47.沖縄県	18	–	–	–	–	–	–	–	–	–	–	–	–
48.海外	3	–	–	–	–	–	–	–	–	–	–	–	–
F2SQ2.大学（大学院）の所在地域													
1.北海道	183	–	–	–	–	–	–	–	–	–	–	–	–
2.青森県	38	–	–	–	–	–	–	–	–	–	–	–	–
3.岩手県	40	–	–	–	–	–	–	–	–	–	–	–	–
4.宮城県	123	–	–	–	–	–	–	–	–	–	–	–	–
5.秋田県	25	–	–	–	–	–	–	–	–	–	–	–	–
6.山形県	32	–	–	–	–	–	–	–	–	–	–	–	–
7.福島県	23	–	–	–	–	–	–	–	–	–	–	–	–
8.茨城県	81	–	–	–	–	–	–	–	1.2	–	–	–	–
9.栃木県	38	–	–	–	–	–	–	–	–	–	–	–	–
10.群馬県	57	–	–	–	–	–	–	–	–	–	–	–	–
11.埼玉県	109	–	–	–	–	–	–	–	–	–	–	–	–
12.千葉県	145	–	–	–	–	–	–	–	–	–	–	–	–
13.東京都	1607	–	–	–	0.1	–	–	–	–	–	–	–	–
14.神奈川県	297	–	–	–	–	–	–	–	–	–	–	–	–
15.新潟県	67	–	–	–	–	–	–	–	–	–	–	–	–
16.富山県	50	–	–	–	–	–	–	–	–	–	–	–	–
17.石川県	78	–	–	–	–	–	–	–	–	–	–	–	–
18.福井県	22	–	–	–	–	–	–	–	–	–	–	–	–
19.山梨県	34	–	–	–	–	–	–	–	–	–	–	–	–
20.長野県	32	–	–	–	–	–	–	–	–	–	–	–	–
21.岐阜県	40	2.5	–	–	–	–	–	–	–	2.5	–	–	–
22.静岡県	94	1.1	–	–	–	–	–	–	–	–	–	–	–
23.愛知県	403	0.2	–	–	–	–	–	–	–	–	–	–	–
24.三重県	20	–	–	–	–	–	–	–	–	–	–	–	–
25.滋賀県	80	63.8	13.8	12.5	5.0	2.5	–	–	–	–	–	–	–
26.京都府	400	8.8	58.0	20.0	6.3	5.0	–	–	–	–	0.3	–	–
27.大阪府	474	1.1	6.8	69.2	14.6	5.5	1.7	–	–	–	–	–	–
28.兵庫県	234	0.9	2.6	20.9	72.6	2.6	–	–	–	–	–	–	–
29.奈良県	45	–	11.1	17.8	8.9	57.8	2.2	–	–	–	–	–	–
30.和歌山県	16	–	–	75.0	–	–	25.0	–	–	–	–	–	–
31.鳥取県	17	–	–	–	5.9	–	–	94.1	–	–	–	–	–
32.島根県	18	–	–	–	–	–	–	–	100.0	–	–	–	–
33.岡山県	94	–	–	–	1.1	–	–	–	–	91.5	4.3	–	–
34.広島県	101	–	–	–	1	–	–	–	–	–	99.0	1.0	–
35.山口県	31	–	–	3.2	–	–	–	–	–	–	3.2	74.2	–
36.徳島県	19	–	–	–	–	–	–	–	–	–	–	–	100.0
37.香川県	17	–	–	–	–	–	–	–	–	11.8	–	–	–
38.愛媛県	45	–	–	–	–	–	–	–	–	–	–	–	–
39.高知県	15	–	–	–	6.7	–	–	–	–	–	–	–	–
40.福岡県	174	–	–	–	–	–	–	–	–	–	–	1.1	–
41.佐賀県	26	–	–	–	–	–	–	–	–	–	–	–	–
42.長崎県	34	–	–	–	–	–	–	–	–	–	–	–	–
43.熊本県	43	–	–	–	–	–	–	–	–	–	–	–	–
44.大分県	26	–	–	–	–	–	–	–	–	–	–	–	–
45.宮崎県	12	–	–	–	–	–	–	–	–	–	–	–	–
46.鹿児島県	21	–	–	–	–	–	–	–	–	–	–	–	–
47.沖縄県	18	–	–	–	–	–	–	–	–	–	–	–	–
48.海外	3	–	–	–	–	–	–	–	–	–	–	–	–

F2 居住地域

	N	香川県	愛媛県	高知県	福岡県	佐賀県	長崎県	熊本県	大分県	宮崎県	鹿児島県	沖縄県	海外
全体	5601	0.3	0.8	0.3	3.2	0.5	0.6	0.8	0.5	0.2	0.4	0.3	0.1
F0.就職活動有無													
1.就職活動をしている（していた）	5601	0.3	0.8	0.3	3.2	0.5	0.6	0.8	0.5	0.2	0.4	0.3	0.1
2.就職活動をしていない	−												
F1.性別													
1.男性	3027	0.3	0.8	0.3	3.1	0.4	0.6	0.6	0.5	0.3	0.4	0.4	0.1
2.女性	2574	0.3	0.8	0.3	3.3	0.5	0.7	1.0	0.5	0.2	0.3	0.2	−
F2.居住地域													
1.北海道	181	−	−	−	−	−	−	−	−	−	−	−	−
2.青森県	39	−	−	−	−	−	−	−	−	−	−	−	−
3.岩手県	40	−	−	−	−	−	−	−	−	−	−	−	−
4.宮城県	125	−	−	−	−	−	−	−	−	−	−	−	−
5.秋田県	27	−	−	−	−	−	−	−	−	−	−	−	−
6.山形県	32	−	−	−	−	−	−	−	−	−	−	−	−
7.福島県	22	−	−	−	−	−	−	−	−	−	−	−	−
8.茨城県	110	−	−	−	−	−	−	−	−	−	−	−	−
9.栃木県	40	−	−	−	−	−	−	−	−	−	−	−	−
10.群馬県	57	−	−	−	−	−	−	−	−	−	−	−	−
11.埼玉県	336	−	−	−	−	−	−	−	−	−	−	−	−
12.千葉県	280	−	−	−	−	−	−	−	−	−	−	−	−
13.東京都	926	−	−	−	−	−	−	−	−	−	−	−	−
14.神奈川県	569	−	−	−	−	−	−	−	−	−	−	−	−
15.新潟県	68	−	−	−	−	−	−	−	−	−	−	−	−
16.富山県	54	−	−	−	−	−	−	−	−	−	−	−	−
17.石川県	76	−	−	−	−	−	−	−	−	−	−	−	−
18.福井県	20	−	−	−	−	−	−	−	−	−	−	−	−
19.山梨県	33	−	−	−	−	−	−	−	−	−	−	−	−
20.長野県	33	−	−	−	−	−	−	−	−	−	−	−	−
21.岐阜県	76	−	−	−	−	−	−	−	−	−	−	−	−
22.静岡県	104	−	−	−	−	−	−	−	−	−	−	−	−
23.愛知県	350	−	−	−	−	−	−	−	−	−	−	−	−
24.三重県	46	−	−	−	−	−	−	−	−	−	−	−	−
25.滋賀県	96	−	−	−	−	−	−	−	−	−	−	−	−
26.京都府	286	−	−	−	−	−	−	−	−	−	−	−	−
27.大阪府	488	−	−	−	−	−	−	−	−	−	−	−	−
28.兵庫県	276	−	−	−	−	−	−	−	−	−	−	−	−
29.奈良県	80	−	−	−	−	−	−	−	−	−	−	−	−
30.和歌山県	13	−	−	−	−	−	−	−	−	−	−	−	−
31.鳥取県	16	−	−	−	−	−	−	−	−	−	−	−	−
32.島根県	20	−	−	−	−	−	−	−	−	−	−	−	−
33.岡山県	88	−	−	−	−	−	−	−	−	−	−	−	−
34.広島県	106	−	−	−	−	−	−	−	−	−	−	−	−
35.山口県	26	−	−	−	−	−	−	−	−	−	−	−	−
36.徳島県	19	−	−	−	−	−	−	−	−	−	−	−	−
37.香川県	17	100.0	−	−	−	−	−	−	−	−	−	−	−
38.愛媛県	45	−	100.0	−	−	−	−	−	−	−	−	−	−
39.高知県	15	−	−	100.0	−	−	−	−	−	−	−	−	−
40.福岡県	179	−	−	−	100.0	−	−	−	−	−	−	−	−
41.佐賀県	26	−	−	−	−	100.0	−	−	−	−	−	−	−
42.長崎県	35	−	−	−	−	−	100.0	−	−	−	−	−	−
43.熊本県	44	−	−	−	−	−	−	100.0	−	−	−	−	−
44.大分県	27	−	−	−	−	−	−	−	100.0	−	−	−	−
45.宮崎県	13	−	−	−	−	−	−	−	−	100.0	−	−	−
46.鹿児島県	21	−	−	−	−	−	−	−	−	−	100.0	−	−
47.沖縄県	18	−	−	−	−	−	−	−	−	−	−	100.0	−
48.海外	3	−	−	−	−	−	−	−	−	−	−	−	100.0
F2SQ2.大学（大学院）の所在地域													
1.北海道	183	−	−	−	−	−	−	−	−	−	−	−	−
2.青森県	38	−	−	−	−	−	−	−	−	−	−	−	−
3.岩手県	40	−	−	−	−	−	−	−	−	−	−	−	−
4.宮城県	123	−	−	−	0.8	−	−	−	−	−	−	−	−
5.秋田県	25	−	−	−	−	−	−	−	−	−	−	−	−
6.山形県	32	−	−	−	−	−	−	−	−	−	−	−	−
7.福島県	23	−	−	−	−	−	−	−	−	−	−	−	−
8.茨城県	81	−	−	−	−	−	−	−	−	−	−	−	−
9.栃木県	38	−	−	−	−	−	−	−	−	−	−	−	−
10.群馬県	57	−	−	−	−	−	−	−	−	−	−	−	−
11.埼玉県	109	−	−	−	−	−	−	−	−	−	−	−	−
12.千葉県	145	−	−	−	0.7	−	−	−	−	−	−	−	−
13.東京都	1607	−	−	−	−	−	−	−	−	−	−	−	−
14.神奈川県	297	−	−	−	−	−	−	−	−	−	−	−	−
15.新潟県	67	−	−	−	−	−	−	−	−	−	−	−	−
16.富山県	50	−	−	−	−	−	−	−	−	−	−	−	−
17.石川県	78	−	−	−	−	−	−	−	−	−	−	−	−
18.福井県	22	−	−	−	−	−	−	−	−	−	−	−	−
19.山梨県	34	−	−	−	−	−	−	−	−	−	−	−	−
20.長野県	32	−	−	3.1	−	−	−	−	−	−	−	−	−
21.岐阜県	40	−	−	−	−	−	−	−	−	−	−	−	−
22.静岡県	94	−	−	−	−	−	−	−	−	−	−	−	−
23.愛知県	403	−	−	−	−	−	−	−	−	−	−	−	−
24.三重県	20	−	−	−	−	−	−	−	−	−	−	−	−
25.滋賀県	80	−	−	−	−	−	−	−	−	−	−	−	−
26.京都府	400	−	−	−	−	−	−	−	−	−	−	−	−
27.大阪府	474	−	−	−	−	−	−	−	0.2	0.2	−	−	−
28.兵庫県	234	−	−	−	0.4	−	−	−	−	−	−	−	−
29.奈良県	45	−	−	−	−	−	−	−	−	−	−	−	−
30.和歌山県	16	−	−	−	−	−	−	−	−	−	−	−	−
31.鳥取県	17	−	−	−	−	−	−	−	−	−	−	−	−
32.島根県	18	−	−	−	−	−	−	−	−	−	−	−	−
33.岡山県	94	2.1	−	−	−	−	−	−	−	−	−	−	−
34.広島県	101	−	−	−	−	−	−	−	−	−	−	−	−
35.山口県	31	−	−	−	19.4	−	−	−	−	−	−	−	−
36.徳島県	19	−	−	−	−	−	−	−	−	−	−	−	−
37.香川県	17	88.2	−	−	−	−	−	−	−	−	−	−	−
38.愛媛県	45	−	100.0	−	−	−	−	−	−	−	−	−	−
39.高知県	15	−	−	93.3	−	−	−	−	−	−	−	−	−
40.福岡県	174	−	−	−	94.8	2.9	−	1.1	−	−	−	−	−
41.佐賀県	26	−	−	−	19.2	80.8	−	−	−	−	−	−	−
42.長崎県	34	−	−	−	−	−	100.0	−	−	−	−	−	−
43.熊本県	43	−	−	−	−	2.3	−	97.7	−	−	−	−	−
44.大分県	26	−	−	−	−	−	−	−	100.0	−	−	−	−
45.宮崎県	12	−	−	−	−	−	−	−	−	100.0	−	−	−
46.鹿児島県	21	−	−	−	−	−	−	−	−	−	100.0	−	−
47.沖縄県	18	−	−	−	−	−	−	−	−	−	−	100.0	−
48.海外	3	−	−	−	−	−	−	−	−	−	−	−	100.0

F2居住地域

	N	北海道	青森県	岩手県	宮城県	秋田県	山形県	福島県	茨城県	栃木県	群馬県	埼玉県	千葉県
全体	5601	3.2	0.7	0.7	2.2	0.5	0.6	0.4	2.0	0.7	1.0	6.0	5.0
F2SQ3. 高校卒業時の居住地域													
1. 北海道	181	69.1	6.6	2.2	0.6	–	–	–	1.1	–	0.6	1.7	1.1
2. 青森県	38	5.3	42.1	10.5	15.8	5.3	–	–	2.6	–	2.6	2.6	–
3. 岩手県	46	4.3	2.2	47.8	6.5	8.7	–	–	–	2.2	–	2.2	2.2
4. 宮城県	106	2.8	0.9	4.7	60.4	–	7.5	1.9	0.9	–	0.9	1.9	0.9
5. 秋田県	38	7.9	13.2	2.6	13.2	21.1	–	5.3	–	–	2.6	5.3	–
6. 山形県	44	2.3	–	–	11.4	2.3	34.1	–	–	–	6.8	–	–
7. 福島県	67	3.0	–	1.5	11.9	1.5	3.0	16.4	4.5	4.5	–	7.5	4.5
8. 茨城県	133	0.8	0.8	0.8	3.0	0.8	0.8	1.5	48.1	0.8	0.8	3.8	6.0
9. 栃木県	79	–	–	–	8.9	2.5	1.3	–	6.3	36.7	2.5	3.8	3.8
10. 群馬県	78	3.8	–	–	1.3	1.3	–	–	2.6	–	42.3	2.6	3.8
11. 埼玉県	326	1.2	–	–	1.5	–	–	0.3	0.6	–	0.3	86.2	0.6
12. 千葉県	260	1.2	–	–	–	0.4	0.4	0.4	1.2	0.4	0.4	1.9	81.5
13. 東京都	585	0.3	–	0.2	–	–	–	–	1.0	–	–	1.0	1.5
14. 神奈川県	482	0.4	0.2	0.2	0.2	0.2	–	–	–	–	0.2	0.4	1.2
15. 新潟県	103	1.9	–	–	4.9	1.0	1.0	1.9	–	1.9	1.0	2.9	1.0
16. 富山県	58	–	–	–	–	–	–	–	1.7	1.7	1.7	–	–
17. 石川県	55	1.8	–	–	–	–	1.8	–	–	–	1.8	–	–
18. 福井県	27	3.7	–	–	–	–	–	–	–	–	–	–	–
19. 山梨県	40	–	–	–	2.5	–	–	–	2.5	–	–	–	5.0
20. 長野県	90	1.1	–	–	3.3	–	–	–	2.2	1.1	4.4	8.9	6.7
21. 岐阜県	107	–	–	–	–	–	–	–	0.9	0.9	0.9	–	0.9
22. 静岡県	163	3.1	–	–	1.8	0.6	–	0.6	1.2	–	–	0.6	3.1
23. 愛知県	387	0.5	–	–	0.3	–	0.5	–	0.3	–	0.3	0.3	0.3
24. 三重県	82	–	–	–	–	–	–	–	–	–	–	1.2	1.2
25. 滋賀県	105	–	1.0	–	–	–	–	–	1.0	–	–	–	–
26. 京都府	140	1.4	–	–	–	–	–	–	1.4	–	–	0.7	0.7
27. 大阪府	444	0.5	–	–	–	–	–	–	0.2	–	–	–	–
28. 兵庫県	307	0.7	–	–	–	0.7	–	–	0.7	–	–	–	1.0
29. 奈良県	89	2.2	–	–	–	–	–	–	–	–	–	1.1	–
30. 和歌山県	38	–	–	–	–	–	–	–	–	–	–	–	2.6
31. 鳥取県	22	–	–	–	–	–	–	–	4.5	–	–	–	–
32. 島根県	21	–	–	–	–	–	–	–	–	–	–	–	–
33. 岡山県	81	–	–	–	–	–	–	–	1.2	–	–	–	–
34. 広島県	140	1.4	–	–	–	–	–	–	2.9	–	–	–	0.7
35. 山口県	34	2.9	–	–	–	–	–	–	2.9	–	–	–	–
36. 徳島県	30	–	–	–	–	–	–	–	–	–	–	–	–
37. 香川県	33	–	–	–	–	–	–	–	–	–	–	–	–
38. 愛媛県	54	1.9	–	–	1.9	–	–	–	–	–	–	–	1.9
39. 高知県	13	–	–	–	–	–	–	–	7.7	–	–	–	–
40. 福岡県	171	0.6	–	–	–	–	–	–	–	–	–	–	–
41. 佐賀県	26	–	–	–	–	–	–	–	–	–	–	–	–
42. 長崎県	57	–	–	–	–	–	–	–	–	–	–	–	–
43. 熊本県	46	–	2.2	–	–	–	–	–	–	–	–	–	–
44. 大分県	27	–	–	–	3.7	–	–	–	3.7	–	–	–	–
45. 宮崎県	32	3.1	–	–	–	–	–	–	–	–	–	–	–
46. 鹿児島県	34	–	–	–	–	–	–	–	–	–	–	–	–
47. 沖縄県	34	–	–	–	–	–	–	–	2.9	–	–	2.9	–
48. 海外	48	4.2	–	–	–	2.1	–	–	2.1	–	4.2	2.1	12.5
F3. 大学（大学院）での所属													
1. 文系	3215	2.8	0.5	0.6	1.7	0.2	0.2	0.3	1.8	0.6	1.1	6.5	5.1
2. 理系	2386	3.8	1.0	0.9	2.9	0.8	1.0	0.5	2.2	0.9	0.9	5.3	4.8
Q1. 学年													
1. 学部4年（4年に進級後留年していない）	3860	3.2	0.7	0.8	1.6	0.4	0.5	0.4	1.7	0.7	1.2	6.6	5.2
2. 学部4年（4年に進級後留年している）	206	2.9	0.5	1.0	1.0	–	–	1.0	2.4	–	0.5	6.8	7.8
3. 学部6年（医・薬学部など、6年に進級後留年していない）	138	2.9	–	–	2.2	–	–	0.7	–	0.7	–	4.3	5.8
4. 学部6年（医・薬学部など、6年に進級後留年している）	7	–	–	–	–	–	–	14.3	–	–	–	14.3	–
5. 大学院修士（前期博士）課程	1342	3.2	0.7	0.7	4.0	0.7	1.0	1.0	2.9	1.0	0.7	4.4	4.1
6. 大学院博士（後期博士）課程	33	12.1	–	–	9.1	–	3.0	–	–	–	–	3.0	6.1
7. その他	15	6.7	–	–	–	–	–	–	6.7	–	–	6.7	–
Q2. 専攻													
1. 人文科学（文学、史学、哲学など）	672	2.7	0.3	1.2	1.2	–	0.4	0.3	2.5	–	0.7	6.7	5.5
2. 社会科学（法学・政治学、商学・経済学、社会学など）	1709	2.9	0.5	0.2	1.6	0.1	0.1	0.4	1.3	0.8	1.6	6.3	5.4
3. 理学（数学、物理学、化学、生物学、地学など）	461	3.9	1.5	0.2	4.3	0.7	1.1	0.4	3.7	0.7	1.1	6.1	6.1
4. 工学（機械工学、電気通信工学、土木建築工学、応用化学、応用理学、原子力工学、鉱山学、金属工学、繊維工学、船舶工学、航空工学、経営工学、工芸学など）	1205	2.9	1.0	0.8	3.1	1.1	1.1	0.6	1.7	0.9	0.8	5.6	4.2
5. 農学（農学、農芸化学、農業工学、農業経済学、林学、林産学、獣医学、畜産学、水産学など）	283	7.8	1.4	2.8	1.8	0.7	1.8	0.4	2.8	1.8	–	2.1	3.2
6. 保健（医学、歯学、薬学、看護学など）	263	4.2	–	–	1.9	–	–	0.4	1.5	1.5	–	6.1	4.2
7. 商船	4	–	–	–	–	25.0	–	–	–	–	–	–	–
8. 家政（家政学、食物学、被服学、住居学、児童学など）	120	0.8	0.8	0.8	2.5	–	0.8	–	–	–	4.2	5.8	7.5
9. 教育（教育学、小学校など学校・幼稚園課程、体育学、障害児・特別支援教育課程など）	121	2.5	3.3	2.5	7.4	1.7	0.8	0.8	0.8	–	0.8	3.3	4.1
10. 芸術（美術、デザイン、音楽など）	100	5.0	1.0	–	1.0	1.0	1.0	1.0	1.0	–	–	6.0	4.0
11. その他（教養学、総合科学、人文・社会科学、国際関係学、人間関係科学など）	663	2.7	–	0.8	1.5	0.6	0.2	0.2	3.0	0.6	0.6	7.4	5.0

F2.居住地域

	N	東京都	神奈川県	新潟県	富山県	石川県	福井県	山梨県	長野県	岐阜県	静岡県	愛知県	三重県
全体	5601	16.5	10.2	1.2	1.0	1.4	0.4	0.6	0.6	1.4	1.9	6.2	0.8
F2SQ3.高校卒業時の居住地域													
1.北海道	181	5.5	2.2	1.1	-	0.6	-	0.6	0.6	1.4	-	0.6	1.1
2.青森県	38	5.3	5.3	-	-	2.6	-	-	-	-	-	-	-
3.岩手県	46	15.2	-	4.3	-	-	-	2.2	-	-	-	-	-
4.宮城県	106	5.7	4.7	0.9	0.9	1.9	-	-	-	-	-	1.9	-
5.秋田県	38	10.5	2.6	5.3	2.6	-	-	-	-	-	-	2.6	-
6.山形県	44	15.9	6.8	11.4	-	-	-	-	-	-	-	4.5	-
7.福島県	67	22.4	9.0	6.0	-	-	-	1.5	-	-	-	-	-
8.茨城県	133	22.6	5.3	-	0.8	-	-	-	0.8	-	0.8	-	-
9.栃木県	79	20.3	6.3	1.3	1.3	-	-	-	-	-	1.3	-	-
10.群馬県	78	21.8	6.4	1.3	3.8	2.6	-	2.6	-	-	1.3	-	-
11.埼玉県	326	4.0	2.1	-	-	0.3	-	0.3	-	-	0.3	0.6	-
12.千葉県	260	7.7	1.9	-	0.4	0.4	-	-	-	0.4	-	0.5	0.2
13.東京都	585	90.6	1.9	0.2	-	0.2	-	-	-	0.5	-	0.5	0.2
14.神奈川県	482	4.1	90.9	-	-	0.2	-	0.2	-	-	0.2	0.2	-
15.新潟県	103	26.2	9.7	34.0	-	7.8	1.0	-	-	-	1.0	-	-
16.富山県	58	13.8	1.7	5.2	39.7	13.8	3.4	-	-	-	1.7	5.2	-
17.石川県	55	3.6	1.8	3.6	14.5	54.5	1.8	-	-	-	-	3.6	-
18.福井県	27	3.7	3.7	-	3.7	3.7	33.3	-	-	-	14.8	7.4	-
19.山梨県	40	27.5	10.0	-	-	-	-	45.0	-	-	-	2.5	-
20.長野県	90	18.9	11.1	4.4	3.3	4.4	-	1.1	13.3	1.1	5.6	5.6	-
21.岐阜県	107	3.7	1.9	0.9	0.9	-	-	0.9	0.9	57.9	3.7	10.3	0.9
22.静岡県	163	17.2	5.5	0.6	0.6	3.7	-	1.2	1.8	-	35.0	6.1	-
23.愛知県	387	5.2	1.0	0.3	1.3	0.5	1.3	-	1.6	0.8	2.6	70.3	0.5
24.三重県	82	8.5	1.2	-	-	2.4	1.2	-	-	1.2	1.2	9.8	50.0
25.滋賀県	105	4.8	1.0	-	1.0	1.0	-	-	-	1.0	1.0	3.8	-
26.京都府	140	1.4	0.7	-	0.7	-	-	-	-	0.7	1.4	0.7	-
27.大阪府	444	2.0	0.7	-	-	0.2	-	-	0.2	-	0.5	0.9	-
28.兵庫県	307	3.6	0.3	-	0.3	0.7	-	-	0.7	-	0.7	0.3	-
29.奈良県	89	-	2.2	-	-	-	-	-	-	-	-	-	-
30.和歌山県	38	2.6	-	-	-	-	-	-	-	-	2.6	2.6	2.6
31.鳥取県	22	13.6	4.5	-	-	-	-	4.5	4.5	4.5	4.5	-	-
32.島根県	21	14.3	-	-	-	-	-	4.8	-	-	-	-	-
33.岡山県	81	4.9	1.2	-	-	-	-	-	-	-	-	2.5	-
34.広島県	140	6.4	2.1	-	-	-	-	0.7	-	-	0.7	2.9	-
35.山口県	34	5.9	-	2.9	-	-	-	2.9	-	-	-	-	-
36.徳島県	30	13.3	6.7	-	-	-	-	-	-	-	-	6.7	-
37.香川県	33	18.2	6.1	-	-	-	-	-	-	-	-	3.0	-
38.愛媛県	54	-	1.9	-	-	-	-	-	1.9	-	1.9	-	-
39.高知県	13	15.4	-	-	-	-	-	-	-	-	7.7	-	-
40.福岡県	171	4.7	1.8	-	-	0.6	-	-	0.6	-	-	-	-
41.佐賀県	26	7.7	3.8	-	-	-	-	-	-	-	-	3.8	-
42.長崎県	57	5.3	1.8	-	-	-	-	-	-	-	1.8	-	-
43.熊本県	46	8.7	-	-	-	-	-	-	-	-	-	-	-
44.大分県	27	7.4	-	-	-	-	-	-	-	-	-	7.4	-
45.宮崎県	32	6.3	-	-	-	-	-	-	-	-	-	3.1	-
46.鹿児島県	34	11.8	-	-	-	-	-	-	-	-	5.9	-	-
47.沖縄県	34	14.7	5.9	2.9	-	-	-	-	-	-	-	-	-
48.海外	48	22.9	8.3	-	-	2.1	-	-	-	-	-	8.3	2.1
F3.大学（大学院）での所属													
1.文系	3215	19.0	10.7	0.9	0.6	0.8	0.3	0.6	0.2	1.2	1.5	6.8	0.6
2.理系	2386	13.2	9.4	1.6	1.5	2.1	0.4	0.5	1.0	1.6	2.3	5.5	1.1
Q1.学年													
1.学部4年（4年に進級後留年していない）	3860	17.2	11.0	1.1	0.8	1.1	0.4	0.6	0.5	1.2	1.6	6.8	0.8
2.学部4年（4年に進級後留年している）	206	17.0	9.7	-	1.0	1.9	-	1.0	-	1.0	1.0	3.4	0.5
3.学部6年（医・薬学部など、6年に進級後留年していない）	138	17.4	10.9	-	1.4	1.4	-	-	-	2.2	4.3	3.6	0.7
4.学部6年（医・薬学部など、6年に進級後留年している）	7	-	14.3	-	-	-	-	-	-	-	-	14.3	-
5.大学院修士（前期博士）課程	1342	14.2	8.0	1.9	1.6	1.9	0.4	0.7	1.0	1.8	2.5	5.4	0.9
6.大学院博士（後期博士）課程	33	21.2	6.1	-	-	-	-	-	-	-	-	6.1	-
7.その他	15	26.7	-	-	-	-	-	-	-	6.7	-	6.7	-
Q2.専攻													
1.人文科学（文学、史学、哲学など）	672	20.2	9.1	0.7	0.4	1.0	-	0.9	0.3	0.7	0.9	7.1	0.4
2.社会科学（法学・政治学、商学・経済学、社会学など）	1709	18.4	12.3	0.8	0.8	0.8	0.4	0.5	0.3	1.1	1.2	6.0	0.6
3.理学（数学、物理学、化学、生物学、地学など）	461	13.9	11.5	0.7	1.3	1.5	0.2	-	1.1	0.4	2.6	5.0	0.7
4.工学（機械工学、電気通信工学、土木建築工学、応用化学、応用理学、原子力工学、鉱山学、金属工学、繊維工学、船舶工学、航空工学、経営工学、工芸学など）	1205	13.4	9.0	2.2	1.6	2.5	0.6	0.9	1.2	2.1	1.2	6.1	1.1
5.農学（農学、農芸化学、農業工学、農業経済学、林学、林産学、獣医学、畜産学、水産学など）	283	13.1	8.5	1.4	-	1.4	0.4	0.7	1.4	0.7	4.2	4.9	2.5
6.保健（医学、歯学、薬学、看護学など）	263	15.2	5.7	1.1	3.8	2.7	-	-	0.4	3.0	2.7	4.6	0.8
7.商船	4	25.0	-	-	-	-	-	-	-	-	-	-	-
8.家政（家政学、食物学、被服学、住居学、児童学など）	120	12.5	17.5	-	-	-	-	-	-	-	-	4.2	5.8	1.7
9.教育（教育学、小学校など学校・幼稚園課程、体育学、障害児・特別支援教育課程など）	121	17.4	5.8	2.5	-	1.7	0.8	1.7	0.8	0.8	3.3	5.8	-
10.芸術（美術、デザイン、音楽など）	100	27.0	10.0	1.0	1.0	2.0	-	-	-	3.0	2.0	5.0	-
11.その他（教養学、総合科学、人文・社会科学、国際関係学、人間関係科学など）	663	16.3	8.7	1.2	0.3	0.5	0.5	0.6	0.2	1.7	3.2	8.9	0.8

F2.居住地域

	N	滋賀県	京都府	大阪府	兵庫県	奈良県	和歌山県	鳥取県	島根県	岡山県	広島県	山口県	徳島県
全体	5601	1.7	5.1	8.7	4.9	1.4	0.2	0.3	0.4	1.6	1.9	0.5	0.3
F2SQ3.高校卒業時の居住地域													
1. 北海道	181	-	1.7	1.7	-	-	-	-	-	-	-	-	-
2. 青森県	38	-	-	-	-	-	-	-	-	-	-	-	-
3. 岩手県	46	-	2.2	-	-	-	-	-	-	-	-	-	-
4. 宮城県	106	-	-	-	0.9	-	-	-	-	-	-	-	-
5. 秋田県	38	-	2.6	-	-	-	-	-	2.6	-	-	-	-
6. 山形県	44	-	2.3	2.3	-	-	-	-	-	-	-	-	-
7. 福島県	67	-	-	1.5	-	-	-	-	-	-	1.5	-	-
8. 茨城県	133	-	2.3	-	-	-	-	-	-	-	-	-	-
9. 栃木県	79	-	2.5	-	-	1.3	-	-	-	-	-	-	-
10. 群馬県	78	-	-	-	-	1.3	-	-	-	-	-	-	1.3
11. 埼玉県	326	-	0.3	-	-	0.3	-	-	-	-	0.3	-	-
12. 千葉県	260	-	0.4	0.8	-	-	-	-	-	-	0.4	-	-
13. 東京都	585	-	1.0	-	0.3	-	-	-	-	0.2	-	-	0.2
14. 神奈川県	482	-	-	0.2	0.2	0.2	-	-	-	-	0.2	-	-
15. 新潟県	103	-	1.0	-	1.0	1.0	-	-	-	-	-	-	-
16. 富山県	58	-	3.4	3.4	3.4	-	-	-	-	-	-	-	-
17. 石川県	55	1.8	3.6	5.5	-	-	-	-	-	-	-	-	-
18. 福井県	27	-	7.4	11.1	3.7	-	-	-	-	-	3.7	-	-
19. 山梨県	40	-	2.5	-	-	-	-	-	-	-	-	-	-
20. 長野県	90	-	2.2	1.1	-	-	-	-	-	-	-	-	-
21. 岐阜県	107	0.9	2.8	2.8	2.8	-	-	-	-	0.9	0.9	-	-
22. 静岡県	163	0.6	8.6	2.5	-	-	0.6	0.6	0.6	0.6	1.2	-	-
23. 愛知県	387	0.8	6.5	1.8	1.3	0.5	-	-	0.5	0.3	0.3	-	-
24. 三重県	82	-	11.0	1.2	3.7	1.2	-	-	-	2.4	1.2	-	-
25. 滋賀県	105	63.8	-	7.6	2.9	1.9	-	1.0	-	2.9	1.0	-	1.9
26. 京都府	140	2.1	75.7	2.9	0.7	0.7	-	0.7	-	1.4	0.7	-	0.7
27. 大阪府	444	1.4	5.2	82.4	2.0	-	0.7	0.7	0.5	0.5	0.2	-	-
28. 兵庫県	307	1.0	5.9	6.2	68.4	0.3	-	-	1.0	2.6	1.0	-	1.3
29. 奈良県	89	4.5	6.7	5.6	3.4	69.7	-	-	-	3.4	-	1.1	-
30. 和歌山県	38	-	18.4	23.7	7.9	2.6	23.7	2.6	-	-	7.9	-	-
31. 鳥取県	22	4.5	4.5	4.5	-	-	-	9.1	13.6	4.5	9.1	-	-
32. 島根県	21	-	4.8	9.5	4.8	-	-	-	14.3	9.5	19.0	4.8	-
33. 岡山県	81	-	4.9	7.4	6.2	1.2	-	2.5	2.5	51.9	1.2	1.2	1.2
34. 広島県	140	0.7	7.9	6.4	7.1	-	-	-	1.4	2.1	47.1	1.4	2.1
35. 山口県	34	-	8.8	2.9	5.9	-	-	-	-	2.9	5.9	23.5	-
36. 徳島県	30	-	6.7	20.0	6.7	3.3	-	-	-	-	-	10.0	16.7
37. 香川県	33	-	9.1	6.1	6.1	-	-	-	-	21.2	3.0	-	-
38. 愛媛県	54	-	5.6	5.6	3.7	-	-	-	1.9	9.3	5.6	1.9	-
39. 高知県	13	-	7.7	-	-	-	-	-	-	7.7	-	-	7.7
40. 福岡県	171	0.6	7.0	1.8	1.2	0.6	-	-	-	-	1.8	-	-
41. 佐賀県	26	-	-	3.8	-	-	-	-	-	-	3.8	7.7	-
42. 長崎県	57	1.8	3.5	-	-	-	-	1.8	-	-	5.3	5.3	-
43. 熊本県	46	2.2	8.7	-	-	-	-	-	-	-	2.2	-	-
44. 大分県	27	-	3.7	-	-	-	-	-	-	3.7	-	3.7	-
45. 宮崎県	32	-	-	-	-	-	-	-	-	-	3.1	-	-
46. 鹿児島県	34	-	5.9	-	-	-	-	-	-	-	-	-	-
47. 沖縄県	34	-	5.9	2.9	-	5.9	-	2.9	-	2.9	2.9	-	-
48. 海外	48	4.2	2.1	6.3	4.2	-	-	-	-	-	2.1	-	-
F3.大学（大学院）での所属													
1. 文系	3215	1.8	5.6	9.4	6.3	1.4	0.2	0.1	0.3	0.8	1.8	0.5	0.1
2. 理系	2386	1.6	4.4	7.8	3.1	1.5	0.3	0.5	0.4	2.6	2.1	0.4	0.7
Q1.学年													
1. 学部4年（4年に進級後留年していない）	3860	1.9	4.6	8.7	5.3	1.4	0.2	0.2	0.4	1.3	1.8	0.5	0.3
2. 学部4年（4年に進級後留年している）	206	2.4	7.3	5.8	7.3	1.0	-	-	1.0	1.0	3.4	-	-
3. 学部6年（医・薬学部など、6年に進級後留年していない）	138	0.7	2.9	13.8	0.7	-	-	-	-	6.5	4.3	0.7	1.4
4. 学部6年（医・薬学部など、6年に進級後留年している）	7	-	-	-	14.3	-	-	-	-	-	14.3	-	-
5. 大学院修士（前期博士）課程	1342	1.3	6.3	8.9	3.9	1.7	0.3	0.5	0.3	1.8	1.8	0.2	0.4
6. 大学院博士（後期博士）課程	33	-	12.1	3.0	3.0	6.1	-	-	-	-	-	-	3.0
7. その他	15	-	6.7	20.0	-	-	-	-	-	6.7	-	6.7	-
Q2.専攻													
1. 人文科学（文学、史学、哲学など）	672	2.2	6.7	7.3	6.3	1.8	-	0.3	0.6	1.2	2.1	0.7	-
2. 社会科学（法学・政治学、商学・経済学、社会学など）	1709	1.8	5.3	10.8	6.4	1.1	0.3	0.1	0.2	0.7	1.3	0.4	0.1
3. 理学（数学、物理学、化学、生物学、地学など）	461	2.0	4.3	6.3	3.9	1.7	0.2	0.7	-	1.3	1.7	0.9	0.7
4. 工学（機械工学、電気通信工学、土木建築工学、応用化学、応用理学、原子力工学、鉱山学、金属工学、繊維工学、船舶工学、航空工学、経営工学、工芸学など）	1205	1.8	4.8	7.9	3.2	1.3	0.2	0.3	0.4	2.4	1.9	0.2	0.5
5. 農学（農学、農芸化学、農業工学、農業経済学、林学、林産学、獣医学、畜産学、水産学など）	283	-	4.6	4.2	2.1	2.1	0.7	1.1	1.8	2.8	1.4	0.7	-
6. 保健（医学、歯学、薬学、看護学など）	263	0.8	2.7	12.9	1.5	-	-	0.8	-	5.3	2.7	0.8	1.9
7. 商船	4	-	-	25.0	25.0	-	-	-	-	-	-	-	-
8. 家政（家政学、食物学、被服学、住居学、児童学など）	120	2.5	4.2	4.2	3.3	4.2	0.8	-	-	4.2	5.8	-	0.8
9. 教育（教育学、小学校など学校・幼稚園課程、体育学、障害児・特別支援教育課程など）	121	1.7	-	5.8	3.3	0.8	-	-	0.8	0.8	5.0	0.8	1.7
10. 芸術（美術、デザイン、音楽など）	100	-	10.0	7.0	4.0	1.0	-	-	-	1.0	3.0	1.0	-
11. その他（教養学、総合科学、人文・社会科学、国際関係学、人間関係科学など）	663	1.8	5.6	9.7	6.6	1.8	0.2	0.2	0.2	0.6	1.7	0.5	0.2

F2.居住地域

全体	N	香川県	愛媛県	高知県	福岡県	佐賀県	長崎県	熊本県	大分県	宮崎県	鹿児島県	沖縄県	海外
全体	5601	0.3	0.8	0.3	3.2	0.5	0.6	0.8	0.5	0.2	0.4	0.3	0.1
F2SQ3.高校卒業時の居住地域													
1.北海道	181	-	-	-	0.6	-	-	-	0.6	-	-	-	0.6
2.青森県	38	-	-	-	-	-	-	-	-	-	-	-	-
3.岩手県	46	-	-	-	-	-	-	-	-	-	-	-	-
4.宮城県	106	-	-	-	-	-	-	-	-	-	-	-	-
5.秋田県	38	-	-	-	-	-	-	-	-	-	-	-	-
6.山形県	44	-	-	-	-	-	-	-	-	-	-	-	-
7.福島県	67	-	-	-	-	-	-	-	-	-	-	-	-
8.茨城県	133	-	-	-	-	-	-	-	-	-	-	-	-
9.栃木県	79	-	-	-	-	-	-	-	-	-	-	-	-
10.群馬県	78	-	-	-	-	-	-	-	-	-	-	-	-
11.埼玉県	326	-	0.3	-	0.3	-	-	-	-	-	-	-	-
12.千葉県	260	-	-	-	-	-	-	-	-	-	-	-	-
13.東京都	585	-	-	-	0.2	-	-	-	-	-	-	-	-
14.神奈川県	482	-	-	-	-	0.2	-	-	-	-	-	-	-
15.新潟県	103	-	-	-	-	-	-	-	-	-	-	-	-
16.富山県	58	-	-	-	-	-	-	-	-	-	-	-	-
17.石川県	55	-	-	-	-	-	-	-	-	-	-	-	-
18.福井県	27	-	-	-	-	-	-	-	-	-	-	-	-
19.山梨県	40	-	-	-	-	-	-	-	-	-	-	-	2.5
20.長野県	90	-	-	-	-	-	-	-	-	-	-	-	-
21.岐阜県	107	-	0.9	0.9	-	-	-	-	-	0.9	-	-	-
22.静岡県	163	-	-	1.2	-	-	-	-	-	0.6	-	-	-
23.愛知県	387	-	0.3	-	-	-	-	-	-	-	-	0.3	-
24.三重県	82	1.2	-	-	-	-	-	-	-	-	-	-	-
25.滋賀県	105	-	-	-	-	-	-	-	-	-	-	-	-
26.京都府	140	0.7	-	0.7	2.1	0.7	-	-	-	-	-	-	-
27.大阪府	444	-	-	-	0.7	-	0.2	-	0.2	0.2	-	-	-
28.兵庫県	307	-	0.3	1.0	-	-	-	-	0.3	0.3	-	-	-
29.奈良県	89	-	-	-	-	-	-	-	-	-	-	-	-
30.和歌山県	38	-	-	-	-	-	-	-	-	-	-	-	-
31.鳥取県	22	4.5	-	-	-	-	-	4.5	-	-	-	-	-
32.島根県	21	-	-	-	9.5	-	4.8	-	-	-	-	-	-
33.岡山県	81	1.2	2.5	3.7	2.5	-	-	-	-	-	-	-	-
34.広島県	140	0.7	6.4	-	0.7	-	-	-	-	-	0.7	-	-
35.山口県	34	2.9	5.9	-	20.6	-	-	2.9	-	-	-	-	-
36.徳島県	30	-	6.7	3.3	-	-	-	-	-	-	-	-	-
37.香川県	33	27.3	-	-	-	-	-	-	-	-	-	-	-
38.愛媛県	54	-	44.4	-	3.7	-	-	-	5.6	-	-	1.9	-
39.高知県	13	7.7	15.4	15.4	7.7	-	-	-	-	-	-	-	-
40.福岡県	171	-	-	-	64.3	3.5	3.5	4.7	1.8	0.6	0.6	-	-
41.佐賀県	26	-	-	-	19.2	26.9	7.7	7.7	3.8	-	-	3.8	-
42.長崎県	57	-	-	1.8	14.0	10.5	33.3	7.0	5.3	1.8	-	-	-
43.熊本県	46	-	-	-	10.9	8.7	2.2	47.8	-	2.2	2.2	2.2	-
44.大分県	27	-	-	-	29.6	-	-	-	37.0	-	-	-	-
45.宮崎県	32	-	-	3.1	31.3	-	-	6.3	9.4	3.1	21.9	9.4	-
46.鹿児島県	34	2.9	-	-	17.6	2.9	2.9	5.9	2.9	2.9	38.2	-	-
47.沖縄県	34	-	-	-	2.9	-	-	-	-	-	-	44.1	-
48.海外	48	-	-	-	-	-	4.2	2.1	-	-	2.1	-	2.1
F3.大学（大学院）での所属													
1.文系	3215	0.2	0.7	0.1	3.0	0.2	0.7	0.5	0.5	0.2	0.2	0.3	-
2.理系	2386	0.5	1.0	0.5	3.4	0.8	0.5	1.1	0.4	0.3	0.5	0.4	0.1
Q1.学年													
1.学部4年（4年に進級後留年していない）	3860	0.3	0.9	0.3	2.8	0.4	0.7	0.7	0.5	0.2	0.3	0.3	0.1
2.学部4年（4年に進級後留年している）	206	0.5	1.0	-	4.4	1.0	0.5	1.0	1.5	0.5	-	0.5	-
3.学部6年（医・薬学部など、6年に進級後留年していない）	138	1.4	0.7	-	2.9	-	1.4	2.9	-	0.7	-	-	-
4.学部6年（医・薬学部など、6年に進級後留年している）	7	-	-	-	-	-	-	14.3	-	-	-	-	-
5.大学院修士（前期博士）課程	1342	0.1	0.7	0.2	4.2	0.7	0.3	0.7	0.4	0.3	0.6	0.3	0.1
6.大学院博士（後期博士）課程	33	-	-	-	3.0	-	-	-	-	-	3.0	-	-
7.その他	15												
Q2.専攻													
1.人文科学（文学、史学、哲学など）	672	0.4	0.7	0.3	3.7	0.4	0.3	0.3	0.3	0.3	-	0.3	0.1
2.社会科学（法学・政治学、商学・経済学、社会学など）	1709	0.1	0.7	-	3.3	0.2	0.7	0.7	0.6	0.1	0.2	0.2	0.1
3.理学（数学、物理学、化学、生物学、地学など）	461	0.2	1.5	0.9	2.0	-	-	1.1	0.2	-	0.4	0.4	-
4.工学（機械工学、電気通信工学、土木建築工学、応用化学、応用理学、原子力工学、鉱山学、金属工学、繊維工学、船舶工学、航空工学、経営工学、工芸学など）	1205	0.3	0.9	0.2	4.1	0.7	0.3	0.7	0.7	0.2	0.7	0.4	-
5.農学（農学、農芸化学、農業工学、農業経済学、林学、林産学、獣医学、畜産学、水産学など）	283	1.1	1.4	1.1	3.9	1.4	0.7	1.1	-	1.1	0.7	0.4	-
6.保健（医学、歯学、薬学、看護学など）	263	0.8	0.4	-	3.4	0.4	1.1	4.2	0.4	-	-	0.4	-
7.商船	4												
8.家政（家政学、食物学、被服学、住居学、児童学など）	120	-	-	0.8	-	0.8	0.8	0.8	1.7	-	-	-	-
9.教育（教育学、小学校など学校・幼稚園課程、体育学、障害児・特別支援教育課程など）	121	0.8	2.5	-	2.5	0.8	2.5	0.8	-	-	0.8	-	-
10.芸術（美術、デザイン、音楽など）	100	-	-	-	1.0	-	-	-	-	-	-	-	-
11.その他（教養学、総合科学、人文・社会科学、国際関係学、人間関係科学など）	663	0.2	0.3	0.3	2.4	-	1.1	0.2	0.3	0.5	0.5	0.5	-

F2.居住地域

	N	北海道	青森県	岩手県	宮城県	秋田県	山形県	福島県	茨城県	栃木県	群馬県	埼玉県	千葉県
全体	5601	3.2	0.7	0.7	2.2	0.5	0.6	0.4	2.0	0.7	1.0	6.0	5.0
Q3.就職活動を始めた時期													
1.2016年6月以前	1778	2.4	0.6	0.4	2.2	0.5	0.3	0.1	1.6	0.4	1.1	6.5	4.7
2.2016年7月	521	2.9	1.2	0.8	2.5	0.4	0.4	1.0	2.3	1.2	0.8	7.3	6.1
3.2016年8月	297	3.0	0.3	0.7	1.3	-	0.3	0.3	0.7	-	1.3	6.7	7.1
4.2016年9月	205	2.0	1.0	-	1.5	0.5	0.5	1.0	2.4	1.0	2.0	7.3	3.4
5.2016年10月	363	3.3	1.4	1.1	1.7	0.6	1.1	0.6	1.1	0.8	1.4	4.4	3.9
6.2016年11月	199	4.5	-	2.0	2.0	0.5	-	-	1.5	-	3.0	8.5	3.5
7.2016年12月	402	3.0	1.0	1.0	2.0	0.7	0.5	0.7	2.0	1.0	1.2	7.7	4.0
8.2017年1月	291	4.8	1.0	0.7	2.1	-	1.4	-	3.4	1.7	0.7	4.5	4.5
9.2017年2月	464	5.6	0.6	1.1	3.0	0.6	0.2	0.4	3.9	0.9	-	2.8	5.2
10.2017年3月	689	3.5	0.6	0.4	2.6	0.7	0.7	0.4	1.7	0.7	0.9	5.5	5.1
11.2017年4月	76	6.6	-	-	3.9	-	1.3	-	3.9	-	1.3	9.2	7.9
12.2017年5月	28	3.6	-	-	3.6	-	3.6	-	-	-	-	7.1	3.6
13.2017年6月	21	4.8	-	-	4.8	-	-	-	-	-	-	4.8	4.8
14.2017年7月	11	-	-	-	-	-	-	-	-	-	-	9.1	9.1
15.無回答	256	2.7	0.4	1.6	2.0	0.4	2.0	0.8	1.6	1.2	0.4	3.1	7.0
Q4.就職活動開始時の希望業種													
1.農林・水産	358	9.5	1.7	1.1	1.7	0.3	2.0	0.6	2.8	1.4	0.8	4.7	3.9
2.食品	1497	4.2	0.4	0.6	1.7	0.3	0.7	0.4	2.2	0.9	1.2	5.4	4.4
3.建設・設備関連	450	2.9	2.0	1.1	1.6	1.1	0.9	-	2.0	-	0.9	7.8	6.7
4.住宅・インテリア	548	2.7	0.9	0.7	2.6	0.2	0.9	0.5	1.6	0.4	0.2	5.7	5.7
5.アパレル・服飾関連	242	2.1	0.4	0.8	1.7	0.4	-	0.4	1.7	-	0.4	5.4	4.5
6.繊維・紙・パルプ	423	4.0	0.7	0.2	1.9	0.5	1.2	0.2	2.6	0.5	0.2	5.4	5.9
7.化学・石油	803	3.9	0.5	0.6	3.7	0.5	1.1	0.1	2.6	1.1	0.7	4.6	3.7
8.薬品・化粧品	817	3.9	0.4	0.9	2.4	0.4	1.0	0.4	2.3	0.9	1.0	4.7	3.7
9.ゴム・ガラス・セラミックス	345	4.1	0.3	0.9	3.8	1.2	1.2	-	2.0	0.6	-	4.1	4.3
10.鉄鋼・金属・鉱業	443	2.7	0.9	0.9	1.4	1.1	0.5	-	2.0	0.5	0.7	6.1	5.0
11.機械	620	2.1	0.5	0.5	1.5	0.6	0.3	-	1.8	0.5	1.3	5.2	3.4
12.プラント・エンジニアリング	311	3.2	1.0	-	3.2	1.3	0.3	0.3	1.3	0.6	0.6	4.2	4.8
13.電子・電気・OA機器	674	1.6	0.6	0.3	2.7	0.9	0.6	0.4	2.1	0.4	0.9	6.2	4.9
14.自動車・輸送用機器	669	2.2	0.4	0.4	2.4	1.2	0.7	0.1	1.8	0.9	1.3	5.4	3.1
15.精密・医療機器	551	1.5	0.9	0.5	2.4	0.2	0.7	0.7	2.4	0.7	1.5	6.7	3.6
16.印刷・事務機器・日用品	525	2.7	0.2	0.8	2.3	0.2	0.8	0.4	2.7	-	1.7	5.9	5.3
17.スポーツ・玩具・ゲーム製品	427	1.9	0.7	0.7	1.4	0.2	0.5	0.7	2.1	0.2	1.2	5.9	3.3
18.その他メーカー・製造関連	252	2.4	0.4	0.8	1.2	-	-	-	3.2	0.4	1.2	5.2	4.3
19.総合商社	593	2.4	0.7	0.5	1.5	0.2	0.3	0.2	1.9	0.7	1.0	5.7	4.9
20.商社	737	3.0	0.7	0.3	1.5	0.4	0.4	0.1	2.3	0.7	1.2	5.6	5.3
21.百貨店・スーパー・コンビニ	437	3.7	0.5	1.4	2.7	-	0.7	0.5	2.7	0.2	1.4	6.2	4.1
22.専門店	262	2.3	0.8	-	1.9	-	-	1.1	1.1	0.4	1.5	7.6	2.7
23.銀行・証券	1060	3.3	0.9	0.7	2.2	0.2	0.4	0.2	1.3	0.8	1.6	5.6	5.7
24.信金・労金・信組	473	4.0	1.1	0.2	1.1	0.2	-	0.6	2.1	1.1	2.3	5.5	4.2
25.クレジット・信販・リース・その他金融	347	1.7	0.9	0.6	1.4	0.3	0.3	0.3	0.9	0.3	1.4	8.6	5.2
26.生保・損保	503	4.0	0.6	0.4	1.6	0.2	-	0.4	1.4	0.6	1.4	7.0	5.6
27.不動産	502	2.8	0.8	0.4	0.8	0.2	0.4	0.4	1.6	0.2	1.0	9.6	6.4
28.鉄道・航空	872	1.8	0.5	0.9	1.7	-	0.1	0.2	1.6	0.6	0.3	7.9	6.1
29.陸運・海運・物流	342	1.8	0.3	0.3	2.0	-	0.6	-	2.0	0.6	0.6	7.0	4.4
30.電力・ガス・エネルギー	519	4.8	1.2	0.6	3.1	0.4	0.4	0.2	1.9	0.6	0.4	4.0	4.6
31.レストラン・給食・フードサービス	123	2.4	1.6	0.8	3.3	-	0.8	0.8	2.4	1.6	2.4	7.3	8.1
32.ホテル・旅行	515	2.1	0.4	0.6	2.1	0.4	0.4	0.4	1.4	0.2	0.8	6.6	5.0
33.医療機関・調剤薬局	300	2.3	0.7	1.3	2.3	0.7	0.3	0.7	1.7	0.3	0.7	6.0	5.7
34.福祉サービス	131	3.8	-	1.5	3.1	1.5	0.8	0.8	3.8	-	3.1	7.6	3.8
35.フィットネスクラブ・エステ・理美容	45	2.2	-	2.2	4.4	-	-	-	-	-	-	13.3	6.7
36.アミューズメント・レジャー	220	2.3	0.5	-	2.3	-	0.5	0.5	3.2	-	0.9	8.2	4.5
37.冠婚葬祭	155	2.6	-	-	1.9	0.6	0.6	-	-	1.3	-	3.9	6.5
38.専門・その他サービス	105	5.7	-	-	2.9	-	-	-	1.0	-	-	6.7	5.7
39.コンサルティング・シンクタンク・調査	413	3.1	1.0	1.7	2.2	0.5	0.2	-	1.7	0.2	1.9	8.3	5.3
40.人材サービス（派遣・紹介）	263	3.0	0.8	1.5	2.3	-	-	0.4	2.7	0.4	2.7	5.7	4.6
41.教育	366	3.6	1.1	1.1	2.7	0.8	-	-	1.9	0.3	0.5	7.1	5.2
42.ソフトウエア・情報処理・ネット関連	836	2.6	1.2	0.6	1.7	0.4	0.6	0.5	3.1	0.5	0.7	7.4	5.5
43.ゲームソフト	261	2.3	1.5	0.4	1.9	0.4	0.4	1.5	2.3	0.4	-	6.5	3.1
44.通信	420	1.7	0.7	0.7	1.9	-	0.2	1.0	1.9	0.5	1.0	7.1	6.4
45.マスコミ（放送・新聞）	486	2.5	1.4	1.2	1.9	0.6	0.6	1.0	1.4	-	0.8	6.0	5.1
46.マスコミ（出版・広告）	574	2.8	0.9	0.7	1.7	0.2	0.3	0.5	1.7	0.2	1.2	6.4	4.9
47.芸能・エンタテインメント	253	2.4	0.4	1.2	1.2	0.4	0.4	0.8	1.2	0.4	2.0	7.1	5.1
48.官公庁・公社・団体	873	5.2	0.8	0.8	2.1	0.5	0.7	0.1	1.7	1.1	1.5	6.0	5.3
49.これら以外のその他	49	2.0	-	-	2.0	2.0	-	-	4.1	-	-	6.1	-
50.特に決めていなかった	157	7.0	2.5	-	1.3	-	0.6	1.3	1.9	1.3	1.3	3.2	4.5

F2.居住地域

	N	東京都	神奈川県	新潟県	富山県	石川県	福井県	山梨県	長野県	岐阜県	静岡県	愛知県	三重県
全体	5601	16.5	10.2	1.2	1.0	1.4	0.4	0.6	0.6	1.4	1.9	6.2	0.8
Q3.就職活動を始めた時期													
1.２０１６年６月以前	1778	18.5	11.5	0.7	0.7	1.3	0.2	0.3	0.4	0.7	1.8	6.4	0.8
2.２０１６年７月	521	14.8	9.4	1.3	1.0	1.2	0.4	–	0.4	2.3	1.7	6.3	1.3
3.２０１６年８月	297	15.8	10.8	1.7	1.0	2.4	–	0.3	–	1.7	1.3	6.4	0.7
4.２０１６年９月	205	18.0	9.3	1.0	1.0	0.5	–	1.5	1.5	1.5	1.5	8.3	0.5
5.２０１６年１０月	363	14.3	8.5	1.1	1.1	1.1	0.6	2.2	1.1	1.9	0.6	8.8	1.4
6.２０１６年１１月	199	15.6	8.0	2.0	1.0	1.0	–	–	–	2.0	2.0	5.0	1.0
7.２０１６年１２月	402	17.2	8.2	2.2	2.0	1.2	0.5	1.0	0.5	1.2	3.5	4.7	1.0
8.２０１７年１月	291	16.8	12.4	2.1	1.7	0.3	0.3	1.0	0.3	0.7	3.8	5.2	0.3
9.２０１７年２月	464	14.0	10.1	1.5	0.9	1.7	0.4	0.6	0.2	2.4	1.1	6.0	0.9
10.２０１７年３月	689	15.2	9.0	1.2	0.4	1.5	0.6	0.7	1.5	1.2	1.9	5.8	0.1
11.２０１７年４月	76	15.8	9.2	2.6	1.3	2.6	1.3	–	–	–	2.6	5.3	2.6
12.２０１７年５月	28	7.1	10.7	–	3.6	3.6	–	–	–	–	7.1	3.6	–
13.２０１７年６月	21	28.6	14.3	4.8	–	–	–	–	–	–	–	9.5	–
14.２０１７年７月	11	9.1	–	–	–	9.1	–	–	–	–	–	–	–
15.無回答	256	17.2	10.2	0.4	1.2	1.6	0.8	–	1.2	2.7	1.2	6.6	0.8
Q4.就職活動開始時の希望業種													
1.農林・水産	358	11.2	10.3	1.4	0.8	1.4	–	1.1	0.3	0.6	3.4	5.3	1.1
2.食品	1497	14.6	10.0	1.0	0.8	1.1	0.2	0.6	0.3	0.7	2.1	6.7	0.9
3.建設・設備関連	450	15.6	8.0	3.1	0.2	2.7	0.4	0.4	0.7	1.3	1.1	8.0	0.7
4.住宅・インテリア	548	12.8	8.9	1.3	0.4	1.6	0.2	0.9	0.7	1.5	2.4	8.6	0.2
5.アパレル・服飾関連	242	20.2	9.5	1.2	–	0.8	0.4	0.8	0.8	0.8	1.2	7.4	–
6.繊維・紙・パルプ	423	13.2	7.1	0.7	0.7	1.2	0.7	0.2	1.7	0.7	0.7	6.4	0.7
7.化学・石油	803	13.2	9.2	1.4	1.4	1.2	0.5	0.5	1.4	1.1	1.7	5.1	0.6
8.薬品・化粧品	817	14.3	10.0	0.7	2.1	1.7	0.2	0.5	1.0	2.0	1.7	5.3	0.9
9.ゴム・ガラス・セラミックス	345	13.0	6.1	2.0	1.2	1.7	0.3	1.2	1.2	1.7	0.6	8.4	1.4
10.鉄鋼・金属・鉱業	443	14.9	8.8	2.0	0.9	3.2	0.5	0.5	0.7	1.4	0.7	5.2	1.1
11.機械	620	15.0	11.3	1.5	2.1	3.1	0.3	0.6	1.0	1.8	1.6	8.1	1.0
12.プラント・エンジニアリング	311	15.1	12.2	1.9	1.0	2.3	0.3	0.6	1.0	–	1.0	4.8	0.3
13.電子・電気・ＯＡ機器	674	15.4	9.8	2.2	1.5	2.8	0.3	0.7	0.9	1.0	1.9	4.5	1.0
14.自動車・輸送用機器	669	12.3	9.3	1.2	0.9	2.7	0.4	0.7	0.4	2.1	2.7	12.9	1.2
15.精密・医療機器	551	15.6	11.1	1.5	0.9	2.0	0.4	1.1	0.7	0.7	1.1	5.8	0.9
16.印刷・事務機器・日用品	525	15.4	10.7	1.7	2.1	2.3	0.2	0.6	0.8	1.1	1.1	8.2	0.4
17.スポーツ・玩具・ゲーム製品	427	19.7	13.6	1.4	–	0.9	0.2	0.7	0.5	1.2	2.8	4.9	1.2
18.その他メーカー・製造関連	252	19.4	9.5	1.6	0.8	2.4	–	–	0.8	1.2	2.4	4.0	–
19.総合商社	593	19.9	10.1	0.8	0.8	1.0	0.2	0.5	0.3	1.2	1.5	6.9	0.2
20.商社	737	17.4	7.9	1.1	0.8	1.1	0.4	0.4	0.4	1.5	2.0	9.1	0.4
21.百貨店・スーパー・コンビニ	437	14.4	11.0	0.7	1.1	1.6	–	1.4	0.2	0.9	2.1	6.4	1.4
22.専門店	262	16.8	12.2	1.5	0.4	1.1	–	0.4	–	1.5	1.9	6.5	0.8
23.銀行・証券	1060	16.7	11.5	1.3	0.9	1.1	0.7	0.8	0.3	0.8	1.7	6.8	0.6
24.信金・労金・信組	473	13.1	12.5	2.3	1.5	1.5	1.1	0.6	0.4	1.1	3.2	8.2	0.4
25.クレジット・信販・リース・その他金融	347	19.6	13.0	0.6	0.3	0.3	–	–	0.3	0.6	2.0	3.5	0.6
26.生保・損保	503	19.3	12.3	0.6	0.4	1.0	–	0.4	–	1.0	0.8	7.0	0.4
27.不動産	502	21.5	13.5	1.2	0.6	0.6	–	0.8	–	0.8	1.4	4.6	0.6
28.鉄道・航空	872	19.7	14.7	1.3	0.7	1.0	–	0.8	0.2	1.4	1.5	7.2	0.9
29.陸運・海運・物流	342	18.7	12.9	1.2	0.6	0.9	0.3	0.9	0.3	1.8	2.3	6.1	0.3
30.電力・ガス・エネルギー	519	15.0	8.7	1.5	1.3	1.9	0.2	0.8	0.8	1.2	1.7	9.1	0.6
31.レストラン・給食・フードサービス	123	10.6	10.6	1.6	–	0.8	–	1.6	–	1.6	0.8	7.3	1.6
32.ホテル・旅行	515	18.6	11.5	1.2	0.2	1.0	0.2	0.4	0.4	1.4	1.7	10.1	0.8
33.医療機関・調剤薬局	300	15.7	9.0	1.3	1.3	0.7	0.3	–	0.7	1.0	3.3	5.0	0.7
34.福祉サービス	131	13.0	14.5	0.8	0.8	–	1.5	0.8	–	–	3.1	2.3	0.8
35.フィットネスクラブ・エステ・理美容	45	24.4	17.8	–	–	–	–	–	–	2.2	–	–	–
36.アミューズメント・レジャー	220	23.2	11.8	0.9	–	0.9	0.5	1.4	0.5	0.9	1.8	7.7	0.5
37.冠婚葬祭	155	20.6	12.3	1.3	–	0.6	–	1.3	–	0.6	1.9	7.7	–
38.専門・その他サービス	105	18.1	11.4	1.0	1.9	–	–	1.0	1.0	1.0	7.6	6.7	–
39.コンサルティング・シンクタンク・調査	413	27.6	12.3	–	1.0	0.5	0.5	0.2	0.5	0.2	0.7	4.1	0.2
40.人材サービス（派遣・紹介）	263	19.8	9.1	0.8	1.1	1.5	–	–	0.4	0.8	1.5	4.6	0.4
41.教育	366	19.7	12.3	1.4	0.5	0.3	0.3	0.3	0.3	0.5	1.6	5.2	0.3
42.ソフトウエア・情報処理・ネット関連	836	16.9	11.0	1.1	1.6	1.8	0.4	0.2	1.3	2.2	1.3	6.8	0.8
43.ゲームソフト	261	19.2	11.9	1.1	0.8	2.3	0.4	–	1.9	1.9	1.1	7.7	0.4
44.通信	420	16.7	9.8	1.0	1.2	2.4	–	0.5	1.4	1.4	0.5	7.6	1.2
45.マスコミ（放送・新聞）	486	19.5	12.3	1.2	0.4	0.8	0.6	0.8	0.4	0.8	2.5	7.6	0.4
46.マスコミ（出版・広告）	574	21.6	11.5	0.5	0.7	1.0	0.2	0.7	0.3	0.5	2.6	6.4	0.2
47.芸能・エンタテインメント	253	22.5	15.8	0.4	0.8	–	0.8	0.4	0.4	0.4	2.4	5.1	–
48.官公庁・公社・団体	873	17.1	10.4	1.1	0.9	0.8	0.2	1.5	0.6	1.0	2.7	6.5	0.5
49.これら以外のその他	49	20.4	22.4	–	2.0	–	2.0	2.0	–	2.0	6.1	4.1	–
50.特に決めていなかった	157	11.5	9.6	0.6	–	0.6	–	–	0.6	–	0.6	4.5	0.6

F2居住地域

	N	滋賀県	京都府	大阪府	兵庫県	奈良県	和歌山県	鳥取県	島根県	岡山県	広島県	山口県	徳島県
全体	5601	1.7	5.1	8.7	4.9	1.4	0.2	0.3	0.4	1.6	1.9	0.5	0.3
Q3. 就職活動を始めた時期													
1. ２０１６年６月以前	1778	1.5	6.5	8.7	5.8	1.9	0.3	0.3	0.3	1.0	1.2	0.5	0.4
2. ２０１６年７月	521	2.5	4.2	10.7	3.1	1.3	-	0.2	0.4	1.5	2.1	0.2	0.6
3. ２０１６年８月	297	1.7	4.0	11.8	4.7	1.3	0.3	-	-	1.3	2.7	0.7	-
4. ２０１６年９月	205	3.4	5.4	7.8	2.4	2.0	0.5	-	-	0.5	2.4	-	0.5
5. ２０１６年１０月	363	1.1	3.3	6.9	6.1	0.6	-	0.6	-	1.9	3.3	0.8	0.6
6. ２０１６年１１月	199	1.0	3.0	8.5	6.0	2.0	-	-	-	4.0	3.0	-	-
7. ２０１６年１２月	402	1.5	6.2	8.5	4.0	1.0	0.2	0.2	0.7	1.2	2.7	-	0.2
8. ２０１７年１月	291	1.4	4.8	4.8	5.5	1.0	-	0.3	1.0	2.4	2.1	0.3	-
9. ２０１７年２月	464	2.8	4.7	10.8	3.2	0.9	0.6	0.2	0.2	2.8	1.1	0.4	0.2
10. ２０１７年３月	689	2.0	4.8	9.0	6.4	1.3	0.1	0.6	0.7	1.9	1.9	0.4	0.3
11. ２０１７年４月	76	-	2.6	2.6	-	1.3	-	-	1.3	2.6	3.9	3.9	1.3
12. ２０１７年５月	28	-	-	10.7	3.6	-	-	-	-	3.6	3.6	-	-
13. ２０１７年６月	21	-	9.5	-	-	-	-	-	-	-	-	-	-
14. ２０１７年７月	11	-	-	-	9.1	9.1	-	-	-	-	18.2	-	-
15. 無回答	256	0.8	3.5	7.8	4.3	1.2	0.4	0.4	-	0.8	0.8	0.8	0.4
Q4. 就職活動開始時の希望業種													
1. 農林・水産	358	1.7	5.9	5.0	1.7	1.4	0.3	0.3	0.8	2.5	1.1	0.3	0.3
2. 食品	1497	2.1	5.1	9.5	5.2	1.8	0.3	0.4	0.3	1.9	2.2	0.7	0.3
3. 建設・設備関連	450	1.1	3.1	8.2	2.7	1.8	0.7	0.4	0.2	2.2	2.2	0.7	0.2
4. 住宅・インテリア	548	2.0	4.9	9.1	4.0	3.3	0.4	0.2	0.4	1.6	2.6	1.1	0.2
5. アパレル・服飾関連	242	3.7	8.3	6.6	5.8	1.7	0.8	-	0.8	2.5	1.2	0.4	0.4
6. 繊維・紙・パルプ	423	4.0	7.3	10.4	6.9	2.1	0.2	0.2	0.2	1.7	1.2	0.2	-
7. 化学・石油	803	2.1	6.6	9.5	6.2	2.2	0.2	0.4	0.5	1.9	1.4	0.6	0.1
8. 薬品・化粧品	817	2.4	4.4	10.6	3.8	1.7	0.5	0.9	0.4	1.8	1.8	0.9	0.6
9. ゴム・ガラス・セラミックス	345	2.9	7.8	10.4	6.1	2.0	-	-	-	1.4	2.0	0.3	0.3
10. 鉄鋼・金属・鉱業	443	2.0	5.4	11.1	7.4	1.6	-	-	-	2.7	1.4	0.7	-
11. 機械	620	3.2	6.8	8.7	6.3	0.2	-	-	0.5	1.1	1.5	-	0.5
12. プラント・エンジニアリング	311	2.3	6.1	9.6	5.8	1.3	-	-	-	1.6	3.2	0.3	0.3
13. 電子・電気・OA機器	674	2.8	6.7	6.8	5.5	2.1	0.1	-	0.6	1.2	2.5	-	0.4
14. 自動車・輸送用機器	669	2.5	5.1	8.4	4.6	0.9	0.1	-	0.6	1.5	2.4	0.1	0.1
15. 精密・医療機器	551	2.4	8.5	9.1	4.9	1.6	0.2	-	-	0.9	1.8	-	0.4
16. 印刷・事務機器・日用品	525	3.0	6.3	9.1	3.2	1.1	0.4	0.2	-	1.0	1.5	0.6	0.4
17. スポーツ・玩具・ゲーム製品	427	2.6	6.6	9.8	5.6	1.2	0.5	0.2	0.5	0.2	1.4	0.5	-
18. その他メーカー・製造関連	252	2.4	7.9	11.5	6.7	0.8	-	0.4	-	0.8	0.4	0.4	-
19. 総合商社	593	1.5	5.2	10.3	6.9	1.0	0.5	0.2	0.2	1.5	1.5	-	0.2
20. 商社	737	2.3	4.5	9.2	6.8	1.5	0.3	0.1	0.3	1.4	1.8	0.1	0.3
21. 百貨店・スーパー・コンビニ	437	1.6	5.0	7.8	3.7	1.8	0.2	0.2	0.2	1.4	3.0	0.7	0.5
22. 専門店	262	3.1	6.1	7.6	3.4	1.9	1.1	0.4	0.8	1.1	2.7	0.4	1.1
23. 銀行・証券	1060	1.8	4.7	8.6	5.8	1.7	0.3	0.1	0.4	0.8	2.5	0.2	-
24. 信金・労金・信組	473	1.5	5.1	8.7	5.5	1.1	0.2	0.2	0.4	0.8	2.1	-	-
25. クレジット・信販・リース・その他金融	347	2.3	4.3	12.4	8.6	1.7	0.6	-	-	0.3	1.7	-	-
26. 生保・損保	503	1.8	3.6	8.9	5.2	2.4	0.2	-	0.2	1.4	2.6	0.2	-
27. 不動産	502	1.4	4.9	7.2	4.2	2.0	0.4	-	0.2	0.8	1.4	0.6	0.2
28. 鉄道・航空	872	1.5	5.4	8.7	4.2	0.9	-	-	0.2	0.7	1.3	0.1	-
29. 陸運・海運・物流	342	1.5	5.8	12.0	5.3	0.3	-	-	0.3	1.2	1.5	0.3	0.3
30. 電力・ガス・エネルギー	519	1.5	6.4	9.4	4.8	0.6	-	0.2	0.4	1.0	2.1	-	-
31. レストラン・給食・フードサービス	123	1.6	4.9	9.8	2.4	0.8	-	-	-	-	1.6	-	2.4
32. ホテル・旅行	515	1.7	3.9	8.5	5.2	2.1	0.4	0.2	0.2	1.4	0.8	0.4	0.2
33. 医療機関・調剤薬局	300	-	3.0	10.7	4.0	-	0.7	-	0.3	4.0	3.3	0.7	1.7
34. 福祉サービス	131	1.5	2.3	6.1	7.6	1.5	0.8	-	0.8	3.1	1.5	0.8	-
35. フィットネスクラブ・エステ・理美容	45	-	2.2	8.9	4.4	-	-	-	-	2.2	-	-	4.4
36. アミューズメント・レジャー	220	0.9	4.1	10.9	2.7	1.4	-	-	0.9	0.9	0.5	0.5	-
37. 冠婚葬祭	155	2.6	5.8	7.7	5.2	1.3	-	-	-	1.3	1.3	0.6	0.6
38. 専門・その他サービス	105	-	2.9	8.6	3.8	1.0	1.9	-	1.0	1.0	1.0	-	-
39. コンサルティング・シンクタンク・調査	413	1.5	5.6	8.2	4.6	1.2	0.5	0.5	0.2	-	0.5	0.2	-
40. 人材サービス（派遣・紹介）	263	0.8	5.7	11.0	5.3	1.1	0.4	0.4	0.4	1.1	0.8	0.4	-
41. 教育	366	1.1	6.0	7.4	4.9	1.9	0.3	0.3	0.3	-	1.9	0.3	0.3
42. ソフトウエア・情報処理・ネット関連	836	1.4	4.5	6.5	3.9	1.0	0.5	-	0.5	0.7	2.9	0.1	0.4
43. ゲームソフト	261	1.1	6.9	5.4	3.4	1.1	0.4	-	0.8	1.1	1.5	0.4	0.8
44. 通信	420	2.9	3.8	8.6	4.3	0.7	0.5	-	0.2	0.7	2.9	0.2	0.2
45. マスコミ（放送・新聞）	486	0.8	5.6	6.6	4.3	0.6	0.2	0.2	0.2	0.4	1.4	1.2	0.2
46. マスコミ（出版・広告）	574	0.5	5.1	8.4	5.1	1.6	0.3	0.3	-	0.7	1.2	0.7	0.2
47. 芸能・エンタテインメント	253	1.2	5.1	7.5	7.1	0.8	-	-	-	0.8	0.8	0.4	-
48. 官公庁・公社・団体	873	1.1	5.0	8.1	3.7	0.5	0.2	0.5	0.5	1.0	1.5	0.8	0.2
49. これら以外のその他	49	2.0	2.0	4.1	-	-	-	-	-	-	6.1	-	-
50. 特に決めていなかった	157	4.5	5.1	8.9	12.1	-	-	0.6	1.3	0.6	1.9	0.6	0.6

F2.居住地域

	N	香川県	愛媛県	高知県	福岡県	佐賀県	長崎県	熊本県	大分県	宮崎県	鹿児島県	沖縄県	海外
全体	5601	0.3	0.8	0.3	3.2	0.5	0.6	0.8	0.5	0.2	0.4	0.3	0.1
Q3.就職活動を始めた時期													
1.２０１６年６月以前	1778	0.3	0.6	0.2	3.4	0.6	0.7	0.4	0.5	0.2	0.3	0.2	-
2.２０１６年７月	521	0.2	-	0.2	3.1	0.2	0.8	1.0	0.6	-	0.2	0.2	-
3.２０１６年８月	297	0.7	0.7	-	3.0	0.3	-	1.3	0.3	0.3	0.3	0.3	-
4.２０１６年９月	205	-	0.5	-	4.4	0.5	1.0	0.5	-	-	1.0	0.5	-
5.２０１６年１０月	363	0.3	1.9	0.3	4.4	0.3	1.1	1.4	-	0.3	0.8	0.3	-
6.２０１６年１１月	199	-	0.5	1.0	2.0	0.5	-	1.0	0.5	1.0	1.5	1.0	-
7.２０１６年１２月	402	0.2	1.0	-	2.2	0.5	-	0.2	-	0.5	-	0.5	-
8.２０１７年１月	291	0.7	1.7	0.3	0.3	0.3	1.0	1.0	0.3	-	-	0.7	-
9.２０１７年２月	464	0.4	0.9	0.6	3.0	-	0.4	0.6	0.9	0.4	0.4	-	-
10.２０１７年３月	689	0.1	1.2	0.4	3.5	0.4	0.7	0.7	0.7	-	0.4	0.1	0.1
11.２０１７年４月	76	-	-	-	-	-	-	1.3	1.3	-	-	-	-
12.２０１７年５月	28	-	3.6	3.6	7.1	3.6	-	-	-	3.6	-	-	-
13.２０１７年６月	21	-	-	-	4.8	-	-	4.8	-	-	-	-	4.8
14.２０１７年７月	11	-	-	-	-	-	9.1	-	-	-	-	18.2	-
15.無回答	256	0.4	0.8	-	5.1	1.2	0.8	2.0	0.8	-	-	0.8	0.4
Q4.就職活動開始時の希望業種													
1.農林・水産	358	0.6	2.2	1.4	2.2	0.3	1.7	0.6	0.6	0.8	0.8	0.3	-
2.食品	1497	0.5	1.3	0.4	3.1	0.6	0.6	0.7	0.5	0.5	0.3	0.1	0.1
3.建設・設備関連	450	-	0.4	0.2	3.8	0.4	0.7	1.1	0.2	-	0.4	0.2	-
4.住宅・インテリア	548	-	0.9	0.4	4.6	0.4	0.5	1.3	0.4	-	-	0.4	-
5.アパレル・服飾関連	242	-	1.2	0.4	2.5	-	0.8	0.4	0.4	-	-	0.4	0.4
6.繊維・紙・パルプ	423	-	1.9	-	3.1	0.7	0.2	0.5	0.7	0.5	0.5	-	-
7.化学・石油	803	0.1	1.1	0.2	2.9	0.6	0.5	0.4	0.5	0.2	0.7	-	-
8.薬品・化粧品	817	0.4	0.5	0.1	3.2	0.7	0.6	1.0	0.1	0.4	0.6	0.4	-
9.ゴム・ガラス・セラミックス	345	-	0.9	-	2.0	0.3	0.3	0.6	0.9	-	0.6	-	-
10.鉄鋼・金属・鉱業	443	-	1.1	0.2	2.5	0.5	0.5	0.2	0.5	-	0.2	0.5	-
11.機械	620	0.2	1.1	0.3	1.9	0.3	0.5	0.3	0.5	0.2	0.5	0.6	-
12.プラント・エンジニアリング	311	-	1.0	0.3	4.2	0.3	0.3	0.6	0.3	-	0.3	0.6	-
13.電子・電気・OA機器	674	0.1	0.7	0.4	2.8	0.6	0.3	0.7	0.9	-	0.1	0.6	-
14.自動車・輸送用機器	669	0.3	0.6	0.3	3.4	0.4	0.3	0.3	0.1	-	-	0.6	0.1
15.精密・医療機器	551	-	0.5	-	2.7	0.4	0.7	0.4	0.7	-	0.4	0.9	-
16.印刷・事務機器・日用品	525	-	1.0	-	1.5	0.2	-	0.2	0.8	0.2	0.4	0.8	0.2
17.スポーツ・玩具・ゲーム製品	427	-	1.6	0.2	1.2	0.5	-	0.2	0.2	-	0.5	0.5	0.2
18.その他メーカー・製造関連	252	-	0.8	-	3.2	0.8	0.8	0.4	2.4	-	-	0.4	0.4
19.総合商社	593	0.2	0.7	0.3	3.7	-	1.0	0.3	0.5	-	0.3	0.3	0.2
20.商社	737	0.1	0.8	0.1	3.3	0.3	0.9	0.5	0.7	0.1	0.1	0.4	0.1
21.百貨店・スーパー・コンビニ	437	-	0.7	0.5	4.3	-	0.2	0.9	0.9	-	0.7	0.2	-
22.専門店	262	0.8	1.1	-	3.1	0.4	-	0.8	0.4	-	0.4	-	0.4
23.銀行・証券	1060	0.3	0.6	0.3	3.1	0.2	0.8	0.8	0.7	0.2	0.1	0.2	0.1
24.信金・労金・信組	473	0.2	-	0.6	1.7	0.4	0.4	0.6	1.5	0.2	-	0.2	0.2
25.クレジット・信販・リース・その他金融	347	-	-	0.3	3.5	-	0.3	-	0.9	-	-	0.3	0.3
26.生保・損保	503	0.4	0.4	0.2	3.0	-	1.4	0.6	0.4	0.2	-	0.6	0.2
27.不動産	502	0.2	0.4	-	3.6	-	1.0	1.0	0.2	0.2	0.2	0.6	0.2
28.鉄道・航空	872	0.1	0.3	-	3.3	0.3	0.6	0.5	0.3	-	-	0.1	0.1
29.陸運・海運・物流	342	0.3	0.6	-	3.8	-	0.3	0.3	0.6	-	-	-	-
30.電力・ガス・エネルギー	519	0.6	0.6	-	4.8	0.4	0.4	0.2	1.0	0.2	-	0.6	-
31.レストラン・給食・フードサービス	123	0.8	0.8	-	2.4	-	1.6	0.8	-	0.8	0.8	-	-
32.ホテル・旅行	515	-	0.6	0.2	3.7	-	0.6	1.0	0.6	0.4	-	0.2	-
33.医療機関・調剤薬局	300	0.7	0.7	-	4.0	0.3	0.7	2.3	-	-	0.3	1.0	-
34.福祉サービス	131	-	1.5	-	2.3	0.8	-	-	-	0.8	0.8	-	-
35.フィットネスクラブ・エステ・理美容	45	-	-	-	-	-	-	2.2	-	-	2.2	-	-
36.アミューズメント・レジャー	220	-	0.9	0.5	0.9	0.5	0.9	-	0.5	-	0.5	-	-
37.冠婚葬祭	155	0.6	0.6	-	4.5	-	-	1.3	0.6	-	1.3	0.6	-
38.専門・その他サービス	105	-	-	-	4.8	-	-	1.0	-	-	1.0	-	-
39.コンサルティング・シンクタンク・調査	413	0.2	0.5	-	2.4	0.5	-	0.5	0.2	-	0.2	-	0.2
40.人材サービス（派遣・紹介）	263	0.4	1.9	-	3.0	-	0.8	0.8	-	0.8	1.1	-	-
41.教育	366	-	1.4	-	3.3	0.5	0.8	0.8	0.3	-	1.1	0.3	-
42.ソフトウエア・情報処理・ネット関連	836	0.2	1.0	0.4	2.9	0.6	0.4	0.6	0.5	0.2	0.4	0.5	-
43.ゲームソフト	261	-	2.7	0.4	2.7	0.8	-	-	0.4	-	0.8	-	-
44.通信	420	0.2	1.2	0.2	3.3	0.5	0.2	0.7	0.2	0.2	0.5	1.0	-
45.マスコミ（放送・新聞）	486	0.2	0.8	0.6	3.1	0.5	0.2	1.2	0.6	0.2	0.2	0.2	-
46.マスコミ（出版・広告）	574	0.2	1.2	0.2	3.0	0.5	0.5	1.4	0.2	0.2	0.3	0.3	-
47.芸能・エンタテインメント	253	-	0.4	-	2.4	0.8	0.8	0.4	-	-	-	-	-
48.官公庁・公社・団体	873	0.6	0.9	0.2	3.2	0.1	0.6	0.7	0.6	0.5	0.3	0.1	-
49.これら以外のその他	49	-	-	-	2.0	2.0	-	2.0	-	-	2.0	-	-
50.特に決めていなかった	157	0.6	0.6	0.6	3.8	-	1.3	-	2.5	-	-	-	0.6

F2 居住地域

	N	北海道	青森県	岩手県	宮城県	秋田県	山形県	福島県	茨城県	栃木県	群馬県	埼玉県	千葉県
全体	5601	3.2	0.7	0.7	2.2	0.5	0.6	0.4	2.0	0.7	1.0	6.0	5.0
Q4SQ2. 就職活動開始時もっとも希望した業種													
1.農林・水産	64	14.1	4.7	4.7	1.6	-	3.1	1.6	1.6	4.7	1.6	1.6	-
2.食品	491	4.1	0.2	1.0	1.6	0.4	1.0	0.2	1.8	1.0	1.2	6.1	4.7
3.建設・設備関連	103	1.9	2.9	1.0	1.0	2.9	-	-	-	-	2.9	7.8	9.7
4.住宅・インテリア	85	3.5	1.2	2.4	4.7	-	1.2	1.2	1.2	2.4	-	5.9	7.1
5.アパレル・服飾関連	28	-	-	3.6	3.6	-	-	3.6	-	-	-	3.6	7.1
6.繊維・紙・パルプ	25	4.0	4.0	-	-	4.0	-	-	4.0	4.0	-	-	4.0
7.化学・石油	237	3.8	0.8	0.4	5.1	0.4	1.7	-	0.8	0.4	1.3	4.2	2.5
8.薬品・化粧品	276	4.3	-	0.4	3.3	0.7	0.4	0.4	2.2	1.4	1.1	3.6	3.6
9.ゴム・ガラス・セラミックス	16	6.3	-	-	12.5	-	-	-	6.3	-	-	-	-
10.鉄鋼・金属・鉱業	41	2.4	-	-	4.9	4.9	2.4	-	2.4	2.4	-	4.9	2.4
11.機械	149	0.7	0.7	0.7	-	0.7	0.7	-	0.7	-	1.3	6.0	3.4
12.プラント・エンジニアリング	38	7.9	-	-	2.6	2.6	-	-	-	2.6	-	2.6	5.3
13.電子・電気・OA機器	172	1.7	-	0.6	4.1	1.2	-	1.2	3.5	0.6	1.2	2.9	7.0
14.自動車・輸送機器	203	0.5	-	-	2.5	1.0	0.5	0.5	2.0	1.5	0.5	3.9	1.5
15.精密・医療機器	82	-	2.4	1.2	2.4	-	1.2	1.2	2.4	-	2.4	9.8	1.2
16.印刷・事務機器・日用品	62	1.6	-	1.6	3.2	1.6	-	1.6	6.5	-	-	9.7	6.5
17.スポーツ・玩具・ゲーム製品	86	1.2	-	1.2	2.3	-	-	1.2	2.3	-	-	8.1	1.2
18.その他メーカー・製造関連	35	2.9	-	-	-	-	-	-	2.9	2.9	-	5.7	-
19.総合商社	89	2.2	-	-	1.1	-	-	-	1.1	-	-	9.0	5.6
20.商社	94	6.4	-	-	2.1	-	1.1	-	1.1	-	1.1	9.6	3.2
21.百貨店・スーパー・コンビニ	55	7.3	-	3.6	3.6	-	-	-	3.6	-	-	3.6	1.8
22.専門店	26	-	-	-	7.7	-	-	-	-	-	-	7.7	3.8
23.銀行・証券	325	5.5	0.9	0.3	3.4	0.3	0.6	0.3	1.5	1.5	2.8	4.9	5.2
24.信金・労金・信組	50	2.0	-	-	-	-	-	-	-	2.0	-	6.0	4.0
25.クレジット・信販・リース・その他金融	42	-	-	2.4	-	-	-	-	-	-	2.4	7.1	2.4
26.生保・損保	100	-	-	1.0	1.0	-	-	-	2.0	-	1.0	7.0	4.0
27.不動産	98	2.0	1.0	-	-	-	-	-	3.1	-	-	13.3	7.1
28.鉄道・航空	277	2.5	-	0.7	1.8	-	-	-	2.9	-	0.4	6.9	6.9
29.陸運・海運・物流	64	1.6	-	-	1.6	-	1.6	-	4.7	-	-	9.4	4.7
30.電力・ガス・エネルギー	88	1.1	1.1	-	5.7	1.1	1.1	1.1	1.1	1.1	-	2.3	4.5
31.レストラン・給食・フードサービス	15	-	6.7	-	-	-	-	-	-	-	-	6.7	6.7
32.ホテル・旅行	126	0.8	-	1.6	0.8	-	-	0.8	-	-	-	7.1	7.1
33.医療機関・調剤薬局	139	2.9	-	0.7	2.9	1.4	-	0.7	2.2	-	0.7	7.2	7.2
34.福祉サービス	26	7.7	-	3.8	7.7	-	-	-	3.8	-	7.7	-	3.8
35.フィットネスクラブ・エステ・理美容	9	11.1	-	-	-	-	-	-	-	-	-	11.1	11.1
36.アミューズメント・レジャー	30	6.7	-	-	3.3	-	-	-	-	-	-	6.7	6.7
37.冠婚葬祭	18	-	-	-	5.6	-	-	-	-	-	-	5.6	5.6
38.専門・その他サービス	19	-	-	-	-	-	-	-	-	-	-	10.5	15.8
39.コンサルティング・シンクタンク・調査	132	2.3	-	1.5	0.8	-	-	-	1.5	-	1.5	6.8	8.3
40.人材サービス（派遣・紹介）	35	-	-	-	-	-	-	-	-	-	2.9	11.4	-
41.教育	107	2.8	0.9	1.9	2.8	0.9	-	-	0.9	0.9	-	9.3	6.5
42.ソフトウエア・情報処理・ネット関連	373	2.7	1.3	0.5	0.8	0.5	0.5	0.8	4.0	0.8	0.3	5.6	6.7
43.ゲームソフト	45	4.4	2.2	-	4.4	2.2	2.2	-	-	-	-	8.9	2.2
44.通信	50	-	-	-	4.0	-	-	-	2.0	2.0	-	10.0	6.0
45.マスコミ（放送・新聞）	150	3.3	1.3	0.7	1.3	1.3	0.7	1.3	0.7	-	1.3	2.0	4.0
46.マスコミ（出版・広告）	193	2.1	0.5	0.5	1.6	-	1.0	0.5	1.0	0.5	0.5	7.8	5.2
47.芸能・エンタテインメント	58	1.7	-	1.7	-	-	1.7	-	3.4	-	1.7	8.6	3.4
48.官公庁・公社・団体	401	5.0	1.2	0.2	2.0	-	0.5	0.2	2.5	0.5	2.0	6.2	6.5
49.これら以外のその他	17	5.9	-	-	5.9	-	-	-	5.9	-	-	5.9	-
50.非該当	157	7.0	2.5	-	1.3	-	0.6	1.3	1.9	1.3	1.3	3.2	4.5
Q5.就職活動開始時の希望就職先													
1.海外展開もしている企業	1527	2.9	0.3	0.7	2.5	0.6	0.2	0.2	2.0	0.8	0.8	6.1	4.6
2.全国規模の企業であって、全国転勤がある企業	1655	3.3	0.8	0.5	2.2	0.7	0.4	0.1	2.2	0.6	0.8	6.8	4.5
3.全国規模の企業であって、勤務地が特定の地域に限定されている企業	2240	2.2	0.8	0.7	2.4	0.7	0.7	0.5	2.2	0.8	1.2	6.3	5.4
4.主に特定の地域に展開している企業	1497	3.7	0.8	0.7	2.1	0.5	0.7	0.7	1.9	1.1	1.5	5.0	4.3
5.公務員（教員を除く）	735	4.1	1.1	0.5	2.2	0.3	0.7	0.4	2.4	0.7	1.6	6.0	5.4
6.教員	86	4.7	-	2.3	3.5	-	-	-	1.2	-	2.3	8.1	3.5
7.その他	141	3.5	-	2.1	1.4	1.4	1.4	-	0.7	-	0.7	9.2	6.4
8.特に決めていなかった	1101	3.4	1.0	1.1	2.1	0.2	0.6	0.3	1.6	0.5	0.7	6.5	5.0
Q6SQ1.就職活動開始時の希望（地域限定正社員）：応募													
1.是非応募したい	1372	3.9	0.8	0.8	2.0	0.2	0.5	0.4	2.3	1.0	1.6	5.0	4.8
2.処遇に大きな差がなければ応募したい	2692	3.0	0.7	0.9	2.2	0.6	0.7	0.4	1.7	0.7	0.8	6.4	5.2
3.応募したくない	440	3.0	-	0.2	2.3	-	-	0.2	2.3	0.7	1.4	7.0	6.1
4.考えたことがない	1097	2.9	0.9	0.5	2.6	0.7	0.5	0.5	2.1	0.5	0.7	5.8	4.2
Q6SQ1A.就職活動開始時の希望（地域限定正社員）：地域													
1.現在お住まいの都道府県	3114	3.2	0.4	0.7	1.9	0.4	0.3	0.3	1.6	0.7	0.9	5.8	5.4
2.高校卒業時点でお住まいだった都道府県	1705	2.9	1.0	0.9	2.1	0.8	0.8	0.5	1.9	0.6	1.1	5.2	4.5
3.大学・大学院のある都道府県	1368	1.8	0.4	0.7	1.5	0.1	0.4	0.2	1.5	1.0	0.6	9.8	7.5
4.その他の都道府県	747	3.2	1.5	2.0	4.0	0.7	1.1	-	2.4	1.2	1.2	5.4	5.0
5.海外	98	4.1	1.0	2.0	1.0	-	-	1.0	-	-	-	10.2	4.1
6.特にない	178	6.2	1.1	1.1	2.8	0.6	1.1	0.6	-	0.6	1.7	3.9	5.6
7.非該当	1537	2.9	0.7	0.4	2.5	0.5	0.4	0.5	2.1	0.5	0.9	6.2	4.7
Q6SQ2.就職活動開始時の希望（職務限定正社員）：応募													
1.是非応募したい	946	3.7	1.2	0.8	2.0	0.6	0.5	0.2	2.1	0.5	1.2	5.5	3.9
2.処遇に大きな差がなければ応募したい	2301	3.1	0.6	0.8	2.2	0.5	0.5	0.4	2.5	0.8	1.1	6.2	5.5
3.応募したくない	787	2.9	0.5	0.5	2.0	0.4	0.4	0.3	1.1	0.9	1.4	6.7	6.7
4.考えたことがない	1567	3.3	0.7	0.6	2.5	0.4	0.6	0.6	1.5	0.6	0.6	5.6	4.0
Q6SQ2A.就職活動開始時の希望（職務限定正社員）：職務													
1.大学・大学院の専攻に直結した仕事	1193	3.5	0.7	0.8	2.5	0.8	0.8	0.5	2.4	1.1	1.3	5.7	4.9
2.一般事務の仕事	809	3.6	1.1	0.7	1.9	0.2	-	0.2	2.7	0.6	1.0	5.6	5.4
3.経理、会計の仕事	138	2.2	-	0.7	1.4	0.7	-	0.7	2.2	-	0.7	10.9	4.3
4.営業の仕事	319	1.9	0.3	-	1.3	0.3	0.6	-	1.6	0.3	1.6	6.0	6.3
5.販売の仕事	28	7.1	-	3.6	-	-	3.6	-	-	-	-	7.1	-
6.接客の仕事	139	2.2	0.7	1.4	0.7	-	-	-	1.4	0.7	1.4	7.2	8.6
7.調査、研究開発の仕事	431	3.9	0.7	1.2	3.0	0.9	1.2	-	2.8	0.5	0.9	6.0	4.2
8.生産・建設現場の仕事	69	-	2.9	-	4.3	-	1.4	-	1.4	1.4	-	5.8	1.4
9.運送関係の仕事	14	7.1	-	-	-	-	-	-	7.1	-	-	-	7.1
10.その他	107	1.9	1.9	-	1.9	0.9	0.9	0.9	2.8	-	0.9	5.6	2.8
11.非該当	2354	3.1	0.6	0.6	2.3	0.4	0.5	0.5	1.4	0.7	0.8	6.0	4.9

F2.居住地域

全体	N	東京都	神奈川県	新潟県	富山県	石川県	福井県	山梨県	長野県	岐阜県	静岡県	愛知県	三重県
全体	5601	16.5	10.2	1.2	1.0	1.4	0.4	0.6	0.6	1.4	1.9	6.2	0.8
Q4SQ2.就職活動開始時もっとも希望した業種													
1.農林・水産	64	9.4	12.5	1.6	-	1.6	-	-	-	-	-	6.3	-
2.食品	491	13.4	9.0	1.0	0.6	1.6	0.4	0.4	0.6	0.2	3.1	5.7	1.4
3.建設・設備関連	103	10.7	7.8	2.9	-	3.9	1.0	1.0	1.9	2.9	-	8.7	-
4.住宅・インテリア	85	8.2	7.1	1.2	-	-	-	1.2	-	1.2	3.5	5.9	-
5.アパレル・服飾関連	28	25.0	7.1	-	-	-	-	-	-	-	-	3.6	-
6.繊維・紙・パルプ	25	12.0	4.0	-	-	-	4.0	-	4.0	-	-	8.0	-
7.化学・石油	237	12.7	8.4	2.5	0.8	1.3	0.4	-	3.4	2.1	0.8	3.4	0.4
8.薬品・化粧品	276	12.3	8.0	0.4	4.3	2.2	0.4	0.4	0.4	2.9	1.8	3.6	0.4
9.ゴム・ガラス・セラミックス	16	6.3	6.3	-	-	-	-	6.3	-	6.3	-	12.5	-
10.鉄鋼・金属・鉱業	41	14.6	9.8	2.4	-	2.4	-	-	-	-	-	2.4	4.9
11.機械	149	13.4	10.7	1.3	1.3	4.7	-	1.3	-	2.7	4.0	4.0	1.3
12.プラント・エンジニアリング	38	13.2	5.3	5.3	-	2.6	-	-	2.6	-	-	2.6	-
13.電子・電気・OA機器	172	14.0	9.9	3.5	2.9	2.9	-	0.6	-	1.2	0.6	5.2	0.6
14.自動車・輸送用機器	203	7.4	9.4	1.0	0.5	3.4	1.0	0.5	-	4.4	3.9	17.7	2.0
15.精密・医療機器	82	14.6	8.5	2.4	-	-	2.4	2.4	-	-	-	3.7	1.2
16.印刷・事務機器・日用品	62	17.7	4.8	-	3.2	4.8	-	-	-	1.6	-	4.8	3.2
17.スポーツ・玩具・ゲーム製品	86	20.9	15.1	1.2	-	-	-	2.3	-	1.2	2.3	1.2	1.2
18.その他メーカー・製造関連	35	31.4	5.7	-	-	-	-	-	2.9	-	5.7	5.7	-
19.総合商社	89	27.0	7.9	-	-	-	-	-	-	3.4	2.2	9.0	-
20.商社	94	11.7	8.5	2.1	-	3.2	-	-	-	3.2	1.1	6.4	-
21.百貨店・スーパー・コンビニ	55	7.3	10.9	-	-	-	-	-	-	3.6	3.6	3.6	3.6
22.専門店	26	11.5	11.5	-	-	-	-	-	-	3.8	-	-	3.8
23.銀行・証券	325	12.0	10.5	1.2	0.6	1.2	0.9	0.6	0.6	1.5	2.2	5.8	0.3
24.信金・労金・信組	50	16.0	22.0	4.0	4.0	-	2.0	-	-	-	2.0	8.0	-
25.クレジット・信販・リース・その他金融	42	19.0	16.7	2.4	-	-	-	-	-	-	2.4	2.4	-
26.生保・損保	100	24.0	11.0	-	-	-	-	1.0	-	-	-	10.0	-
27.不動産	98	29.6	17.3	1.0	-	-	-	1.0	-	-	2.0	3.1	-
28.鉄道・航空	277	23.5	13.7	0.7	0.4	0.7	-	0.4	0.4	1.8	1.8	5.1	0.4
29.陸運・海運・物流	64	15.6	15.6	1.6	1.6	-	-	1.6	1.6	-	1.6	3.1	1.6
30.電力・ガス・エネルギー	88	13.6	3.4	1.1	1.1	2.3	-	-	1.1	1.1	3.4	13.6	2.3
31.レストラン・給食・フードサービス	15	13.3	20.0	-	-	-	-	-	-	-	-	20.0	-
32.ホテル・旅行	126	18.3	9.5	0.8	-	0.8	-	0.8	0.8	0.8	0.8	12.7	1.6
33.医療機関・調剤薬局	139	13.7	7.9	2.2	2.2	-	-	-	0.7	1.4	2.9	5.0	0.7
34.福祉サービス	26	19.2	7.7	-	-	-	-	-	-	-	-	7.7	3.8
35.フィットネスクラブ・エステ・理美容	9	-	11.1	-	-	-	-	-	-	-	-	-	-
36.アミューズメント・レジャー	30	13.3	-	-	-	3.3	-	3.3	-	-	3.3	16.7	-
37.冠婚葬祭	18	5.6	16.7	5.6	-	-	-	-	-	5.6	-	5.6	-
38.専門・その他サービス	19	26.3	5.3	-	10.5	-	-	-	-	5.3	5.3	5.3	-
39.コンサルティング・シンクタンク・調査	132	27.3	12.1	-	-	-	0.8	-	-	-	0.8	2.3	0.8
40.人材サービス（派遣・紹介）	35	28.6	2.9	-	2.9	2.9	-	-	-	-	-	2.9	-
41.教育	107	21.5	9.3	1.9	-	-	-	0.9	0.9	-	1.9	4.7	0.9
42.ソフトウエア・情報処理・ネット関連	373	14.2	10.2	1.3	2.4	2.1	0.3	-	1.6	1.9	1.3	7.2	1.3
43.ゲームソフト	45	17.8	8.9	2.2	-	2.2	-	-	-	4.4	2.2	15.6	-
44.通信	50	20.0	8.0	-	-	-	-	2.0	2.0	-	-	9.0	-
45.マスコミ（放送・新聞）	150	21.3	14.0	1.3	0.7	-	1.3	1.3	0.7	-	2.7	8.7	0.7
46.マスコミ（出版・広告）	193	27.5	14.0	0.5	0.5	0.5	-	-	0.5	0.5	1.6	6.7	-
47.芸能・エンタテインメント	58	34.5	8.6	-	-	-	-	1.7	-	-	-	3.4	-
48.官公庁・公社・団体	401	18.7	10.2	1.0	0.7	-	0.2	1.5	-	1.0	2.7	6.2	0.7
49.これら以外のその他	17	29.4	23.5	-	-	-	-	-	-	-	-	-	-
50.非該当	157	11.5	9.6	0.6	-	0.6	-	-	0.6	-	0.6	4.5	0.6
Q5.就職活動開始時の希望就職先													
1.海外展開もしている企業	1527	19.7	10.5	0.9	0.7	1.5	0.3	0.5	0.4	0.9	1.8	6.6	0.5
2.全国規模の企業であって、全国転勤がある企業	1655	17.9	9.9	1.1	0.6	1.3	0.3	0.4	0.5	1.4	1.9	5.4	1.0
3.全国規模の企業であって、勤務地が特定の地域に限定されている企業	2240	16.2	10.0	0.8	1.0	1.6	0.4	0.7	0.5	2.1	2.3	6.2	0.9
4.主に特定の地域に展開している企業	1497	11.4	9.0	1.4	1.5	1.3	0.4	0.8	0.8	1.8	3.1	7.8	1.1
5.公務員（教員を除く）	735	15.5	9.8	1.2	1.0	0.8	0.4	1.5	0.7	1.2	2.9	6.1	0.7
6.教員	86	12.8	5.8	2.3	-	1.2	1.2	-	-	2.3	3.5	9.3	1.2
7.その他	141	19.1	14.2	2.1	0.7	1.4	-	1.4	1.4	0.7	-	5.7	0.7
8.特に決めていなかった	1101	17.1	10.9	1.1	0.6	1.4	0.3	0.3	1.0	0.8	1.0	4.9	0.5
Q6SQ1.就職活動開始時の希望（地域限定正社員）：応募													
1.是非応募したい	1372	15.4	9.8	1.3	1.5	1.5	0.4	0.9	0.5	1.2	2.0	7.4	1.0
2.処遇に大きな差がなければ応募したい	2692	15.4	10.6	1.2	0.9	1.3	0.4	0.6	0.6	1.4	2.3	5.9	0.8
3.応募したくない	440	19.1	11.6	1.1	0.7	1.1	-	0.2	0.2	1.4	0.5	6.6	-
4.考えたことがない	1097	19.7	9.0	1.1	0.6	1.3	0.3	0.3	0.7	1.4	1.2	5.4	0.9
Q6SQ1A.就職活動開始時の希望（地域限定正社員）：地域													
1.現在お住まいの都道府県	3114	17.6	11.5	1.2	0.8	1.4	0.3	0.5	0.4	1.3	2.0	7.2	1.0
2.高校卒業時点でお住まいだった都道府県	1705	13.9	11.0	1.5	1.4	1.5	0.5	0.5	0.8	0.9	2.4	5.6	0.8
3.大学・大学院のある都道府県	1368	12.4	15.1	1.0	0.8	1.3	0.1	0.4	0.4	2.3	1.8	5.6	1.2
4.その他の都道府県	747	9.1	7.2	1.6	0.8	1.5	0.5	1.1	0.7	1.3	2.9	4.0	1.1
5.海外	98	27.6	8.2	-	-	1.0	-	1.0	1.0	2.0	-	6.1	1.0
6.特にない	178	8.4	9.6	0.6	1.7	1.7	-	1.1	1.1	0.6	1.7	5.6	0.6
7.非該当	1537	19.5	9.8	1.1	0.7	1.2	0.2	0.3	0.6	1.4	1.0	5.7	0.7
Q6SQ2.就職活動開始時の希望（職務限定正社員）：応募													
1.是非応募したい	946	16.5	9.7	1.3	1.4	1.9	0.7	1.0	0.8	1.2	2.2	6.0	1.2
2.処遇に大きな差がなければ応募したい	2301	15.4	10.4	1.4	1.1	1.2	0.3	0.7	0.7	1.3	2.5	6.0	0.8
3.応募したくない	787	19.2	12.3	0.9	0.5	0.6	0.3	0.3	0.4	1.4	0.6	5.8	0.5
4.考えたことがない	1567	16.8	8.9	1.1	0.7	1.3	0.3	0.4	0.4	1.5	1.3	7.0	0.8
Q6SQ2A.就職活動開始時の希望（職務限定正社員）：職務													
1.大学・大学院の専攻に直結した仕事	1193	14.1	10.2	1.6	1.6	1.7	0.4	0.8	1.0	1.4	3.3	5.8	1.3
2.一般事務の仕事	809	17.4	11.0	1.4	0.5	1.1	0.4	0.7	0.1	1.0	2.1	6.2	0.7
3.経理、会計の仕事	138	15.2	10.9	0.7	0.6	0.7	0.7	1.4	1.4	2.9	1.4	5.1	0.7
4.営業の仕事	319	20.7	10.7	0.6	0.6	0.9	0.3	0.6	-	0.3	1.6	7.5	0.3
5.販売の仕事	28	10.7	21.4	3.6	-	-	-	3.6	-	-	-	7.1	-
6.接客の仕事	139	15.1	13.7	1.4	-	1.4	-	-	0.7	2.2	-	5.0	-
7.調査、研究開発の仕事	431	14.8	7.0	0.7	1.9	1.4	0.7	0.5	0.9	1.6	2.6	6.3	0.5
8.生産・建設現場の仕事	69	7.2	10.1	2.9	4.3	4.3	-	-	2.9	1.4	1.4	2.9	2.9
9.運送関係の仕事	14	21.4	14.3	-	-	-	-	-	-	-	-	-	-
10.その他	107	17.8	7.5	2.8	0.9	0.9	0.9	0.9	0.9	0.9	2.8	5.6	0.9
11.非該当	2354	17.6	10.1	1.0	0.7	1.3	0.3	0.4	0.4	1.4	1.1	6.6	0.7

F2 居住地域

	N	滋賀県	京都府	大阪府	兵庫県	奈良県	和歌山県	鳥取県	島根県	岡山県	広島県	山口県	徳島県
全体	5601	1.7	5.1	8.7	4.9	1.4	0.2	0.3	0.4	1.6	1.9	0.5	0.3
Q4SQ2. 就職活動開始時もっとも希望した業種													
1.農林・水産	64	1.6	3.1	3.1	-	-	1.6	-	4.7	1.6	-	-	1.6
2.食品	491	2.0	4.7	10.8	5.1	2.0	0.2	0.6	0.2	2.0	2.4	0.4	0.4
3.建設・設備関連	103	1.0	1.0	10.7	1.0	1.0	-	1.9	-	3.9	-	-	-
4.住宅・インテリア	85	3.5	3.5	7.1	3.5	8.2	1.2	-	-	-	2.4	2.4	1.2
5.アパレル・服飾関連	28	-	7.1	7.1	3.6	3.6	-	-	3.6	10.7	3.6	-	-
6.繊維・紙・パルプ	25	4.0	4.0	12.0	8.0	4.0	-	-	-	-	4.0	-	-
7.化学・石油	237	1.3	9.3	10.1	4.6	2.1	-	-	0.8	2.1	2.1	0.4	-
8.薬品・化粧品	276	2.9	2.9	12.3	4.3	1.4	0.7	1.8	-	1.4	1.1	1.4	1.4
9.ゴム・ガラス・セラミックス	16	-	-	12.5	18.8	-	-	-	-	-	-	-	-
10.鉄鋼・金属・鉱業	41	-	2.4	14.6	4.9	4.9	-	-	-	4.9	-	-	-
11.機械	149	1.3	9.4	6.7	6.7	0.7	-	-	0.7	3.4	1.3	-	0.7
12.プラント・エンジニアリング	38	2.6	5.3	10.5	2.6	-	-	-	-	-	5.3	-	-
13.電子・電気・OA機器	172	1.2	7.0	7.6	4.7	4.1	-	-	1.2	1.7	0.6	-	0.6
14.自動車・輸送用機器	203	3.4	5.9	6.9	4.9	1.0	-	-	-	2.0	3.0	0.5	0.5
15.精密・医療機器	82	1.2	8.5	13.4	1.2	3.7	-	-	-	3.7	1.2	-	-
16.印刷・事務機器・日用品	62	4.8	6.5	9.7	1.6	1.6	-	1.6	-	-	-	-	-
17.スポーツ・玩具・ゲーム製品	86	4.7	9.3	10.5	3.5	1.2	-	-	-	-	2.3	-	-
18.その他メーカー・製造関連	35	5.7	11.4	8.6	2.9	-	-	-	-	-	-	-	-
19.総合商社	89	2.2	5.6	9.0	7.9	3.4	-	-	-	-	-	-	-
20.商社	94	1.1	5.3	11.7	8.5	-	1.1	-	-	1.1	2.1	-	-
21.百貨店・スーパー・コンビニ	55	5.5	5.5	9.1	1.8	-	-	1.8	-	1.8	5.5	-	-
22.専門店	26	-	3.8	11.5	-	-	7.7	-	-	-	7.7	-	-
23.銀行・証券	325	1.2	2.8	8.9	7.4	2.8	-	-	-	1.2	3.4	0.6	-
24.信金・労金・信組	50	-	6.0	10.0	4.0	-	-	-	-	2.0	6.0	-	-
25.クレジット・信販・リース・その他金融	42	2.4	4.8	14.3	16.7	-	-	-	-	-	-	-	-
26.生保・損保	100	-	3.0	9.0	5.0	3.0	-	-	-	2.0	5.0	-	-
27.不動産	98	-	4.1	4.1	4.1	1.0	-	-	1.0	-	-	-	-
28.鉄道・航空	277	1.1	4.7	8.3	4.7	1.1	-	-	-	1.1	1.8	-	-
29.陸運・海運・物流	64	-	6.3	4.7	10.9	-	-	-	-	1.6	1.6	1.6	-
30.電力・ガス・エネルギー	88	1.1	8.0	8.0	4.5	-	-	1.1	-	1.1	2.3	-	-
31.レストラン・給食・フードサービス	15	-	13.3	6.7	-	-	-	-	-	-	-	-	-
32.ホテル・旅行	126	2.4	4.8	9.5	3.2	3.2	0.8	0.8	-	1.6	1.6	-	-
33.医療機関・調剤薬局	139	-	1.4	7.9	3.6	-	-	-	-	6.5	4.3	1.4	2.9
34.福祉サービス	26	-	-	3.8	11.5	-	-	-	3.8	3.8	-	3.8	-
35.フィットネスクラブ・エステ・理美容	9	-	11.1	-	11.1	-	-	-	-	11.1	-	-	-
36.アミューズメント・レジャー	30	3.3	13.3	13.3	3.3	-	-	-	-	3.3	-	-	-
37.冠婚葬祭	18	-	11.1	11.1	5.6	-	-	-	-	5.6	-	-	-
38.専門・その他サービス	19	-	-	5.3	10.5	-	-	-	-	-	-	-	-
39.コンサルティング・シンクタンク・調査	132	4.5	4.5	8.3	4.5	-	-	0.8	0.8	-	1.5	-	-
40.人材サービス（派遣・紹介）	35	-	-	14.3	8.6	2.9	2.9	-	-	-	2.9	-	-
41.教育	107	1.9	5.6	6.5	3.7	0.9	-	-	-	-	1.9	-	-
42.ソフトウエア・情報処理・ネット関連	373	1.3	5.1	6.4	4.0	0.8	0.5	-	-	1.6	2.1	0.3	0.3
43.ゲームソフト	45	2.2	6.7	6.7	2.2	2.2	-	-	-	-	-	-	-
44.通信	50	4.0	4.0	10.0	6.0	-	-	-	-	2.0	4.0	-	-
45.マスコミ（放送・新聞）	150	0.7	6.0	9.3	4.0	0.7	-	-	-	-	0.7	1.3	-
46.マスコミ（出版・広告）	193	0.5	5.7	4.1	4.1	1.6	-	-	-	0.5	1.6	1.0	0.5
47.芸能・エンタテインメント	58	-	3.4	6.9	5.2	1.7	-	-	-	1.7	1.7	1.7	-
48.官公庁・公社・団体	401	0.5	4.2	8.7	3.5	-	-	-	0.5	1.7	1.0	0.7	0.2
49.これら以外のその他	17	5.9	5.9	-	-	-	-	-	-	-	-	-	-
50.非該当	157	4.5	5.1	8.9	12.1	-	-	0.6	1.3	0.6	1.9	0.6	0.6
Q5. 就職活動開始時の希望就職先													
1.海外展開もしている企業	1527	1.5	6.4	9.9	4.5	1.3	0.3	0.3	0.2	0.5	1.7	0.3	0.2
2.全国規模の企業であって、全国転勤がある企業	1655	1.8	5.9	10.4	4.8	1.7	0.2	0.2	0.2	0.8	2.1	0.1	0.1
3.全国規模の企業であって、勤務地が特定の地域に限定されている企業	2240	1.5	5.1	8.7	4.0	1.3	0.4	0.4	0.3	1.5	2.4	0.4	0.3
4.主に特定の地域に展開している企業	1497	1.7	5.0	6.8	4.4	1.3	0.3	0.3	0.6	2.5	2.4	0.9	0.5
5.公務員（教員を除く）	735	1.1	4.5	8.3	3.8	1.0	-	0.3	0.3	1.4	2.0	0.7	0.4
6.教員	86	3.5	3.5	7.0	3.5	2.3	-	-	1.2	-	4.7	-	-
7.その他	141	3.5	3.5	6.4	4.3	1.4	0.7	0.7	-	1.4	-	-	-
8.特に決めていなかった	1101	1.9	5.0	9.0	6.8	1.4	0.4	-	0.2	2.1	1.5	0.5	0.4
Q6SQ1.就職活動開始時の希望（地域限定正社員）：応募													
1.是非応募したい	1372	1.2	3.4	7.7	4.2	1.3	0.3	0.4	0.6	2.0	2.2	0.8	0.4
2.処遇に大きな差がなければ応募したい	2692	1.6	5.6	8.8	5.1	1.5	0.2	0.2	0.2	1.4	2.1	0.5	0.4
3.応募したくない	440	2.7	4.8	10.0	3.4	2.3	-	0.5	-	0.2	1.1	0.2	0.2
4.考えたことがない	1097	2.3	6.0	9.3	6.1	1.1	0.3	0.2	0.5	2.0	1.3	-	0.2
Q6SQ1A.就職活動開始時の希望（地域限定正社員）：地域													
1.現在お住まいの都道府県	3114	1.5	4.9	9.3	5.1	1.4	0.2	0.2	0.2	1.3	1.9	0.3	0.3
2.高校卒業時点でお住まいだった都道府県	1705	1.6	6.7	7.0	4.4	1.6	0.1	0.1	0.6	1.9	1.8	0.9	0.8
3.大学・大学院のある都道府県	1368	2.0	5.5	8.0	4.8	2.3	0.4	0.1	0.1	1.3	1.6	0.4	0.3
4.その他の都道府県	747	2.1	5.5	7.4	6.4	1.6	0.8	0.4	0.1	1.9	1.9	0.9	0.5
5.海外	98	2.0	5.1	6.1	5.1	-	-	-	-	-	1.0	-	-
6.特にない	178	2.8	2.8	9.6	7.3	2.2	-	-	0.6	2.2	5.1	1.7	-
7.非該当	1537	2.4	5.7	9.5	5.3	1.4	0.2	0.3	0.4	1.5	1.2	0.1	0.2
Q6SQ2.就職活動開始時の希望（職務限定正社員）：応募													
1.是非応募したい	946	1.1	4.7	7.6	4.3	0.8	0.3	0.4	0.3	1.7	2.0	0.6	0.6
2.処遇に大きな差がなければ応募したい	2301	1.9	5.1	8.7	4.5	1.3	0.3	0.1	0.3	1.4	2.0	0.4	0.3
3.応募したくない	787	1.5	6.2	8.1	5.2	1.8	0.4	0.3	-	0.3	1.9	0.4	0.1
4.考えたことがない	1567	2.0	4.9	9.7	5.7	1.7	-	-	0.5	0.8	2.4	1.6	0.5
Q6SQ2A.就職活動開始時の希望（職務限定正社員）：職務													
1.大学・大学院の専攻に直結した仕事	1193	1.1	4.8	7.8	3.0	1.2	0.3	0.3	0.3	2.3	1.9	0.3	0.8
2.一般事務の仕事	809	1.9	4.0	7.5	6.4	1.2	0.4	0.1	0.1	1.4	2.3	1.1	-
3.経理・会計の仕事	138	2.9	5.8	5.1	5.8	2.2	-	-	0.7	-	4.3	0.7	-
4.営業の仕事	319	2.2	5.0	11.6	5.3	1.3	-	-	-	0.3	1.6	-	0.3
5.販売の仕事	28	7.1	3.6	10.7	10.7	-	-	-	-	-	-	-	-
6.接客の仕事	139	1.4	6.5	10.8	2.9	1.4	1.4	-	-	1.4	2.9	0.7	0.7
7.調査、研究開発の仕事	431	1.9	5.6	8.1	4.6	1.4	0.2	0.5	0.2	1.2	1.9	-	-
8.生産・建設現場の仕事	69	-	1.4	13.0	4.3	-	-	-	-	1.4	-	-	-
9.運送関係の仕事	14	14.3	7.1	-	-	-	-	-	-	-	7.1	7.1	-
10.その他	107	-	11.2	11.2	1.9	-	0.9	-	-	1.7	1.7	-	-
11.非該当	2354	1.8	5.3	9.2	5.6	1.7	0.1	0.4	0.6	1.7	1.7	0.5	0.3

F2.居住地域

	N	香川県	愛媛県	高知県	福岡県	佐賀県	長崎県	熊本県	大分県	宮崎県	鹿児島県	沖縄県	海外
全体	5601	0.3	0.8	0.3	3.2	0.5	0.6	0.8	0.5	0.2	0.4	0.3	0.1
Q4SQ2.就職活動開始時もっとも希望した業種													
1.農林・水産	64	-	1.6	3.1	1.6	-	1.6	1.6	-	-	3.1	-	-
2.食品	491	1.0	0.8	0.4	2.9	0.6	0.4	0.8	0.6	0.6	-	-	-
3.建設・設備関連	103	-	1.0	-	2.9	1.0	1.0	1.9	-	-	-	1.0	-
4.住宅・インテリア	85	-	1.2	-	4.7	1.2	1.2	-	-	-	-	-	-
5.アパレル・服飾関連	28	-	-	-	3.6	-	-	-	-	-	-	-	-
6.繊維・紙・パルプ	25	-	-	-	-	4.0	-	-	4.0	-	-	-	-
7.化学・石油	237	-	1.3	0.4	2.5	0.8	1.3	0.8	0.4	0.4	1.3	-	-
8.薬品・化粧品	276	-	1.1	-	3.3	0.7	1.1	1.4	0.4	0.7	0.7	0.4	-
9.ゴム・ガラス・セラミックス	16	-	-	-	-	-	-	-	6.3	-	-	-	-
10.鉄鋼・金属・鉱業	41	-	2.4	-	2.4	-	-	-	-	-	-	-	-
11.機械	149	-	2.0	-	2.0	0.7	0.7	0.7	-	0.7	1.3	1.3	-
12.プラント・エンジニアリング	38	-	-	-	10.5	2.6	2.6	-	-	-	2.6	-	-
13.電子・電気・OA機器	172	-	0.6	0.6	2.3	0.6	-	0.6	0.6	-	-	1.2	-
14.自動車・輸送用機器	203	-	0.5	-	5.4	0.5	-	-	-	-	-	-	-
15.精密・医療機器	82	-	-	-	3.7	-	-	-	1.2	-	1.2	1.2	-
16.印刷・事務機器・日用品	62	-	1.6	-	1.6	-	-	-	-	-	-	-	-
17.スポーツ・玩具・ゲーム製品	86	-	-	-	1.2	1.2	-	1.2	1.2	-	1.2	-	-
18.その他メーカー・製造関連	35	-	-	-	2.9	-	-	2.9	-	-	-	-	-
19.総合商社	89	-	-	1.1	-	-	2.2	-	-	-	-	-	-
20.商社	94	1.1	-	-	3.2	-	1.1	1.1	1.1	-	-	-	1.1
21.百貨店・スーパー・コンビニ	55	-	-	1.8	5.5	-	-	1.8	-	-	1.8	1.8	-
22.専門店	26	-	3.8	-	7.7	-	-	3.8	-	-	3.8	-	-
23.銀行・証券	325	0.3	0.3	0.3	2.2	0.6	1.5	0.6	0.9	-	-	-	-
24.信金・労金・信組	50	-	-	-	-	-	-	-	-	-	-	-	-
25.クレジット・信販・リース・その他金融	42	-	-	2.4	2.4	-	-	-	-	-	-	-	-
26.生保・損保	100	1.0	1.0	-	4.0	-	-	2.0	2.0	-	-	1.0	-
27.不動産	98	-	-	-	3.1	-	-	2.0	-	-	-	-	-
28.鉄道・航空	277	-	0.4	-	4.0	-	1.1	0.7	0.4	-	-	-	-
29.陸運・海運・物流	64	-	-	-	4.7	-	-	-	1.6	-	-	-	-
30.電力・ガス・エネルギー	88	1.1	1.1	-	8.0	-	-	-	-	-	-	-	-
31.レストラン・給食・フードサービス	15	-	-	-	-	-	6.7	-	-	-	-	-	-
32.ホテル・旅行	126	-	0.8	-	3.2	-	-	-	0.8	1.6	-	0.8	-
33.医療機関・調剤薬局	139	1.4	0.7	-	2.2	0.7	0.7	2.9	-	-	-	0.7	-
34.福祉サービス	26	-	-	-	-	-	-	-	-	-	-	-	-
35.フィットネスクラブ・エステ・理美容	9	-	-	-	-	-	-	11.1	-	-	11.1	-	-
36.アミューズメント・レジャー	30	-	-	-	-	-	-	-	-	-	-	-	-
37.冠婚葬祭	18	5.6	-	-	5.6	-	-	-	-	-	-	-	-
38.専門・その他サービス	19	-	-	-	-	-	-	-	-	-	-	-	-
39.コンサルティング・シンクタンク・調査	132	-	1.5	-	3.0	1.5	-	1.5	-	-	-	-	0.8
40.人材サービス（派遣・紹介）	35	2.9	-	-	5.7	-	-	2.9	-	-	-	2.9	-
41.教育	107	-	1.9	-	3.7	0.9	0.9	-	-	-	0.9	0.9	-
42.ソフトウエア・情報処理・ネット関連	373	0.3	1.6	0.8	3.2	0.5	0.5	-	0.5	0.3	0.5	0.5	-
43.ゲームソフト	45	-	-	-	-	-	-	-	-	-	-	-	-
44.通信	50	-	-	-	8.0	2.0	2.0	-	-	-	-	2.0	-
45.マスコミ（放送・新聞）	150	-	0.7	-	3.3	-	-	0.7	1.3	-	0.7	-	-
46.マスコミ（出版・広告）	193	-	1.6	0.5	1.6	0.5	-	1.6	-	-	0.5	1.0	-
47.芸能・エンタテインメント	58	-	-	-	5.2	-	1.7	-	-	-	-	-	-
48.官公庁・公社・団体	401	0.5	0.7	-	4.0	-	0.2	0.7	0.5	0.5	0.5	-	-
49.これら以外のその他	17	-	-	-	5.9	5.9	-	-	-	-	-	-	-
50.非該当	157	0.6	0.6	0.6	3.8	-	1.3	-	2.5	-	-	-	0.6
Q5.就職活動開始時の希望就職先													
1.海外展開もしている企業	1527	0.1	0.6	0.3	3.1	0.6	0.7	0.7	0.3	0.2	0.2	0.3	0.1
2.全国規模の企業であって、全国転勤がある企業	1655	0.3	0.8	0.2	3.1	0.4	0.4	0.4	0.3	0.2	0.3	0.1	-
3.全国規模の企業であって、勤務地が特定の地域に限定されている企業	2240	0.2	0.9	0.2	3.0	0.5	0.4	0.5	0.3	0.2	0.3	0.4	-
4.主に特定の地域に展開している企業	1497	0.5	1.2	0.4	3.9	0.4	0.7	0.8	0.9	0.4	0.3	0.4	-
5.公務員（教員を除く）	735	0.8	1.0	0.1	4.2	0.1	0.4	1.0	0.4	0.4	0.4	0.3	-
6.教員	86	-	1.2	-	3.5	1.2	1.2	-	-	-	2.3	-	-
7.その他	141	-	0.7	-	1.4	0.7	-	0.7	-	-	-	-	-
8.特に決めていなかった	1101	0.1	0.6	0.4	2.9	0.5	0.7	1.0	0.5	0.1	0.6	0.1	0.1
Q6SQ1.就職活動開始時の希望（地域限定正社員）：応募													
1.是非応募したい	1372	0.7	0.9	0.2	3.0	0.4	0.7	0.6	1.1	0.2	0.6	0.7	-
2.処遇に大きな差がなければ応募したい	2692	0.2	0.9	0.3	3.2	0.5	0.5	0.7	0.3	0.2	0.4	0.2	0.1
3.応募したくない	440	0.2	0.5	0.5	3.2	0.5	1.4	1.4	0.5	0.5	0.2	-	0.2
4.考えたことがない	1097	0.1	0.5	0.1	3.6	0.5	0.5	0.9	0.2	0.2	0.2	0.2	-
Q6SQ1A.就職活動開始時の希望（地域限定正社員）：地域													
1.現在お住まいの都道府県	3114	0.3	0.8	0.1	3.5	0.3	0.5	0.4	0.4	0.2	0.3	0.3	-
2.高校卒業時点でお住まいだった都道府県	1705	0.5	0.9	0.4	2.6	0.7	0.6	0.9	0.9	0.2	0.5	0.3	-
3.大学・大学院のある都道府県	1368	0.1	0.4	0.1	2.3	0.7	0.6	0.7	0.3	0.2	0.1	0.2	-
4.その他の都道府県	747	0.4	0.9	0.5	3.1	0.7	1.1	1.1	0.8	0.4	0.7	0.5	0.3
5.海外	98	-	2.0	-	3.1	1.0	2.0	1.0	-	-	-	-	-
6.特にない	178	-	1.7	1.1	1.1	0.6	1.1	0.6	-	-	0.6	0.6	-
7.非該当	1537	0.1	0.5	0.2	3.4	0.5	0.5	1.0	0.3	0.3	0.2	0.1	0.1
Q6SQ2.就職活動開始時の希望（職務限定正社員）：応募													
1.是非応募したい	946	0.4	1.3	0.3	3.9	0.4	0.4	1.0	0.6	0.1	0.3	0.2	-
2.処遇に大きな差がなければ応募したい	2301	0.4	0.9	0.3	3.0	0.5	0.6	0.6	0.4	0.3	0.5	0.3	-
3.応募したくない	787	0.3	0.9	0.4	2.0	0.6	0.6	0.9	0.3	0.4	0.4	0.5	-
4.考えたことがない	1567	0.1	0.3	0.2	3.6	0.4	0.8	1.0	0.6	0.1	0.2	0.3	0.1
Q6SQ2A.就職活動開始時の希望（職務限定正社員）：職務													
1.大学・大学院の専攻に直結した仕事	1193	0.2	0.4	0.5	2.9	0.7	0.3	1.0	0.3	0.4	0.4	0.3	0.2
2.一般事務の仕事	809	0.7	1.2	-	4.0	0.1	0.6	0.1	0.4	0.2	0.1	0.2	-
3.経理、会計の仕事	138	-	0.7	-	2.2	-	0.7	-	2.2	-	-	0.7	-
4.営業の仕事	319	-	2.2	0.3	1.9	0.6	0.9	0.6	0.9	-	-	0.3	-
5.販売の仕事	28	-	-	-	-	-	-	-	-	-	-	-	-
6.接客の仕事	139	0.7	1.4	-	2.9	-	-	-	-	-	-	-	-
7.調査、研究開発の仕事	431	0.9	1.4	0.2	3.0	0.7	0.5	0.9	0.5	0.5	1.6	0.2	-
8.生産・建設現場の仕事	69	-	2.9	1.4	7.2	1.4	2.9	1.4	-	-	-	-	-
9.運送関係の仕事	14	-	-	-	-	-	-	7.1	-	-	-	-	-
10.その他	107	-	-	-	7.5	-	-	0.9	0.9	-	0.9	0.9	-
11.非該当	2354	0.2	0.5	0.3	3.1	0.5	0.8	0.9	0.5	0.2	0.3	0.3	-

F2 居住地域

	N	北海道	青森県	岩手県	宮城県	秋田県	山形県	福島県	茨城県	栃木県	群馬県	埼玉県	千葉県
全体	5601	3.2	0.7	0.7	2.2	0.5	0.6	0.4	2.0	0.7	1.0	6.0	5.0
Q6SQ3.就職活動開始時の希望（勤務時間限定正社員）：応募													
1.是非応募したい	869	4.3	0.7	0.9	2.2	0.9	0.3	0.3	3.0	0.5	0.5	6.1	5.2
2.処遇に大きな差がなければ応募したい	2035	3.2	0.6	0.8	2.2	0.5	0.7	0.2	1.9	0.8	1.3	6.0	5.9
3.応募したくない	619	2.1	0.5	0.3	1.6	0.2	0.2	0.6	1.9	0.6	1.6	6.5	6.3
4.考えたことがない	2078	3.2	0.9	0.7	2.5	0.4	0.6	0.4	1.6	0.7	0.8	5.8	3.6
Q6SQ3A.就職活動開始時の希望（勤務時間限定正社員）：時間													
1.1時間	13	15.4	-	-	7.7	7.7	-	-	-	-	-	7.7	-
2.2時間	8												
3.3時間	7	-	-	-	-	-	-	-	14.3	-	-	-	14.3
4.4時間	23	8.7	-	-	4.3	-	4.3	-	4.3	-	-	4.3	13.0
5.5時間	56	7.1	1.8	-	-	-	-	1.8	7.1	1.8	5.4	8.9	7.1
6.6時間	226	2.7	0.9	0.9	2.7	0.4	0.4	-	2.7	-	0.4	5.8	9.3
7.7時間	191	6.3	1.0	-	1.0	0.5	0.5	-	2.1	0.5	0.5	6.3	6.8
8.8時間（ただし、残業がない）	2380	3.2	0.5	0.8	2.3	0.6	0.7	0.3	2.1	0.8	1.1	6.0	5.2
9.非該当	2697	2.9	0.8	0.6	2.3	0.4	0.5	0.5	1.7	0.7	1.0	6.0	4.2
Q7.就職活動終了状況													
1.終えた	3744	3.0	0.7	0.6	2.5	0.6	0.6	0.4	1.9	0.8	1.0	5.7	4.9
2.続けている	1857	3.6	0.6	1.0	1.7	0.3	0.5	0.4	2.2	0.5	1.0	6.6	5.1
Q8.就職活動終了時期													
1.2016年6月以前	70	5.7	1.4	-	4.3	-	-	1.4	-	-	-	7.1	5.7
2.2016年7月	27	-	7.4	-	3.7	-	-	-	-	-	-	3.7	3.7
3.2016年8月	-												
4.2016年9月	1	-	-	-	-	-	-	-	-	-	100.0	-	-
5.2016年10月	2	-	-	-	-	-	50.0	-	-	-	-	-	-
6.2016年11月	2	-	-	-	-	-	-	-	-	-	-	50.0	-
7.2016年12月	1												
8.2017年1月	2												
9.2017年2月	19	5.3	-	-	5.3	5.3	-	5.3	5.3	-	-	10.5	5.3
10.2017年3月	62	-	-	-	4.8	1.6	-	-	-	-	1.6	1.6	4.8
11.2017年4月	284	2.8	1.1	1.4	2.1	1.8	1.1	0.7	1.8	-	-0.7	4.2	2.8
12.2017年5月	666	3.9	0.5	0.5	2.1	0.5	0.3	0.2	2.4	0.5	0.8	5.3	5.0
13.2017年6月	2078	3.1	0.8	0.5	2.6	0.5	0.5	0.4	2.1	1.0	1.3	6.6	5.1
14.2017年7月	274	1.5	-	0.4	2.6	-	0.7	-	0.4	0.7	0.7	4.4	4.4
15.無回答	256	2.7	0.4	1.6	2.0	0.4	2.0	0.8	1.6	1.2	0.4	3.1	7.0
16.非該当	1857	3.6	0.6	1.0	1.7	0.3	0.5	0.4	2.2	0.5	1.0	6.6	5.1
Q9.就職活動終了理由													
1.希望する就職先の内定を得たから	3133	3.1	0.6	0.6	2.6	0.6	0.5	0.4	1.9	0.9	0.9	5.8	4.6
2.希望していた就職先ではないが、内定を得たから	557	2.3	1.6	0.5	1.6	0.4	0.9	-	1.3	0.4	1.8	5.6	6.6
3.内定を得ていないが、希望する就職先が他になく、留年することにしたから	11	-	-	-	9.1	-	-	9.1	18.2	-	9.1	-	-
4.大学院に進学することにしたから	25	8.0	-	-	-	-	4.0	-	-	-	-	-	8.0
5.海外に留学することにしたから	3	-	-	-	33.3	-	-	-	-	-	-	-	33.3
6.家業を継ぐことにしたから	2												
7.その他	13	15.4	-	-	7.7	-	-	-	-	-	-	-	7.7
8.非該当	1857	3.6	0.6	1.0	1.7	0.3	0.5	0.4	2.2	0.5	1.0	6.6	5.1
Q10.就職予定先企業の業種													
1.農林・水産	27	22.2	3.7	3.7	3.7	-	3.7	3.7	3.7	-	-	-	-
2.食品	178	6.2	1.1	1.1	1.7	0.6	0.6	-	2.2	2.2	1.1	5.6	5.6
3.建設・設備関連	121	3.3	3.3	1.7	1.7	3.3	-	-	0.8	-	1.7	5.8	9.1
4.住宅・インテリア	57	3.5	-	-	1.8	-	3.5	1.8	3.5	1.8	-	3.5	3.5
5.アパレル・服飾関連	25	-	-	-	-	-	-	-	-	-	-	4.0	4.0
6.繊維・紙・パルプ	24	4.2	4.2	-	4.2	-	4.2	-	4.2	-	-	8.3	-
7.化学・石油	159	3.8	-	-	5.0	0.6	1.3	-	1.9	1.3	1.9	3.8	1.3
8.薬品・化粧品	169	4.7	-	1.2	3.0	-	1.8	-	1.8	-	0.6	4.7	4.7
9.ゴム・ガラス・セラミックス	27	-	-	-	7.4	-	3.7	-	-	-	-	7.4	7.4
10.鉄鋼・金属・鉱業	65	6.2	-	-	6.2	1.5	-	-	3.1	-	-	3.1	3.1
11.機械	118	1.7	1.7	1.7	2.5	-	0.8	-	1.7	-	0.8	4.2	3.4
12.プラント・エンジニアリング	34	2.9	-	-	5.9	2.9	-	-	2.9	2.9	-	2.9	-
13.電子・電気・OA機器	194	2.1	0.5	1.0	3.6	-	1.0	1.0	3.1	-	1.0	2.6	6.2
14.自動車・輸送用機器	200	2.0	-	0.5	2.5	1.0	-	-	3.0	2.0	0.5	6.5	1.5
15.精密・医療機器	73	-	-	1.4	1.4	-	1.4	1.4	-	-	2.7	8.2	2.7
16.印刷・事務機器・日用品	39	2.6	-	-	5.1	-	2.6	-	-	-	-	17.9	10.3
17.スポーツ・玩具・ゲーム製品	18	-	-	-	-	-	-	-	5.6	-	-	11.1	-
18.その他メーカー・製造関連	34	-	-	-	-	-	-	-	2.9	2.9	-	14.7	2.9
19.総合商社	17	5.9	-	-	5.9	-	-	-	-	-	-	-	5.9
20.商社	84	2.4	1.2	-	2.4	-	-	-	1.2	2.4	1.2	10.7	2.4
21.百貨店・スーパー・コンビニ	67	1.5	-	-	1.5	-	1.5	3.0	4.5	-	1.5	6.0	4.5
22.専門店	56	1.8	-	1.8	1.8	-	-	-	1.8	-	1.8	5.4	3.6
23.銀行・証券	224	2.7	0.4	-	1.8	-	0.4	0.9	-	0.9	2.2	2.2	6.7
24.信金・労金・信組	61	3.3	-	-	-	-	-	-	-	3.3	-	3.3	4.9
25.クレジット・信販・リース・その他金融	54	1.9	-	-	1.9	-	-	-	1.9	-	-	5.6	-
26.生保・損保	112	1.8	0.9	0.9	2.7	-	-	-	1.8	-	0.9	3.6	6.3
27.不動産	65	-	-	-	1.5	-	-	-	1.5	-	-	15.4	7.7
28.鉄道・航空	98	4.1	3.1	2.0	3.1	-	1.0	-	3.1	1.0	-	8.2	3.1
29.陸運・海運・物流	64	4.7	-	-	4.7	-	1.6	-	3.1	-	1.6	9.4	6.3
30.電力・ガス・エネルギー	49	4.1	2.0	2.0	-	-	2.0	-	-	-	-	4.1	2.0
31.レストラン・給食・フードサービス	14	7.1	7.1	-	-	-	-	-	-	-	7.1	-	-
32.ホテル・旅行	63	-	-	-	3.2	3.2	-	1.6	-	-	-	9.5	7.9
33.医療機関・調剤薬局	100	3.0	-	-	2.0	1.0	-	1.0	2.0	-	-	8.0	4.0
34.福祉サービス	23	-	-	-	4.3	-	-	-	-	-	13.0	13.0	-
35.フィットネスクラブ・エステ・理美容	5	-	-	-	20.0	20.0	-	-	-	-	-	20.0	-
36.アミューズメント・レジャー	12	-	-	-	-	-	-	-	-	-	-	8.3	-
37.冠婚葬祭	7	-	-	-	-	-	-	-	-	-	-	14.3	14.3
38.専門・その他サービス	58	3.4	-	-	1.7	-	-	-	1.7	1.7	-	3.4	3.4
39.コンサルティング・シンクタンク・調査	108	0.9	-	0.9	2.8	-	-	-	0.9	-	0.9	10.2	7.4
40.人材サービス（派遣・紹介）	43	7.0	-	2.3	4.7	-	-	-	-	4.7	-	7.0	7.0
41.教育	51	2.0	-	2.0	-	-	-	-	-	-	-	11.8	9.8
42.ソフトウエア・情報処理・ネット関連	429	2.8	1.4	-	0.9	0.7	0.5	0.5	2.6	0.7	1.2	4.4	6.5
43.ゲームソフト	7	-	-	-	28.6	-	-	-	-	-	-	14.3	-
44.通信	63	1.6	-	-	4.8	-	-	-	-	1.6	1.6	7.9	4.8
45.マスコミ（放送・新聞）	33	3.0	-	3.0	3.0	-	-	-	-	-	-	3.0	3.0
46.マスコミ（出版・広告）	46	-	-	-	-	-	-	-	-	-	2.2	4.3	8.7
47.芸能・エンタテインメント	13	-	-	-	7.7	-	7.7	-	-	-	-	-	-
48.官公庁・公社・団体	83	7.2	1.2	-	1.2	-	-	-	3.6	3.6	1.2	6.0	8.4
49.これら以外のその他	19	-	5.3	-	-	-	-	-	-	-	-	-	-
50.非該当	1911	3.7	0.6	0.9	1.8	0.3	0.5	0.4	2.2	0.5	1.0	6.4	5.2

F2.居住地域

	N	東京都	神奈川県	新潟県	富山県	石川県	福井県	山梨県	長野県	岐阜県	静岡県	愛知県	三重県
全体	5601	16.5	10.2	1.2	1.0	1.4	0.4	0.6	0.6	1.4	1.9	6.2	0.8
Q6SQ3.就職活動開始時の希望（勤務時間限定正社員）：応募													
1.是非応募したい	869	13.5	8.7	1.5	0.9	1.8	0.6	1.2	0.7	1.4	2.1	6.8	1.4
2.処遇に大きな差がなければ応募したい	2035	15.8	9.6	1.3	1.2	0.9	0.1	0.4	0.6	1.4	2.5	6.2	0.5
3.応募したくない	619	19.7	12.0	0.8	0.8	1.5	0.5	0.8	0.3	1.5	0.6	6.0	1.0
4.考えたことがない	2078	17.6	10.7	1.1	0.8	1.5	0.4	0.4	0.6	1.3	1.5	6.2	0.8
Q6SQ3A.就職活動開始時の希望（勤務時間限定正社員）：時間													
1.1時間	13	7.7	7.7	-	-	-	-	-	-	-	-	7.7	-
2.2時間	8	12.5	12.5	-	-	12.5	-	-	-	-	-	-	-
3.3時間	7	14.3	14.3	-	-	-	-	-	-	-	-	-	-
4.4時間	23	13.0	-	-	4.3	-	-	-	-	-	-	-	-
5.5時間	56	12.5	7.1	-	-	1.8	-	1.8	-	1.8	-	8.9	-
6.6時間	226	15.9	9.7	0.4	1.8	0.4	0.4	0.9	0.9	0.9	2.7	4.0	-
7.7時間	191	13.6	10.5	0.5	-	1.0	1.0	1.6	0.5	0.5	1.6	5.2	0.5
8.8時間（ただし、残業がない）	2380	15.3	9.4	1.6	1.1	1.3	0.2	0.5	0.6	1.5	2.5	6.7	0.9
9.非該当	2697	18.1	11.0	1.0	0.8	1.5	0.4	0.5	0.6	1.3	1.3	6.1	0.9
Q7.就職活動終了状況													
1.終えた	3744	17.2	10.5	1.2	1.1	1.5	0.3	0.5	0.5	1.5	1.7	6.0	0.8
2.続けている	1857	15.2	9.4	1.2	0.8	1.1	0.4	0.9	0.7	1.0	2.2	6.7	0.8
Q8.就職活動終了時期													
1.2016年6月以前	70	15.7	10.0	1.4	2.9	2.9	-	-	-	-	1.4	4.3	1.4
2.2016年7月	27	22.2	3.7	-	-	3.7	-	-	-	-	7.4	3.7	-
3.2016年8月	-	-	-	-	-	-	-	-	-	-	-	-	-
4.2016年9月	1	-	-	-	-	-	-	-	-	-	-	-	-
5.2016年10月	2	50.0	-	-	-	-	-	-	-	-	-	-	-
6.2016年11月	2	-	-	-	-	-	-	-	-	-	-	-	-
7.2016年12月	1	-	-	100.0	-	-	-	-	-	-	-	-	-
8.2017年1月	2	100.0	-	-	-	-	-	-	-	-	-	-	-
9.2017年2月	19	26.3	5.3	-	-	-	-	-	-	-	-	-	-
10.2017年3月	62	21.0	16.1	1.6	-	-	-	-	1.6	1.6	-	6.5	-
11.2017年4月	284	18.3	10.9	2.1	1.1	1.4	0.4	0.4	0.7	1.4	1.8	5.3	0.4
12.2017年5月	666	15.6	9.3	1.8	1.4	2.3	-	0.6	0.9	2.3	2.1	6.6	0.8
13.2017年6月	2078	17.0	11.0	0.9	1.0	1.3	0.4	0.4	0.3	1.3	1.6	5.8	1.0
14.2017年7月	274	19.0	9.9	2.2	0.7	1.5	0.4	1.1	0.7	1.1	1.8	8.0	0.4
15.無回答	256	17.2	10.2	0.4	1.2	1.6	0.8	-	1.2	2.7	1.2	6.6	0.8
16.非該当	1857	15.2	9.4	1.2	0.8	1.1	0.4	0.9	0.7	1.0	2.2	6.7	0.8
Q9.就職活動終了理由													
1.希望する就職先の内定を得たから	3133	16.9	10.7	1.2	1.1	1.5	0.3	0.4	0.6	1.5	1.9	6.1	0.9
2.希望していた就職先ではないが、内定を得たから	557	18.7	9.3	1.1	1.1	1.1	0.5	0.5	-	1.4	0.9	6.1	0.5
3.内定を得ていないが、希望する就職先が他になく、留年することにしたから	11	36.4	9.1	-	-	-	-	-	-	-	9.1	-	-
4.大学院に進学することにしたから	25	12.0	20.0	-	4.0	4.0	-	-	4.0	-	-	4.0	-
5.海外に留学することにしたから	3	-	-	-	-	-	-	-	-	-	-	-	-
6.家業を継ぐことにしたから	2	-	-	-	-	-	-	-	-	-	-	-	-
7.その他	13	15.4	7.7	-	-	-	-	7.7	-	7.7	-	7.7	-
8.非該当	1857	15.2	9.4	1.2	0.8	1.1	0.4	0.9	0.7	1.0	2.2	6.7	0.8
Q10.就職予定先企業の業種													
1.農林・水産	27	11.1	11.1	-	-	-	-	-	-	-	-	3.7	-
2.食品	178	12.4	5.6	0.6	-	1.7	-	0.6	-	1.7	4.5	6.2	1.7
3.建設・設備関連	121	9.9	8.3	2.5	-	4.1	0.8	-	-	2.5	-	5.8	0.8
4.住宅・インテリア	57	10.5	10.5	-	-	-	-	-	-	1.8	3.5	7.0	1.8
5.アパレル・服飾関連	25	16.0	20.0	-	-	-	4.0	-	-	-	-	12.0	-
6.繊維・紙・パルプ	24	8.3	4.2	-	-	4.2	-	-	-	4.2	4.2	-	4.2
7.化学・石油	159	13.8	8.2	2.5	-	0.6	1.3	-	-	1.9	1.9	3.8	0.6
8.薬品・化粧品	169	10.1	8.9	0.6	7.7	2.4	-	-	0.6	2.4	2.4	4.7	-
9.ゴム・ガラス・セラミックス	27	3.7	3.7	-	-	-	-	-	-	-	-	7.4	-
10.鉄鋼・金属・鉱業	65	16.9	10.8	3.1	1.5	4.6	-	-	-	4.6	-	1.5	3.1
11.機械	118	12.7	10.2	4.2	4.2	3.4	0.8	1.7	-	3.4	1.7	3.4	1.7
12.プラント・エンジニアリング	34	14.7	8.8	2.9	-	-	-	-	-	-	-	5.9	2.9
13.電子・電気・OA機器	194	14.4	8.8	3.6	1.0	2.1	-	1.5	-	2.6	1.0	7.7	1.0
14.自動車・輸送用機器	200	9.5	7.0	0.5	0.5	2.5	1.0	0.5	1.0	1.5	5.5	13.5	0.5
15.精密・医療機器	73	12.3	13.7	1.4	1.4	2.7	1.4	1.4	-	-	1.4	4.1	-
16.印刷・事務機器・日用品	39	25.6	10.3	-	2.6	-	-	-	5.1	-	2.6	-	-
17.スポーツ・玩具・ゲーム製品	18	16.7	22.2	-	-	-	-	-	-	-	-	5.6	-
18.その他メーカー・製造関連	34	32.4	2.9	-	-	-	-	-	2.9	-	2.9	-	-
19.総合商社	17	35.3	5.9	-	-	-	-	-	-	-	-	5.9	-
20.商社	84	20.2	2.4	-	1.2	1.2	-	-	-	2.4	-	9.5	1.2
21.百貨店・スーパー・コンビニ	67	16.4	11.9	-	-	-	-	-	-	1.5	-	3.0	3.0
22.専門店	56	21.4	10.7	-	-	1.8	-	-	-	1.8	1.8	5.4	1.8
23.銀行・証券	224	18.3	12.1	1.3	0.9	2.2	0.4	0.4	-	1.3	0.9	6.7	-
24.信金・労金・信組	61	23.0	14.8	3.3	1.6	3.3	1.6	-	-	4.9	-	6.6	-
25.クレジット・信販・リース・その他金融	54	25.9	13.0	1.9	-	-	-	-	-	-	1.9	1.9	-
26.生保・損保	112	25.9	11.6	-	-	-	-	0.9	-	0.9	1.8	9.8	-
27.不動産	65	24.6	21.5	-	-	1.5	-	-	-	-	1.5	-	-
28.鉄道・航空	98	12.2	11.2	1.0	-	-	-	1.0	-	1.0	2.0	6.1	2.0
29.陸運・海運・物流	64	15.6	10.9	-	-	-	1.6	1.6	-	-	-	3.1	-
30.電力・ガス・エネルギー	49	14.3	8.2	-	2.0	-	-	2.0	-	2.0	-	8.2	2.0
31.レストラン・給食・フードサービス	14	21.4	21.4	-	-	-	-	-	-	-	-	14.3	7.1
32.ホテル・旅行	63	17.5	12.7	-	-	1.6	-	-	-	-	1.6	9.5	-
33.医療機関・調剤薬局	100	14.0	10.0	-	-	1.0	-	-	-	3.0	6.0	6.0	1.0
34.福祉サービス	23	26.1	8.7	-	-	4.3	-	4.3	-	-	4.3	-	4.3
35.フィットネスクラブ・エステ・理美容	5	-	-	-	-	-	-	-	-	-	-	-	-
36.アミューズメント・レジャー	12	16.7	16.7	-	-	-	-	-	-	-	8.3	8.3	-
37.冠婚葬祭	7	14.3	14.3	-	-	-	-	-	-	-	14.3	-	-
38.専門・その他サービス	58	17.2	15.5	3.4	3.4	-	-	1.7	-	1.7	-	6.9	-
39.コンサルティング・シンクタンク・調査	108	27.8	8.3	0.9	-	-	-	0.9	-	0.9	-	7.4	0.9
40.人材サービス（派遣・紹介）	43	23.3	9.3	2.3	-	-	-	-	-	-	2.3	7.0	2.3
41.教育	51	25.5	7.8	-	3.9	-	-	-	-	-	-	7.8	2.0
42.ソフトウエア・情報処理・ネット関連	429	19.1	13.3	1.4	1.4	1.9	-	0.5	1.4	2.1	1.2	5.6	0.7
43.ゲームソフト	7	28.6	-	-	-	-	-	-	-	-	14.3	-	-
44.通信	63	15.9	11.1	-	-	-	-	-	-	-	-	9.5	-
45.マスコミ（放送・新聞）	33	27.3	21.2	3.0	-	-	-	-	-	-	3.0	6.1	-
46.マスコミ（出版・広告）	46	30.4	17.4	-	-	-	-	-	-	-	-	2.2	-
47.芸能・エンタテインメント	13	46.2	-	-	-	-	-	-	-	-	-	7.7	-
48.官公庁・公社・団体	83	20.5	7.2	1.2	-	1.2	-	-	1.2	-	1.2	7.2	-
49.これら以外のその他	19	26.3	21.1	-	-	-	-	-	-	-	-	-	5.3
50.非該当	1911	15.3	9.5	1.2	0.8	1.1	0.4	0.9	0.7	1.0	2.1	6.6	0.8

F2.居住地域

	N	滋賀県	京都府	大阪府	兵庫県	奈良県	和歌山県	鳥取県	島根県	岡山県	広島県	山口県	徳島県
全体	5601	1.7	5.1	8.7	4.9	1.4	0.2	0.3	0.4	1.6	1.9	0.5	0.3
Q6SQ3. 就職活動開始時の希望（勤務時間限定正社員）：応募													
1.是非応募したい	869	1.6	3.8	8.5	3.9	1.3	0.3	0.1	0.6	1.3	1.8	0.9	0.5
2.処遇に大きな差がなければ応募したい	2035	1.8	5.3	8.6	4.6	1.1	0.2	0.3	0.3	1.7	2.4	0.3	0.4
3.応募したくない	619	2.3	6.3	8.7	4.8	1.3	0.2	0.2	0.2	0.8	1.3	0.2	0.2
4.考えたことがない	2078	1.5	5.1	8.9	5.7	1.9	0.2	0.4	0.3	1.8	1.6	0.5	0.2
Q6SQ3A. 就職活動開始時の希望（勤務時間限定正社員）：時間													
1.1時間	13	-	-	15.4	7.7	7.7	-	-	-	-	-	-	-
2.2時間	8	-	-	25.0	12.5	-	-	-	12.5	-	-	-	-
3.3時間	7	-	-	14.3	-	-	-	-	-	-	-	-	-
4.4時間	23	17.4	8.7	8.7	4.3	-	-	-	-	-	-	-	-
5.5時間	56	-	3.6	7.1	-	-	-	-	-	1.8	5.4	-	-
6.6時間	226	1.3	8.0	7.5	4.0	0.9	-	0.4	-	2.2	0.9	0.9	-
7.7時間	191	1.0	4.7	8.4	8.4	-	0.5	-	0.5	1.6	3.1	1.6	0.5
8.8時間（ただし、残業がない）	2380	1.7	4.6	8.7	4.2	1.3	0.3	0.3	0.4	1.6	2.3	0.4	0.5
9.非該当	2697	1.7	5.4	8.8	5.5	1.7	0.2	0.3	0.3	1.6	1.5	0.4	0.2
Q7. 就職活動終了状況													
1.終えた	3744	1.7	5.2	8.7	4.7	1.6	0.2	0.3	0.3	1.6	1.8	0.4	0.3
2.続けている	1857	1.8	4.8	8.8	5.3	1.1	0.2	0.3	0.5	1.5	2.2	0.5	0.4
Q8. 就職活動終了時期													
1.２０１６年６月以前	70	4.3	2.9	8.6	5.7	1.4	-	-	-	1.4	-	-	-
2.２０１６年７月	27	-	7.4	7.4	3.7	-	-	-	-	-	14.8	-	-
3.２０１６年８月	1	-	-	-	-	-	-	-	-	-	-	-	-
4.２０１６年９月	1	-	-	-	-	-	-	-	-	-	-	-	-
5.２０１６年１０月	2	-	-	-	-	-	-	-	-	-	-	-	-
6.２０１６年１１月	2	50.0	-	-	-	-	-	-	-	-	-	-	-
7.２０１６年１２月	1	-	-	-	-	-	-	-	-	-	-	-	-
8.２０１７年１月	2	-	-	-	-	-	-	-	-	-	-	-	-
9.２０１７年２月	19	-	-	5.3	-	-	5.3	-	-	5.3	-	5.3	-
10.２０１７年３月	62	1.6	6.5	12.9	4.8	-	1.6	-	-	3.2	-	-	-
11.２０１７年４月	284	2.1	3.9	8.5	5.3	1.8	-	0.7	-	2.5	2.5	-	-
12.２０１７年５月	666	1.7	5.6	8.1	4.4	0.6	0.3	0.3	0.3	2.7	2.3	0.5	0.5
13.２０１７年６月	2078	1.7	5.8	8.9	4.9	2.1	0.2	0.2	0.3	1.2	1.4	0.3	0.2
14.２０１７年７月	274	1.1	3.6	9.1	4.4	0.7	-	0.4	0.4	1.8	2.6	1.5	0.7
15.無回答	256	0.8	3.5	7.8	4.3	1.2	0.4	0.4	-	0.8	0.8	0.8	0.4
16.非該当	1857	1.8	4.8	8.8	5.3	1.1	0.2	0.3	0.5	1.5	2.2	0.5	0.4
Q9. 就職活動終了理由													
1.希望する就職先の内定を得たから	3133	1.8	5.1	8.4	4.7	1.5	0.2	0.3	0.4	1.7	1.7	0.4	0.2
2.希望していた就職先ではないが、内定を得たから	557	1.4	5.9	10.1	5.4	1.8	0.5	-	-	0.9	2.0	0.5	0.5
3.内定を得ていないが、希望する就職先が他になく、留年することにしたから	11	-	-	-	-	-	-	-	-	-	-	-	-
4.大学院に進学することにしたから	25	-	8.0	12.0	-	-	-	-	-	4.0	4.0	-	-
5.海外に留学することにしたから	3	-	-	-	33.3	-	-	-	-	-	-	-	-
6.家業を継ぐことにしたから	2	-	-	50.0	-	50.0	-	-	-	-	-	-	-
7.その他	13	-	-	15.4	-	-	-	-	-	-	-	-	-
8.非該当	1857	1.8	4.8	8.8	5.3	1.1	0.2	0.3	0.5	1.5	2.2	0.5	0.5
Q10. 就職予定先企業の業種													
1.農林・水産	27	-	3.7	-	-	-	3.7	-	3.7	3.7	-	-	-
2.食品	178	2.8	5.1	7.3	3.4	1.7	-	0.6	0.6	1.7	2.2	1.1	-
3.建設・設備関連	121	0.8	1.7	14.9	0.8	1.7	-	-	-	2.5	-	-	-
4.住宅・インテリア	57	1.8	7.0	7.0	3.5	1.8	-	-	-	-	1.8	-	-
5.アパレル・服飾関連	25	4.0	8.0	8.0	-	4.0	-	-	-	4.0	-	-	-
6.繊維・紙・パルプ	24	-	4.2	20.8	4.2	4.2	-	-	-	-	4.2	-	-
7.化学・石油	159	0.6	10.7	8.2	5.7	2.5	0.6	-	0.6	3.8	-	1.3	-
8.薬品・化粧品	169	1.8	3.0	13.6	5.3	1.8	-	1.8	-	1.8	0.6	-	0.6
9.ゴム・ガラス・セラミックス	27	3.7	14.8	14.8	7.4	3.7	-	-	-	-	-	-	-
10.鉄鋼・金属・鉱業	65	-	3.1	9.2	3.1	1.5	-	-	-	6.2	1.5	-	-
11.機械	118	0.8	5.1	4.2	7.6	1.7	-	-	0.8	3.4	0.8	0.8	-
12.プラント・エンジニアリング	34	2.9	5.9	17.6	5.9	2.9	-	-	-	-	2.9	-	-
13.電子・電気・OA機器	194	3.1	8.2	7.2	5.7	2.6	-	-	0.5	1.5	0.5	-	1.0
14.自動車・輸送用機器	200	4.5	7.5	6.5	5.5	1.0	-	0.5	-	1.5	4.5	-	-
15.精密・医療機器	73	2.7	4.1	13.7	2.7	2.7	-	1.4	-	1.4	1.4	1.4	1.4
16.印刷・事務機器・日用品	39	2.6	5.1	5.1	-	-	-	-	-	-	2.6	-	-
17.スポーツ・玩具・ゲーム製品	18	-	5.6	11.1	5.6	5.6	-	-	-	5.6	-	-	-
18.その他メーカー・製造関連	34	2.9	-	11.8	5.9	2.9	-	-	-	-	-	-	-
19.総合商社	17	-	5.9	-	17.6	-	-	-	-	-	-	-	-
20.商社	84	3.6	2.4	11.9	6.0	1.2	-	-	-	1.2	3.6	1.2	-
21.百貨店・スーパー・コンビニ	67	7.5	7.5	7.5	1.5	-	-	-	-	-	6.0	-	-
22.専門店	56	1.8	7.1	7.1	1.8	1.8	3.6	-	-	1.8	-	1.8	1.8
23.銀行・証券	224	0.9	4.9	8.0	5.8	3.6	-	-	-	1.8	3.6	0.9	-
24.信金・労金・信組	61	-	8.2	3.3	11.5	-	-	1.6	1.6	-	-	-	-
25.クレジット・信販・リース・その他金融	54	1.9	7.4	22.2	3.7	-	-	-	-	-	1.9	-	-
26.生保・損保	112	1.8	5.4	7.1	8.0	1.8	-	-	-	-	0.9	-	-
27.不動産	65	-	4.6	6.2	10.8	1.5	-	-	1.5	-	-	-	-
28.鉄道・航空	98	-	4.1	10.2	7.1	2.0	-	-	-	1.0	2.0	1.0	-
29.陸運・海運・物流	64	-	4.7	14.1	6.3	1.6	-	-	-	1.6	1.6	1.6	-
30.電力・ガス・エネルギー	49	-	8.2	6.1	4.1	-	-	-	2.0	2.0	4.1	-	-
31.レストラン・給食・フードサービス	14	-	14.3	-	-	-	-	-	-	-	-	-	-
32.ホテル・旅行	63	1.6	9.5	9.5	-	3.2	-	-	-	-	1.6	-	-
33.医療機関・調剤薬局	100	-	-	10.0	5.0	-	-	-	-	6.0	4.0	-	3.0
34.福祉サービス	23	4.3	-	4.3	4.3	-	-	-	-	4.3	-	-	-
35.フィットネスクラブ・エステ・理美容	5	-	-	-	20.0	-	-	-	-	-	-	-	-
36.アミューズメント・レジャー	12	-	16.7	-	-	-	-	-	-	-	-	-	-
37.冠婚葬祭	7	-	-	14.3	-	-	-	-	-	-	-	-	-
38.専門・その他サービス	58	-	5.2	10.3	8.6	1.7	1.7	-	-	-	-	1.7	-
39.コンサルティング・シンクタンク・調査	108	0.9	2.8	5.6	3.7	0.9	-	0.9	0.9	0.9	-	-	-
40.人材サービス（派遣・紹介）	43	-	-	2.3	4.7	-	-	2.3	2.3	2.3	2.3	2.3	-
41.教育	51	-	2.0	9.8	-	3.9	2.0	-	-	-	3.9	-	-
42.ソフトウエア・情報処理・ネット関連	429	2.1	4.9	7.2	3.3	0.5	0.7	-	-	1.6	1.9	0.2	0.2
43.ゲームソフト	7	-	-	14.3	-	-	-	-	-	-	-	-	-
44.通信	63	1.6	3.2	11.1	7.9	-	-	-	1.6	-	1.6	-	-
45.マスコミ（放送・新聞）	33	-	6.1	3.0	3.0	-	-	-	-	-	-	-	-
46.マスコミ（出版・広告）	46	-	4.3	4.3	10.9	4.3	-	-	-	2.2	-	2.2	-
47.芸能・エンタテインメント	13	-	7.7	15.4	-	-	-	-	-	7.7	-	-	-
48.官公庁・公社・団体	83	2.4	4.8	7.2	1.2	1.2	-	2.4	-	1.2	-	-	-
49.これら以外のその他	19	-	5.3	5.3	5.3	-	-	-	-	-	10.5	-	5.3
50.非該当	1911	1.7	4.8	8.9	5.2	1.2	0.2	0.3	0.5	1.5	2.1	0.5	0.5

F2 居住地域

全体	N	香川県	愛媛県	高知県	福岡県	佐賀県	長崎県	熊本県	大分県	宮崎県	鹿児島県	沖縄県	海外
全体	5601	0.3	0.8	0.3	3.2	0.5	0.5	0.8	0.5	0.2	0.4	0.3	0.1
Q6SQ3.就職活動開始時の希望（勤務時間限定正社員）：応募													
1.是非応募したい	869	0.6	1.6	0.3	3.7	0.3	0.3	1.0	0.6	0.5	0.3	0.3	0.1
2.処遇に大きな差がなければ応募したい	2035	0.3	0.7	0.4	2.9	0.7	0.8	0.6	0.3	0.2	0.6	0.3	-
3.応募したくない	619	0.2	0.5	0.3	2.4	-	0.3	0.8	0.6	-	0.3	0.3	-
4.考えたことがない	2078	0.2	0.6	0.1	3.6	0.4	0.7	0.8	0.5	0.2	0.2	0.3	-
Q6SQ3A.就職活動開始時の希望（勤務時間限定正社員）：時間													
1.1時間	13	-	-	-	-	-	-	-	-	-	7.7	-	-
2.2時間	8	-	-	-	12.5	-	-	-	-	-	-	-	-
3.3時間	7	-	-	-	14.3	-	-	-	-	14.3	-	-	-
4.4時間	23	-	-	-	4.3	-	-	-	-	-	-	-	-
5.5時間	56	-	1.8	1.8	-	1.8	-	1.8	-	-	-	-	-
6.6時間	226	-	1.8	-	5.3	0.9	0.4	-	0.9	-	0.4	-	-
7.7時間	191	-	1.0	1.0	2.1	-	1.0	1.0	-	-	0.5	0.5	-
8.8時間（ただし、残業ががない）	2380	0.5	0.9	0.3	3.0	0.6	0.7	0.8	0.4	0.3	0.5	0.4	0.1
9.非該当	2697	0.2	0.6	0.1	3.3	0.3	0.6	0.8	0.6	0.1	0.2	0.3	-
Q7.就職活動終了状況													
1.終えた	3744	0.3	0.8	0.3	3.2	0.5	0.6	0.8	0.4	0.2	0.2	0.2	-
2.続けている	1857	0.4	0.9	0.3	3.1	0.3	0.8	0.8	0.8	0.4	0.7	0.5	0.1
Q8.就職活動終了時期													
1.2016年6月以前	70	-	1.4	1.4	4.3	-	1.4	-	-	1.4	-	-	-
2.2016年7月	27	-	-	-	7.4	-	-	-	-	-	-	-	-
3.2016年8月	-	-	-	-	-	-	-	-	-	-	-	-	-
4.2016年9月	1	-	-	-	-	-	-	-	-	-	-	-	-
5.2016年10月	2	-	-	-	-	-	-	-	-	-	-	-	-
6.2016年11月	2	-	-	-	-	-	-	-	-	-	-	-	-
7.2016年12月	1	-	-	-	-	-	-	-	-	-	-	-	-
8.2017年1月	2	-	-	-	-	-	-	-	-	-	-	-	-
9.2017年2月	19	-	-	-	5.3	-	-	-	-	-	-	-	-
10.2017年3月	62	-	-	-	-	-	3.2	1.6	-	-	-	-	-
11.2017年4月	284	0.7	0.4	0.4	3.5	0.4	0.7	1.4	-	-	0.4	0.4	-
12.2017年5月	666	-	1.1	0.2	3.5	0.8	0.3	0.8	0.5	0.2	0.6	0.2	-
13.2017年6月	2078	0.3	0.6	0.3	2.7	0.5	0.4	0.4	0.5	0.2	0.1	0.2	-
14.2017年7月	274	0.4	1.8	0.4	4.4	0.4	1.1	1.8	-	0.7	-	0.4	-
15.無回答	256	0.4	0.8	-	5.1	1.2	0.8	2.0	0.8	-	-	0.8	0.4
16.非該当	1857	0.4	0.9	0.3	3.1	0.3	0.8	0.8	0.8	0.3	0.7	0.5	0.1
Q9.就職活動終了理由													
1.希望する就職先の内定を得たから	3133	0.3	0.8	0.3	3.3	0.6	0.5	0.8	0.5	0.2	0.3	0.3	-
2.希望していた就職先ではないが、内定を得たから	557	0.2	0.5	0.2	3.2	0.2	0.7	0.7	-	0.4	-	0.2	-
3.内定を得ていないが、希望する就職先が他になく、留年することにしたから	11	-	-	-	-	-	-	-	-	-	-	-	-
4.大学院に進学することにしたから	25	-	4.0	-	-	-	-	-	-	-	-	-	-
5.海外に留学することにしたから	3	-	-	-	-	-	-	-	-	-	-	-	-
6.家業を継ぐことにしたから	2	-	-	-	-	-	-	-	-	-	-	-	-
7.その他	13	-	-	-	7.7	-	-	-	-	-	-	-	-
8.非該当	1857	0.4	0.9	0.3	3.1	0.3	0.8	0.8	0.8	0.3	0.7	0.5	0.1
Q10.就職予定先企業の業種													
1.農林・水産	27	-	3.7	3.7	-	-	-	-	-	3.7	3.7	-	-
2.食品	178	1.1	2.8	-	3.4	2.2	-	0.6	-	-	0.6	-	-
3.建設・設備関連	121	-	0.8	-	4.1	0.8	1.7	1.7	2.5	-	-	0.8	-
4.住宅・インテリア	57	-	-	1.8	12.3	-	1.8	1.8	1.8	-	-	-	-
5.アパレル・服飾関連	25	-	-	-	8.0	-	-	-	-	-	-	4.0	-
6.繊維・紙・パルプ	24	-	-	-	-	4.2	-	-	-	-	-	-	-
7.化学・石油	159	-	0.6	-	5.0	0.6	1.3	1.9	-	0.6	0.6	-	-
8.薬品・化粧品	169	0.6	1.2	0.6	0.6	0.6	1.2	0.6	0.6	1.2	0.6	-	-
9.ゴム・ガラス・セラミックス	27	-	-	-	3.7	3.7	-	-	3.7	-	3.7	-	-
10.鉄鋼・金属・鉱業	65	-	1.5	-	1.5	-	1.5	1.5	-	-	-	-	-
11.機械	118	1.7	2.5	-	1.7	0.8	-	-	-	0.8	0.8	-	-
12.プラント・エンジニアリング	34	-	-	-	2.9	-	-	-	2.9	-	-	-	-
13.電子・電気・OA機器	194	-	0.5	0.5	1.0	0.5	-	0.5	-	-	-	0.5	-
14.自動車・輸送用機器	200	-	0.5	-	4.0	-	0.5	0.5	-	-	-	-	-
15.精密・医療機器	73	-	-	-	2.7	1.4	-	-	-	-	1.4	2.7	-
16.印刷・事務機器・日用品	39	-	-	-	-	-	-	-	-	-	-	-	-
17.スポーツ・玩具・ゲーム製品	18	-	5.6	-	-	-	-	-	-	-	-	-	-
18.その他メーカー・製造関連	34	-	-	-	2.9	5.9	2.9	-	-	-	-	-	-
19.総合商社	17	-	-	-	5.9	-	5.9	-	-	-	-	-	-
20.商社	84	1.2	-	-	3.6	-	-	1.2	1.2	-	-	-	-
21.百貨店・スーパー・コンビニ	67	-	-	1.5	4.5	-	1.5	-	-	1.5	-	1.5	-
22.専門店	56	-	1.8	-	5.4	1.8	-	-	-	-	-	-	-
23.銀行・証券	224	0.4	-	0.4	2.7	-	1.3	0.9	0.9	-	-	-	-
24.信金・労金・信組	61	-	-	-	-	-	-	-	-	-	-	-	-
25.クレジット・信販・リース・その他金融	54	-	-	-	5.6	-	1.9	-	-	-	-	-	-
26.生保・損保	112	0.9	-	-	2.7	-	-	0.9	0.9	-	-	-	-
27.不動産	65	-	-	-	-	-	-	-	-	-	-	-	-
28.鉄道・航空	98	-	-	-	5.1	-	1.0	1.0	-	-	-	-	-
29.陸運・海運・物流	64	-	1.6	-	1.6	-	-	-	-	-	1.6	-	-
30.電力・ガス・エネルギー	49	2.0	-	-	12.2	-	-	-	-	-	-	-	-
31.レストラン・給食・フードサービス	14	-	-	-	-	-	-	-	-	-	-	-	-
32.ホテル・旅行	63	-	-	-	4.8	-	-	-	-	1.6	-	-	-
33.医療機関・調剤薬局	100	1.0	1.0	-	4.0	-	-	1.0	3.0	-	-	-	-
34.福祉サービス	23	-	-	-	-	-	-	-	-	-	-	-	-
35.フィットネスクラブ・エステ・理美容	5	-	-	-	-	-	-	20.0	-	-	-	-	-
36.アミューズメント・レジャー	12	-	-	-	-	-	-	-	-	8.3	-	-	-
37.冠婚葬祭	7	-	-	-	14.3	-	-	-	-	-	-	-	-
38.専門・その他サービス	58	-	1.7	-	3.4	-	-	-	-	-	-	-	-
39.コンサルティング・シンクタンク・調査	108	-	0.9	0.9	3.7	1.9	0.9	-	-	-	-	-	0.9
40.人材サービス（派遣・紹介）	43	-	-	-	-	-	2.3	-	-	-	-	-	-
41.教育	51	-	-	-	3.9	-	-	2.0	-	-	-	-	-
42.ソフトウエア・情報処理・ネット関連	429	-	1.2	0.2	3.0	0.2	0.5	0.7	0.5	-	-	0.5	-
43.ゲームソフト	7	-	-	-	-	-	-	-	-	-	-	-	-
44.通信	63	-	-	1.6	6.3	1.6	1.6	-	1.6	-	-	1.6	-
45.マスコミ（放送・新聞）	33	-	-	-	6.1	3.0	-	-	-	3.0	-	-	-
46.マスコミ（出版・広告）	46	-	-	-	2.2	-	-	2.2	2.2	-	-	-	-
47.芸能・エンタテインメント	13	-	-	-	-	-	-	-	-	-	-	-	-
48.官公庁・公社・団体	83	-	2.4	-	2.4	-	-	1.2	-	-	-	-	-
49.これら以外のその他	19	-	-	-	5.3	-	5.3	-	-	-	-	-	-
50.非該当	1911	0.4	0.9	0.3	3.1	0.3	0.7	0.8	0.6	0.3	0.7	0.5	0.1

F2 居住地域

	N	北海道	青森県	岩手県	宮城県	秋田県	山形県	福島県	茨城県	栃木県	群馬県	埼玉県	千葉県
全体	5601	3.2	0.7	0.7	2.2	0.5	0.6	0.4	2.0	0.7	1.0	6.0	5.0
Q11. 就職予定先企業での働き方													
1. 地域限定正社員（就業する地域が特定されているか一定の範囲内にあらかじめ決められている働き方の正社員）	818	2.7	1.0	0.5	2.7	0.9	0.7	0.4	1.7	1.1	1.5	5.0	6.1
2. 職務限定正社員（従事する職務（職種）が特定されているか一定の範囲内にあらかじめ決められている働き方の正社員）	601	2.0	0.7	0.3	2.5	0.5	1.0	0.2	3.3	0.8	1.0	5.5	4.8
3. 勤務時間限定正社員（所定の勤務時間を超えた勤務はないか、あっても一定の場合の限られた時間にあらかじめ決められている働き方の正社員）	106	2.8	0.9	0.9	1.9	0.9	-	0.9	3.8	-	1.9	7.5	6.6
4. 上記のような限定のない一般の正社員	2534	3.2	0.6	0.6	2.3	0.6	0.5	0.4	1.7	0.8	0.9	6.0	4.7
5. 契約社員	17	-	-	-	5.9	-	-	-	-	-	-	5.9	17.6
6. その他	23	-	-	4.3	4.3	-	-	-	-	-	-	8.7	-
7. 非該当	1911	3.7	0.6	0.9	1.8	0.3	0.5	0.4	2.2	0.5	1.0	6.4	5.2
Q11SQ2. 就職予定先企業での働き方は希望していたものか													
1. はい	3511	3.0	0.7	0.6	2.4	0.6	0.6	0.4	1.8	0.8	1.1	5.9	5.0
2. いいえ	179	2.8	2.2	1.1	2.8	-	0.6	-	2.8	0.6	0.6	3.9	3.4
3. 非該当	1911	3.7	0.6	0.9	1.8	0.3	0.5	0.4	2.2	0.5	1.0	6.4	5.2
Q11SQ3. 就職予定先企業での働き方が希望と異なった理由													
1. 希望する働き方での募集がなかったから	40	2.5	-	-	2.5	-	-	-	2.5	-	-	-	2.5
2. その働き方でしか採用されなかったから	51	2.0	3.9	-	2.0	-	-	-	3.9	-	2.0	7.8	2.0
3. 採用後に希望する働き方に転換できる可能性があったから	35	5.7	-	-	2.9	2.9	-	-	2.9	-	-	5.7	8.6
4. 家庭の事情などで変化があったから	6	-	-	-	-	-	-	-	-	16.7	-	-	-
5. その他	14	-	-	7.1	7.1	-	-	-	-	-	-	-	-
6. 特に理由はない	33	3.0	6.1	-	3.0	-	3.0	-	3.0	-	-	3.0	3.0
7. 非該当	5422	3.2	0.6	0.7	2.2	0.5	0.6	0.4	1.9	0.7	1.0	6.1	5.1
Q12. 就職活動継続理由													
1. まだ内定を得ていないから	990	5.1	0.6	0.9	1.6	0.6	0.7	0.3	2.1	0.4	0.8	6.5	5.1
2. すでに内定を得ているが、就職を希望する企業が他にあるから	818	1.8	0.5	1.1	1.7	-	0.2	0.5	2.2	0.7	1.2	6.4	5.3
3. その他	49	4.1	4.1	-	2.0	-	-	-	2.0	-	-	12.2	4.1
4. 非該当	3744	3.0	0.7	0.6	2.5	0.6	0.6	0.4	1.9	0.8	1.0	5.7	4.9
Q13. 希望業種の変化													
1. 希望業種が拡がった	822	3.2	0.6	0.7	1.5	0.2	0.2	0.4	2.8	0.6	0.7	6.7	5.2
2. 希望業種を絞った	414	4.6	0.7	1.0	1.2	-	0.2	0.2	1.7	0.5	1.7	8.2	4.1
3. 大きな変化はない	621	3.5	0.6	1.3	2.3	0.6	1.0	0.5	1.6	0.5	0.8	5.3	5.6
4. 非該当	3744	3.0	0.7	0.6	2.5	0.6	0.6	0.4	1.9	0.8	1.0	5.7	4.9
Q13SQ1. 現在の希望業種													
1. 農林・水産	103	6.8	1.9	1.9	1.0	-	-	-	4.9	1.9	-	2.9	1.9
2. 食品	249	4.4	1.2	1.2	0.8	0.4	-	0.4	3.2	1.2	1.2	6.4	3.2
3. 建設・設備関連	108	6.5	0.9	0.9	-	-	1.9	1.9	1.9	-	0.9	3.7	8.3
4. 住宅・インテリア	114	1.8	0.9	1.8	1.8	-	-	-	2.6	-	-	5.3	6.1
5. アパレル・服飾関連	59	1.7	1.7	1.7	-	-	-	-	6.8	-	-	5.1	3.4
6. 繊維・紙・パルプ	83	1.2	-	-	1.2	-	-	-	2.4	1.2	1.2	8.4	7.2
7. 化学・石油	148	1.4	0.7	-	-	0.7	0.7	-	0.7	1.4	1.4	6.8	5.4
8. 薬品・化粧品	129	2.3	-	-	0.8	0.8	-	0.8	3.9	2.3	1.6	5.4	3.9
9. ゴム・ガラス・セラミックス	62	-	-	-	-	1.6	-	-	1.6	1.6	-	9.7	8.1
10. 鉄鋼・金属・鉱業	102	2.9	1.0	1.0	-	-	-	-	1.0	-	-	7.8	6.9
11. 機械	125	4.0	-	0.8	-	0.8	-	0.8	1.6	-	0.8	4.8	4.8
12. プラント・エンジニアリング	71	4.2	-	-	1.4	1.4	-	-	2.8	-	-	9.9	8.5
13. 電子・電気・OA機器	120	3.3	-	-	1.7	0.8	0.8	-	0.8	-	0.8	7.5	5.0
14. 自動車・輸送用機器	78	1.3	-	-	1.3	1.3	1.3	-	-	-	-	6.4	5.1
15. 精密・医療機器	113	0.9	-	0.9	1.8	0.9	-	-	1.8	-	0.9	11.5	4.4
16. 印刷・事務機器・日用品	125	1.6	-	0.8	1.6	-	-	0.8	2.4	-	0.8	6.4	3.2
17. スポーツ・玩具・ゲーム製品	68	2.9	-	2.9	-	-	-	1.5	1.5	-	-	5.9	4.4
18. その他メーカー・製造関連	54	3.7	-	-	-	-	-	-	1.9	-	-	5.6	7.4
19. 総合商社	112	2.7	0.9	0.9	0.9	-	-	-	0.9	2.7	1.8	7.1	2.7
20. 商社	212	3.8	0.9	0.9	0.5	0.5	-	0.5	1.9	1.4	1.4	8.5	5.2
21. 百貨店・スーパー・コンビニ	102	3.9	2.0	-	2.0	-	-	-	3.9	1.0	1.0	7.8	3.9
22. 専門店	63	3.2	-	-	-	-	-	1.6	4.8	-	1.6	9.5	4.8
23. 銀行・証券	160	3.8	1.3	0.6	1.9	-	-	0.6	1.9	1.3	1.9	6.9	5.6
24. 信金・労金・信組	85	4.7	1.2	1.2	2.4	-	-	1.2	1.2	2.4	5.9	4.7	-
25. クレジット・信販・リース・その他金融	58	3.4	1.7	1.7	3.4	-	-	-	-	1.7	3.4	8.6	3.4
26. 生保・損保	82	2.4	1.2	1.2	3.7	-	-	1.2	1.2	1.2	1.2	9.8	4.9
27. 不動産	95	3.2	1.1	1.1	-	-	-	1.1	2.1	-	1.1	7.4	8.4
28. 鉄道・航空	113	0.9	-	1.8	2.7	-	-	-	1.8	-	-	4.4	7.1
29. 陸運・海運・物流	86	2.3	-	1.2	-	-	-	-	2.3	-	-	9.3	5.8
30. 電力・ガス・エネルギー	73	6.8	-	-	1.4	-	-	-	2.7	-	-	5.5	6.8
31. レストラン・給食・フードサービス	38	-	-	5.3	-	-	-	-	10.5	-	-	7.9	5.3
32. ホテル・旅行	67	3.0	1.5	-	1.5	-	-	-	4.5	-	-	4.5	3.0
33. 医療機関・調剤薬局	82	2.4	-	1.2	4.9	-	1.2	1.2	2.4	-	1.2	4.9	3.7
34. 福祉サービス	44	4.5	-	2.3	2.3	-	2.3	2.3	4.5	-	2.3	9.1	2.3
35. フィットネスクラブ・エステ・理美容	15	13.3	-	6.7	-	-	-	-	6.7	-	-	-	6.7
36. アミューズメント・レジャー	47	8.5	-	2.1	2.1	-	-	-	4.3	-	-	8.5	4.3
37. 冠婚葬祭	24	4.2	-	-	4.2	-	-	-	-	-	-	-	4.2
38. 専門・その他サービス	54	7.4	-	-	1.9	-	-	-	1.9	-	-	7.4	5.6
39. コンサルティング・シンクタンク・調査	98	6.1	-	1.0	3.1	-	1.0	-	1.0	-	1.0	7.1	4.1
40. 人材サービス（派遣・紹介）	89	3.4	1.1	-	5.6	-	-	1.1	2.2	-	-	4.5	4.5
41. 教育	98	5.1	1.0	2.0	2.0	-	-	1.0	2.0	-	-	6.1	3.1
42. ソフトウエア・情報処理・ネット関連	251	4.0	0.4	-	1.6	-	-	-	3.6	0.4	0.8	6.8	5.2
43. ゲームソフト	39	10.3	2.6	-	-	-	-	2.6	-	-	-	7.7	2.6
44. 通信	87	5.7	1.1	-	1.1	-	-	2.3	3.4	-	1.1	8.0	1.1
45. マスコミ（放送・新聞）	93	2.2	1.1	1.1	3.2	-	-	1.1	1.1	-	1.1	6.5	4.3
46. マスコミ（出版・広告）	130	3.1	1.5	1.5	1.5	-	-	0.8	2.3	-	-	7.7	5.4
47. 芸能・エンタテインメント	55	5.5	1.8	1.8	1.8	-	-	-	1.8	-	1.8	12.7	5.5
48. 官公庁・公社・団体	253	7.5	0.8	1.2	2.0	-	0.4	0.8	2.0	1.2	1.2	5.5	6.7
49. これら以外のその他	26	3.8	-	-	-	-	-	-	7.7	-	3.8	7.7	11.5
50. 特に決めていない	46	2.2	-	2.2	2.2	-	-	-	4.3	-	-	8.7	4.3
51. 非該当	4365	3.1	0.7	0.7	2.5	0.6	0.7	0.4	1.8	0.8	1.0	5.7	5.0

F2 居住地域

	N	東京都	神奈川県	新潟県	富山県	石川県	福井県	山梨県	長野県	岐阜県	静岡県	愛知県	三重県
全体	5601	16.5	10.2	1.2	1.0	1.4	0.4	0.6	0.6	1.4	1.9	6.2	0.8
Q11. 就職予定先企業での働き方													
1. 地域限定正社員（就業する地域が特定されているか一定の範囲内にあらかじめ決められている働き方の正社員）	818	14.1	9.9	1.1	1.3	2.0	0.5	0.5	0.6	1.8	2.6	7.2	1.1
2. 職務限定正社員（従事する職務（職種）が特定されているか一定の範囲内にあらかじめ決められている働き方の正社員）	601	16.8	10.5	0.8	1.7	1.7	0.7	-	0.2	1.2	3.0	6.3	0.5
3. 勤務時間限定正社員（所定の勤務時間を超えた勤務はないか、あっても一定の場合の限られた時間にあらかじめ決められている働き方の正社員）	106	13.2	13.2	0.9	0.9	2.8	1.9	-	0.9	2.8	3.8	5.7	0.9
4. 上記のような限定のない一般の正社員	2534	18.2	10.3	1.4	0.9	1.4	0.3	0.5	0.6	1.5	1.3	5.7	0.9
5. 契約社員	17	23.5	5.9	-	-	-	-	-	-	-	-	5.9	-
6. その他	23	30.4	8.7	-	4.3	-	-	-	-	-	4.3	-	-
7. 非該当	1911	15.3	9.5	1.2	0.8	1.1	0.4	0.9	0.7	1.0	2.1	6.6	0.8
Q11SQ2. 就職予定先企業での働き方は希望していたものか													
1. はい	3511	17.1	10.7	1.1	1.0	1.5	0.3	0.5	0.5	1.5	1.7	6.2	0.9
2. いいえ	179	19.0	6.7	3.9	2.2	0.6	1.1	-	0.6	1.1	2.2	3.4	-
3. 非該当	1911	15.3	9.5	1.2	0.8	1.1	0.4	0.9	0.7	1.0	2.1	6.6	0.8
Q11SQ3. 就職予定先企業での働き方が希望と異なった理由													
1. 希望する働き方での募集がなかったから	40	25.0	7.5	5.0	-	-	-	-	-	-	-	7.5	-
2. その働き方でしか採用されなかったから	51	11.8	3.9	3.9	2.0	-	2.0	-	-	-	2.0	3.9	-
3. 採用後に希望する働き方に転換できる可能性があったから	35	11.4	8.6	-	2.9	-	-	-	-	-	2.9	2.9	-
4. 家庭の事情などで変化があったから	6	33.3	-	-	16.7	-	-	-	-	16.7	-	-	-
5. その他	14	21.4	7.1	-	7.1	7.1	-	-	-	-	-	-	-
6. 特に理由はない	33	27.3	9.1	9.1	-	-	3.0	-	3.0	3.0	6.1	-	-
7. 非該当	5422	16.5	10.3	1.1	0.9	1.4	0.3	0.6	0.6	1.4	1.8	6.3	0.8
Q12. 就職活動継続理由													
1. まだ内定を得ていないから	990	14.9	9.0	1.4	0.7	1.1	0.3	0.6	0.8	0.4	2.3	6.3	1.0
2. すでに内定を得ているが、就職を希望する企業が他にあるから	818	15.6	10.1	1.1	0.7	1.1	0.5	1.1	0.6	1.7	1.8	7.2	0.6
3. その他	49	14.3	6.1	-	2.0	-	-	2.0	-	2.0	4.1	6.1	-
4. 非該当	3744	17.2	10.5	1.2	1.1	1.5	0.3	0.5	0.5	1.5	1.7	6.0	0.8
Q13. 希望業種の変化													
1. 希望業種が拡がった	822	16.9	8.2	1.2	0.7	1.5	0.4	0.6	0.5	0.5	2.2	6.7	0.9
2. 希望業種を絞った	414	16.2	11.4	1.7	0.5	1.0	-	1.4	1.2	1.4	0.5	6.8	1.2
3. 大きな変化はない	621	12.4	9.8	1.0	1.0	0.6	0.6	0.8	0.6	1.4	3.2	6.6	0.5
4. 非該当	3744	17.2	10.5	1.2	1.1	1.5	0.3	0.5	0.5	1.5	1.7	6.0	0.8
Q13SQ1. 現在の希望業種													
1. 農林・水産	103	13.6	7.8	1.9	-	1.0	-	1.9	-	-	6.8	2.9	1.0
2. 食品	249	12.4	5.2	1.6	1.2	1.6	-	0.4	1.6	0.4	2.0	6.0	0.8
3. 建設・設備関連	108	16.7	7.4	1.9	1.9	-	-	2.8	0.9	-	0.9	6.5	2.8
4. 住宅・インテリア	114	19.3	7.0	0.9	-	-	-	2.6	0.9	0.9	1.8	10.5	-
5. アパレル・服飾関連	59	22.0	3.4	-	1.7	1.7	-	-	1.7	-	3.4	3.4	-
6. 繊維・紙・パルプ	83	13.3	4.8	-	1.2	-	-	1.2	1.2	-	3.6	4.8	-
7. 化学・石油	148	16.9	7.4	2.0	0.7	1.4	-	0.7	0.7	1.4	3.4	5.4	1.4
8. 薬品・化粧品	129	16.3	4.7	1.6	1.6	1.6	-	0.8	0.8	-	4.7	5.4	2.3
9. ゴム・ガラス・セラミックス	62	14.5	4.8	-	3.2	3.2	-	-	-	1.6	1.6	9.7	1.6
10. 鉄鋼・金属・鉱業	102	19.6	6.9	1.0	1.0	2.0	-	1.0	1.0	1.0	2.9	9.8	1.0
11. 機械	125	13.6	7.2	1.6	0.8	2.4	-	0.8	2.4	-	1.6	11.2	1.6
12. プラント・エンジニアリング	71	18.3	4.2	-	-	4.2	-	-	-	-	2.8	2.8	1.4
13. 電子・電気・OA機器	120	15.8	8.3	1.7	0.8	1.7	-	0.8	1.7	-	2.5	6.7	0.8
14. 自動車・輸送用機器	78	10.3	5.1	1.3	-	1.3	1.3	2.6	1.3	2.6	5.1	17.9	3.8
15. 精密・医療機器	113	15.9	2.7	0.9	-	1.8	-	1.8	1.8	0.9	1.8	8.0	1.8
16. 印刷・事務機器・日用品	125	18.4	6.4	1.6	1.6	0.8	-	0.8	1.6	-	0.8	8.0	-
17. スポーツ・玩具・ゲーム製品	68	19.1	11.8	-	-	-	1.5	-	-	-	1.5	13.2	1.5
18. その他メーカー・製造関連	54	18.5	7.4	1.9	1.9	1.9	-	-	-	-	5.6	9.3	1.9
19. 総合商社	112	13.4	8.0	1.8	-	-	-	-	0.9	0.9	2.7	10.7	0.9
20. 商社	212	14.6	7.1	1.4	-	-	-	0.5	0.5	0.5	2.4	9.0	0.9
21. 百貨店・スーパー・コンビニ	102	16.7	5.9	1.0	2.0	1.0	1.0	1.0	-	-	2.0	6.9	-
22. 専門店	63	17.5	6.3	1.6	-	3.2	-	-	-	1.6	3.2	7.9	-
23. 銀行・証券	160	14.4	9.4	1.3	1.3	1.3	0.6	-	0.6	-	-	9.4	1.3
24. 信金・労金・信組	85	14.1	10.6	2.4	1.2	1.2	1.2	-	1.2	-	-	10.6	1.2
25. クレジット・信販・リース・その他金融	58	19.0	12.1	-	-	-	-	1.7	-	-	-	6.9	-
26. 生保・損保	82	13.4	6.1	-	1.2	-	-	-	-	1.2	1.2	6.1	1.2
27. 不動産	95	12.6	10.5	1.1	1.1	3.2	-	2.1	-	2.1	-	6.3	1.1
28. 鉄道・航空	113	15.0	9.7	-	0.9	0.9	-	0.9	-	0.9	1.8	10.6	1.8
29. 陸運・海運・物流	86	17.4	11.6	-	-	1.2	-	-	-	-	3.5	7.0	3.5
30. 電力・ガス・エネルギー	73	21.9	2.7	-	1.4	-	-	1.4	-	-	5.5	5.5	1.4
31. レストラン・給食・フードサービス	38	15.8	7.9	-	-	2.6	-	-	-	-	-	5.3	-
32. ホテル・旅行	67	19.4	9.0	1.5	-	-	-	-	-	-	3.0	4.5	3.0
33. 医療機関・調剤薬局	82	12.2	9.8	1.2	1.2	2.4	-	-	-	-	2.4	2.4	-
34. 福祉サービス	44	11.4	9.1	4.5	2.3	-	-	-	-	2.3	2.3	2.3	-
35. フィットネスクラブ・エステ・理美容	15	20.0	6.7	-	6.7	-	-	-	-	-	-	6.7	-
36. アミューズメント・レジャー	47	23.4	4.3	2.1	-	-	-	2.1	2.1	-	2.1	4.3	2.1
37. 冠婚葬祭	24	25.0	-	-	4.2	-	-	-	-	-	-	4.2	-
38. 専門・その他サービス	54	22.2	13.0	1.9	-	-	-	-	1.9	-	3.7	3.7	-
39. コンサルティング・シンクタンク・調査	98	27.6	13.3	1.0	-	1.0	-	-	1.0	-	-	5.1	1.0
40. 人材サービス（派遣・紹介）	89	21.3	6.7	1.1	-	1.1	-	-	-	1.1	1.1	5.6	-
41. 教育	98	20.4	5.1	-	1.0	-	-	1.0	-	1.0	1.0	6.1	-
42. ソフトウエア・情報処理・ネット関連	251	21.9	10.4	1.6	0.4	1.6	0.4	0.4	1.2	0.4	1.2	6.0	0.4
43. ゲームソフト	39	15.4	5.1	-	-	2.6	2.6	-	-	-	2.6	12.8	-
44. 通信	87	20.7	11.5	1.1	-	1.1	1.1	1.1	-	-	-	6.9	1.1
45. マスコミ（放送・新聞）	93	17.2	16.1	2.2	-	-	1.1	1.1	-	1.1	1.1	8.6	1.1
46. マスコミ（出版・広告）	130	18.5	10.0	0.8	-	-	0.8	0.8	0.8	-	0.8	8.5	-
47. 芸能・エンタテインメント	55	14.5	14.5	-	-	-	1.8	-	-	-	1.8	3.6	1.8
48. 官公庁・公社・団体	253	18.6	9.5	0.8	1.6	0.4	0.4	2.0	0.4	-	2.4	4.0	1.6
49. これら以外のその他	26	15.4	7.7	-	3.8	3.8	-	-	-	7.7	-	-	-
50. 特に決めていない	46	10.9	4.3	-	-	4.3	-	2.2	-	-	2.2	8.7	-
51. 非該当	4365	16.5	10.4	1.2	1.1	1.4	0.4	0.5	0.5	1.5	1.9	6.1	0.8

F2.居住地域

	N	滋賀県	京都府	大阪府	兵庫県	奈良県	和歌山県	鳥取県	島根県	岡山県	広島県	山口県	徳島県
全体	5601	1.7	5.1	8.7	4.9	1.4	0.2	0.3	0.4	1.6	1.9	0.5	0.3
Q11.就職予定先企業での働き方													
1.地域限定正社員（就業する地域が特定されているか一定の範囲内にあらかじめ決められている働き方の正社員）	818	1.0	3.2	7.9	3.5	1.2	0.4	0.1	0.5	2.1	1.8	0.6	0.5
2.職務限定正社員（従事する職務（職種）が特定されているか一定の範囲内にあらかじめ決められている働き方の正社員）	601	1.2	5.2	7.2	4.0	1.5	0.5	0.5	-	2.7	2.5	0.3	0.3
3.勤務時間限定正社員（所定の勤務時間を超えた勤務はないか、あっても一定の場合の限られた時間にあらかじめ決められている働き方の正社員）	106	0.9	1.9	9.4	5.7		0.9	-	-	0.9	0.9	-	0.9
4.上記のような限定のない一般の正社員	2534	2.0	5.9	9.2	5.1	1.7	0.2	0.3	0.3	1.3	1.5	0.4	0.2
5.契約社員	17	-	-	23.5	5.9	-	-	-	-	-	-	-	-
6.その他	23	-	-	8.7	-	-	4.3	-	-	-	-	-	8.7
7.非該当	1911	1.7	4.8	8.9	5.2	1.2	0.2	0.3	0.5	1.5	2.1	0.5	0.5
Q11SQ2.就職予定先企業での働き方は希望していたものか													
1.はい	3511	1.8	5.2	8.6	4.8	1.5	0.2	0.3	0.3	1.6	1.7	0.4	0.3
2.いいえ	179	0.6	6.7	8.4	4.5	2.2	1.1	0.6	-	1.1	2.2	0.6	-
3.非該当	1911	1.7	4.8	8.9	5.2	1.2	0.2	0.3	0.5	1.5	2.1	0.5	0.5
Q11SQ3.就職予定先企業での働き方が希望と異なった理由													
1.希望する働き方での募集がなかったから	40	-	7.5	5.0	10.0	2.5	2.5	2.5	-	2.5	-	-	-
2.その働き方でしか採用されなかったから	51	2.0	9.8	15.7	5.9	3.9	-	-	-	2.0	3.9	-	-
3.採用後に希望する働き方に転換できる可能性があったから	35	-	5.7	8.6	2.9	2.9	-	-	-	-	2.9	-	-
4.家庭の事情などで変化があったから	6	-	-	-	-	-	-	-	-	-	-	-	-
5.その他	14	-	7.1	-	-	-	7.1	-	-	7.1	-	-	-
6.特に理由はない	33	-	3.0	6.1	-	-	-	-	-	-	-	3.0	-
7.非該当	5422	1.8	5.1	8.7	4.9	1.4	0.2	0.3	0.4	1.6	1.9	0.5	0.4
Q12.就職活動継続理由													
1.まだ内定を得ていないから	990	2.0	4.9	9.6	5.7	1.2	-	0.3	0.6	1.2	1.7	0.8	0.4
2.すでに内定を得ているが、就職を希望する企業が他にあるから	818	1.6	4.5	7.8	5.0	1.1	0.5	0.2	0.4	2.0	2.7	0.2	0.5
3.その他	49	-	8.2	10.2	4.1	-	-	-	-	-	2.0	-	2.0
4.非該当	3744	1.7	5.2	8.7	4.7	1.6	0.2	0.3	0.3	1.6	1.8	0.4	0.3
Q13.希望業種の変化													
1.希望業種が拡がった	822	1.7	5.5	9.2	5.1	1.3	0.4	0.2	0.5	1.2	1.9	0.5	0.5
2.希望業種を絞った	414	1.9	4.1	8.2	4.3	0.2	-	0.5	0.5	1.2	2.4	1.2	0.5
3.大きな変化はない	621	1.8	4.5	8.7	6.3	1.4	0.2	0.2	0.5	2.1	2.3	0.2	0.5
4.非該当	3744	1.7	5.2	8.7	4.7	1.6	0.2	0.3	0.3	1.6	1.8	0.4	0.3
Q13SQ1.現在の希望業種													
1.農林・水産	103	-	3.9	4.9	4.9	1.0	-	-	1.0	1.9	1.0	1.0	1.0
2.食品	249	1.6	5.2	11.6	6.0	1.6	-	0.4	0.4	0.8	2.8	0.4	1.2
3.建設・設備関連	108	1.9	4.6	7.4	4.6	0.9	-	0.9	-	0.9	-	0.9	-
4.住宅・インテリア	114	0.9	5.3	5.3	7.9	2.6	0.9	-	-	1.8	0.9	2.6	-
5.アパレル・服飾関連	59	6.8	6.8	10.2	5.1	3.4	-	-	1.7	-	-	-	-
6.繊維・紙・パルプ	83	6.0	4.8	13.3	8.4	2.4	-	-	-	1.2	1.2	1.2	-
7.化学・石油	148	3.4	4.7	12.8	7.4	0.7	-	-	-	2.0	2.7	0.7	-
8.薬品・化粧品	129	3.1	5.4	9.3	4.7	0.8	-	0.8	-	2.3	0.8	-	1.6
9.ゴム・ガラス・セラミックス	62	1.6	6.5	8.1	8.1	-	-	-	-	3.2	-	1.6	-
10.鉄鋼・金属・鉱業	102	2.0	5.9	9.8	4.9	-	-	-	1.0	1.0	1.0	2.0	-
11.機械	125	4.8	8.8	10.4	4.8	-	-	-	0.8	-	0.8	0.8	-
12.プラント・エンジニアリング	71	1.4	11.3	7.0	5.6	1.4	-	-	-	1.4	1.4	-	-
13.電子・電気・OA機器	120	5.8	5.8	8.3	5.0	0.8	-	-	0.8	-	1.7	0.8	-
14.自動車・輸送用機器	78	2.6	6.4	10.3	2.6	-	-	-	1.3	-	2.6	-	-
15.精密・医療機器	113	2.7	5.3	9.7	6.2	0.9	0.9	0.9	0.9	0.9	-	0.9	-
16.印刷・事務機器・日用品	125	3.2	7.2	9.6	6.4	0.8	-	0.8	-	-	2.4	0.8	-
17.スポーツ・玩具・ゲーム製品	68	-	4.4	8.8	8.8	1.5	-	-	-	-	-	-	-
18.その他メーカー・製造関連	54	1.9	9.3	7.4	1.9	-	-	-	-	-	5.6	-	-
19.総合商社	112	1.8	6.3	6.3	8.9	1.8	-	-	0.9	1.8	0.9	0.9	0.9
20.商社	212	3.3	3.8	9.4	7.1	1.4	-	-	0.5	0.9	1.9	0.5	0.5
21.百貨店・スーパー・コンビニ	102	2.0	4.9	6.9	3.9	-	-	1.0	-	2.0	3.9	-	-
22.専門店	63	1.6	-	6.3	6.3	-	-	-	-	-	4.8	-	1.6
23.銀行・労金・信組	160	1.3	2.5	9.4	6.9	-	0.6	-	0.6	0.6	1.9	-	0.6
24.信金・信金・信組	85	2.4	1.2	7.1	3.5	-	1.2	-	-	-	1.2	-	-
25.クレジット・信販・リース・その他金融	58	-	1.7	6.9	8.6	-	-	-	-	1.7	3.4	-	-
26.生保・損保	82	-	4.9	8.5	9.8	2.4	-	-	-	1.2	3.7	-	-
27.不動産	95	2.1	6.3	7.4	4.2	-	-	-	-	3.2	1.1	-	-
28.鉄道・航空	113	2.7	7.1	8.8	7.1	-	-	-	0.9	0.9	1.8	-	-
29.陸運・海運・物流	86	1.2	5.8	5.8	8.1	-	-	-	-	-	2.3	-	1.2
30.電力・ガス・エネルギー	73	-	5.5	9.6	6.8	-	-	-	-	1.4	4.1	-	-
31.レストラン・給食・フードサービス	38	-	-	10.5	7.9	5.3	-	-	-	2.6	-	-	-
32.ホテル・旅行	67	1.5	6.0	9.0	7.5	-	-	-	-	-	1.5	-	-
33.医療機関・調剤薬局	82	1.2	2.4	8.5	4.9	1.2	-	1.2	-	3.7	3.7	1.2	1.2
34.福祉サービス	44	-	-	13.6	4.5	-	-	-	-	4.5	2.3	-	-
35.フィットネスクラブ・エステ・理美容	15	-	-	20.0	6.7	-	-	-	-	-	-	-	-
36.アミューズメント・レジャー	47	-	4.3	6.4	8.5	2.1	-	-	-	-	2.1	-	-
37.冠婚葬祭	24	-	4.2	8.3	8.3	-	-	-	4.2	4.2	4.2	-	-
38.専門・その他サービス	54	1.9	-	7.4	3.7	-	3.7	-	-	-	-	1.9	-
39.コンサルティング・シンクタンク・調査	98	2.0	6.1	3.1	4.1	1.0	1.0	-	-	-	2.0	-	-
40.人材サービス（派遣・紹介）	89	1.1	9.0	4.5	3.4	2.1	1.1	-	-	1.1	3.4	1.1	1.1
41.教育	98	3.1	6.1	10.2	4.1	-	-	-	-	1.0	6.1	-	-
42.ソフトウエア・情報処理・ネット関連	251	1.6	4.4	7.6	4.8	1.6	-	-	0.4	1.2	1.6	-	-
43.ゲームソフト	39	-	2.6	5.1	7.7	5.1	-	-	-	-	2.6	-	-
44.通信	87	-	3.4	8.0	4.6	1.1	-	-	1.1	-	3.4	-	-
45.マスコミ（放送・新聞）	93	1.1	2.2	8.6	4.3	1.1	-	-	-	-	1.1	-	-
46.マスコミ（出版・広告）	130	1.5	4.6	10.0	3.8	1.5	-	-	-	-	2.3	1.5	-
47.芸能・エンタテインメント	55	1.8	3.6	5.5	9.1	3.6	-	-	-	-	-	1.8	-
48.官公庁・公社・団体	253	2.0	4.3	7.1	4.7	-	-	0.4	0.8	0.8	1.2	0.4	0.4
49.これら以外のその他	26	3.8	3.8	3.8	3.8	3.8	-	-	-	-	-	-	-
50.特に決めていない	46	4.3	6.5	6.5	6.5	-	-	-	-	-	-	4.3	-
51.非該当	4365	1.7	5.1	8.7	4.9	1.6	0.2	0.3	0.3	1.7	1.8	0.4	0.3

F2居住地域

全体	N	香川県	愛媛県	高知県	福岡県	佐賀県	長崎県	熊本県	大分県	宮崎県	鹿児島県	沖縄県	海外
全体	5601	0.3	0.8	0.3	3.2	0.5	0.6	0.8	0.5	0.2	0.4	0.3	0.1
Q11.就職予定先企業での働き方													
1.地域限定正社員（就業する地域が特定されているか一定の範囲内にあらかじめ決められている働き方の正社員）	818	0.5	1.5	0.4	3.2	0.7	0.9	1.6	0.5	0.4	0.4	0.4	-
2.職務限定正社員（従事する職務（職種）が特定されているか一定の範囲内にあらかじめ決められている働き方の正社員）	601	0.5	0.2	0.3	4.0	0.7	0.7	0.8	0.2	0.5	0.2	-	0.2
3.勤務時間限定正社員（所定の勤務時間を超えた勤務はないか、あっても一定の場合の限られた時間にあらかじめ決められている働き方の正社員）	106	0.9	-	-	0.9	0.9	-	-	-	-	-	-	-
4.上記のような限定のない一般の正社員	2534	0.2	0.7	0.2	3.2	0.5	0.4	0.6	0.4	0.2	0.2	0.2	-
5.契約社員	17	-	-	-	-	-	5.9	-	-	-	-	-	-
6.その他	23	-	-	-	4.3	-	-	-	4.3	-	4.3	-	-
7.非該当	1911	0.4	0.9	0.3	3.1	0.3	0.7	0.8	0.6	0.3	0.7	0.5	0.1
Q11SQ2.就職予定先企業での働き方は希望していたものか													
1.はい	3511	0.3	0.7	0.3	3.2	0.5	0.5	0.8	0.4	0.2	0.2	0.3	-
2.いいえ	179	-	1.7	0.6	3.4	1.7	1.1	1.1	0.6	-	0.6	-	-
3.非該当	1911	0.4	0.9	0.3	3.1	0.3	0.7	0.8	0.6	0.3	0.7	0.5	0.1
Q11SQ3.就職予定先企業での働き方が希望と異なった理由													
1.希望する働き方での募集がなかったから	40	-	2.5	-	2.5	2.5	-	2.5	2.5	-	-	-	-
2.その働き方でしか採用されなかったから	51	-	-	2.0	2.0	-	-	-	-	-	-	-	-
3.採用後に希望する働き方に転換できる可能性があったから	35	-	-	-	5.7	5.7	5.7	-	-	-	2.9	-	-
4.家庭の事情などで変化があったから	6	-	16.7	-	-	-	-	-	-	-	-	-	-
5.その他	14	-	7.1	-	7.1	-	-	7.1	-	-	-	-	-
6.特に理由はない	33	-	-	-	3.0	-	-	-	-	-	-	-	-
7.非該当	5422	0.3	0.8	0.3	3.2	0.4	0.6	0.8	0.5	0.2	0.4	0.3	0.1
Q12.就職活動継続理由													
1.まだ内定を得ていないから	990	0.1	0.7	0.2	2.8	0.3	0.6	0.9	0.4	0.3	0.9	0.6	0.1
2.すでに内定を得ているが、就職を希望する企業が他にあるから	818	0.7	1.1	0.4	3.3	0.4	1.0	0.7	0.9	0.2	0.5	0.2	0.1
3.その他	49	-	-	-	6.1	-	-	-	-	-	-	2.0	-
4.非該当	3744	0.3	0.8	0.3	3.2	0.6	0.6	0.8	0.4	0.2	0.2	0.2	-
Q13.希望業種の変化													
1.希望業種が拡がった	822	0.5	0.9	0.4	3.4	0.4	0.6	0.6	0.6	0.4	0.6	0.4	0.2
2.希望業種を絞った	414	0.2	1.2	0.2	2.7	-	1.2	0.2	0.5	0.5	0.2	0.5	-
3.大きな変化はない	621	0.3	0.6	0.2	3.1	0.5	0.6	1.4	0.6	-	1.1	0.6	-
4.非該当	3744	0.3	0.8	0.3	3.2	0.5	0.6	0.8	0.4	0.2	0.2	0.2	-
Q13SQ1.現在の希望業種													
1.農林・水産	103	1.9	1.9	2.9	2.9	-	2.9	1.9	-	1.0	1.9	1.0	1.0
2.食品	249	1.2	1.6	0.8	3.2	0.4	0.8	0.4	0.4	0.4	0.8	0.4	0.4
3.建設・設備関連	108	0.9	0.9	0.9	2.8	-	0.9	0.9	-	0.9	0.9	1.9	-
4.住宅・インテリア	114	-	0.9	0.9	-	0.9	1.8	-	-	0.9	1.8	0.9	-
5.アパレル・服飾関連	59	-	3.4	1.7	1.7	-	1.7	-	-	-	-	-	-
6.繊維・紙・パルプ	83	-	1.2	1.2	1.2	-	1.2	-	-	2.4	1.2	-	-
7.化学・石油	148	-	0.7	0.7	-	-	1.4	0.7	0.7	0.7	0.7	-	-
8.薬品・化粧品	129	-	0.8	1.6	3.9	0.8	-	0.8	-	-	1.6	0.8	-
9.ゴム・ガラス・セラミックス	62	-	1.6	1.6	1.6	-	-	-	-	1.6	1.6	-	-
10.鉄鋼・金属・鉱業	102	-	1.0	1.0	1.0	-	1.0	-	-	-	-	-	-
11.機械	125	0.8	-	1.6	1.6	-	-	-	0.8	-	1.6	-	-
12.プラント・エンジニアリング	71	-	1.4	1.4	2.8	-	-	-	-	-	-	2.8	-
13.電子・電気・OA機器	120	-	0.8	0.8	2.5	0.8	-	0.8	-	0.8	1.7	0.8	-
14.自動車・輸送用機器	78	-	-	2.6	-	-	-	-	1.3	-	-	1.3	-
15.精密・医療機器	113	-	2.7	0.9	3.5	0.9	-	0.9	0.9	-	0.9	-	-
16.印刷・事務機器・日用品	125	-	3.2	0.8	0.8	-	1.6	0.8	0.8	0.8	0.8	0.8	-
17.スポーツ・玩具・ゲーム製品	68	-	4.4	1.5	-	-	-	-	-	-	1.5	1.5	-
18.その他メーカー・製造関連	54	-	3.7	1.9	-	-	-	-	1.9	-	-	-	-
19.総合商社	112	-	2.7	0.9	0.9	-	-	0.9	-	-	1.8	0.9	1.8
20.商社	212	0.5	0.9	0.5	2.4	-	0.5	0.5	0.5	0.5	0.9	0.5	0.5
21.百貨店・スーパー・コンビニ	102	-	2.9	1.0	2.9	-	-	-	2.0	-	-	2.0	1.0
22.専門店	63	-	3.2	1.6	1.6	-	1.6	1.6	-	1.6	-	-	1.6
23.銀行・証券	160	-	1.9	0.6	3.1	0.6	0.6	0.6	0.6	0.6	-	1.3	0.6
24.信金・労金・信組	85	-	1.2	1.2	2.4	1.2	1.2	-	-	1.2	-	1.2	-
25.クレジット・信販・リース・その他金融	58	-	1.7	-	5.2	1.7	-	-	-	-	-	1.7	-
26.生保・損保	82	-	1.2	1.2	3.7	-	2.4	-	-	-	-	1.2	-
27.不動産	95	-	2.1	-	3.2	-	2.1	1.1	-	-	-	1.1	1.1
28.鉄道・航空	113	-	1.8	0.9	2.7	0.9	0.9	1.8	-	-	0.9	-	-
29.陸運・海運・物流	86	-	3.5	-	3.5	-	-	-	1.2	1.2	1.2	-	-
30.電力・ガス・エネルギー	73	-	2.7	-	4.1	-	-	1.4	-	-	-	1.4	-
31.レストラン・給食・フードサービス	38	-	2.6	-	5.3	-	-	-	-	-	2.6	2.6	-
32.ホテル・旅行	67	-	3.0	-	4.5	-	-	1.5	-	-	-	3.0	-
33.医療機関・調剤薬局	82	1.2	-	-	4.9	-	1.2	3.7	-	1.2	1.2	1.2	1.2
34.福祉サービス	44	-	4.5	-	2.3	-	-	-	-	-	2.3	-	-
35.フィットネスクラブ・エステ・理美容	15												
36.アミューズメント・レジャー	47	-	-	-	-	-	-	-	-	-	-	2.1	-
37.冠婚葬祭	24	8.3	-	-	4.2	-	-	-	-	-	8.3	-	-
38.専門・その他サービス	54	-	-	-	5.6	1.9	-	1.9	-	-	1.9	-	-
39.コンサルティング・シンクタンク・調査	98	1.0	1.0	-	2.0	-	1.0	-	-	1.0	1.0	-	-
40.人材サービス（派遣・紹介）	89	1.1	1.1	-	4.5	-	1.1	-	-	1.1	1.1	1.1	1.1
41.教育	98	-	3.1	-	4.1	-	2.0	-	-	1.0	1.0	-	-
42.ソフトウエア・情報処理・ネット関連	251	-	0.8	0.8	2.4	0.4	-	0.8	1.2	0.4	0.8	0.4	0.4
43.ゲームソフト	39	-	5.1	-	2.6	-	-	-	-	-	-	-	2.6
44.通信	87	-	2.3	-	1.1	-	-	2.3	1.1	-	-	1.1	1.1
45.マスコミ（放送・新聞）	93	-	-	-	4.3	-	1.1	2.2	1.1	-	2.2	-	-
46.マスコミ（出版・広告）	130	-	2.3	-	1.5	-	-	0.8	0.8	0.8	2.3	0.8	-
47.芸能・エンタテインメント	55	-	-	-	1.8	-	1.8	-	-	-	-	-	-
48.官公庁・公社・団体	253	1.2	0.4	-	2.8	-	0.8	0.4	0.8	0.8	-	-	-
49.これら以外のその他	26	-	-	-	-	-	-	-	-	-	7.7	-	-
50.特に決めていない	46	-	2.2	-	8.7	-	2.2	-	2.2	-	-	2.1	-
51.非該当	4365	0.3	0.8	0.3	3.2	0.5	0.6	0.9	0.5	0.2	0.4	0.3	-

F2 居住地域

全体	N	北海道	青森県	岩手県	宮城県	秋田県	山形県	福島県	茨城県	栃木県	群馬県	埼玉県	千葉県
全体	5601	3.2	0.7	0.7	2.2	0.5	0.6	0.4	2.0	0.7	1.0	6.0	5.0
Q14. 希望する働き方の変化													
1.限定正社員や契約社員を希望していたが、一般の正社員希望に変えた、または一般の正社員に絞った	132	5.3	3.0	0.8	2.3	-	0.8	-	2.3	0.8	1.5	7.6	3.0
2.一般の正社員を希望していたが、限定正社員や契約社員を希望するようになった	64	4.7	1.6	1.6	-	-	-	-	6.3	-	-	15.6	3.1
3.大きな変化はない	1661	3.4	0.4	1.0	1.7	0.4	0.5	0.4	2.0	0.5	1.0	6.1	5.4
4.非該当	3744	3.0	0.7	0.6	2.5	0.6	0.6	0.4	1.9	0.8	1.0	5.7	4.9
Q14SQ1.現在希望する働き方													
1.地域限定正社員（就業する地域が特定されているか一定の範囲内にあらかじめ決められている働き方の正社員）	43	4.7	-	2.3	-	-	-	-	7.0	-	-	14.0	2.3
2.職務限定正社員（従事する職務（職種）が特定されているか一定の範囲内にあらかじめ決められている働き方の正社員）	32	6.3	-	3.1	-	-	-	-	12.5	-	-	12.5	-
3.勤務時間限定正社員（所定の勤務時間を超えた勤務はないか、あっても一定の場合の限られた時間にあらかじめ決められている働き方の正社員）	17	5.9	5.9	-	-	-	-	-	5.9	-	-	17.6	11.8
4.契約社員（一定の業務に就くことを前提に、期間の定めのある契約で採用する社員）	19	10.5	-	5.3	-	-	-	-	5.3	-	-	5.3	5.3
5.その他	4	-	-	-	-	-	-	-	-	-	-	25.0	-
6.非該当	5537	3.2	0.7	0.7	2.3	0.5	0.6	0.4	1.9	0.7	1.0	5.9	5.0
Q14SQ2.希望する働き方が変わった理由													
1.希望している企業のなかでは、その働き方でしか求人している企業がないから	69	7.2	2.9	2.9	1.4	-	-	-	1.4	-	-	13.0	5.8
2.その働き方でしか内定が得られないと思うから	46	-	-	-	2.2	-	-	-	4.3	2.2	-	8.7	-
3.採用後に希望する働き方に転換できる可能性がある求人があるから	39	5.1	-	-	-	-	2.6	-	5.1	-	-	10.3	5.1
4.家庭の事情などで変化があったから	7	-	28.6	-	-	-	-	-	-	-	-	14.3	-
5.その他	3	-	-	-	-	-	-	-	-	-	-	-	-
6.特に理由はない	32	9.4	3.1	-	3.1	-	-	-	6.3	-	6.3	6.3	-
7.非該当	5405	3.2	0.6	0.7	2.3	0.5	0.6	0.4	1.9	0.7	1.0	5.8	5.1
Q15.通年募集・秋季募集は良いと思うか													
1.はい	3395	3.2	0.5	0.7	2.1	0.6	0.7	0.4	2.2	0.8	0.7	5.6	4.6
2.いいえ	436	2.8	0.7	0.7	2.3	-	0.2	0.2	1.4	0.7	0.9	6.0	6.7
3.どちらともいえない	1770	3.3	1.0	0.7	2.5	0.4	0.4	0.5	1.8	0.6	1.6	6.7	5.4
Q15SQ1.通年募集が良いと思う理由													
1.就職活動に時間をかけて自分に合った企業を見極めたいから	2078	3.3	0.6	0.5	2.1	0.6	0.6	0.4	2.2	1.0	0.8	5.8	5.0
2.希望する就職先の候補が複数あり、採用スケジュールが重なるのを避けたいから	1626	3.3	0.7	0.6	2.2	0.5	0.9	0.4	2.7	0.9	0.8	6.0	4.9
3.現在のスケジュールでは、学業に支障があるから	1165	3.9	0.9	0.8	2.5	0.5	0.7	0.3	2.0	0.8	0.6	5.4	5.2
4.海外留学をして帰国する際に、より容易に就職活動できるようになるから	533	4.1	0.6	0.2	1.3	0.6	0.2	0.2	1.9	0.9	0.2	4.9	4.7
5.教育実習のスケジュールと重なるから	250	2.4	1.2	0.8	2.0	-	0.4	0.4	2.4	0.8	0.8	9.2	4.4
6.公務員試験のスケジュールと重なるから	497	5.0	1.0	0.6	1.8	-	1.0	-	2.4	0.6	0.8	4.6	4.8
7.卒業後しばらくしてから仕事に就くことができるようになるから	791	3.7	0.6	0.9	1.3	0.5	0.9	0.4	2.1	0.5	0.6	7.1	4.4
8.家庭の事情などで特定の時期に集中して就職活動ができないから	283	3.2	-	1.4	1.1	0.4	-	0.7	1.4	0.7	1.1	4.9	3.9
9.その他	56	1.8	-	-	3.6	1.8	-	-	3.6	-	-	10.7	1.8
10.特に理由はない	157	1.9	-	2.5	1.9	-	-	-	1.3	0.6	1.3	5.7	3.2
11.非該当	2206	3.2	1.0	0.7	2.5	0.3	0.4	0.4	1.7	0.6	1.5	6.6	5.6
Q16.海外留学経験													
1.したことがある	854	3.5	0.2	0.8	1.3	0.7	0.1	0.1	1.3	0.6	0.8	4.9	5.0
2.したことはない	4747	3.2	0.8	0.7	2.4	0.4	0.7	0.4	2.1	0.7	1.1	6.2	5.0
Q16SQ1.海外留学の形													
1.海外の大学・大学院に入学し、卒業した	66	6.1	-	-	-	-	-	-	1.5	1.5	1.5	3.0	4.5
2.日本の大学・大学院の課程の一環で一定の期間留学した	492	3.5	0.4	0.2	1.4	1.0	0.2	-	1.2	0.6	0.2	5.9	4.1
3.その他	296	3.0	-	2.0	1.4	0.3	-	0.3	1.4	0.3	1.7	3.7	6.8
4.非該当	4747	3.2	0.8	0.7	2.4	0.4	0.7	0.4	2.1	0.7	1.1	6.2	5.0
Q16SQ2.海外留学終了時期と採用スケジュールのミスマッチ													
1.あった	22	18.2	-	-	-	-	-	-	4.5	-	-	-	4.5
2.なかった	44	-	-	-	-	-	-	-	-	2.3	2.3	4.5	4.5
3.非該当	5535	3.2	0.7	0.7	2.3	0.5	0.6	0.4	2.0	0.7	1.0	6.0	5.0

F2 居住地域

全体	N	東京都	神奈川県	新潟県	富山県	石川県	福井県	山梨県	長野県	岐阜県	静岡県	愛知県	三重県
	5601	16.5	10.2	1.2	1.0	1.4	0.4	0.6	0.6	1.4	1.9	6.2	0.8
Q14. 希望する働き方の変化													
1. 限定正社員や契約社員を希望していたが、一般の正社員希望に変えた、または一般の正社員に絞った	132	14.4	6.8	2.3	1.5	0.8	0.8		0.8	0.8	1.5	5.3	1.5
2. 一般の正社員を希望していたが、限定正社員や契約社員を希望するようになった	64	12.5	10.9	1.6	-	-	-		-	-	4.7	6.3	1.6
3. 大きな変化はない	1661	15.4	9.6	1.1	0.7	1.1	0.4	1.0	0.7	1.1	2.1	6.8	0.7
4. 非該当	3744	17.2	10.5	1.2	1.1	1.5	0.3	0.5	0.5	1.5	1.7	6.0	0.8
Q14SQ1. 現在希望する働き方													
1. 地域限定正社員（就業する地域が特定されているか一定の範囲内にあらかじめ決められている働き方の正社員）	43	11.6	11.6	-							7.0	7.0	2.3
2. 職務限定正社員（従事する職務（職種）が特定されているか一定の範囲内にあらかじめ決められている働き方の正社員）	32	15.6	9.4	3.1							3.1	3.1	3.1
3. 勤務時間限定正社員（所定の勤務時間を超えた勤務はないか、あっても一定の場合の限られた時間にあらかじめ決められている働き方の正社員）	17	11.8	11.8	-							5.9	-	-
4. 契約社員（一定の業務に就くことを前提に、期間の定めのある契約で採用する社員）	19	15.8	10.5	-							5.3	15.8	-
5. その他	4	25.0	-										
6. 非該当	5537	16.6	10.1	1.2	1.0	1.4	0.4	0.6	0.6	1.4	1.8	6.2	0.8
Q14SQ2. 希望する働き方が変わった理由													
1. 希望している企業のなかでは、その働き方でしか求人してい\nる企業がないから	69	14.5	8.7	2.9	-	-	1.4	-	1.4	-	-	5.8	1.4
2. その働き方でしか内定が得られないと思うから	46	10.9	10.9	2.2	-	2.2	-	-	-	-	4.3	6.5	-
3. 採用後に希望する働き方に転換できる可能性がある求人があ\nるから	39	20.5	10.3	-	2.6	-	-	-	-	-	2.6	5.1	-
4. 家庭の事情などで変化があったから	7	-	-	-	-	-	-	-	-	-	14.3	-	14.3
5. その他	3	33.3	-								33.3	-	
6. 特に理由はない	32	9.4	3.1	3.1	3.1	-	-	-	-	3.1	-	6.3	3.1
7. 非該当	5405	16.6	*10.2	1.2	1.0	1.4	0.4	0.6	0.6	1.4	1.8	6.3	0.8
Q15. 通年募集・秋季募集は良いと思うか													
1. はい	3395	17.8	10.6	1.0	1.1	1.3	0.2	0.5	0.6	0.9	1.9	6.1	0.8
2. いいえ	436	16.1	8.5	0.9	0.7	1.6	0.5	0.9	0.7	2.1	2.5	7.6	1.1
3. どちらともいえない	1770	14.3	9.8	1.6	0.8	1.4	0.6	0.6	0.6	2.0	1.6	6.2	0.8
Q15SQ1. 通年募集・秋季募集が良いと思う理由													
1. 就職活動に時間をかけて自分に合った企業を見極めたいから	2078	18.6	10.4	0.9	1.3	1.0	0.2	0.5	0.4	0.9	2.0	6.1	0.7
2. 希望する就職先の候補が複数あり、採用スケジュールが重なるのを避けたいから	1626	16.9	9.4	1.2	1.1	1.4	0.3	0.6	0.2	0.7	1.8	5.6	0.9
3. 現在のスケジュールでは、学業に支障があるから	1165	19.1	10.5	1.1	1.0	1.4	0.3	0.3	0.3	0.9	2.1	5.3	0.8
4. 海外留学をして帰国する際に、より容易に就職活動できるようになるから	533	22.5	11.8	1.1	0.8	1.5	0.4	0.4	0.6	0.9	0.9	6.6	0.8
5. 教育実習のスケジュールと重なるから	250	17.2	12.0	0.4	0.8	1.2	0.4	0.4	0.4	1.6	2.0	3.6	0.8
6. 公務員試験のスケジュールと重なるから	497	17.3	9.9	0.4	1.6	1.6	0.2	1.0	0.6	0.8	2.6	5.6	0.8
7. 卒業後しばらくしてから仕事に就くことができるようになるから	791	21.7	10.6	0.5	0.5	1.3	0.3	0.8	0.5	1.1	1.3	6.1	0.4
8. 家庭の事情などで特定の時期に集中して就職活動ができないから	283	17.7	11.3	1.1	1.1	1.4	0.4	0.7	0.4	1.4	1.8	7.4	1.1
9. その他	56	12.5	16.1	1.8	-	-	1.8	-	1.8	-	5.4	1.8	-
10. 特に理由はない	157	18.5	10.2	1.3	1.3	1.9	-	0.6	1.3	0.6	0.6	8.9	1.3
11. 非該当	2206	14.6	9.5	1.5	0.8	1.5	0.6	0.7	0.6	2.0	1.8	6.5	0.9
Q16. 海外留学経験													
1. したことがある	854	20.4	9.6	1.3	0.8	0.7	0.1	0.4	0.4	1.5	0.8	9.3	0.8
2. したことはない	4747	15.8	10.3	1.2	1.0	1.5	0.4	0.6	0.6	1.3	2.0	5.7	0.8
Q16SQ1. 海外留学の形													
1. 海外の大学・大学院に入学し、卒業した	66	18.2	6.1	-	-	-	1.5	1.5	1.5	-	-	10.6	-
2. 日本の大学・大学院の課程の一環で一定の期間留学した	492	21.1	10.6	1.2	0.8	0.8	-	-	0.4	1.2	1.2	8.3	0.8
3. その他	296	19.6	8.8	1.7	1.0	0.3	-	-	0.3	2.4	0.3	10.5	1.0
4. 非該当	4747	15.8	10.3	1.2	1.0	1.5	0.4	0.6	0.6	1.3	2.0	5.7	0.8
Q16SQ2. 海外留学終了時期と採用スケジュールのミスマッチ													
1. あった	22	18.2	-	-	-	-	-	-	-	-	-	9.1	-
2. なかった	44	18.2	9.1	-	-	2.3	2.3	2.3	-	-	-	11.4	-
3. 非該当	5535	16.5	10.2	1.2	1.0	1.4	0.3	0.6	0.6	1.4	1.9	6.2	0.8

―145―

F2 居住地域

	N	滋賀県	京都府	大阪府	兵庫県	奈良県	和歌山県	鳥取県	島根県	岡山県	広島県	山口県	徳島県
全体	5601	1.7	5.1	8.7	4.9	1.4	0.2	0.3	0.4	1.6	1.9	0.5	0.3
Q14. 希望する働き方の変化													
1.限定正社員や契約社員を希望していたが、一般の正社員希望に変えた、または一般の正社員に絞った	132	0.8	5.3	9.8	3.8	0.8	0.8	-	-	-	1.5	-	-
2.一般の正社員を希望していたが、限定正社員や契約社員を希望するようになった	64	1.6	1.6	6.3	-	1.6	-	1.6	-	4.7	1.6	-	-
3.大きな変化はない	1661	1.9	4.9	8.9	5.7	1.1	0.2	0.2	0.5	1.5	2.2	0.6	0.5
4.非該当	3744	1.7	5.2	8.7	4.7	1.4	0.2	0.3	0.3	1.6	1.8	0.4	0.3
Q14SQ1. 現在希望する働き方													
1.地域限定正社員（就業する地域が特定されているか一定の範囲内にあらかじめ決められている働き方の正社員）	43	2.3	2.3	7.0	-	2.3	-	-	-	4.7	-	-	-
2.職務限定正社員（従事する職務（職種）が特定されているか一定の範囲内にあらかじめ決められている働き方の正社員）	32	-	3.1	3.1	-	3.1	-	3.1	-	3.1	3.1	-	-
3.勤務時間限定正社員（所定の勤務時間を超えた勤務はないか、あっても一定の場合の限られた時間にあらかじめ決められている働き方の正社員）	17	-	-	-	-	5.9	-	-	-	5.9	-	-	-
4.契約社員（一定の業務に就くことを前提に、期間の定めのある契約で採用する社員）	19	5.3	-	5.3	-	5.3	-	-	-	-	-	-	-
5.その他	4	-	-	25.0	-	-	-	-	-	25.0	-	-	-
6.非該当	5537	1.7	5.1	8.7	5.0	1.4	0.2	0.3	0.4	1.5	1.9	0.5	0.3
Q14SQ2. 希望する働き方が変わった理由													
1.希望している企業のなかでは、その働き方でしか求人している企業がないから	69	1.4	-	10.1	1.4	-	-	-	-	1.4	-	-	-
2.その働き方でしか内定が得られないと思うから	46	-	10.9	8.7	6.5	2.2	2.2	-	-	2.2	2.2	-	-
3.採用後に希望する働き方に転換できる可能性がある求人があるから	39	-	5.1	7.7	2.6	2.6	-	2.6	-	-	2.6	-	-
4.家庭の事情などで変化があったから	7	-	14.3	14.3	-	-	-	-	-	-	-	-	-
5.その他	3	-	-	-	-	-	-	-	-	33.3	-	-	-
6.特に理由はない	32	3.1	-	6.3	-	-	-	-	-	-	3.1	-	-
7.非該当	5405	1.7	5.1	8.7	5.0	1.4	0.2	0.3	0.4	1.6	1.9	0.5	0.4
Q15. 通年募集・秋季募集は良いと思うか													
1.はい	3395	1.6	5.1	8.9	5.1	1.4	0.2	0.2	0.4	1.4	1.9	0.4	0.4
2.いいえ	436	2.3	6.4	8.7	4.6	1.1	0.2	0.2	-	2.3	1.6	0.2	0.2
3.どちらともいえない	1770	1.8	4.8	8.4	4.7	1.5	0.3	0.5	0.5	1.8	2.0	0.6	0.3
Q15SQ1. 通年募集・秋季募集が良いと思う理由													
1.就職活動に時間をかけて自分に合った企業を見極めたいから	2078	1.6	5.2	8.6	5.0	1.4	0.1	0.2	0.3	1.2	1.8	0.4	0.4
2.希望する就職先の候補が複数あり、採用スケジュールが重なるのを避けたいから	1626	1.5	5.2	9.2	5.2	1.4	0.2	0.2	0.4	1.4	1.7	0.5	0.3
3.現在のスケジュールでは、学業に支障があるから	1165	1.7	5.9	9.0	5.2	1.1	0.2	0.3	0.5	1.0	1.6	0.3	0.4
4.海外留学をして帰国する際に、より容易に就職活動できるようになるから	533	1.7	5.6	8.6	4.5	0.6	0.4	-	0.2	0.8	0.8	0.2	-
5.教育実習のスケジュールと重なるから	250	2.0	4.8	6.4	5.2	1.6	-	-	-	1.2	2.0	0.8	-
6.公務員試験のスケジュールと重なるから	497	1.8	4.0	9.3	4.2	0.8	-	0.2	0.4	1.2	2.6	1.0	0.2
7.卒業後しばらくしてから仕事に就くことができるようになるから	791	1.1	5.3	9.2	3.9	1.0	0.3	0.3	0.1	1.3	1.5	0.3	0.3
8.家庭の事情などで特定の時期に集中して就職活動ができないから	283	1.8	4.2	10.2	6.4	1.4	0.4	-	-	1.8	1.1	-	-
9.その他	56	1.8	12.5	-	3.6	-	-	-	-	1.8	3.6	-	-
10.特に理由はない	157	-	5.7	7.0	6.4	1.3	0.6	-	0.6	2.5	1.9	0.6	1.9
11.非該当	2206	1.9	5.1	8.4	4.7	1.5	0.3	0.4	0.4	1.9	1.9	0.5	0.3
Q16. 海外留学経験													
1.したことがある	854	1.8	5.0	9.1	5.5	1.1	0.2	0.1	0.4	0.9	2.1	0.6	0.1
2.したことはない	4747	1.7	5.1	8.6	4.8	1.5	0.2	0.3	0.4	1.7	1.9	0.4	0.4
Q16SQ1. 海外留学の形													
1.海外の大学・大学院に入学し、卒業した	66	1.5	3.0	12.1	4.5	1.5	-	-	1.5	1.5	1.5	-	1.5
2.日本の大学・大学院の課程の一環で一定の期間留学した	492	1.8	5.5	8.9	4.5	1.2	0.2	-	-	1.2	3.0	1.0	-
3.その他	296	1.7	4.7	8.8	7.4	0.7	0.3	0.3	0.7	0.3	0.7	-	-
4.非該当	4747	1.7	5.1	8.6	4.8	1.5	0.2	0.3	0.4	1.7	1.9	0.4	0.4
Q16SQ2. 海外留学終了時期と採用スケジュールのミスマッチ													
1.あった	22	-	-	9.1	4.5	-	-	-	4.5	-	-	-	4.5
2.なかった	44	2.3	4.5	13.6	4.5	2.3	-	-	-	2.3	2.3	-	-
3.非該当	5535	1.7	5.1	8.7	4.9	1.4	0.2	0.3	0.3	1.6	1.9	0.5	0.3

F2.居住地域

	N	香川県	愛媛県	高知県	福岡県	佐賀県	長崎県	熊本県	大分県	宮崎県	鹿児島県	沖縄県	海外
全体	5601	0.3	0.8	0.3	3.2	0.5	0.6	0.8	0.5	0.2	0.4	0.3	0.1
Q14.希望する働き方の変化													
1.限定正社員や契約社員を希望していたが、一般の正社員希望に変えた、または一般の正社員に絞った	132	0.8	1.5	-	4.5		2.3		1.5		1.5	1.5	
2.一般の正社員を希望していたが、限定正社員や契約社員を希望するようになった	64	-	-	3.1	1.6	1.6			1.6		3.1		
3.大きな変化はない	1661	0.4	0.8	0.2	3.1	0.3	0.7	0.8	0.6	0.3	0.5	0.4	0.1
4.非該当	3744	0.3	0.8	0.3	3.2	0.5	0.6	0.8	0.4	0.2	0.2	0.2	-
Q14SQ1.現在希望する働き方													
1.地域限定正社員（就業する地域が特定されているか一定の範囲内にあらかじめ決められている働き方の正社員）	43	-	-	2.3	2.3	-	-	-	2.3		4.7		
2.職務限定正社員（従事する職務（職種）が特定されているか一定の範囲内にあらかじめ決められている働き方の正社員）	32	-	-	3.1	-	3.1	-	-	3.1		-		
3.勤務時間限定正社員（所定の勤務時間を超えた勤務はないか、あっても一定の場合の限られた時間にあらかじめ決められている働き方の正社員）	17	-	-	5.9	5.9	-	-	-	-		-		
4.契約社員（一定の業務に就くことを前提に、期間の定めのある契約で採用する社員）	19	-	-	-	-	-	-	-	-		5.3		
5.その他	4	-	-	-	-	-	-	-	-		-		
6.非該当	5537	0.3	0.8	0.2	3.2	0.5	0.6	0.8	0.5	0.2	0.3	0.3	0.1
Q14SQ2.希望する働き方が変わった理由													
1.希望している企業のなかでは、その働き方でしか求人していない企業がないから	69	1.4	1.4	-	5.8	1.4	1.4	-	-	-	1.4	1.4	-
2.その働き方でしか内定が得られないと思うから	46	-	2.2	2.2	-	-	-	2.2	2.2	2.2	-	-	-
3.採用後に希望する働き方に転換できる可能性がある求人があるから	39	-	-	2.6	5.1	-	-	-	-		-		
4.家庭の事情などで変化があったから	7	-	-	-	-	-	-	-	-		-		
5.その他	3	-	-	-	-	-	-	-	-		-		
6.特に理由はない	32	-	-	-	3.1	-	-	3.1	3.1		9.4	3.1	
7.非該当	5405	0.3	0.8	0.2	3.2	0.5	0.6	0.8	0.5	0.2	0.3	0.3	0.1
Q15.通年募集・秋季募集は良いと思うか													
1.はい	3395	0.3	1.0	0.4	3.1	0.5	0.6	0.6	0.6	0.2	0.4	0.4	0.1
2.いいえ	436	0.2	0.9	-	2.5	-	0.5	1.6	0.5	-	0.2	-	-
3.どちらともいえない	1770	0.3	0.5	0.2	3.5	0.5	0.6	0.9	0.3	0.3	0.3	0.2	-
Q15SQ1.通年募集・秋季募集が良いと思う理由													
1.就職活動に時間をかけて自分に合った企業を見極めたいから	2078	0.4	1.0	0.4	3.1	0.5	0.5	0.7	0.3	0.1	0.4	0.4	-
2.希望する就職先の候補が複数あり、採用スケジュールが重なるのを避けたいから	1626	0.4	1.1	0.3	3.4	0.4	0.5	0.7	0.6	0.3	0.4	0.6	-
3.現在のスケジュールでは、学業に支障があるから	1165	-	0.8	0.3	2.6	0.3	0.3	0.5	0.5	0.2	0.6	0.3	-
4.海外留学をして帰国する際に、より容易に就職活動できるようになるから	533	0.2	0.9	0.6	4.3	0.2	0.6	0.2	0.8	0.2	-	0.4	0.6
5.教育実習のスケジュールと重なるから	250	-	0.8	0.4	4.4	-	1.6	0.4	0.4	-	1.2	0.8	-
6.公務員試験のスケジュールと重なるから	497	0.8	1.2	-	3.8	0.2	0.4	0.8	0.2	0.8	0.8	0.2	-
7.卒業後しばらくしてから仕事に就くことができるようになるから	791	0.3	0.8	0.4	2.7	0.3	0.8	0.5	0.5	-	0.9	0.4	0.1
8.家庭の事情などで特定の時期に集中して就職活動ができないから	283	-	1.4	-	2.8	0.4	1.1	0.7	0.4	0.4	0.4	0.4	0.4
9.その他	56	-	1.8	-	3.6	1.8	-	-	1.8	-	1.8	1.8	-
10.特に理由はない	157	0.6	0.6	-	2.5	1.3	0.6	0.6	-		-	-	
11.非該当	2206	0.3	0.5	0.1	3.3	0.4	0.6	1.0	0.4	0.2	0.3	0.2	-
Q16.海外留学経験													
1.したことがある	854	0.1	0.9	0.1	3.3	0.5	1.1	0.8	0.1	0.2	-	0.1	0.4
2.したことはない	4747	0.3	0.8	0.3	3.2	0.5	0.5	0.8	0.5	0.2	0.4	0.4	-
Q16SQ1.海外留学の形													
1.海外の大学・大学院に入学し、卒業した	66	-	-	-	4.5	1.5	1.5	1.5	-	-	-	-	4.5
2.日本の大学・大学院の課程の一環で一定の期間留学した	492	0.2	0.8	0.2	3.7	0.2	0.8	0.4	-	0.4	-	0.2	-
3.その他	296	-	1.4	-	2.4	0.7	1.4	1.4	0.3	-	-	-	-
4.非該当	4747	0.3	0.8	0.3	3.2	0.5	0.5	0.8	0.5	0.2	0.4	0.4	-
Q16SQ2.海外留学終了時期と採用スケジュールのミスマッチ													
1.あった	22	-	-	-	9.1	-	4.5	-	-	-	-	-	9.1
2.なかった	44	-	-	-	2.3	2.3	-	2.3	-	-	-	-	2.3
3.非該当	5535	0.3	0.8	0.3	3.2	0.5	0.6	0.8	0.5	0.2	0.4	0.3	-

F2SQ2 大学（大学院）の所在地域

	N	北海道	青森県	岩手県	宮城県	秋田県	山形県	福島県	茨城県	栃木県	群馬県	埼玉県	千葉県
全体	5601	3.3	0.7	0.7	2.2	0.4	0.6	0.4	1.4	0.7	1.0	1.9	2.6
F0.就職活動有無													
1.就職活動をしている（していた）	5601	3.3	0.7	0.7	2.2	0.4	0.6	0.4	1.4	0.7	1.0	1.9	2.6
2.就職活動をしていない	-	-	-	-	-	-	-	-	-	-	-	-	-
F1.性別													
1.男性	3027	3.3	0.8	0.6	2.2	0.5	0.6	0.5	1.4	0.7	0.8	2.1	2.6
2.女性	2574	3.2	0.6	0.8	2.2	0.4	0.6	0.3	1.5	0.7	1.2	1.7	2.6
F2.居住地域													
1.北海道	181	98.3	-	-	-	-	-	-	-	-	-	-	-
2.青森県	39	2.6	97.4	-	-	-	-	-	-	-	-	-	-
3.岩手県	40	2.5	-	97.5	-	-	-	-	-	-	-	-	-
4.宮城県	125	-	-	-	96.0	-	-	0.8	2.4	-	-	0.8	-
5.秋田県	27	-	-	-	-	92.6	-	-	-	-	-	3.7	-
6.山形県	32	-	-	-	3.1	-	93.8	3.1	-	-	-	-	-
7.福島県	22	-	-	4.5	4.5	-	-	81.8	-	-	-	-	4.5
8.茨城県	110	0.9	-	-	-	-	-	-	66.4	0.9	-	1.8	6.4
9.栃木県	40	-	-	-	-	-	-	-	-	75.0	7.5	7.5	-
10.群馬県	57	-	-	-	-	-	-	1.8	-	3.5	80.7	1.8	-
11.埼玉県	336	-	-	-	-	-	-	-	0.9	0.9	1.8	21.1	3.6
12.千葉県	280	-	-	-	-	-	-	-	0.7	-	-	1.4	35.7
13.東京都	926	-	-	-	-	-	-	-	0.1	0.1	-	2.5	2.3
14.神奈川県	569	0.2	-	-	-	-	-	0.2	-	-	-	0.5	0.5
15.新潟県	68	-	-	-	-	-	-	-	-	-	-	1.5	-
16.富山県	54	-	-	-	-	-	-	-	-	-	-	-	-
17.石川県	76	-	-	-	-	-	-	-	-	-	-	-	-
18.福井県	20	-	-	-	-	-	-	-	-	-	-	-	-
19.山梨県	33	-	-	-	-	-	-	-	-	-	-	-	-
20.長野県	33	-	-	-	-	-	-	-	-	-	-	-	-
21.岐阜県	76	-	-	-	-	-	-	-	-	-	-	1.3	-
22.静岡県	104	-	-	-	-	-	-	-	1.0	-	-	-	-
23.愛知県	350	0.3	-	-	-	-	-	-	-	-	-	-	-
24.三重県	46	-	-	-	-	-	-	-	-	-	-	-	-
25.滋賀県	96	-	-	-	-	-	-	-	-	-	-	-	-
26.京都府	286	-	-	-	-	-	-	-	-	-	-	-	-
27.大阪府	488	-	-	-	-	-	-	-	-	-	-	-	-
28.兵庫県	276	-	-	-	-	-	-	-	-	-	-	-	-
29.奈良県	80	-	-	-	-	-	-	-	-	-	-	-	-
30.和歌山県	13	-	-	-	-	-	-	-	-	-	-	-	-
31.鳥取県	16	-	-	-	-	-	-	-	-	-	-	-	-
32.島根県	20	-	-	-	-	-	-	-	-	5.0	-	-	-
33.岡山県	88	-	-	-	-	-	-	-	-	-	-	-	-
34.広島県	106	-	-	-	-	-	-	-	-	-	-	-	-
35.山口県	26	-	-	-	-	-	-	-	-	-	-	-	-
36.徳島県	19	-	-	-	-	-	-	-	-	-	-	-	-
37.香川県	17	-	-	-	-	-	-	-	-	-	-	-	-
38.愛媛県	45	-	-	-	-	-	-	-	-	-	-	-	-
39.高知県	15	-	-	-	-	-	-	-	-	-	-	-	-
40.福岡県	179	-	-	-	0.6	-	-	-	-	-	-	-	0.6
41.佐賀県	26	-	-	-	-	-	-	-	-	-	-	-	-
42.長崎県	35	-	-	-	-	-	-	-	-	-	-	-	-
43.熊本県	44	-	-	-	-	-	-	-	-	-	-	-	-
44.大分県	27	-	-	-	-	-	-	-	-	-	-	-	-
45.宮崎県	13	-	-	-	-	-	-	-	-	-	-	-	-
46.鹿児島県	21	-	-	-	-	-	-	-	-	-	-	-	-
47.沖縄県	18	-	-	-	-	-	-	-	-	-	-	-	-
48.海外	3	-	-	-	-	-	-	-	-	-	-	-	-
F2SQ2. 大学（大学院）の所在地域													
1.北海道	183	100.0	-	-	-	-	-	-	-	-	-	-	-
2.青森県	38	-	100.0	-	-	-	-	-	-	-	-	-	-
3.岩手県	40	-	-	100.0	-	-	-	-	-	-	-	-	-
4.宮城県	123	-	-	-	100.0	-	-	-	-	-	-	-	-
5.秋田県	25	-	-	-	-	100.0	-	-	-	-	-	-	-
6.山形県	32	-	-	-	-	-	100.0	-	-	-	-	-	-
7.福島県	23	-	-	-	-	-	-	100.0	-	-	-	-	-
8.茨城県	81	-	-	-	-	-	-	-	100.0	-	-	-	-
9.栃木県	38	-	-	-	-	-	-	-	-	100.0	-	-	-
10.群馬県	57	-	-	-	-	-	-	-	-	-	100.0	-	-
11.埼玉県	109	-	-	-	-	-	-	-	-	-	-	100.0	-
12.千葉県	145	-	-	-	-	-	-	-	-	-	-	-	100.0
13.東京都	1607	-	-	-	-	-	-	-	-	-	-	-	-
14.神奈川県	297	-	-	-	-	-	-	-	-	-	-	-	-
15.新潟県	67	-	-	-	-	-	-	-	-	-	-	-	-
16.富山県	50	-	-	-	-	-	-	-	-	-	-	-	-
17.石川県	78	-	-	-	-	-	-	-	-	-	-	-	-
18.福井県	22	-	-	-	-	-	-	-	-	-	-	-	-
19.山梨県	34	-	-	-	-	-	-	-	-	-	-	-	-
20.長野県	32	-	-	-	-	-	-	-	-	-	-	-	-
21.岐阜県	40	-	-	-	-	-	-	-	-	-	-	-	-
22.静岡県	94	-	-	-	-	-	-	-	-	-	-	-	-
23.愛知県	403	-	-	-	-	-	-	-	-	-	-	-	-
24.三重県	20	-	-	-	-	-	-	-	-	-	-	-	-
25.滋賀県	80	-	-	-	-	-	-	-	-	-	-	-	-
26.京都府	400	-	-	-	-	-	-	-	-	-	-	-	-
27.大阪府	474	-	-	-	-	-	-	-	-	-	-	-	-
28.兵庫県	234	-	-	-	-	-	-	-	-	-	-	-	-
29.奈良県	45	-	-	-	-	-	-	-	-	-	-	-	-
30.和歌山県	16	-	-	-	-	-	-	-	-	-	-	-	-
31.鳥取県	17	-	-	-	-	-	-	-	-	-	-	-	-
32.島根県	18	-	-	-	-	-	-	-	-	-	-	-	-
33.岡山県	94	-	-	-	-	-	-	-	-	-	-	-	-
34.広島県	101	-	-	-	-	-	-	-	-	-	-	-	-
35.山口県	31	-	-	-	-	-	-	-	-	-	-	-	-
36.徳島県	19	-	-	-	-	-	-	-	-	-	-	-	-
37.香川県	17	-	-	-	-	-	-	-	-	-	-	-	-
38.愛媛県	45	-	-	-	-	-	-	-	-	-	-	-	-
39.高知県	15	-	-	-	-	-	-	-	-	-	-	-	-
40.福岡県	174	-	-	-	-	-	-	-	-	-	-	-	-
41.佐賀県	26	-	-	-	-	-	-	-	-	-	-	-	-
42.長崎県	34	-	-	-	-	-	-	-	-	-	-	-	-
43.熊本県	43	-	-	-	-	-	-	-	-	-	-	-	-
44.大分県	26	-	-	-	-	-	-	-	-	-	-	-	-
45.宮崎県	12	-	-	-	-	-	-	-	-	-	-	-	-
46.鹿児島県	21	-	-	-	-	-	-	-	-	-	-	-	-
47.沖縄県	18	-	-	-	-	-	-	-	-	-	-	-	-
48.海外	3	-	-	-	-	-	-	-	-	-	-	-	-

F2SQ2 大学（大学院）の所在地域

	N	東京都	神奈川県	新潟県	富山県	石川県	福井県	山梨県	長野県	岐阜県	静岡県	愛知県	三重県
全体	5601	28.7	5.3	1.2	0.9	1.4	0.4	0.6	0.6	0.7	1.7	7.2	0.4
F0.就職活動有無													
1.就職活動をしている（していた）	5601	28.7	5.3	1.2	0.9	1.4	0.4	0.6	0.6	0.7	1.7	7.2	0.4
2.就職活動をしていない													
F1.性別													
1.男性	3027	27.5	5.7	1.3	0.9	1.5	0.5	0.7	0.6	0.9	1.5	7.3	0.4
2.女性	2574	30.1	4.8	1.1	0.9	1.2	0.3	0.5	0.5	0.5	1.9	7.0	0.3
F2.居住地域													
1.北海道	181	1.7	-	-	-	-	-	-	-	-	-	-	-
2.青森県	39	-	-	-	-	-	-	-	-	-	-	-	-
3.岩手県	40	-	-	-	-	-	-	-	-	-	-	-	-
4.宮城県	125	-	-	-	-	-	-	-	-	-	-	-	-
5.秋田県	27	-	3.7	-	-	-	-	-	-	-	-	-	-
6.山形県	32	-	-	-	-	-	-	-	-	-	-	-	-
7.福島県	22	-	-	-	-	-	-	-	-	-	-	-	-
8.茨城県	110	22.7	-	-	-	-	-	-	-	-	0.9	-	-
9.栃木県	40	10.0	-	-	-	-	-	-	-	-	-	-	-
10.群馬県	57	12.3	-	-	-	-	-	-	-	-	-	-	-
11.埼玉県	336	69.0	2.4	-	-	-	-	-	0.3	-	-	-	-
12.千葉県	280	60.0	2.1	-	-	-	-	-	-	-	-	-	-
13.東京都	926	90.1	4.9	-	-	-	-	-	0.1	-	-	-	-
14.神奈川県	569	57.3	41.1	-	-	-	-	-	0.2	-	-	-	-
15.新潟県	68	-	-	98.5	-	-	-	-	-	-	-	-	-
16.富山県	54	-	-	-	88.9	9.3	-	-	-	-	-	-	-
17.石川県	76	-	-	-	1.3	96.1	2.6	-	-	-	-	-	-
18.福井県	20	-	-	-	-	-	100.0	-	-	-	-	-	-
19.山梨県	33	6.1	-	-	-	-	-	93.9	-	-	-	-	-
20.長野県	33	3.0	-	-	3.0	-	-	-	93.9	-	-	-	-
21.岐阜県	76	-	-	-	-	-	-	-	-	39.5	-	56.6	-
22.静岡県	104	2.9	2.9	-	-	-	-	-	-	-	87.5	3.8	-
23.愛知県	350	0.3	-	-	-	-	-	-	-	2.3	0.3	94.9	0.9
24.三重県	46	-	-	-	-	-	-	-	-	-	-	50.0	37.0
25.滋賀県	96	-	-	-	-	-	-	-	-	1.0	1.0	1.0	-
26.京都府	286	-	-	-	-	-	-	-	-	-	-	-	-
27.大阪府	488	-	-	-	-	-	-	-	-	-	-	-	-
28.兵庫県	276	0.4	-	-	-	-	-	-	-	-	-	-	-
29.奈良県	80	-	-	-	-	-	-	-	-	-	-	-	-
30.和歌山県	13	-	-	-	-	-	-	-	-	-	-	-	-
31.鳥取県	16	-	-	-	-	-	-	-	-	-	-	-	-
32.島根県	20	-	-	-	-	-	-	-	-	-	5.0	-	-
33.岡山県	88	-	-	-	-	-	-	-	-	-	-	-	-
34.広島県	106	-	-	-	-	-	-	-	-	-	-	-	-
35.山口県	26	-	-	-	-	-	-	-	-	-	-	-	-
36.徳島県	19	-	-	-	-	-	-	-	-	-	-	-	-
37.香川県	17	-	-	-	-	-	-	-	-	-	-	-	-
38.愛媛県	45	-	-	-	-	-	-	-	-	-	-	-	-
39.高知県	15	-	-	-	-	-	-	-	-	6.7	-	-	-
40.福岡県	179	-	-	-	-	-	-	-	-	-	-	-	-
41.佐賀県	26	-	-	-	-	-	-	-	-	-	-	-	-
42.長崎県	35	-	-	-	-	-	-	-	-	-	-	-	-
43.熊本県	44	-	-	-	-	-	-	-	-	-	-	-	-
44.大分県	27	-	-	-	-	-	-	-	-	-	-	-	-
45.宮崎県	13	-	-	-	-	-	-	-	-	-	-	-	-
46.鹿児島県	21	-	-	-	-	-	-	-	-	-	-	-	-
47.沖縄県	18	-	-	-	-	-	-	-	-	-	-	-	-
48.海外	3	-	-	-	-	-	-	-	-	-	-	-	-
F2SQ2.大学（大学院）の所在地域													
1.北海道	183	-	-	-	-	-	-	-	-	-	-	-	-
2.青森県	38	-	-	-	-	-	-	-	-	-	-	-	-
3.岩手県	40	-	-	-	-	-	-	-	-	-	-	-	-
4.宮城県	123	-	-	-	-	-	-	-	-	-	-	-	-
5.秋田県	25	-	-	-	-	-	-	-	-	-	-	-	-
6.山形県	32	-	-	-	-	-	-	-	-	-	-	-	-
7.福島県	23	-	-	-	-	-	-	-	-	-	-	-	-
8.茨城県	81	-	-	-	-	-	-	-	-	-	-	-	-
9.栃木県	38	-	-	-	-	-	-	-	-	-	-	-	-
10.群馬県	57	-	-	-	-	-	-	-	-	-	-	-	-
11.埼玉県	109	-	-	-	-	-	-	-	-	-	-	-	-
12.千葉県	145	-	-	-	-	-	-	-	-	-	-	-	-
13.東京都	1607	100.0	-	-	-	-	-	-	-	-	-	-	-
14.神奈川県	297	-	100.0	-	-	-	-	-	-	-	-	-	-
15.新潟県	67	-	-	100.0	-	-	-	-	-	-	-	-	-
16.富山県	50	-	-	-	100.0	-	-	-	-	-	-	-	-
17.石川県	78	-	-	-	-	100.0	-	-	-	-	-	-	-
18.福井県	22	-	-	-	-	-	100.0	-	-	-	-	-	-
19.山梨県	34	-	-	-	-	-	-	100.0	-	-	-	-	-
20.長野県	32	-	-	-	-	-	-	-	100.0	-	-	-	-
21.岐阜県	40	-	-	-	-	-	-	-	-	100.0	-	-	-
22.静岡県	94	-	-	-	-	-	-	-	-	-	100.0	-	-
23.愛知県	403	-	-	-	-	-	-	-	-	-	-	100.0	-
24.三重県	20	-	-	-	-	-	-	-	-	-	-	-	100.0
25.滋賀県	80	-	-	-	-	-	-	-	-	-	-	-	-
26.京都府	400	-	-	-	-	-	-	-	-	-	-	-	-
27.大阪府	474	-	-	-	-	-	-	-	-	-	-	-	-
28.兵庫県	234	-	-	-	-	-	-	-	-	-	-	-	-
29.奈良県	45	-	-	-	-	-	-	-	-	-	-	-	-
30.和歌山県	16	-	-	-	-	-	-	-	-	-	-	-	-
31.鳥取県	17	-	-	-	-	-	-	-	-	-	-	-	-
32.島根県	18	-	-	-	-	-	-	-	-	-	-	-	-
33.岡山県	94	-	-	-	-	-	-	-	-	-	-	-	-
34.広島県	101	-	-	-	-	-	-	-	-	-	-	-	-
35.山口県	31	-	-	-	-	-	-	-	-	-	-	-	-
36.徳島県	19	-	-	-	-	-	-	-	-	-	-	-	-
37.香川県	17	-	-	-	-	-	-	-	-	-	-	-	-
38.愛媛県	45	-	-	-	-	-	-	-	-	-	-	-	-
39.高知県	15	-	-	-	-	-	-	-	-	-	-	-	-
40.福岡県	174	-	-	-	-	-	-	-	-	-	-	-	-
41.佐賀県	26	-	-	-	-	-	-	-	-	-	-	-	-
42.長崎県	34	-	-	-	-	-	-	-	-	-	-	-	-
43.熊本県	43	-	-	-	-	-	-	-	-	-	-	-	-
44.大分県	26	-	-	-	-	-	-	-	-	-	-	-	-
45.宮崎県	12	-	-	-	-	-	-	-	-	-	-	-	-
46.鹿児島県	21	-	-	-	-	-	-	-	-	-	-	-	-
47.沖縄県	18	-	-	-	-	-	-	-	-	-	-	-	-
48.海外	3	-	-	-	-	-	-	-	-	-	-	-	-

F2SQ2 大学（大学院）の所在地域

	N	滋賀県	京都府	大阪府	兵庫県	奈良県	和歌山県	鳥取県	島根県	岡山県	広島県	山口県	徳島県
全体	5601	1.4	7.1	8.5	4.2	0.8	0.3	0.3	0.3	1.7	1.8	0.6	0.3
F0. 就職活動有無													
1. 就職活動をしている（していた）	5601	1.4	7.1	8.5	4.2	0.8	0.3	0.3	0.3	1.7	1.8	0.6	0.3
2. 就職活動をしていない	-												
F1. 性別													
1. 男性	3027	1.9	6.8	9.8	3.9	0.6	0.2	0.3	0.4	1.6	1.6	0.3	0.2
2. 女性	2574	0.8	7.6	6.9	4.5	1.0	0.3	0.3	0.2	1.8	2.0	0.8	0.5
F2. 居住地域													
1. 北海道	181	-	-	-	-	-	-	-	-	-	-	-	-
2. 青森県	39	-	-	-	-	-	-	-	-	-	-	-	-
3. 岩手県	40	-	-	-	-	-	-	-	-	-	-	-	-
4. 宮城県	125	-	-	-	-	-	-	-	-	-	-	-	-
5. 秋田県	27	-	-	-	-	-	-	-	-	-	-	-	-
6. 山形県	32	-	-	-	-	-	-	-	-	-	-	-	-
7. 福島県	22	-	-	-	-	-	-	-	-	-	-	-	-
8. 茨城県	110	-	-	-	-	-	-	-	-	-	-	-	-
9. 栃木県	40	-	-	-	-	-	-	-	-	-	-	-	-
10. 群馬県	57	-	-	-	-	-	-	-	-	-	-	-	-
11. 埼玉県	336	-	-	-	-	-	-	-	-	-	-	-	-
12. 千葉県	280	-	-	-	-	-	-	-	-	-	-	-	-
13. 東京都	926	-	-	-	-	-	-	-	-	-	-	-	-
14. 神奈川県	569	-	-	-	-	-	-	-	-	-	-	-	-
15. 新潟県	68	-	-	-	-	-	-	-	-	-	-	-	-
16. 富山県	54	-	-	1.9	-	-	-	-	-	-	-	-	-
17. 石川県	76	-	-	-	-	-	-	-	-	-	-	-	-
18. 福井県	20	-	-	-	-	-	-	-	-	-	-	-	-
19. 山梨県	33	-	-	-	-	-	-	-	-	-	-	-	-
20. 長野県	33	-	-	-	-	-	-	-	-	-	-	-	-
21. 岐阜県	76	1.3	1.3	-	-	-	-	-	-	-	-	-	-
22. 静岡県	104	-	1.9	-	-	-	-	-	-	-	-	-	-
23. 愛知県	350	0.3	0.6	-	-	-	-	-	-	0.3	-	-	-
24. 三重県	46	-	4.3	6.5	-	2.2	-	-	-	-	-	-	-
25. 滋賀県	96	53.1	36.5	5.2	2.1	-	-	-	-	-	-	-	-
26. 京都府	286	3.8	81.1	11.2	2.1	1.7	-	-	-	-	-	-	-
27. 大阪府	488	2.0	16.4	67.2	10.0	1.6	2.5	-	-	-	0.2	-	-
28. 兵庫県	276	1.4	9.1	25.0	61.6	1.4	-	0.4	-	0.4	-	-	-
29. 奈良県	80	2.5	25.0	32.5	7.5	32.5	-	-	-	-	-	-	-
30. 和歌山県	13	-	-	61.5	-	7.7	30.8	-	-	-	-	-	-
31. 鳥取県	16	-	-	-	-	-	-	100.0	-	-	-	-	-
32. 島根県	20	-	-	-	-	-	-	-	90.0	-	-	-	-
33. 岡山県	88	-	-	-	-	-	-	-	-	97.7	-	-	-
34. 広島県	106	-	0.9	-	-	-	-	-	-	3.8	94.3	0.9	-
35. 山口県	26	-	-	-	-	-	-	-	-	-	3.8	88.5	-
36. 徳島県	19	-	-	-	-	-	-	-	-	-	-	-	100.0
37. 香川県	17	-	-	-	-	-	-	-	-	11.8	-	-	-
38. 愛媛県	45	-	-	-	-	-	-	-	-	-	-	-	-
39. 高知県	15	-	-	-	-	-	-	-	-	-	-	-	-
40. 福岡県	179	-	-	-	0.6	-	-	-	-	-	-	3.4	-
41. 佐賀県	26	-	-	-	-	-	-	-	-	-	-	-	-
42. 長崎県	35	-	-	-	-	-	-	-	-	-	-	-	-
43. 熊本県	44	-	-	-	-	-	-	-	-	-	-	-	-
44. 大分県	27	-	-	3.7	-	-	-	-	-	-	-	-	-
45. 宮崎県	13	-	-	7.7	-	-	-	-	-	-	-	-	-
46. 鹿児島県	21	-	-	-	-	-	-	-	-	-	-	-	-
47. 沖縄県	18	-	-	-	-	-	-	-	-	-	-	-	-
48. 海外	3	-	-	-	-	-	-	-	-	-	-	-	-
F2SQ2. 大学（大学院）の所在地域													
1. 北海道	183	-	-	-	-	-	-	-	-	-	-	-	-
2. 青森県	38	-	-	-	-	-	-	-	-	-	-	-	-
3. 岩手県	40	-	-	-	-	-	-	-	-	-	-	-	-
4. 宮城県	123	-	-	-	-	-	-	-	-	-	-	-	-
5. 秋田県	25	-	-	-	-	-	-	-	-	-	-	-	-
6. 山形県	32	-	-	-	-	-	-	-	-	-	-	-	-
7. 福島県	23	-	-	-	-	-	-	-	-	-	-	-	-
8. 茨城県	81	-	-	-	-	-	-	-	-	-	-	-	-
9. 栃木県	38	-	-	-	-	-	-	-	-	-	-	-	-
10. 群馬県	57	-	-	-	-	-	-	-	-	-	-	-	-
11. 埼玉県	109	-	-	-	-	-	-	-	-	-	-	-	-
12. 千葉県	145	-	-	-	-	-	-	-	-	-	-	-	-
13. 東京都	1607	-	-	-	-	-	-	-	-	-	-	-	-
14. 神奈川県	297	-	-	-	-	-	-	-	-	-	-	-	-
15. 新潟県	67	-	-	-	-	-	-	-	-	-	-	-	-
16. 富山県	50	-	-	-	-	-	-	-	-	-	-	-	-
17. 石川県	78	-	-	-	-	-	-	-	-	-	-	-	-
18. 福井県	22	-	-	-	-	-	-	-	-	-	-	-	-
19. 山梨県	34	-	-	-	-	-	-	-	-	-	-	-	-
20. 長野県	32	-	-	-	-	-	-	-	-	-	-	-	-
21. 岐阜県	40	-	-	-	-	-	-	-	-	-	-	-	-
22. 静岡県	94	-	-	-	-	-	-	-	-	-	-	-	-
23. 愛知県	403	-	-	-	-	-	-	-	-	-	-	-	-
24. 三重県	20	-	-	-	-	-	-	-	-	-	-	-	-
25. 滋賀県	80	100.0	-	-	-	-	-	-	-	-	-	-	-
26. 京都府	400	-	100.0	-	-	-	-	-	-	-	-	-	-
27. 大阪府	474	-	-	100.0	-	-	-	-	-	-	-	-	-
28. 兵庫県	234	-	-	-	100.0	-	-	-	-	-	-	-	-
29. 奈良県	45	-	-	-	-	100.0	-	-	-	-	-	-	-
30. 和歌山県	16	-	-	-	-	-	100.0	-	-	-	-	-	-
31. 鳥取県	17	-	-	-	-	-	-	100.0	-	-	-	-	-
32. 島根県	18	-	-	-	-	-	-	-	100.0	-	-	-	-
33. 岡山県	94	-	-	-	-	-	-	-	-	100.0	-	-	-
34. 広島県	101	-	-	-	-	-	-	-	-	-	100.0	-	-
35. 山口県	31	-	-	-	-	-	-	-	-	-	-	100.0	-
36. 徳島県	19	-	-	-	-	-	-	-	-	-	-	-	100.0
37. 香川県	17	-	-	-	-	-	-	-	-	-	-	-	-
38. 愛媛県	45	-	-	-	-	-	-	-	-	-	-	-	-
39. 高知県	15	-	-	-	-	-	-	-	-	-	-	-	-
40. 福岡県	174	-	-	-	-	-	-	-	-	-	-	-	-
41. 佐賀県	26	-	-	-	-	-	-	-	-	-	-	-	-
42. 長崎県	34	-	-	-	-	-	-	-	-	-	-	-	-
43. 熊本県	43	-	-	-	-	-	-	-	-	-	-	-	-
44. 大分県	26	-	-	-	-	-	-	-	-	-	-	-	-
45. 宮崎県	12	-	-	-	-	-	-	-	-	-	-	-	-
46. 鹿児島県	21	-	-	-	-	-	-	-	-	-	-	-	-
47. 沖縄県	18	-	-	-	-	-	-	-	-	-	-	-	-
48. 海外	3	-	-	-	-	-	-	-	-	-	-	-	-

F2SQ2.大学（大学院）の所在地域

	N	香川県	愛媛県	高知県	福岡県	佐賀県	長崎県	熊本県	大分県	宮崎県	鹿児島県	沖縄県	海外
全体	5601	0.3	0.8	0.3	3.1	0.5	0.6	0.8	0.5	0.2	0.4	0.3	0.1
F0.就職活動有無													
1.就職活動をしている（していた）	5601	0.3	0.8	0.3	3.1	0.5	0.6	0.8	0.5	0.2	0.4	0.3	0.1
2.就職活動をしていない	-	-	-	-	-	-	-	-	-	-	-	-	-
F1.性別													
1.男性	3027	0.3	0.8	0.3	3.0	0.4	0.6	0.5	0.5	0.2	0.4	0.4	0.1
2.女性	2574	0.3	0.8	0.3	3.2	0.6	0.7	1.0	0.5	0.2	0.3	0.2	-
F2.居住地域													
1.北海道	181	-	-	-	-	-	-	-	-	-	-	-	-
2.青森県	39	-	-	-	-	-	-	-	-	-	-	-	-
3.岩手県	40	-	-	-	-	-	-	-	-	-	-	-	-
4.宮城県	125	-	-	-	-	-	-	-	-	-	-	-	-
5.秋田県	27	-	-	-	-	-	-	-	-	-	-	-	-
6.山形県	32	-	-	-	-	-	-	-	-	-	-	-	-
7.福島県	22	-	-	-	-	-	-	-	-	-	-	-	-
8.茨城県	110	-	-	-	-	-	-	-	-	-	-	-	-
9.栃木県	40	-	-	-	-	-	-	-	-	-	-	-	-
10.群馬県	57	-	-	-	-	-	-	-	-	-	-	-	-
11.埼玉県	336	-	-	-	-	-	-	-	-	-	-	-	-
12.千葉県	280	-	-	-	-	-	-	-	-	-	-	-	-
13.東京都	926	-	-	-	-	-	-	-	-	-	-	-	-
14.神奈川県	569	-	-	-	-	-	-	-	-	-	-	-	-
15.新潟県	68	-	-	-	-	-	-	-	-	-	-	-	-
16.富山県	54	-	-	-	-	-	-	-	-	-	-	-	-
17.石川県	76	-	-	-	-	-	-	-	-	-	-	-	-
18.福井県	20	-	-	-	-	-	-	-	-	-	-	-	-
19.山梨県	33	-	-	-	-	-	-	-	-	-	-	-	-
20.長野県	33	-	-	-	-	-	-	-	-	-	-	-	-
21.岐阜県	76	-	-	-	-	-	-	-	-	-	-	-	-
22.静岡県	104	-	-	-	-	-	-	-	-	-	-	-	-
23.愛知県	350	-	-	-	-	-	-	-	-	-	-	-	-
24.三重県	46	-	-	-	-	-	-	-	-	-	-	-	-
25.滋賀県	96	-	-	-	-	-	-	-	-	-	-	-	-
26.京都府	286	-	-	-	-	-	-	-	-	-	-	-	-
27.大阪府	488	-	-	-	-	-	-	-	-	-	-	-	-
28.兵庫県	276	-	-	0.4	-	-	-	-	-	-	-	-	-
29.奈良県	80	-	-	-	-	-	-	-	-	-	-	-	-
30.和歌山県	13	-	-	-	-	-	-	-	-	-	-	-	-
31.鳥取県	16	-	-	-	-	-	-	-	-	-	-	-	-
32.島根県	20	-	-	-	-	-	-	-	-	-	-	-	-
33.岡山県	88	2.3	-	-	-	-	-	-	-	-	-	-	-
34.広島県	106	-	-	-	-	-	-	-	-	-	-	-	-
35.山口県	26	-	-	-	7.7	-	-	-	-	-	-	-	-
36.徳島県	19	-	-	-	-	-	-	-	-	-	-	-	-
37.香川県	17	88.2	-	-	-	-	-	-	-	-	-	-	-
38.愛媛県	45	-	100.0	-	-	-	-	-	-	-	-	-	-
39.高知県	15	-	-	93.3	-	-	-	-	-	-	-	-	-
40.福岡県	179	-	-	-	92.2	2.8	-	-	-	-	-	-	-
41.佐賀県	26	-	-	-	19.2	80.8	-	-	-	-	-	-	-
42.長崎県	35	-	-	-	-	-	97.1	2.9	-	-	-	-	-
43.熊本県	44	-	-	-	4.5	-	-	95.5	-	-	-	-	-
44.大分県	27	-	-	-	-	-	-	-	96.3	-	-	-	-
45.宮崎県	13	-	-	-	-	-	-	-	-	92.3	-	-	-
46.鹿児島県	21	-	-	-	-	-	-	-	-	-	100.0	-	-
47.沖縄県	18	-	-	-	-	-	-	-	-	-	-	100.0	-
48.海外	3	-	-	-	-	-	-	-	-	-	-	-	100.0
F2SQ2.大学（大学院）の所在地域													
1.北海道	183	-	-	-	-	-	-	-	-	-	-	-	-
2.青森県	38	-	-	-	-	-	-	-	-	-	-	-	-
3.岩手県	40	-	-	-	-	-	-	-	-	-	-	-	-
4.宮城県	123	-	-	-	-	-	-	-	-	-	-	-	-
5.秋田県	25	-	-	-	-	-	-	-	-	-	-	-	-
6.山形県	32	-	-	-	-	-	-	-	-	-	-	-	-
7.福島県	23	-	-	-	-	-	-	-	-	-	-	-	-
8.茨城県	81	-	-	-	-	-	-	-	-	-	-	-	-
9.栃木県	38	-	-	-	-	-	-	-	-	-	-	-	-
10.群馬県	57	-	-	-	-	-	-	-	-	-	-	-	-
11.埼玉県	109	-	-	-	-	-	-	-	-	-	-	-	-
12.千葉県	145	-	-	-	-	-	-	-	-	-	-	-	-
13.東京都	1607	-	-	-	-	-	-	-	-	-	-	-	-
14.神奈川県	297	-	-	-	-	-	-	-	-	-	-	-	-
15.新潟県	67	-	-	-	-	-	-	-	-	-	-	-	-
16.富山県	50	-	-	-	-	-	-	-	-	-	-	-	-
17.石川県	78	-	-	-	-	-	-	-	-	-	-	-	-
18.福井県	22	-	-	-	-	-	-	-	-	-	-	-	-
19.山梨県	34	-	-	-	-	-	-	-	-	-	-	-	-
20.長野県	32	-	-	-	-	-	-	-	-	-	-	-	-
21.岐阜県	40	-	-	-	-	-	-	-	-	-	-	-	-
22.静岡県	94	-	-	-	-	-	-	-	-	-	-	-	-
23.愛知県	403	-	-	-	-	-	-	-	-	-	-	-	-
24.三重県	20	-	-	-	-	-	-	-	-	-	-	-	-
25.滋賀県	80	-	-	-	-	-	-	-	-	-	-	-	-
26.京都府	400	-	-	-	-	-	-	-	-	-	-	-	-
27.大阪府	474	-	-	-	-	-	-	-	-	-	-	-	-
28.兵庫県	234	-	-	-	-	-	-	-	-	-	-	-	-
29.奈良県	45	-	-	-	-	-	-	-	-	-	-	-	-
30.和歌山県	16	-	-	-	-	-	-	-	-	-	-	-	-
31.鳥取県	17	-	-	-	-	-	-	-	-	-	-	-	-
32.島根県	18	-	-	-	-	-	-	-	-	-	-	-	-
33.岡山県	94	-	-	-	-	-	-	-	-	-	-	-	-
34.広島県	101	-	-	-	-	-	-	-	-	-	-	-	-
35.山口県	31	-	-	-	-	-	-	-	-	-	-	-	-
36.徳島県	19	-	-	-	-	-	-	-	-	-	-	-	-
37.香川県	17	100.0	-	-	-	-	-	-	-	-	-	-	-
38.愛媛県	45	-	100.0	-	-	-	-	-	-	-	-	-	-
39.高知県	15	-	-	100.0	-	-	-	-	-	-	-	-	-
40.福岡県	174	-	-	-	100.0	-	-	-	-	-	-	-	-
41.佐賀県	26	-	-	-	-	100.0	-	-	-	-	-	-	-
42.長崎県	34	-	-	-	-	-	100.0	-	-	-	-	-	-
43.熊本県	43	-	-	-	-	-	-	100.0	-	-	-	-	-
44.大分県	26	-	-	-	-	-	-	-	100.0	-	-	-	-
45.宮崎県	12	-	-	-	-	-	-	-	-	100.0	-	-	-
46.鹿児島県	21	-	-	-	-	-	-	-	-	-	100.0	-	-
47.沖縄県	18	-	-	-	-	-	-	-	-	-	-	100.0	-
48.海外	3	-	-	-	-	-	-	-	-	-	-	-	100.0

F2SQ2 大学（大学院）の所在地域

	N	北海道	青森県	岩手県	宮城県	秋田県	山形県	福島県	茨城県	栃木県	群馬県	埼玉県	千葉県
全体	5601	3.3	0.7	0.7	2.2	0.4	0.6	0.4	1.4	0.7	1.0	1.9	2.6
F2SQ3.高校卒業時の居住地域													
1.北海道	181	68.0	6.6	1.7	0.6	-	-	-	1.1	-	0.6	2.2	0.6
2.青森県	38	5.3	42.1	10.5	15.8	5.3	-	-	2.6	-	2.6	2.6	-
3.岩手県	46	4.3	2.2	47.8	6.5	8.7	-	-	-	2.2	-	2.2	2.2
4.宮城県	106	2.8	0.9	4.7	55.7	-	8.5	4.7	0.9	-	1.9	1.9	-
5.秋田県	38	10.5	10.5	5.3	13.2	18.4	-	2.6	-	-	5.3	5.3	-
6.山形県	44	2.3	-	-	13.6	2.3	31.8	2.3	-	-	4.5	-	-
7.福島県	67	3.0	-	1.5	13.4	1.5	3.0	13.4	4.5	6.0	-	4.5	4.5
8.茨城県	133	0.8	0.8	0.8	3.0	0.8	0.8	1.5	22.6	1.5	0.8	3.8	9.0
9.栃木県	79	-	-	-	8.9	2.5	1.3	-	5.1	25.3	6.3	5.1	1.3
10.群馬県	78	5.1	-	-	1.3	1.3	-	-	1.3	2.6	29.5	3.8	1.3
11.埼玉県	326	1.2	-	-	1.5	-	-	0.3	1.5	0.9	1.8	11.3	4.0
12.千葉県	260	1.2	-	-	-	-	0.4	0.4	1.9	0.4	0.4	3.5	21.5
13.東京都	585	0.3	-	0.2	-	-	-	-	1.2	-	-	3.6	4.1
14.神奈川県	482	0.6	0.2	0.2	0.2	0.2	-	0.2	-	-	0.2	1.0	1.7
15.新潟県	103	1.9	-	-	4.9	1.0	1.0	1.0	-	1.9	1.0	2.9	1.9
16.富山県	58	-	-	-	-	-	-	-	1.7	1.7	1.7	-	-
17.石川県	55	1.8	-	-	-	-	1.8	-	-	-	1.8	-	-
18.福井県	27	3.7	-	-	-	-	-	-	-	-	-	-	-
19.山梨県	40	-	-	-	2.5	-	-	-	2.5	-	-	-	2.5
20.長野県	90	1.1	-	-	3.3	-	-	-	2.2	1.1	5.6	6.7	5.6
21.岐阜県	107	-	-	-	-	-	-	-	0.9	0.9	0.9	0.9	0.9
22.静岡県	163	3.1	-	-	1.8	0.6	-	0.6	1.2	-	-	-	3.1
23.愛知県	387	-	-	-	0.3	-	0.5	-	0.3	-	0.3	0.3	0.3
24.三重県	82	-	-	-	-	-	-	-	1.2	-	-	-	1.2
25.滋賀県	105	-	1.0	-	-	-	-	-	1.0	-	-	-	-
26.京都府	140	1.4	-	-	-	-	-	-	0.7	-	-	-	-
27.大阪府	444	0.5	-	-	-	-	-	-	0.2	-	-	-	-
28.兵庫県	307	0.7	-	-	-	-	0.7	-	0.7	-	-	-	0.7
29.奈良県	89	2.2	-	-	-	-	-	-	-	-	-	-	-
30.和歌山県	38	-	-	-	-	-	-	-	-	-	-	-	2.6
31.鳥取県	22	-	-	-	-	-	-	-	4.5	-	-	-	-
32.島根県	21	-	-	-	-	-	-	-	4.8	-	-	-	-
33.岡山県	81	-	-	-	-	-	-	-	1.2	-	-	-	-
34.広島県	140	1.4	-	-	-	-	-	-	-	-	-	-	-
35.山口県	34	2.9	-	-	-	-	-	-	2.9	-	-	-	-
36.徳島県	30	-	-	-	-	-	-	-	-	-	-	-	-
37.香川県	33	-	-	-	-	-	-	-	-	-	-	-	-
38.愛媛県	54	1.9	-	-	1.9	-	-	-	-	-	-	-	1.9
39.高知県	13	-	-	-	-	-	-	-	7.7	-	-	-	-
40.福岡県	171	0.6	-	-	0.6	-	-	-	-	-	-	-	0.6
41.佐賀県	26	-	-	-	-	-	-	-	-	-	-	-	-
42.長崎県	57	-	-	-	-	-	-	-	-	-	-	-	-
43.熊本県	46	-	2.2	-	-	-	-	-	-	-	-	-	-
44.大分県	27	-	-	-	3.7	-	-	-	3.7	-	-	-	-
45.宮崎県	32	3.1	-	-	-	-	-	-	-	-	-	-	3.1
46.鹿児島県	34	-	-	-	-	-	-	-	-	-	-	-	-
47.沖縄県	34	-	-	-	-	-	-	-	2.9	-	-	2.9	-
48.海外	48	4.2	-	-	-	2.1	-	-	2.1	-	4.2	2.1	6.3
F3.大学（大学院）での所属													
1.文系	3215	2.7	0.5	0.6	1.7	0.2	0.2	0.4	1.1	0.4	1.0	2.1	1.6
2.理系	2386	4.0	1.0	0.9	2.8	0.8	1.0	0.4	2.0	1.0	1.1	1.7	3.9
Q1.学年													
1.学部4年（4年に進級後留年していない）	3860	3.2	0.7	0.7	1.6	0.4	0.5	0.4	1.0	0.6	1.2	2.2	2.4
2.学部4年（4年に進級後留年している）	206	2.4	0.5	1.0	1.5	-	0.5	1.0	1.5	-	-	1.5	3.4
3.学部6年（医・薬学部など、6年に進級後留年していない）	138	2.9	-	-	2.2	-	-	0.7	-	0.7	-	2.2	5.1
4.学部6年（医・薬学部など、6年に進級後留年している）	7	-	-	14.3	-	-	-	-	-	-	-	-	14.3
5.大学院修士（前期博士）課程	1342	3.4	0.7	0.7	4.0	0.7	0.9	0.2	2.9	1.0	0.9	1.5	2.6
6.大学院博士（後期博士）課程	33	12.1	-	-	9.1	-	3.0	-	-	-	-	-	3.0
7.その他	15	6.7	-	-	-	-	-	-	6.7	-	-	-	-
Q2.専攻													
1.人文科学（文学、史学、哲学など）	672	2.7	0.3	1.0	1.2	-	0.3	0.6	2.1	-	0.4	1.8	1.6
2.社会科学（法学・政治学、商学・経済学、社会学など）	1709	2.9	0.5	0.2	1.6	0.1	0.2	0.4	0.5	0.5	1.5	1.4	0.9
3.理学（数学、物理学、化学、生物学、地学など）	461	4.1	1.5	0.2	4.3	0.7	1.1	-	3.9	1.1	2.0	1.5	3.5
4.工学（機械工学、電気通信工学、土木建築工学、応用化学、応用理学、原子力工学、鉱山学、金属工学、繊維工学、船舶工学、航空工学、経営工学、工芸学など）	1205	3.2	0.9	0.8	3.1	1.0	1.1	0.6	1.2	0.9	1.0	1.8	4.3
5.農学（農学、農芸化学、農業工学、農業経済学、林学、林産学、獣医学、畜産学、水産学など）	283	7.8	1.4	3.2	1.8	0.7	1.8	-	2.5	2.5	-	0.4	1.4
6.保健（医学、歯学、薬学、看護学など）	263	4.2	-	-	1.9	-	-	0.4	1.1	1.1	-	3.0	4.2
7.商船	4	-	-	-	-	-	-	-	-	-	-	-	-
8.家政（家政学、食物学、被服学、住居学、児童学など）	120	0.8	0.8	0.8	2.5	-	0.8	-	-	-	3.3	2.5	5.0
9.教育（教育学、小学校など学校・幼稚園課程、体育学、障害児・特別支援教育課程など）	121	1.7	3.3	2.5	6.6	1.7	0.8	1.7	1.7	0.8	-	4.1	1.7
10.芸術（美術、デザイン、音楽など）	100	5.0	1.0	-	-	1.0	2.0	1.0	-	-	-	2.0	2.0
11.その他（教養学、総合科学、人文・社会科学、国際関係学、人間関係科学など）	663	2.7	-	0.8	1.5	0.6	-	0.3	2.1	0.3	0.6	3.8	3.8

F2SQ2 大学（大学院）の所在地域

	N	東京都	神奈川県	新潟県	富山県	石川県	福井県	山梨県	長野県	岐阜県	静岡県	愛知県	三重県
全体	5601	28.7	5.3	1.2	0.9	1.4	0.4	0.6	0.6	0.7	1.7	7.2	0.4
F2SQ3. 高校卒業時の居住地域													
1. 北海道	181	7.7	1.7	1.1	-	0.6	-	0.6	0.6	-	0.6	1.1	-
2. 青森県	38	7.9	2.6	-	2.6	-	-	-	-	-	-	-	-
3. 岩手県	46	15.2	-	4.3	-	-	-	2.2	-	-	-	-	-
4. 宮城県	106	8.5	2.8	0.9	0.9	1.9	-	-	-	-	-	1.9	-
5. 秋田県	38	10.5	2.6	5.3	2.6	-	-	-	-	-	2.6	-	-
6. 山形県	44	15.9	6.8	11.4	-	-	-	-	-	-	4.5	-	-
7. 福島県	67	25.4	9.0	6.0	-	-	-	1.5	-	-	-	-	-
8. 茨城県	133	43.6	5.3	-	0.8	-	-	-	0.8	-	1.5	-	-
9. 栃木県	79	34.2	2.5	1.3	1.3	-	-	-	-	1.3	-	-	-
10. 群馬県	78	34.6	5.1	1.3	3.8	2.6	-	2.6	-	-	1.3	-	-
11. 埼玉県	326	69.9	4.0	-	-	0.3	-	0.6	-	-	0.3	0.6	-
12. 千葉県	260	62.7	5.0	-	0.4	0.4	-	-	0.4	-	-	-	-
13. 東京都	585	79.0	8.0	0.2	-	0.2	-	0.2	0.5	-	0.5	0.2	-
14. 神奈川県	482	64.1	29.3	-	-	0.2	-	0.4	-	-	0.2	0.2	-
15. 新潟県	103	29.1	7.8	33.0	-	7.8	1.0	-	-	-	1.0	-	-
16. 富山県	58	13.8	1.7	5.2	31.0	20.7	3.4	-	-	1.7	-	5.2	-
17. 石川県	55	3.6	1.8	3.6	14.5	50.9	5.5	-	-	-	-	3.6	-
18. 福井県	27	3.7	3.7	-	3.7	3.7	33.3	-	-	-	14.8	7.4	-
19. 山梨県	40	37.5	7.5	-	-	-	-	40.0	-	-	-	2.5	-
20. 長野県	90	26.7	6.7	4.4	4.4	4.4	-	1.1	11.1	1.1	5.6	5.6	-
21. 岐阜県	107	5.6	0.9	0.9	0.9	-	0.9	0.9	-	15.9	3.7	48.6	0.9
22. 静岡県	163	19.6	7.4	0.6	0.6	3.7	-	1.2	2.5	-	27.6	8.6	-
23. 愛知県	387	5.9	0.5	0.3	1.3	0.5	1.3	-	1.6	3.1	2.8	66.1	1.3
24. 三重県	82	11.0	-	-	-	2.4	1.2	-	-	-	-	39.0	14.6
25. 滋賀県	105	4.8	1.0	-	1.0	1.0	-	-	-	1.9	1.9	4.8	-
26. 京都府	140	3.6	0.7	-	0.7	-	-	-	-	0.7	1.4	0.7	-
27. 大阪府	444	2.0	0.7	-	-	0.2	-	-	0.2	-	0.5	0.9	-
28. 兵庫県	307	4.2	0.3	-	0.3	0.7	-	-	0.7	-	0.7	0.3	-
29. 奈良県	89	3.4	-	-	-	-	-	-	-	-	-	-	-
30. 和歌山県	38	2.6	-	-	-	-	-	-	-	2.6	2.6	-	2.6
31. 鳥取県	22	18.2	-	-	-	-	-	4.5	4.5	4.5	4.5	-	-
32. 島根県	21	14.3	-	-	-	-	-	4.8	-	-	-	-	-
33. 岡山県	81	4.9	1.2	-	-	-	-	-	-	-	-	2.5	-
34. 広島県	140	8.6	0.7	-	-	-	-	0.7	-	0.7	-	2.1	-
35. 山口県	34	5.9	-	2.9	-	-	-	2.9	-	-	-	-	-
36. 徳島県	30	13.3	6.7	-	-	-	-	-	-	-	-	6.7	-
37. 香川県	33	21.2	3.0	-	-	-	-	-	-	-	-	3.0	-
38. 愛媛県	54	-	1.9	-	-	-	-	-	1.9	-	-	1.9	-
39. 高知県	13	15.4	-	-	-	-	-	-	-	-	7.7	-	-
40. 福岡県	171	6.4	-	-	-	0.6	-	-	0.6	-	-	-	-
41. 佐賀県	26	7.7	3.8	-	-	-	-	-	-	-	-	3.8	-
42. 長崎県	57	3.5	3.5	-	-	-	-	-	-	-	1.8	-	-
43. 熊本県	46	8.7	-	-	-	-	-	-	-	-	-	-	-
44. 大分県	27	7.4	-	-	-	-	-	-	-	-	-	7.4	-
45. 宮崎県	32	3.1	-	-	-	-	-	-	-	-	-	3.1	-
46. 鹿児島県	34	11.8	-	-	-	-	-	-	-	-	5.9	-	-
47. 沖縄県	34	14.7	5.9	2.9	-	-	-	-	-	-	-	-	-
48. 海外	48	35.4	2.1	-	-	2.1	-	-	-	-	-	8.3	2.1
F3. 大学（大学院）での所属													
1. 文系	3215	34.8	4.2	0.9	0.5	0.9	0.4	0.6	0.2	0.4	1.3	7.8	0.2
2. 理系	2386	20.4	6.8	1.6	1.4	2.1	0.4	0.6	1.0	1.1	2.1	6.3	0.5
Q1. 学年													
1. 学部4年（4年に進級後留年していない）	3860	30.8	5.6	1.1	0.7	1.2	0.4	0.6	0.5	0.5	1.5	8.0	0.3
2. 学部4年（4年に進級後留年している）	206	35.9	2.4	-	1.0	1.9	-	1.0	-	0.5	1.0	3.9	-
3. 学部6年（医・薬学部など、6年に進級後留年していない）	138	30.4	1.4	-	1.4	1.4	-	-	-	1.4	3.6	4.3	-
4. 学部6年（医・薬学部など、6年に進級後留年している）	7	-	14.3	-	-	-	-	-	-	-	-	-	-
5. 大学院修士（前期博士）課程	1342	21.3	5.4	1.9	1.5	1.9	0.4	0.7	1.0	1.3	2.3	6.0	0.7
6. 大学院博士（後期博士）課程	33	30.3	3.0	-	-	-	-	-	-	3.0	-	3.0	-
7. その他	15	33.3	-	-	-	-	-	-	-	6.7	-	6.7	-
Q2. 専攻													
1. 人文科学（文学、史学、哲学など）	672	37.2	2.1	0.7	0.3	1.2	-	0.9	0.3	-	0.9	7.7	0.4
2. 社会科学（法学・政治学、商学・経済学、社会学など）	1709	37.0	4.9	0.8	0.7	0.8	0.5	0.4	0.2	0.5	0.8	6.9	0.2
3. 理学（数学、物理学、化学、生物学、地学など）	461	24.5	6.9	0.7	1.1	1.5	0.4	-	1.3	-	2.4	5.4	0.4
4. 工学（機械工学、電気通信工学、土木建築工学、応用化学、応用理学、原子力工学、鉱山学、金属工学、繊維工学、船舶工学、航空工学、経営工学、工芸学など）	1205	19.5	7.0	2.2	1.5	2.6	0.6	0.9	1.1	1.4	1.1	7.2	0.4
5. 農学（農学、農芸化学、農業工学、農業経済学、林学、林産学、獣医学、畜産学、水産学など）	283	14.5	10.6	1.4	-	1.4	0.4	0.7	1.4	1.1	3.9	5.3	1.4
6. 保健（医学、歯学、薬学、看護学など）	263	23.6	1.1	1.1	3.8	2.7	-	-	0.4	2.7	2.7	4.6	0.4
7. 商船	4	25.0	25.0	-	-	-	-	-	-	-	-	-	-
8. 家政（家政学、食物学、被服学、住居学、児童学など）	120	25.0	11.7	-	-	-	-	-	-	-	4.2	7.5	-
9. 教育（教育学、小学校など学校・幼稚園課程、体育学、障害児・特別支援教育課程など）	121	21.5	2.5	2.5	-	1.7	0.8	2.5	0.8	1.7	3.3	5.0	-
10. 芸術（美術、デザイン、音楽など）	100	39.0	5.0	1.0	1.0	2.0	-	-	-	-	2.0	8.0	-
11. その他（教養学、総合科学、人文・社会科学、国際関係学、人間関係科学など）	663	26.8	4.2	1.2	0.3	0.5	0.5	0.8	0.2	0.3	3.2	10.7	0.2

F2SQ2 大学（大学院）の所在地域

	N	滋賀県	京都府	大阪府	兵庫県	奈良県	和歌山県	鳥取県	島根県	岡山県	広島県	山口県	徳島県
全体	5601	1.4	7.1	8.5	4.2	0.8	0.3	0.3	0.3	1.7	1.8	0.6	0.3
F2SQ3.高校卒業時の居住地域													
1.北海道	181	-	1.7	1.1	0.6	-	-	-	-	-	-	-	-
2.青森県	38	-	-	-	-	-	-	-	-	-	-	-	-
3.岩手県	46	-	2.2	-	-	-	-	-	-	-	-	-	-
4.宮城県	106	-	-	-	0.9	-	-	-	-	-	-	-	-
5.秋田県	38	-	2.6	-	-	-	-	-	2.6	-	-	-	-
6.山形県	44	-	2.3	2.3	-	-	-	-	-	-	-	-	-
7.福島県	67	-	-	1.5	-	-	-	-	-	-	1.5	-	-
8.茨城県	133	-	1.5	0.8	-	-	-	-	-	-	-	-	-
9.栃木県	79	-	2.5	-	-	1.3	-	-	-	-	-	-	-
10.群馬県	78	-	-	-	-	1.3	-	-	-	-	-	-	1.3
11.埼玉県	326	-	0.3	-	-	0.3	-	-	-	-	0.3	-	-
12.千葉県	260	-	0.4	0.8	-	-	-	-	-	-	0.4	-	-
13.東京都	585	0.2	0.9	-	0.3	-	-	-	-	0.2	-	-	0.2
14.神奈川県	482	-	-	0.2	0.2	0.2	-	-	-	-	0.2	-	-
15.新潟県	103	-	1.0	-	1.0	1.0	-	-	-	-	-	-	-
16.富山県	58	-	5.2	3.4	3.4	-	-	-	-	-	-	-	-
17.石川県	55	1.8	3.6	5.5	-	-	-	-	-	-	-	-	-
18.福井県	27	-	7.4	11.1	3.7	-	-	-	-	-	3.7	-	-
19.山梨県	40	-	2.5	-	-	-	-	-	-	-	-	-	-
20.長野県	90	-	2.2	1.1	-	-	-	-	-	-	-	-	-
21.岐阜県	107	1.9	3.7	2.8	2.8	-	-	-	-	0.9	0.9	-	-
22.静岡県	163	1.2	8.6	1.8	1.2	0.6	-	0.6	0.6	0.6	1.2	-	-
23.愛知県	387	1.0	6.2	2.1	1.3	0.8	-	-	0.3	0.5	0.3	-	-
24.三重県	82	-	13.4	4.9	3.7	2.4	-	-	-	2.4	1.2	-	-
25.滋賀県	105	23.8	31.4	11.4	4.8	1.9	-	1.0	-	2.9	1.0	-	1.9
26.京都府	140	8.6	42.9	22.9	4.3	3.6	-	0.7	-	1.4	0.7	-	0.7
27.大阪府	444	3.2	22.3	49.3	12.4	1.6	3.2	0.7	0.5	0.5	0.2	0.2	-
28.兵庫県	307	2.0	13.7	28.3	34.9	1.6	-	1.3	1.0	2.9	1.0	-	1.3
29.奈良県	89	6.7	29.2	34.8	9.0	10.1	-	-	-	3.4	-	1.1	-
30.和歌山県	38	-	21.1	39.5	7.9	2.6	5.3	2.6	-	-	7.9	-	-
31.鳥取県	22	4.5	4.5	4.5	-	-	-	9.1	13.6	4.5	9.1	-	-
32.島根県	21	-	4.8	9.5	4.8	-	-	-	9.5	9.5	19.0	4.8	-
33.岡山県	81	-	4.9	7.4	6.2	1.2	-	2.5	2.5	49.4	1.2	1.2	1.2
34.広島県	140	0.7	9.3	6.4	6.4	-	-	-	1.4	5.0	42.9	2.9	2.1
35.山口県	34	-	11.8	-	5.9	-	-	-	-	2.9	8.8	14.7	-
36.徳島県	30	-	6.7	20.0	6.7	3.3	-	-	-	-	-	10.0	16.7
37.香川県	33	3.0	9.1	6.1	3.0	-	-	-	-	27.3	3.0	-	-
38.愛媛県	54	-	5.6	5.6	3.7	-	-	-	1.9	9.3	5.6	1.9	-
39.高知県	13	-	7.7	-	-	-	-	-	-	7.7	-	-	7.7
40.福岡県	171	0.6	7.0	1.8	1.8	-	-	-	-	-	4.7	-	-
41.佐賀県	26	-	3.8	-	-	-	-	-	-	-	3.8	7.7	-
42.長崎県	57	1.8	3.5	-	-	-	-	1.8	-	-	5.3	5.3	-
43.熊本県	46	2.2	6.5	-	2.2	-	-	-	-	-	2.2	-	-
44.大分県	27	-	7.4	-	-	-	-	-	-	3.7	-	3.7	-
45.宮崎県	32	-	-	-	-	-	-	-	-	-	3.1	-	-
46.鹿児島県	34	-	2.9	2.9	2.9	-	-	-	-	-	-	-	-
47.沖縄県	34	-	5.9	2.9	-	5.9	-	2.9	-	2.9	2.9	-	-
48.海外	48	2.1	8.3	2.1	4.2	-	-	-	-	-	2.1	-	-
F3.大学（大学院）での所属													
1.文系	3215	1.2	8.6	9.1	5.1	0.6	0.2	0.1	0.2	0.9	1.7	0.6	0.1
2.理系	2386	1.7	5.2	7.6	2.9	1.1	0.5	0.5	0.4	2.8	1.9	0.5	0.7
Q1.学年													
1.学部4年（4年に進級後留年していない）	3860	1.5	6.8	8.7	4.2	0.7	0.3	0.3	0.3	1.5	1.7	0.6	0.3
2.学部4年（4年に進級後留年している）	206	2.4	11.7	5.3	5.3	-	-	-	1.0	1.5	2.9	-	-
3.学部6年（医・薬学部など、6年に進級後留年していない）	138	0.7	6.5	6.5	5.1	-	-	-	-	7.2	4.3	-	1.4
4.学部6年（医・薬学部など、6年に進級後留年している）	7	-	14.3	-	14.3	-	-	-	-	-	14.3	-	-
5.大学院修士（前期博士）課程	1342	1.3	7.3	8.5	3.9	1.3	0.3	0.5	0.2	1.8	1.7	0.4	0.4
6.大学院博士（後期博士）課程	33	-	9.1	9.1	3.0	3.0	-	-	-	-	-	-	3.0
7.その他	15	-	20.0	6.7	-	-	-	-	-	6.7	-	6.7	-
Q2.専攻													
1.人文科学（文学、史学、哲学など）	672	0.6	10.6	6.0	6.1	1.0	-	0.3	0.4	1.3	2.1	0.6	-
2.社会科学（法学・政治学、商学・経済学、社会学など）	1709	1.9	8.1	10.8	4.7	0.3	0.2	0.1	0.2	0.7	1.3	0.6	0.1
3.理学（数学、物理学、化学、生物学、地学など）	461	2.0	5.6	7.4	3.0	0.7	-	0.7	-	1.3	1.5	1.1	0.7
4.工学（機械工学、電気通信工学、土木建築工学、応用化学、応用理学、原子力工学、鉱山学、金属工学、繊維工学、船舶工学、航空工学、経営工学、工芸学など）	1205	2.2	4.6	8.8	2.4	0.7	0.6	0.3	0.4	2.6	1.8	0.2	0.5
5.農学（農学、農芸化学、農業工学、農業経済学、林学、林産学、獣医学、畜産学、水産学など）	283	-	5.3	2.1	2.8	2.8	1.1	1.1	1.8	2.5	1.4	1.1	-
6.保健（医学、歯学、薬学、看護学など）	263	0.8	5.3	8.7	3.8	-	0.8	-	-	5.7	2.7	0.4	1.9
7.商船	4	-	-	-	50.0	-	-	-	-	-	-	-	-
8.家政（家政学、食物学、被服学、住居学、児童学など）	120	0.8	5.8	4.2	4.2	4.2	-	-	-	5.8	4.2	-	0.8
9.教育（教育学、小学校など学校・幼稚園課程、体育学、障害児・特別支援教育課程など）	121	0.8	1.7	5.0	2.5	1.7	-	-	0.8	0.8	5.0	0.8	1.7
10.芸術（美術、デザイン、音楽など）	100	-	13.0	5.0	4.0	-	-	-	-	1.0	3.0	1.0	-
11.その他（教養学、総合科学、人文・社会科学、国際関係学、人間関係科学など）	663	0.6	8.7	9.8	5.7	0.9	0.3	0.2	0.2	0.8	1.5	0.5	0.2

F2SQ2.大学（大学院）の所在地域

	N	香川県	愛媛県	高知県	福岡県	佐賀県	長崎県	熊本県	大分県	宮崎県	鹿児島県	沖縄県	海外
全体	5601	0.3	0.8	0.3	3.1	0.5	0.6	0.8	0.5	0.2	0.4	0.3	0.1
F2SQ3.高校卒業時の居住地域													
1.北海道	181	-	-	-	0.6	-	-	-	0.6	-	-	-	0.6
2.青森県	38	-	-	-	-	-	-	-	-	-	-	-	-
3.岩手県	46	-	-	-	-	-	-	-	-	-	-	-	-
4.宮城県	106	-	-	-	-	-	-	-	-	-	-	-	-
5.秋田県	38	-	-	-	-	-	-	-	-	-	-	-	-
6.山形県	44	-	-	-	-	-	-	-	-	-	-	-	-
7.福島県	67	-	-	-	-	-	-	-	-	-	-	-	-
8.茨城県	133	-	-	-	-	-	-	-	-	-	-	-	-
9.栃木県	79	-	-	-	-	-	-	-	-	-	-	-	-
10.群馬県	78	-	-	-	-	-	-	-	-	-	-	-	-
11.埼玉県	326	-	0.3	-	0.3	-	-	-	-	-	-	-	-
12.千葉県	260	-	-	-	-	-	-	-	-	-	-	-	-
13.東京都	585	-	-	-	0.2	-	-	-	-	-	-	-	-
14.神奈川県	482	-	-	-	-	0.2	-	-	-	-	-	-	-
15.新潟県	103	-	-	-	-	-	-	-	-	-	-	-	-
16.富山県	58	-	-	-	-	-	-	-	-	-	-	-	-
17.石川県	55	-	-	-	-	-	-	-	-	-	-	-	-
18.福井県	27	-	-	-	-	-	-	-	-	-	-	-	-
19.山梨県	40	-	-	-	-	-	-	-	-	-	-	-	2.5
20.長野県	90	-	-	-	-	-	-	-	-	-	-	-	-
21.岐阜県	107	-	0.9	0.9	-	-	-	-	0.9	-	-	-	-
22.静岡県	163	-	-	0.6	-	-	-	-	0.6	-	-	-	-
23.愛知県	387	-	0.3	-	-	-	-	-	-	-	0.3	-	-
24.三重県	82	1.2	-	-	-	-	-	-	-	-	-	-	-
25.滋賀県	105	-	-	-	1.9	-	-	-	-	-	-	-	-
26.京都府	140	0.7	-	0.7	2.1	0.7	-	-	-	-	-	-	-
27.大阪府	444	-	-	-	0.5	-	0.2	-	0.2	-	-	-	-
28.兵庫県	307	-	0.3	1.3	-	-	-	-	-	0.3	0.3	-	-
29.奈良県	89	-	-	-	-	-	-	-	-	-	-	-	-
30.和歌山県	38	-	-	-	-	-	-	-	-	-	-	-	-
31.鳥取県	22	4.5	-	-	-	-	-	4.5	-	-	-	-	-
32.島根県	21	-	-	-	9.5	-	4.8	-	-	-	-	-	-
33.岡山県	81	3.7	2.5	3.7	2.5	-	-	-	-	-	-	-	-
34.広島県	140	0.7	6.4	-	0.7	-	-	-	-	-	0.7	-	-
35.山口県	34	2.9	5.9	-	26.5	-	-	2.9	-	-	-	-	-
36.徳島県	30	-	6.7	3.3	-	-	-	-	-	-	-	-	-
37.香川県	33	21.2	-	-	-	-	-	-	-	-	-	-	-
38.愛媛県	54	-	44.4	-	3.7	-	-	-	5.6	-	-	1.9	-
39.高知県	13	7.7	15.4	15.4	7.7	-	-	-	-	-	-	-	-
40.福岡県	171	-	-	-	57.3	6.4	3.5	4.7	1.8	0.6	0.6	-	-
41.佐賀県	26	-	-	-	38.5	7.7	7.7	7.7	3.8	-	-	3.8	-
42.長崎県	57	-	-	1.8	14.0	10.5	31.6	8.8	5.3	1.8	-	-	-
43.熊本県	46	-	-	-	15.2	8.7	2.2	43.5	-	2.2	2.2	2.2	-
44.大分県	27	-	-	-	29.6	-	-	-	33.3	-	-	-	-
45.宮崎県	32	-	-	3.1	31.3	-	-	6.3	9.4	3.1	21.9	9.4	-
46.鹿児島県	34	2.9	-	-	14.7	2.9	2.9	5.9	2.9	2.9	38.2	-	-
47.沖縄県	34	-	-	-	2.9	-	-	-	-	-	-	44.1	-
48.海外	48	-	-	-	-	-	4.2	2.1	-	-	2.1	-	2.1
F3.大学（大学院）での所属													
1.文系	3215	0.2	0.7	0.2	3.0	0.2	0.7	0.5	0.5	0.2	0.2	0.3	-
2.理系	2386	0.5	1.0	0.4	3.3	0.8	0.5	1.1	0.4	0.3	0.5	0.4	0.1
Q1.学年													
1.学部4年（4年に進級後留年していない）	3860	0.3	0.9	0.3	2.8	0.3	0.7	0.7	0.5	0.2	0.3	0.3	0.1
2.学部4年（4年に進級後留年している）	206	-	1.0	-	3.9	1.0	-	1.5	1.0	0.5	-	0.5	-
3.学部6年（医・薬学部など、6年に進級後留年していない）	138	1.4	0.7	-	2.9	-	1.4	2.9	-	0.7	-	-	-
4.学部6年（医・薬学部など、6年に進級後留年している）	7	-	-	-	-	-	-	14.3	-	-	-	-	-
5.大学院修士（前期博士）課程	1342	0.1	0.7	0.2	3.9	0.9	0.3	0.7	0.4	0.3	0.6	0.3	0.1
6.大学院博士（後期博士）課程	33	-	-	-	3.0	-	-	-	-	-	3.0	-	-
7.その他	15	-	-	-	-	-	-	-	-	-	-	-	-
Q2.専攻													
1.人文科学（文学、史学、哲学など）	672	0.3	0.7	0.3	4.0	0.3	0.3	0.3	0.1	0.3	-	0.3	0.1
2.社会科学（法学・政治学、商学・経済学、社会学など）	1709	0.2	0.7	0.1	3.1	0.2	0.7	0.6	0.6	0.1	0.2	0.2	0.1
3.理学（数学、物理学、化学、生物学、地学など）	461	0.2	1.5	0.7	2.0	0.7	0.2	1.1	0.2	-	0.4	0.4	0.2
4.工学（機械工学、電気通信工学、土木建築工学、応用化学、応用理学、原子力工学、鉱山学、金属工学、繊維工学、船舶工学、航空工学、経営工学、工芸学など）	1205	0.3	0.9	0.2	3.8	0.9	0.3	0.7	0.7	0.2	0.7	0.5	-
5.農学（農学、農芸化学、農業工学、農業経済学、林学、林産学、獣医学、畜産学、水産学など）	283	1.4	1.4	1.1	3.5	1.4	0.7	1.1	-	1.1	0.7	0.4	-
6.保健（医学、歯学、薬学、看護学など）	263	0.8	0.4	-	3.8	0.4	1.1	3.8	0.4	-	-	0.4	-
7.商船	4	-	-	-	-	-	-	-	-	-	-	-	-
8.家政（家政学、食物学、被服学、住居学、児童学など）	120	-	-	0.8	-	0.8	0.8	0.8	1.7	-	-	-	-
9.教育（教育学、小学校など学校・幼稚園課程、体育学、障害児・特別支援教育課程など）	121	0.8	2.5	-	2.5	0.8	1.7	1.7	-	-	0.8	-	-
10.芸術（美術、デザイン、音楽など）	100	-	-	-	1.0	-	-	-	-	-	-	-	-
11.その他（教養学、総合科学、人文・社会科学、国際関係学、人間関係科学など）	663	-	0.3	0.3	2.3	-	1.1	0.2	0.3	0.3	0.5	0.5	-

F2SQ2 大学（大学院）の所在地域

	N	北海道	青森県	岩手県	宮城県	秋田県	山形県	福島県	茨城県	栃木県	群馬県	埼玉県	千葉県
全体	5601	3.3	0.7	0.7	2.2	0.4	0.6	0.4	1.4	0.7	1.0	1.9	2.6
Q3.就職活動を始めた時期													
1. 2016年6月以前	1778	2.4	0.6	0.4	2.0	0.5	0.3	0.3	1.2	0.4	1.1	1.7	2.1
2. 2016年7月	521	3.1	1.2	0.8	2.7	0.4	0.4	0.6	1.2	1.3	1.0	2.5	3.6
3. 2016年8月	297	3.0	0.3	0.7	1.3	-	0.3	0.3	1.0	0.3	1.3	1.0	4.0
4. 2016年9月	205	2.0	1.0	0.5	1.5	0.5	1.0	0.5	2.0	1.0	1.5	2.0	3.4
5. 2016年10月	363	3.6	1.1	1.1	1.9	0.3	0.8	0.8	0.6	0.6	1.7	0.6	1.7
6. 2016年11月	199	4.5	-	2.0	2.0	0.5	-	-	1.0	-	2.0	5.0	4.0
7. 2016年12月	402	2.7	1.0	1.0	1.7	0.7	0.5	0.7	1.2	0.7	1.5	2.5	1.5
8. 2017年1月	291	4.8	1.0	0.7	2.1	-	1.4	-	2.7	1.4	0.7	2.4	4.1
9. 2017年2月	464	5.6	0.6	1.1	3.0	0.6	0.2	0.4	2.8	0.9	-	0.9	1.7
10. 2017年3月	689	3.5	0.6	0.4	2.6	0.7	0.7	0.3	1.2	0.9	0.7	1.7	2.9
11. 2017年4月	76	6.6	-	-	3.9	-	1.3	-	3.9	-	-	6.6	3.9
12. 2017年5月	28	-	-	-	7.1	-	-	-	-	-	-	3.6	3.6
13. 2017年6月	21	4.8	-	-	4.8	-	-	-	-	-	-	-	-
14. 2017年7月	11	-	-	-	-	-	-	-	-	-	-	-	9.1
15. 無回答	256	3.1	0.4	1.6	2.0	-	2.0	0.8	2.0	0.8	0.8	3.1	2.0
Q4.就職活動開始時の希望業種													
1. 農林・水産	358	9.8	1.7	0.8	1.7	0.3	2.0	0.3	2.5	1.1	1.4	2.0	2.5
2. 食品	1497	4.2	0.4	0.7	1.7	0.3	0.7	0.3	1.5	1.0	1.3	1.8	2.1
3. 建設・設備関連	450	3.1	1.8	1.1	1.3	1.1	1.3	-	0.7	0.4	0.7	2.2	4.9
4. 住宅・インテリア	548	2.6	0.9	0.7	2.6	0.2	0.9	0.5	0.7	0.5	0.4	2.6	2.4
5. アパレル・服飾関連	242	2.1	0.4	0.8	1.7	0.4	-	0.4	1.7	-	0.4	1.7	2.5
6. 繊維・紙・パルプ	423	4.3	0.7	0.2	1.9	0.2	1.2	0.2	1.7	0.7	0.5	1.2	2.1
7. 化学・石油	803	4.1	0.4	0.6	3.7	0.7	1.1	0.1	1.7	1.4	0.9	0.9	1.5
8. 薬品・化粧品	817	3.9	0.4	0.9	2.4	0.4	1.0	0.4	1.8	1.1	1.2	1.2	2.0
9. ゴム・ガラス・セラミックス	345	4.3	0.3	0.9	3.8	0.9	1.2	-	1.4	0.6	0.3	1.2	1.2
10. 鉄鋼・金属・鉱業	443	3.2	0.7	0.9	1.4	1.1	0.5	-	1.4	0.7	0.7	0.9	1.4
11. 機械	620	2.1	0.5	0.5	1.5	0.6	0.3	-	1.1	0.6	1.3	1.8	1.3
12. プラント・エンジニアリング	311	3.2	1.0	-	3.5	1.0	0.3	0.3	1.0	1.0	0.6	1.3	2.6
13. 電子・電気・OA機器	674	1.8	0.6	0.3	2.7	0.9	0.6	0.3	2.2	0.7	1.2	1.9	2.5
14. 自動車・輸送用機器	669	2.2	0.4	0.4	2.4	1.2	0.7	0.1	1.3	1.0	1.5	1.6	1.3
15. 精密・医療機器	551	1.6	0.9	0.5	2.4	0.2	0.7	0.7	1.5	1.1	2.0	2.4	2.2
16. 印刷・事務機器・日用品	525	2.7	0.2	0.8	2.5	0.2	0.6	0.4	2.3	0.2	1.3	1.1	2.3
17. スポーツ・玩具・ゲーム製品	427	1.9	0.7	0.7	1.4	0.2	0.5	0.9	0.9	0.5	0.9	1.9	2.8
18. その他メーカー・製造関連	252	2.4	0.4	0.8	1.2	-	-	-	2.0	0.8	1.6	1.6	1.6
19. 総合商社	593	2.4	0.7	0.5	1.5	0.2	0.2	0.3	1.2	0.5	0.8	2.0	3.0
20. 商社	737	2.8	0.7	0.3	1.6	0.4	0.3	0.1	1.6	0.8	0.8	1.9	3.0
21. 百貨店・スーパー・コンビニ	437	3.4	0.5	1.4	2.7	-	0.7	0.5	1.4	0.7	0.9	2.5	2.1
22. 専門店	262	2.3	0.8	-	1.9	-	0.4	1.1	0.4	0.4	1.1	3.4	2.3
23. 銀行・証券	1060	3.2	0.9	0.7	2.1	0.2	0.4	0.3	1.2	0.6	1.6	1.6	2.3
24. 信金・労金・信組	473	4.0	1.1	0.2	1.1	0.2	-	0.6	1.5	1.1	1.9	1.7	2.3
25. クレジット・信販・リース・その他金融	347	1.7	0.9	0.6	1.4	0.3	0.3	0.3	0.3	-	1.4	2.0	2.3
26. 生保・損保	503	4.0	0.6	0.4	1.6	0.2	-	0.4	0.8	-	1.4	2.2	1.8
27. 不動産	502	2.8	0.8	0.4	0.8	0.2	0.2	0.6	1.4	0.4	1.0	3.0	2.6
28. 鉄道・航空	872	1.8	0.5	0.9	1.7	-	0.1	0.3	1.1	0.5	0.5	1.7	2.4
29. 陸運・海運・物流	342	1.8	0.3	0.3	2.0	-	0.3	0.6	0.9	0.3	0.9	2.3	2.0
30. 電力・ガス・エネルギー	519	4.6	1.2	0.6	2.9	0.4	0.4	0.4	1.5	0.4	0.4	0.8	1.7
31. レストラン・給食・フードサービス	123	2.4	1.6	0.8	3.3	-	0.8	0.8	0.8	-	3.3	2.4	8.9
32. ホテル・旅行	515	2.1	0.4	0.6	1.9	0.4	0.4	0.6	1.0	0.2	0.6	2.1	1.9
33. 医療機関・調剤薬局	300	2.3	0.7	1.3	2.7	0.7	-	0.7	1.3	0.3	0.3	2.7	4.7
34. 福祉サービス	131	3.8	-	1.5	3.8	1.5	-	-	2.3	-	1.5	6.1	3.8
35. フィットネスクラブ・エステ・理美容	45	2.2	-	2.2	4.4	-	-	-	-	2.2	-	2.2	4.4
36. アミューズメント・レジャー	220	2.3	0.5	-	2.3	-	0.5	0.5	2.3	0.5	0.9	3.6	4.1
37. 冠婚葬祭	155	2.6	-	-	1.9	0.6	0.6	-	-	0.6	-	1.9	1.9
38. 専門・その他サービス	105	5.7	-	-	2.9	-	-	-	-	-	-	3.8	3.8
39. コンサルティング・シンクタンク・調査	413	3.1	1.0	1.7	1.9	0.5	0.5	-	1.7	0.2	1.7	1.2	2.7
40. 人材サービス（派遣・紹介）	263	3.0	0.8	1.5	2.3	-	-	0.4	2.3	0.8	1.9	1.5	2.7
41. 教育	366	3.6	1.1	1.1	2.5	0.8	0.3	-	1.6	0.5	0.5	3.0	1.9
42. ソフトウエア・情報処理・ネット関連	836	2.8	1.2	0.6	1.6	0.2	0.7	0.5	2.9	0.4	1.0	1.7	3.3
43. ゲームソフト	261	2.3	1.5	0.4	1.9	0.4	0.4	1.5	1.1	0.4	1.1	1.1	2.7
44. 通信	420	1.7	0.7	0.7	1.9	-	0.2	1.0	1.7	0.5	1.0	1.9	3.8
45. マスコミ（放送・新聞）	486	2.5	1.4	1.2	1.9	0.6	0.6	1.0	1.4	-	0.6	1.2	1.6
46. マスコミ（出版・広告）	574	2.8	0.9	0.7	1.7	0.2	0.3	0.5	1.7	0.2	0.7	1.0	2.3
47. 芸能・エンタテインメント	253	2.4	0.4	1.2	1.2	0.4	0.4	1.2	0.4	-	1.6	2.0	3.2
48. 官公庁・公社・団体	873	5.2	0.8	0.8	1.9	0.5	0.7	0.2	1.5	1.3	1.5	2.3	1.8
49. これら以外のその他	49	2.0	-	-	-	2.0	-	2.0	4.1	-	-	2.0	2.0
50. 特に決めていなかった	157	6.4	2.5	-	1.3	-	0.6	1.3	0.6	1.3	1.3	1.9	-

F2SQ2.大学（大学院）の所在地域

	N	東京都	神奈川県	新潟県	富山県	石川県	福井県	山梨県	長野県	岐阜県	静岡県	愛知県	三重県
全体	5601	28.7	5.3	1.2	0.9	1.4	0.4	0.6	0.6	0.7	1.7	7.2	0.4
Q3.就職活動を始めた時期													
1.2016年6月以前	1778	33.1	4.9	0.7	0.7	1.3	0.3	0.3	0.4	0.4	1.7	6.9	0.4
2.2016年7月	521	27.1	5.4	1.3	0.8	1.2	0.6	-	0.4	1.3	1.7	7.5	0.6
3.2016年8月	297	30.3	4.4	1.7	1.0	2.4	-	0.3	-	0.3	1.0	8.1	0.3
4.2016年9月	205	28.8	4.9	0.5	1.0	0.5	-	1.5	1.5	-	1.5	10.2	0.5
5.2016年10月	363	24.5	5.5	1.1	1.1	1.1	0.6	1.9	1.1	1.4	0.6	10.5	0.3
6.2016年11月	199	23.1	5.0	2.0	1.0	1.0	-	-	-	0.5	2.0	7.5	-
7.2016年12月	402	30.3	4.5	2.2	1.7	1.5	0.5	1.2	0.5	0.7	2.7	5.2	0.2
8.2017年1月	291	24.4	7.9	2.1	2.1	0.3	0.3	1.4	-	0.7	3.4	5.5	0.3
9.2017年2月	464	25.6	5.4	1.5	0.6	1.9	0.4	0.6	0.2	1.1	0.6	7.5	0.4
10.2017年3月	689	26.0	5.2	1.2	0.4	1.5	0.6	0.7	1.3	0.4	2.0	6.4	0.1
11.2017年4月	76	23.7	10.5	2.6	1.3	2.6	1.3	0.7	1.3	0.4	1.3	5.3	2.6
12.2017年5月	28	14.3	7.1	-	-	7.1	-	-	-	-	7.1	3.6	-
13.2017年6月	21	42.9	9.5	4.8	-	-	-	-	-	-	-	9.5	-
14.2017年7月	11	18.2	-	-	-	9.1	-	-	-	-	-	9.5	-
15.無回答	256	27.0	5.5	0.4	1.2	1.6	0.8	-	1.2	2.0	0.8	7.8	-
Q4.就職活動開始時の希望業種													
1.農林・水産	358	19.3	7.8	1.4	0.8	0.8	0.6	1.4	0.6	0.8	2.5	5.0	1.1
2.食品	1497	24.6	6.6	1.0	0.7	1.1	0.3	0.7	0.3	0.5	1.7	7.5	0.4
3.建設・設備関連	450	28.2	3.8	3.1	-	2.7	0.7	0.2	0.4	1.1	0.9	8.7	-
4.住宅・インテリア	548	25.0	4.0	1.3	0.2	1.6	0.4	0.9	0.7	0.7	2.0	9.9	-
5.アパレル・服飾関連	242	30.6	5.0	1.2	-	0.8	0.4	0.8	0.8	0.4	1.7	7.9	-
6.繊維・紙・パルプ	423	24.3	4.3	0.7	0.7	0.9	0.9	0.5	1.7	0.5	0.7	7.3	-
7.化学・石油	803	23.7	5.1	1.4	1.1	1.2	0.6	0.5	1.4	1.1	1.7	5.6	0.1
8.薬品・化粧品	817	23.3	6.1	0.7	1.8	1.7	0.4	0.6	1.0	1.5	1.7	6.1	0.4
9.ゴム・ガラス・セラミックス	345	21.4	4.1	2.0	1.2	1.7	0.3	1.2	1.2	1.4	0.6	9.6	0.3
10.鉄鋼・金属・鉱業	443	28.7	4.1	2.0	0.9	3.2	0.5	0.5	0.7	1.1	0.7	5.9	0.5
11.機械	620	26.5	6.0	1.5	1.9	3.2	0.3	0.6	1.0	1.3	1.1	9.0	0.3
12.プラント・エンジニアリング	311	25.4	7.4	1.9	1.0	2.3	0.3	0.6	1.0	0.3	1.0	4.5	-
13.電子・電気・OA機器	674	26.4	5.0	2.2	1.2	3.0	0.4	0.7	0.7	0.4	1.8	5.5	0.6
14.自動車・輸送機器	669	21.2	6.4	1.2	0.9	2.5	0.6	0.7	0.4	1.2	2.2	13.9	0.7
15.精密・医療機器	551	25.6	6.7	1.5	0.7	2.0	0.4	1.1	0.7	0.4	0.9	6.4	0.2
16.印刷・事務機器・日用品	525	29.9	4.6	1.7	2.1	2.3	0.8	0.8	0.8	1.0	0.6	9.3	0.2
17.スポーツ・玩具・ゲーム製品	427	32.6	6.6	1.4	-	0.9	0.2	0.7	0.5	0.2	2.3	7.0	0.2
18.その他メーカー・製造関連	252	30.6	4.4	1.6	0.8	2.4	-	-	0.8	0.8	2.4	4.0	0.4
19.総合商社	593	32.2	5.1	0.7	0.8	1.0	0.2	0.5	0.3	0.7	1.3	7.8	-
20.商社	737	27.7	4.9	1.1	0.8	0.9	0.5	0.4	0.4	0.7	1.9	10.6	-
21.百貨店・スーパー・コンビニ	437	27.7	4.6	0.7	0.9	1.8	-	2.1	0.2	-	1.4	8.5	0.5
22.専門店	262	28.6	6.1	1.1	0.4	1.1	-	1.1	-	-	1.9	8.4	0.4
23.銀行・証券	1060	32.5	4.0	1.2	0.6	1.2	0.8	0.8	0.2	0.7	1.1	7.5	0.5
24.信金・労金・信組	473	28.8	4.2	2.1	1.3	1.3	1.5	0.6	0.2	0.8	2.3	9.3	0.2
25.クレジット・信販・リース・その他金融	347	39.8	2.9	0.6	-	0.6	-	0.3	0.3	0.3	1.7	4.3	-
26.生保・損保	503	37.6	3.8	0.6	0.2	1.2	-	0.4	-	0.6	0.8	7.8	0.2
27.不動産	502	40.8	4.8	1.2	0.2	1.0	-	0.8	-	0.4	1.2	5.2	-
28.鉄道・航空	872	38.4	6.3	1.3	0.6	1.1	-	0.8	0.2	0.2	1.3	8.7	0.6
29.陸運・海運・物流	342	32.5	7.0	1.2	0.3	1.2	0.3	1.2	0.3	-	2.0	7.6	0.3
30.電力・ガス・エネルギー	519	25.8	4.8	1.5	1.2	2.1	0.2	0.8	0.8	0.4	1.7	10.0	0.4
31.レストラン・給食・フードサービス	123	18.7	8.1	1.6	-	0.8	-	2.4	-	0.8	0.8	9.8	-
32.ホテル・旅行	515	33.2	4.9	1.2	0.2	1.0	0.2	0.8	0.4	0.2	1.4	11.8	0.6
33.医療機関・調剤薬局	300	25.3	5.0	1.3	1.0	1.0	0.3	-	0.3	0.7	3.0	5.3	-
34.福祉サービス	131	23.7	7.6	0.8	0.8	-	1.5	1.5	-	-	3.1	2.3	-
35.フィットネスクラブ・エステ・理美容	45	48.9	4.4	-	-	-	-	-	-	-	-	2.2	-
36.アミューズメント・レジャー	220	34.5	5.5	0.5	-	0.9	0.5	2.3	0.5	0.5	1.8	8.6	-
37.冠婚葬祭	155	32.3	7.7	1.3	-	0.6	-	1.9	-	0.6	1.9	7.7	-
38.専門・その他サービス	105	28.6	7.6	-	1.9	-	1.0	1.0	1.0	1.9	6.7	6.7	-
39.コンサルティング・シンクタンク・調査	413	41.9	5.8	-	0.7	0.7	0.5	0.5	0.5	0.2	0.7	4.1	0.2
40.人材サービス（派遣・紹介）	263	32.3	4.2	0.4	1.1	1.5	-	-	0.4	0.4	1.5	4.9	0.4
41.教育	366	33.6	5.7	1.1	0.5	0.3	0.3	0.5	0.3	0.5	1.4	5.5	0.3
42.ソフトウエア・情報処理・ネット関連	836	30.3	5.9	1.1	1.7	1.8	0.4	0.2	1.2	0.8	1.4	8.1	0.6
43.ゲームソフト	261	32.6	4.6	1.1	1.1	2.3	0.4	-	1.5	1.1	1.1	8.0	0.4
44.通信	420	30.0	4.8	1.0	1.4	2.4	-	0.5	1.2	1.2	0.5	8.6	0.5
45.マスコミ（放送・新聞）	486	34.2	6.4	1.2	0.4	0.8	0.6	1.0	0.4	0.8	1.9	8.0	-
46.マスコミ（出版・広告）	574	36.2	5.6	0.5	0.7	1.0	0.2	0.7	0.3	0.5	2.3	6.6	0.2
47.芸能・エンタテインメント	253	39.1	7.1	0.4	0.4	0.4	0.8	0.8	0.4	-	2.4	5.9	-
48.官公庁・公社・団体	873	30.4	5.2	1.1	0.8	0.9	0.2	1.5	0.5	0.8	2.3	6.8	0.1
49.これら以外のその他	49	28.6	18.4	-	2.0	-	2.0	2.0	-	2.0	4.1	4.1	-
50.特に決めていなかった	157	24.8	3.8	0.6	-	0.6	-	-	0.6	-	0.6	4.5	0.6

F2SQ2 大学(大学院)の所在地域

	N	滋賀県	京都府	大阪府	兵庫県	奈良県	和歌山県	鳥取県	島根県	岡山県	広島県	山口県	徳島県
全体	5601	1.4	7.1	8.5	4.2	0.8	0.3	0.3	0.3	1.7	1.8	0.6	0.3
Q3.就職活動を始めた時期													
1.2016年6月以前	1778	1.3	9.1	8.3	4.6	1.3	0.2	0.3	0.3	1.1	1.0	0.7	0.4
2.2016年7月	521	1.2	7.9	9.8	3.1	0.6	-	0.2	0.2	1.7	2.1	-	0.6
3.2016年8月	297	1.0	7.4	9.4	5.4	0.3	0.7	-	-	1.3	2.4	0.7	-
4.2016年9月	205	3.4	5.4	7.3	1.5	1.5	2.0	-	-	0.5	2.4	0.5	0.5
5.2016年10月	363	1.1	4.4	7.4	4.4	0.6	0.3	0.6	-	1.9	3.3	0.8	0.6
6.2016年11月	199	1.0	5.5	10.6	3.5	0.5	-	-	-	4.5	2.5	-	-
7.2016年12月	402	1.5	6.7	8.5	3.7	1.0	0.5	0.2	0.7	1.2	2.7	0.2	0.2
8.2017年1月	291	1.0	4.8	6.9	4.8	-	-	0.3	1.0	2.1	2.1	0.3	-
9.2017年2月	464	2.6	6.3	10.6	3.2	0.4	0.2	0.2	0.2	2.8	1.1	0.4	0.2
10.2017年3月	689	1.6	7.0	8.9	5.4	0.7	0.1	0.6	0.6	2.0	1.9	0.6	0.3
11.2017年4月	76	-	3.9	1.3	-	1.3	-	-	1.3	2.6	5.3	2.6	1.3
12.2017年5月	28	-	3.6	7.1	3.6	-	-	-	-	3.6	3.6	-	-
13.2017年6月	21	-	9.5	-	-	-	-	-	-	-	-	-	-
14.2017年7月	11	-	9.1	-	9.1	-	-	-	-	9.1	9.1	-	-
15.無回答	256	1.2	5.1	7.0	4.7	-	0.4	0.4	-	0.8	0.8	0.8	0.4
Q4.就職活動開始時の希望業種													
1.農林・水産	358	0.8	6.7	5.3	1.4	1.1	0.6	0.3	0.6	2.5	1.1	0.8	0.3
2.食品	1497	1.8	7.2	8.9	4.8	1.0	0.5	0.4	0.3	2.0	2.0	1.0	0.3
3.建設・設備関連	450	2.0	4.4	6.7	3.6	0.4	0.9	0.4	0.2	2.0	2.2	0.4	0.2
4.住宅・インテリア	548	1.6	7.8	8.2	4.6	1.1	0.4	0.2	0.4	1.5	2.6	0.9	0.2
5.アパレル・服飾関連	242	1.2	11.2	8.3	4.1	0.8	0.8	-	0.8	2.5	1.2	0.4	0.4
6.繊維・紙・パルプ	423	2.6	10.4	12.1	4.5	1.2	0.2	0.2	0.2	1.4	0.9	0.5	-
7.化学・石油	803	1.6	8.8	9.7	5.7	0.9	0.2	0.4	0.5	1.7	1.2	0.9	0.1
8.薬品・化粧品	817	1.5	7.6	8.9	3.9	1.2	0.6	0.9	0.4	2.0	1.6	1.1	0.6
9.ゴム・ガラス・セラミックス	345	2.6	9.0	11.3	5.8	0.6	0.3	-	-	1.2	1.7	0.6	0.3
10.鉄鋼・金属・鉱業	443	1.1	8.1	11.3	6.3	0.5	0.5	-	-	2.7	1.1	0.7	0.2
11.機械	620	2.3	7.9	10.2	4.5	-	0.6	-	0.5	1.3	1.5	-	0.5
12.プラント・エンジニアリング	311	1.9	6.8	11.3	4.8	-	0.6	-	-	1.6	3.2	0.3	0.3
13.電子・電気・OA機器	674	1.8	7.1	9.8	3.7	1.3	0.4	-	0.4	1.2	2.5	-	0.4
14.自動車・輸送用機器	669	2.4	5.8	8.8	3.7	0.7	0.3	0.1	0.4	1.3	2.4	0.3	0.1
15.精密・医療機器	551	1.8	9.4	9.8	4.7	0.9	0.9	-	-	0.7	1.8	-	0.4
16.印刷・事務機器・日用品	525	1.5	9.0	9.1	2.3	1.1	0.6	0.2	-	1.0	1.5	0.2	0.4
17.スポーツ・玩具・ゲーム製品	427	1.2	10.1	10.8	2.8	0.9	0.5	0.2	0.5	0.2	1.4	0.2	-
18.その他メーカー・製造関連	252	1.2	11.5	10.7	5.2	0.4	0.4	0.4	-	0.4	0.4	-	-
19.総合商社	593	0.8	8.1	10.6	4.6	0.5	0.5	0.2	-	1.3	1.5	0.2	0.2
20.商社	737	1.6	6.9	9.8	4.6	0.9	0.4	0.1	0.1	1.2	1.8	0.4	0.3
21.百貨店・スーパー・コンビニ	437	0.7	6.4	8.2	3.9	1.4	-	0.2	0.2	1.4	3.0	0.9	0.5
22.専門店	262	0.8	8.0	9.9	3.1	1.1	0.4	0.4	0.8	1.5	2.3	0.8	1.1
23.銀行・証券	1060	1.6	7.8	7.9	5.0	0.5	0.2	0.1	0.3	0.9	2.5	0.4	-
24.信金・労金・信組	473	1.5	8.2	7.2	4.7	0.6	0.2	0.2	0.4	0.8	1.9	0.4	-
25.クレジット・信販・リース・その他金融	347	2.9	8.9	9.2	7.2	0.9	0.6	0.3	-	1.7	-	-	-
26.生保・損保	503	1.4	8.3	7.0	4.6	0.4	0.2	-	0.2	1.6	2.6	0.2	-
27.不動産	502	1.8	5.8	8.0	3.2	0.6	0.2	-	0.2	0.8	1.4	0.8	0.2
28.鉄道・航空	872	1.1	7.2	7.7	3.9	0.5	0.3	0.1	0.2	0.7	1.3	0.1	-
29.陸運・海運・物流	342	0.3	9.4	9.9	5.0	0.3	0.3	-	0.3	1.2	1.5	0.6	-
30.電力・ガス・エネルギー	519	1.0	7.1	9.6	5.0	0.2	-	0.2	0.4	1.0	2.1	-	-
31.レストラン・給食・フードサービス	123	1.6	4.1	9.8	4.1	-	-	-	-	0.8	0.8	-	2.4
32.ホテル・旅行	515	1.0	6.4	8.0	5.6	0.6	0.4	0.4	0.2	1.4	0.8	0.4	0.2
33.医療機関・調剤薬局	300	-	6.7	6.3	5.0	0.3	0.7	-	0.3	4.3	3.3	0.3	1.7
34.福祉サービス	131	1.5	3.8	9.2	5.3	0.8	-	-	0.8	3.1	1.5	0.8	-
35.フィットネスクラブ・エステ・理美容	45	-	4.4	8.9	2.2	-	-	-	-	2.2	-	-	4.4
36.アミューズメント・レジャー	220	2.3	7.3	7.7	2.7	-	-	-	0.9	0.9	0.5	0.5	-
37.冠婚葬祭	155	1.3	7.1	7.7	3.9	1.9	0.6	-	-	1.3	1.3	1.3	0.6
38.専門・その他サービス	105	-	5.7	7.6	1.9	2.9	-	-	1.0	1.0	1.0	-	-
39.コンサルティング・シンクタンク・調査	413	1.5	7.0	6.8	4.4	1.5	0.2	0.7	0.2	0.2	0.5	0.2	-
40.人材サービス(派遣・紹介)	263	0.8	7.6	10.6	3.8	1.1	-	0.4	0.4	1.5	0.8	0.4	-
41.教育	366	1.6	7.7	6.3	4.6	1.1	0.5	0.3	0.3	-	1.9	0.3	0.3
42.ソフトウエア・情報処理・ネット関連	836	1.7	4.8	7.3	2.9	1.0	0.4	0.1	0.5	0.8	2.6	0.1	0.4
43.ゲームソフト	261	1.9	7.3	5.4	3.1	1.1	-	-	0.8	1.5	1.1	0.4	0.8
44.通信	420	2.4	5.7	8.1	3.3	1.0	0.5	-	0.2	1.0	2.6	0.2	0.2
45.マスコミ(放送・新聞)	486	0.8	8.8	5.1	2.3	0.4	0.6	0.4	0.2	0.6	1.4	1.0	0.2
46.マスコミ(出版・広告)	574	0.5	7.7	7.7	3.8	0.9	0.2	0.5	-	0.7	1.2	0.5	0.2
47.芸能・エンタテインメント	253	-	7.5	8.7	4.3	-	0.4	0.4	-	0.8	0.8	0.4	-
48.官公庁・公社・団体	873	1.1	6.3	7.7	3.2	0.7	0.1	0.5	0.3	1.0	1.5	1.0	0.3
49.これら以外のその他	49	-	6.1	2.0	-	-	-	-	-	-	6.1	-	-
50.特に決めていなかった	157	2.5	7.6	11.5	8.9	-	-	0.6	1.3	0.6	1.9	0.6	0.6

F2SQ2 大学(大学院)の所在地域

	N	香川県	愛媛県	高知県	福岡県	佐賀県	長崎県	熊本県	大分県	宮崎県	鹿児島県	沖縄県	海外
全体	5601	0.3	0.8	0.3	3.1	0.5	0.6	0.8	0.5	0.2	0.4	0.3	0.1
Q3.就職活動を始めた時期													
1.２０１６年６月以前	1778	0.3	0.6	0.1	3.2	0.7	0.7	0.4	0.5	0.2	0.3	0.2	-
2.２０１６年７月	521	0.2	-	0.2	3.1	0.2	0.8	1.0	0.6	-	0.2	0.2	-
3.２０１６年８月	297	1.0	0.7	-	3.4	-	-	1.3	-	0.3	0.3	0.3	-
4.２０１６年９月	205	-	0.5	-	3.9	0.5	1.0	0.5	-	-	1.0	0.5	-
5.２０１６年１０月	363	0.3	1.9	0.3	3.6	0.6	1.1	1.4	-	0.3	0.8	0.3	-
6.２０１６年１１月	199	-	0.5	1.0	2.0	0.5	-	1.0	0.5	0.5	1.5	1.0	-
7.２０１６年１２月	402	0.2	1.0	-	2.2	0.5	-	0.2	-	0.5	-	0.5	-
8.２０１７年１月	291	1.0	1.7	0.3	0.3	0.3	1.0	1.0	0.3	-	-	0.7	-
9.２０１７年２月	464	0.4	0.9	0.6	3.0	-	0.4	0.6	0.9	0.4	0.4	-	-
10.２０１７年３月	689	-	1.2	0.6	3.5	0.4	0.7	0.6	0.6	-	0.4	0.1	0.1
11.２０１７年４月	76	-	-	-	1.3	-	-	-	1.3	-	-	-	-
12.２０１７年５月	28	-	3.6	3.6	7.1	3.6	-	-	-	3.6	-	-	-
13.２０１７年６月	21	-	-	-	4.8	-	-	4.8	-	-	-	-	4.8
14.２０１７年７月	11	-	-	-	-	-	9.1	-	-	-	-	18.2	-
15.無回答	256	0.4	0.8	-	5.5	0.8	0.4	2.3	0.8	-	-	0.8	0.4
Q4.就職活動開始時の希望業種													
1.農林・水産	358	0.6	2.2	1.1	1.4	0.3	1.7	0.6	0.6	0.8	0.8	0.3	-
2.食品	1497	0.5	1.3	0.3	2.9	0.5	0.6	0.7	0.5	0.4	0.3	0.1	0.1
3.建設・設備関連	450	0.2	0.4	0.2	4.0	0.4	0.7	1.1	0.4	-	0.4	0.2	-
4.住宅・インテリア	548	0.2	0.9	0.2	4.9	0.2	0.4	1.5	0.4	-	-	0.4	-
5.アパレル・服飾関連	242	-	1.2	0.4	2.5	-	0.8	0.4	0.4	-	-	0.4	0.4
6.繊維・紙・パルプ	423	0.2	1.9	-	3.1	0.7	0.2	0.5	0.7	0.5	0.5	-	-
7.化学・石油	803	0.2	1.1	0.2	2.6	0.7	0.5	0.4	0.5	0.2	0.7	-	-
8.薬品・化粧品	817	0.4	0.5	0.1	3.1	0.7	0.6	1.0	0.1	0.4	0.6	0.4	-
9.ゴム・ガラス・セラミックス	345	0.3	0.9	-	2.0	0.3	0.3	0.6	0.9	-	0.6	-	-
10.鉄鋼・金属・鉱業	443	-	1.1	0.2	2.7	0.5	0.5	0.2	0.5	-	0.2	0.5	-
11.機械	620	0.2	1.1	0.3	2.1	0.2	0.5	0.3	0.5	0.2	0.5	0.6	-
12.プラント・エンジニアリング	311	-	1.0	0.3	3.5	0.6	0.3	0.6	0.3	-	0.3	0.6	-
13.電子・電気・OA機器	674	0.1	0.7	0.4	2.7	0.7	0.3	0.7	0.9	-	0.1	0.6	-
14.自動車・輸送用機器	669	0.4	0.6	0.4	3.4	0.3	0.3	0.3	0.1	-	-	0.6	0.1
15.精密・医療機器	551	0.2	0.5	-	2.7	0.4	0.7	0.4	0.7	-	0.4	0.9	-
16.印刷・事務機器・日用品	525	-	1.0	-	1.9	-	-	0.2	0.8	0.2	0.4	0.8	0.2
17.スポーツ・玩具・ゲーム製品	427	-	1.6	0.2	1.2	0.5	-	0.2	0.2	-	0.5	0.5	0.2
18.その他メーカー・製造関連	252	0.4	0.8	-	3.6	0.8	0.8	0.4	2.4	-	-	0.4	0.4
19.総合商社	593	0.3	0.7	0.5	3.0	0.3	0.8	0.5	0.5	-	0.3	0.3	0.2
20.商社	737	0.3	0.8	0.3	2.8	0.4	0.8	0.5	0.7	0.1	0.1	0.4	0.1
21.百貨店・スーパー・コンビニ	437	-	0.7	0.5	4.1	-	-	1.1	0.7	-	0.7	0.2	0.2
22.専門店	262	0.8	1.1	-	2.3	0.4	-	0.8	0.4	-	0.4	-	0.4
23.銀行・証券	1060	0.2	0.6	0.3	3.0	0.3	0.8	0.8	0.6	0.2	0.1	0.2	0.2
24.信金・労金・信組	473	0.2	-	0.6	1.5	0.2	0.4	0.6	1.3	0.2	-	0.2	0.2
25.クレジット・信販・リース・その他金融	347	-	-	0.6	3.5	-	0.3	-	0.9	-	-	0.3	0.3
26.生保・損保	503	0.2	0.4	0.2	2.8	0.2	1.4	0.6	0.4	0.2	-	0.6	0.2
27.不動産	502	0.2	0.4	-	3.4	0.2	0.8	1.0	0.2	0.2	0.2	0.6	0.2
28.鉄道・航空	872	0.1	0.3	0.1	3.1	0.5	0.5	0.6	0.3	-	-	0.1	0.1
29.陸運・海運・物流	342	0.3	0.6	0.3	3.2	-	0.3	0.3	0.6	-	-	-	0.3
30.電力・ガス・エネルギー	519	0.6	0.6	-	4.4	0.6	0.4	0.2	1.0	0.2	-	0.6	-
31.レストラン・給食・フードサービス	123	0.8	0.8	-	2.4	-	1.6	0.8	-	0.8	0.8	-	-
32.ホテル・旅行	515	-	0.6	0.2	3.3	0.2	0.6	1.0	0.4	0.4	-	0.2	-
33.医療機関・調剤薬局	300	0.7	0.7	-	4.3	0.3	0.7	2.0	-	-	0.3	1.0	-
34.福祉サービス	131	-	1.5	-	1.5	1.5	-	-	-	0.8	0.8	-	-
35.フィットネスクラブ・エステ・理美容	45	-	-	-	-	-	-	2.2	-	-	2.2	-	-
36.アミューズメント・レジャー	220	-	0.9	0.5	0.9	0.5	0.5	0.5	0.5	-	0.5	-	-
37.冠婚葬祭	155	0.6	0.6	-	3.2	-	-	1.3	0.6	-	1.3	0.6	-
38.専門・その他サービス	105	-	-	-	4.8	-	-	1.0	-	-	1.0	-	-
39.コンサルティング・シンクタンク・調査	413	-	0.5	-	2.4	0.5	-	0.5	0.2	-	0.2	-	0.2
40.人材サービス（派遣・紹介）	263	-	1.9	-	2.7	-	0.8	0.8	-	-	0.8	1.1	-
41.教育	366	-	1.4	-	3.6	0.3	0.8	0.8	-	-	1.1	0.3	-
42.ソフトウエア・情報処理・ネット関連	836	0.2	1.0	0.4	2.6	0.6	0.4	0.6	0.5	0.2	0.4	0.5	-
43.ゲームソフト	261	-	2.7	0.4	2.7	0.4	-	-	0.4	-	0.8	-	-
44.通信	420	0.2	1.2	0.2	3.3	-	0.2	0.7	0.2	0.2	0.5	1.0	-
45.マスコミ（放送・新聞）	486	0.2	0.8	0.6	3.5	0.4	1.2	0.6	-	0.2	0.2	0.2	-
46.マスコミ（出版・広告）	574	0.2	1.2	0.2	3.5	0.2	0.5	1.4	0.2	0.2	0.3	0.3	-
47.芸能・エンタテインメント	253	-	0.4	-	2.8	0.4	0.8	0.4	-	-	-	-	-
48.官公庁・公社・団体	873	0.6	0.9	0.3	2.7	0.1	0.6	0.7	0.5	0.5	0.3	0.1	-
49.これら以外のその他	49	-	-	-	2.0	2.0	-	2.0	-	-	2.0	-	-
50.特に決めていなかった	157	0.6	0.6	0.6	3.8	-	1.3	-	2.5	-	-	-	0.6

F2SQ2 大学（大学院）の所在地域

	N	北海道	青森県	岩手県	宮城県	秋田県	山形県	福島県	茨城県	栃木県	群馬県	埼玉県	千葉県
全体	5601	3.3	0.7	0.7	2.2	0.4	0.6	0.4	1.4	0.7	1.0	1.9	2.6
Q4SQ2.就職活動開始時もっとも希望した業種													
1.農林・水産	64	15.6	4.7	-	1.6	-	3.1	-	-	3.1	3.1	-	3.1
2.食品	491	4.1	0.2	1.2	1.6	0.4	1.0	-	1.4	1.2	1.4	1.6	2.2
3.建設・設備関連	103	2.9	1.9	1.0	1.0	2.9	1.0	-	-	1.0	1.0	1.9	9.7
4.住宅・インテリア	85	2.4	1.2	2.4	3.5	-	2.4	1.2	1.2	2.4	-	2.4	4.7
5.アパレル・服飾関連	28	-	-	3.6	3.6	-	-	3.6	-	-	-	-	7.1
6.繊維・紙・パルプ	25	4.0	4.0	-	-	-	-	-	-	4.0	-	-	4.0
7.化学・石油	237	4.2	0.8	0.4	5.1	0.4	1.7	-	0.4	0.4	1.3	0.4	1.7
8.薬品・化粧品	276	4.3	-	0.4	3.3	0.7	0.4	0.4	2.2	1.4	0.7	0.4	2.2
9.ゴム・ガラス・セラミックス	16	6.3	-	-	12.5	-	-	-	-	-	-	-	-
10.鉄鋼・金属・鉱業	41	2.4	-	-	4.9	4.9	2.4	-	2.4	2.4	-	-	-
11.機械	149	0.7	0.7	0.7	-	-	0.7	0.7	-	-	2.0	4.7	1.3
12.プラント・エンジニアリング	38	7.9	-	-	2.6	2.6	-	-	-	2.6	-	-	2.6
13.電子・電気・OA機器	172	2.3	-	0.6	4.1	1.2	-	0.6	3.5	1.2	1.2	1.2	4.7
14.自動車・輸送用機器	203	0.5	-	-	2.5	1.0	0.5	0.5	1.0	1.5	0.5	2.0	0.5
15.精密・医療機器	82	-	2.4	1.2	2.4	-	1.2	1.2	2.4	1.2	2.4	4.9	-
16.印刷・事務機器・日用品	62	1.6	-	1.6	3.2	-	1.6	-	3.2	-	-	-	1.6
17.スポーツ・玩具・ゲーム製品	86	1.2	-	1.2	2.3	-	-	1.2	1.2	-	-	5.8	3.5
18.その他メーカー・製造関連	35	2.9	-	-	-	-	-	-	2.9	2.9	-	5.7	-
19.総合商社	89	2.2	-	-	1.1	-	-	-	1.1	-	-	1.1	5.6
20.商社	94	6.4	-	-	3.2	-	-	-	-	-	1.1	3.2	1.1
21.百貨店・スーパー・コンビニ	55	5.5	-	3.6	3.6	-	-	-	1.8	-	-	3.6	1.8
22.専門店	26	-	-	-	7.7	-	-	-	-	-	-	3.8	3.8
23.銀行・証券	325	5.5	0.9	0.3	3.1	0.3	0.6	0.3	1.2	0.6	3.1	1.2	2.2
24.信金・労金・信組	50	2.0	-	-	-	-	-	-	-	2.0	-	2.0	2.0
25.クレジット・信販・リース・その他金融	42	-	-	2.4	-	-	-	-	-	-	2.4	4.8	-
26.生保・損保	100	-	-	1.0	1.0	-	-	-	1.0	-	1.0	1.0	-
27.不動産	98	2.0	1.0	-	-	-	-	-	2.0	-	-	5.1	3.1
28.鉄道・航空	277	2.5	-	0.7	1.8	-	-	-	1.8	-	0.4	1.4	2.2
29.陸運・海運・物流	64	1.6	-	-	1.6	-	-	3.1	-	-	-	4.7	4.7
30.電力・ガス・エネルギー	88	1.1	1.1	-	5.7	1.1	1.1	1.1	-	-	-	1.1	4.5
31.レストラン・給食・フードサービス	15	-	6.7	-	-	-	-	-	-	-	-	6.7	-
32.ホテル・旅行	126	0.8	-	1.6	0.8	-	0.8	-	-	-	-	3.2	1.6
33.医療機関・調剤薬局	139	2.9	-	0.7	2.9	1.4	-	0.7	1.4	-	-	2.2	7.9
34.福祉サービス	26	7.7	-	3.8	7.7	-	-	-	3.8	-	3.8	7.7	-
35.フィットネスクラブ・エステ・理美容	9	11.1	-	-	-	-	-	-	-	-	-	11.1	11.1
36.アミューズメント・レジャー	30	6.7	-	-	3.3	-	-	-	-	-	-	3.3	6.7
37.冠婚葬祭	18	-	-	-	5.6	-	-	-	-	-	-	-	-
38.専門・その他サービス	19	-	-	-	-	-	-	-	-	-	-	5.3	10.5
39.コンサルティング・シンクタンク・調査	132	2.3	-	1.5	0.8	-	-	-	2.3	-	1.5	0.8	3.0
40.人材サービス（派遣・紹介）	35	-	-	-	-	-	-	-	-	-	2.9	2.9	-
41.教育	107	2.8	0.9	1.9	2.8	0.9	-	-	1.9	0.9	-	2.8	0.9
42.ソフトウエア・情報処理・ネット関連	373	2.9	1.3	0.5	0.8	0.3	0.5	0.8	3.8	0.5	0.5	1.3	3.2
43.ゲームソフト	45	4.4	2.2	-	4.4	2.2	2.2	-	-	-	-	-	2.2
44.通信	50	-	-	-	4.0	-	-	-	-	-	2.0	4.0	4.0
45.マスコミ（放送・新聞）	150	3.3	1.3	0.7	1.3	1.3	0.7	1.3	1.3	-	-	0.7	2.0
46.マスコミ（出版・広告）	193	2.1	0.5	0.5	1.6	-	0.5	-	1.0	-	0.5	1.6	2.1
47.芸能・エンタテインメント	58	1.7	-	1.7	-	-	1.7	1.7	-	-	-	1.7	3.4
48.官公庁・公社・団体	401	5.0	1.2	0.2	2.0	-	-	0.5	0.2	2.2	0.7	2.2	2.5
49.これら以外のその他	17	5.9	-	-	-	-	-	5.9	5.9	-	-	-	-
50.非該当	157	6.4	2.5	-	1.3	-	-	0.6	1.3	0.6	1.3	1.3	1.9
Q5.就職活動開始時の希望就職先													
1.海外展開している企業	1527	3.1	0.3	0.6	2.5	0.5	0.3	0.1	1.6	0.7	0.8	1.4	2.6
2.全国規模の企業であって、全国転勤がある企業	1655	3.4	0.7	0.5	2.2	0.7	0.5	0.1	1.5	0.5	0.9	1.8	2.0
3.全国規模の企業であって、勤務地が特定の地域に限定されている企業	2240	2.3	0.8	0.7	2.4	0.6	0.7	0.7	1.7	0.8	1.3	2.1	3.1
4.主に特定の地域に展開している企業	1497	3.7	0.7	0.8	2.4	0.5	0.7	0.4	1.4	1.1	1.5	1.6	2.9
5.公務員（教員を除く）	735	3.9	1.1	0.5	2.0	0.3	0.7	0.5	2.3	1.0	1.2	2.7	2.6
6.教員	86	3.5	-	2.3	3.5	-	-	-	1.2	1.2	1.2	3.5	1.2
7.その他	141	3.5	-	2.1	1.4	1.4	1.4	-	-	-	-	5.0	4.3
8.特に決めていなかった	1101	3.4	1.0	1.1	2.0	0.2	0.6	0.4	1.4	0.3	0.7	1.9	2.3
Q6SQ1.就職活動開始時の希望（地域限定正社員）：応募													
1.是非応募したい	1372	3.9	0.8	0.8	1.7	0.1	0.6	0.4	1.2	1.2	1.7	1.7	3.1
2.処遇に大きな差がなければ応募したい	2692	3.1	0.6	0.8	2.3	0.6	0.7	0.4	1.3	0.4	0.8	2.2	2.7
3.応募したくない	440	3.2	-	0.5	2.0	-	0.2	-	2.0	0.9	1.4	0.7	3.0
4.考えたことがない	1097	3.0	0.9	0.5	2.6	0.7	0.5	0.5	1.7	0.5	0.6	2.0	1.6
Q6SQ1A.就職活動開始時の希望（地域限定正社員）：地域													
1.現在お住まいの都道府県	3114	3.1	0.4	0.7	1.8	0.1	0.3	0.4	1.0	0.6	1.0	2.2	3.0
2.高校卒業時点でお住まいだった都道府県	1705	3.0	0.9	0.9	1.9	0.7	0.8	0.6	1.6	0.7	1.3	1.6	2.3
3.大学・大学院のある都道府県	1368	1.8	0.3	0.7	1.4	0.1	0.4	0.4	0.7	0.7	0.6	1.4	2.0
4.その他の都道府県	747	3.2	1.5	2.0	3.9	0.7	1.1	0.5	2.1	1.1	1.5	2.7	2.9
5.海外	98	4.1	1.0	2.0	3.1	-	-	1.0	1.0	-	1.0	3.1	2.0
6.特にない	178	6.2	1.1	1.1	2.8	0.6	1.1	-	-	0.6	1.7	2.2	3.4
7.非該当	1537	3.1	0.7	0.5	2.5	0.5	0.5	0.5	1.8	0.7	0.8	1.6	2.0
Q6SQ2.就職活動開始時の希望（職務限定正社員）：応募													
1.是非応募したい	946	3.7	1.2	0.8	2.0	0.5	1.0	0.1	1.5	0.4	1.2	2.3	3.2
2.処遇に大きな差がなければ応募したい	2301	3.2	0.6	0.7	2.2	0.5	0.4	0.4	1.8	0.8	1.1	2.0	2.6
3.応募したくない	787	3.2	0.4	0.5	2.0	0.4	0.4	0.3	1.0	1.1	1.4	1.3	2.8
4.考えたことがない	1567	3.2	0.7	0.7	2.4	0.4	0.6	0.6	1.1	0.4	0.6	2.0	2.1
Q6SQ2A.就職活動開始時の希望（職務限定正社員）：職務													
1.大学・大学院の専攻に直結した仕事	1193	3.6	0.7	0.7	2.5	0.2	0.7	0.4	1.9	0.8	1.4	1.7	3.5
2.一般事務の仕事	809	3.6	1.1	0.7	1.7	0.2	-	0.4	1.4	0.9	0.7	2.0	2.6
3.経理、会計の仕事	138	2.2	-	0.7	2.2	0.7	-	-	1.4	-	0.7	0.7	1.4
4.営業の仕事	319	1.9	0.3	-	1.3	-	0.6	0.6	0.9	0.3	1.3	1.3	1.6
5.販売の仕事	28	7.1	-	3.6	-	-	3.6	0.6	-	-	-	10.7	-
6.接客の仕事	139	2.2	-	0.7	1.4	0.7	-	-	-	0.7	1.4	6.5	1.4
7.調査、研究開発の仕事	431	3.9	0.7	1.2	3.0	0.7	1.2	-	3.0	0.5	1.2	2.8	3.0
8.生産・建設現場の仕事	69	2.9	-	2.9	4.3	-	1.4	-	-	1.4	1.4	-	4.3
9.運送関係の仕事	14	7.1	-	-	-	-	-	-	-	-	-	7.1	14.3
10.その他	107	1.9	1.9	-	1.9	0.9	0.9	0.9	2.8	-	0.9	1.9	-
11.非該当	2354	3.2	0.6	0.6	2.3	0.4	0.6	0.5	1.1	0.7	0.8	1.7	2.3

F2SQ2 大学（大学院）の所在地域

	N	東京都	神奈川県	新潟県	富山県	石川県	福井県	山梨県	長野県	岐阜県	静岡県	愛知県	三重県
全体	5601	28.7	5.3	1.2	0.9	1.4	0.4	0.6	0.6	0.7	1.7	7.2	0.4
Q4SQ2. 就職活動開始時もっとも希望した業種													
1.農林・水産	64	17.2	6.3	1.6	-	-	1.6	1.6	1.6	1.6	-	3.1	1.6
2.食品	491	23.8	5.7	1.0	0.6	1.6	0.4	0.4	0.6	0.2	2.9	6.3	0.4
3.建設・設備関連	103	20.4	4.9	2.9	-	3.9	1.0	-	1.9	2.9	-	8.7	-
4.住宅・インテリア	85	20.0	2.4	1.2	-	-	-	1.2	-	-	4.7	7.1	-
5.アパレル・服飾関連	28	32.1	3.6	-	-	-	-	-	-	-	-	3.6	-
6.繊維・紙・パルプ	25	16.0	8.0	-	-	-	4.0	-	4.0	-	-	8.0	-
7.化学・石油	237	19.8	5.9	2.5	0.8	1.3	0.4	-	3.4	2.1	0.8	3.8	-
8.薬品・化粧品	276	19.9	5.4	0.4	4.0	2.2	0.4	0.4	0.4	2.2	1.8	4.3	0.4
9.ゴム・ガラス・セラミックス	16	18.8	-	-	-	-	-	6.3	-	-	-	18.8	-
10.鉄鋼・金属・鉱業	41	26.8	4.9	2.4	-	2.4	-	-	-	-	-	4.9	2.4
11.機械	149	23.5	4.7	1.3	1.3	-	-	1.3	-	2.0	3.4	4.7	-
12.プラント・エンジニアリング	38	13.2	10.5	5.3	-	2.6	-	-	2.6	-	-	2.6	-
13.電子・電気・OA機器	172	21.5	5.8	3.5	1.7	3.5	0.6	0.6	-	0.6	0.6	5.8	0.6
14.自動車・輸送用機器	203	14.3	6.9	1.0	0.5	3.4	1.0	0.5	-	2.5	3.4	20.7	1.0
15.精密・医療機器	82	20.7	7.3	2.4	-	-	-	2.4	2.4	-	-	4.9	-
16.印刷・事務機器・日用品	62	37.1	3.2	-	3.2	4.8	-	-	-	-	-	8.1	1.6
17.スポーツ・玩具・ゲーム製品	86	32.6	5.8	1.2	-	-	-	1.2	-	-	2.3	3.5	-
18.その他メーカー・製造関連	35	31.4	5.7	-	-	-	-	-	2.9	-	5.7	5.7	-
19.総合商社	89	38.2	5.6	-	-	-	-	-	-	2.2	1.1	10.1	-
20.商社	94	26.6	3.2	2.1	-	3.2	-	-	-	1.1	1.1	8.5	-
21.百貨店・スーパー・コンビニ	55	16.4	5.5	-	-	-	-	-	-	-	3.6	9.1	-
22.専門店	26	19.2	7.7	-	-	-	-	-	-	-	-	7.7	-
23.銀行・証券	325	28.0	3.1	1.2	0.3	1.5	0.9	0.6	0.3	0.9	1.8	6.8	0.3
24.信金・労金・信組	50	40.0	4.0	4.0	4.0	-	2.0	-	-	-	-	10.0	-
25.クレジット・信販・リース・その他金融	42	35.7	4.8	2.4	-	-	-	-	-	-	2.4	2.4	-
26.生保・損保	100	42.0	4.0	-	-	-	-	1.0	-	-	-	10.0	-
27.不動産	98	53.1	6.1	1.0	-	-	-	2.0	-	-	2.0	3.1	-
28.鉄道・航空	277	40.4	7.6	0.7	0.4	0.7	-	0.7	0.4	-	1.8	6.9	0.4
29.陸運・海運・物流	64	31.3	7.8	1.6	1.6	-	-	1.6	1.6	-	3.1	3.1	1.6
30.電力・ガス・エネルギー	88	20.5	-	1.1	1.1	2.3	-	-	1.1	-	3.4	14.8	1.1
31.レストラン・給食・フードサービス	15	20.0	20.0	-	-	-	-	-	-	-	-	20.0	-
32.ホテル・旅行	126	34.1	3.2	0.8	-	0.8	-	0.8	0.8	-	-	15.1	0.8
33.医療機関・調剤薬局	139	24.5	3.6	2.2	1.4	0.7	-	-	0.7	1.4	2.2	5.0	-
34.福祉サービス	26	23.1	3.8	-	-	-	-	-	-	-	-	7.7	-
35.フィットネスクラブ・エステ・理美容	9	11.1	-	-	-	-	-	-	-	-	-	-	-
36.アミューズメント・レジャー	30	16.7	-	-	-	3.3	-	3.3	-	-	3.3	16.7	-
37.冠婚葬祭	18	22.2	11.1	5.6	-	-	-	-	-	-	-	11.1	-
38.専門・その他サービス	19	42.1	-	-	10.5	-	-	-	-	5.3	-	10.5	-
39.コンサルティング・シンクタンク・調査	132	45.5	4.5	-	-	-	0.8	-	-	-	0.8	2.3	0.8
40.人材サービス（派遣・紹介）	35	40.0	-	-	2.9	2.9	-	-	-	-	-	2.9	-
41.教育	107	36.4	6.5	0.9	-	-	0.9	0.9	-	0.9	1.9	4.7	0.9
42.ソフトウエア・情報処理・ネット関連	373	26.3	6.4	1.3	2.7	2.1	0.3	-	1.3	0.3	1.6	9.1	0.5
43.ゲームソフト	45	35.6	-	2.2	-	2.2	-	-	-	-	2.2	17.8	-
44.通信	50	36.0	2.0	-	-	2.0	-	2.0	-	-	-	-	-
45.マスコミ（放送・新聞）	150	34.0	6.0	1.3	0.7	-	1.3	1.3	0.7	0.7	1.3	8.0	-
46.マスコミ（出版・広告）	193	43.5	7.8	0.5	1.0	-	-	-	0.5	-	1.0	7.8	-
47.芸能・エンタテインメント	58	51.7	1.7	-	-	-	-	-	1.7	-	-	3.4	-
48.官公庁・公社・団体	401	30.9	6.0	1.0	0.5	1.2	0.2	1.5	-	0.7	2.5	6.5	0.2
49.これら以外のその他	17	41.2	17.6	-	-	-	-	-	-	-	-	-	-
50.非該当	157	24.8	3.8	0.6	-	0.6	-	-	0.6	-	0.6	4.5	0.6
Q5.就職活動開始時の希望就職先													
1.海外展開もしている企業	1527	33.1	4.8	0.9	0.8	1.4	0.3	0.4	0.5	0.6	1.6	6.9	0.4
2.全国規模の企業であって、全国転勤がある企業	1655	31.8	4.7	1.1	0.7	1.3	0.3	0.4	0.4	0.7	1.8	6.6	0.4
3.全国規模の企業であって、勤務地が特定の地域に限定されている企業	2240	28.4	5.0	0.8	0.9	1.6	0.4	0.7	0.4	0.9	2.1	7.7	0.4
4.主に特定の地域に展開している企業	1497	21.4	4.5	1.3	1.2	1.5	0.4	-	0.7	0.7	2.5	9.6	0.7
5.公務員（教員を除く）	735	27.9	4.6	1.2	0.8	1.0	0.4	1.5	0.5	1.1	2.4	6.3	0.3
6.教員	86	22.1	4.7	2.3	-	1.2	1.2	-	-	1.2	3.5	11.6	-
7.その他	141	31.9	9.2	2.1	0.7	1.4	-	1.4	1.4	-	-	7.1	-
8.特に決めていなかった	1101	29.6	6.2	1.1	0.5	1.5	0.3	0.5	1.0	0.6	0.9	5.0	0.2
Q6SQ1.就職活動開始時の希望（地域限定正社員）：応募													
1.是非応募したい	1372	26.7	4.7	1.2	1.3	1.7	0.5	1.0	0.4	0.5	1.7	8.9	0.3
2.処遇に大きな差がなければ応募したい	2692	28.0	5.5	1.2	0.8	1.3	0.4	0.6	0.6	0.7	2.1	6.8	0.5
3.応募したくない	440	34.5	5.9	1.1	0.7	1.1	-	0.2	0.2	0.9	0.2	6.8	-
4.考えたことがない	1097	30.5	5.2	1.1	0.6	1.3	0.3	0.7	-	0.8	1.2	6.2	0.3
Q6SQ1A.就職活動開始時の希望（地域限定正社員）：地域													
1.現在お住まいの都道府県	3114	30.6	5.7	1.1	0.7	1.2	0.4	0.4	0.6	0.6	1.7	8.4	0.4
2.高校卒業時点でお住まいだった都道府県	1705	25.1	5.7	1.5	1.1	2.0	0.6	0.6	0.8	0.7	2.3	6.0	0.4
3.大学・大学院のある都道府県	1368	37.6	4.9	1.0	0.5	1.5	0.2	0.4	0.4	0.4	1.8	8.0	0.2
4.その他の都道府県	747	15.8	5.6	1.6	0.7	1.6	0.5	1.1	0.7	0.8	2.8	4.8	0.4
5.海外	98	40.8	3.1	-	-	1.0	-	1.0	1.0	1.0	-	7.1	1.0
6.特にない	178	16.9	5.1	0.6	1.7	1.7	-	1.1	1.1	-	1.7	6.2	0.6
7.非該当	1537	31.7	5.4	1.1	0.7	1.2	0.2	0.3	0.6	0.8	0.9	6.4	0.2
Q6SQ2.就職活動開始時の希望（職務限定正社員）：応募													
1.是非応募したい	946	26.3	5.3	1.2	1.1	2.2	0.7	1.0	0.7	0.6	1.7	7.0	0.5
2.処遇に大きな差がなければ応募したい	2301	28.4	5.5	1.4	1.0	1.2	0.3	0.7	0.7	0.6	2.3	7.0	0.3
3.応募したくない	787	35.1	5.7	0.9	0.5	0.6	0.3	0.3	0.4	0.9	0.6	6.4	0.4
4.考えたことがない	1567	27.3	4.9	1.1	0.8	1.5	0.3	0.4	0.6	0.8	1.2	8.0	0.3
Q6SQ2A.就職活動開始時の希望（職務限定正社員）：職務													
1.大学・大学院の専攻に直結した仕事	1193	25.1	5.9	1.6	1.4	1.8	0.4	0.8	1.0	0.6	2.9	6.9	0.8
2.一般事務の仕事	809	31.1	5.1	1.4	0.2	1.2	0.5	0.7	0.1	0.1	1.9	7.7	0.2
3.経理、会計の仕事	138	37.7	2.9	0.7	0.7	0.7	0.7	1.4	0.7	1.4	1.4	8.0	-
4.営業の仕事	319	35.7	6.3	0.6	0.6	0.9	0.3	0.6	-	0.3	1.6	7.5	-
5.販売の仕事	28	17.9	14.3	-	-	-	-	3.6	-	-	-	7.1	-
6.接客の仕事	139	33.8	4.3	1.4	-	1.4	-	-	0.7	-	-	7.2	-
7.調査、研究開発の仕事	431	21.6	4.6	0.7	1.9	1.4	0.7	0.7	0.9	1.4	2.1	7.0	-
8.生産・建設現場の仕事	69	11.6	8.7	2.9	2.9	5.8	-	-	2.9	-	1.4	5.8	1.4
9.運送関係の仕事	14	21.4	7.1	-	-	-	-	-	-	-	-	7.1	-
10.その他	107	28.0	3.7	2.8	0.9	0.9	0.9	0.9	0.9	2.8	2.8	2.8	-
11.非該当	2354	29.9	5.1	1.0	0.7	1.2	0.3	0.4	0.4	0.8	1.0	7.4	0.3

F2SQ2 大学（大学院）の所在地域

	N	滋賀県	京都府	大阪府	兵庫県	奈良県	和歌山県	鳥取県	島根県	岡山県	広島県	山口県	徳島県
全体	5601	1.4	7.1	8.5	4.2	0.8	0.3	0.3	0.3	1.7	1.8	0.6	0.3
Q4SQ2.就職活動開始時もっとも希望した業種													
1.農林・水産	64	1.6	1.6	1.6	-	-	1.6	3.1	-	3.1	1.6	-	1.6
2.食品	491	1.2	8.1	9.6	4.7	1.6	0.2	0.6	0.2	2.2	2.2	0.8	0.4
3.建設・設備関連	103	2.9	1.9	9.7	-	-	-	1.9	-	3.9	-	-	-
4.住宅・インテリア	85	2.4	9.4	7.1	3.5	2.4	1.2	-	-	-	2.4	2.4	1.2
5.アパレル・服飾関連	28	-	7.1	3.6	3.6	7.1	-	-	3.6	10.7	3.6	-	-
6.繊維・紙・パルプ	25	4.0	12.0	12.0	-	4.0	-	-	-	-	4.0	-	-
7.化学・石油	237	1.7	9.3	10.5	5.1	0.8	-	-	0.8	2.1	1.7	1.3	-
8.薬品・化粧品	276	1.1	7.2	10.9	4.3	0.7	0.7	1.8	-	1.8	0.7	1.4	1.4
9.ゴム・ガラス・セラミックス	16	-	-	12.5	18.8	-	-	-	-	-	-	-	-
10.鉄鋼・金属・鉱業	41	-	4.9	12.2	9.8	-	-	-	-	4.9	-	-	-
11.機械	149	1.3	8.7	14.1	1.3	-	-	-	0.7	4.0	1.3	-	0.7
12.プラント・エンジニアリング	38	-	5.3	10.5	2.6	-	2.6	-	-	-	5.3	-	-
13.電子・電気・OA機器	172	1.2	6.4	9.3	2.9	3.5	1.2	-	1.2	1.7	0.6	-	0.6
14.自動車・輸送用機器	203	3.4	5.9	8.4	3.4	1.0	-	-	-	2.0	3.0	1.0	0.5
15.精密・医療機器	82	1.2	12.2	11.0	1.2	1.2	1.2	-	-	2.4	1.2	-	-
16.印刷・事務機器・日用品	62	3.2	9.7	8.1	1.6	1.6	-	1.6	-	-	-	-	-
17.スポーツ・玩具・ゲーム製品	86	1.2	18.6	4.7	3.5	1.2	-	-	-	-	2.3	-	-
18.その他メーカー・製造関連	35	2.9	17.1	5.7	2.9	-	-	-	-	-	-	-	-
19.総合商社	89	2.2	12.4	10.1	3.4	-	-	-	-	-	-	-	-
20.商社	94	2.1	8.5	10.6	5.3	-	1.1	-	-	1.1	2.1	-	-
21.百貨店・スーパー・コンビニ	55	1.8	9.1	10.9	1.8	-	1.8	-	-	1.8	5.5	-	-
22.専門店	26	-	7.7	15.4	-	-	-	-	-	3.8	3.8	-	-
23.銀行・証券	325	0.3	8.3	7.7	5.5	0.9	-	-	-	1.2	3.1	0.9	-
24.信金・労金・信組	50	2.0	4.0	8.0	6.0	-	-	-	2.0	-	6.0	-	-
25.クレジット・信販・リース・その他金融	42	4.8	7.1	7.1	16.7	2.4	-	-	-	-	-	-	-
26.生保・損保	100	-	7.0	10.0	2.0	1.0	-	-	-	2.0	5.0	-	-
27.不動産	98	1.0	5.1	5.1	2.0	-	-	-	1.0	-	-	-	-
28.鉄道・航空	277	0.7	5.8	7.9	4.7	0.4	0.4	-	-	1.1	1.8	-	-
29.陸運・海運・物流	64	-	9.4	4.7	6.3	-	-	-	-	1.6	1.6	1.6	-
30.電力・ガス・エネルギー	88	1.1	8.0	9.1	4.5	-	1.1	-	-	1.1	2.3	-	-
31.レストラン・給食・フードサービス	15	6.7	-	-	13.3	-	-	-	-	-	-	-	-
32.ホテル・旅行	126	2.4	5.6	11.1	4.8	-	0.8	-	-	1.6	1.6	-	-
33.医療機関・調剤薬局	139	-	3.6	4.3	5.8	-	-	-	-	6.5	5.0	0.7	2.9
34.福祉サービス	26	-	-	7.7	11.5	-	-	-	3.8	3.8	-	3.8	-
35.フィットネスクラブ・エステ・理美容	9	-	11.1	11.1	-	-	-	-	-	11.1	-	-	-
36.アミューズメント・レジャー	30	3.3	16.7	10.0	3.3	-	-	-	3.3	-	-	-	-
37.冠婚葬祭	18	-	11.1	11.1	5.6	-	-	-	-	5.6	-	-	-
38.専門・その他サービス	19	-	5.3	5.3	5.3	-	-	-	-	-	-	-	-
39.コンサルティング・シンクタンク・調査	132	3.0	7.6	6.1	4.5	-	0.8	0.8	0.8	-	1.5	-	-
40.人材サービス（派遣・紹介）	35	-	5.7	11.4	8.6	2.9	-	-	-	5.7	-	-	-
41.教育	107	0.9	7.5	5.6	2.8	0.9	0.9	-	-	-	1.9	-	-
42.ソフトウエア・情報処理・ネット関連	373	2.1	3.8	7.8	2.7	1.3	0.3	0.3	-	1.9	1.9	0.3	0.3
43.ゲームソフト	45	4.4	11.1	2.2	4.4	-	-	-	-	-	-	-	-
44.通信	50	4.0	4.0	6.0	10.0	2.0	-	-	-	2.0	4.0	-	-
45.マスコミ（放送・新聞）	150	1.3	9.3	6.0	3.3	-	0.7	-	-	0.7	0.7	0.7	-
46.マスコミ（出版・広告）	193	-	7.3	6.2	2.6	-	-	-	-	0.5	1.6	0.5	0.5
47.芸能・エンタテインメント	58	-	5.2	6.9	5.2	-	-	-	-	1.7	1.7	1.7	-
48.官公庁・公社・団体	401	0.7	4.5	8.5	3.7	0.2	-	-	0.2	1.7	1.0	1.2	0.2
49.これら以外のその他	17	-	11.8	-	-	-	-	-	-	-	-	-	-
50.非該当	157	2.5	7.6	11.5	8.9	-	-	0.6	1.3	0.6	1.9	0.6	0.6
Q5.就職活動開始時の希望就職先													
1.海外展開もしている企業	1527	1.5	8.3	8.9	4.4	0.3	0.3	0.3	0.1	0.7	1.6	0.3	0.2
2.全国規模の企業であって、全国転勤がある企業	1655	1.6	8.7	9.2	4.4	0.6	0.4	0.2	0.2	0.8	2.1	0.1	0.1
3.全国規模の企業であって、勤務地が特定の地域に限定されている企業	2240	1.2	7.5	7.8	3.2	0.9	0.4	0.4	0.3	1.7	2.3	0.5	0.3
4.主に特定の地域に展開している企業	1497	0.9	6.9	6.7	3.7	1.0	0.3	0.3	0.6	2.7	2.3	0.9	0.5
5.公務員（教員を除く）	735	1.4	5.7	7.8	3.5	0.5	-	0.3	0.3	1.6	2.0	1.1	0.4
6.教員	86	3.5	4.7	9.3	2.3	-	-	-	1.2	-	4.7	1.2	-
7.その他	141	2.8	6.4	6.4	3.5	-	0.7	0.7	-	1.4	-	-	-
8.特に決めていなかった	1101	1.7	6.4	10.3	5.2	1.0	0.4	0.2	0.5	2.3	1.4	0.4	0.4
Q6SQ1.就職活動開始時の希望（地域限定正社員）：応募													
1.是非応募したい	1372	0.7	5.4	7.7	3.5	0.7	0.1	0.4	0.6	2.2	2.0	0.7	0.4
2.処遇に大きな差がなければ応募したい	2692	1.7	7.6	8.4	4.1	0.9	0.3	0.3	0.2	1.4	2.1	0.7	0.4
3.応募したくない	440	2.0	9.3	5.9	5.2	0.7	-	0.5	-	0.7	0.7	0.2	0.2
4.考えたことがない	1097	1.5	7.3	10.6	4.8	0.6	0.5	0.2	0.4	2.1	1.3	-	0.2
Q6SQ1A.就職活動開始時の希望（地域限定正社員）：地域													
1.現在お住まいの都道府県	3114	1.4	7.3	8.5	4.3	0.8	0.4	0.2	0.2	1.4	1.8	0.4	0.3
2.高校卒業時点でお住まいだった都道府県	1705	1.2	8.8	6.6	3.7	1.1	0.2	0.6	0.6	1.9	1.8	0.9	0.8
3.大学・大学院のある都道府県	1368	1.0	8.8	9.1	3.4	0.6	0.2	0.1	0.1	1.4	1.5	0.5	0.3
4.その他の都道府県	747	2.0	8.0	8.3	4.6	0.9	0.3	0.5	0.1	2.0	1.7	1.1	0.5
5.海外	98	2.0	4.1	5.1	6.1	-	1.0	-	-	1.0	-	-	-
6.特にない	178	1.7	5.1	11.2	6.2	0.6	-	-	0.6	2.2	5.1	1.7	-
7.非該当	1537	1.6	7.9	9.2	4.9	0.7	0.3	0.3	0.3	1.7	1.1	0.1	0.2
Q6SQ2.就職活動開始時の希望（職務限定正社員）：応募													
1.是非応募したい	946	0.6	6.7	7.7	3.3	0.8	0.1	0.4	0.1	1.7	1.9	0.8	0.6
2.処遇に大きな差がなければ応募したい	2301	1.6	7.4	8.0	3.7	0.8	0.4	0.1	0.2	1.6	2.0	0.4	0.3
3.応募したくない	787	1.5	8.6	6.6	5.6	-	0.3	0.3	-	0.4	1.8	0.4	0.1
4.考えたことがない	1567	1.7	6.3	10.5	4.7	0.8	0.2	0.5	0.8	2.5	1.5	0.6	0.1
Q6SQ2A.就職活動開始時の希望（職務限定正社員）：職務													
1.大学・大学院の専攻に直結した仕事	1193	1.0	6.3	7.5	2.6	0.7	0.4	0.3	0.3	2.4	1.8	0.3	0.8
2.一般事務の仕事	809	0.5	7.7	6.8	5.2	1.0	0.4	0.1	0.1	1.5	2.2	1.1	-
3.経理、会計の仕事	138	2.9	6.5	5.1	5.1	0.7	0.7	0.7	-	-	4.3	-	-
4.営業の仕事	319	2.2	9.1	9.7	3.8	0.3	-	-	-	0.3	1.6	-	-
5.販売の仕事	28	3.6	10.7	7.1	10.7	-	-	-	-	-	-	-	-
6.接客の仕事	139	2.2	6.5	10.8	4.3	-	0.7	-	-	1.4	2.9	1.4	0.7
7.調査、研究開発の仕事	431	1.9	6.3	8.4	3.2	1.9	0.2	0.5	0.2	1.4	1.9	0.5	-
8.生産・建設現場の仕事	69	1.4	2.9	13.0	1.4	-	-	-	-	1.4	-	-	-
9.運送関係の仕事	14	7.1	-	14.3	-	-	-	-	-	-	7.1	7.1	-
10.その他	107	0.9	15.9	9.3	0.9	-	-	-	-	-	-	0.9	-
11.非該当	2354	1.6	7.1	9.2	5.0	0.8	0.2	0.4	0.5	1.8	1.6	0.6	0.3

F2SQ2 大学（大学院）の所在地域

	N	香川県	愛媛県	高知県	福岡県	佐賀県	長崎県	熊本県	大分県	宮崎県	鹿児島県	沖縄県	海外
全体	5601	0.3	0.8	0.3	3.1	0.5	0.6	0.8	0.5	0.2	0.4	0.3	0.1
Q4SQ2.就職活動開始時もっとも希望した業種													
1.農林・水産	64	-	1.6	1.6	1.6	-	1.6	1.6	-	-	3.1	-	-
2.食品	491	1.0	0.8	0.4	2.6	0.4	0.4	0.8	0.6	0.4	-	-	-
3.建設・設備関連	103	-	1.0	-	2.9	1.0	1.0	1.9	0.6	-	-	1.0	-
4.住宅・インテリア	85	-	1.2	-	5.9	-	1.2	-	-	-	-	-	-
5.アパレル・服飾関連	28	-	-	-	3.6	-	-	-	-	-	-	-	-
6.繊維・紙・パルプ	25	-	-	-	-	4.0	-	-	4.0	-	-	-	-
7.化学・石油	237	-	1.3	0.4	2.1	0.8	1.3	0.8	0.4	0.4	1.3	-	-
8.薬品・化粧品	276	-	1.1	-	3.3	0.7	1.1	1.4	0.4	0.7	0.7	0.4	-
9.ゴム・ガラス・セラミックス	16	-	-	-	-	-	-	-	6.3	-	-	-	-
10.鉄鋼・金属・鉱業	41	-	2.4	-	2.4	-	-	-	-	-	-	-	-
11.機械	149	-	2.0	-	2.0	0.7	0.7	0.7	-	0.7	1.3	1.3	-
12.プラント・エンジニアリング	38	-	-	-	7.9	5.3	2.6	-	-	-	2.6	-	-
13.電子・電気・OA機器	172	-	0.6	0.6	2.3	-	-	0.6	0.6	-	-	1.2	-
14.自動車・輸送用機器	203	-	0.5	-	4.9	0.5	-	-	-	-	-	-	-
15.精密・医療機器	82	1.2	-	-	3.7	-	-	-	1.2	-	1.2	1.2	-
16.印刷・事務機器・日用品	62	-	1.6	-	1.6	-	-	-	-	-	-	-	-
17.スポーツ・玩具・ゲーム製品	86	-	-	-	1.2	1.2	-	1.2	1.2	-	1.2	-	-
18.その他メーカー・製造関連	35	-	-	-	2.9	-	-	2.9	-	-	-	-	-
19.総合商社	89	-	-	1.1	-	-	2.2	-	-	-	-	-	-
20.商社	94	1.1	-	-	3.2	-	1.1	1.1	1.1	-	-	-	1.1
21.百貨店・スーパー・コンビニ	55	-	-	1.8	5.5	-	-	1.8	-	-	1.8	1.8	-
22.専門店	26	-	3.8	-	7.7	-	-	3.8	-	-	3.8	-	-
23.銀行・証券	325	0.3	0.3	0.3	2.5	0.3	1.5	0.6	0.9	-	-	-	-
24.信金・労金・信組	50	-	-	-	-	-	-	-	-	-	-	-	-
25.クレジット・信販・リース・その他金融	42	-	-	2.4	2.4	-	-	-	-	-	-	-	-
26.生保・損保	100	1.0	1.0	-	4.0	-	-	2.0	2.0	-	-	1.0	-
27.不動産	98	-	-	-	4.1	-	-	1.0	-	-	-	-	-
28.鉄道・航空	277	-	0.4	-	4.0	-	0.7	1.1	0.4	-	-	-	-
29.陸運・海運・物流	64	-	-	1.6	3.1	-	-	-	1.6	-	-	-	-
30.電力・ガス・エネルギー	88	1.1	1.1	-	6.8	1.1	-	-	-	-	-	-	-
31.レストラン・給食・フードサービス	15	-	-	-	-	-	6.7	-	-	-	-	-	-
32.ホテル・旅行	126	-	0.8	-	2.4	0.8	-	-	0.8	1.6	-	0.8	-
33.医療機関・調剤薬局	139	1.4	0.7	-	2.9	0.7	0.7	2.2	-	-	-	0.7	-
34.福祉サービス	26	-	-	-	-	-	-	-	-	-	-	-	-
35.フィットネスクラブ・エステ・理美容	9	-	-	-	-	-	-	-	11.1	-	11.1	-	-
36.アミューズメント・レジャー	30	-	-	-	-	-	-	-	-	-	-	-	-
37.冠婚葬祭	18	5.6	-	-	5.6	-	-	-	-	-	-	-	-
38.専門・その他サービス	19	-	-	-	-	-	-	-	-	-	-	-	-
39.コンサルティング・シンクタンク・調査	132	-	1.5	-	3.0	1.5	-	1.5	-	-	-	-	0.8
40.人材サービス（派遣・紹介）	35	-	-	-	5.7	-	-	2.9	-	-	-	2.9	-
41.教育	107	-	1.9	-	3.7	0.9	0.9	-	-	-	0.9	0.9	-
42.ソフトウエア・情報処理・ネット関連	373	0.3	1.6	0.8	3.2	0.5	0.5	-	0.5	0.3	0.5	0.5	-
43.ゲームソフト	45	-	-	-	-	-	-	-	-	-	-	-	-
44.通信	50	-	-	-	8.0	-	2.0	-	-	-	-	2.0	-
45.マスコミ（放送・新聞）	150	-	0.7	-	4.0	-	0.7	1.3	-	0.7	-	-	-
46.マスコミ（出版・広告）	193	-	1.6	0.5	2.1	0.5	-	1.6	-	-	0.5	1.0	-
47.芸能・エンタテインメント	58	-	-	-	3.4	1.7	1.7	-	-	-	-	-	-
48.官公庁・公社・団体	401	0.5	0.7	-	3.2	-	0.2	0.7	0.2	0.5	0.5	-	-
49.これら以外のその他	17	-	-	-	5.9	5.9	-	-	-	-	-	-	-
50.非該当	157	0.6	0.6	0.6	3.8	-	1.3	-	2.5	-	-	-	0.6
Q5.就職活動開始時の希望就職先													
1.海外展開もしている企業	1527	0.1	0.6	0.3	2.9	0.6	0.6	0.7	0.3	0.2	0.2	0.3	0.1
2.全国規模の企業であって、全国転勤がある企業	1655	0.3	0.8	0.2	3.1	0.4	0.4	0.8	0.3	0.1	0.3	0.1	-
3.全国規模の企業であって、勤務地が特定の地域に限定されている企業	2240	0.2	0.9	0.2	2.9	0.4	0.4	0.5	0.3	0.2	0.3	0.4	-
4.主に特定の地域に展開している企業	1497	0.5	1.2	0.3	3.9	0.5	0.7	0.9	0.9	0.4	0.3	0.4	-
5.公務員（教員を除く）	735	0.7	1.0	0.1	3.7	0.1	0.4	1.0	0.4	0.4	0.4	0.3	-
6.教員	86	-	1.2	-	2.3	1.2	1.2	-	-	-	2.3	-	-
7.その他	141	-	0.7	-	1.4	0.7	-	0.7	-	-	-	-	-
8.特に決めていなかった	1101	0.1	0.6	0.4	3.1	0.5	0.5	0.8	0.4	0.1	0.6	0.1	0.1
Q6SQ1.就職活動開始時の希望（地域限定正社員）：応募													
1.是非応募したい	1372	0.6	0.9	0.2	3.1	0.3	0.7	0.6	1.1	0.2	0.6	0.7	-
2.処遇に大きな差がなければ応募したい	2692	0.3	0.9	0.4	2.9	0.6	0.4	0.7	0.3	0.2	0.4	0.2	0.1
3.応募したくない	440	0.2	0.5	0.7	3.0	0.7	1.4	1.4	0.5	0.2	0.2	-	0.2
4.考えたことがない	1097	0.1	0.5	0.1	3.6	0.4	0.5	0.8	0.2	0.2	0.2	0.2	-
Q6SQ1A.就職活動開始時の希望（地域限定正社員）：地域													
1.現在お住まいの都道府県	3114	0.3	0.8	-	3.3	0.3	0.4	0.5	0.4	0.2	0.3	0.3	-
2.高校卒業時点でお住まいだった都道府県	1705	0.6	0.9	0.4	2.7	0.6	0.6	1.0	0.9	0.2	0.5	0.3	-
3.大学・大学院のある都道府県	1368	0.1	0.4	-	2.4	0.4	0.5	0.7	0.2	0.2	0.1	0.2	-
4.その他の都道府県	747	0.3	0.9	0.5	2.9	0.8	0.9	1.2	0.8	0.4	0.7	0.5	0.3
5.海外	98	-	2.0	-	1.0	2.0	2.0	1.0	-	-	-	-	-
6.特にない	178	-	1.7	1.1	1.1	-	1.1	0.6	-	0.6	0.6	0.6	-
7.非該当	1537	0.1	0.5	0.3	3.4	0.5	0.8	1.0	0.3	0.2	0.2	0.1	0.1
Q6SQ2.就職活動開始時の希望（職務限定正社員）：応募													
1.是非応募したい	946	0.5	1.3	0.3	3.9	0.2	0.4	1.0	0.6	0.1	0.3	0.2	0.1
2.処遇に大きな差がなければ応募したい	2301	0.3	0.9	0.3	2.8	0.7	0.5	0.5	0.4	0.3	0.5	0.3	-
3.応募したくない	787	0.3	0.9	0.4	2.2	0.4	0.6	0.9	0.3	0.3	0.4	0.5	-
4.考えたことがない	1567	0.1	0.3	0.2	3.6	0.3	0.8	1.0	0.5	0.1	0.3	0.1	-
Q6SQ2A.就職活動開始時の希望（職務限定正社員）：職務													
1.大学・大学院の専攻に直結した仕事	1193	0.2	0.4	0.4	2.8	0.8	0.3	0.9	0.3	0.3	0.4	0.3	0.2
2.一般事務の仕事	809	0.7	1.2	-	3.8	0.2	0.6	0.1	0.4	0.2	0.1	0.2	-
3.経理、会計の仕事	138	-	0.7	-	2.9	-	0.7	-	2.2	-	-	0.7	-
4.営業の仕事	319	-	2.2	0.6	2.5	0.3	0.6	0.6	0.9	-	-	0.3	-
5.販売の仕事	28	-	-	-	-	-	-	-	-	-	-	-	-
6.接客の仕事	139	0.7	1.4	-	2.2	-	-	-	-	-	-	-	-
7.調査、研究開発の仕事	431	0.9	1.4	0.2	2.3	0.7	0.5	0.9	0.5	0.5	1.6	0.2	-
8.生産・建設現場の仕事	69	-	2.9	1.4	7.2	1.4	2.9	1.4	-	-	-	-	-
9.運送関係の仕事	14	-	-	-	-	-	-	-	7.1	-	-	-	-
10.その他	107	-	-	-	5.6	0.9	-	0.9	0.9	-	0.9	0.9	-
11.非該当	2354	0.2	0.5	0.3	3.1	0.3	0.8	0.9	0.4	0.2	0.3	0.3	-

F2SQ2 大学（大学院）の所在地域

	N	北海道	青森県	岩手県	宮城県	秋田県	山形県	福島県	茨城県	栃木県	群馬県	埼玉県	千葉県
全体	5601	3.3	0.7	0.7	2.2	0.4	0.6	0.6	1.4	0.7	1.0	1.9	2.6
Q6SQ3.就職活動開始時の希望（勤務時間限定正社員）：応募													
1.是非応募したい	869	4.3	0.7	0.8	2.1	0.8	0.5	0.5	2.2	0.8	0.3	1.6	3.9
2.処遇に大きな差がなければ応募したい	2035	3.2	0.5	0.8	2.2	0.4	0.7	0.2	1.6	0.6	1.5	2.2	2.6
3.応募したくない	619	2.3	0.5	0.3	1.6	0.2	0.3	0.5	1.5	0.6	1.3	1.6	2.4
4.考えたことがない	2078	3.2	0.9	0.7	2.5	0.4	0.5	0.6	1.0	0.6	0.8	1.9	2.1
Q6SQ3A.就職活動開始時の希望（勤務時間限定正社員）：時間													
1.1時間	13	23.1	-	-	7.7	-	-	-	-	-	-	-	-
2.2時間	8	-	-	-	-	-	-	-	-	-	-	-	-
3.3時間	7	-	-	-	-	-	-	-	14.3	-	-	-	14.3
4.4時間	23	8.7	-	4.3	-	4.3	-	4.3	-	-	-	-	13.0
5.5時間	56	7.1	1.8	-	-	-	-	-	1.8	3.6	3.6	1.8	5.4
6.6時間	226	2.7	0.9	0.9	1.8	0.4	0.9	0.4	2.7	0.4	0.4	2.7	3.1
7.7時間	191	6.3	1.0	-	1.0	-	-	0.5	2.1	0.5	-	3.7	3.7
8.8時間（ただし、残業がない）	2380	3.2	0.5	0.8	2.3	0.6	0.7	0.3	1.6	0.7	1.2	1.9	2.8
9.非該当	2697	3.0	0.8	0.6	2.3	0.3	0.5	0.6	1.1	0.7	0.9	1.9	2.2
Q7.就職活動終了状況													
1.終えた	3744	3.1	0.7	0.6	2.4	0.5	0.6	0.5	1.5	0.8	1.1	1.9	2.4
2.続けている	1857	3.6	0.6	0.9	1.8	0.3	0.4	0.3	1.3	0.5	0.9	2.0	2.9
Q8.就職活動終了時期													
1.2016年6月以前	70	4.3	1.4	-	4.3	-	-	1.4	-	-	-	1.4	2.9
2.2016年7月	27	-	7.4	-	3.7	-	-	-	-	-	-	-	-
3.2016年8月	-	-	-	-	-	-	-	-	-	-	-	-	-
4.2016年9月	1	-	-	-	-	-	100.0	-	-	-	-	-	-
5.2016年10月	2	-	-	-	-	-	50.0	-	-	-	-	-	-
6.2016年11月	2	-	-	-	-	-	-	-	-	-	-	-	-
7.2016年12月	1	-	-	-	-	-	-	-	-	-	-	-	-
8.2017年1月	2	-	-	-	-	-	-	-	-	-	-	-	-
9.2017年2月	19	5.3	-	5.3	5.3	5.3	-	-	5.3	-	-	-	-
10.2017年3月	62	-	-	-	4.8	1.6	-	-	-	-	1.6	4.8	1.6
11.2017年4月	284	3.2	0.7	1.4	2.1	1.4	0.7	0.7	2.1	-	1.1	1.8	2.8
12.2017年5月	666	3.9	0.5	0.5	2.0	0.5	0.3	0.3	1.7	0.8	1.1	1.8	3.3
13.2017年6月	2078	3.1	0.8	0.5	2.5	0.5	0.5	0.5	1.6	1.0	1.2	1.9	2.4
14.2017年7月	274	1.5	-	0.4	2.6	-	0.7	-	-	0.7	0.7	0.7	1.5
15.無回答	256	3.1	0.4	1.6	-	-	2.0	0.8	2.0	0.8	0.8	3.1	2.0
16.非該当	1857	3.6	0.6	0.9	1.8	0.3	0.4	0.3	1.3	0.5	0.9	2.0	2.9
Q9.就職活動終了理由													
1.希望する就職先の内定を得たから	3133	3.2	0.5	0.5	2.5	0.6	0.5	0.5	1.7	0.9	0.9	2.0	2.4
2.希望していた就職先ではないが、内定を得たから	557	2.3	1.6	0.5	1.6	0.2	0.9	-	0.5	0.2	2.0	1.1	2.5
3.内定を得ていないが、希望する就職先が他になく、留年することにしたから	11	-	-	9.1	9.1	-	9.1	-	9.1	-	-	9.1	9.1
4.大学院に進学することにしたから	25	8.0	-	-	-	-	4.0	-	-	-	-	4.0	-
5.海外に留学することにしたから	3	-	-	-	-	-	33.3	-	-	-	-	-	33.3
6.家業を継ぐことにしたから	2	-	-	-	-	-	-	-	-	-	-	-	-
7.その他	13	7.7	-	-	7.7	-	-	-	-	-	-	-	-
8.非該当	1857	3.6	0.6	0.9	1.8	0.3	0.4	0.3	1.3	0.5	0.9	2.0	2.9
Q10.就職予定先企業の業種													
1.農林・水産	27	22.2	3.7	3.7	3.7	-	3.7	-	3.7	-	-	-	3.7
2.食品	178	6.2	1.1	1.1	1.7	0.6	0.6	-	1.7	1.7	2.2	2.2	1.7
3.建設・設備関連	121	4.1	2.5	1.7	1.7	3.3	-	-	0.8	-	1.7	1.7	7.4
4.住宅・インテリア	57	3.5	-	-	1.8	-	3.5	1.8	1.8	1.8	-	-	5.3
5.アパレル・服飾関連	25	-	-	-	-	-	-	-	-	-	-	-	4.0
6.繊維・紙・パルプ	24	4.2	4.2	-	4.2	-	4.2	-	4.2	-	-	-	-
7.化学・石油	159	4.4	-	-	5.0	0.6	1.3	-	-	1.3	1.9	1.3	0.6
8.薬品・化粧品	169	4.7	-	1.2	3.0	-	1.8	-	2.4	-	0.6	0.6	2.4
9.ゴム・ガラス・セラミックス	27	-	-	-	7.4	-	3.7	-	-	-	7.4	-	3.7
10.鉄鋼・金属・鉱業	65	6.2	-	-	6.2	1.5	-	-	3.1	-	1.5	-	-
11.機械	118	1.7	1.7	1.7	2.5	-	0.8	-	1.7	-	0.8	3.4	1.7
12.プラント・エンジニアリング	34	2.9	-	-	5.9	2.9	-	-	2.9	2.9	-	-	-
13.電子・電気・OA機器	194	2.6	0.5	1.0	3.6	-	1.0	0.5	2.6	0.5	1.0	0.5	3.6
14.自動車・輸送用機器	200	2.0	-	0.5	2.5	1.0	-	-	2.0	3.0	0.5	2.0	0.5
15.精密・医療機器	73	-	-	1.4	1.4	-	1.4	1.4	-	-	2.7	4.1	-
16.印刷・事務機器・日用品	39	2.6	-	-	5.1	-	2.6	-	-	-	-	2.6	2.6
17.スポーツ・玩具・ゲーム製品	18	-	-	-	-	-	-	-	5.6	-	-	-	-
18.その他メーカー・製造関連	34	-	-	-	-	-	-	-	2.9	2.9	-	2.9	5.9
19.総合商社	17	5.9	-	-	5.9	-	-	-	-	-	-	-	5.9
20.商社	84	2.4	1.2	-	2.4	-	-	-	1.2	1.2	1.2	6.0	2.4
21.百貨店・スーパー・コンビニ	67	1.5	-	-	1.5	-	1.5	3.0	3.0	-	1.5	1.5	-
22.専門店	56	1.8	-	1.8	1.8	-	-	-	1.8	-	1.8	3.6	5.4
23.銀行・証券	224	2.2	0.4	-	1.8	-	0.4	0.9	0.9	0.4	2.7	0.9	0.9
24.信金・労金・信組	61	3.3	-	-	-	-	-	-	-	3.3	-	1.6	3.3
25.クレジット・信販・リース・その他金融	54	1.9	-	-	1.9	-	-	-	-	-	-	1.9	-
26.生保・損保	112	1.8	0.9	0.9	2.7	-	-	-	0.9	-	0.9	2.7	0.9
27.不動産	65	-	-	-	1.5	-	-	-	-	-	-	4.6	1.5
28.鉄道・航空	98	4.1	3.1	2.0	3.1	-	1.0	-	2.0	-	-	2.0	3.1
29.陸運・海運・物流	64	4.7	-	-	3.1	-	-	3.1	1.6	1.6	1.6	4.7	4.7
30.電力・ガス・エネルギー	49	4.1	2.0	2.0	-	2.0	-	-	-	-	-	-	2.0
31.レストラン・給食・フードサービス	14	7.1	7.1	-	-	-	-	2.0	-	-	7.1	-	-
32.ホテル・旅行	63	-	-	-	3.2	3.2	-	1.6	-	-	-	4.8	1.6
33.医療機関・調剤薬局	100	3.0	-	-	2.0	1.0	-	1.0	1.0	-	-	2.0	4.0
34.福祉サービス	23	-	-	-	4.3	-	-	-	-	-	8.7	13.0	-
35.フィットネスクラブ・エステ・理美容	5	-	-	-	20.0	-	-	-	-	-	-	-	-
36.アミューズメント・レジャー	12	-	-	-	-	-	-	-	-	-	-	-	-
37.冠婚葬祭	7	-	-	-	•	-	-	-	-	-	-	-	14.3
38.専門・その他サービス	58	3.4	-	-	1.7	-	-	-	1.7	1.7	-	5.2	-
39.コンサルティング・シンクタンク・調査	108	0.9	-	0.9	2.8	1.9	-	-	0.9	-	-	1.9	3.7
40.人材サービス（派遣・紹介）	43	7.0	-	2.3	2.3	-	-	2.3	-	4.7	-	-	2.3
41.教育	51	2.0	-	2.0	-	-	-	-	-	-	-	3.9	3.9
42.ソフトウエア・情報処理・ネット関連	429	3.0	1.4	-	0.9	0.5	0.5	0.5	2.6	0.7	1.2	1.2	4.0
43.ゲームソフト	7	-	-	-	28.6	-	-	-	-	-	-	-	-
44.通信	63	1.6	-	-	4.8	-	-	-	-	1.6	1.6	1.6	-
45.マスコミ（放送・新聞）	33	3.0	-	3.0	3.0	-	-	-	3.0	-	3.0	-	6.1
46.マスコミ（出版・広告）	46	-	-	-	-	-	-	-	-	-	2.2	-	-
47.芸能・エンタテインメント	13	-	-	-	7.7	-	7.7	-	-	-	-	-	-
48.官公庁・公社・団体	83	7.2	1.2	-	-	-	1.2	1.2	3.6	2.4	1.2	1.2	1.2
49.これら以外のその他	19	-	5.3	-	-	-	-	-	-	-	-	-	-
50.非該当	1911	3.7	0.6	0.9	1.8	0.3	0.6	0.3	1.4	0.5	0.9	2.0	3.0

F2SQ2 大学（大学院）の所在地域

	N	東京都	神奈川県	新潟県	富山県	石川県	福井県	山梨県	長野県	岐阜県	静岡県	愛知県	三重県
全体	5601	28.7	5.3	1.2	0.9	1.4	0.4	0.6	0.6	0.7	1.7	7.2	0.4
Q6SQ3. 就職活動開始時の希望（勤務時間限定正社員）：応募													
1.是非応募したい	869	23.6	5.5	1.4	0.9	1.8	0.6	1.2	0.7	0.8	2.0	7.7	0.7
2.処遇に大きな差がなければ応募したい	2035	28.4	5.0	1.3	1.0	1.0	0.2	0.4	0.5	0.6	2.2	7.3	0.1
3.応募したくない	619	34.1	6.9	0.8	0.6	1.6	0.5	0.6	0.3	1.0	0.6	6.6	0.8
4.考えたことがない	2078	29.5	5.0	1.1	0.8	1.5	0.5	0.5	0.6	0.7	1.4	7.1	0.3
Q6SQ3A. 就職活動開始時の希望（勤務時間限定正社員）：時間													
1.1時間	13	30.8	-	-	-	-	-	-	-	-	-	-	-
2.2時間	8	12.5	-	-	-	12.5	-	-	-	12.5	-	-	-
3.3時間	7	14.3	14.3	-	-	-	-	-	-	-	-	-	-
4.4時間	23	17.4	-	-	4.3	-	-	-	-	-	-	-	-
5.5時間	56	33.9	1.8	-	-	1.8	-	1.8	1.8	1.8	-	8.9	-
6.6時間	226	31.0	4.4	-	2.2	0.4	0.4	0.9	0.4	0.4	2.2	4.4	-
7.7時間	191	24.6	5.8	0.5	-	1.0	1.0	1.0	0.5	0.5	1.0	5.8	0.5
8.8時間（ただし、残業がない）	2380	26.8	5.3	1.6	1.0	1.3	0.3	0.6	0.6	0.7	2.3	7.9	0.3
9.非該当	2697	30.6	5.5	1.0	0.8	1.5	0.5	0.6	0.6	0.7	1.2	7.0	0.4
Q7. 就職活動終了状況													
1.終えた	3744	29.0	5.6	1.2	1.0	1.5	0.4	0.5	0.6	0.8	1.6	7.1	0.3
2.続けている	1857	28.0	4.8	1.2	0.6	1.2	0.4	0.9	0.6	0.5	1.8	7.4	0.4
Q8. 就職活動終了時期													
1.2016年6月以前	70	31.4	4.3	1.4	2.9	2.9	-	-	1.4	-	1.4	4.3	1.4
2.2016年7月	27	29.6	3.7	-	3.7	-	-	-	-	-	7.4	3.7	-
3.2016年8月	-	-	-	-	-	-	-	-	-	-	-	-	-
4.2016年9月	1	-	-	-	-	-	-	-	-	-	-	-	-
5.2016年10月	2	50.0	-	-	-	-	-	-	-	-	-	-	-
6.2016年11月	2	50.0	-	-	-	-	-	-	-	-	-	-	-
7.2016年12月	1	100.0	-	-	-	-	-	-	-	-	-	-	-
8.2017年1月	2	100.0	-	-	-	-	-	-	-	-	-	-	-
9.2017年2月	19	36.8	10.5	-	-	-	-	-	-	-	5.3	-	-
10.2017年3月	62	32.3	6.5	1.6	-	-	-	-	1.6	-	-	8.1	-
11.2017年4月	284	24.3	7.7	2.1	0.7	1.8	0.4	0.4	0.7	1.4	1.4	5.6	0.4
12.2017年5月	666	24.5	5.9	1.8	1.2	2.3	0.2	0.5	0.9	1.1	2.1	8.0	0.3
13.2017年6月	2078	31.0	5.1	0.8	1.0	1.3	0.5	0.5	0.3	0.6	1.6	6.9	0.4
14.2017年7月	274	28.8	6.6	2.2	0.7	1.5	0.4	1.5	0.7	-	1.8	9.1	-
15.無回答	256	27.0	5.5	0.4	1.2	1.6	0.8	-	1.2	2.0	0.8	7.8	-
16.非該当	1857	28.0	4.8	1.2	0.6	1.2	0.4	0.9	0.6	0.5	1.8	7.4	0.4
Q9. 就職活動終了理由													
1.希望する就職先の内定を得たから	3133	28.5	5.6	1.2	1.0	1.5	0.4	0.4	0.6	0.9	1.7	7.1	0.4
2.希望していた就職先ではないが、内定を得たから	557	32.3	5.4	0.9	0.9	1.3	0.5	0.5	-	0.2	1.1	7.7	-
3.内定を得ていないが、希望する就職先が他になく、留年することにしたから	11	27.3	9.1	-	-	-	-	-	-	-	9.1	-	-
4.大学院に進学することにしたから	25	32.0	4.0	-	4.0	4.0	-	-	4.0	-	-	4.0	-
5.海外に留学することにしたから	3	-	-	-	-	-	-	-	-	-	-	-	-
6.家業を継ぐことにしたから	2	-	-	-	-	-	-	-	-	-	-	-	-
7.その他	13	23.1	15.4	-	-	-	-	-	7.7	-	7.7	7.7	-
8.非該当	1857	28.0	4.8	1.2	0.6	1.2	0.4	0.9	0.6	0.5	1.8	7.4	0.4
Q10. 就職予定先企業の業種													
1.農林・水産	27	18.5	7.4	-	-	-	-	-	3.7	-	-	-	-
2.食品	178	21.3	5.1	0.6	-	1.1	0.6	0.6	-	1.1	3.9	7.9	-
3.建設・設備関連	121	18.2	5.8	2.5	-	0.8	-	-	-	2.5	-	5.8	-
4.住宅・インテリア	57	21.1	3.5	-	-	-	-	-	-	-	5.3	8.8	1.8
5.アパレル・服飾関連	25	36.0	4.0	-	-	-	4.0	-	-	-	-	12.0	-
6.繊維・紙・パルプ	24	16.7	4.2	-	-	4.2	-	-	4.2	4.2	-	4.2	-
7.化学・石油	159	20.8	5.7	2.5	-	0.6	1.3	-	1.9	1.3	-	5.0	-
8.薬品・化粧品	169	19.5	5.3	0.6	7.7	2.4	-	0.6	-	3.0	2.4	4.1	-
9.ゴム・ガラス・セラミックス	27	7.4	3.7	-	-	-	-	-	-	-	-	7.4	-
10.鉄鋼・金属・鉱業	65	26.2	6.2	3.1	1.5	4.6	-	-	-	1.5	-	6.2	1.5
11.機械	118	21.2	4.2	4.2	4.2	3.4	0.8	1.7	-	2.5	1.7	4.2	0.8
12.プラント・エンジニアリング	34	14.7	11.8	2.9	-	-	-	-	-	-	-	5.9	2.9
13.電子・電気・OA機器	194	21.6	6.2	3.6	-	2.6	0.5	1.5	-	0.5	1.0	9.8	1.0
14.自動車・輸送用機器	200	16.0	6.0	0.5	0.5	2.5	1.0	0.5	1.0	2.0	5.0	13.0	0.5
15.精密・医療機器	73	20.5	12.3	1.4	1.4	2.7	1.4	1.4	-	-	1.4	4.1	-
16.印刷・事務機器・日用品	39	56.4	2.6	-	2.6	-	-	-	-	5.1	-	2.6	-
17.スポーツ・玩具・ゲーム製品	18	44.4	5.6	-	-	-	-	-	-	-	-	5.6	-
18.その他メーカー・製造関連	34	38.2	5.9	-	-	-	-	-	-	2.9	-	2.9	-
19.総合商社	17	41.2	-	-	-	-	-	-	-	-	-	5.9	-
20.商社	84	27.4	1.2	-	1.2	1.2	-	-	-	-	-	13.1	-
21.百貨店・スーパー・コンビニ	67	29.9	9.0	-	-	-	-	-	-	-	-	7.5	-
22.専門店	56	25.0	7.1	-	-	1.8	-	-	-	1.8	1.8	7.1	-
23.銀行・証券	224	35.3	2.2	1.3	0.9	2.2	0.4	0.4	-	-	0.9	7.6	0.4
24.信金・労金・信組	61	34.4	6.6	3.3	1.6	3.3	1.6	-	-	1.6	-	9.8	-
25.クレジット・信販・リース・その他金融	54	42.6	1.9	1.9	-	-	-	-	-	-	1.9	1.9	-
26.生保・損保	112	38.4	6.3	-	-	-	-	0.9	-	-	1.8	10.7	-
27.不動産	65	53.8	10.8	-	-	1.5	-	-	-	-	1.5	-	-
28.鉄道・航空	98	25.5	7.1	1.0	-	-	-	1.0	-	-	2.0	9.2	-
29.陸運・海運・物流	64	21.9	10.9	-	-	-	1.6	1.6	-	-	-	3.1	-
30.電力・ガス・エネルギー	49	24.5	2.0	-	2.0	2.0	-	-	2.0	-	2.0	8.2	2.0
31.レストラン・給食・フードサービス	14	21.4	21.4	-	-	-	-	-	-	-	-	21.4	-
32.ホテル・旅行	63	34.9	6.3	-	-	-	-	-	-	-	1.6	9.5	-
33.医療機関・調剤薬局	100	29.0	2.0	-	-	-	1.0	-	-	-	2.0	6.0	7.0
34.福祉サービス	23	30.4	8.7	-	-	-	4.3	-	4.3	-	-	4.3	-
35.フィットネスクラブ・エステ・理美容	5	20.0	-	-	-	-	-	-	-	-	-	-	-
36.アミューズメント・レジャー	12	41.7	-	-	-	-	-	-	-	-	-	16.7	-
37.冠婚葬祭	7	28.6	14.3	-	-	-	-	-	-	-	-	14.3	-
38.専門・その他サービス	58	31.0	5.2	1.7	3.4	-	1.7	-	1.7	-	5.2	1.7	-
39.コンサルティング・シンクタンク・調査	108	44.4	4.6	0.9	-	-	0.9	-	-	0.9	0.9	7.4	0.9
40.人材サービス（派遣・紹介）	43	37.2	7.0	2.3	-	-	-	-	-	-	2.3	9.3	-
41.教育	51	41.2	3.9	-	3.9	-	-	2.0	-	-	-	7.8	2.0
42.ソフトウエア・情報処理・ネット関連	429	32.6	6.1	1.4	1.4	1.9	-	0.2	1.4	0.7	1.2	7.2	0.5
43.ゲームソフト	7	42.9	-	-	-	-	-	-	-	-	14.3	-	-
44.通信	63	36.5	1.6	-	-	-	-	-	-	-	-	9.5	-
45.マスコミ（放送・新聞）	33	39.4	6.1	3.0	-	-	-	-	-	-	-	6.1	-
46.マスコミ（出版・広告）	46	54.3	6.5	-	-	-	-	-	-	-	-	2.2	-
47.芸能・エンタテインメント	13	46.2	-	-	-	-	-	-	-	-	-	7.7	-
48.官公庁・公社・団体	83	38.6	3.6	1.2	-	1.2	-	-	-	1.2	-	1.2	7.2
49.これら以外のその他	19	31.6	10.5	-	-	-	-	5.3	-	-	-	5.3	-
50.非該当	1911	27.9	4.9	1.2	0.7	1.2	0.4	0.9	0.6	0.6	1.8	7.3	0.4

F2SQ2 大学(大学院)の所在地域

	N	滋賀県	京都府	大阪府	兵庫県	奈良県	和歌山県	鳥取県	島根県	岡山県	広島県	山口県	徳島県
全体	5601	1.4	7.1	8.5	4.2		0.3	0.3	0.3	1.7	1.8	0.6	0.3
Q6SQ3.就職活動開始時の希望(勤務時間限定正社員):応募													
1.是非応募したい	869	0.8	6.2	8.9	3.0	0.8	0.3	0.1	0.6	1.6	1.6	1.3	0.5
2.処遇に大きな差がなければ応募したい	2035	1.8	7.2	7.8	3.9	0.9	0.3	0.3	0.2	1.8	2.3	0.4	0.4
3.応募したくない	619	1.6	8.7	7.1	5.8	0.2	0.2	0.2	0.2	1.0	1.1	0.2	0.2
4.考えたことがない	2078	1.3	7.0	9.4	4.5	0.9	0.3	0.4	0.3	1.8	1.6	0.5	0.2
Q6SQ3A.就職活動開始時の希望(勤務時間限定正社員):時間													
1.1時間	13	-	-	15.4	7.7	7.7	-	-	-	-	-	-	-
2.2時間	8	-	12.5	25.0	-	-	-	-	-	-	-	-	-
3.3時間	7	-	-	28.6	-	-	-	-	-	-	-	-	-
4.4時間	23	13.0	13.0	13.0	-	-	-	-	-	-	-	-	-
5.5時間	56	-	3.6	5.4	1.8	-	-	-	-	1.8	5.4	0.9	-
6.6時間	226	-	7.1	8.0	4.9	0.4	-	0.4	-	2.2	0.9	0.9	-
7.7時間	191	1.0	8.9	6.8	5.2	0.5	0.5	-	0.5	1.6	3.1	1.0	0.5
8.8時間(ただし、残業がない)	2380	1.5	6.8	8.1	3.4	0.9	0.3	0.3	0.4	1.7	2.1	0.6	0.5
9.非該当	2697	1.4	7.4	8.9	4.8	0.7	0.3	0.3	0.3	1.6	1.5	0.4	0.2
Q7.就職活動終了状況													
1.終えた	3744	1.6	6.9	8.5	4.0	0.9	0.3	0.3	0.3	1.8	1.7	0.5	0.3
2.続けている	1857	1.1	7.6	8.3	4.6	0.6	0.3	0.3	0.4	1.8	1.9	0.5	0.5
Q8.就職活動終了時期													
1.2016年6月以前	70	2.9	4.3	11.4	1.4	1.4	1.4	-	-	1.4	-	-	-
2.2016年7月	27	-	7.4	7.4	3.7	-	-	-	-	-	14.8	-	-
3.2016年8月	-												
4.2016年9月	1												
5.2016年10月	2												
6.2016年11月	2	50.0											
7.2016年12月	1												
8.2017年1月	2												
9.2017年2月	19	-	10.5	-	-	-	-	-	-	5.3	-	-	-
10.2017年3月	62	1.6	6.5	12.9	3.2	1.6	1.6	-	-	3.2	-	-	-
11.2017年4月	284	3.2	3.9	8.8	4.2	1.1	-	0.7	-	2.5	2.5	0.7	-
12.2017年5月	666	1.2	6.9	7.8	3.9	0.8	0.3	0.3	0.3	2.6	2.3	0.6	0.5
13.2017年6月	2078	1.4	8.1	8.6	4.0	1.1	0.3	0.2	0.3	1.3	1.4	0.4	0.2
14.2017年7月	274	1.8	3.3	10.6	4.0	-	-	0.4	0.4	1.5	2.6	1.5	0.7
15.無回答	256	1.2	5.1	7.0	4.7	-	0.4	0.4	-	0.8	0.8	0.8	0.4
16.非該当	1857	1.1	7.6	8.3	4.6	0.6	0.3	0.3	0.4	1.8	1.9	0.6	0.5
Q9.就職活動終了理由													
1.希望する就職先の内定を得たから	3133	1.6	6.7	8.2	4.0	0.9	0.3	0.3	0.3	1.8	1.7	0.5	0.2
2.希望していた就職先ではないが、内定を得たから	557	1.4	8.4	10.2	3.6	0.9	0.5	0.5	-	0.9	2.0	0.5	0.5
3.内定を得ていないが、希望する就職先が他になく、留年することにしたから	11												
4.大学院に進学することにしたから	25	-	8.0	8.0	4.0	-	-	-	-	4.0	4.0	-	-
5.海外に留学することにしたから	3	-	-	-	33.3								
6.家業を継ぐことにしたから	2	-	-	100.0									
7.その他	13	-	-	15.4									
8.非該当	1857	1.1	7.6	8.3	4.6	0.6	0.3	0.3	0.4	1.8	1.9	0.6	0.5
Q10.就職予定先企業の業種													
1.農林・水産	27	-	3.7	-	-	-	3.7	-	3.7	-	-	-	-
2.食品	178	2.2	7.9	5.6	3.9	1.1	-	0.6	-	1.7	2.2	1.1	-
3.建設・設備関連	121	1.7	3.3	14.0	1.7	-	-	-	-	2.5	-	-	-
4.住宅・インテリア	57	1.8	8.8	5.3	3.5	-	-	-	-	-	1.8	-	-
5.アパレル・服飾関連	25	-	12.0	4.0	-	8.0	-	-	-	4.0	-	-	-
6.繊維・紙・パルプ	24	4.2	4.2	16.7	8.3	-	-	-	-	-	4.2	-	-
7.化学・石油	159	0.6	11.9	10.1	4.4	0.6	0.6	-	0.6	3.8	-	1.9	-
8.薬品・化粧品	169	1.2	7.1	11.8	4.7	0.6	-	1.8	-	1.8	0.6	-	0.6
9.ゴム・ガラス・セラミックス	27	3.7	11.1	18.5	7.4	3.7	-	-	-	-	-	-	-
10.鉄鋼・金属・鉱業	65	-	3.1	12.3	1.5	-	-	-	-	6.2	1.5	-	-
11.機械	118	1.7	4.2	11.0	1.7	0.8	-	-	0.8	4.2	0.8	0.8	-
12.プラント・エンジニアリング	34	-	11.8	11.8	5.9	2.9	2.9	-	-	-	2.9	-	-
13.電子・電気・OA機器	194	1.5	9.3	10.3	3.6	1.0	0.5	-	0.5	1.5	0.5	-	1.0
14.自動車・輸送用機器	200	4.0	8.0	6.0	5.5	1.0	0.5	0.5	-	2.0	4.5	0.5	-
15.精密・医療機器	73	1.4	6.8	12.3	4.1	1.4	-	1.4	-	1.4	1.4	1.4	1.4
16.印刷・事務機器・日用品	39	-	10.3	-	2.6	-	-	-	-	-	2.6	-	-
17.スポーツ・玩具・ゲーム製品	18	-	11.1	5.6	5.6	5.6	-	-	-	-	5.6	-	-
18.その他メーカー・製造関連	34	-	2.9	8.8	8.8	2.9	-	-	-	-	-	-	-
19.総合商社	17	-	11.8	-	11.8								
20.商社	84	1.2	7.1	10.7	6.0	-	-	-	-	1.2	3.6	1.2	-
21.百貨店・スーパー・コンビニ	67	3.0	9.0	13.4	-	-	-	-	-	-	6.0	-	-
22.専門店	56	1.8	10.7	8.9	1.8	-	-	-	-	1.8	-	3.6	1.8
23.銀行・証券	224	1.2	9.8	7.6	4.0	0.9	-	-	-	1.8	3.6	1.3	-
24.信金・労金・信組	61	1.6	6.6	4.9	9.8	-	-	1.6	1.6	-	-	-	-
25.クレジット・信販・リース・その他金融	54	3.7	7.4	16.7	7.4	-	-	-	-	-	1.9	-	-
26.生保・損保	112	1.8	9.8	8.9	3.6	-	-	-	-	-	0.9	-	-
27.不動産	65	-	4.6	10.8	7.7	-	-	-	1.5	-	-	-	-
28.鉄道・航空	98	1.0	4.1	12.2	3.1	1.0	1.0	-	-	1.0	2.0	1.0	-
29.陸運・海運・物流	64	-	9.4	9.4	3.1	3.1	1.6	-	-	1.6	1.6	1.6	-
30.電力・ガス・エネルギー	49	-	8.2	8.2	2.0	-	-	-	2.0	2.0	4.1	-	-
31.レストラン・給食・フードサービス	14	7.1	-	-	7.1								
32.ホテル・旅行	63	3.2	7.9	9.5	3.2	-	-	-	-	-	1.6	-	-
33.医療機関・調剤薬局	100	-	4.0	5.0	7.0	-	-	-	-	6.0	4.0	-	3.0
34.福祉サービス	23	4.3	8.7	4.3	-	-	-	-	-	-	-	-	-
35.フィットネスクラブ・エステ・理美容	5	-	-	20.0									
36.アミューズメント・レジャー	12	8.3	16.7	-	-								
37.冠婚葬祭	7	-	-	-	14.3								
38.専門・その他サービス	58	-	10.3	6.9	6.9	3.4	-	-	-	-	-	1.7	-
39.コンサルティング・シンクタンク・調査	108	0.9	6.5	3.7	2.8	-	-	0.9	0.9	0.9	-	-	-
40.人材サービス(派遣・紹介)	43	2.3	2.3	-	2.3	-	-	2.3	2.3	2.3	2.3	2.3	-
41.教育	51	-	-	7.8	3.9	3.9	2.0	-	-	-	3.9	-	-
42.ソフトウエア・情報処理・ネット関連	429	2.6	4.0	6.8	3.0	1.4	0.7	-	-	1.9	1.6	0.2	0.2
43.ゲームソフト	7	-	14.3										
44.通信	63	1.6	3.2	11.1	7.9	1.6	-	-	1.6	-	1.6	-	-
45.マスコミ(放送・新聞)	33	-	9.1	3.0									
46.マスコミ(出版・広告)	46	-	8.7	13.0	2.2	-	-	-	-	2.2	-	2.2	-
47.芸能・エンタテインメント	13	-	7.7	15.4						7.7			
48.官公庁・公社・団体	83	3.6	3.6	6.0	3.6	-	-	2.4	-	1.2	-	-	-
49.これら以外のその他	19	-	10.5	-	5.3	-	-	-	-	-	10.5	-	5.3
50.非該当	1911	1.1	7.5	8.4	4.6	0.6	0.3	0.3	0.4	1.8	1.9	0.6	0.5

F2SQ2 大学（大学院）の所在地域

全体	N	香川県	愛媛県	高知県	福岡県	佐賀県	長崎県	熊本県	大分県	宮崎県	鹿児島県	沖縄県	海外
	5601	0.3	0.8	0.3	3.1	0.5	0.6	0.8	0.5	0.2	0.4	0.3	0.1
Q6SQ3.就職活動開始時の希望（勤務時間限定正社員）：応募													
1.是非応募したい	869	0.5	1.6	0.2	3.3	0.3	0.3	1.0	0.6	0.3	0.3	0.3	0.1
2.処遇に大きな差がなければ応募したい	2035	0.3	0.7	0.4	2.9	0.7	0.7	0.6	0.3	0.2	0.6	0.3	-
3.応募したくない	619	0.2	0.5	0.2	2.4	-	0.3	0.8	0.6	-	0.3	0.3	-
4.考えたことがない	2078	0.2	0.6	0.1	3.4	0.4	0.7	0.8	0.5	0.2	0.2	0.3	-
Q6SQ3A.就職活動開始時の希望（勤務時間限定正社員）：時間													
1.1時間	13	-	-	-	-	-	-	-	-	-	7.7	-	-
2.2時間	8	-	-	-	12.5	-	-	-	-	-	-	-	-
3.3時間	7	-	-	-	14.3	-	-	-	-	-	-	-	-
4.4時間	23	-	-	-	4.3	-	-	-	-	-	-	-	-
5.5時間	56	-	1.8	-	1.8	1.8	-	-	-	-	-	-	-
6.6時間	226	-	1.8	-	5.3	0.9	0.4	-	0.9	-	0.4	-	-
7.7時間	191	-	1.0	1.0	2.6	-	1.0	1.0	-	-	0.5	0.5	-
8.8時間（ただし、残業がない）	2380	0.5	0.9	0.3	2.8	0.6	0.6	0.8	0.4	0.3	0.5	0.4	0.1
9.非該当	2697	0.2	0.6	0.2	3.2	0.5	0.6	0.8	0.5	0.1	0.2	0.3	-
Q7.就職活動終了状況													
1.終えた	3744	0.3	0.8	0.2	3.2	0.5	0.5	0.8	0.4	0.2	0.2	0.2	-
2.続けている	1857	0.3	0.9	0.3	3.0	0.3	0.8	0.8	0.5	0.3	0.7	0.5	0.1
Q8.就職活動終了時期													
1.2016年6月以前	70	-	1.4	-	4.3	-	1.4	-	-	1.4	-	-	-
2.2016年7月	27	-	-	-	7.4	-	-	-	-	-	-	-	-
3.2016年8月	1	-	-	-	-	-	-	-	-	-	-	-	-
4.2016年9月	2	-	-	-	-	-	-	-	-	-	-	-	-
5.2016年10月	2	-	-	-	-	-	-	-	-	-	-	-	-
6.2016年11月	2	-	-	-	-	-	-	-	-	-	-	-	-
7.2016年12月	1	-	-	-	-	-	-	-	-	-	-	-	-
8.2017年1月	2	-	-	-	-	-	-	-	-	-	-	-	-
9.2017年2月	19	-	-	-	5.3	-	-	-	-	-	-	-	-
10.2017年3月	62	-	-	-	-	-	3.2	1.6	-	-	-	-	-
11.2017年4月	284	0.7	0.4	0.4	2.8	0.7	0.7	1.4	-	-	0.4	0.4	-
12.2017年5月	666	0.2	1.1	0.2	3.5	0.6	0.3	0.8	0.5	0.2	0.6	0.2	-
13.2017年6月	2078	0.3	0.6	0.3	2.6	0.6	0.4	0.4	0.5	0.2	0.1	0.2	-
14.2017年7月	274	0.7	1.8	0.4	5.1	-	1.1	1.5	-	0.4	-	0.4	-
15.無回答	256	0.4	0.8	-	5.5	0.8	0.4	2.3	0.8	-	-	0.8	0.4
16.非該当	1857	0.3	0.9	0.3	3.0	0.3	0.8	0.8	0.5	0.3	0.7	0.5	0.1
Q9.就職活動終了理由													
1.希望する就職先の内定を得たから	3133	0.3	0.8	0.3	3.2	0.6	0.5	0.5	0.5	0.2	0.3	0.3	-
2.希望していた就職先ではないが、内定を得たから	557	0.4	0.5	0.2	3.2	0.2	0.5	0.9	-	0.2	-	0.2	-
3.内定を得ていないが、希望する就職先が他になく、留年することにしたから	11	-	-	-	-	-	-	-	-	-	-	-	-
4.大学院に進学することにしたから	25	-	4.0	-	-	-	-	-	-	-	-	-	-
5.海外に留学することにしたから	3	-	-	-	-	-	-	-	-	-	-	-	-
6.家業を継ぐことにしたから	2	-	-	-	-	-	-	-	-	-	-	-	-
7.その他	13	-	-	-	7.7	-	-	-	-	-	-	-	-
8.非該当	1857	0.3	0.9	0.3	3.0	0.3	0.8	0.8	0.5	0.3	0.7	0.5	0.1
Q10.就職予定先企業の業種													
1.農林・水産	27	3.7	3.7	-	-	-	-	-	-	3.7	3.7	-	-
2.食品	178	1.1	2.8	-	3.9	1.7	-	0.6	-	-	0.6	-	-
3.建設・設備関連	121	-	0.8	-	3.3	1.7	1.7	1.7	2.5	-	-	0.8	-
4.住宅・インテリア	57	-	-	1.8	12.3	-	1.8	1.8	1.8	-	-	-	-
5.アパレル・服飾関連	25	-	-	-	8.0	-	-	-	-	-	-	4.0	-
6.繊維・紙・パルプ	24	-	-	-	-	4.2	-	-	-	-	-	-	-
7.化学・石油	159	-	0.6	-	3.8	1.3	1.3	1.9	-	0.6	0.6	-	-
8.薬品・化粧品	169	0.6	1.2	0.6	0.6	0.6	1.2	0.6	0.6	1.2	0.6	-	-
9.ゴム・ガラス・セラミックス	27	-	-	-	3.7	3.7	-	-	3.7	-	3.7	-	-
10.鉄鋼・金属・鉱業	65	-	1.5	-	1.5	-	1.5	1.5	-	-	-	-	-
11.機械	118	1.7	2.5	-	1.7	0.8	-	-	-	0.8	0.8	-	-
12.プラント・エンジニアリング	34	-	-	-	2.9	-	-	-	2.9	-	-	-	-
13.電子・電気・OA機器	194	-	0.5	0.5	1.0	0.5	-	0.5	-	-	-	0.5	-
14.自動車・輸送用機器	200	-	0.5	-	4.0	-	0.5	-	-	-	-	-	-
15.精密・医療機器	73	-	-	-	2.7	1.4	-	-	-	-	1.4	2.7	-
16.印刷・事務機器・日用品	39	-	-	-	-	-	-	-	-	-	-	-	-
17.スポーツ・玩具・ゲーム製品	18	-	5.6	-	-	-	-	-	-	-	-	-	-
18.その他メーカー・製造関連	34	-	-	-	5.9	2.9	2.9	-	-	-	-	-	-
19.総合商社	17	-	-	-	5.9	-	5.9	-	-	-	-	-	-
20.商社	84	1.2	-	-	3.6	-	-	1.2	1.2	-	-	-	-
21.百貨店・スーパー・コンビニ	67	-	-	1.5	4.5	-	-	1.5	-	-	-	1.5	-
22.専門店	56	-	1.8	-	3.6	1.8	-	-	-	-	-	-	-
23.銀行・証券	224	0.4	-	0.4	2.7	-	1.3	0.9	0.9	-	-	-	-
24.信金・労金・信組	61	-	-	-	-	-	-	-	-	-	-	-	-
25.クレジット・信販・リース・その他金融	54	-	-	-	5.6	-	1.9	-	-	-	-	-	-
26.生保・損保	112	0.9	-	-	2.7	-	-	0.9	0.9	-	-	-	-
27.不動産	65	-	-	-	-	-	-	-	-	-	-	-	-
28.鉄道・航空	98	-	-	-	5.1	-	1.0	1.0	-	-	-	-	-
29.陸運・海運・物流	64	-	1.6	-	1.6	-	-	-	-	-	1.6	-	-
30.電力・ガス・エネルギー	49	2.0	-	-	10.2	2.0	-	-	-	-	-	-	-
31.レストラン・給食・フードサービス	14	-	-	-	-	-	-	-	-	-	-	-	-
32.ホテル・旅行	63	-	-	-	4.8	-	-	-	-	1.6	-	-	-
33.医療機関・調剤薬局	100	1.0	1.0	-	4.0	-	1.0	3.0	-	-	-	-	-
34.福祉サービス	23	4.3	-	-	-	-	-	-	-	-	-	-	-
35.フィットネスクラブ・エステ・理美容	5	-	-	-	-	-	-	20.0	-	-	-	-	-
36.アミューズメント・レジャー	12	-	-	-	-	-	-	-	-	8.3	-	-	-
37.冠婚葬祭	7	-	-	-	14.3	-	-	-	-	-	-	-	-
38.専門・その他サービス	58	-	1.7	-	3.4	-	-	-	-	-	-	-	-
39.コンサルティング・シンクタンク・調査	108	-	0.9	0.9	3.7	1.9	-	0.9	-	-	-	-	0.9
40.人材サービス（派遣・紹介）	43	-	-	-	-	-	-	2.3	-	-	-	-	-
41.教育	51	-	-	-	3.9	-	-	2.0	-	-	-	-	-
42.ソフトウエア・情報処理・ネット関連	429	-	1.2	0.2	3.0	0.2	0.5	0.7	0.5	-	-	0.5	-
43.ゲームソフト	7	-	-	-	-	-	-	-	-	-	-	-	-
44.通信	63	-	-	1.6	6.3	-	1.6	-	1.6	-	-	1.6	-
45.マスコミ（放送・新聞）	33	-	-	-	6.1	3.0	-	-	-	3.0	-	-	-
46.マスコミ（出版・広告）	46	-	-	-	2.2	-	-	2.2	2.2	-	-	-	-
47.芸能・エンタテインメント	13	-	-	-	-	-	-	-	-	-	-	-	-
48.官公庁・公社・団体	83	-	2.4	-	2.4	-	-	1.2	-	-	-	-	-
49.これら以外のその他	19	-	-	-	5.3	-	5.3	-	-	-	-	-	-
50.非該当	1911	0.3	0.9	0.3	3.0	0.3	0.7	0.7	0.5	0.3	0.7	0.5	0.1

F2SQ2.大学（大学院）の所在地域

	N	北海道	青森県	岩手県	宮城県	秋田県	山形県	福島県	茨城県	栃木県	群馬県	埼玉県	千葉県
全体	5601	3.3	0.7	0.7	2.2	0.4	0.6	0.4	1.4	0.7	1.0	1.9	2.6
Q11.就職予定先企業での働き方													
1.地域限定正社員（就業する地域が特定されているか一定の範囲内にあらかじめ決められている働き方の正社員）	818	2.7	0.9	0.5	2.3	0.6	0.7	0.9	1.3	0.9	1.6	2.6	2.8
2.職務限定正社員（従事する職務（職種）が特定されているか一定の範囲内にあらかじめ決められている働き方の正社員）	601	2.0	0.7	0.3	2.2	0.6	0.8	0.7	2.8	1.0	0.8	2.2	3.2
3.勤務時間限定正社員（所定の勤務時間を超えた勤務はないか、あっても一定の場合の限られた時間にあらかじめ決められている働き方の正社員）	106	2.8	0.9	0.9	0.9	0.9	-	0.9	3.8	-	0.9	3.8	3.8
4.上記のような限定のない一般の正社員	2534	3.2	0.6	0.6	2.3	0.5	0.5	0.4	1.4	0.7	1.0	1.6	2.2
5.契約社員	17	-	-	-	5.9	-	-	-	-	-	-	5.9	5.9
6.その他	23	-	-	4.3	4.3	-	-	-	-	-	-	4.3	-
7.非該当	1911	3.7	0.6	0.9	1.8	0.3	0.6	0.3	1.4	0.5	0.9	2.0	3.0
Q11SQ2.就職予定先企業での働き方は希望していたものか													
1.はい	3511	3.1	0.6	0.6	2.4	0.5	0.6	0.5	1.5	0.8	1.1	1.9	2.4
2.いいえ	179	2.8	2.2	1.1	2.8	-	0.6	-	2.2	0.6	-	2.8	1.1
3.非該当	1911	3.7	0.6	0.9	1.8	0.3	0.6	0.3	1.4	0.5	0.9	2.0	3.0
Q11SQ3.就職予定先企業での働き方が希望と異なった理由													
1.希望する働き方での募集がなかったから	40	2.5	-	-	2.5	-	-	-	2.5	-	-	-	-
2.その働き方でしか採用されなかったから	51	2.0	3.9	-	2.0	-	-	-	3.9	-	-	3.9	-
3.採用後に希望する働き方に転換できる可能性があったから	35	5.7	-	2.9	2.9	-	-	-	-	-	-	8.6	2.9
4.家庭の事情などで変化があったから	6	-	-	-	-	-	-	-	-	16.7	-	-	-
5.その他	14	-	-	7.1	7.1	-	-	-	-	-	-	-	7.1
6.特に理由はない	33	3.0	6.1	-	3.0	-	3.0	-	3.0	-	-	-	-
7.非該当	5422	3.3	0.6	0.7	2.2	0.5	0.6	0.4	1.4	0.7	1.1	1.9	2.6
Q12.就職活動継続理由													
1.まだ内定を得ていないから	990	5.1	0.6	0.8	1.7	0.6	0.6	0.3	1.2	0.4	0.9	2.3	3.1
2.すでに内定を得ているが、就職を希望する企業が他にあるから	818	1.8	0.5	1.1	1.8	-	0.2	0.4	1.5	0.6	1.0	1.6	2.4
3.その他	49	4.1	4.1	-	2.0	-	-	-	2.0	-	-	4.1	6.1
4.非該当	3744	3.1	0.7	0.6	2.4	0.5	0.6	0.5	1.5	0.8	1.1	1.9	2.4
Q13.希望業種の変化													
1.希望業種が拡がった	822	3.3	0.6	0.6	1.6	0.2	0.1	0.4	1.9	0.5	0.6	1.8	3.3
2.希望業種を絞った	414	4.6	0.7	1.0	1.4	-	0.2	-	1.2	0.7	1.7	2.7	2.2
3.大きな変化はない	621	3.4	0.6	1.3	2.3	0.6	1.0	0.5	0.6	0.3	0.8	1.9	2.9
4.非該当	3744	3.1	0.7	0.6	2.4	0.5	0.6	0.5	1.5	0.8	1.1	1.9	2.4
Q13SQ1.現在の希望業種													
1.農林・水産	103	7.8	1.9	1.0	1.0	-	-	-	3.9	1.9	-	1.9	1.0
2.食品	249	4.4	1.2	1.2	0.9	0.4	-	0.4	2.4	1.2	1.2	2.8	1.6
3.建設・設備関連	108	6.5	0.9	0.9	0.9	-	1.9	-	-	-	0.9	1.9	5.6
4.住宅・インテリア	114	1.8	0.9	1.8	1.8	-	-	-	-	-	-	3.5	3.5
5.アパレル・服飾関連	59	1.7	1.7	1.7	-	-	-	-	5.1	-	-	1.7	3.4
6.繊維・紙・パルプ	83	1.2	-	-	1.2	-	-	-	1.2	1.2	1.2	1.2	2.4
7.化学・石油	148	1.4	0.7	-	-	0.7	0.7	-	-	1.4	1.4	0.7	2.0
8.薬品・化粧品	129	2.3	-	-	0.8	0.8	-	0.8	3.1	2.3	0.8	1.6	1.6
9.ゴム・ガラス・セラミックス	62	-	-	-	-	1.6	-	-	-	1.6	-	1.6	-
10.鉄鋼・金属・鉱業	102	2.9	1.0	1.0	-	1.0	-	-	-	-	-	1.0	2.0
11.機械	125	4.0	-	0.8	0.8	-	-	0.8	0.8	-	0.8	3.2	2.4
12.プラント・エンジニアリング	71	4.2	-	-	2.8	1.4	-	-	1.4	-	-	1.4	4.2
13.電子・電気・OA機器	120	3.3	-	-	1.7	0.8	0.8	-	0.8	-	0.8	1.7	0.8
14.自動車・輸送用機器	78	1.3	-	-	1.3	1.3	1.3	-	-	-	-	2.6	-
15.精密・医療機器	113	0.9	-	0.9	2.7	0.9	-	-	1.8	-	0.9	2.7	3.5
16.印刷・事務機器・日用品	125	1.6	-	0.8	1.6	-	-	0.8	0.8	-	0.8	0.8	3.2
17.スポーツ・玩具・ゲーム製品	68	2.9	-	2.9	-	-	-	1.5	-	-	-	4.4	5.9
18.その他メーカー・製造関連	54	3.7	-	-	-	-	-	-	-	-	-	1.9	9.3
19.総合商社	112	2.7	0.9	0.9	0.9	-	-	0.9	2.7	1.8	-	2.7	2.7
20.商社	212	3.8	0.9	0.9	0.9	0.5	-	0.5	1.4	0.9	0.9	3.3	2.8
21.百貨店・スーパー・コンビニ	102	3.9	2.0	-	2.0	-	-	-	2.0	1.0	-	3.9	2.0
22.専門店	63	3.2	-	-	-	-	-	1.6	3.2	-	-	4.8	3.2
23.銀行・証券	160	3.8	1.3	0.6	1.3	-	-	0.6	1.9	0.6	2.5	2.5	2.5
24.信金・労金・信組	85	4.7	1.2	1.2	1.2	-	-	1.2	1.2	3.5	4.7	2.4	2.4
25.クレジット・信販・リース・その他金融	58	3.4	1.7	1.7	3.4	-	-	-	-	-	1.7	1.7	-
26.生保・損保	82	2.4	1.2	1.2	3.7	-	-	1.2	-	1.2	1.2	1.2	-
27.不動産	95	3.2	1.1	1.1	-	-	-	1.1	2.1	-	1.1	2.1	2.1
28.鉄道・航空	113	0.9	-	1.8	2.7	-	-	-	-	-	1.8	1.8	1.8
29.陸運・海運・物流	86	2.3	-	1.2	1.2	-	-	-	1.2	-	1.2	3.5	1.2
30.電力・ガス・エネルギー	73	6.8	-	-	1.4	-	-	-	1.4	-	-	4.1	4.1
31.レストラン・給食・フードサービス	38	-	-	5.3	-	-	-	-	5.3	-	-	7.9	2.6
32.ホテル・旅行	67	3.0	1.5	-	1.5	-	-	-	-	-	-	4.5	-
33.医療機関・調剤薬局	82	2.4	-	1.2	6.1	-	-	1.2	1.2	-	-	3.7	4.9
34.福祉サービス	44	4.5	-	2.3	4.5	-	-	2.3	2.3	-	-	9.1	-
35.フィットネスクラブ・エステ・理美容	15	13.3	-	6.7	-	-	-	-	-	-	-	-	6.7
36.アミューズメント・レジャー	47	8.5	-	2.1	2.1	-	-	-	2.1	-	-	4.3	2.1
37.冠婚葬祭	24	4.2	-	-	4.2	-	-	-	-	-	-	-	-
38.専門・その他サービス	54	7.4	-	-	1.9	-	-	-	1.9	-	-	1.9	5.6
39.コンサルティング・シンクタンク・調査	98	6.1	-	1.0	3.1	-	-	-	-	-	2.0	3.1	1.0
40.人材サービス（派遣・紹介）	89	3.4	1.1	-	4.5	-	-	1.1	2.2	-	1.1	2.2	1.1
41.教育	98	5.1	1.0	2.0	2.0	-	-	1.0	2.0	-	-	1.0	-
42.ソフトウエア・情報処理・ネット関連	251	4.0	0.4	-	1.6	-	-	-	3.2	0.4	0.8	2.0	3.6
43.ゲームソフト	39	10.3	2.6	-	-	-	-	2.6	-	-	-	2.6	-
44.通信	87	5.7	1.1	-	1.1	-	-	2.3	3.4	-	1.1	2.3	1.1
45.マスコミ（放送・新聞）	93	2.2	1.1	1.1	3.2	-	-	1.1	-	-	-	1.1	3.2
46.マスコミ（出版・広告）	130	3.1	1.5	1.5	1.5	-	-	0.8	1.5	-	0.8	0.8	5.4
47.芸能・エンタテインメント	55	5.5	1.8	1.8	1.8	-	-	-	-	-	1.8	1.8	3.6
48.官公庁・公社・団体	253	7.5	0.8	1.2	2.4	-	0.4	0.4	2.0	1.2	1.6	2.0	3.6
49.これら以外のその他	26	3.8	-	-	-	-	-	-	3.8	-	3.8	-	7.7
50.特に決めていない	46	2.2	-	2.2	2.2	-	-	-	-	-	-	2.2	2.2
51.非該当	4365	3.1	0.7	0.7	2.4	0.5	0.7	0.5	1.4	0.7	1.0	1.9	2.5

F2SQ2.大学（大学院）の所在地域

全体	N	東京都	神奈川県	新潟県	富山県	石川県	福井県	山梨県	長野県	岐阜県	静岡県	愛知県	三重県
	5601	28.7	5.3	1.2	0.9	1.4	0.4	0.6	0.6	0.7	1.7	7.2	0.4
Q11.就職予定先企業での働き方													
1.地域限定正社員（就業する地域が特定されているか一定の範囲内にあらかじめ決められている働き方の正社員）	818	25.2	5.4	1.1	1.1	2.1	0.6	0.5	0.6	0.5	2.6	9.2	0.2
2.職務限定正社員（従事する職務（職種）が特定されているか一定の範囲内にあらかじめ決められている働き方の正社員）	601	26.8	6.3	0.8	1.5	1.8	0.7	–	0.2	0.7	2.7	7.0	0.2
3.勤務時間限定正社員（所定の勤務時間を超えた勤務はないか、あっても一定の場合の限られた時間にあらかじめ決められている働き方の正社員）	106	28.3	7.5	0.9	0.9	2.8	1.9	–	0.9	2.8	3.8	4.7	–
4.上記のような限定のない一般の正社員	2534	30.6	5.2	1.3	0.9	1.3	0.4	0.5	0.6	0.9	1.3	6.7	0.4
5.契約社員	17	35.3	5.9	–	–	–	–	–	–	–	–	5.9	–
6.その他	23	43.5	–	–	4.3	–	–	–	–	–	4.3	–	–
7.非該当	1911	27.9	4.9	1.2	0.7	1.2	0.4	0.9	0.6	0.6	1.8	7.3	0.4
Q11SQ2.就職予定先企業での働き方は希望していたものか													
1.はい	3511	29.4	5.4	1.1	1.0	1.5	0.4	0.5	0.5	0.8	1.6	7.3	0.4
2.いいえ	179	22.9	7.3	3.4	1.7	1.1	1.1	0.6	0.6	–	2.8	4.5	–
3.非該当	1911	27.9	4.9	1.2	0.7	1.2	0.4	0.9	0.6	0.6	1.8	7.3	0.4
Q11SQ3.就職予定先企業での働き方が希望と異なった理由													
1.希望する働き方での募集がなかったから	40	25.0	7.5	5.0	–	–	–	2.5	–	–	–	7.5	–
2.その働き方でしか採用されなかったから	51	19.6	5.9	2.0	–	2.0	2.0	–	–	–	3.9	3.9	–
3.採用後に希望する働き方に転換できる可能性があったから	35	17.1	8.6	–	2.9	–	–	–	–	–	2.9	2.9	–
4.家庭の事情などで変化があったから	6	16.7	16.7	–	16.7	–	–	–	–	–	–	16.7	–
5.その他	14	14.3	7.1	–	7.1	7.1	–	–	–	–	–	–	–
6.特に理由はない	33	24.2	6.1	9.1	–	–	–	3.0	–	3.0	–	6.1	3.0
7.非該当	5422	28.9	5.2	1.1	0.9	1.4	0.4	0.6	0.6	0.7	1.6	7.3	0.4
Q12.就職活動継続理由													
1.まだ内定を得ていないから	990	26.2	5.1	1.4	0.6	1.2	0.3	0.6	0.7	0.3	2.1	6.7	0.5
2.すでに内定を得ているが、就職を希望する企業が他にあるから	818	30.3	4.5	1.1	0.7	1.2	0.5	1.1	0.5	0.7	1.5	8.3	0.2
3.その他	49	26.5	4.1	–	–	–	–	2.0	–	2.0	–	6.1	–
4.非該当	3744	29.0	5.6	1.2	1.0	1.5	0.4	0.5	0.6	0.8	1.6	7.1	0.3
Q13.希望業種の変化													
1.希望業種が拡がった	822	29.9	3.5	1.2	0.5	1.7	0.4	0.6	0.4	0.5	2.1	7.1	0.5
2.希望業種を絞った	414	29.0	6.0	1.7	0.7	1.0	–	1.7	1.0	0.5	0.5	8.0	0.7
3.大きな変化はない	621	24.8	5.6	1.0	0.8	0.6	0.6	0.6	0.6	0.6	2.3	7.4	–
4.非該当	3744	29.0	5.6	1.2	1.0	1.5	0.4	0.5	0.6	0.8	1.6	7.1	0.3
Q13SQ1.現在の希望業種													
1.農林・水産	103	19.4	6.8	1.9	–	1.0	–	1.9	–	–	4.9	3.9	–
2.食品	249	21.7	2.4	1.6	0.8	2.0	–	0.4	1.6	0.4	1.6	6.4	0.4
3.建設・設備関連	108	25.9	5.6	1.9	0.9	0.9	–	2.8	–	–	0.9	8.3	0.9
4.住宅・インテリア	114	31.6	2.6	0.9	–	–	–	2.6	–	0.9	0.9	11.4	–
5.アパレル・服飾関連	59	28.8	1.7	–	–	3.4	–	–	1.7	–	3.4	3.4	–
6.繊維・紙・パルプ	83	28.9	3.6	–	1.2	–	–	1.2	1.2	–	2.4	4.8	–
7.化学・石油	148	30.4	4.1	2.0	0.7	1.4	–	0.7	0.7	0.7	3.4	6.1	1.4
8.薬品・化粧品	129	24.8	3.9	1.6	0.8	2.3	–	0.8	0.8	–	4.7	6.2	0.8
9.ゴム・ガラス・セラミックス	62	33.9	4.8	–	1.6	4.8	–	–	–	1.6	–	9.7	1.6
10.鉄鋼・金属・鉱業	102	36.3	3.9	1.0	–	2.9	–	1.0	1.0	1.0	2.0	9.8	1.0
11.機械	125	24.0	3.2	1.6	–	3.2	–	0.8	1.6	0.8	0.8	11.2	0.8
12.プラント・エンジニアリング	71	33.8	2.8	–	–	4.2	–	–	–	–	2.8	2.8	1.4
13.電子・電気・OA機器	120	31.7	3.3	1.7	–	2.5	–	0.8	0.8	0.8	2.5	5.8	0.8
14.自動車・輸送用機器	78	24.4	2.6	1.3	–	1.3	1.3	2.6	–	1.3	2.6	20.5	3.8
15.精密・医療機器	113	27.4	1.8	0.9	–	1.8	–	1.8	0.9	0.9	1.8	8.0	1.8
16.印刷・事務機器・日用品	125	29.6	3.2	1.6	1.6	0.8	–	0.8	0.8	–	1.8	8.8	–
17.スポーツ・玩具・ゲーム製品	68	25.0	7.4	–	–	–	1.5	–	–	1.5	–	13.2	1.5
18.その他メーカー・製造関連	54	24.1	5.6	1.9	1.9	1.9	–	–	–	–	5.6	11.1	–
19.総合商社	112	24.1	3.6	1.8	–	–	–	–	0.9	0.9	1.8	10.7	0.9
20.商社	212	27.8	3.8	1.4	–	–	–	0.5	0.5	0.5	1.4	9.9	–
21.百貨店・スーパー・コンビニ	102	27.5	2.9	1.0	1.0	2.0	1.0	2.0	–	–	1.0	7.8	1.0
22.専門店	63	28.6	4.8	1.6	–	3.2	–	–	–	–	3.2	7.9	1.6
23.銀行・証券	160	29.4	3.1	1.3	0.6	1.9	0.6	–	0.6	–	–	10.0	0.6
24.信金・労金・信組	85	29.4	3.5	2.4	1.2	1.2	1.2	–	–	1.2	–	10.6	–
25.クレジット・信販・リース・その他金融	58	44.8	–	–	–	–	–	1.7	–	–	–	6.9	–
26.生保・損保	82	32.9	1.2	–	1.2	–	–	–	1.2	1.2	1.2	7.3	–
27.不動産	95	29.5	5.3	1.1	–	4.2	–	2.1	–	2.1	–	7.4	–
28.鉄道・航空	113	29.2	3.5	–	0.9	0.9	–	–	1.8	–	0.9	10.6	1.8
29.陸運・海運・物流	86	32.6	7.0	–	–	1.2	–	–	1.4	–	1.2	2.3	8.1	2.3
30.電力・ガス・エネルギー	73	28.8	1.4	–	1.4	–	–	1.4	–	–	5.5	4.1	2.7
31.レストラン・給食・フードサービス	38	28.9	2.6	–	–	2.6	–	–	–	–	–	5.3	–
32.ホテル・旅行	67	32.8	3.0	1.5	–	–	–	–	–	–	4.5	9.0	1.5
33.医療機関・調剤薬局	82	17.1	7.3	1.2	–	3.7	–	–	–	–	2.4	2.4	–
34.福祉サービス	44	25.0	2.3	4.5	–	2.3	–	–	–	2.3	2.3	2.3	–
35.フィットネスクラブ・エステ・理美容	15	33.3	–	–	–	6.7	–	–	–	–	–	6.7	–
36.アミューズメント・レジャー	47	31.9	4.3	2.1	–	–	–	2.1	2.1	–	2.1	8.5	–
37.冠婚葬祭	24	25.0	4.2	4.2	–	–	–	–	–	–	–	4.2	–
38.専門・その他サービス	54	31.5	9.3	1.9	–	–	–	–	1.9	–	3.7	3.7	–
39.コンサルティング・シンクタンク・調査	98	41.8	7.1	1.0	–	1.0	–	–	–	–	–	5.1	1.0
40.人材サービス（派遣・紹介）	89	28.1	5.6	1.1	–	1.1	–	–	–	–	1.1	6.7	–
41.教育	98	27.6	5.1	–	1.0	–	–	1.0	–	1.0	2.0	6.1	–
42.ソフトウエア・情報処理・ネット関連	251	35.5	3.6	1.6	0.8	1.6	0.4	0.4	0.8	0.4	1.2	6.0	0.4
43.ゲームソフト	39	23.1	5.1	–	–	2.6	2.6	–	–	–	2.6	12.8	–
44.通信	87	32.2	5.7	1.1	–	1.1	1.1	1.1	–	–	–	6.9	1.1
45.マスコミ（放送・新聞）	93	32.3	9.7	2.2	–	–	–	1.1	1.1	–	1.1	9.7	–
46.マスコミ（出版・広告）	130	30.0	6.2	0.8	–	–	0.8	0.8	0.8	–	0.8	8.5	–
47.芸能・エンタテインメント	55	36.4	7.3	–	–	–	–	1.8	–	–	1.8	5.5	–
48.官公庁・公社・団体	253	28.1	6.7	0.8	1.2	0.8	0.4	0.4	2.0	0.4	2.4	4.3	0.8
49.これら以外のその他	26	34.6	3.8	–	3.8	3.8	–	–	–	3.8	–	3.8	–
50.特に決めていない	46	21.7	4.3	–	–	4.3	–	2.2	–	–	4.3	6.5	–
51.非該当	4365	28.4	5.6	1.1	1.0	1.4	0.4	0.5	0.6	0.8	1.7	7.1	0.3

F2SQ2 大学(大学院)の所在地域

	N	滋賀県	京都府	大阪府	兵庫県	奈良県	和歌山県	鳥取県	島根県	岡山県	広島県	山口県	徳島県
全体	5601	1.4	7.1	8.5	4.2	0.8	0.3	0.3	0.3	1.7	1.8	0.6	0.3
Q11.就職予定先企業での働き方													
1.地域限定正社員(就業する地域が特定されているか一定の範囲内にあらかじめ決められている働き方の正社員)	818	0.9	4.5	7.9	3.1	0.9	0.1	0.1	0.5	2.2	1.8	0.7	0.5
2.職務限定正社員(従事する職務(職種)が特定されているか一定の範囲内にあらかじめ決められている働き方の正社員)	601	1.2	7.0	7.7	2.8	1.0	-	0.5	-	2.7	2.5	0.5	0.3
3.勤務時間限定正社員(所定の勤務時間を超えた勤務はないか、あっても一定の場合の限られた時間にあらかじめ決められている働き方の正社員)	106	0.9	5.7	10.4	2.8	-	-	-	-	0.9	0.9	-	0.9
4.上記のような限定のない一般の正社員	2534	1.9	7.5	8.9	4.4	0.9	0.4	0.3	0.2	1.3	1.5	0.5	0.2
5.契約社員	17	-	-	23.5	5.9	-	-	-	-	-	-	-	-
6.その他	23	-	4.3	4.3	-	-	4.3	-	-	-	-	-	8.7
7.非該当	1911	1.1	7.5	8.4	4.6	0.6	0.3	0.3	0.4	1.8	1.9	0.6	0.5
Q11SQ2.就職予定先企業での働き方は希望していたものか													
1.はい	3511	1.7	6.9	8.5	3.9	0.9	0.3	0.3	0.3	1.7	1.7	0.5	0.3
2.いいえ	179	-	8.9	7.8	4.5	1.1	0.6	0.6	-	1.1	2.2	1.1	-
3.非該当	1911	1.1	7.5	8.4	4.6	0.6	0.3	0.3	0.4	1.8	1.9	0.6	0.5
Q11SQ3.就職予定先企業での働き方が希望と異なった理由													
1.希望する働き方での募集がなかったから	40	-	7.5	7.5	7.5	2.5	2.5	2.5	-	-	2.5	-	-
2.その働き方でしか採用されなかったから	51	-	15.7	9.8	7.8	2.0	-	-	-	2.0	3.9	-	-
3.採用後に希望する働き方に転換できる可能性があったから	35	-	8.6	11.4	-	-	-	-	-	-	2.9	2.9	-
4.家庭の事情などで変化があったから	6	-	-	-	-	-	-	-	-	-	-	-	-
5.その他	14	-	7.1	7.1	-	-	-	-	-	-	7.1	-	-
6.特に理由はない	33	-	3.0	3.0	3.0	-	-	-	-	-	-	3.0	-
7.非該当	5422	1.5	7.1	8.5	4.2	0.8	0.3	0.3	0.3	1.7	1.8	0.5	0.4
Q12.就職活動継続理由													
1.まだ内定を得ていないから	990	1.1	7.5	9.3	4.8	0.7	0.2	0.3	0.6	1.5	1.4	0.8	0.4
2.すでに内定を得ているが、就職を希望する企業が他にあるから	818	1.2	7.3	7.2	4.3	0.6	0.4	0.4	0.2	2.2	2.6	0.4	0.5
3.その他	49	-	14.3	6.1	6.1	-	-	-	-	-	2.0	-	2.0
4.非該当	3744	1.6	6.9	8.5	4.0	0.9	0.3	0.3	0.3	1.6	1.7	0.5	0.3
Q13.希望業種の変化													
1.希望業種が拡がった	822	1.0	8.4	8.4	4.5	0.6	0.4	0.2	0.4	1.6	1.6	0.5	0.5
2.希望業種を絞った	414	1.2	6.0	7.7	2.9	0.5	0.5	0.7	0.5	1.4	2.4	1.0	0.5
3.大きな変化はない	621	1.3	7.6	8.5	6.0	0.8	-	0.2	0.5	2.3	2.1	0.5	0.5
4.非該当	3744	1.6	6.9	8.5	4.0	0.9	0.3	0.3	0.3	1.6	1.7	0.5	0.3
Q13SQ1.現在の希望業種													
1.農林・水産	103	-	6.8	3.9	3.9	-	-	-	1.0	2.9	1.0	1.0	1.0
2.食品	249	1.2	8.0	10.0	5.2	0.8	0.8	0.4	0.4	2.0	2.0	1.2	1.2
3.建設・設備関連	108	-	7.4	7.4	3.7	0.9	-	0.9	-	1.9	-	-	-
4.住宅・インテリア	114	-	9.6	6.1	6.1	0.9	-	-	-	1.8	0.9	1.8	-
5.アパレル・服飾関連	59	-	18.6	10.2	3.4	-	-	1.7	-	-	-	-	-
6.繊維・紙・パルプ	83	3.6	10.8	12.0	8.4	-	-	-	-	1.2	1.2	-	-
7.化学・石油	148	2.7	8.8	9.5	8.1	-	-	-	-	2.0	2.0	0.7	-
8.薬品・化粧品	129	2.3	10.1	7.8	3.9	-	-	0.8	-	2.3	0.8	-	1.6
9.ゴム・ガラス・セラミックス	62	1.6	9.7	4.8	8.1	-	-	-	-	3.2	-	-	-
10.鉄鋼・金属・鉱業	102	2.0	6.9	5.9	7.8	-	-	-	1.0	1.0	1.0	1.0	-
11.機械	125	2.4	12.0	8.0	5.6	-	1.6	-	0.8	0.8	0.8	-	-
12.プラント・エンジニアリング	71	1.4	11.3	5.6	8.5	-	-	-	-	1.4	1.4	-	-
13.電子・電気・OA機器	120	3.3	10.8	7.5	2.5	0.8	0.8	-	0.8	-	1.7	0.8	-
14.自動車・輸送用機器	78	2.6	9.0	7.7	2.6	-	-	-	1.3	-	2.6	-	-
15.精密・医療機器	113	1.8	8.8	8.8	4.4	-	1.8	0.9	0.9	-	0.9	-	-
16.印刷・事務機器・日用品	125	1.6	12.0	7.2	6.4	-	-	0.8	-	-	2.4	-	-
17.スポーツ・玩具・ゲーム製品	68	-	10.3	8.8	4.4	-	-	-	-	-	-	-	-
18.その他メーカー・製造関連	54	-	14.8	3.7	1.9	-	-	-	-	-	5.6	-	-
19.総合商社	112	0.9	9.8	4.5	8.9	-	-	-	-	1.8	0.9	-	0.9
20.商社	212	1.9	8.0	8.0	5.7	0.9	-	-	-	1.4	1.9	-	0.5
21.百貨店・スーパー・コンビニ	102	-	7.8	5.9	3.9	-	-	1.0	-	2.9	2.9	1.0	-
22.専門店	63	-	3.2	6.3	4.8	-	-	-	-	1.6	3.2	-	1.6
23.銀行・証券	160	0.6	5.6	6.3	7.5	-	0.6	-	-	0.6	1.9	-	0.6
24.信金・労金・信組	85	-	5.9	3.5	4.7	1.2	-	-	-	-	1.2	-	-
25.クレジット・信販・リース・その他金融	58	1.7	6.9	3.4	5.2	-	-	-	-	1.7	3.4	-	-
26.生保・損保	82	1.2	8.5	2.4	12.2	-	1.2	-	-	1.2	3.7	-	-
27.不動産	95	-	12.6	4.2	3.2	-	-	-	-	3.2	1.1	-	-
28.鉄道・航空	113	1.8	9.7	8.0	7.1	-	-	-	0.9	0.9	1.8	-	-
29.陸運・海運・物流	86	2.3	4.7	2.3	11.6	-	-	-	-	-	2.3	-	1.2
30.電力・ガス・エネルギー	73	1.4	9.6	4.1	6.8	-	-	-	-	1.4	2.7	1.4	-
31.レストラン・給食・フードサービス	38	-	2.6	13.2	5.3	2.6	-	-	-	2.6	-	-	-
32.ホテル・旅行	67	1.5	10.4	6.0	6.0	-	-	-	-	-	1.5	-	-
33.医療機関・調剤薬局	82	-	8.5	4.9	2.4	2.4	-	-	1.2	4.9	3.7	-	1.2
34.福祉サービス	44	-	4.5	11.4	2.3	-	-	-	-	6.8	-	-	-
35.フィットネスクラブ・エステ・理美容	15	-	13.3	13.3	-	-	-	-	-	-	-	-	-
36.アミューズメント・レジャー	47	2.1	8.5	4.3	6.4	-	-	-	-	-	2.1	-	-
37.冠婚葬祭	24	-	8.3	8.3	4.2	-	-	-	4.2	4.2	4.2	-	-
38.専門・その他サービス	54	-	9.3	5.6	1.9	-	-	-	-	-	-	1.9	-
39.コンサルティング・シンクタンク・調査	98	1.0	9.2	5.1	2.0	-	-	-	-	1.0	1.0	1.0	-
40.人材サービス(派遣・紹介)	89	1.1	11.2	4.5	3.4	1.1	-	-	-	2.2	3.4	1.1	1.1
41.教育	98	1.0	11.2	9.2	2.0	-	-	-	-	1.0	6.1	-	-
42.ソフトウエア・情報処理・ネット関連	251	0.8	7.2	6.4	4.8	0.4	-	0.4	0.4	1.2	1.2	0.4	-
43.ゲームソフト	39	-	7.7	7.7	2.6	2.6	-	-	-	-	2.6	-	-
44.通信	87	1.1	6.9	6.9	3.4	-	-	-	1.1	-	2.3	-	-
45.マスコミ(放送・新聞)	93	-	6.5	7.5	3.2	-	-	-	-	-	1.1	-	-
46.マスコミ(出版・広告)	130	0.8	9.2	8.5	2.3	0.8	-	-	-	2.3	0.8	-	-
47.芸能・エンタテインメント	55	-	9.1	9.1	3.6	1.8	-	-	-	-	-	1.8	-
48.官公庁・公社・団体	253	0.4	6.7	7.9	3.2	-	-	0.4	0.4	0.8	0.8	1.2	0.4
49.これら以外のその他	26	-	11.5	3.8	-	3.8	-	-	-	-	-	-	-
50.特に決めていない	46	2.2	15.2	4.3	2.2	-	-	-	-	-	-	2.2	-
51.非該当	4365	1.5	7.0	8.5	4.2	0.9	0.3	0.3	0.3	1.7	1.8	0.5	0.3

F2SQ2 大学（大学院）の所在地域

	N	香川県	愛媛県	高知県	福岡県	佐賀県	長崎県	熊本県	大分県	宮崎県	鹿児島県	沖縄県	海外
全体	5601	0.3	0.8	0.3	3.1	0.5	0.6	0.8	0.5	0.2	0.4	0.3	0.1
Q11.就職予定先企業での働き方													
1.地域限定正社員（就業する地域が特定されているか一定の範囲内にあらかじめ決められている働き方の正社員）	818	0.5	1.5	0.4	3.4	0.5	0.9	1.5	0.5	0.2	0.4	0.4	
2.職務限定正社員（従事する職務（職種）が特定されているか一定の範囲内にあらかじめ決められている働き方の正社員）	601	0.5	0.2	0.3	3.8	0.7	0.5	1.0	0.2	0.5	0.2	0.2	0.2
3.勤務時間限定正社員（所定の勤務時間を超えた勤務はないか、あっても一定の場合の限られた時間にあらかじめ決められている働き方の正社員）	106	0.9	-	-	0.9	0.9	-	-	-	-	-	-	-
4.上記のような限定のない一般の正社員	2534	0.3	0.7	0.2	3.1	0.6	0.4	0.6	0.4	0.2	0.2	0.2	
5.契約社員	17	-	-	-	-	-	5.9	-	-	-	-	-	
6.その他	23	-	-	-	4.3	-	-	-	4.3	-	4.3	-	
7.非該当	1911	0.3	0.9	0.3	3.0	0.3	0.7	0.7	0.5	0.3	0.7	0.5	0.1
Q11SQ2.就職予定先企業での働き方は希望していたものか													
1.はい	3511	0.3	0.7	0.2	3.2	0.5	0.5	0.8	0.4	0.2	0.2	0.3	
2.いいえ	179	-	1.7	0.6	2.8	1.7	1.1	1.1	0.6	-	0.6	-	
3.非該当	1911	0.3	0.9	0.3	3.0	0.3	0.7	0.7	0.5	0.3	0.7	0.5	0.1
Q11SQ3.就職予定先企業での働き方が希望と異なった理由													
1.希望する働き方での募集がなかったから	40	-	2.5	-	2.5	2.5	-	2.5	2.5	-	-	-	
2.その働き方でしか採用されなかったから	51	-	-	2.0	2.0	-	-	-	-	-	-	-	
3.採用後に希望する働き方に転換できる可能性があったから	35	-	-	-	2.9	5.7	5.7	-	-	-	2.9	-	
4.家庭の事情などで変化があったから	6	-	16.7	-	-	-	-	-	-	-	-	-	
5.その他	14	-	7.1	-	7.1	-	-	7.1	-	-	-	-	
6.特に理由はない	33	-	-	-	3.0	-	-	-	-	-	-	-	
7.非該当	5422	0.3	0.8	0.3	3.1	0.4	0.6	0.8	0.5	0.2	0.4	0.3	0.1
Q12.就職活動継続理由													
1.まだ内定を得ていないから	990	0.1	0.7	0.3	2.8	0.3	0.6	0.8	0.4	0.3	0.9	0.6	0.1
2.すでに内定を得ているが、就職を希望する企業が他にあるから	818	0.5	1.1	0.4	3.2	0.4	1.0	0.7	0.7	0.2	0.5	0.2	0.1
3.その他	49	-	-	-	4.1	-	-	-	-	-	-	2.0	
4.非該当	3744	0.3	0.8	0.2	3.2	0.5	0.5	0.8	0.4	0.2	0.2	0.2	
Q13.希望業種の変化													
1.希望業種が拡がった	822	0.2	0.9	0.5	3.4	0.4	0.6	0.6	0.4	0.6	0.6	0.4	0.2
2.希望業種を絞った	414	0.2	1.2	0.2	2.7	-	1.2	0.2	0.5	0.5	0.2	0.5	
3.大きな変化はない	621	0.3	0.6	0.2	2.7	0.5	0.6	1.3	0.5	-	1.1	0.6	
4.非該当	3744	0.3	0.8	0.2	3.2	0.5	0.5	0.8	0.4	0.2	0.2	0.2	
Q13SQ1.現在の希望業種													
1.農林・水産	103	1.0	1.9	2.9	2.9	-	2.9	1.9	-	1.0	1.9	1.0	1.0
2.食品	249	0.4	1.6	0.8	2.8	0.4	0.8	0.4	0.4	0.4	0.8	0.4	0.4
3.建設・設備関連	108	-	0.9	0.9	2.8	-	0.9	0.9	-	0.9	0.9	1.9	
4.住宅・インテリア	114	-	0.9	0.9	1.8	-	1.8	-	-	0.9	1.8	0.9	
5.アパレル・服飾関連	59	-	3.4	1.7	1.7	-	1.7	-	-	-	-	-	
6.繊維・紙・パルプ	83	-	1.2	1.2	2.4	-	1.2	-	-	2.4	1.2	-	
7.化学・石油	148	-	-	0.7	1.4	-	1.4	0.7	0.7	0.7	0.7	-	
8.薬品・化粧品	129	-	0.8	1.6	3.9	0.8	-	0.8	-	-	1.6	0.8	
9.ゴム・ガラス・セラミックス	62	-	1.6	1.6	3.2	-	-	-	-	1.6	1.6	-	
10.鉄鋼・金属・鉱業	102	-	1.0	1.0	2.0	-	1.0	-	-	-	1.6	-	
11.機械	125	-	-	1.6	1.6	-	-	-	0.8	-	1.6	-	
12.プラント・エンジニアリング	71	-	1.4	1.4	1.4	-	-	-	-	-	-	2.8	
13.電子・電気・OA機器	120	-	0.8	0.8	2.5	0.8	-	0.8	-	0.8	1.7	0.8	
14.自動車・輸送用機器	78	-	-	2.6	-	-	-	-	1.3	-	-	1.3	
15.精密・医療機器	113	-	2.7	0.9	3.5	0.9	-	0.9	0.9	-	0.9	-	
16.印刷・事務機器・日用品	125	-	3.2	0.8	1.6	-	1.6	0.8	0.8	0.8	0.8	0.8	0.8
17.スポーツ・玩具・ゲーム製品	68	-	4.4	1.5	-	-	-	-	-	-	1.5	1.5	
18.その他メーカー・製造関連	54	-	3.7	1.9	-	-	-	-	1.9	-	-	-	
19.総合商社	112	-	2.7	1.8	1.8	-	-	0.9	-	-	1.8	0.9	1.8
20.商社	212	-	0.9	0.9	2.8	-	0.5	0.5	0.5	0.5	0.9	0.5	0.5
21.百貨店・スーパー・コンビニ	102	-	2.9	1.0	2.0	-	-	-	2.0	-	-	2.0	1.0
22.専門店	63	-	3.2	1.6	1.6	-	1.6	1.6	-	1.6	-	-	1.6
23.銀行・証券	160	-	1.9	0.6	3.1	0.6	0.6	0.6	0.6	0.6	-	1.3	0.6
24.信金・労金・信組	85	-	1.2	1.2	2.4	1.2	1.2	-	-	1.2	-	1.2	
25.クレジット・信販・リース・その他金融	58	-	1.7	-	5.2	1.7	-	-	-	-	-	1.7	
26.生保・損保	82	-	1.2	1.2	3.7	-	2.4	-	-	-	-	1.2	
27.不動産	95	-	2.1	-	3.2	-	2.1	1.1	-	-	-	1.1	1.1
28.鉄道・航空	113	-	1.8	0.9	1.8	0.9	0.9	1.8	-	-	0.9	-	
29.陸運・海運・物流	86	-	3.5	-	2.3	-	-	-	1.2	1.2	1.2	-	
30.電力・ガス・エネルギー	73	-	2.7	-	4.1	-	-	1.4	-	-	-	1.4	
31.レストラン・給食・フードサービス	38	-	2.6	-	5.3	-	-	-	-	-	2.6	2.6	
32.ホテル・旅行	67	-	3.0	-	4.5	-	-	1.5	-	-	-	3.0	
33.医療機関・調剤薬局	82	1.2	-	-	4.9	-	-	1.2	3.7	-	1.2	1.2	1.2
34.福祉サービス	44	-	4.5	-	-	2.3	-	-	-	-	2.3	-	
35.フィットネスクラブ・エステ・理美容	15	-	-	-	-	-	-	-	-	-	-	-	
36.アミューズメント・レジャー	47	-	-	-	-	-	-	-	-	-	-	2.1	
37.冠婚葬祭	24	8.3	-	-	4.2	-	-	-	-	-	8.3	-	
38.専門・その他サービス	54	-	-	-	7.4	-	-	1.9	-	-	1.9	-	
39.コンサルティング・シンクタンク・調査	98	-	1.0	-	2.0	-	-	1.0	-	-	1.0	1.0	
40.人材サービス（派遣・紹介）	89	-	1.1	-	4.5	-	1.1	-	-	-	1.1	1.1	1.1
41.教育	98	-	3.1	-	3.1	1.0	2.0	-	-	-	1.0	1.0	
42.ソフトウエア・情報処理・ネット関連	251	-	0.8	0.8	2.4	0.4	-	0.8	1.2	0.4	0.8	0.4	0.4
43.ゲームソフト	39	-	5.1	-	2.6	-	-	-	-	-	-	-	2.6
44.通信	87	-	2.3	-	1.1	-	-	2.3	1.1	-	-	1.1	1.1
45.マスコミ（放送・新聞）	93	-	-	-	4.3	-	-	1.1	2.2	1.1	-	2.2	
46.マスコミ（出版・広告）	130	-	2.3	-	2.3	-	-	0.8	0.8	0.8	2.3	0.8	
47.芸能・エンタテインメント	55	-	-	-	1.8	-	-	1.8	-	-	-	-	
48.官公庁・公社・団体	253	1.2	0.4	-	2.4	-	-	0.8	0.4	0.8	0.8	-	
49.これら以外のその他	26	-	-	-	-	-	-	-	-	-	7.7	-	
50.特に決めていない	46	-	2.2	-	10.9	-	-	2.2	-	2.2	-	-	
51.非該当	4365	0.3	0.8	0.2	3.1	0.5	0.5	0.8	0.4	0.2	0.3	0.3	

F2SQ2.大学(大学院)の所在地域

	N	北海道	青森県	岩手県	宮城県	秋田県	山形県	福島県	茨城県	栃木県	群馬県	埼玉県	千葉県
全体	5601	3.3	0.7	0.7	2.2		0.6	0.4	1.4	0.7	1.0	1.9	2.6
Q14.希望する働き方の変化													
1.限定正社員や契約社員を希望していたが、一般の正社員希望に変えた、または一般の正社員に絞った	132	6.1	3.0	-	3.0	-	-	-	0.8	0.8	-	3.0	2.3
2.一般の正社員を希望していたが、限定正社員や契約社員を希望するようになった	64	4.7	1.6	1.6	-	-	-	-	3.1	-	-	4.7	4.7
3.大きな変化はない	1661	3.4	0.4	1.0	1.7	0.4	0.5	0.4	1.3	0.5	1.0	1.9	2.9
4.非該当	3744	3.1	0.7	0.6	2.4	0.5	0.6	0.5	1.5	0.8	1.1	1.9	2.4
Q14SQ1.現在希望する働き方													
1.地域限定正社員（就業する地域が特定されているか一定の範囲内にあらかじめ決められている働き方の正社員）	43	4.7	-	-	2.3	-	-	-	2.3	-	-	2.3	2.3
2.職務限定正社員（従事する職務（職種）が特定されているか一定の範囲内にあらかじめ決められている働き方の正社員）	32	6.3	-	-	3.1	-	-	-	6.3	-	-	-	3.1
3.勤務時間限定正社員（所定の勤務時間を超えた勤務はないか、あっても一定の場合の限られた時間にあらかじめ決められている働き方の正社員）	17	5.9	5.9	-	-	-	-	-	5.9	-	-	5.9	11.8
4.契約社員（一定の業務に就くことを前提に、期間の定めのある契約で採用する社員）	19	10.5	-	5.3	-	-	-	-	5.3	-	-	-	5.3
5.その他	4	-	-	-	-	-	-	-	-	-	-	25.0	-
6.非該当	5537	3.3	0.7	0.7	2.2	0.5	0.6	0.4	1.4	0.7	1.0	1.9	2.6
Q14SQ2.希望する働き方が変わった理由													
1.希望している企業のなかでは、その働き方でしか求人している企業がないから	69	8.7	2.9	1.4	1.4	-	-	-	1.4	-	-	4.3	4.3
2.その働き方でしか内定が得られないと思うから	46	-	-	-	2.2	-	-	-	2.2	2.2	-	-	-
3.採用後に希望する働き方に転換できる可能性がある求人があるから	39	5.1	-	-	2.6	-	-	-	2.6	-	-	2.6	7.7
4.家庭の事情などで変化があったから	7	-	28.6	-	-	-	-	-	-	-	-	14.3	-
5.その他	3	-	-	-	-	-	-	-	-	-	-	-	-
6.特に理由はない	32	9.4	3.1	-	3.1	-	-	-	-	-	-	6.3	-
7.非該当	5405	3.2	0.6	0.7	2.2	0.5	0.6	0.4	1.4	0.7	1.1	1.9	2.6
Q15.通年募集・秋季募集は良いと思うか													
1.はい	3395	3.2	0.5	0.7	2.0	0.5	0.7	0.4	1.6	0.8	0.8	1.9	2.5
2.いいえ	436	3.0	0.7	0.7	2.1	-	0.5	0.5	1.1	0.9	0.7	2.1	3.7
3.どちらともいえない	1770	3.4	1.0	0.7	2.6	0.4	0.3	0.5	1.2	0.3	1.5	2.0	2.4
Q15SQ1.通年募集・秋季募集が良いと思う理由													
1.就職活動に時間をかけて自分に合った企業を見極めたいから	2078	3.3	0.6	0.5	2.1	0.6	0.7	0.7	1.7	1.1	0.7	1.6	3.0
2.希望する就職先の候補が複数あり、採用スケジュールが重なるのを避けたいから	1626	3.4	0.7	0.6	2.0	0.5	0.9	0.4	2.0	0.7	1.0	1.5	2.2
3.現在のスケジュールでは、学業に支障があるから	1165	3.7	0.9	0.8	2.3	0.4	0.8	0.3	1.1	0.7	0.8	2.1	3.0
4.海外留学をして帰国する際に、より容易に就職活動できるようになるから	533	4.1	0.6	0.2	1.5	0.6	0.2	0.2	1.9	0.8	0.2	2.1	3.4
5.教育実習のスケジュールと重なるから	250	2.0	1.2	0.8	2.0	-	0.4	0.4	2.0	0.8	1.2	2.4	1.6
6.公務員試験のスケジュールと重なるから	497	5.0	1.0	0.6	1.8	-	1.0	1.0	1.6	0.8	0.8	2.4	2.0
7.卒業後しばらくしてから仕事に就くことができるようになるから	791	3.7	0.6	0.9	1.3	0.4	0.9	0.5	1.6	0.9	0.8	2.0	3.5
8.家庭の事情などで特定の時期に集中して就職活動ができないから	283	2.8	-	1.4	0.4	0.4	0.4	0.7	0.7	1.4	1.1	1.8	3.2
9.その他	56	1.8	-	-	3.6	1.8	-	-	3.6	-	-	1.8	1.8
10.特に理由はない	157	1.9	-	2.5	1.3	-	-	0.6	0.6	0.6	1.3	3.2	2.5
11.非該当	2206	3.3	0.9	0.7	2.5	0.3	0.3	0.5	1.2	0.5	1.4	2.0	2.7
Q16.海外留学経験													
1.したことがある	854	3.6	0.1	0.8	1.2	0.7	0.2	0.1	1.1	0.4	0.7	1.9	2.0
2.したことはない	4747	3.2	0.8	0.7	2.4	0.4	0.6	0.5	1.5	0.7	1.1	2.0	2.7
Q16SQ1.海外留学の形													
1.海外の大学・大学院に入学し、卒業した	66	6.1	-	-	-	-	-	-	3.0	1.5	1.5	3.0	1.5
2.日本の大学・大学院の課程の一環で一定の期間留学した	492	3.7	0.2	0.2	1.2	1.0	0.4	-	1.0	0.4	0.2	1.6	1.0
3.その他	296	3.0	-	2.0	1.4	0.3	-	0.3	0.7	-	1.4	2.0	3.7
4.非該当	4747	3.2	0.8	0.7	2.4	0.4	0.6	0.5	1.5	0.7	1.1	2.0	2.7
Q16SQ2.海外留学終了時期と採用スケジュールのミスマッチ													
1.あった	22	18.2	-	-	-	-	-	-	9.1	-	-	-	-
2.なかった	44	-	-	-	-	-	-	-	-	2.3	2.3	4.5	2.3
3.非該当	5535	3.2	0.7	0.7	2.2	0.5	0.6	0.4	1.4	0.7	1.0	1.9	2.6

F2SQ2.大学（大学院）の所在地域

	N	東京都	神奈川県	新潟県	富山県	石川県	福井県	山梨県	長野県	岐阜県	静岡県	愛知県	三重県
全体	5601	28.7	5.3	1.2	0.9	1.4	0.4	0.6	0.6	0.7	1.7	7.2	0.4
Q14.希望する働き方の変化													
1.限定正社員や契約社員を希望していたが、一般の正社員希望に変えた、または一般の正社員に絞った	132	25.8	3.8	2.3	2.3	0.8	0.8	-	-	-	1.5	7.6	-
2.一般の正社員を希望していたが、限定正社員や契約社員を希望するようになった	64	34.4	3.1	1.6	-	-	-	-	-	-	3.1	6.3	1.6
3.大きな変化はない	1661	27.9	4.9	1.1	0.5	1.3	0.4	1.0	0.7	0.6	1.7	7.4	0.4
4.非該当	3744	29.0	5.6	1.2	1.0	1.5	0.4	0.5	0.6	0.8	1.6	7.1	0.3
Q14SQ1.現在希望する働き方													
1.地域限定正社員（就業する地域が特定されているか一定の範囲内にあらかじめ決められている働き方の正社員）	43	39.5	2.3	-	-	-	-	-	-	-	4.7	7.0	2.3
2.職務限定正社員（従事する職務（職種）が特定されているか一定の範囲内にあらかじめ決められている働き方の正社員）	32	34.4	6.3	3.1	-	-	-	-	-	-	3.1	3.1	3.1
3.勤務時間限定正社員（所定の勤務時間を超えた勤務はないか、あっても一定の場合の限られた時間にあらかじめ決められている働き方の正社員）	17	35.3	-	-	-	-	-	-	-	-	5.9	-	-
4.契約社員（一定の業務に就くことを前提に、期間の定めのある契約で採用する社員）	19	31.6	-	-	-	-	-	-	-	-	5.3	15.8	-
5.その他	4	25.0	-	-	-	-	-	-	-	-	-	-	-
6.非該当	5537	28.6	5.3	1.2	0.9	1.4	0.4	0.6	0.6	0.7	1.7	7.2	0.3
Q14SQ2.希望する働き方が変わった理由													
1.希望している企業のなかでは、その働き方でしか求人している企業がないから	69	30.4	2.9	2.9	1.4	-	-	1.4	-	-	-	7.2	-
2.その働き方でしか内定が得られないと思うから	46	28.3	4.3	2.2	-	2.2	-	-	-	-	4.3	6.5	-
3.採用後に希望する働き方に転換できる可能性がある求人があるから	39	30.8	7.7	-	2.6	-	-	-	-	-	2.6	5.1	-
4.家庭の事情などで変化があったから	7	-	-	-	-	-	-	-	-	-	14.3	-	44.3
5.その他	3	66.7	-	-	-	-	-	-	-	-	-	-	-
6.特に理由はない	32	25.0	-	3.1	3.1	-	-	-	-	-	-	12.5	-
7.非該当	5405	28.7	5.4	1.2	0.9	1.4	0.4	0.6	0.6	0.7	1.7	7.2	0.4
Q15.通年募集・秋季募集は良いと思うか													
1.はい	3395	29.9	5.2	1.0	1.0	1.3	0.3	0.5	0.5	0.4	1.7	6.7	0.4
2.いいえ	436	27.5	4.1	0.7	0.5	1.8	0.5	0.9	0.7	0.7	1.8	10.1	-
3.どちらともいえない	1770	26.7	5.8	1.6	0.8	1.5	0.6	0.7	0.6	1.2	1.6	7.3	0.3
Q15SQ1.通年募集・秋季募集が良いと思う理由													
1.就職活動に時間をかけて自分に合った企業を見極めたいから	2078	30.8	5.1	0.9	1.1	1.0	0.3	0.5	0.4	0.3	1.7	6.8	0.3
2.希望する就職先の候補が複数あり、採用スケジュールが重なるのを避けたいから	1626	29.8	4.7	1.2	1.0	1.4	0.4	0.6	0.3	0.2	1.8	5.9	0.5
3.現在のスケジュールでは、学業に支障があるから	1165	30.7	5.8	1.1	1.0	1.3	0.3	0.3	0.3	0.3	1.9	5.6	0.5
4.海外留学をして帰国する際に、より容易に就職活動できるようになるから	533	34.1	5.3	1.1	1.1	1.1	0.6	0.4	0.6	0.4	0.9	6.9	0.6
5.教育実習のスケジュールと重なるから	250	36.4	3.2	0.4	0.8	1.2	0.4	0.4	0.4	0.4	1.6	5.2	0.4
6.公務員試験のスケジュールと重なるから	497	28.0	5.2	0.4	1.6	1.8	0.2	1.0	0.4	0.4	2.6	6.2	0.4
7.卒業後しばらくしてから仕事に就くことができるようになるから	791	33.2	5.6	0.5	0.5	1.1	0.3	0.6	0.5	0.8	1.1	6.4	0.1
8.家庭の事情などで特定の時期に集中して就職活動ができないから	283	25.4	8.5	1.1	0.7	1.8	0.4	0.7	0.4	0.7	2.1	8.1	0.4
9.その他	56	33.9	5.4	1.8	-	-	1.8	-	1.8	-	3.6	1.8	-
10.特に理由はない	157	29.3	3.8	1.3	1.3	1.9	-	0.6	0.6	0.6	0.6	10.2	0.6
11.非該当	2206	26.9	5.5	1.5	0.7	1.5	0.6	0.8	0.6	1.1	1.6	7.9	0.3
Q16.海外留学経験													
1.したことがある	854	33.5	3.7	1.2	0.8	0.6	0.2	0.4	0.4	0.6	0.7	9.8	0.8
2.したことはない	4747	27.8	5.6	1.2	0.9	1.5	0.4	0.7	0.6	0.7	1.9	6.7	0.3
Q16SQ1.海外留学の形													
1.海外の大学・大学院に入学し、卒業した	66	27.3	-	-	-	1.5	1.5	1.5	-	-	-	9.1	-
2.日本の大学・大学院の課程の一環で一定の期間留学した	492	36.2	3.5	1.2	0.8	0.6	0.2	0.4	0.4	0.2	1.0	9.3	0.6
3.その他	296	30.4	5.1	1.4	1.0	0.3	-	-	0.3	1.4	0.3	10.8	1.4
4.非該当	4747	27.8	5.6	1.2	0.9	1.5	0.4	0.7	0.6	0.7	1.9	6.7	0.3
Q16SQ2.海外留学終了時期と採用スケジュールのミスマッチ													
1.あった	22	22.7	-	-	-	-	-	-	-	-	-	9.1	-
2.なかった	44	29.5	-	-	-	2.3	2.3	2.3	-	-	-	9.1	-
3.非該当	5535	28.7	5.4	1.2	0.9	1.4	0.4	0.6	0.6	0.7	1.7	7.2	0.4

F2SQ2 大学(大学院)の所在地域

	N	滋賀県	京都府	大阪府	兵庫県	奈良県	和歌山県	鳥取県	島根県	岡山県	広島県	山口県	徳島県
全体	5601	1.4	7.1	8.5	4.2	0.8	0.3	0.3	0.3	1.7	1.8	0.6	0.3
Q14.希望する働き方の変化													
1.限定正社員や契約社員を希望していたが、一般の正社員希望に変えた、または一般の正社員に絞った	132	-	7.6	9.1	3.8	-	0.8	-	-	-	1.5	-	-
2.一般の正社員を希望していたが、限定正社員や契約社員を希望するようになった	64	-	1.6	9.4	-	-	-	1.6	-	4.7	1.6	-	-
3.大きな変化はない	1661	1.3	7.8	8.2	4.9	0.7	0.2	0.3	0.5	1.8	2.0	0.7	0.5
4.非該当	3744	1.6	6.9	8.5	4.0	0.9	0.3	0.3	0.3	1.6	1.7	0.5	0.3
Q14SQ1.現在希望する働き方													
1.地域限定正社員（就業する地域が特定されているか一定の範囲内にあらかじめ決められている働き方の正社員）	43	-	2.3	11.6	-	-	-	-	-	4.7	-	-	-
2.職務限定正社員（従事する職務（職種）が特定されているか一定の範囲内にあらかじめ決められている働き方の正社員）	32	-	3.1	6.3	-	-	-	3.1	-	3.1	3.1	-	-
3.勤務時間限定正社員（所定の勤務時間を超えた勤務はないか、あっても一定の場合の限られた時間にあらかじめ決められている働き方の正社員）	17	-	-	5.9	-	-	-	-	-	5.9	-	-	-
4.契約社員（一定の業務に就くことを前提に、期間の定めのある契約で採用する社員）	19	-	-	15.8	-	-	-	-	-	-	-	-	-
5.その他	4	-	-	25.0	-	-	-	-	-	25.0	-	-	-
6.非該当	5537	1.4	7.2	8.5	4.2	0.8	0.3	0.3	0.3	1.6	1.8	0.6	0.3
Q14SQ2.希望する働き方が変わった理由													
1.希望している企業のなかでは、その働き方でしか求人している企業がないから	69	-	2.9	7.2	2.9	-	-	-	-	1.4	-	-	-
2.その働き方でしか内定が得られないと思うから	46	-	13.0	10.9	4.3	-	2.2	-	-	2.2	2.2	-	-
3.採用後に希望する働き方に転換できる可能性がある求人があるから	39	-	5.1	12.8	-	-	-	2.6	-	-	2.6	-	-
4.家庭の事情などで変化があったから	7	-	-	28.6	-	-	-	-	-	-	-	-	-
5.その他	3	-	-	-	-	-	-	-	-	33.3	-	-	-
6.特に理由はない	32	-	3.1	3.1	3.1	-	-	-	-	-	3.1	-	-
7.非該当	5405	1.5	7.2	8.4	4.2	0.8	0.3	0.3	0.3	1.7	1.8	0.6	0.4
Q15.通年募集・秋季募集は良いと思うか													
1.はい	3395	1.3	7.7	8.5	4.2	0.8	0.2	0.2	0.3	1.5	1.8	0.5	0.4
2.いいえ	436	2.1	8.3	8.7	3.9	-	0.7	0.2	-	2.1	1.6	0.2	0.2
3.どちらともいえない	1770	1.5	5.8	8.4	4.3	1.1	0.4	0.5	0.5	1.9	1.9	0.7	0.3
Q15SQ1.通年募集・秋季募集が良いと思う理由													
1.就職活動に時間をかけて自分に合った企業を見極めたいから	2078	1.2	8.1	8.1	3.8	1.0	0.2	0.3	0.3	1.3	1.7	0.5	0.3
2.希望する就職先の候補が複数あり、採用スケジュールが重なるのを避けたいから	1626	1.5	8.4	8.4	3.9	0.8	0.2	0.2	0.4	1.6	1.7	0.4	0.3
3.現在のスケジュールでは、学業に支障があるから	1165	1.4	8.9	8.2	4.3	0.5	0.2	0.3	0.5	1.1	1.5	0.4	0.4
4.海外留学をして帰国する際に、より容易に就職活動できるようになるから	533	0.8	9.6	6.8	3.8	0.8	0.2	-	-	0.9	0.8	-	-
5.教育実習のスケジュールと重なるから	250	1.2	8.0	5.6	4.0	1.2	-	-	-	1.2	2.0	0.8	-
6.公務員試験のスケジュールと重なるから	497	1.8	5.8	7.2	4.0	0.6	-	0.2	0.2	1.2	2.6	1.0	0.2
7.卒業後しばらくしてから仕事に就くことができるようになるから	791	1.0	8.5	7.8	3.3	0.5	0.1	0.3	0.1	1.4	1.4	0.1	0.3
8.家庭の事情などで特定の時期に集中して就職活動ができないから	283	2.1	7.1	9.5	5.3	0.7	0.4	-	-	1.8	1.1	-	-
9.その他	56	1.8	14.3	1.8	1.8	-	-	-	-	1.8	3.6	-	-
10.特に理由はない	157	0.6	4.5	9.6	6.4	-	-	-	-	2.5	1.9	1.3	1.9
11.非該当	2206	1.6	6.3	8.5	4.2	0.9	0.5	0.4	0.4	1.9	1.8	0.6	0.4
Q16.海外留学経験													
1.したことがある	854	1.5	7.4	8.2	5.2	0.2	0.4	0.1	0.2	1.1	2.1	0.6	0.1
2.したことはない	4747	1.4	7.1	8.5	4.0	0.9	0.3	0.3	0.3	1.8	1.7	0.5	0.4
Q16SQ1.海外留学の形													
1.海外の大学・大学院に入学し、卒業した	66	3.0	12.1	6.1	3.0	-	-	-	-	1.5	1.5	-	1.5
2.日本の大学・大学院の課程の一環で一定の期間留学した	492	1.6	6.7	8.3	4.7	0.4	0.4	-	-	1.4	3.0	0.8	-
3.その他	296	1.0	7.4	8.4	6.4	-	0.3	0.3	0.7	0.3	0.7	0.3	-
4.非該当	4747	1.4	7.1	8.5	4.0	0.9	0.3	0.3	0.3	1.8	1.7	0.5	0.4
Q16SQ2.海外留学終了時期と採用スケジュールのミスマッチ													
1.あった	22	-	4.5	9.1	-	-	-	-	-	-	-	-	4.5
2.なかった	44	4.5	15.9	4.5	4.5	-	-	-	-	2.3	2.3	-	-
3.非該当	5535	1.4	7.1	8.5	4.2	0.8	0.3	0.3	0.3	1.7	1.8	0.6	0.3

F2SQ2 大学（大学院）の所在地域

全体	N	香川県	愛媛県	高知県	福岡県	佐賀県	長崎県	熊本県	大分県	宮崎県	鹿児島県	沖縄県	海外
	5601	0.3	0.8	0.3	3.1	0.5	0.6	0.8	0.5	0.2	0.4	0.3	0.1
Q14.希望する働き方の変化													
1.限定正社員や契約社員を希望していたが、一般の正社員希望に変えた、または一般の正社員に絞った	132	0.8	1.5	-	4.5	-	2.3	1.5	-	-	1.5	1.5	-
2.一般の正社員を希望していたが、限定正社員や契約社員を希望するようになった	64	-	-	3.1	1.6	1.6	-	-	1.6	-	3.1	-	-
3.大きな変化はない	1661	0.2	0.8	0.2	3.0	0.3	0.7	0.7	0.5	0.3	0.5	0.4	0.1
4.非該当	3744	0.3	0.8	0.2	3.2	0.5	0.5	0.8	0.4	0.2	0.2	0.2	-
Q14SQ1.現在希望する働き方													
1.地域限定正社員（就業する地域が特定されているか一定の範囲内にあらかじめ決められている働き方の正社員）	43	-	-	2.3	2.3	-	-	-	2.3	-	4.7	-	-
2.職務限定正社員（従事する職務（職種）が特定されているか一定の範囲内にあらかじめ決められている働き方の正社員）	32	-	-	3.1	-	3.1	-	-	3.1	-	-	-	-
3.勤務時間限定正社員（所定の勤務時間を超えた勤務はないか、あっても一定の場合の限られた時間にあらかじめ決められている働き方の正社員）	17	-	-	5.9	5.9	-	-	-	-	-	-	-	-
4.契約社員（一定の業務に就くことを前提に、期間の定めのある契約で採用する社員）	19	-	-	-	-	-	-	-	-	-	5.3	-	-
5.その他	4	-	-	-	-	-	-	-	-	-	-	-	-
6.非該当	5537	0.3	0.8	0.2	3.1	0.5	0.6	0.8	0.5	0.2	0.3	0.3	0.1
Q14SQ2.希望する働き方が変わった理由													
1.希望している企業のなかでは、その働き方でしか求人している企業がないから	69	1.4	1.4	-	5.8	1.4	1.4	-	-	-	1.4	1.4	-
2.その働き方でしか内定が得られないと思うから	46	-	2.2	2.2	-	-	2.2	2.2	2.2	-	-	-	-
3.採用後に希望する働き方に転換できる可能性がある求人があるから	39	-	-	2.6	5.1	-	-	-	-	-	-	-	-
4.家庭の事情などで変化があったから	7	-	-	-	-	-	-	-	-	-	-	-	-
5.その他	3	-	-	-	-	-	-	-	-	-	-	-	-
6.特に理由はない	32	-	-	-	3.1	-	3.1	3.1	-	-	9.4	3.1	-
7.非該当	5405	0.3	0.8	0.2	3.1	0.5	0.6	0.8	0.5	0.2	0.3	0.3	0.1
Q15.通年募集・秋季募集は良いと思うか													
1.はい	3395	0.3	1.0	0.3	3.0	0.5	0.6	0.6	0.5	0.2	0.4	0.4	0.1
2.いいえ	436	0.7	0.9	-	2.3	0.2	0.5	1.6	0.5	-	0.2	-	-
3.どちらともいえない	1770	0.3	0.5	0.2	3.4	0.5	0.6	0.8	0.3	0.3	0.3	0.2	-
Q15SQ1.通年募集・秋季募集が良いと思う理由													
1.就職活動に時間をかけて自分に合った企業を見極めたいから	2078	0.3	1.0	0.4	3.0	0.4	0.5	0.7	0.3	0.1	0.4	0.4	-
2.希望する就職先の候補が複数あり、採用スケジュールが重なるのを避けたいから	1626	0.2	1.1	0.2	3.5	0.4	0.5	0.7	0.5	0.3	0.4	0.6	-
3.現在のスケジュールでは、学業に支障があるから	1165	-	0.8	0.3	2.7	0.3	0.3	0.4	0.5	0.2	0.6	0.3	-
4.海外留学をして帰国する際に、より容易に就職活動できるようになるから	533	-	0.9	0.4	3.6	0.6	0.4	0.4	0.6	0.2	-	0.4	0.6
5.教育実習のスケジュールと重なるから	250	-	0.8	0.4	4.8	-	1.2	0.8	0.4	-	1.2	0.8	-
6.公務員試験のスケジュールと重なるから	497	0.6	1.2	-	3.8	-	0.4	0.8	0.2	0.4	0.8	0.2	-
7.卒業後しばらくしてから仕事に就くことができるようになるから	791	0.3	0.8	0.4	2.4	0.4	0.8	0.5	0.5	-	0.9	0.4	0.1
8.家庭の事情などで特定の時期に集中して就職活動ができないから	283	-	1.4	-	2.8	0.4	1.1	0.7	0.4	-	0.4	0.4	0.4
9.その他	56	-	1.8	-	1.8	1.8	-	-	1.8	-	1.8	1.8	-
10.特に理由はない	157	0.6	0.6	-	1.9	1.3	0.6	0.6	-	-	-	-	-
11.非該当	2206	0.4	0.5	0.2	3.2	0.5	0.6	1.0	0.4	0.2	0.3	0.2	-
Q16.海外留学経験													
1.したことがある	854	0.1	0.9	0.1	3.0	0.6	0.9	0.9	0.1	0.2	-	0.1	0.4
2.したことはない	4747	0.3	0.8	0.3	3.1	0.4	0.5	0.7	0.5	0.2	0.4	0.4	-
Q16SQ1.海外留学の形													
1.海外の大学・大学院に入学し、卒業した	66	-	-	-	6.1	-	1.5	1.5	-	-	-	-	4.5
2.日本の大学・大学院の課程の一環で一定の期間留学した	492	0.2	0.8	0.2	3.5	0.6	0.6	0.6	-	-	0.4	-	0.2
3.その他	296	-	1.4	-	1.7	0.7	1.4	1.4	0.3	-	-	0.2	-
4.非該当	4747	0.3	0.8	0.3	3.1	0.4	0.5	0.7	0.5	0.2	0.4	0.4	-
Q16SQ2.海外留学終了時期と採用スケジュールのミスマッチ													
1.あった	22	-	-	-	9.1	-	4.5	-	-	-	-	-	9.1
2.なかった	44	-	-	-	4.5	-	-	2.3	-	-	-	-	2.3
3.非該当	5535	0.3	0.8	0.3	3.1	0.5	0.6	0.8	0.5	0.2	0.4	0.3	-

F2SQ3高校卒業時の居住地域

	N	北海道	青森県	岩手県	宮城県	秋田県	山形県	福島県	茨城県	栃木県	群馬県	埼玉県	千葉県
全体	5601	3.2	0.7	0.8	1.9	0.7	0.8	1.2	2.4	1.4	1.4	5.8	4.6
F0. 就職活動有無													
1. 就職活動をしている（していた）	5601	3.2	0.7	0.8	1.9	0.7	0.8	1.2	2.4	1.4	1.4	5.8	4.6
2. 就職活動をしていない		-	-	-	-	-	-	-	-	-	-	-	-
F1. 性別													
1. 男性	3027	3.7	0.6	0.8	2.0	0.8	0.7	1.2	2.4	1.5	1.2	6.3	4.2
2. 女性	2574	2.7	0.7	0.9	1.7	0.5	0.9	1.2	2.4	1.3	1.6	5.2	5.1
F2. 居住地域													
1. 北海道	181	69.1	1.1	1.1	1.7	1.7	0.6	1.1	0.6	-	1.7	2.2	1.7
2. 青森県	39	30.8	41.0	2.6	2.6	12.8	-	-	2.6	-	-	-	-
3. 岩手県	40	10.0	10.0	55.0	12.5	2.5	-	2.5	2.5	-	-	-	-
4. 宮城県	125	0.8	4.8	2.4	51.2	4.0	4.0	6.4	3.2	5.6	0.8	4.0	-
5. 秋田県	27	-	7.4	14.8	-	29.6	3.7	3.7	3.7	7.4	3.7	-	3.7
6. 山形県	32	-	-	-	25.0	-	46.9	6.3	3.1	3.1	-	-	3.1
7. 福島県	22	-	-	-	9.1	9.1	-	50.0	9.1	-	-	4.5	4.5
8. 茨城県	110	1.8	0.9	-	0.9	-	-	2.7	58.2	4.5	1.8	1.8	2.7
9. 栃木県	40	-	-	2.5	-	-	-	7.5	2.5	72.5	-	-	2.5
10. 群馬県	57	1.8	1.8	-	1.8	1.8	5.3	-	1.8	3.5	57.9	1.8	1.8
11. 埼玉県	336	0.9	0.3	0.3	0.6	0.6	-	1.5	1.5	0.9	0.6	83.6	1.5
12. 千葉県	280	0.7	-	0.4	0.4	-	-	1.1	2.9	1.1	1.1	0.7	75.7
13. 東京都	926	1.1	0.2	0.8	0.6	0.4	0.8	1.6	3.2	1.7	1.8	1.4	2.2
14. 神奈川県	569	0.7	0.4	-	0.9	0.2	0.5	1.1	1.2	0.9	0.9	1.2	0.9
15. 新潟県	68	2.9	-	2.9	1.5	2.9	7.4	5.9	-	1.5	1.5	-	-
16. 富山県	54	-	1.9	-	1.9	1.9	-	-	1.9	1.9	5.6	-	1.9
17. 石川県	76	1.3	-	-	2.6	-	-	-	-	-	2.6	1.3	1.3
18. 福井県	20	-	-	-	-	-	-	-	-	-	-	-	-
19. 山梨県	33	3.0	-	3.0	-	-	-	3.0	-	-	6.1	3.0	-
20. 長野県	33	3.0	-	-	-	-	-	-	3.0	-	-	-	3.0
21. 岐阜県	76	-	-	-	-	-	-	-	-	1.3	-	-	-
22. 静岡県	104	1.0	-	-	-	1.0	1.9	-	1.0	-	1.0	1.0	-
23. 愛知県	350	0.6	-	-	0.6	-	-	-	-	-	-	0.6	-
24. 三重県	46	-	-	-	-	-	-	-	-	-	-	-	-
25. 滋賀県	96	-	-	-	-	-	-	-	-	-	-	-	-
26. 京都府	286	1.0	-	0.3	-	0.3	0.3	-	1.0	0.7	-	0.3	0.3
27. 大阪府	488	0.6	-	-	-	-	0.2	0.2	0.2	-	-	-	0.4
28. 兵庫県	276	-	-	-	0.4	-	-	-	-	-	-	-	-
29. 奈良県	80	-	-	-	-	-	-	-	-	1.3	1.3	1.3	-
30. 和歌山県	13	-	-	-	-	-	-	-	-	-	-	-	-
31. 鳥取県	16	-	-	-	-	-	-	-	-	-	-	-	-
32. 島根県	20	-	-	-	-	-	5.0	-	-	-	-	-	-
33. 岡山県	88	-	-	-	-	-	-	-	-	-	-	-	-
34. 広島県	106	-	-	-	-	-	-	-	0.9	-	-	0.9	0.9
35. 山口県	26	-	-	-	-	-	-	-	-	-	-	-	-
36. 徳島県	19	-	-	-	-	-	-	-	-	-	5.3	-	-
37. 香川県	17	-	-	-	-	-	-	-	-	-	-	-	-
38. 愛媛県	45	-	-	-	-	-	-	-	-	-	-	2.2	-
39. 高知県	15	-	-	-	-	-	-	-	-	-	-	-	-
40. 福岡県	179	0.6	-	-	-	-	-	-	-	-	-	0.6	-
41. 佐賀県	26	-	-	-	-	-	-	-	-	-	-	-	-
42. 長崎県	35	-	-	-	-	-	-	-	-	-	-	-	-
43. 熊本県	44	-	-	-	-	-	-	-	-	-	-	-	-
44. 大分県	27	3.7	-	-	-	-	-	-	-	-	-	-	-
45. 宮崎県	13	-	-	-	-	-	-	-	-	-	-	-	-
46. 鹿児島県	21	-	-	-	-	-	-	-	-	-	-	-	-
47. 沖縄県	18	-	-	-	-	-	-	-	-	-	-	-	-
48. 海外	3	33.3	-	-	-	-	-	-	-	-	-	-	-
F2SQ2. 大学（大学院）の所在地域													
1. 北海道	183	67.2	1.1	1.1	1.6	2.2	0.5	1.1	0.5	-	2.2	2.2	1.6
2. 青森県	38	31.6	42.1	2.6	2.6	10.5	-	-	2.6	-	-	-	-
3. 岩手県	40	7.5	10.0	55.0	12.5	5.0	-	2.5	2.5	-	-	-	-
4. 宮城県	123	0.8	4.9	2.4	48.0	4.1	4.9	7.3	3.3	5.7	0.8	4.1	-
5. 秋田県	25	-	8.0	16.0	-	28.0	4.0	4.0	4.0	8.0	4.0	-	-
6. 山形県	32	-	-	-	28.1	-	43.8	6.3	3.1	3.1	-	-	3.1
7. 福島県	23	-	-	-	21.7	4.3	4.3	39.1	8.7	-	-	4.3	4.3
8. 茨城県	81	2.5	1.2	-	1.2	-	-	3.7	37.0	4.9	1.2	6.2	6.2
9. 栃木県	38	-	-	2.6	-	-	-	10.5	5.3	52.6	5.3	7.9	2.6
10. 群馬県	57	1.8	1.8	-	3.5	3.5	3.5	-	1.8	8.8	40.4	10.5	1.8
11. 埼玉県	109	3.7	0.9	0.9	1.8	1.8	-	2.8	4.6	3.7	2.8	33.9	8.3
12. 千葉県	145	0.7	-	0.7	-	-	-	2.1	8.3	0.7	0.7	9.0	38.6
13. 東京都	1607	0.9	0.2	0.4	0.6	0.2	0.4	1.1	3.6	1.7	1.7	14.2	10.1
14. 神奈川県	297	1.0	0.3	-	1.0	0.3	1.0	2.0	2.4	0.7	1.3	4.4	4.4
15. 新潟県	67	3.0	-	3.0	1.5	3.0	7.5	6.0	-	1.5	1.5	-	-
16. 富山県	50	-	2.0	-	2.0	2.0	-	-	2.0	2.0	6.0	-	2.0
17. 石川県	78	1.3	-	-	2.6	-	-	-	-	-	2.6	1.3	1.3
18. 福井県	22	-	-	-	-	-	-	-	-	-	-	-	-
19. 山梨県	34	2.9	-	2.9	-	-	-	2.9	-	-	5.9	5.9	-
20. 長野県	32	3.1	-	-	-	-	-	-	3.1	-	-	-	3.1
21. 岐阜県	40	-	-	-	-	-	-	-	-	2.5	-	-	-
22. 静岡県	94	1.1	-	-	-	1.1	2.1	-	2.1	-	1.1	1.1	-
23. 愛知県	403	0.5	-	-	0.5	-	-	-	-	-	-	0.5	-
24. 三重県	20	-	-	-	-	-	-	-	-	-	-	-	-
25. 滋賀県	80	-	-	-	-	-	-	-	-	-	-	-	-
26. 京都府	400	0.8	-	0.3	-	0.3	0.3	-	0.5	0.5	-	0.3	0.3
27. 大阪府	474	0.4	-	-	-	-	0.2	0.2	0.2	-	-	-	0.4
28. 兵庫県	234	0.4	-	-	0.4	-	-	-	-	-	-	-	-
29. 奈良県	45	-	-	-	-	-	-	-	-	2.2	2.2	2.2	-
30. 和歌山県	16	-	-	-	-	-	-	-	-	-	-	-	-
31. 鳥取県	17	-	-	-	-	-	-	-	-	-	-	-	-
32. 島根県	18	-	-	-	-	-	5.6	-	-	-	-	-	-
33. 岡山県	94	-	-	-	-	-	-	-	-	-	-	-	-
34. 広島県	101	-	-	-	-	-	-	-	1.0	-	-	1.0	1.0
35. 山口県	31	-	-	-	-	-	-	-	-	-	-	-	-
36. 徳島県	19	-	-	-	-	-	-	-	-	-	5.3	-	-
37. 香川県	17	-	-	-	-	-	-	-	-	-	-	-	-
38. 愛媛県	45	-	-	-	-	-	-	-	-	-	-	2.2	-
39. 高知県	15	-	-	-	-	-	-	-	-	-	-	-	-
40. 福岡県	174	0.6	-	-	-	-	-	-	-	-	-	0.6	-
41. 佐賀県	26	-	-	-	-	-	-	-	-	-	-	-	-
42. 長崎県	34	-	-	-	-	-	-	-	-	-	-	-	-
43. 熊本県	43	-	-	-	-	-	-	-	-	-	-	-	-
44. 大分県	26	3.8	-	-	-	-	-	-	-	-	-	-	-
45. 宮崎県	12	-	-	-	-	-	-	-	-	-	-	-	-
46. 鹿児島県	21	-	-	-	-	-	-	-	-	-	-	-	-
47. 沖縄県	18	-	-	-	-	-	-	-	-	-	-	-	-
48. 海外	3	33.3	-	-	-	-	-	-	-	-	-	-	-

F2SQ3.高校卒業時の居住地域

	N	東京都	神奈川県	新潟県	富山県	石川県	福井県	山梨県	長野県	岐阜県	静岡県	愛知県	三重県
全体	5601	10.4	8.6	1.8	1.0	1.0	0.5	0.7	1.6	1.9	2.9	6.9	1.5
F0.就職活動有無													
1.就職活動をしている（していた）	5601	10.4	8.6	1.8	1.0	1.0	0.5	0.7	1.6	1.9	2.9	6.9	1.5
2.就職活動をしていない													
F1.性別													
1.男性	3027	9.3	8.1	1.9	1.1	0.9	0.5	1.0	1.4	2.2	3.0	7.3	1.4
2.女性	2574	11.8	9.2	1.7	1.0	1.1	0.4	0.4	1.9	1.6	2.8	6.4	1.6
F2.居住地域													
1.北海道	181	1.1	1.1	1.1	-	0.6	0.6	-	0.6	-	2.8	1.1	-
2.青森県	39	-	2.6	-	-	-	-	-	-	-	-	-	-
3.岩手県	40	2.5	2.5	-	-	-	-	-	-	-	-	-	-
4.宮城県	125	-	0.8	4.0	-	-	-	0.8	2.4	-	2.4	0.8	-
5.秋田県	27	-	3.7	3.7	-	-	-	-	-	-	3.7	-	-
6.山形県	32	-	-	3.1	-	3.1	-	-	-	-	-	6.3	-
7.福島県	22	-	-	9.1	-	-	-	-	-	-	4.5	-	-
8.茨城県	110	5.5	-	-	0.9	-	-	0.9	1.8	0.9	1.8	0.9	-
9.栃木県	40	-	-	5.0	2.5	-	-	-	2.5	2.5	-	-	-
10.群馬県	57	-	1.8	1.8	1.8	1.8	-	-	7.0	1.8	-	1.8	-
11.埼玉県	336	1.8	0.6	0.9	-	-	-	-	2.4	-	0.3	0.3	0.3
12.千葉県	280	3.2	2.1	0.4	-	-	-	0.7	2.1	0.4	1.8	0.4	0.4
13.東京都	926	57.2	2.2	2.9	0.9	0.2	0.1	1.2	1.8	0.4	3.0	2.2	0.8
14.神奈川県	569	1.9	77.0	1.8	0.2	0.2	0.2	0.7	1.8	0.4	1.6	0.7	0.2
15.新潟県	68	1.5	-	51.5	4.4	2.9	-	-	5.9	1.5	1.5	1.5	-
16.富山県	54	-	-	-	42.6	14.8	1.9	-	5.6	1.9	1.9	9.3	-
17.石川県	76	1.3	1.3	10.5	10.5	39.5	1.3	-	5.3	-	7.9	2.6	2.6
18.福井県	20	-	-	5.0	10.0	5.0	45.0	-	5.0	-	-	25.0	5.0
19.山梨県	33	-	3.0	-	-	-	-	54.5	3.0	3.0	6.1	-	-
20.長野県	33	9.1	-	-	-	-	-	-	36.4	-	9.1	18.2	-
21.岐阜県	76	-	-	-	1.3	-	-	-	1.3	81.6	-	3.9	1.3
22.静岡県	104	2.9	1.0	1.0	-	-	3.8	-	4.8	3.8	54.8	9.6	1.0
23.愛知県	350	0.3	0.3	-	0.9	0.6	0.6	0.3	1.4	3.1	2.9	77.7	2.3
24.三重県	46	-	-	-	-	-	-	-	-	2.2	-	4.3	89.1
25.滋賀県	96	-	-	-	-	1.0	-	-	-	1.0	1.0	3.1	-
26.京都府	286	2.1	-	0.3	0.7	0.7	0.7	0.3	0.7	1.0	4.9	8.7	3.1
27.大阪府	488	-	0.2	-	0.4	0.6	0.6	-	0.2	0.6	0.8	1.4	0.2
28.兵庫県	276	0.7	0.4	0.4	0.7	-	0.4	-	-	1.1	-	1.8	1.1
29.奈良県	80	-	1.3	1.3	0.7	-	-	-	-	-	-	2.5	1.3
30.和歌山県	13	-	-	-	-	-	-	-	-	-	7.7	-	-
31.鳥取県	16	-	-	-	-	-	-	-	-	-	6.3	-	-
32.島根県	20	-	-	-	-	-	-	-	-	-	5.0	10.0	-
33.岡山県	88	1.1	-	-	-	-	-	-	-	1.1	1.1	1.1	2.3
34.広島県	106	-	0.9	-	-	-	0.9	-	-	0.9	1.9	0.9	0.9
35.山口県	26	-	-	-	-	-	-	-	-	-	-	-	-
36.徳島県	19	5.3	-	-	-	-	-	-	-	-	-	-	-
37.香川県	17	-	-	-	-	-	-	-	-	-	-	-	5.9
38.愛媛県	45	-	-	-	-	-	-	-	-	-	2.2	-	2.2
39.高知県	15	-	-	-	-	-	-	-	-	-	6.7	13.3	-
40.福岡県	179	0.6	-	-	-	-	-	-	-	-	-	-	-
41.佐賀県	26	-	3.8	-	-	-	-	-	-	-	-	-	-
42.長崎県	35	-	-	-	-	-	-	-	-	-	-	-	-
43.熊本県	44	-	-	-	-	-	-	-	-	-	-	-	-
44.大分県	27	-	-	-	-	-	-	-	-	-	3.7	3.7	-
45.宮崎県	13	-	-	-	-	-	-	-	-	-	-	-	-
46.鹿児島県	21	-	-	-	-	-	-	-	-	-	-	4.8	-
47.沖縄県	18	-	-	-	-	-	-	-	-	-	-	-	-
48.海外	3	-	-	-	-	-	-	33.3	-	-	-	-	-
F2SQ2.大学（大学院）の所在地域													
1.北海道	183	1.1	1.6	1.1	-	0.5	0.5	-	0.5	-	2.7	1.6	-
2.青森県	38	-	2.6	-	-	-	-	-	-	-	-	-	-
3.岩手県	40	2.5	2.5	-	-	-	-	-	-	-	-	-	-
4.宮城県	123	-	0.8	4.1	-	-	-	0.8	2.4	-	2.4	0.8	-
5.秋田県	25	-	4.0	4.0	-	-	-	-	-	-	4.0	-	-
6.山形県	32	-	-	3.1	-	3.1	-	-	-	-	-	6.3	-
7.福島県	23	-	4.3	4.3	-	-	-	-	-	-	4.3	-	-
8.茨城県	81	8.6	-	-	1.2	-	-	1.2	2.5	1.2	2.5	1.2	1.2
9.栃木県	38	-	-	5.3	2.6	-	-	-	2.6	2.6	-	-	-
10.群馬県	57	-	1.8	1.8	1.8	1.8	-	-	8.8	1.8	-	1.8	-
11.埼玉県	109	19.3	4.6	2.8	-	-	-	-	5.5	0.9	-	-	-
12.千葉県	145	16.6	5.5	1.4	-	-	-	0.7	3.4	0.7	3.4	0.7	0.7
13.東京都	1607	28.7	19.2	1.9	0.5	0.1	0.1	0.9	1.5	0.4	2.0	1.4	0.6
14.神奈川県	297	15.8	47.5	2.7	0.3	0.3	0.3	1.0	2.0	0.3	4.0	0.7	-
15.新潟県	67	1.5	-	50.7	4.5	3.0	-	-	6.0	1.5	1.5	1.5	-
16.富山県	50	-	-	-	36.0	16.0	2.0	-	8.0	2.0	2.0	10.0	-
17.石川県	78	1.3	1.3	10.3	15.4	35.9	1.3	-	5.1	-	7.7	2.6	2.6
18.福井県	22	-	-	4.5	9.1	13.6	40.9	-	4.5	-	4.5	22.7	4.5
19.山梨県	34	2.9	5.9	-	-	-	-	47.1	2.9	2.9	5.9	-	-
20.長野県	32	9.4	-	-	-	-	-	-	31.3	-	12.5	18.8	-
21.岐阜県	40	-	-	-	2.5	-	-	-	2.5	42.5	-	30.0	-
22.静岡県	94	3.2	1.1	1.1	-	-	4.3	-	5.3	4.3	47.9	11.7	-
23.愛知県	403	0.2	0.2	-	0.7	0.5	0.5	0.2	1.2	12.9	3.5	63.5	7.9
24.三重県	20	-	-	-	-	-	-	-	-	5.0	-	25.0	60.0
25.滋賀県	80	-	1.3	-	-	1.3	-	-	-	2.5	2.5	5.0	-
26.京都府	400	1.3	-	0.3	0.8	0.5	0.5	0.3	0.5	1.0	3.5	6.0	2.8
27.大阪府	474	-	0.2	-	0.4	0.6	0.6	-	0.2	0.6	0.6	1.7	0.8
28.兵庫県	234	0.9	0.4	0.4	0.9	-	0.4	-	-	1.3	0.9	2.1	1.3
29.奈良県	45	-	2.2	2.2	-	-	-	-	-	-	2.2	6.7	4.4
30.和歌山県	16	-	-	-	-	-	-	-	-	-	-	-	-
31.鳥取県	17	-	-	-	-	-	-	-	-	-	5.9	-	-
32.島根県	18	-	-	-	-	-	-	-	-	-	5.6	5.6	-
33.岡山県	94	1.1	-	-	-	-	-	-	-	1.1	1.1	2.1	2.1
34.広島県	101	-	1.0	-	-	-	1.0	-	-	1.0	2.0	1.0	1.0
35.山口県	31	-	-	-	-	-	-	-	-	-	-	-	-
36.徳島県	19	5.3	-	-	-	-	-	-	-	-	-	-	-
37.香川県	17	-	-	-	-	-	-	-	-	-	-	-	5.9
38.愛媛県	45	-	-	-	-	-	-	-	-	-	2.2	-	2.2
39.高知県	15	-	-	-	-	-	-	-	-	-	6.7	6.7	-
40.福岡県	174	0.6	-	-	-	-	-	-	-	-	-	-	-
41.佐賀県	26	-	3.8	-	-	-	-	-	-	-	-	-	-
42.長崎県	34	-	-	-	-	-	-	-	-	-	-	-	-
43.熊本県	43	-	-	-	-	-	-	-	-	-	-	-	-
44.大分県	26	-	-	-	-	-	-	-	-	-	3.8	3.8	-
45.宮崎県	12	-	-	-	-	-	-	-	-	-	-	-	-
46.鹿児島県	21	-	-	-	-	-	-	-	-	-	-	4.8	-
47.沖縄県	18	-	-	-	-	-	-	-	-	-	-	-	-
48.海外	3	-	-	-	-	-	-	33.3	-	-	-	-	-

F2SQ3.高校卒業時の居住地域

	N	滋賀県	京都府	大阪府	兵庫県	奈良県	和歌山県	鳥取県	島根県	岡山県	広島県	山口県	徳島県
全体	5601	1.9	2.5	7.9	5.5	1.6	0.7	0.4	0.4	1.4	2.5	0.6	0.5
F0.就職活動有無													
1.就職活動をしている（していた）	5601	1.9	2.5	7.9	5.5	1.6	0.7	0.4	0.4	1.4	2.5	0.6	0.5
2.就職活動をしていない													
F1.性別													
1.男性	3027	2.3	2.3	8.5	5.5	1.7	0.7	0.4	0.3	1.2	2.6	0.5	0.5
2.女性	2574	1.4	2.7	7.2	5.5	1.5	0.7	0.3	0.5	1.8	2.4	0.7	0.5
F2.居住地域													
1.北海道	181		1.1	1.1	1.1	1.1					1.1	0.6	
2.青森県	39	2.6											
3.岩手県	40												
4.宮城県	125												
5.秋田県	27				7.4								
6.山形県	32												
7.福島県	22												
8.茨城県	110	0.9	1.8	0.9	1.8			0.9		0.9		0.9	
9.栃木県	40												
10.群馬県	57												
11.埼玉県	336		0.3			0.3							
12.千葉県	280		0.4		1.1		0.4				0.4		
13.東京都	926	0.5	0.2	1.0	1.2	0.2	0.1	0.3	0.3	0.4	1.0	0.2	0.4
14.神奈川県	569	0.2	0.2	0.5	0.2			0.2		0.2	0.5		0.4
15.新潟県	68											1.5	
16.富山県	54	1.9	1.9		1.9								
17.石川県	76	1.3		1.3	2.6								
18.福井県	20												
19.山梨県	33							3.0	3.0		3.0	3.0	
20.長野県	33			3.0	6.1			3.0					
21.岐阜県	76	1.3	1.3				1.3	1.3			1.3		
22.静岡県	104	1.0	1.9	1.9	1.9		1.0	1.0					
23.愛知県	350	1.1	0.3	1.1	0.3					0.6	1.1		0.6
24.三重県	46						2.2						
25.滋賀県	96	69.8	3.1	6.3	3.1	4.2		1.0			1.0		
26.京都府	286		37.1	8.0	6.3	2.1	2.4	0.3	0.3	1.4	3.8	1.0	0.7
27.大阪府	488	1.6	0.8	75.0	3.9	1.0	1.8	0.2	0.4	1.2	1.8	0.2	1.2
28.兵庫県	276	1.1	0.4	3.3	76.1	1.1	1.1		0.4	1.8	3.6	0.7	0.7
29.奈良県	80	2.5	1.3		1.3	77.5	1.3			1.3			1.3
30.和歌山県	13			23.1			69.2						
31.鳥取県	16	6.3	6.3	18.8	18.8			6.3	12.5	12.5			
32.島根県	20			10.0	15.0			15.0	15.0	10.0	10.0		
33.岡山県	88	3.4	2.3	2.3	9.1	3.4		1.1	2.3	47.7	3.4	1.1	
34.広島県	106	0.9	0.9	0.9	2.8		2.8	0.9	1.9	3.8	62.3	1.9	
35.山口県	26					3.8			3.8	3.8	7.7	30.8	11.5
36.徳島県	19	10.5	5.3		21.1					5.3	15.8		26.3
37.香川県	17		5.9						5.9	5.9	5.9	5.9	
38.愛媛県	45				2.2					4.4	20.0	4.4	4.4
39.高知県	15		6.7		20.0					20.0			6.7
40.福岡県	179	1.1	1.7	1.7					1.1	1.1	0.6	3.9	
41.佐賀県	26		3.8										
42.長崎県	35			2.9					2.9				
43.熊本県	44							2.3				2.3	
44.大分県	27			3.7	3.7								
45.宮崎県	13			7.7	7.7								
46.鹿児島県	21										4.8		
47.沖縄県	18												
48.海外	3												
F2SQ2.大学（大学院）の所在地域													
1.北海道	183		1.1	1.1	1.1	1.1					1.1	0.5	
2.青森県	38	2.6											
3.岩手県	40												
4.宮城県	123												
5.秋田県	25				8.0								
6.山形県	32												
7.福島県	23												
8.茨城県	81	1.2	1.2	1.2	2.5			1.2	1.2	1.2		1.2	
9.栃木県	38												
10.群馬県	57												
11.埼玉県	109												
12.千葉県	145				1.4		0.7						
13.東京都	1607	0.3	0.3	0.6	0.8	0.2	0.1	0.2	0.2	0.2	0.7	0.1	0.2
14.神奈川県	297	0.3	0.3	1.0	0.3					0.3	0.3		0.7
15.新潟県	67											1.5	
16.富山県	50	2.0	2.0		2.0								
17.石川県	78	1.3		1.3	2.6								
18.福井県	22												
19.山梨県	34							2.9	2.9		2.9	2.9	
20.長野県	32			3.1	6.3			3.1					
21.岐阜県	40	5.0	2.5				2.5	2.5			2.5		
22.静岡県	94	2.1	2.1	2.1	2.1		1.1	1.1			0.5	0.7	
23.愛知県	403	1.2	0.2	1.0	0.2					0.5	0.7		0.5
24.三重県	20						5.0						
25.滋賀県	80	31.3	15.0	17.5	7.5	7.5		1.3			1.3		
26.京都府	400	8.3	15.0	24.8	10.5	6.5	2.0	0.3	0.3	1.0	3.3	1.0	0.5
27.大阪府	474	2.5	6.8	46.2	18.4	6.5	3.2	0.2	0.4	1.3	1.9		1.3
28.兵庫県	234	2.1	2.6	23.5	45.7	3.4	1.3		0.4	2.1	3.8	0.9	0.9
29.奈良県	45	4.4	11.1	15.6	11.1	20.0	2.2			2.2			2.2
30.和歌山県	16			87.5			12.5						
31.鳥取県	17	5.9	5.9	17.6	23.5			5.9	11.8	11.8			
32.島根県	18			11.1	16.7			16.7	11.1	11.1	11.1		
33.岡山県	94	3.2	2.1	2.1	9.6	3.2		1.1	2.1	42.6	7.4	1.1	
34.広島県	101	1.0	1.0	1.0	3.0		3.0	2.0	4.0	0.5	59.4	3.0	
35.山口県	31			3.2		3.2			3.2	3.2	12.9	16.1	9.7
36.徳島県	19	10.5	5.3		21.1					5.3	15.8		26.3
37.香川県	17		5.9						5.9	17.6	5.9	5.9	
38.愛媛県	45				2.2					4.4	20.0	4.4	4.4
39.高知県	15		6.7		26.7					20.0			6.7
40.福岡県	174	1.1	1.7	1.1						1.1	1.1	0.6	5.2
41.佐賀県	26		3.8										
42.長崎県	34			2.9						2.9			
43.熊本県	43							2.3				2.3	
44.大分県	26			3.8	3.8								
45.宮崎県	12				8.3								
46.鹿児島県	21										4.8		
47.沖縄県	18												
48.海外	3												

F2SQ3.高校卒業時の居住地域

	N	香川県	愛媛県	高知県	福岡県	佐賀県	長崎県	熊本県	大分県	宮崎県	鹿児島県	沖縄県	海外
全体	5601	0.6	1.0	0.2	3.1	0.5	1.0	0.8	0.5	0.6	0.6	0.6	0.9
F0.就職活動有無													
1.就職活動をしている（していた）	5601	0.6	1.0	0.2	3.1	0.5	1.0	0.8	0.5	0.6	0.6	0.6	0.9
2.就職活動をしていない													
F1.性別													
1.男性	3027	0.7	1.0	0.2	2.7	0.5	1.1	0.7	0.4	0.7	0.6	0.7	0.8
2.女性	2574	0.5	1.0	0.3	3.4	0.4	0.9	1.0	0.6	0.4	0.7	0.5	0.9
F2.居住地域													
1.北海道	181	-	0.6	-	0.6	-	-	-	-	0.6	-	-	1.1
2.青森県	39	-	-	-	-	-	2.6	-	-	-	-	-	-
3.岩手県	40	-	-	-	-	-	-	-	-	-	-	-	-
4.宮城県	125	-	0.8	-	-	-	-	-	0.8	-	-	-	-
5.秋田県	27	-	-	-	-	-	-	-	-	-	-	-	3.7
6.山形県	32	-	-	-	-	-	-	-	-	-	-	-	-
7.福島県	22	-	-	-	-	-	-	-	-	-	-	-	-
8.茨城県	110	-	-	0.9	-	-	-	-	0.9	-	-	0.9	0.9
9.栃木県	40	-	-	-	-	-	-	-	-	-	-	-	-
10.群馬県	57	-	-	-	-	-	-	-	-	-	-	-	3.5
11.埼玉県	336	-	-	-	-	-	-	-	-	-	-	0.3	0.3
12.千葉県	280	-	0.4	-	-	-	-	-	-	-	-	-	2.1
13.東京都	926	0.6	-	0.2	0.9	0.2	0.3	0.4	0.2	0.2	0.4	0.5	1.2
14.神奈川県	569	0.4	0.2	-	0.5	0.2	0.2	-	-	-	-	0.4	0.7
15.新潟県	68	-	-	-	-	-	-	-	-	-	-	1.5	-
16.富山県	54	-	-	-	-	-	-	-	-	-	-	-	-
17.石川県	76	-	-	-	1.3	-	-	-	-	-	-	-	1.3
18.福井県	20	-	-	-	-	-	-	-	-	-	-	-	-
19.山梨県	33	-	-	-	-	-	-	-	-	-	-	-	-
20.長野県	33	-	3.0	-	3.0	-	-	-	-	-	-	-	-
21.岐阜県	76	-	-	1.3	-	-	1.3	-	-	-	-	-	-
22.静岡県	104	-	-	-	-	-	-	-	-	-	1.9	-	-
23.愛知県	350	0.3	0.3	-	-	0.3	-	-	0.6	0.3	-	-	1.1
24.三重県	46	-	-	-	-	-	-	-	-	-	-	-	2.2
25.滋賀県	96	-	-	-	1.0	-	1.0	1.0	-	-	-	-	2.1
26.京都府	286	1.0	1.0	0.3	4.2	-	-	-	-	-	0.7	0.7	0.3
27.大阪府	488	0.4	0.6	-	0.6	0.2	0.4	0.8	0.2	-	-	0.2	0.6
28.兵庫県	276	0.7	0.7	-	0.7	-	-	-	-	-	-	-	0.7
29.奈良県	80	-	-	-	1.3	-	-	-	-	-	-	2.5	-
30.和歌山県	13	-	-	-	-	-	-	-	-	-	-	-	-
31.鳥取県	16	-	-	-	-	-	6.3	-	-	-	-	6.3	-
32.島根県	20	-	5.0	-	-	-	-	-	-	-	-	-	-
33.岡山県	88	8.0	5.7	1.1	-	-	0.9	2.8	-	1.1	-	1.1	-
34.広島県	106	0.9	2.8	-	-	-	0.9	2.8	0.9	-	0.9	0.9	0.9
35.山口県	26	-	3.8	-	11.5	7.7	11.5	-	3.8	-	-	-	-
36.徳島県	19	-	-	5.3	-	-	-	-	-	-	-	-	-
37.香川県	17	52.9	-	5.9	-	-	-	-	-	-	5.9	-	-
38.愛媛県	45	-	53.3	4.4	-	-	-	-	-	-	-	-	-
39.高知県	15	-	-	13.3	-	-	6.7	-	-	6.7	-	-	-
40.福岡県	179	-	1.1	0.6	61.5	2.8	4.5	2.8	4.5	5.6	3.4	0.6	-
41.佐賀県	26	-	-	-	23.1	26.9	23.1	15.4	-	-	3.8	-	-
42.長崎県	35	-	-	-	17.1	5.7	54.3	2.9	-	5.7	2.9	-	5.7
43.熊本県	44	-	-	-	18.2	4.5	9.1	50.0	-	6.8	4.5	-	2.3
44.大分県	27	-	11.1	-	11.1	3.7	11.1	-	37.0	3.7	3.7	-	-
45.宮崎県	13	-	-	-	7.7	-	7.7	7.7	-	53.8	7.7	-	-
46.鹿児島県	21	-	-	-	4.8	-	-	4.8	-	14.3	61.9	-	4.8
47.沖縄県	18	-	5.6	-	-	5.6	-	5.6	-	-	-	83.3	-
48.海外	3	-	-	-	-	-	-	-	-	-	-	-	33.3
F2SQ2.大学（大学院）の所在地域													
1.北海道	183	-	0.5	-	0.5	-	-	-	-	0.5	-	-	1.1
2.青森県	38	-	-	-	-	-	2.6	-	-	-	-	-	-
3.岩手県	40	-	-	-	-	-	-	-	-	-	-	-	-
4.宮城県	123	-	0.8	-	0.8	-	-	-	0.8	-	-	-	-
5.秋田県	25	-	-	-	-	-	-	-	-	-	-	-	4.0
6.山形県	32	-	-	-	-	-	-	-	-	-	-	-	-
7.福島県	23	-	-	-	-	-	-	-	-	-	-	-	-
8.茨城県	81	-	-	1.2	-	-	-	-	1.2	-	-	1.2	1.2
9.栃木県	38	-	-	-	-	-	-	-	-	-	-	-	-
10.群馬県	57	-	-	-	-	-	-	-	-	-	-	-	3.5
11.埼玉県	109	-	-	-	-	-	-	-	-	-	-	0.9	0.9
12.千葉県	145	-	0.7	-	0.7	-	-	-	-	-	0.7	-	2.1
13.東京都	1607	0.4	-	0.1	0.7	0.1	0.1	0.2	0.1	0.1	0.2	0.3	1.1
14.神奈川県	297	0.3	0.3	-	-	0.3	0.7	-	-	-	-	0.7	0.3
15.新潟県	67	-	-	-	-	-	-	-	-	-	-	1.5	-
16.富山県	50	-	-	-	-	-	-	-	-	-	-	-	-
17.石川県	78	-	-	-	1.3	-	-	-	-	-	-	-	1.3
18.福井県	22	-	-	-	-	-	-	-	-	-	-	-	-
19.山梨県	34	-	-	-	-	-	-	-	-	-	-	-	-
20.長野県	32	-	3.1	-	3.1	-	-	-	-	-	-	-	-
21.岐阜県	40	-	-	2.5	-	-	2.5	-	-	-	-	-	-
22.静岡県	94	-	-	-	-	-	-	-	-	-	2.1	-	1.0
23.愛知県	403	0.2	0.2	-	-	0.2	-	-	0.5	0.2	-	-	1.0
24.三重県	20	-	-	-	-	-	-	-	-	-	-	-	5.0
25.滋賀県	80	1.3	-	-	1.3	-	1.3	1.3	-	-	-	-	1.3
26.京都府	400	0.8	0.8	0.3	3.0	-	-	-	-	-	0.3	0.5	1.0
27.大阪府	474	0.4	0.6	-	0.6	0.2	0.4	0.6	0.4	-	0.2	0.2	0.2
28.兵庫県	234	0.4	0.9	-	1.3	-	-	-	-	-	-	0.4	0.9
29.奈良県	45	-	-	-	-	-	-	2.2	-	-	-	4.4	-
30.和歌山県	16	-	-	-	-	-	-	-	-	-	-	-	-
31.鳥取県	17	-	-	-	-	-	5.9	-	-	-	-	5.9	-
32.島根県	18	-	5.6	-	-	-	-	-	-	-	-	-	-
33.岡山県	94	9.6	5.3	1.1	-	-	1.0	-	-	1.1	-	1.1	-
34.広島県	101	1.0	3.0	-	-	1.0	3.0	1.0	-	1.0	-	1.0	1.0
35.山口県	31	-	3.2	-	25.8	6.5	9.7	-	3.2	-	-	-	-
36.徳島県	19	-	-	5.3	-	-	-	-	-	-	-	-	-
37.香川県	17	41.2	-	5.9	-	-	-	-	-	-	5.9	-	-
38.愛媛県	45	-	53.3	4.4	-	-	-	-	-	-	-	-	-
39.高知県	15	-	-	13.3	-	-	6.7	-	-	6.7	-	-	-
40.福岡県	174	-	1.1	0.6	56.3	5.7	4.6	4.0	4.6	5.7	2.9	0.6	-
41.佐賀県	26	-	-	-	42.3	7.7	23.1	15.4	-	-	3.8	-	-
42.長崎県	34	-	-	-	17.6	5.9	52.9	2.9	-	5.9	2.9	-	5.9
43.熊本県	43	-	-	-	18.6	4.7	11.6	46.5	-	7.0	4.7	-	2.3
44.大分県	26	-	11.5	-	11.5	3.8	11.5	-	34.6	3.8	3.8	-	-
45.宮崎県	12	-	-	-	8.3	-	8.3	8.3	-	58.3	8.3	-	-
46.鹿児島県	21	-	-	-	4.8	-	-	4.8	-	14.3	61.9	-	4.8
47.沖縄県	18	-	5.6	-	-	5.6	-	5.6	-	-	-	83.3	-
48.海外	3	-	-	-	-	-	-	-	-	-	-	-	33.3

F2SQ3.高校卒業時の居住地域

	N	北海道	青森県	岩手県	宮城県	秋田県	山形県	福島県	茨城県	栃木県	群馬県	埼玉県	千葉県
全体	5601	3.2	0.7	0.8	1.9	0.7	0.8	1.2	2.4	1.4	1.4	5.8	4.6
F2SQ3.高校卒業時の居住地域													
1. 北海道	181	100.0	-	-	-	-	-	-	-	-	-	-	-
2. 青森県	38	-	100.0	-	-	-	-	-	-	-	-	-	-
3. 岩手県	46	-	-	100.0	-	-	-	-	-	-	-	-	-
4. 宮城県	106	-	-	-	100.0	-	-	-	-	-	-	-	-
5. 秋田県	38	-	-	-	-	100.0	-	-	-	-	-	-	-
6. 山形県	44	-	-	-	-	-	100.0	-	-	-	-	-	-
7. 福島県	67	-	-	-	-	-	-	100.0	-	-	-	-	-
8. 茨城県	133	-	-	-	-	-	-	-	100.0	-	-	-	-
9. 栃木県	79	-	-	-	-	-	-	-	-	100.0	-	-	-
10. 群馬県	78	-	-	-	-	-	-	-	-	-	100.0	-	-
11. 埼玉県	326	-	-	-	-	-	-	-	-	-	-	100.0	-
12. 千葉県	260	-	-	-	-	-	-	-	-	-	-	-	100.0
13. 東京都	585	-	-	-	-	-	-	-	-	-	-	-	-
14. 神奈川県	482	-	-	-	-	-	-	-	-	-	-	-	-
15. 新潟県	103	-	-	-	-	-	-	-	-	-	-	-	-
16. 富山県	58	-	-	-	-	-	-	-	-	-	-	-	-
17. 石川県	55	-	-	-	-	-	-	-	-	-	-	-	-
18. 福井県	27	-	-	-	-	-	-	-	-	-	-	-	-
19. 山梨県	40	-	-	-	-	-	-	-	-	-	-	-	-
20. 長野県	90	-	-	-	-	-	-	-	-	-	-	-	-
21. 岐阜県	107	-	-	-	-	-	-	-	-	-	-	-	-
22. 静岡県	163	-	-	-	-	-	-	-	-	-	-	-	-
23. 愛知県	387	-	-	-	-	-	-	-	-	-	-	-	-
24. 三重県	82	-	-	-	-	-	-	-	-	-	-	-	-
25. 滋賀県	105	-	-	-	-	-	-	-	-	-	-	-	-
26. 京都府	140	-	-	-	-	-	-	-	-	-	-	-	-
27. 大阪府	444	-	-	-	-	-	-	-	-	-	-	-	-
28. 兵庫県	307	-	-	-	-	-	-	-	-	-	-	-	-
29. 奈良県	89	-	-	-	-	-	-	-	-	-	-	-	-
30. 和歌山県	38	-	-	-	-	-	-	-	-	-	-	-	-
31. 鳥取県	22	-	-	-	-	-	-	-	-	-	-	-	-
32. 島根県	21	-	-	-	-	-	-	-	-	-	-	-	-
33. 岡山県	81	-	-	-	-	-	-	-	-	-	-	-	-
34. 広島県	140	-	-	-	-	-	-	-	-	-	-	-	-
35. 山口県	34	-	-	-	-	-	-	-	-	-	-	-	-
36. 徳島県	30	-	-	-	-	-	-	-	-	-	-	-	-
37. 香川県	33	-	-	-	-	-	-	-	-	-	-	-	-
38. 愛媛県	54	-	-	-	-	-	-	-	-	-	-	-	-
39. 高知県	13	-	-	-	-	-	-	-	-	-	-	-	-
40. 福岡県	171	-	-	-	-	-	-	-	-	-	-	-	-
41. 佐賀県	26	-	-	-	-	-	-	-	-	-	-	-	-
42. 長崎県	57	-	-	-	-	-	-	-	-	-	-	-	-
43. 熊本県	46	-	-	-	-	-	-	-	-	-	-	-	-
44. 大分県	27	-	-	-	-	-	-	-	-	-	-	-	-
45. 宮崎県	32	-	-	-	-	-	-	-	-	-	-	-	-
46. 鹿児島県	34	-	-	-	-	-	-	-	-	-	-	-	-
47. 沖縄県	34	-	-	-	-	-	-	-	-	-	-	-	-
48. 海外	48	-	-	-	-	-	-	-	-	-	-	-	-
F3. 大学（大学院）での所属													
1. 文系	3215	3.3	0.5	0.8	1.8	0.6	0.6	1.2	2.1	1.1	1.2	6.1	4.9
2. 理系	2386	3.1	0.9	0.9	2.1	0.8	1.0	1.2	2.7	1.8	1.6	5.4	4.3
Q1. 学年													
1. 学部4年（4年に進級後留年していない）	3860	3.4	0.6	0.8	1.8	0.6	0.7	1.3	2.3	1.2	1.4	6.2	4.8
2. 学部4年（4年に進級後留年している）	206	2.9	0.5	1.0	1.9	0.5	0.5	1.5	1.9	0.5	0.5	6.3	6.3
3. 学部6年（医・薬学部など、6年に進級後留年していない）	138	1.4	-	-	2.2	-	0.7	2.2	2.9	1.4	-	3.6	7.2
4. 学部6年（医・薬学部など、6年に進級後留年している）	7	-	-	-	-	14.3	-	-	-	-	-	14.3	-
5. 大学院修士（前期博士）課程	1342	2.8	1.0	1.0	2.2	0.8	1.1	0.9	2.7	2.1	1.6	4.8	3.5
6. 大学院博士（後期博士）課程	33	6.1	-	3.0	6.1	-	-	-	-	-	3.0	-	6.1
7. その他	15	6.7	-	-	-	-	6.7	-	6.7	-	6.7	6.7	6.7
Q2. 専攻													
1. 人文科学（文学、史学、哲学など）	672	3.3	0.3	0.7	1.0	0.4	0.6	1.0	2.8	0.6	2.1	6.5	5.2
2. 社会科学（法学・政治学、商学・経済学、社会学など）	1709	3.5	0.6	0.6	1.8	0.4	0.8	1.3	1.6	1.2	1.3	5.7	5.3
3. 理学（数学、物理学、化学、生物学、地学など）	461	2.4	1.5	0.7	1.7	0.4	0.7	1.3	3.0	2.6	2.6	5.6	5.9
4. 工学（機械工学、電気通信工学、土木建築工学、応用化学、応用理学、原子力工学、鉱山学、金属工学、繊維工学、船舶工学、航空工学、経営工学、工芸学など）	1205	3.2	0.8	1.2	2.4	0.9	1.1	1.1	2.7	1.8	1.2	5.6	3.3
5. 農学（農学、農芸化学、農業工学、農業経済学、林学、林産学、獣医学、畜産学、水産学など）	283	5.7	0.7	0.7	1.1	1.1	1.8	1.8	1.4	1.8	1.1	3.5	3.9
6. 保健（医学、歯学、薬学、看護学など）	263	1.5	0.4	-	1.5	0.8	0.8	1.5	3.4	2.3	1.1	5.7	4.9
7. 商船	4	-	-	-	-	-	-	-	-	-	-	-	25.0
8. 家政（家政学、食物学、被服学、住居学、児童学など）	120	0.8	0.8	0.8	1.7	-	0.8	0.8	0.8	-	4.2	6.7	7.5
9. 教育（教育学、小学校など学校・幼稚園課程、体育学、障害児・特別支援教育課程など）	121	3.3	1.7	3.3	6.6	3.3	-	0.8	-	2.5	1.7	2.5	3.3
10. 芸術（美術、デザイン、音楽など）	100	6.0	-	1.0	1.0	2.0	1.0	1.0	2.0	1.0	-	7.0	3.0
11. その他（教養学、総合科学、人文・社会科学、国際関係学、人間関係科学など）	663	3.0	0.5	0.8	2.1	0.8	0.3	1.1	3.6	0.8	0.5	7.2	4.1

F2SQ3.高校卒業時の居住地域

	N	東京都	神奈川県	新潟県	富山県	石川県	福井県	山梨県	長野県	岐阜県	静岡県	愛知県	三重県
全体	5601	10.4	8.6	1.8	1.0	1.0	0.5	0.7	1.6	1.9	2.9	6.9	1.5
F2SQ3.高校卒業時の居住地域													
1.北海道	181	-	-	-	-	-	-	-	-	-	-	-	-
2.青森県	38	-	-	-	-	-	-	-	-	-	-	-	-
3.岩手県	46	-	-	-	-	-	-	-	-	-	-	-	-
4.宮城県	106	-	-	-	-	-	-	-	-	-	-	-	-
5.秋田県	38	-	-	-	-	-	-	-	-	-	-	-	-
6.山形県	44	-	-	-	-	-	-	-	-	-	-	-	-
7.福島県	67	-	-	-	-	-	-	-	-	-	-	-	-
8.茨城県	133	-	-	-	-	-	-	-	-	-	-	-	-
9.栃木県	79	-	-	-	-	-	-	-	-	-	-	-	-
10.群馬県	78	-	-	-	-	-	-	-	-	-	-	-	-
11.埼玉県	326	-	-	-	-	-	-	-	-	-	-	-	-
12.千葉県	260	-	-	-	-	-	-	-	-	-	-	-	-
13.東京都	585	100.0	-	-	-	-	-	-	-	-	-	-	-
14.神奈川県	482	-	100.0	-	-	-	-	-	-	-	-	-	-
15.新潟県	103	-	-	100.0	-	-	-	-	-	-	-	-	-
16.富山県	58	-	-	-	100.0	-	-	-	-	-	-	-	-
17.石川県	55	-	-	-	-	100.0	-	-	-	-	-	-	-
18.福井県	27	-	-	-	-	-	100.0	-	-	-	-	-	-
19.山梨県	40	-	-	-	-	-	-	100.0	-	-	-	-	-
20.長野県	90	-	-	-	-	-	-	-	100.0	-	-	-	-
21.岐阜県	107	-	-	-	-	-	-	-	-	100.0	-	-	-
22.静岡県	163	-	-	-	-	-	-	-	-	-	100.0	-	-
23.愛知県	387	-	-	-	-	-	-	-	-	-	-	100.0	-
24.三重県	82	-	-	-	-	-	-	-	-	-	-	-	100.0
25.滋賀県	105	-	-	-	-	-	-	-	-	-	-	-	-
26.京都府	140	-	-	-	-	-	-	-	-	-	-	-	-
27.大阪府	444	-	-	-	-	-	-	-	-	-	-	-	-
28.兵庫県	307	-	-	-	-	-	-	-	-	-	-	-	-
29.奈良県	89	-	-	-	-	-	-	-	-	-	-	-	-
30.和歌山県	38	-	-	-	-	-	-	-	-	-	-	-	-
31.鳥取県	22	-	-	-	-	-	-	-	-	-	-	-	-
32.島根県	21	-	-	-	-	-	-	-	-	-	-	-	-
33.岡山県	81	-	-	-	-	-	-	-	-	-	-	-	-
34.広島県	140	-	-	-	-	-	-	-	-	-	-	-	-
35.山口県	34	-	-	-	-	-	-	-	-	-	-	-	-
36.徳島県	30	-	-	-	-	-	-	-	-	-	-	-	-
37.香川県	33	-	-	-	-	-	-	-	-	-	-	-	-
38.愛媛県	54	-	-	-	-	-	-	-	-	-	-	-	-
39.高知県	13	-	-	-	-	-	-	-	-	-	-	-	-
40.福岡県	171	-	-	-	-	-	-	-	-	-	-	-	-
41.佐賀県	26	-	-	-	-	-	-	-	-	-	-	-	-
42.長崎県	57	-	-	-	-	-	-	-	-	-	-	-	-
43.熊本県	46	-	-	-	-	-	-	-	-	-	-	-	-
44.大分県	27	-	-	-	-	-	-	-	-	-	-	-	-
45.宮崎県	32	-	-	-	-	-	-	-	-	-	-	-	-
46.鹿児島県	34	-	-	-	-	-	-	-	-	-	-	-	-
47.沖縄県	34	-	-	-	-	-	-	-	-	-	-	-	-
48.海外	48	-	-	-	-	-	-	-	-	-	-	-	-
F3.大学（大学院）での所属													
1.文系	3215	11.8	8.9	1.9	1.1	0.8	0.5	0.7	1.4	1.9	2.4	7.5	1.1
2.理系	2386	8.6	8.2	1.7	1.0	1.2	0.5	0.8	1.9	1.9	3.6	6.1	2.0
Q1.学年													
1.学部４年（４年に進級後留年していない）	3860	11.1	9.2	1.8	1.0	1.0	0.5	0.7	1.6	1.8	2.7	7.3	1.3
2.学部４年（４年に進級後留年している）	206	13.6	6.8	1.9	1.0	2.4	0.5	-	-	1.5	2.4	5.8	0.5
3.学部６年（医・薬学部など、６年に進級後留年していない）	138	8.7	12.3	0.7	0.7	-	0.7	0.7	2.2	0.7	4.3	2.9	0.7
4.学部６年（医・薬学部など、６年に進級後留年している）	7	-	14.3	-	-	-	-	-	-	-	-	14.3	-
5.大学院修士（前期博士）課程	1342	8.0	6.9	1.9	1.1	1.0	0.3	0.8	1.9	2.3	3.4	6.5	2.0
6.大学院博士（後期博士）課程	33	21.2	3.0	3.0	-	-	-	-	3.0	-	9.1	3.0	-
7.その他	15	-	-	-	-	-	-	-	-	6.7	-	13.3	6.7
Q2.専攻													
1.人文科学（文学、史学、哲学など）	672	12.1	7.7	1.6	0.7	1.2	0.6	1.0	1.8	1.3	2.2	7.7	0.9
2.社会科学（法学・政治学、商学・経済学、社会学など）	1709	10.7	9.8	1.9	1.3	0.7	0.4	0.7	1.6	1.7	2.2	7.5	1.1
3.理学（数学、物理学、化学、生物学、地学など）	461	9.5	10.4	1.7	0.4	1.3	-	0.2	1.3	0.9	4.3	4.6	1.7
4.工学（機械工学、電気通信工学、土木建築工学、応用化学、応用理学、原子力工学、鉱山学、金属工学、繊維工学、船舶工学、航空工学、経営工学、工芸学など）	1205	8.1	7.7	2.1	1.3	1.2	0.4	0.8	2.1	2.6	3.0	6.7	1.9
5.農学（農学、農芸化学、農業工学、農業経済学、林学、林産学、獣医学、畜産学、水産学など）	283	9.5	7.4	0.4	0.7	2.1	0.4	1.4	2.8	1.8	4.9	7.8	2.8
6.保健（医学、歯学、薬学、看護学など）	263	9.9	5.3	1.1	0.8	0.4	1.9	0.8	1.9	1.1	2.7	3.8	2.7
7.商船	4	25.0	-	-	-	-	-	-	-	-	-	-	-
8.家政（家政学、食物学、被服学、住居学、児童学など）	120	9.2	15.0	2.5	-	-	-	-	0.8	-	5.0	6.7	1.7
9.教育（教育学、小学校など学校・幼稚園課程、体育学、障害児・特別支援教育課程など）	121	11.6	6.6	4.1	-	1.7	1.7	1.7	-	2.5	1.7	5.0	0.8
10.芸術（美術、デザイン、音楽など）	100	19.0	7.0	2.0	1.0	3.0	-	-	1.0	3.0	4.0	5.0	-
11.その他（教養学、総合科学、人文・社会科学、国際関係学、人間関係科学など）	663	12.2	8.1	2.0	1.1	0.3	0.6	0.3	0.8	3.0	3.2	8.1	1.2

F2SQ3.高校卒業時の居住地域

	N	滋賀県	京都府	大阪府	兵庫県	奈良県	和歌山県	鳥取県	島根県	岡山県	広島県	山口県	徳島県
全体	5601	1.9	2.5	7.9	5.5	1.6	0.7	0.4	0.4	1.4	2.5	0.6	0.5
F2SQ3.高校卒業時の居住地域													
1. 北海道	181	-	-	-	-	-	-	-	-	-	-	-	-
2. 青森県	38	-	-	-	-	-	-	-	-	-	-	-	-
3. 岩手県	46	-	-	-	-	-	-	-	-	-	-	-	-
4. 宮城県	106	-	-	-	-	-	-	-	-	-	-	-	-
5. 秋田県	38	-	-	-	-	-	-	-	-	-	-	-	-
6. 山形県	44	-	-	-	-	-	-	-	-	-	-	-	-
7. 福島県	67	-	-	-	-	-	-	-	-	-	-	-	-
8. 茨城県	133	-	-	-	-	-	-	-	-	-	-	-	-
9. 栃木県	79	-	-	-	-	-	-	-	-	-	-	-	-
10. 群馬県	78	-	-	-	-	-	-	-	-	-	-	-	-
11. 埼玉県	326	-	-	-	-	-	-	-	-	-	-	-	-
12. 千葉県	260	-	-	-	-	-	-	-	-	-	-	-	-
13. 東京都	585	-	-	-	-	-	-	-	-	-	-	-	-
14. 神奈川県	482	-	-	-	-	-	-	-	-	-	-	-	-
15. 新潟県	103	-	-	-	-	-	-	-	-	-	-	-	-
16. 富山県	58	-	-	-	-	-	-	-	-	-	-	-	-
17. 石川県	55	-	-	-	-	-	-	-	-	-	-	-	-
18. 福井県	27	-	-	-	-	-	-	-	-	-	-	-	-
19. 山梨県	40	-	-	-	-	-	-	-	-	-	-	-	-
20. 長野県	90	-	-	-	-	-	-	-	-	-	-	-	-
21. 岐阜県	107	-	-	-	-	-	-	-	-	-	-	-	-
22. 静岡県	163	-	-	-	-	-	-	-	-	-	-	-	-
23. 愛知県	387	-	-	-	-	-	-	-	-	-	-	-	-
24. 三重県	82	-	-	-	-	-	-	-	-	-	-	-	-
25. 滋賀県	105	100.0	-	-	-	-	-	-	-	-	-	-	-
26. 京都府	140	-	100.0	-	-	-	-	-	-	-	-	-	-
27. 大阪府	444	-	-	100.0	-	-	-	-	-	-	-	-	-
28. 兵庫県	307	-	-	-	100.0	-	-	-	-	-	-	-	-
29. 奈良県	89	-	-	-	-	100.0	-	-	-	-	-	-	-
30. 和歌山県	38	-	-	-	-	-	100.0	-	-	-	-	-	-
31. 鳥取県	22	-	-	-	-	-	-	100.0	-	-	-	-	-
32. 島根県	21	-	-	-	-	-	-	-	100.0	-	-	-	-
33. 岡山県	81	-	-	-	-	-	-	-	-	100.0	-	-	-
34. 広島県	140	-	-	-	-	-	-	-	-	-	100.0	-	-
35. 山口県	34	-	-	-	-	-	-	-	-	-	-	100.0	-
36. 徳島県	30	-	-	-	-	-	-	-	-	-	-	-	100.0
37. 香川県	33	-	-	-	-	-	-	-	-	-	-	-	-
38. 愛媛県	54	-	-	-	-	-	-	-	-	-	-	-	-
39. 高知県	13	-	-	-	-	-	-	-	-	-	-	-	-
40. 福岡県	171	-	-	-	-	-	-	-	-	-	-	-	-
41. 佐賀県	26	-	-	-	-	-	-	-	-	-	-	-	-
42. 長崎県	57	-	-	-	-	-	-	-	-	-	-	-	-
43. 熊本県	46	-	-	-	-	-	-	-	-	-	-	-	-
44. 大分県	27	-	-	-	-	-	-	-	-	-	-	-	-
45. 宮崎県	32	-	-	-	-	-	-	-	-	-	-	-	-
46. 鹿児島県	34	-	-	-	-	-	-	-	-	-	-	-	-
47. 沖縄県	34	-	-	-	-	-	-	-	-	-	-	-	-
48. 海外	48	-	-	-	-	-	-	-	-	-	-	-	-
F3.大学（大学院）での所属													
1. 文系	3215	1.6	2.5	8.4	6.2	1.7	0.6	0.3	0.4	1.1	2.3	0.7	0.6
2. 理系	2386	2.2	2.5	7.3	4.5	1.4	0.8	0.5	0.3	2.0	2.7	0.5	0.5
Q1.学年													
1. 学部4年（4年に進級後留年していない）	3860	1.8	2.4	8.0	5.7	1.7	0.6	0.3	0.3	1.4	2.3	0.6	0.5
2. 学部4年（4年に進級後留年している）	206	1.5	1.9	5.3	6.3	1.0	-	0.5	1.5	-	5.3	0.5	0.5
3. 学部6年（医・薬学部など、6年に進級後留年していない）	138	0.7	3.6	13.8	2.2	0.7	0.7	-	-	2.9	3.6	0.7	0.7
4. 学部6年（医・薬学部など、6年に進級後留年している）	7	-	-	-	14.3	-	-	-	-	-	-	14.3	-
5. 大学院修士（前期博士）課程	1342	2.3	2.9	7.8	5.1	1.5	0.8	0.5	0.4	1.7	2.5	0.5	0.4
6. 大学院博士（後期博士）課程	33	-	3.0	-	6.1	-	3.0	3.0	-	-	-	3.0	3.0
7. その他	15	-	-	13.3	-	6.7	-	-	6.7	6.7	-	-	-
Q2.専攻													
1. 人文科学（文学、史学、哲学など）	672	2.1	1.8	6.7	6.5	1.5	0.7	0.4	1.0	1.9	2.5	0.6	0.6
2. 社会科学（法学・政治学、商学・経済学、社会学など）	1709	1.5	2.5	9.4	6.3	1.6	0.6	0.3	0.2	0.8	2.2	0.7	0.7
3. 理学（数学、物理学、化学、生物学、地学など）	461	2.6	3.3	5.6	4.8	2.0	0.2	0.4	0.2	1.5	3.0	0.4	1.1
4. 工学（機械工学、電気通信工学、土木建築工学、応用化学、応用理学、原子力工学、鉱山学、金属工学、繊維工学、船舶工学、航空工学、経営工学、工芸学など）	1205	2.6	2.5	6.8	5.0	1.4	0.8	0.5	0.4	1.7	2.9	0.5	0.1
5. 農学（農学、農芸化学、農業工学、農業経済学、林学、林産学、獣医学、畜産学、水産学など）	283	0.7	1.4	7.1	4.2	1.8	1.1	0.7	0.4	2.5	1.4	1.1	-
6. 保健（医学、歯学、薬学、看護学など）	263	1.1	2.3	12.5	2.3	0.4	0.8	0.4	-	2.7	2.7	0.8	1.5
7. 商船	4	-	-	25.0	25.0	-	-	-	-	-	-	-	-
8. 家政（家政学、食物学、被服学、住居学、児童学など）	120	2.5	1.7	4.2	2.5	1.7	2.5	0.8	-	5.0	5.8	-	0.8
9. 教育（教育学、小学校など学校・幼稚園課程、体育学、障害児・特別支援教育課程など）	121	1.7	-	5.8	3.3	0.8	0.8	0.8	2.5	0.8	3.3	-	1.7
10. 芸術（美術、デザイン、音楽など）	100	1.0	3.0	7.0	5.0	3.0	-	-	-	-	4.0	2.0	-
11. その他（教養学、総合科学、人文・社会科学、国際関係学、人間関係科学など）	663	1.8	3.8	8.7	6.3	2.0	0.3	0.2	-	1.1	1.7	0.5	0.2

F2SQ3.高校卒業時の居住地域

全体	N	香川県	愛媛県	高知県	福岡県	佐賀県	長崎県	熊本県	大分県	宮崎県	鹿児島県	沖縄県	海外
	5601	0.6	1.0	0.2	3.1	0.5	1.0	0.8	0.5	0.6	0.6	0.6	0.9
F2SQ3.高校卒業時の居住地域													
1.北海道	181	-	-	-	-	-	-	-	-	-	-	-	-
2.青森県	38	-	-	-	-	-	-	-	-	-	-	-	-
3.岩手県	46	-	-	-	-	-	-	-	-	-	-	-	-
4.宮城県	106	-	-	-	-	-	-	-	-	-	-	-	-
5.秋田県	38	-	-	-	-	-	-	-	-	-	-	-	-
6.山形県	44	-	-	-	-	-	-	-	-	-	-	-	-
7.福島県	67	-	-	-	-	-	-	-	-	-	-	-	-
8.茨城県	133	-	-	-	-	-	-	-	-	-	-	-	-
9.栃木県	79	-	-	-	-	-	-	-	-	-	-	-	-
10.群馬県	78	-	-	-	-	-	-	-	-	-	-	-	-
11.埼玉県	326	-	-	-	-	-	-	-	-	-	-	-	-
12.千葉県	260	-	-	-	-	-	-	-	-	-	-	-	-
13.東京都	585	-	-	-	-	-	-	-	-	-	-	-	-
14.神奈川県	482	-	-	-	-	-	-	-	-	-	-	-	-
15.新潟県	103	-	-	-	-	-	-	-	-	-	-	-	-
16.富山県	58	-	-	-	-	-	-	-	-	-	-	-	-
17.石川県	55	-	-	-	-	-	-	-	-	-	-	-	-
18.福井県	27	-	-	-	-	-	-	-	-	-	-	-	-
19.山梨県	40	-	-	-	-	-	-	-	-	-	-	-	-
20.長野県	90	-	-	-	-	-	-	-	-	-	-	-	-
21.岐阜県	107	-	-	-	-	-	-	-	-	-	-	-	-
22.静岡県	163	-	-	-	-	-	-	-	-	-	-	-	-
23.愛知県	387	-	-	-	-	-	-	-	-	-	-	-	-
24.三重県	82	-	-	-	-	-	-	-	-	-	-	-	-
25.滋賀県	105	-	-	-	-	-	-	-	-	-	-	-	-
26.京都府	140	-	-	-	-	-	-	-	-	-	-	-	-
27.大阪府	444	-	-	-	-	-	-	-	-	-	-	-	-
28.兵庫県	307	-	-	-	-	-	-	-	-	-	-	-	-
29.奈良県	89	-	-	-	-	-	-	-	-	-	-	-	-
30.和歌山県	38	-	-	-	-	-	-	-	-	-	-	-	-
31.鳥取県	22	-	-	-	-	-	-	-	-	-	-	-	-
32.島根県	21	-	-	-	-	-	-	-	-	-	-	-	-
33.岡山県	81	-	-	-	-	-	-	-	-	-	-	-	-
34.広島県	140	-	-	-	-	-	-	-	-	-	-	-	-
35.山口県	34	-	-	-	-	-	-	-	-	-	-	-	-
36.徳島県	30	-	-	-	-	-	-	-	-	-	-	-	-
37.香川県	33	100.0	-	-	-	-	-	-	-	-	-	-	-
38.愛媛県	54	-	100.0	-	-	-	-	-	-	-	-	-	-
39.高知県	13	-	-	100.0	-	-	-	-	-	-	-	-	-
40.福岡県	171	-	-	-	100.0	-	-	-	-	-	-	-	-
41.佐賀県	26	-	-	-	-	100.0	-	-	-	-	-	-	-
42.長崎県	57	-	-	-	-	-	100.0	-	-	-	-	-	-
43.熊本県	46	-	-	-	-	-	-	100.0	-	-	-	-	-
44.大分県	27	-	-	-	-	-	-	-	100.0	-	-	-	-
45.宮崎県	32	-	-	-	-	-	-	-	-	100.0	-	-	-
46.鹿児島県	34	-	-	-	-	-	-	-	-	-	100.0	-	-
47.沖縄県	34	-	-	-	-	-	-	-	-	-	-	100.0	-
48.海外	48	-	-	-	-	-	-	-	-	-	-	-	100.0
F3.大学（大学院）での所属													
1.文系	3215	0.4	1.0	0.2	2.9	0.4	0.8	0.7	0.3	0.6	0.5	0.5	1.0
2.理系	2386	0.8	0.9	0.3	3.3	0.5	1.3	1.0	0.7	0.6	0.7	0.7	0.6
Q1.学年													
1.学部4年（4年に進級後留年していない）	3860	0.5	1.0	0.2	2.6	0.5	0.8	0.8	0.4	0.5	0.6	0.6	0.5
2.学部4年（4年に進級後留年している）	206	0.5	0.5	-	6.3	-	2.4	0.5	1.0	1.5	-	1.0	1.5
3.学部6年（医・薬学部など、6年に進級後留年していない）	138	2.2	1.4	-	3.6	0.7	1.4	1.4	0.7	-	2.2	-	-
4.学部6年（医・薬学部など、6年に進級後留年している）	7	-	-	-	14.3	-	-	-	-	-	-	-	-
5.大学院修士（前期博士）課程	1342	0.8	0.9	0.3	3.7	0.4	1.4	0.9	0.7	0.7	0.7	0.7	1.6
6.大学院博士（後期博士）課程	33	-	-	-	3.0	-	-	-	-	-	-	-	9.1
7.その他	15	-	-	-	-	-	-	-	-	-	-	-	-
Q2.専攻													
1.人文科学（文学、史学、哲学など）	672	0.6	1.2	0.3	3.3	0.3	0.7	0.4	0.3	0.6	0.4	1.0	0.6
2.社会科学（法学・政治学、商学・経済学、社会学など）	1709	0.4	1.1	0.2	3.1	0.6	0.5	0.8	0.4	0.6	0.5	0.5	1.1
3.理学（数学、物理学、化学、生物学、地学など）	461	0.9	0.7	0.2	2.2	0.2	1.1	1.1	0.9	1.1	0.2	0.7	0.9
4.工学（機械工学、電気通信工学、土木建築工学、応用化学、応用理学、原子力工学、鉱山学、金属工学、繊維工学、船舶工学、航空工学、経営工学、工芸学など）	1205	0.8	1.1	0.2	3.2	0.7	1.2	0.8	0.7	0.6	0.7	0.7	0.8
5.農学（農学、農芸化学、農業工学、農業経済学、林学、林産学、獣医学、畜産学、水産学など）	283	0.4	0.7	-	5.7	0.4	1.1	1.1	0.4	0.4	1.1	0.4	-
6.保健（医学、歯学、薬学、看護学など）	263	1.5	1.1	0.4	3.8	0.4	2.3	2.3	1.1	0.4	1.9	0.4	0.8
7.商船	4	-	-	-	-	-	-	-	-	-	-	-	-
8.家政（家政学、食物学、被服学、住居学、児童学など）	120	-	0.8	-	-	0.8	0.8	0.8	0.8	0.8	-	1.7	-
9.教育（教育学、小学校など学校・幼稚園課程、体育学、障害児・特別支援教育課程など）	121	0.8	2.5	-	1.7	0.8	2.5	0.8	-	0.8	0.8	0.8	0.8
10.芸術（美術、デザイン、音楽など）	100	1.0	-	-	2.0	-	1.0	-	-	-	-	-	1.0
11.その他（教養学、総合科学、人文・社会科学、国際関係学、人間関係科学など）	663	0.2	0.5	0.5	2.6	-	1.5	0.5	0.2	0.3	0.8	0.3	1.1

F2SQ3.高校卒業時の居住地域

	N	北海道	青森県	岩手県	宮城県	秋田県	山形県	福島県	茨城県	栃木県	群馬県	埼玉県	千葉県
全体	5601	3.2	0.7	0.8	1.9	0.7	0.8	1.2	2.4	1.4	1.4	5.8	4.6
Q3.就職活動を始めた時期													
1.２０１６年６月以前	1778	2.3	0.7	0.5	1.6	0.6	0.9	1.0	1.8	1.2	1.2	6.5	4.6
2.２０１６年７月	521	4.0	1.2	0.8	2.1	0.8	0.4	2.1	2.7	1.0	0.8	7.3	4.8
3.２０１６年８月	297	2.7	-	1.0	1.3	0.3	0.3	0.3	1.3	1.0	1.3	6.1	7.4
4.２０１６年９月	205	2.0	1.0	0.5	1.0	0.5	1.0	1.0	1.0	2.0	2.4	7.3	3.4
5.２０１６年１０月	363	3.6	0.6	1.1	1.4	0.8	1.4	1.4	1.9	1.4	2.2	4.7	3.9
6.２０１６年１１月	199	3.0	-	1.5	1.5	1.0	2.5	1.5	2.5	1.0	2.5	5.0	3.5
7.２０１６年１２月	402	3.5	0.7	1.0	1.7	1.0	0.7	1.5	2.7	1.7	1.0	7.0	3.5
8.２０１７年１月	291	4.8	1.0	0.7	2.1	0.7	1.0	0.7	3.4	2.1	1.4	5.2	4.1
9.２０１７年２月	464	4.7	0.9	1.1	1.9	0.9	0.2	1.3	3.9	1.3	1.1	3.4	4.7
10.２０１７年３月	689	3.5	0.4	0.9	2.5	0.7	0.4	1.3	2.6	1.9	1.3	5.2	5.1
11.２０１７年４月	76	6.6	-	-	3.9	-	-	-	6.6	1.3	3.9	7.9	5.3
12.２０１７年５月	28	-	-	-	-	-	3.6	3.6	-	-	3.6	3.6	7.1
13.２０１７年６月	21	4.8	-	-	4.8	-	-	-	-	9.5	-	4.8	-
14.２０１７年７月	11	-	-	-	-	-	-	9.1	-	-	-	9.1	9.1
15.無回答	256	2.7	0.8	2.0	3.5	0.8	0.8	1.2	2.7	1.6	1.6	3.1	5.1
Q4.就職活動開始時の希望業種													
1.農林・水産	358	8.7	0.8	0.6	1.7	1.1	1.4	2.0	1.7	3.4	1.1	5.0	5.0
2.食品	1497	3.4	0.8	0.8	1.3	0.5	0.9	0.9	2.2	1.7	1.5	5.3	4.8
3.建設・設備関連	450	3.1	0.7	1.8	1.3	1.6	0.7	1.3	3.1	0.9	0.7	6.7	5.3
4.住宅・インテリア	548	2.2	0.5	1.1	2.4	0.5	0.7	1.3	2.4	1.5	0.4	5.3	4.6
5.アパレル・服飾関連	242	2.1	0.4	0.8	0.4	-	0.8	1.2	2.5	0.8	0.8	6.2	4.1
6.繊維・紙・パルプ	423	2.8	0.2	0.9	0.9	0.5	0.9	0.7	3.1	1.9	1.7	5.9	5.9
7.化学・石油	803	3.1	1.0	1.1	2.2	1.4	1.4	0.5	3.5	2.2	1.5	5.5	3.6
8.薬品・化粧品	817	3.1	0.9	1.1	1.5	1.0	1.2	0.9	3.2	1.7	1.6	4.9	4.4
9.ゴム・ガラス・セラミックス	345	3.5	0.9	1.2	1.2	0.6	1.2	0.6	3.5	0.9	1.4	4.9	2.9
10.鉄鋼・金属・鉱業	443	2.5	0.5	1.1	1.8	0.7	0.7	0.7	2.7	0.7	1.1	6.1	4.3
11.機械	620	2.1	0.5	0.6	1.3	0.6	0.5	0.8	2.9	0.6	1.6	5.0	2.9
12.プラント・エンジニアリング	311	2.3	1.0	1.3	2.9	1.0	0.6	1.0	3.2	1.6	0.3	5.1	3.9
13.電子・電気・OA機器	674	2.4	0.6	0.7	2.2	0.3	0.6	1.2	2.7	1.0	1.8	6.5	4.2
14.自動車・輸送用機器	669	2.5	0.7	0.6	1.9	0.6	1.0	0.4	2.7	1.5	1.3	5.8	2.8
15.精密・医療機器	551	2.7	0.7	0.7	1.3	0.4	1.1	1.5	3.3	1.1	2.2	6.7	3.1
16.印刷・事務機器・日用品	525	3.0	0.4	0.8	1.1	0.2	0.4	1.5	3.0	1.1	1.9	5.9	5.0
17.スポーツ・玩具・ゲーム製品	427	2.8	0.7	1.2	1.6	0.9	0.5	1.4	2.8	0.5	1.4	4.9	3.5
18.その他メーカー・製造関連	252	2.0	0.8	0.4	1.2	0.4	0.4	0.4	3.6	0.4	1.6	5.6	2.8
19.総合商社	593	2.7	0.3	0.5	2.0	0.2	0.8	0.8	2.4	0.8	0.7	5.9	4.6
20.商社	737	3.4	0.4	0.3	2.2	0.3	0.7	0.9	2.6	1.2	1.4	6.0	5.2
21.百貨店・スーパー・コンビニ	437	4.3	0.9	1.1	3.2	0.5	0.2	0.7	3.0	0.9	1.1	6.2	4.1
22.専門店	262	1.9	0.8	0.4	1.9	0.4	0.8	1.5	1.5	1.1	1.5	7.6	1.9
23.銀行・証券	1060	3.8	1.2	0.8	2.4	0.3	0.7	1.1	2.1	1.4	1.1	5.7	5.1
24.信金・労金・信組	473	5.1	1.5	0.2	1.9	0.2	0.4	1.1	2.3	1.3	1.7	5.3	3.6
25.クレジット・信販・リース・その他金融	347	2.6	1.2	0.6	1.2	0.9	1.2	0.6	1.2	0.6	1.7	8.4	4.6
26.生保・損保	503	3.8	1.4	0.4	1.6	0.6	0.8	1.2	2.0	1.6	0.8	6.8	4.6
27.不動産	502	2.8	0.8	0.6	1.0	1.0	1.2	1.4	3.0	0.4	0.4	9.2	5.8
28.鉄道・航空	872	1.8	0.3	0.9	1.1	0.6	0.8	0.9	2.6	0.9	0.2	7.6	5.8
29.陸運・海運・物流	342	1.8	0.9	-	2.3	0.3	0.6	0.9	2.6	0.9	0.3	6.4	4.7
30.電力・ガス・エネルギー	519	4.0	1.3	1.2	2.1	0.8	1.2	1.0	2.9	0.6	0.8	4.0	4.2
31.レストラン・給食・フードサービス	123	1.6	1.6	0.8	3.3	-	-	1.6	4.1	1.6	3.3	6.5	8.9
32.ホテル・旅行	515	2.7	0.4	0.6	2.1	0.6	0.6	0.8	2.7	0.6	0.2	6.6	4.7
33.医療機関・調剤薬局	300	1.3	1.0	1.3	1.7	-	1.0	2.7	2.7	1.3	1.7	5.7	6.7
34.福祉サービス	131	3.1	0.8	2.3	3.1	-	1.5	1.5	3.8	-	4.6	6.1	4.6
35.フィットネスクラブ・エステ・理美容	45	2.2	2.2	2.2	2.2	-	-	-	2.2	-	4.4	13.3	4.4
36.アミューズメント・レジャー	220	3.2	-	-	1.8	0.5	-	0.5	5.0	-	1.4	6.4	4.5
37.冠婚葬祭	155	2.6	-	-	1.3	-	-	1.9	0.6	1.9	1.3	3.9	7.7
38.専門・その他サービス	105	4.8	-	-	1.9	1.0	-	-	4.8	1.0	1.0	5.7	7.6
39.コンサルティング・シンクタンク・調査	413	4.8	0.5	1.5	2.4	0.2	1.5	0.5	2.4	1.5	1.9	6.3	4.6
40.人材サービス（派遣・紹介）	263	4.6	0.8	0.8	1.9	-	0.4	0.8	2.7	1.1	2.3	5.3	4.6
41.教育	366	4.4	0.5	1.4	1.9	0.5	0.5	1.1	1.9	1.4	1.6	6.8	5.2
42.ソフトウエア・情報処理・ネット関連	836	3.6	1.1	0.7	1.8	0.4	0.7	1.3	1.7	1.2	1.0	8.3	4.7
43.ゲームソフト	261	3.1	0.8	1.1	1.5	1.1	0.4	1.9	1.9	0.8	1.1	8.9	3.1
44.通信	420	2.6	0.5	0.5	1.4	-	0.2	0.7	1.2	1.0	0.7	7.4	4.8
45.マスコミ（放送・新聞）	486	4.1	0.8	1.4	1.6	0.4	0.6	2.7	1.0	0.4	0.8	5.8	4.5
46.マスコミ（出版・広告）	574	3.8	0.5	1.0	1.9	0.7	0.3	1.9	1.4	0.9	1.4	6.4	4.2
47.芸能・エンタテインメント	253	3.6	0.4	0.4	1.6	0.4	0.8	1.6	1.6	0.8	1.6	6.3	4.3
48.官公庁・公社・団体	873	5.2	0.8	1.0	1.8	0.7	1.1	1.9	2.4	1.7	2.1	5.8	4.9
49.これら以外のその他	49	4.1	-	-	2.0	2.0	-	-	4.1	2.0	-	4.1	-
50.特に決めていなかった	157	7.0	0.6	-	1.9	1.3	-	3.2	1.3	1.3	1.9	2.5	4.5

F2SQ3.高校卒業時の居住地域

	N	東京都	神奈川県	新潟県	富山県	石川県	福井県	山梨県	長野県	岐阜県	静岡県	愛知県	三重県
全体	5601	10.4	8.6	1.8	1.0	1.0	0.5	0.7	1.6	1.9	2.9	6.9	1.5
Q3.就職活動を始めた時期													
1.２０１６年６月以前	1778	11.3	10.3	1.5	0.9	1.0	0.5	0.6	1.8	1.3	3.6	6.5	1.9
2.２０１６年７月	521	10.6	8.3	2.3	0.8	1.0	0.2	0.2	0.8	2.9	2.5	7.5	1.9
3.２０１６年８月	297	10.8	8.4	2.7	1.7	1.3	0.3	0.3	1.7	1.7	1.7	6.4	1.3
4.２０１６年９月	205	11.7	8.3	2.9	-	0.5	-	1.5	1.5	2.9	1.5	9.8	1.0
5.２０１６年10月	363	8.0	7.4	1.7	0.8	0.6	0.6	1.9	1.7	1.9	1.4	9.9	1.4
6.２０１６年11月	199	8.0	7.5	2.0	0.5	1.5	0.5	0.5	3.0	3.0	3.0	4.5	1.5
7.２０１６年12月	402	11.9	7.2	2.0	1.5	1.0	0.5	0.7	2.2	1.5	3.2	6.0	1.7
8.２０１７年１月	291	13.4	9.6	1.7	1.7	0.3	0.3	-	2.1	1.7	2.4	6.9	0.3
9.２０１７年２月	464	9.9	7.1	2.4	1.3	0.9	0.4	1.1	0.9	2.8	4.5	6.0	1.3
10.２０１７年３月	689	9.0	7.7	1.6	1.2	0.7	0.7	0.7	1.2	2.0	2.6	7.1	0.6
11.２０１７年４月	76	10.5	7.9	2.6	-	2.6	1.3	-	-	-	3.9	6.6	2.6
12.２０１７年５月	28	3.6	10.7	-	3.6	-	-	-	-	-	7.1	3.6	-
13.２０１７年６月	21	9.5	4.8	9.5	-	-	-	4.8	-	-	-	9.5	-
14.２０１７年７月	11	-	-	-	-	9.1	-	-	-	-	-	-	-
15.無回答	256	8.6	7.4	0.8	1.2	2.3	0.8	0.8	2.7	2.7	1.2	7.4	2.0
Q4.就職活動開始時の希望業種													
1.農林・水産	358	7.8	7.3	1.1	0.6	2.0	0.6	0.8	2.0	1.7	4.2	5.0	2.0
2.食品	1497	9.5	8.0	1.8	0.5	1.1	0.3	0.5	2.3	1.1	3.3	6.8	1.9
3.建設・設備関連	450	8.0	8.0	3.6	2.0	1.6	0.4	0.4	2.2	1.3	2.9	7.3	0.9
4.住宅・インテリア	548	6.9	7.5	2.4	1.1	1.6	0.2	0.4	2.4	1.6	2.7	7.7	0.7
5.アパレル・服飾関連	242	15.7	7.4	2.1	1.2	0.8	0.8	0.8	0.8	1.2	1.2	7.4	0.8
6.繊維・紙・パルプ	423	9.5	5.2	1.7	0.2	0.7	0.9	0.2	1.9	1.9	0.5	8.0	1.2
7.化学・石油	803	8.1	7.5	1.9	0.5	1.0	0.2	0.5	1.6	1.9	1.9	5.9	1.7
8.薬品・化粧品	817	8.9	8.0	1.0	1.2	1.0	0.7	0.6	2.3	1.8	2.4	5.1	2.0
9.ゴム・ガラス・セラミックス	345	8.7	6.1	2.3	0.3	1.4	0.6	0.9	2.0	2.3	1.2	9.9	2.6
10.鉄鋼・金属・鉱業	443	8.1	7.0	1.8	1.4	1.4	-	0.5	1.8	2.5	2.9	8.4	1.4
11.機械	620	8.2	8.5	2.3	2.4	1.9	0.6	0.6	1.8	1.9	3.5	10.2	1.5
12.プラント・エンジニアリング	311	8.7	11.3	2.3	0.6	1.3	0.3	0.6	1.6	1.3	1.6	6.1	0.3
13.電子・電気・OA機器	674	8.5	8.9	2.8	1.6	1.9	0.3	0.9	2.1	1.8	3.3	5.3	1.5
14.自動車・輸送用機器	669	8.5	6.3	1.5	0.9	1.2	0.3	0.7	1.3	2.5	3.7	14.8	1.9
15.精密・医療機器	551	9.8	8.2	2.4	1.3	0.7	0.2	0.9	2.9	1.5	2.5	6.2	1.8
16.印刷・事務機器・日用品	525	8.6	8.6	2.3	2.3	2.3	0.4	0.6	2.5	1.7	2.3	7.8	1.5
17.スポーツ・玩具・ゲーム製品	427	12.2	12.6	2.8	0.7	0.9	0.2	0.9	1.6	2.1	3.3	5.2	2.1
18.その他メーカー・製造関連	252	11.1	8.7	2.8	1.2	1.6	0.4	0.4	1.6	1.6	4.0	6.0	1.6
19.総合商社	593	13.8	7.4	2.0	1.0	1.0	0.3	0.7	1.9	1.9	2.2	5.9	0.5
20.商社	737	10.7	6.0	1.9	0.9	1.1	0.7	0.9	2.2	2.2	2.2	8.1	0.9
21.百貨店・スーパー・コンビニ	437	9.8	8.9	2.5	1.6	1.4	0.2	1.1	0.9	0.7	2.5	6.6	2.3
22.専門店	262	13.4	10.7	2.7	1.5	0.8	0.4	0.8	0.4	1.9	1.9	6.1	2.3
23.銀行・証券	1060	10.8	9.2	1.8	1.1	0.8	0.8	1.0	1.2	1.3	2.1	7.3	1.3
24.信金・労金・信組	473	7.8	10.8	3.0	2.1	1.3	1.3	1.5	2.3	1.7	3.2	9.1	1.1
25.クレジット・信販・リース・その他金融	347	12.3	11.2	1.7	0.3	0.3	-	0.9	0.6	1.2	2.9	4.3	1.7
26.生保・損保	503	12.7	10.1	1.0	0.4	0.8	-	0.8	0.4	1.6	1.6	7.6	0.6
27.不動産	502	12.9	12.0	1.6	0.8	0.8	-	1.0	1.4	1.2	1.2	4.6	1.2
28.鉄道・航空	872	13.2	11.8	2.1	1.0	0.6	0.1	0.5	1.6	2.2	1.9	7.8	1.4
29.陸運・海運・物流	342	12.9	9.6	1.2	1.5	1.5	-	0.9	1.2	1.8	2.9	6.7	1.5
30.電力・ガス・エネルギー	519	9.1	6.9	2.5	1.3	1.3	0.2	0.6	1.3	1.7	3.1	9.6	1.7
31.レストラン・給食・フードサービス	123	6.5	8.1	4.1	0.8	-	-	0.8	2.4	0.8	1.6	6.5	2.4
32.ホテル・旅行	515	13.0	10.1	2.1	0.8	1.2	0.2	0.4	1.4	2.1	2.5	9.3	1.2
33.医療機関・調剤薬局	300	10.0	8.0	1.3	1.3	0.3	1.0	0.7	0.7	0.7	4.3	4.0	1.7
34.福祉サービス	131	9.2	11.5	3.8	-	-	1.5	0.8	1.5	0.8	3.8	2.3	1.5
35.フィットネスクラブ・エステ・理美容	45	11.1	11.1	2.2	-	-	-	-	6.7	2.2	-	-	2.2
36.アミューズメント・レジャー	220	14.1	9.0	3.2	0.5	0.9	0.5	0.5	1.8	2.7	5.5	8.2	0.9
37.冠婚葬祭	155	12.9	11.0	3.9	0.6	1.3	-	1.3	0.6	1.9	3.2	6.5	0.6
38.専門・その他サービス	105	13.3	9.5	1.9	1.0	1.0	1.0	1.0	1.9	1.9	5.7	7.6	1.0
39.コンサルティング・シンクタンク・調査	413	16.0	11.4	1.9	0.5	0.7	1.0	0.5	1.7	0.7	1.9	4.8	1.0
40.人材サービス（派遣・紹介）	263	11.0	8.7	2.7	0.4	1.5	-	0.4	2.3	1.1	2.3	4.2	0.8
41.教育	366	11.7	12.3	2.5	0.3	0.3	-	-	1.1	1.6	2.5	5.5	0.8
42.ソフトウエア・情報処理・ネット関連	836	11.1	9.6	1.6	1.3	1.4	0.6	0.5	1.7	3.0	1.9	7.2	1.2
43.ゲームソフト	261	8.4	11.1	2.3	1.1	2.3	0.4	0.4	2.7	2.3	2.3	10.3	1.1
44.通信	420	12.4	9.0	2.1	1.0	1.7	0.2	0.5	2.1	1.7	1.7	8.3	1.4
45.マスコミ（放送・新聞）	486	12.1	9.9	3.3	0.8	1.2	1.2	0.4	0.8	1.4	2.7	8.0	1.2
46.マスコミ（出版・広告）	574	13.9	9.6	1.4	1.0	1.2	1.0	0.9	0.9	0.9	3.1	7.0	0.9
47.芸能・エンタテインメント	253	15.0	13.0	2.4	0.8	0.8	1.2	0.4	1.2	1.2	3.2	5.5	0.4
48.官公庁・公社・団体	873	9.3	9.3	1.9	1.0	0.6	0.8	1.5	2.1	0.7	3.1	6.9	1.5
49.これら以外のその他	49	16.3	18.4	2.0	2.0	-	-	2.0	-	2.0	4.1	6.1	4.1
50.特に決めていなかった	157	10.8	8.3	0.6	2.5	0.6	-	-	0.6	-	2.5	5.7	1.3

F2SQ3高校卒業時の居住地域

	N	滋賀県	京都府	大阪府	兵庫県	奈良県	和歌山県	鳥取県	島根県	岡山県	広島県	山口県	徳島県
全体	5601	1.9	2.5	7.9	5.5	1.6	0.7	0.4	0.4	1.4	2.5	0.6	0.5
Q3.就職活動を始めた時期													
1.２０１６年６月以前	1778	1.7	2.9	8.4	5.9	1.9	0.7	0.5	0.3	1.1	1.6	0.4	0.7
2.２０１６年７月	521	2.5	1.5	8.4	4.6	1.2	0.2	0.2	0.4	1.7	2.5	1.2	-
3.２０１６年８月	297	1.7	3.0	9.8	4.4	2.4	0.7	0.3	0.3	1.0	3.4	0.7	0.3
4.２０１６年９月	205	2.0	2.4	7.3	4.9	1.5	2.0	-	-	0.5	3.4	2.4	-
5.２０１６年１０月	363	1.9	1.9	6.6	6.3	0.8	0.3	0.3	-	1.1	3.0	1.4	0.8
6.２０１６年１１月	199	1.0	1.0	7.5	8.0	2.5	-	-	0.5	1.0	3.0	-	0.5
7.２０１６年１２月	402	2.0	4.5	7.5	4.7	1.0	0.5	0.5	0.7	2.0	3.0	0.2	0.2
8.２０１７年１月	291	2.4	2.4	4.8	5.2	1.4	1.0	0.7	0.7	2.1	2.4	0.7	1.4
9.２０１７年２月	464	2.8	1.9	8.8	4.7	1.3	0.4	0.2	0.2	1.7	2.6	0.6	0.4
10.２０１７年３月	689	1.6	1.7	8.3	7.0	1.9	0.9	0.7	0.6	1.9	3.3	0.3	0.6
11.２０１７年４月	76	-	1.3	2.6	1.3	-	1.3	-	-	1.3	3.9	1.3	2.6
12.２０１７年５月	28	-	-	10.7	3.6	-	-	-	-	7.1	3.6	-	-
13.２０１７年６月	21	-	9.5	-	-	-	-	-	-	4.8	-	-	-
14.２０１７年７月	11	-	-	-	9.1	9.1	-	-	-	-	9.1	-	-
15.無回答	256	1.6	3.1	8.2	3.5	1.2	1.2	-	0.8	1.2	2.3	-	-
Q4.就職活動開始時の希望業種													
1.農林・水産	358	3.1	3.4	5.9	3.9	1.1	0.3	0.3	0.3	1.7	1.7	1.4	0.3
2.食品	1497	2.1	3.1	9.2	5.7	1.9	0.7	0.3	0.4	2.1	3.3	0.6	0.3
3.建設・設備関連	450	1.6	2.2	8.4	3.6	1.6	0.7	0.4	0.9	0.7	2.7	0.7	0.4
4.住宅・インテリア	548	2.4	2.7	8.0	5.8	3.1	0.7	1.1	0.9	1.3	2.9	1.1	0.7
5.アパレル・服飾関連	242	2.9	3.7	6.6	7.9	1.7	0.8	0.4	0.4	2.1	2.1	1.2	0.8
6.繊維・紙・パルプ	423	4.0	3.3	9.0	6.9	3.1	0.5	-	0.2	1.4	2.1	0.9	0.9
7.化学・石油	803	2.6	3.5	8.7	6.8	2.4	0.6	0.2	0.5	1.9	2.1	0.6	0.9
8.薬品・化粧品	817	2.9	2.7	9.9	4.0	2.1	0.9	0.6	0.7	1.5	2.0	0.6	0.5
9.ゴム・ガラス・セラミックス	345	2.9	4.3	8.7	5.8	2.9	0.3	-	0.3	1.2	3.5	0.6	0.9
10.鉄鋼・金属・鉱業	443	2.3	2.7	9.0	8.4	1.1	0.2	0.5	-	1.1	2.3	1.1	0.5
11.機械	620	2.9	4.0	7.1	7.3	0.5	0.6	0.2	0.6	1.3	3.1	0.2	0.2
12.プラント・エンジニアリング	311	1.9	4.5	8.4	6.4	2.3	0.3	0.3	0.6	1.3	2.9	0.6	-
13.電子・電気・OA機器	674	2.4	3.3	5.9	6.8	1.8	0.9	0.3	0.7	1.0	2.7	0.4	0.4
14.自動車・輸送用機器	669	2.1	3.0	6.4	5.2	0.9	0.6	0.1	1.0	1.3	3.3	0.6	0.3
15.精密・医療機器	551	2.4	4.7	8.5	5.3	1.6	0.5	0.4	0.4	1.5	2.2	0.2	0.5
16.印刷・事務機器・日用品	525	2.7	2.7	8.4	3.0	1.1	1.1	-	0.2	1.0	1.9	0.8	0.6
17.スポーツ・玩具・ゲーム製品	427	2.8	2.1	9.1	5.9	1.4	0.9	0.2	0.2	0.7	1.6	1.2	0.2
18.その他メーカー・製造関連	252	2.4	5.2	10.3	7.1	0.4	0.8	-	-	1.2	1.2	1.2	0.4
19.総合商社	593	1.7	2.2	10.1	7.3	1.3	0.5	0.3	0.5	1.2	1.9	0.8	0.2
20.商社	737	2.2	2.7	9.1	6.9	1.6	0.7	0.7	0.7	0.9	1.9	0.7	0.3
21.百貨店・スーパー・コンビニ	437	1.6	2.5	6.9	4.3	1.4	0.7	0.2	0.5	1.8	3.0	0.9	1.1
22.専門店	262	2.7	3.1	6.9	5.0	1.1	2.7	0.8	-	1.1	3.1	-	1.1
23.銀行・証券	1060	1.4	2.2	7.6	5.6	2.4	0.7	0.5	0.8	0.9	2.7	0.9	0.5
24.信金・労金・信組	473	1.3	2.5	6.8	5.9	1.1	0.2	0.4	1.1	0.6	1.9	0.4	0.4
25.クレジット・信販・リース・その他金融	347	1.7	1.4	10.1	7.5	2.6	1.4	0.6	-	0.6	1.2	0.3	0.6
26.生保・損保	503	1.4	1.8	8.3	5.4	2.8	0.8	-	1.0	0.8	2.4	0.8	0.4
27.不動産	502	1.6	2.0	6.4	5.8	2.0	0.6	0.6	0.8	0.8	2.4	-	0.4
28.鉄道・航空	872	1.6	2.1	8.0	4.5	1.1	0.6	0.5	0.1	0.7	1.9	0.9	0.2
29.陸運・海運・物流	342	1.2	2.0	10.2	6.4	1.2	0.6	0.3	-	1.8	2.6	0.9	-
30.電力・ガス・エネルギー	519	1.7	2.9	8.3	4.4	1.3	0.6	-	0.8	0.8	3.3	0.8	0.6
31.レストラン・給食・フードサービス	123	2.4	2.4	9.8	3.3	0.8	-	-	0.8	1.6	2.4	0.8	0.8
32.ホテル・旅行	515	1.4	1.9	7.2	6.0	2.5	0.4	0.2	0.2	1.2	1.2	1.0	0.4
33.医療機関・調剤薬局	300	0.3	2.0	11.3	4.3	-	0.7	-	0.3	1.7	2.7	1.3	1.0
34.福祉サービス	131	1.5	2.3	4.6	7.6	1.5	0.8	-	-	2.3	0.8	-	-
35.フィットネスクラブ・エステ・理美容	45	-	2.2	8.9	4.4	-	-	-	-	2.2	2.2	-	2.2
36.アミューズメント・レジャー	220	-	2.7	10.9	4.5	1.4	0.5	0.9	-	1.4	1.8	0.9	-
37.冠婚葬祭	155	1.9	2.6	7.7	6.5	1.3	-	-	-	-	2.6	0.6	0.6
38.専門・その他サービス	105	-	1.0	6.7	6.7	-	1.0	1.0	1.0	-	-	1.0	-
39.コンサルティング・シンクタンク・調査	413	1.5	2.2	8.2	4.1	1.5	0.2	0.2	-	0.2	1.9	0.5	-
40.人材サービス（派遣・紹介）	263	1.5	2.3	9.1	6.8	1.1	0.8	-	0.4	1.5	3.0	0.4	0.4
41.教育	366	1.6	3.3	7.1	5.5	1.9	0.5	0.3	0.3	0.8	2.5	0.8	0.3
42.ソフトウエア・情報処理・ネット関連	836	1.3	2.3	5.6	5.0	1.3	1.2	0.5	0.5	0.5	2.8	0.7	0.4
43.ゲームソフト	261	0.8	2.7	5.4	6.1	1.1	0.4	-	0.4	1.1	2.3	0.8	-
44.通信	420	2.4	1.4	7.6	4.8	0.7	0.7	0.2	0.5	0.2	3.6	0.7	0.2
45.マスコミ（放送・新聞）	486	0.8	2.7	6.2	5.3	0.6	0.2	0.8	0.4	0.8	1.9	0.5	1.0
46.マスコミ（出版・広告）	574	1.0	2.3	7.5	4.5	1.6	0.5	0.5	0.3	1.2	1.9	0.5	0.7
47.芸能・エンタテインメント	253	1.2	2.8	6.7	7.1	0.8	0.4	1.2	-	1.2	2.0	0.4	0.4
48.官公庁・公社・団体	873	1.4	1.9	7.8	3.7	0.8	0.6	0.8	0.8	0.6	1.7	0.6	0.9
49.これら以外のその他	49	2.0	-	6.1	-	-	2.0	-	-	-	4.1	2.0	-
50.特に決めていなかった	157	5.1	2.5	6.4	12.1	-	-	-	-	1.3	1.9	0.6	-

F2SQ3.高校卒業時の居住地域

	N	香川県	愛媛県	高知県	福岡県	佐賀県	長崎県	熊本県	大分県	宮崎県	鹿児島県	沖縄県	海外
全体	5601	0.6	1.0	0.2	3.1	0.5	1.0	0.8	0.5	0.6	0.6	0.6	0.9
Q3.就職活動を始めた時期													
1.２０１６年６月以前	1778	0.7	0.7	0.3	2.9	0.4	1.0	0.6	0.6	0.8	0.6	0.7	0.4
2.２０１６年７月	521	-	0.6	0.2	2.9	0.8	1.2	1.3	0.4	0.2	0.2	0.2	1.2
3.２０１６年８月	297	0.7	0.7	-	3.0	0.7	-	0.7	1.0	1.0	1.3	0.7	0.7
4.２０１６年９月	205	-	-	0.5	2.4	1.0	0.5	0.5	1.0	-	2.0	1.0	0.5
5.２０１６年10月	363	0.8	1.1	0.6	4.1	0.3	1.7	1.9	-	0.8	0.8	0.3	1.7
6.２０１６年11月	199	0.5	2.5	0.5	2.0	-	1.0	1.0	1.0	0.5	2.0	1.5	1.0
7.２０１６年12月	402	0.2	1.2	0.2	3.2	-	0.5	0.5	-	0.2	-	0.7	0.5
8.２０１７年１月	291	0.3	0.7	-	1.0	0.3	1.0	1.0	0.3	-	0.3	1.0	1.0
9.２０１７年２月	464	0.9	1.3	0.2	3.2	0.4	1.1	0.4	0.9	0.6	0.2	-	0.9
10.２０１７年３月	689	1.0	1.5	-	3.2	0.1	1.2	0.4	0.3	0.4	0.7	0.3	1.2
11.２０１７年４月	76	-	-	-	3.9	-	1.3	1.3	-	-	-	2.6	1.3
12.２０１７年５月	28	-	3.6	-	7.1	-	-	3.6	-	3.6	3.6	-	-
13.２０１７年６月	21	-	-	-	4.8	4.8	-	4.8	-	-	-	-	9.5
14.２０１７年７月	11	-	9.1	-	9.1	9.1	-	-	-	-	-	9.1	-
15.無回答	256	0.4	1.2	-	4.3	1.2	2.3	1.6	0.4	0.4	-	0.4	1.2
Q4.就職活動開始時の希望業種													
1.農林・水産	358	0.6	1.1	0.3	2.5	0.6	0.8	0.6	0.3	0.8	1.1	0.3	0.6
2.食品	1497	0.5	0.8	0.2	2.7	0.5	0.7	0.7	0.6	0.5	0.7	0.3	0.6
3.建設・設備関連	450	0.7	0.9	-	4.7	0.4	0.7	1.1	0.2	0.2	0.4	0.2	0.9
4.住宅・インテリア	548	0.2	1.3	0.2	3.5	0.7	1.1	1.3	0.7	0.2	0.2	0.9	0.9
5.アパレル・服飾関連	242	-	1.2	0.4	2.5	0.8	0.8	0.4	-	-	0.4	0.8	1.2
6.繊維・紙・パルプ	423	0.2	1.4	-	2.8	0.2	0.7	0.9	0.9	0.7	0.2	0.5	1.4
7.化学・石油	803	0.7	0.9	0.1	2.4	0.4	1.0	1.0	0.5	0.9	0.6	0.1	0.9
8.薬品・化粧品	817	0.7	1.0	0.1	2.6	0.5	1.2	1.3	0.6	0.6	1.0	0.5	1.0
9.ゴム・ガラス・セラミックス	345	0.6	0.6	-	1.7	0.6	0.9	0.6	0.6	0.3	0.3	0.3	1.4
10.鉄鋼・金属・鉱業	443	1.1	1.1	-	1.6	0.5	0.7	0.9	0.5	0.2	0.2	0.7	1.6
11.機械	620	0.5	1.3	-	1.9	0.5	1.0	0.5	0.2	0.5	0.2	0.8	1.8
12.プラント・エンジニアリング	311	0.3	1.6	-	2.9	0.6	0.6	1.0	0.3	0.6	0.3	1.0	1.8
13.電子・電気・OA機器	674	1.0	0.4	0.3	2.8	0.4	0.9	0.6	0.4	0.3	0.3	0.9	1.8
14.自動車・輸送用機器	669	0.6	0.7	-	1.9	1.0	0.7	0.4	0.1	0.3	-	1.0	2.1
15.精密・医療機器	551	0.4	1.1	-	1.8	0.4	0.5	0.7	-	-	0.4	1.5	1.6
16.印刷・事務機器・日用品	525	0.2	1.5	0.2	1.3	0.4	0.2	0.6	1.0	0.4	0.2	1.5	1.3
17.スポーツ・玩具・ゲーム製品	427	-	1.6	-	1.4	0.2	0.2	0.9	0.2	0.2	0.7	0.9	-
18.その他メーカー・製造関連	252	0.4	0.8	-	2.8	0.4	-	0.8	1.2	0.8	-	1.2	1.2
19.総合商社	593	0.3	1.0	0.2	3.5	0.2	0.8	0.3	0.3	0.3	0.8	0.8	2.9
20.商社	737	0.5	1.1	0.3	2.6	0.1	0.7	0.4	0.5	0.5	0.7	0.7	1.6
21.百貨店・スーパー・コンビニ	437	-	1.4	0.2	3.0	0.2	1.1	0.7	0.5	0.5	0.9	0.2	1.4
22.専門店	262	0.8	1.1	-	2.7	0.4	0.8	0.4	0.4	-	0.8	0.4	0.8
23.銀行・証券	1060	0.4	0.8	0.3	2.9	0.5	0.8	0.9	0.3	0.8	0.4	0.4	0.4
24.信金・労金・信組	473	0.2	1.1	0.2	2.1	0.6	0.6	0.8	0.6	0.2	0.2	0.2	1.3
25.クレジット・信販・リース・その他金融	347	0.3	0.3	0.3	3.2	0.3	0.3	0.3	1.2	0.3	0.3	0.6	1.4
26.生保・損保	503	0.6	1.2	0.4	3.6	-	1.0	1.2	0.2	0.6	0.4	0.6	1.4
27.不動産	502	0.2	0.6	0.2	3.6	0.2	0.8	0.8	0.6	0.6	0.8	1.2	1.0
28.鉄道・航空	872	0.5	0.9	0.1	3.8	0.3	0.9	0.7	0.5	0.3	0.1	0.3	1.4
29.陸運・海運・物流	342	0.9	1.5	-	3.2	-	0.9	0.6	0.3	0.6	0.3	0.3	1.2
30.電力・ガス・エネルギー	519	1.7	0.6	-	3.1	0.8	0.8	0.4	0.4	1.0	0.6	1.2	0.6
31.レストラン・給食・フードサービス	123	-	0.8	0.8	1.6	-	0.8	-	-	0.8	1.6	-	0.8
32.ホテル・旅行	515	-	1.0	0.2	3.1	-	0.4	1.6	0.8	0.6	-	0.4	1.7
33.医療機関・調剤薬局	300	0.7	1.7	0.3	4.7	0.7	0.7	1.0	0.7	-	1.3	1.3	0.3
34.福祉サービス	131	-	1.5	0.8	2.3	0.8	1.5	-	-	0.8	1.5	0.8	0.8
35.フィットネスクラブ・エステ・理美容	45	-	-	-	-	-	-	2.2	-	-	2.2	2.2	2.2
36.アミューズメント・レジャー	220	-	0.9	-	0.9	-	0.5	-	-	-	0.5	-	0.5
37.冠婚葬祭	155	0.6	0.6	-	3.9	-	0.6	1.3	0.6	-	1.3	1.3	0.6
38.専門・その他サービス	105	1.0	-	-	3.8	1.0	-	-	-	-	1.9	-	-
39.コンサルティング・シンクタンク・調査	413	0.2	-	-	3.1	0.2	-	1.7	-	0.5	0.7	0.7	1.9
40.人材サービス（派遣・紹介）	263	0.4	1.5	-	3.8	-	0.4	2.3	-	-	1.1	1.5	1.1
41.教育	366	-	1.1	-	2.7	0.3	0.8	1.4	0.3	0.5	1.9	0.3	-
42.ソフトウエア・情報処理・ネット関連	836	0.4	1.2	0.1	3.2	0.6	0.7	0.4	0.4	0.4	0.6	1.1	1.7
43.ゲームソフト	261	0.4	1.9	0.4	3.8	0.4	-	0.4	-	-	0.4	1.1	1.5
44.通信	420	1.2	1.4	0.2	3.3	1.0	1.0	0.7	0.7	-	0.7	1.7	1.9
45.マスコミ（放送・新聞）	486	0.4	0.8	0.4	3.1	1.0	0.8	0.4	0.4	0.8	0.6	0.4	1.2
46.マスコミ（出版・広告）	574	0.3	1.6	0.3	3.3	0.7	1.0	1.2	0.3	0.3	0.3	0.9	0.5
47.芸能・エンタテインメント	253	0.4	-	-	3.6	1.2	0.4	0.4	-	-	0.4	-	1.2
48.官公庁・公社・団体	873	0.9	1.1	-	3.3	0.1	1.1	0.9	0.3	0.9	0.9	0.5	0.1
49.これら以外のその他	49	-	-	-	2.0	-	2.0	2.0	-	-	-	-	2.0
50.特に決めていなかった	157	0.6	1.9	0.6	2.5	0.6	1.3	-	2.5	-	0.6	-	0.6

F2SQ3.高校卒業時の居住地域

	N	北海道	青森県	岩手県	宮城県	秋田県	山形県	福島県	茨城県	栃木県	群馬県	埼玉県	千葉県
全体	5601	3.2	0.7	0.8	1.9	0.7	0.8	1.2	2.4	1.4	1.4	5.8	4.6
Q4SQ2. 就職活動開始時もっとも希望した業種													
1.農林・水産	64	17.2	4.7	–	–	–	1.6	1.6	3.1	1.6	6.3	1.6	3.1
2.食品	491	2.9	0.6	0.8	1.2	0.8	0.8	0.4	1.8	2.6	1.2	5.7	4.1
3.建設・設備関連	103	2.9	–	1.0	1.0	2.9	1.0	1.0	1.0	–	1.9	5.8	4.9
4.住宅・インテリア	85	2.4	2.4	1.2	4.7	–	–	–	1.2	3.5	–	5.9	4.7
5.アパレル・服飾関連	28	–	–	–	3.6	–	–	3.6	7.1	–	–	7.1	7.1
6.繊維・紙・パルプ	25	–	–	–	–	–	–	–	8.0	–	–	–	8.0
7.化学・石油	237	3.8	1.3	1.3	1.7	1.3	1.3	–	3.4	2.5	3.0	5.1	2.1
8.薬品・化粧品	276	1.8	0.4	1.4	2.2	1.1	0.4	0.7	2.2	1.1	1.4	4.0	4.7
9.ゴム・ガラス・セラミックス	16	6.3	–	–	–	–	–	–	12.5	6.3	6.3	–	–
10.鉄鋼・金属・鉱業	41	–	–	–	4.9	–	–	2.4	2.4	–	–	4.9	7.3
11.機械	149	2.0	0.7	0.7	2.0	–	1.3	0.7	2.0	0.7	1.3	4.7	2.0
12.プラント・エンジニアリング	38	2.6	–	5.3	–	–	2.6	–	–	2.6	–	5.3	2.6
13.電子・電気・OA機器	172	1.7	–	0.6	4.7	–	0.6	2.9	2.9	0.6	2.9	4.1	5.2
14.自動車・輸送用機器	203	0.5	1.0	–	2.0	0.5	–	0.5	3.0	1.5	1.0	3.9	1.0
15.精密・医療機器	82	1.2	2.4	1.2	1.2	–	–	1.2	4.9	2.4	4.9	7.3	3.7
16.印刷・事務機器・日用品	62	1.6	–	1.6	–	–	1.6	–	6.5	–	–	9.7	4.8
17.スポーツ・玩具・ゲーム製品	86	–	1.2	1.2	2.3	–	–	3.5	2.3	–	3.5	7.0	2.3
18.その他メーカー・製造関連	35	2.9	–	–	–	–	–	2.9	2.9	2.9	–	2.9	2.9
19.総合商社	89	1.1	–	–	–	1.1	–	–	1.1	1.1	–	10.1	6.7
20.商社	94	6.4	–	–	–	1.1	–	2.1	1.1	1.1	–	8.5	4.3
21.百貨店・スーパー・コンビニ	55	7.3	–	–	1.8	3.6	1.8	–	–	1.8	1.8	5.5	–
22.専門店	26	–	–	–	–	7.7	3.8	–	–	–	–	7.7	3.8
23.銀行・証券	325	4.9	1.5	0.3	3.4	0.6	0.6	0.6	1.5	1.5	0.9	5.5	4.6
24.信金・労金・信組	50	4.0	–	–	–	–	–	–	2.0	2.0	–	6.0	4.0
25.クレジット・信販・リース・その他金融	42	–	–	2.4	–	–	4.8	–	–	–	2.4	7.1	2.4
26.生保・損保	100	–	–	1.0	1.0	–	–	–	3.0	1.0	2.0	8.0	4.0
27.不動産	98	3.1	1.0	–	–	2.0	1.0	4.1	4.1	–	–	13.3	7.1
28.鉄道・航空	277	2.9	–	0.7	0.4	0.4	0.4	0.4	3.6	0.7	–	6.1	7.6
29.陸運・海運・物流	64	–	–	–	3.1	1.6	1.6	1.6	4.7	–	1.6	4.7	6.3
30.電力・ガス・エネルギー	88	1.1	–	2.3	2.3	1.1	2.3	2.3	1.1	1.1	–	3.4	2.3
31.レストラン・給食・フードサービス	15	–	6.7	–	–	–	–	–	6.7	–	–	6.7	6.7
32.ホテル・旅行	126	1.6	–	0.8	1.6	–	–	0.8	4.0	–	–	6.3	5.6
33.医療機関・調剤薬局	139	0.7	0.7	1.4	2.2	–	1.4	2.9	2.9	0.7	2.9	7.2	8.6
34.福祉サービス	26	7.7	–	3.8	7.7	–	–	–	–	–	7.7	–	3.8
35.フィットネスクラブ・エステ・理美容	9	11.1	–	–	–	–	–	–	–	–	–	11.1	–
36.アミューズメント・レジャー	30	6.7	–	–	3.3	–	–	–	–	–	–	3.3	6.7
37.冠婚葬祭	18	–	–	–	–	–	–	5.6	–	–	–	5.6	5.6
38.専門・その他サービス	19	–	–	–	–	–	–	–	10.5	–	–	–	15.8
39.コンサルティング・シンクタンク・調査	132	4.5	–	2.3	0.8	–	1.5	–	1.5	1.5	2.3	6.1	5.3
40.人材サービス（派遣・紹介）	35	2.9	–	–	–	–	–	2.9	–	2.9	–	11.4	2.9
41.教育	107	4.7	–	2.8	3.7	0.9	–	–	0.9	1.9	0.9	7.5	6.5
42.ソフトウエア・情報処理・ネット関連	373	3.5	1.1	–	1.9	0.5	0.8	1.9	2.7	1.9	1.1	6.4	4.8
43.ゲームソフト	45	6.7	–	4.4	4.4	2.2	2.2	–	–	2.2	–	8.9	2.2
44.通信	50	–	–	2.0	2.0	–	–	–	2.0	4.0	–	8.0	6.0
45.マスコミ（放送・新聞）	150	5.3	1.3	2.0	1.3	0.7	0.7	2.0	0.7	–	1.3	2.7	3.3
46.マスコミ（出版・広告）	193	3.6	0.5	0.5	3.1	1.0	–	0.5	1.0	1.6	1.0	8.8	4.7
47.芸能・エンタテインメント	58	1.7	–	–	–	–	–	1.7	3.4	3.4	1.7	6.9	1.7
48.官公庁・公社・団体	401	5.0	1.0	–	1.7	1.0	1.5	2.7	2.7	1.5	2.7	5.5	6.7
49.これら以外のその他	17	–	–	–	5.9	–	–	–	5.9	5.9	5.9	–	–
50.非該当	157	7.0	0.6	–	1.9	1.3	–	3.2	1.3	1.3	1.9	2.5	4.5
Q5. 就職活動開始時の希望就職先													
1.海外展開もしている企業	1527	2.7	0.7	0.8	1.6	0.3	0.5	1.1	2.4	1.2	0.7	6.4	4.1
2.全国規模の企業であって、全国転勤がある企業	1655	3.4	0.7	0.6	1.0	0.7	0.9	1.5	2.2	1.5	0.7	6.5	4.4
3.全国規模の企業であって、勤務地が特定の地域に限定されている企業	2240	2.3	0.8	0.8	1.7	0.8	0.9	1.3	2.5	2.0	1.3	6.2	5.1
4.主に特定の地域に展開している企業	1497	3.9	0.7	1.1	1.1	1.1	0.7	1.3	2.3	1.5	1.7	4.9	4.0
5.公務員（教員を除く）	735	3.9	0.7	1.0	2.2	0.7	1.2	2.4	2.7	1.9	2.0	5.7	4.8
6.教員	86	4.7	–	2.3	2.3	1.2	–	–	–	2.3	3.5	8.1	3.5
7.その他	141	2.8	1.4	2.1	2.8	0.7	–	2.1	2.8	0.7	2.1	7.8	7.1
8.特に決めていなかった	1101	3.3	0.9	0.6	2.6	0.7	0.7	0.5	2.3	1.1	1.7	6.3	4.1
Q6SQ1. 就職活動開始時の希望（地域限定正社員）：応募													
1.是非応募したい	1372	4.2	0.7	1.2	1.8	0.9	0.8	1.5	2.6	1.9	1.6	5.1	4.5
2.処遇に大きな差がなければ応募したい	2692	2.9	0.6	0.9	1.4	0.8	0.8	1.1	2.3	1.4	1.4	6.0	4.8
3.応募したくない	440	3.4	0.5	–	0.9	0.2	0.5	1.1	2.5	0.9	1.4	7.7	5.5
4.考えたことがない	1097	2.6	0.9	0.6	2.2	0.5	0.4	1.1	2.2	1.0	1.2	5.6	4.1
Q6SQ1A. 就職活動開始時の希望（地域限定正社員）：地域													
1.現在お住まいの都道府県	3114	3.0	0.6	0.7	1.9	0.6	0.5	1.0	2.5	1.4	1.2	5.7	5.0
2.高校卒業時点でお住まいだった都道府県	1705	2.7	0.8	1.2	1.7	1.1	0.8	1.7	2.1	2.0	1.7	4.9	4.2
3.大学・大学院のある都道府県	1368	1.8	0.7	0.7	1.4	0.4	0.4	1.2	2.7	1.7	1.0	9.4	6.9
4.その他の都道府県	747	3.3	1.2	2.3	1.6	0.8	1.9	1.9	2.7	2.5	1.5	5.4	4.7
5.海外	98	–	1.0	2.0	1.0	–	–	1.0	2.0	–	–	10.2	4.1
6.特にない	178	9.6	–	–	1.1	3.4	–	0.6	1.1	1.7	2.2	4.5	4.5
7.非該当	1537	2.9	0.8	0.5	1.8	0.5	0.7	1.1	2.3	1.0	1.2	6.2	4.5
Q6SQ2. 就職活動開始時の希望（職務限定正社員）：応募													
1.是非応募したい	946	4.0	0.7	0.7	2.2	0.7	1.1	1.9	2.4	1.6	1.4	5.7	3.8
2.処遇に大きな差がなければ応募したい	2301	3.1	0.7	0.8	1.8	0.6	0.7	1.1	2.7	1.5	1.6	5.8	5.3
3.応募したくない	787	3.3	0.5	0.8	1.4	0.6	0.9	–	1.9	1.8	1.3	6.2	5.6
4.考えたことがない	1567	2.9	0.7	1.0	2.0	0.8	0.8	0.8	2.1	1.0	1.1	5.7	3.6
Q6SQ2A. 就職活動開始時の希望（職務限定正社員）：職務													
1.大学・大学院の専攻に直結した仕事	1193	3.5	0.7	0.3	2.3	0.8	1.1	1.4	2.7	2.2	2.3	5.8	4.0
2.一般事務の仕事	809	3.7	0.6	0.7	1.6	0.7	0.9	2.2	3.2	1.5	–	5.2	5.4
3.経理、会計の仕事	138	2.2	–	–	2.2	1.4	–	0.7	3.6	–	0.7	10.1	5.1
4.営業の仕事	319	2.8	–	–	1.9	0.3	–	0.6	1.9	–	1.3	6.0	6.3
5.販売の仕事	28	10.7	–	3.6	3.6	–	–	–	–	–	–	3.6	–
6.接客の仕事	139	2.9	0.7	1.4	0.7	–	0.7	1.4	2.9	1.4	2.2	5.8	7.2
7.調査、研究開発の仕事	431	3.2	1.9	1.9	1.6	0.5	0.7	0.7	2.1	1.4	1.2	5.6	5.3
8.生産・建設現場の仕事	69	1.4	–	2.9	2.9	–	1.4	–	2.9	4.3	–	5.8	4.2
9.運送関係の仕事	14	7.1	–	–	–	–	–	–	7.1	–	–	–	7.1
10.その他	107	1.9	0.9	1.9	1.9	–	–	–	0.9	–	0.9	6.5	3.7
11.非該当	2354	3.1	0.6	0.9	1.8	0.8	0.8	1.0	2.0	1.2	1.2	5.9	4.3

F2SQ3.高校卒業時の居住地域

	N	東京都	神奈川県	新潟県	富山県	石川県	福井県	山梨県	長野県	岐阜県	静岡県	愛知県	三重県
全体	5601	10.4	8.6	1.8	1.0	1.0	0.5	0.7	1.6	1.9	2.9	6.9	1.5
Q4SQ2.就職活動開始時もっとも希望した業種													
1.農林・水産	64	4.7	7.8	3.1	-	3.1	-	1.6	-	1.6	3.1	6.3	-
2.食品	491	9.0	7.9	1.6	0.2	1.8	0.4	0.4	3.1	0.6	3.3	6.1	2.4
3.建設・設備関連	103	7.8	10.7	1.0	2.9	1.9	-	1.9	4.9	1.9	5.8	8.7	-
4.住宅・インテリア	85	5.9	5.9	2.4	1.2	-	-	-	2.4	2.4	4.7	5.9	-
5.アパレル・服飾関連	28	17.9	3.6	-	3.6	-	-	-	3.6	-	-	3.6	-
6.繊維・紙・パルプ	25	20.0	-	-	-	-	-	-	-	4.0	-	12.0	4.0
7.化学・石油	237	6.8	6.8	1.3	-	0.8	0.4	0.4	2.5	3.0	3.0	5.9	0.4
8.薬品・化粧品	276	8.3	7.2	1.1	1.8	0.4	1.1	1.1	1.8	2.5	2.2	4.0	1.8
9.ゴム・ガラス・セラミックス	16	6.3	6.3	-	-	6.3	-	-	-	6.3	-	6.3	-
10.鉄鋼・金属・鉱業	41	4.9	4.9	7.3	-	-	-	-	-	4.9	2.4	9.8	2.4
11.機械	149	9.4	10.1	1.3	2.0	1.3	0.7	0.7	2.0	2.7	3.4	4.7	1.3
12.プラント・エンジニアリング	38	7.9	2.6	2.6	2.6	-	-	-	2.6	2.6	2.6	5.3	-
13.電子・電気・OA機器	172	6.4	8.7	4.7	2.3	2.9	0.6	-	1.2	1.7	5.2	4.7	1.2
14.自動車・輸送用機器	203	5.9	6.4	0.5	-	1.0	-	0.5	1.5	4.9	5.9	23.2	2.5
15.精密・医療機器	82	8.5	4.9	1.2	-	2.4	-	2.4	1.2	1.2	1.2	2.4	3.7
16.印刷・事務機器・日用品	62	16.1	4.8	1.6	1.6	4.8	-	-	3.2	1.6	-	8.1	3.2
17.スポーツ・玩具・ゲーム製品	86	11.6	12.8	2.3	-	-	-	2.3	-	4.7	5.8	-	2.3
18.その他メーカー・製造関連	35	20.0	5.7	2.9	2.9	-	-	-	-	-	5.7	5.7	2.9
19.総合商社	89	20.2	6.7	-	-	-	-	1.1	-	4.5	2.2	5.6	-
20.商社	94	4.3	6.4	3.2	1.1	3.2	1.1	1.1	3.2	5.3	1.1	6.4	1.1
21.百貨店・スーパー・コンビニ	55	5.5	10.9	-	-	-	-	-	1.8	1.8	3.6	5.5	5.5
22.専門店	26	3.8	11.5	-	-	-	-	-	-	-	3.8	-	3.8
23.銀行・証券	325	7.7	9.2	2.2	0.9	0.9	0.9	1.2	1.8	1.2	2.8	6.8	1.5
24.信金・労金・信組	50	10.0	22.0	4.0	2.0	2.0	2.0	2.0	4.0	2.0	2.0	8.0	-
25.クレジット・信販・リース・その他金融	42	11.9	11.9	-	-	-	-	2.4	-	-	4.8	4.8	-
26.生保・損保	100	13.0	7.0	-	-	-	-	1.0	-	2.0	4.0	12.0	-
27.不動産	98	19.4	12.2	1.0	1.0	-	-	-	1.0	-	-	2.0	1.0
28.鉄道・航空	277	17.7	10.5	1.1	0.4	0.4	-	0.4	1.4	3.6	2.2	6.1	0.7
29.陸運・海運・物流	64	9.4	14.1	3.1	3.1	1.6	-	1.6	1.6	-	3.1	1.6	3.1
30.電力・ガス・エネルギー	88	8.0	4.5	3.4	1.1	-	-	-	-	2.3	5.7	11.4	5.7
31.レストラン・給食・フードサービス	15	6.7	20.0	-	-	-	-	-	-	-	6.7	20.0	-
32.ホテル・旅行	126	12.7	6.3	0.8	0.8	0.8	-	0.8	0.8	0.8	2.4	14.3	0.8
33.医療機関・調剤薬局	139	8.6	6.5	2.2	2.2	-	0.7	1.4	0.7	-	2.9	5.0	0.7
34.福祉サービス	26	15.4	3.8	7.7	-	-	-	-	-	-	3.8	7.7	3.8
35.フィットネスクラブ・エステ・理美容	9	-	11.1	-	-	-	-	-	11.1	-	11.1	-	-
36.アミューズメント・レジャー	30	10.0	-	-	-	3.3	-	3.3	3.3	3.3	6.7	16.7	-
37.冠婚葬祭	18	-	11.1	11.1	-	-	-	-	-	-	5.6	5.6	-
38.専門・その他サービス	19	21.1	5.3	-	-	5.3	-	-	5.3	5.3	5.3	5.3	-
39.コンサルティング・シンクタンク・調査	132	15.9	12.9	2.3	-	-	2.3	-	0.8	0.8	3.0	5.3	0.8
40.人材サービス（派遣・紹介）	35	14.3	2.9	-	2.9	2.9	-	-	2.9	-	-	2.9	-
41.教育	107	14.0	7.5	3.7	0.9	0.9	-	-	1.9	2.8	4.7	2.8	1.9
42.ソフトウエア・情報処理・ネット関連	373	9.7	8.3	2.4	1.6	1.3	0.5	0.5	1.9	2.7	1.6	6.7	1.9
43.ゲームソフト	45	6.7	8.9	-	-	2.2	-	-	-	4.4	4.4	22.2	-
44.通信	50	8.0	12.0	2.0	-	-	-	2.0	-	-	-	2.0	-
45.マスコミ（放送・新聞）	150	10.7	13.3	4.0	1.3	-	2.0	-	0.7	0.7	3.3	8.7	1.3
46.マスコミ（出版・広告）	193	17.1	10.4	1.6	1.0	0.5	1.0	1.0	1.6	0.5	0.5	7.8	0.5
47.芸能・エンタテインメント	58	13.8	8.6	-	1.7	-	-	-	1.7	1.7	3.4	3.4	-
48.官公庁・公社・団体	401	10.7	9.0	2.0	1.2	0.5	0.7	1.2	1.0	1.0	2.7	6.2	1.7
49.これら以外のその他	17	17.6	23.5	-	-	-	-	-	-	-	-	5.7	-
50.非該当	157	10.8	8.3	0.6	2.5	0.6	-	-	0.6	-	2.5	5.7	1.3
Q5.就職活動開始時の希望就職先													
1.海外展開もしている企業	1527	12.1	9.2	1.2	0.7	0.7	0.4	0.6	1.6	1.8	2.6	7.9	1.2
2.全国規模の企業であって、全国転勤がある企業	1655	11.1	8.6	1.5	0.8	0.9	0.4	0.6	1.8	2.1	2.7	6.6	1.7
3.全国規模の企業であって、勤務地が特定の地域に限定されている企業	2240	10.2	8.7	1.8	1.3	1.1	0.5	0.6	1.8	2.7	2.6	6.8	1.6
4.主に特定の地域に展開している企業	1497	7.1	7.4	2.5	1.5	0.9	0.8	0.7	2.5	2.6	3.4	8.1	1.9
5.公務員（教員を除く）	735	9.0	8.0	1.9	1.4	0.7	0.5	1.6	2.3	0.8	3.1	6.8	1.6
6.教員	86	9.3	5.8	1.2	1.2	1.2	1.2	-	-	3.5	2.3	9.3	2.3
7.その他	141	13.5	9.2	3.5	-	0.7	-	1.4	-	1.4	2.1	7.1	2.1
8.特に決めていなかった	1101	11.3	9.1	2.0	0.5	1.0	0.7	0.7	1.5	0.8	3.2	5.6	1.3
Q6SQ1.就職活動開始時の希望（地域限定正社員）：応募													
1.是非応募したい	1372	10.3	8.0	2.7	1.0	1.2	1.2	0.7	1.5	1.5	3.1	7.2	1.3
2.処遇に大きな差がなければ応募したい	2692	9.7	9.0	1.4	1.2	1.2	0.5	0.6	2.0	1.9	2.9	6.5	1.9
3.応募したくない	440	10.0	10.9	1.8	0.9	0.2	0.2	0.2	1.1	2.0	1.6	7.7	0.2
4.考えたことがない	1097	12.6	7.6	1.7	0.6	0.5	0.3	0.6	1.1	2.3	3.2	7.1	1.0
Q6SQ1A.就職活動開始時の希望（地域限定正社員）：地域													
1.現在お住まいの都道府県	3114	11.8	9.9	1.8	1.2	1.0	0.5	0.9	1.4	1.7	2.6	7.2	1.7
2.高校卒業時点でお住まいだった都道府県	1705	7.3	8.6	2.5	1.6	1.9	0.5	0.8	3.0	1.2	3.8	6.5	2.1
3.大学・大学院のある都道府県	1368	7.5	12.9	1.4	1.1	1.2	0.3	0.9	1.5	2.6	2.2	5.6	2.0
4.その他の都道府県	747	5.6	6.0	2.7	0.5	0.9	0.9	0.9	1.6	1.5	3.3	3.9	2.4
5.海外	98	16.3	8.2	-	-	-	-	1.0	3.1	2.0	3.1	10.2	1.0
6.特にない	178	5.6	7.9	-	0.6	1.1	1.7	-	1.1	2.2	1.7	4.5	1.7
7.非該当	1537	11.8	8.5	1.8	0.7	0.5	0.3	0.5	1.1	2.2	2.7	7.3	0.8
Q6SQ2.就職活動開始時の希望（職務限定正社員）：応募													
1.是非応募したい	946	10.6	8.0	2.2	1.2	1.3	0.8	1.0	1.3	1.6	2.9	6.8	1.5
2.処遇に大きな差がなければ応募したい	2301	9.3	9.0	2.0	1.1	0.9	0.3	0.7	1.9	2.0	3.1	6.9	1.6
3.応募したくない	787	11.6	10.8	1.5	0.8	0.6	0.9	0.5	1.5	1.9	2.0	7.2	1.1
4.考えたことがない	1567	11.4	7.3	1.6	1.0	1.1	0.3	0.7	1.4	2.0	3.1	6.8	1.5
Q6SQ2A.就職活動開始時の希望（職務限定正社員）：職務													
1.大学・大学院の専攻に直結した仕事	1193	9.1	8.7	2.0	1.3	1.1	0.4	0.8	1.8	2.2	3.8	6.3	1.7
2.一般事務の仕事	809	11.5	8.8	2.1	1.0	1.0	0.9	0.5	1.7	1.5	2.2	6.2	1.7
3.経理、会計の仕事	138	8.0	7.2	2.2	1.4	-	0.7	2.2	1.4	2.9	2.9	9.4	1.4
4.営業の仕事	319	12.5	9.4	0.6	0.3	1.3	-	0.9	1.6	2.2	2.8	9.1	0.3
5.販売の仕事	28	10.7	17.9	3.6	-	-	-	-	-	-	-	7.1	-
6.接客の仕事	139	10.1	12.2	2.9	0.7	-	-	0.7	-	2.2	1.4	5.8	-
7.調査、研究開発の仕事	431	7.0	7.7	1.6	1.4	0.7	0.2	0.9	1.9	1.6	3.0	6.7	2.1
8.生産・建設現場の仕事	69	2.9	8.4	4.3	1.4	2.9	-	-	4.3	1.4	1.4	7.2	2.9
9.運送関係の仕事	14	21.4	14.3	-	-	-	-	-	-	-	-	-	7.1
10.その他	107	9.3	6.5	4.7	0.9	0.9	0.9	0.9	0.9	0.9	5.6	11.2	0.9
11.非該当	2354	11.5	8.5	1.6	0.9	0.9	0.5	0.6	1.4	2.0	2.8	7.0	1.4

F2SQ3.高校卒業時の居住地域

	N	滋賀県	京都府	大阪府	兵庫県	奈良県	和歌山県	鳥取県	島根県	岡山県	広島県	山口県	徳島県
全体	5601	1.9	2.5	7.9	5.5	1.6	0.7	0.4	0.4	1.4	2.5	0.6	0.5
Q4SQ2. 就職活動開始時もっとも希望した業種													
1.農林・水産	64	3.1	3.1	6.3	3.1	-	-	-	-	1.6	-	-	-
2.食品	491	2.2	3.5	11.0	5.7	2.0	0.8	0.6	0.4	2.4	2.9	0.4	0.4
3.建設・設備関連	103	1.9	1.0	8.7	1.9	1.0	1.0	-	-	-	1.9	1.9	-
4.住宅・インテリア	85	3.5	-	8.2	5.9	5.9	1.2	2.4	1.2	-	1.2	-	1.2
5.アパレル・服飾関連	28	-	3.6	3.6	7.1	3.6	-	-	-	10.7	7.1	-	-
6.繊維・紙・パルプ	25	4.0	4.0	12.0	4.0	4.0	-	-	-	-	4.0	-	4.0
7.化学・石油	237	2.1	2.5	8.9	6.3	2.1	0.8	0.4	0.4	2.1	3.0	0.4	1.3
8.薬品・化粧品	276	3.6	1.8	10.9	5.4	2.2	1.4	0.7	-	1.8	2.9	0.4	0.4
9.ゴム・ガラス・セラミックス	16	-	-	12.5	12.5	6.3	-	-	-	-	-	-	-
10.鉄鋼・金属・鉱業	41	-	2.4	12.2	4.9	4.9	4.9	-	2.4	-	-	-	-
11.機械	149	2.0	5.4	7.4	8.1	1.3	-	-	1.3	2.7	2.7	-	-
12.プラント・エンジニアリング	38	2.6	5.3	7.9	2.6	-	-	-	-	5.3	5.3	-	-
13.電子・電気・OA機器	172	1.7	3.5	5.8	7.0	1.7	0.6	0.6	0.6	1.2	1.7	0.6	1.2
14.自動車・輸送用機器	203	3.0	4.4	4.4	5.9	-	1.0	0.5	0.5	2.0	3.4	0.5	-
15.精密・医療機器	82	-	3.7	12.2	2.4	2.4	-	-	-	4.9	-	-	2.4
16.印刷・事務機器・日用品	62	4.8	3.2	11.3	-	-	-	-	-	-	-	-	-
17.スポーツ・玩具・ゲーム製品	86	4.7	1.2	10.5	4.7	2.3	-	-	-	-	1.2	-	1.2
18.その他メーカー・製造関連	35	5.7	5.7	8.6	2.9	-	-	-	-	-	2.9	-	-
19.総合商社	89	-	1.1	11.2	7.9	4.5	-	-	-	-	1.1	1.1	-
20.商社	94	-	2.1	11.7	7.4	-	1.1	-	1.1	-	2.1	2.1	-
21.百貨店・スーパー・コンビニ	55	5.5	3.6	9.1	1.8	-	-	-	-	3.6	1.8	1.8	-
22.専門店	26	-	-	7.7	-	-	15.4	-	-	-	7.7	-	-
23.銀行・証券	325	1.5	1.5	7.4	6.5	3.4	0.6	-	0.9	0.9	3.4	0.6	0.3
24.信金・労金・信組	50	-	2.0	8.0	4.0	-	-	-	2.0	-	4.0	-	-
25.クレジット・信販・リース・その他金融	42	-	-	14.3	16.7	-	-	-	-	-	2.4	-	2.4
26.生保・損保	100	-	1.0	7.0	7.0	3.0	-	-	1.0	1.0	5.0	1.0	-
27.不動産	98	-	-	4.1	6.1	1.0	-	3.1	-	1.0	2.0	-	-
28.鉄道・航空	277	1.8	3.2	7.2	4.7	1.1	0.4	0.7	-	1.1	2.2	1.1	-
29.陸運・海運・物流	64	-	-	3.1	10.9	4.7	-	-	-	3.1	1.6	-	-
30.電力・ガス・エネルギー	88	2.3	3.4	8.0	6.8	-	1.1	-	-	1.1	5.7	-	-
31.レストラン・給食・フードサービス	15	-	6.7	6.7	-	-	-	-	-	-	-	-	-
32.ホテル・旅行	126	1.6	3.2	8.7	4.8	3.2	0.8	0.8	-	1.6	1.6	-	0.8
33.医療機関・調剤薬局	139	0.7	1.4	8.6	4.3	-	-	-	-	3.6	3.6	2.2	1.4
34.福祉サービス	26	-	-	3.8	7.7	3.8	-	-	-	3.8	-	-	-
35.フィットネスクラブ・エステ・理美容	9	-	11.1	-	11.1	-	-	-	-	11.1	-	-	-
36.アミューズメント・レジャー	30	-	6.7	10.0	6.7	-	-	-	-	-	3.3	-	-
37.冠婚葬祭	18	-	5.6	16.7	-	-	-	-	-	-	5.6	-	-
38.専門・その他サービス	19	-	-	10.5	10.5	-	-	-	-	-	-	-	-
39.コンサルティング・シンクタンク・調査	132	3.8	-	8.3	3.8	1.5	-	-	-	-	3.8	0.8	-
40.人材サービス（派遣・紹介）	35	-	-	8.6	8.6	2.9	2.9	-	-	2.9	2.9	-	-
41.教育	107	1.9	4.7	5.6	2.8	-	0.9	-	-	-	2.8	0.9	-
42.ソフトウエア・情報処理・ネット関連	373	1.3	2.9	5.4	5.1	1.6	1.6	0.3	-	1.1	3.2	0.8	0.3
43.ゲームソフト	45	-	2.2	6.7	2.2	2.2	-	-	-	2.2	-	-	-
44.通信	50	2.0	-	12.0	6.0	-	-	-	2.0	-	4.0	2.0	-
45.マスコミ（放送・新聞）	150	0.7	2.7	8.0	4.0	0.7	-	-	0.7	1.3	2.0	1.3	2.0
46.マスコミ（出版・広告）	193	1.6	2.1	4.7	3.1	2.1	0.5	0.5	0.5	1.0	1.6	0.5	1.0
47.芸能・エンタテインメント	58	-	5.2	6.9	5.2	1.7	1.7	3.4	-	3.4	1.7	1.7	-
48.官公庁・公社・団体	401	1.2	1.5	7.0	3.7	0.5	-	0.5	0.7	0.7	1.2	0.5	1.5
49.これら以外のその他	17	5.9	-	5.9	-	-	-	-	-	-	5.9	-	-
50.非該当	157	5.1	2.5	6.4	12.1	-	-	-	-	1.3	1.9	0.6	-
Q5. 就職活動開始時の希望就職先													
1.海外展開もしている企業	1527	1.5	2.9	9.0	4.8	1.7	0.8	0.4	0.2	1.0	2.1	0.6	0.4
2.全国規模の企業であって、全国転勤がある企業	1655	1.7	2.8	9.7	5.4	2.0	1.0	0.3	0.4	0.9	2.5	0.8	0.4
3.全国規模の企業であって、勤務地が特定の地域に限定されている企業	2240	1.7	2.9	7.5	5.0	1.3	0.7	0.4	0.4	1.5	3.0	0.6	0.2
4.主に特定の地域に展開している企業	1497	1.5	2.4	5.7	4.9	1.2	0.8	0.6	0.6	2.1	2.7	1.0	0.2
5.公務員（教員を除く）	735	1.1	2.0	7.3	3.8	1.2	0.4	0.4	0.3	1.0	2.0	0.7	1.1
6.教員	86	1.2	3.5	8.1	5.8	2.3	-	-	1.2	-	2.3	1.2	-
7.その他	141	1.4	2.8	5.7	5.7	2.1	0.7	-	-	0.7	1.4	-	2.1
8.特に決めていなかった	1101	2.5	2.0	8.5	6.9	1.9	0.7	0.4	0.3	1.5	2.3	0.4	0.6
Q6SQ1. 就職活動開始時の希望（地域限定正社員）：応募													
1.是非応募したい	1372	1.2	2.3	6.7	4.5	1.3	0.5	0.7	0.5	1.7	2.6	0.8	0.7
2.処遇に大きな差がなければ応募したい	2692	2.0	2.6	7.6	5.8	1.7	0.9	0.4	0.3	1.3	2.6	0.6	0.5
3.応募したくない	440	2.0	2.7	9.3	3.9	3.2	0.2	-	0.5	0.9	2.5	0.5	0.2
4.考えたことがない	1097	2.4	2.5	9.7	6.7	1.0	0.6	0.3	0.3	1.7	2.1	0.5	0.6
Q6SQ1A.就職活動開始時の希望（地域限定正社員）：地域													
1.現在お住まいの都道府県	3114	1.6	2.6	8.3	5.4	1.6	0.6	0.4	0.3	1.3	2.5	0.5	0.3
2.高校卒業時点でお住まいだった都道府県	1705	1.8	2.6	6.3	5.1	1.9	0.9	0.5	0.6	1.7	2.5	0.8	0.5
3.大学・大学院のある都道府県	1368	2.1	2.3	6.4	5.6	2.1	1.0	0.3	0.3	1.3	2.1	0.8	0.6
4.その他の都道府県	747	2.3	2.5	5.9	6.6	1.7	1.6	0.3	0.7	1.5	2.1	0.9	0.9
5.海外	98	-	1.0	5.1	6.1	1.0	-	-	-	-	-	-	1.0
6.特にない	178	3.4	1.1	8.4	6.7	2.8	-	0.6	-	1.7	5.1	2.2	1.1
7.非該当	1537	2.3	2.5	9.6	5.9	1.6	0.5	0.4	0.3	1.5	2.2	0.5	0.6
Q6SQ2.就職活動開始時の希望（職務限定正社員）：応募													
1.是非応募したい	946	1.4	2.6	7.3	5.5	1.2	0.5	0.5	0.3	1.2	2.5	0.6	0.5
2.処遇に大きな差がなければ応募したい	2301	1.9	2.8	7.7	5.1	1.2	0.9	0.5	0.5	1.1	2.5	0.6	0.6
3.応募したくない	787	1.8	2.0	7.2	4.4	2.5	0.5	0.3	0.4	0.9	3.4	0.8	0.3
4.考えたことがない	1567	2.2	2.2	8.9	6.5	1.9	0.6	0.3	0.4	2.4	2.0	0.6	0.6
Q6SQ2A.就職活動開始時の希望（職務限定正社員）：職務													
1.大学・大学院の専攻に直結した仕事	1193	1.8	3.1	7.3	4.9	1.1	0.6	0.4	0.3	0.8	2.3	0.3	0.3
2.一般事務の仕事	809	1.7	1.5	6.2	5.7	1.5	0.7	0.7	0.4	2.0	2.6	0.7	1.0
3.経理、会計の仕事	138	2.2	2.9	5.8	4.3	2.2	0.7	-	-	-	2.9	0.7	0.7
4.営業の仕事	319	1.6	3.1	11.6	6.3	1.3	0.6	0.3	-	-	2.5	1.3	0.3
5.販売の仕事	28	7.1	-	14.3	7.1	-	3.6	-	-	-	3.6	-	-
6.接客の仕事	139	0.7	7.2	9.4	2.2	1.4	1.4	-	-	0.7	4.3	-	1.4
7.調査、研究開発の仕事	431	1.9	2.6	6.7	6.5	1.2	0.9	0.7	0.2	1.9	3.2	-	0.9
8.生産・建設現場の仕事	69	-	1.4	10.1	4.3	-	1.4	-	-	1.4	-	1.4	-
9.運送関係の仕事	14	14.3	7.1	-	-	-	-	-	-	-	-	7.1	-
10.その他	107	-	1.9	11.2	3.7	-	0.9	-	-	0.9	-	1.9	-
11.非該当	2354	2.1	2.2	8.4	5.8	2.1	0.6	0.3	0.4	1.9	2.5	0.6	0.5

F2SQ3.高校卒業時の居住地域

全体	N	香川県	愛媛県	高知県	福岡県	佐賀県	長崎県	熊本県	大分県	宮崎県	鹿児島県	沖縄県	海外
全体	5601	0.6	1.0	0.2	3.1	0.5	1.0	0.8	0.5	0.6	0.6	0.6	0.9
Q4SQ2.就職活動開始時もっとも希望した業種													
1.農林・水産	64	-	1.6	-	6.3	-	-	-	-	-	1.6	-	-
2.食品	491	0.4	0.6	-	3.1	0.4	0.8	0.8	0.4	0.2	0.2	-	0.8
3.建設・設備関連	103	1.0	-	-	4.9	-	1.0	1.9	-	-	-	1.0	-
4.住宅・インテリア	85	-	2.4	-	4.7	1.2	2.4	-	-	-	-	1.2	1.2
5.アパレル・服飾関連	28	-	-	-	-	-	-	-	-	-	3.6	-	-
6.繊維・紙・パルプ	25	-	-	-	-	-	-	4.0	4.0	-	-	-	-
7.化学・石油	237	1.3	0.8	0.4	3.0	0.4	1.3	1.3	0.8	1.7	0.8	-	-
8.薬品・化粧品	276	0.7	0.4	0.4	2.9	0.4	2.9	1.8	1.1	0.7	2.2	-	0.4
9.ゴム・ガラス・セラミックス	16	-	-	-	-	-	-	-	6.3	-	-	-	-
10.鉄鋼・金属・鉱業	41	2.4	2.4	-	2.4	-	-	-	-	-	-	-	2.4
11.機械	149	2.0	1.3	-	0.7	0.7	1.3	1.3	-	1.3	-	1.3	1.3
12.プラント・エンジニアリング	38	-	-	-	10.5	-	5.3	2.6	-	-	2.6	-	-
13.電子・電気・OA機器	172	1.2	-	0.6	1.7	-	0.6	1.2	-	-	0.6	1.2	1.2
14.自動車・輸送用機器	203	-	0.5	-	2.0	0.5	0.5	-	0.5	1.0	-	0.5	2.0
15.精密・医療機器	82	-	2.4	-	1.2	1.2	-	-	3.7	-	1.2	2.4	-
16.印刷・事務機器・日用品	62	-	3.2	1.6	1.6	-	-	-	-	-	-	1.6	1.6
17.スポーツ・玩具・ゲーム製品	86	-	-	-	2.3	-	-	1.2	1.2	1.2	1.2	-	-
18.その他メーカー・製造関連	35	-	2.9	-	5.7	-	-	2.9	-	-	-	-	-
19.総合商社	89	-	1.1	1.1	-	1.1	-	-	-	-	1.1	1.1	5.6
20.商社	94	1.1	-	1.1	2.1	-	2.1	-	1.1	2.1	-	-	1.1
21.百貨店・スーパー・コンビニ	55	-	1.8	1.8	3.6	1.8	-	-	-	1.8	1.8	-	1.8
22.専門店	26	-	3.8	-	7.7	-	-	3.8	-	-	3.8	3.8	-
23.銀行・証券	325	0.3	0.9	-	3.4	0.9	1.5	0.9	-	0.6	-	-	0.9
24.信金・労金・信組	50	-	2.0	-	-	-	-	-	-	-	-	-	-
25.クレジット・信販・リース・その他金融	42	2.4	-	2.4	2.4	-	-	-	-	-	2.4	-	-
26.生保・損保	100	1.0	2.0	2.0	5.0	-	-	1.0	-	1.0	1.0	1.0	1.0
27.不動産	98	-	-	-	5.1	-	1.0	2.0	-	-	1.0	-	-
28.鉄道・航空	277	-	1.1	-	4.0	-	1.4	0.7	0.4	-	0.4	0.4	0.7
29.陸運・海運・物流	64	-	1.6	-	4.7	-	-	-	1.6	-	-	-	-
30.電力・ガス・エネルギー	88	2.3	-	-	2.3	2.3	1.1	-	-	1.1	-	1.1	-
31.レストラン・給食・フードサービス	15	-	-	-	-	-	-	-	-	-	-	-	6.7
32.ホテル・旅行	126	-	0.8	-	3.2	-	-	0.8	1.6	1.6	-	0.8	2.4
33.医療機関・調剤薬局	139	0.7	1.4	0.7	3.6	0.7	-	1.4	-	-	0.7	0.7	0.7
34.福祉サービス	26	-	-	-	-	-	-	3.8	-	-	-	3.8	-
35.フィットネスクラブ・エステ・理美容	9	-	-	-	-	-	-	-	11.1	-	11.1	-	-
36.アミューズメント・レジャー	30	-	3.3	-	3.3	-	-	-	-	-	-	-	-
37.冠婚葬祭	18	5.6	-	-	5.6	-	-	-	-	-	-	-	-
38.専門・その他サービス	19	-	-	-	-	-	-	-	-	-	-	-	-
39.コンサルティング・シンクタンク・調査	132	-	-	-	1.5	0.8	-	2.3	-	0.8	1.5	-	1.5
40.人材サービス（派遣・紹介）	35	2.9	-	-	5.7	-	-	2.9	-	-	2.9	2.9	2.9
41.教育	107	-	1.9	-	1.9	-	1.9	0.9	-	0.9	0.9	0.9	-
42.ソフトウエア・情報処理・ネット関連	373	0.3	1.6	-	3.2	0.8	1.3	-	0.3	0.3	0.5	1.3	1.1
43.ゲームソフト	45	-	-	-	-	-	-	-	-	-	-	2.2	-
44.通信	50	2.0	-	-	8.0	2.0	2.0	-	-	-	4.0	2.0	2.0
45.マスコミ（放送・新聞）	150	0.7	0.7	-	2.7	0.7	-	0.7	0.7	2.0	-	-	1.3
46.マスコミ（出版・広告）	193	1.0	1.6	0.5	3.1	-	1.0	1.6	-	-	-	2.1	-
47.芸能・エンタテインメント	58	-	-	-	5.2	1.7	1.7	-	-	-	-	-	1.7
48.官公庁・公社・団体	401	1.0	1.0	-	3.5	0.2	0.7	1.0	0.5	1.2	0.7	0.2	0.2
49.これら以外のその他	17	-	-	-	5.9	-	5.9	-	-	-	-	-	-
50.非該当	157	0.6	1.9	0.6	2.5	0.6	1.3	-	2.5	-	0.6	-	0.6
Q5.就職活動開始時の希望就職先													
1.海外展開もしている企業	1527	0.3	0.7	0.1	3.2	0.7	0.8	1.0	0.4	0.7	0.9	0.7	2.6
2.全国規模の企業であって、全国転勤がある企業	1655	0.5	0.8	0.1	2.9	0.5	0.6	0.8	0.3	0.7	0.7	0.5	1.0
3.全国規模の企業であって、勤務地が特定の地域に限定されている企業	2240	0.6	1.0	0.3	2.9	0.5	0.9	0.5	0.4	0.6	0.4	0.7	0.6
4.主に特定の地域に展開している企業	1497	0.9	1.4	0.2	3.8	0.6	1.3	0.7	0.6	0.4	0.4	0.6	0.5
5.公務員（教員を除く）	735	1.1	1.2	0.1	3.5	0.4	1.2	1.2	0.4	1.1	0.8	0.4	-
6.教員	86	-	1.2	-	2.3	-	2.3	-	-	-	2.3	-	1.2
7.その他	141	-	-	-	1.4	-	0.7	0.7	-	-	-	-	0.7
8.特に決めていなかった	1101	0.4	1.0	0.4	2.8	0.5	1.1	0.5	0.3	0.5	0.5	0.5	0.5
Q6SQ1.就職活動開始時の希望（地域限定正社員）：応募													
1.是非応募したい	1372	0.9	1.1	0.2	3.1	0.4	1.2	0.4	0.8	0.5	0.6	0.9	0.6
2.処遇に大きな差がなければ応募したい	2692	0.4	1.0	0.3	3.0	0.5	0.9	0.9	0.3	0.6	0.5	0.4	0.4
3.応募したくない	440	0.5	0.7	0.2	2.7	0.2	2.0	1.4	0.5	0.7	0.7	0.9	1.6
4.考えたことがない	1097	0.6	0.7	0.2	3.2	0.4	0.6	1.0	0.5	0.5	0.8	0.6	1.0
Q6SQ1A.就職活動開始時の希望（地域限定正社員）：地域													
1.現在お住まいの都道府県	3114	0.5	1.0	0.2	3.1	0.3	0.8	0.6	0.5	0.4	0.2	0.4	0.6
2.高校卒業時点でお住まいだった都道府県	1705	0.7	1.1	0.4	3.0	0.6	1.5	0.9	0.6	0.6	0.5	0.4	-
3.大学・大学院のある都道府県	1368	0.4	1.0	-	2.0	0.3	1.1	0.9	0.5	0.4	0.4	0.4	0.5
4.その他の都道府県	747	1.2	1.2	-	3.1	0.7	2.1	1.1	0.7	0.8	0.9	0.7	0.7
5.海外	98	-	2.0	-	4.1	1.0	2.0	2.0	-	-	-	-	7.1
6.特にない	178	0.6	2.2	0.6	-	-	0.6	0.6	0.6	0.6	1.1	1.7	1.1
7.非該当	1537	0.6	0.7	0.2	3.1	0.5	1.0	1.1	0.5	0.5	0.8	0.6	1.2
Q6SQ2.就職活動開始時の希望（職務限定正社員）：応募													
1.是非応募したい	946	0.7	1.3	0.4	3.2	0.4	1.0	0.8	0.4	0.5	0.5	0.3	0.7
2.処遇に大きな差がなければ応募したい	2301	0.7	1.0	0.2	3.2	0.3	1.0	0.5	0.4	0.7	0.6	0.7	1.1
3.応募したくない	787	0.4	0.5	0.3	1.8	0.8	1.3	1.3	0.4	0.4	0.6	0.5	1.3
4.考えたことがない	1567	0.4	1.0	0.2	3.4	0.5	1.0	0.7	0.4	0.7	0.7	0.4	0.7
Q6SQ2A.就職活動開始時の希望（職務限定正社員）：職務													
1.大学・大学院の専攻に直結した仕事	1193	0.8	0.9	0.2	3.2	0.4	1.3	0.7	0.3	0.4	0.8	0.6	0.9
2.一般事務の仕事	809	0.6	1.2	0.2	4.0	0.2	0.6	0.4	0.1	0.5	0.2	0.2	0.6
3.経理、会計の仕事	138	-	0.7	2.2	2.9	-	0.7	-	2.2	-	0.7	0.7	0.7
4.営業の仕事	319	0.6	1.9	-	1.6	0.6	1.3	0.9	0.6	0.3	-	0.6	0.6
5.販売の仕事	28	-	-	-	-	-	-	-	-	-	-	-	3.6
6.接客の仕事	139	-	1.4	-	2.2	-	-	-	-	-	-	-	1.4
7.調査、研究開発の仕事	431	0.9	0.7	0.2	2.6	0.5	0.7	0.2	0.9	1.9	0.7	1.2	2.1
8.生産・建設現場の仕事	69	1.4	2.9	-	4.3	1.4	4.3	4.3	-	-	-	1.4	-
9.運送関係の仕事	14	-	-	-	-	-	-	7.1	-	-	-	-	-
10.その他	107	-	-	-	7.5	-	-	0.9	-	2.8	2.8	1.9	-
11.非該当	2354	0.4	0.8	0.2	2.8	0.6	1.1	1.1	0.6	0.4	0.7	0.6	0.7

F2SQ3.高校卒業時の居住地域

	N	北海道	青森県	岩手県	宮城県	秋田県	山形県	福島県	茨城県	栃木県	群馬県	埼玉県	千葉県
全体	5601	3.2	0.7	0.8	1.9	0.7	0.8	1.2	2.4	1.4	1.4	5.8	4.6
Q6SQ3. 就職活動開始時の希望（勤務時間限定正社員）：応募													
1. 是非応募したい	869	4.0	1.3	0.8	1.8	0.9	0.5	1.7	2.9	0.9	1.3	5.5	4.8
2. 処遇に大きな差がなければ応募したい	2035	3.4	0.4	0.9	2.1	0.6	1.0	0.9	2.3	1.8	1.7	5.8	5.5
3. 応募したくない	619	1.9	0.6	0.5	1.0	0.5	0.6	0.6	2.1	1.6	1.1	7.3	5.7
4. 考えたことがない	2078	3.1	0.7	0.9	2.0	0.7	0.7	1.4	2.3	1.2	1.2	5.5	3.5
Q6SQ3A. 就職活動開始時の希望（勤務時間限定正社員）：時間													
1. 1時間	13	23.1	-	-	7.7	-	-	7.7	-	-	-	7.7	-
2. 2時間	8	-	-	-	-	-	-	-	-	-	-	12.5	-
3. 3時間	7	-	-	-	14.3	-	-	-	14.3	-	-	-	28.6
4. 4時間	23	4.3	-	8.7	4.3	-	-	-	4.3	4.3	-	-	4.3
5. 5時間	56	7.1	-	-	-	-	-	-	10.7	3.6	3.6	5.4	7.1
6. 6時間	226	3.5	1.3	1.8	1.8	1.3	0.4	1.8	2.7	0.9	0.4	5.8	8.0
7. 7時間	191	5.8	0.5	-	1.6	-	0.5	0.5	3.1	1.0	1.6	6.8	4.7
8. 8時間（ただし、残業ががない）	2380	3.2	0.7	0.8	2.1	0.7	1.0	1.2	2.2	1.6	1.7	5.7	5.0
9. 非該当	2697	2.9	0.7	0.8	1.7	0.7	0.7	1.2	2.3	1.3	1.2	5.9	4.0
Q7. 就職活動終了状況													
1. 終えた	3744	2.9	0.6	0.9	2.0	0.7	0.9	1.1	2.2	1.4	1.5	5.6	4.5
2. 続けている	1857	4.0	0.8	0.8	1.7	0.6	0.6	1.3	2.7	1.5	1.2	6.2	4.8
Q8. 就職活動終了時期													
1. 2016年6月以前	70	7.1	-	1.4	4.3	2.9	1.4	4.3	1.4	-	-	7.1	5.7
2. 2016年7月	27	-	3.7	-	3.7	3.7	-	-	-	-	-	3.7	3.7
3. 2016年8月	-	-	-	-	-	-	-	-	-	-	-	-	-
4. 2016年9月	1	-	-	-	-	-	100.0	-	-	-	-	-	-
5. 2016年10月	2	-	-	-	-	-	50.0	-	-	-	-	-	-
6. 2016年11月	2	-	-	-	-	-	-	-	-	-	-	50.0	-
7. 2016年12月	1	-	-	-	-	-	-	-	-	-	-	-	-
8. 2017年1月	2	-	-	-	-	-	-	-	-	-	-	-	-
9. 2017年2月	19	5.3	-	5.3	5.3	5.3	-	-	-	-	-	5.3	15.8
10. 2017年3月	62	3.2	-	-	1.6	-	-	-	-	1.6	1.6	1.6	6.5
11. 2017年4月	284	2.8	0.4	1.4	1.1	1.4	2.1	1.4	2.1	1.1	1.8	4.9	3.5
12. 2017年5月	666	3.9	0.6	0.6	1.5	0.5	0.8	0.8	2.6	0.9	1.2	4.8	4.2
13. 2017年6月	2078	2.6	0.8	0.8	1.8	0.6	0.7	1.2	2.4	1.7	1.6	6.4	4.5
14. 2017年7月	274	1.5	-	0.4	3.3	0.7	0.7	1.1	1.1	0.7	1.5	4.7	4.7
15. 無回答	256	2.7	0.8	2.0	3.5	0.8	0.8	1.2	2.7	1.6	1.6	3.1	5.1
16. 非該当	1857	4.0	0.8	0.8	1.7	0.6	0.6	1.3	2.7	1.5	1.2	6.2	4.8
Q9. 就職活動終了理由													
1. 希望する就職先の内定を得たから	3133	2.9	0.7	0.9	1.9	0.7	0.8	1.3	2.2	1.4	1.4	5.6	4.3
2. 希望していた就職先ではないが、内定を得たから	557	2.3	0.5	0.9	2.2	0.7	0.9	0.2	2.0	1.1	2.2	5.9	5.9
3. 内定を得ていないが、希望する就職先が他になく、留年することにしたから	11	-	-	-	9.1	9.1	9.1	-	9.1	-	-	-	9.1
4. 大学院に進学することにしたから	25	4.0	-	-	4.0	-	4.0	-	-	4.0	-	-	4.0
5. 海外に留学することにしたから	3	-	-	-	33.3	-	-	-	-	-	-	-	-
6. 家業を継ぐことにしたから	2	-	-	-	-	-	-	-	-	-	-	-	-
7. その他	13	15.4	-	-	-	-	-	-	-	7.7	-	-	7.7
8. 非該当	1857	4.0	0.8	0.8	1.7	0.6	0.6	1.3	2.7	1.5	1.2	6.2	4.8
Q10. 就職予定先企業の業種													
1. 農林・水産	27	25.9	-	-	3.7	3.7	3.7	-	-	-	-	-	3.7
2. 食品	178	5.1	1.1	0.6	0.6	0.6	0.6	0.6	0.6	2.2	0.6	6.2	6.2
3. 建設・設備関連	121	5.0	1.7	1.7	0.8	4.1	-	0.8	1.7	0.8	1.7	4.1	5.8
4. 住宅・インテリア	57	3.5	-	-	1.8	-	3.5	-	1.8	1.8	-	5.3	3.5
5. アパレル・服飾関連	25	-	-	-	-	-	-	-	-	8.0	-	4.0	4.0
6. 繊維・紙・パルプ	24	8.3	-	-	-	-	-	4.2	-	4.2	-	8.3	-
7. 化学・石油	159	2.5	1.9	0.6	1.9	0.6	0.6	0.6	2.5	3.1	3.1	4.4	1.3
8. 薬品・化粧品	169	1.2	0.6	3.0	3.0	1.2	1.2	0.6	3.0	-	1.2	4.7	4.7
9. ゴム・ガラス・セラミックス	27	-	-	-	-	-	-	-	11.1	-	-	7.4	3.7
10. 鉄鋼・金属・鉱業	65	4.6	-	-	3.1	-	-	1.5	4.6	-	-	4.6	4.6
11. 機械	118	3.4	1.7	1.7	4.2	0.8	0.8	0.8	1.7	-	1.7	2.5	1.7
12. プラント・エンジニアリング	34	-	-	-	-	-	5.9	2.9	2.9	-	2.9	5.9	-
13. 電子・電気・OA機器	194	1.0	0.5	1.0	4.6	0.5	0.5	3.1	2.1	1.0	2.1	3.6	5.7
14. 自動車・輸送用機器	200	1.5	1.0	0.5	1.0	0.5	1.0	-	3.5	3.5	1.5	6.0	0.5
15. 精密・医療機器	73	-	-	1.4	1.4	-	-	-	2.7	1.4	4.1	5.5	5.5
16. 印刷・事務機器・日用品	39	2.6	-	-	-	2.6	-	2.6	2.6	2.6	2.6	15.4	15.4
17. スポーツ・玩具・ゲーム製品	18	-	-	5.6	-	-	-	-	-	-	-	11.1	-
18. その他メーカー・製造関連	34	-	-	-	2.9	-	-	-	2.9	5.9	-	14.7	2.9
19. 総合商社	17	5.9	-	-	5.9	5.9	-	-	-	-	5.9	-	5.9
20. 商社	84	-	-	-	4.8	-	-	1.2	-	1.2	2.4	9.5	2.4
21. 百貨店・スーパー・コンビニ	67	-	-	-	4.5	-	-	1.5	3.0	-	-	4.5	7.5
22. 専門店	56	3.6	-	1.8	1.8	1.8	-	-	1.8	-	1.8	5.4	3.6
23. 銀行・証券	224	2.7	0.9	0.9	0.9	0.4	0.9	1.3	1.3	1.3	0.9	3.1	6.7
24. 信金・労金・信組	61	4.9	-	-	-	-	1.6	3.3	3.3	-	-	3.3	4.9
25. クレジット・信販・リース・その他金融	54	3.7	-	-	1.9	-	1.9	-	1.9	-	-	7.4	-
26. 生保・損保	112	2.7	0.9	0.9	3.6	-	-	-	1.8	1.8	0.9	5.4	6.3
27. 不動産	65	1.5	-	-	-	-	3.1	-	1.5	3.1	-	12.3	6.2
28. 鉄道・航空	98	3.1	-	2.0	2.0	2.0	2.0	2.0	2.0	8.2	1.0	5.1	2.0
29. 陸運・海運・物流	64	3.1	-	-	6.3	-	1.6	1.6	3.1	-	1.6	6.3	7.8
30. 電力・ガス・エネルギー	49	4.1	2.0	2.0	2.0	-	2.0	-	-	2.0	-	4.1	2.0
31. レストラン・給食・フードサービス	14	-	7.1	-	-	-	-	-	14.3	-	7.1	-	-
32. ホテル・旅行	63	1.6	-	-	-	1.6	-	1.6	3.2	1.6	-	7.9	4.8
33. 医療機関・調剤薬局	100	2.0	-	1.0	2.0	-	2.0	3.0	3.0	-	1.0	10.0	5.0
34. 福祉サービス	23	-	-	-	4.3	-	4.3	4.3	-	-	13.0	13.0	-
35. フィットネスクラブ・エステ・理美容	5	-	20.0	-	-	-	-	-	-	-	-	20.0	20.0
36. アミューズメント・レジャー	12	-	-	-	-	-	-	-	-	-	-	8.3	-
37. 冠婚葬祭	7	-	-	-	-	-	-	14.3	-	-	-	14.3	14.3
38. 専門・その他サービス	58	3.4	-	1.7	-	-	-	-	5.2	-	3.4	5.2	1.7
39. コンサルティング・シンクタンク・調査	108	3.7	-	0.9	-	-	1.9	-	-	0.9	1.9	7.4	5.6
40. 人材サービス（派遣・紹介）	43	7.0	-	2.3	2.3	-	-	-	4.7	2.3	7.0	7.0	
41. 教育	51	-	-	-	3.9	-	2.0	2.0	-	2.0	2.0	11.8	7.8
42. ソフトウエア・情報処理・ネット関連	429	3.3	0.7	0.5	0.9	0.5	0.7	0.7	1.6	1.4	1.9	4.7	5.8
43. ゲームソフト	7	-	-	14.3	28.6	-	-	-	-	-	-	14.3	-
44. 通信	63	1.6	-	-	1.6	-	-	1.6	1.6	3.2	-	7.9	3.2
45. マスコミ（放送・新聞）	33	3.0	3.0	6.1	-	-	-	-	-	-	3.0	-	-
46. マスコミ（出版・広告）	46	-	-	-	2.2	-	-	2.2	-	-	2.2	6.5	6.5
47. 芸能・エンタテインメント	13	-	-	-	7.7	-	7.7	-	-	-	-	-	-
48. 官公庁・公社・団体	83	6.0	-	-	1.2	1.2	1.2	1.2	3.6	3.6	2.4	6.0	6.0
49. これら以外のその他	19	-	5.3	-	-	-	-	5.3	-	-	-	-	-
50. 非該当	1911	4.0	0.7	0.7	1.8	0.6	0.7	1.3	2.7	1.5	1.2	6.1	4.9

F2SQ3.高校卒業時の居住地域

	N	東京都	神奈川県	新潟県	富山県	石川県	福井県	山梨県	長野県	岐阜県	静岡県	愛知県	三重県
全体	5601	10.4	8.6	1.8	1.0	1.0	0.5	0.7	1.6	1.9	2.9	6.9	1.5
Q6SQ3.就職活動開始時の希望（勤務時間限定正社員）：応募													
1.是非応募したい	869	9.3	7.2	2.2	0.9	1.2	0.8	1.0	1.0	1.6	3.0	6.8	1.7
2.処遇に大きな差がなければ応募したい	2035	10.2	8.1	1.9	1.3	1.0	0.2	0.7	1.8	2.0	2.7	6.4	1.4
3.応募したくない	619	13.4	11.3	1.0	0.8	1.3	0.6	0.5	1.5	2.4	2.6	6.9	1.1
4.考えたことがない	2078	10.3	8.9	1.9	0.9	0.8	0.6	0.6	1.3	1.8	3.2	7.5	1.5
Q6SQ3A.就職活動開始時の希望（勤務時間限定正社員）：時間													
1.1時間	13	-	7.7	-	-	-	-	-	-	-	7.7	-	-
2.2時間	8	-	-	-	12.5	-	-	-	-	-	-	12.5	12.5
3.3時間	7	-	-	-	-	-	-	-	-	-	-	-	-
4.4時間	23	13.0	-	4.3	-	4.3	-	-	-	-	4.3	-	-
5.5時間	56	5.4	5.4	3.6	-	-	1.8	1.8	1.8	3.6	3.6	10.7	1.8
6.6時間	226	9.3	7.1	1.3	0.4	1.8	0.4	1.3	1.8	0.4	2.7	4.9	1.3
7.7時間	191	8.9	9.4	1.6	0.5	0.5	0.5	1.6	-	1.0	2.1	4.2	1.0
8.8時間（ただし、残業がない）	2380	10.3	8.0	2.0	1.3	1.0	0.3	0.7	2.0	2.0	2.8	6.8	1.6
9.非該当	2697	11.0	9.4	1.7	0.9	0.9	0.6	0.6	1.4	2.0	3.0	7.3	1.4
Q7.就職活動終了状況													
1.終えた	3744	10.8	9.2	1.8	1.1	1.2	0.4	0.7	1.7	2.1	3.0	6.6	1.5
2.続けている	1857	9.7	7.4	1.9	0.9	0.6	0.6	0.8	1.5	1.5	2.7	7.5	1.4
Q8.就職活動終了時期													
1.２０１６年６月以前	70	4.3	8.6	-	-	-	1.4	1.4	-	1.4	4.3	5.7	-
2.２０１６年７月	27	18.5	-	-	3.7	-	-	-	-	-	7.4	3.7	7.4
3.２０１６年８月	-	-	-	-	-	-	-	-	-	-	-	-	-
4.２０１６年９月	1	-	-	-	-	-	-	-	-	-	-	-	-
5.２０１６年１０月	2	50.0	-	-	-	-	-	-	-	-	-	-	-
6.２０１６年１１月	2	-	-	-	-	-	-	-	-	-	-	-	-
7.２０１６年１２月	1	-	-	100.0	-	-	-	-	-	-	-	-	-
8.２０１７年１月	2	50.0	50.0	-	-	-	-	-	-	-	-	-	-
9.２０１７年２月	19	26.3	5.3	-	-	-	-	-	-	-	-	5.3	-
10.２０１７年３月	62	17.7	12.9	1.6	-	-	-	1.6	1.6	4.8	1.6	6.5	-
11.２０１７年４月	284	10.6	11.3	2.5	1.1	0.4	-	0.7	0.7	2.1	3.2	7.0	0.7
12.２０１７年５月	666	10.8	8.9	2.4	1.2	1.4	0.5	0.8	2.1	3.0	2.9	6.0	1.1
13.２０１７年６月	2078	10.4	9.4	1.8	1.2	1.2	0.4	0.6	1.7	1.9	3.4	6.4	1.7
14.２０１７年７月	274	13.5	8.4	1.8	1.1	1.1	0.4	1.1	0.7	1.1	1.5	9.9	1.5
15.無回答	256	8.6	7.4	0.8	1.2	2.3	0.8	0.8	2.7	2.7	1.2	7.4	2.0
16.非該当	1857	9.7	7.4	1.9	0.9	0.6	0.6	0.8	1.5	1.5	2.7	7.5	1.4
Q9.就職活動終了理由													
1.希望する就職先の内定を得たから	3133	10.7	9.4	1.9	1.2	1.2	0.4	0.7	1.8	2.2	3.1	6.5	1.6
2.希望していた就職先ではないが、内定を得たから	557	11.7	8.1	1.6	0.7	1.6	0.5	0.5	1.3	2.0	2.2	7.5	0.9
3.内定を得ていないが、希望する就職先が他になく、留年することにしたから	11	27.3	9.1	-	-	-	-	-	-	-	9.1	-	-
4.大学院に進学することにしたから	25	8.0	24.0	-	4.0	-	-	-	-	-	4.0	8.0	4.0
5.海外に留学することにしたから	3	-	-	-	-	-	-	-	-	-	-	-	-
6.家業を継ぐことにしたから	2	-	-	-	-	-	-	-	-	-	-	-	-
7.その他	13	-	-	7.7	-	-	-	-	7.7	-	7.7	7.7	-
8.非該当	1857	9.7	7.4	1.9	0.9	0.6	0.6	0.8	1.5	1.5	2.7	7.5	1.4
Q10.就職予定先企業の業種													
1.農林・水産	27	7.4	3.7	3.7	-	-	-	3.7	-	3.7	11.1	-	-
2.食品	178	7.9	6.2	1.7	1.1	1.1	-	1.1	2.8	1.7	6.2	6.2	4.5
3.建設・設備関連	121	5.8	9.1	1.7	2.5	1.7	-	-	2.5	2.5	4.1	5.8	0.8
4.住宅・インテリア	57	8.8	8.8	1.8	-	-	-	-	-	5.3	1.8	7.0	-
5.アパレル・服飾関連	25	8.0	20.0	-	-	-	-	4.0	-	-	4.0	12.0	-
6.繊維・紙・パルプ	24	8.3	4.2	4.2	-	4.2	-	-	-	-	4.2	8.3	4.2
7.化学・石油	159	7.5	6.3	1.3	-	-	0.6	0.6	2.5	3.1	2.5	6.9	1.3
8.薬品・化粧品	169	7.7	8.3	0.6	1.8	0.8	1.8	0.6	1.8	1.2	1.8	4.1	1.2
9.ゴム・ガラス・セラミックス	27	3.7	3.7	-	-	-	-	-	-	-	-	11.1	-
10.鉄鋼・金属・鉱業	65	4.6	9.2	3.1	-	4.6	-	-	1.5	7.7	1.5	3.1	1.5
11.機械	118	6.8	10.2	1.7	5.1	2.5	-	1.7	0.8	1.7	1.7	5.1	3.4
12.プラント・エンジニアリング	34	11.8	5.9	5.9	-	-	-	-	-	-	2.9	2.9	2.9
13.電子・電気・OA機器	194	9.3	7.2	2.6	1.0	1.0	-	0.5	1.5	4.1	5.2	5.2	1.0
14.自動車・輸送用機器	200	7.5	4.0	-	-	1.5	-	0.5	0.5	2.5	8.5	18.5	1.5
15.精密・医療機器	73	5.5	8.2	2.7	1.4	1.4	-	1.4	8.2	1.4	1.4	2.7	1.4
16.印刷・事務機器・日用品	39	10.3	10.3	2.6	-	-	-	-	-	7.7	-	5.1	-
17.スポーツ・玩具・ゲーム製品	18	5.6	22.2	-	-	-	-	-	-	5.6	5.6	-	5.6
18.その他メーカー・製造関連	34	20.6	5.9	-	-	-	-	2.9	-	-	5.9	-	-
19.総合商社	17	11.8	5.9	-	-	-	-	-	-	-	11.8	-	-
20.商社	84	11.9	1.2	2.4	1.2	1.2	-	1.2	2.4	2.4	2.4	8.3	1.2
21.百貨店・スーパー・コンビニ	67	11.9	10.4	1.5	-	-	-	-	1.5	1.5	1.5	4.5	3.0
22.専門店	56	19.6	10.7	-	-	3.6	-	-	-	1.8	1.8	5.4	3.6
23.銀行・証券	224	7.6	10.7	1.8	1.8	2.2	0.4	1.3	2.2	1.3	2.2	8.0	1.3
24.信金・労金・信組	61	9.8	14.8	3.3	3.3	4.9	1.6	1.6	3.3	4.9	1.6	8.2	-
25.クレジット・信販・リース・その他金融	54	18.5	13.0	5.6	-	-	-	1.9	-	-	3.7	1.9	1.9
26.生保・損保	112	16.1	8.0	-	-	-	-	-	0.9	1.8	5.4	10.7	-
27.不動産	65	15.4	18.5	1.5	-	-	3.1	-	1.5	1.5	-	1.5	2.0
28.鉄道・航空	98	7.1	7.1	2.0	1.0	-	-	-	2.0	3.1	1.0	5.1	2.0
29.陸運・海運・物流	64	7.8	10.9	1.6	-	-	-	1.6	-	-	-	4.7	-
30.電力・ガス・エネルギー	49	10.2	6.1	-	-	-	-	-	-	-	2.0	12.2	4.1
31.レストラン・給食・フードサービス	14	7.1	21.4	-	-	-	-	-	-	-	7.1	14.3	7.1
32.ホテル・旅行	63	12.7	12.7	-	3.2	3.2	-	-	-	1.6	1.6	9.5	-
33.医療機関・調剤薬局	100	8.0	9.0	-	2.0	-	-	2.0	1.0	2.0	4.0	5.0	2.0
34.福祉サービス	23	21.7	8.7	4.3	-	-	-	4.3	-	-	-	-	4.3
35.フィットネスクラブ・エステ・理美容	5	-	-	-	-	-	-	-	-	-	-	-	-
36.アミューズメント・レジャー	12	16.7	16.7	-	-	-	-	-	-	-	16.7	8.3	-
37.冠婚葬祭	7	-	14.3	-	-	-	-	-	-	-	14.3	-	-
38.専門・その他サービス	58	13.8	13.8	3.4	5.2	-	-	1.7	-	1.7	-	6.9	-
39.コンサルティング・シンクタンク・調査	108	20.4	8.3	3.7	1.9	-	-	0.9	-	0.9	3.7	9.3	0.9
40.人材サービス（派遣・紹介）	43	14.0	4.7	2.3	2.3	-	2.3	2.3	2.3	-	2.3	9.3	2.3
41.教育	51	13.7	11.8	2.0	-	3.9	-	-	2.0	2.0	2.0	5.9	2.0
42.ソフトウエア・情報処理・ネット関連	429	13.5	11.2	2.6	1.2	1.2	-	0.7	0.5	1.4	2.8	5.4	1.2
43.ゲームソフト	7	14.3	-	-	-	-	-	-	-	-	14.3	-	-
44.通信	63	7.9	11.1	1.6	-	-	-	1.6	1.6	1.6	1.6	9.5	-
45.マスコミ（放送・新聞）	33	15.2	18.2	9.1	-	-	-	3.0	-	3.0	6.1	6.1	3.0
46.マスコミ（出版・広告）	46	19.6	17.4	2.2	-	-	-	-	-	2.2	-	4.3	-
47.芸能・エンタテインメント	13	30.8	-	-	-	7.7	-	-	-	-	7.7	15.4	-
48.官公庁・公社・団体	83	14.5	7.2	1.2	-	-	-	-	-	1.2	2.4	8.4	1.2
49.これら以外のその他	19	36.8	15.8	-	-	-	-	-	-	-	-	-	5.3
50.非該当	1911	9.7	7.5	1.9	0.9	0.6	0.6	0.8	1.5	1.5	2.8	7.4	1.4

F2SQ3高校卒業時の居住地域

	N	滋賀県	京都府	大阪府	兵庫県	奈良県	和歌山県	鳥取県	島根県	岡山県	広島県	山口県	徳島県
全体	5601	1.9	2.5	7.9	5.5	1.6	0.7	0.4	0.4	1.4	2.5	0.6	0.5
Q6SQ3.就職活動開始時の希望（勤務時間限定正社員）：応募													
1.是非応募したい	869	1.7	2.5	7.8	4.7	1.3	0.3	0.7	0.6	1.5	2.4	0.3	0.6
2.処遇に大きな差がなければ応募したい	2035	1.8	2.8	8.1	5.3	1.2	0.9	0.4	0.4	1.3	2.7	0.7	0.5
3.応募したくない	619	1.9	2.1	7.9	4.5	2.4	0.3	0.2	0.3	0.8	2.6	0.5	0.5
4.考えたことがない	2078	2.0	2.4	7.8	6.3	1.8	0.7	0.3	0.3	1.8	2.3	0.7	0.6
Q6SQ3A.就職活動開始時の希望（勤務時間限定正社員）：時間													
1.1時間	13	-	-	15.4	7.7	7.7	-	-	-	-	-	-	-
2.2時間	8	-	-	12.5	25.0	-	-	-	-	-	-	-	-
3.3時間	7	-	-	28.6	-	-	-	-	-	-	-	14.3	-
4.4時間	23	13.0	-	8.7	4.3	4.3	-	-	-	-	4.3	-	-
5.5時間	56	-	1.8	3.6	1.8	-	-	1.8	-	1.8	1.8	-	1.8
6.6時間	226	0.9	4.9	7.1	5.3	1.3	0.4	-	0.4	1.3	1.8	1.3	-
7.7時間	191	1.6	4.2	7.9	7.9	1.0	0.5	1.0	-	1.6	3.1	2.1	1.6
8.8時間（ただし、残業ががない）	2380	1.8	2.4	8.1	4.9	1.2	0.8	0.5	0.5	1.3	2.7	0.4	0.5
9.非該当	2697	2.0	2.3	7.8	5.9	2.0	0.6	0.3	0.3	1.6	2.4	0.6	0.6
Q7.就職活動終了状況													
1.終えた	3744	1.7	2.6	8.0	5.6	1.7	0.7	0.4	0.4	1.4	2.3	0.6	0.5
2.続けている	1857	2.3	2.3	7.8	5.3	1.4	0.6	0.4	0.3	1.5	2.9	0.6	0.7
Q8.就職活動終了時期													
1.2016年6月以前	70	1.4	1.4	10.0	7.1	2.9	-	-	-	-	-	1.4	-
2.2016年7月	27	-	-	7.4	7.4	-	-	3.7	3.7	-	11.1	3.7	-
3.2016年8月	-												
4.2016年9月	1												
5.2016年10月	2												
6.2016年11月	2	-	-	-	-	50.0	-						
7.2016年12月	1												
8.2017年1月	2												
9.2017年2月	19	-	-	-	5.3	-	5.3	-	-	-	5.3	5.3	-
10.2017年3月	62	1.6	1.6	9.7	6.5	-	1.6	-	-	3.2	3.2	1.6	-
11.2017年4月	284	2.1	3.2	8.5	6.7	1.1	-	0.7	0.4	0.4	2.1	1.1	0.7
12.2017年5月	666	1.7	3.2	8.1	5.3	0.6	1.1	0.6	0.2	2.4	2.1	1.1	0.5
13.2017年6月	2078	1.7	2.5	7.7	5.7	2.2	0.7	0.3	0.5	1.3	2.4	0.4	0.6
14.2017年7月	274	1.5	2.2	9.1	5.8	1.5	-	0.4	-	1.5	1.8	0.4	-
15.無回答	256	1.6	3.1	8.2	3.5	1.2	1.2	-	0.8	1.2	2.3	-	-
16.非該当	1857	2.3	2.3	7.8	5.3	1.4	0.6	0.4	0.3	1.5	2.9	0.6	0.7
Q9.就職活動終了理由													
1.希望する就職先の内定を得たから	3133	1.7	2.7	7.7	5.5	1.6	0.7	0.4	0.4	1.5	2.1	0.6	0.5
2.希望していた就職先ではないが、内定を得たから	557	1.6	2.3	9.5	6.1	2.3	0.7	0.5	0.4	1.1	3.1	0.4	0.2
3.内定を得ていないが、希望する就職先が他になく、留年することにしたから	11	-	-	-	-	-	-	-	-	-	-	9.1	-
4.大学院に進学することにしたから	25	4.0	-	8.0	4.0	-	-	-	-	-	12.0	-	-
5.海外に留学することにしたから	3	-	-	-	33.3	-	-						
6.家業を継ぐことにしたから	2	-	-	50.0	-	50.0							
7.その他	13	-	-	23.1	-	-							
8.非該当	1857	2.3	2.3	7.8	5.3	1.4	0.6	0.4	0.3	1.5	2.9	0.6	0.7
Q10.就職予定先企業の業種													
1.農林・水産	27	-	-	3.7	-	-	-	-	-	7.4	-	-	-
2.食品	178	2.8	3.4	9.6	3.4	1.1	0.6	-	-	1.7	1.1	0.6	0.6
3.建設・設備関連	121	2.5	0.8	12.4	3.3	1.7	0.8	-	-	-	1.7	0.8	-
4.住宅・インテリア	57	1.8	1.8	5.3	5.3	1.8	3.5	3.5	1.8	-	1.8	-	-
5.アパレル・服飾関連	25	4.0	4.0	4.0	4.0	-	-	-	-	4.0	4.0	-	-
6.繊維・紙・パルプ	24	-	4.2	8.3	-	4.2	-	-	-	-	8.3	-	4.2
7.化学・石油	159	1.3	5.0	5.7	6.3	2.5	1.9	0.6	-	5.0	1.3	-	0.6
8.薬品・化粧品	169	1.8	3.0	13.6	7.1	2.4	1.2	1.8	-	1.8	1.8	-	-
9.ゴム・ガラス・セラミックス	27	7.4	3.7	11.1	14.8	3.7	-	-	-	-	-	7.4	-
10.鉄鋼・金属・鉱業	65	1.5	3.1	7.7	3.1	1.5	1.5	1.5	3.1	1.5	3.1	3.1	-
11.機械	118	0.8	6.8	4.2	8.5	1.7	0.8	0.8	0.8	1.7	2.5	0.8	-
12.プラント・エンジニアリング	34	2.9	2.9	17.6	2.9	-	-	-	-	2.9	2.9	-	-
13.電子・電気・OA機器	194	4.6	3.6	6.2	6.7	2.1	-	-	1.0	1.0	1.0	0.5	1.5
14.自動車・輸送用機器	200	3.5	3.0	6.5	5.5	0.5	1.0	-	1.0	2.0	3.0	1.0	-
15.精密・医療機器	73	2.7	2.7	8.2	6.8	1.4	-	-	-	1.4	2.7	1.4	2.7
16.印刷・事務機器・日用品	39	7.7	-	5.1	-	-	-	-	-	-	-	-	-
17.スポーツ・玩具・ゲーム製品	18	-	-	16.7	-	5.6	5.6	-	-	5.6	-	-	-
18.その他メーカー・製造関連	34	2.9	-	8.8	8.8	-	-	-	-	-	-	-	-
19.総合商社	17	-	-	5.9	5.9	-							
20.商社	84	3.6	-	9.5	7.1	3.6	-	-	1.2	1.2	4.8	-	-
21.百貨店・スーパー・コンビニ	67	7.5	3.0	9.0	6.0	-	-	-	1.5	1.5	6.0	1.5	-
22.専門店	56	-	1.8	5.4	1.8	1.8	7.1	-	-	1.8	-	-	1.8
23.銀行・証券	224	0.9	1.3	7.1	6.3	3.6	-	-	1.3	0.4	4.0	0.9	0.9
24.信金・労金・信組	61	-	3.3	3.3	9.8	-	-	1.6	-	1.6	1.6	-	-
25.クレジット・信販・リース・その他金融	54	-	1.9	16.7	3.7	-	-	-	-	-	1.9	-	-
26.生保・損保	112	-	2.7	7.1	8.0	2.7	-	-	0.9	0.9	0.9	0.9	-
27.不動産	65	-	4.6	4.6	12.3	1.5	-	3.1	-	-	-	-	-
28.鉄道・航空	98	1.0	4.1	9.2	8.2	2.0	1.0	-	-	1.0	3.1	-	-
29.陸運・海運・物流	64	-	-	15.6	7.8	3.1	-	-	-	1.6	1.6	-	1.6
30.電力・ガス・エネルギー	49	-	-	6.1	8.2	-	2.0	-	-	2.0	6.1	-	2.0
31.レストラン・給食・フードサービス	14	-	7.1	-	-	-	-						
32.ホテル・旅行	63	-	7.9	9.5	-	3.2	-	-	-	1.6	1.6	1.6	-
33.医療機関・調剤薬局	100	-	-	11.0	6.0	-	-	-	-	3.0	2.0	1.0	1.0
34.福祉サービス	23	-	4.3	4.3	4.3	-	-	-	-	4.3	-	-	-
35.フィットネスクラブ・エステ・理美容	5	-	-	-	20.0	-							
36.アミューズメント・レジャー	12	-	8.3	16.7	-	-							
37.冠婚葬祭	7	-	-	14.3	-	-							
38.専門・その他サービス	58	-	3.4	8.6	10.3	3.4	-	-	-	-	1.7	-	-
39.コンサルティング・シンクタンク・調査	108	-	-	5.6	4.6	2.8	-	-	-	1.9	3.7	0.9	-
40.人材サービス（派遣・紹介）	43	-	-	2.3	7.0	-	-	-	-	2.3	7.0	-	-
41.教育	51	-	-	3.9	7.8	-	3.9	-	-	-	2.0	-	-
42.ソフトウエア・情報処理・ネット関連	429	1.6	3.0	6.8	4.2	0.9	1.4	0.7	0.2	0.5	2.8	0.7	0.2
43.ゲームソフト	7	-	-	14.3	-	-							
44.通信	63	-	-	11.1	7.9	-	-	-	-	1.6	3.2	-	-
45.マスコミ（放送・新聞）	33	-	-	-	3.0	-	-	-	-	-	3.0	-	3.0
46.マスコミ（出版・広告）	46	-	-	6.5	8.7	6.5	-	-	-	2.2	-	2.2	-
47.芸能・エンタテインメント	13	-	7.7	7.7	-	-	-	-	-	7.7	-	-	-
48.官公庁・公社・団体	83	2.4	-	8.4	3.6	1.2	-	1.2	-	2.4	-	-	-
49.これら以外のその他	19	-	5.3	5.3	5.3	-	-	-	-	-	5.3	-	-
50.非該当	1911	2.3	2.2	7.9	5.2	1.4	0.6	0.4	0.3	1.5	3.0	0.6	0.7

F2SQ3.高校卒業時の居住地域

	N	香川県	愛媛県	高知県	福岡県	佐賀県	長崎県	熊本県	大分県	宮崎県	鹿児島県	沖縄県	海外
全体	5601	0.6	1.0	0.2	3.1	0.5	1.0	0.8	0.5	0.6	0.6	0.6	0.9
Q6SQ3.就職活動開始時の希望（勤務時間限定正社員）：応募													
1.是非応募したい	869	0.6	1.6	0.2	3.0	0.3	1.0	0.8	0.2	0.9	0.7	0.5	1.4
2.処遇に大きな差がなければ応募したい	2035	0.6	1.0	0.2	2.7	0.5	1.0	0.7	0.4	0.7	0.6	0.4	1.0
3.応募したくない	619	0.3	0.3	0.2	2.6	0.4	1.0	1.3	1.0	-	0.3	0.5	1.1
4.考えたことがない	2078	0.7	0.8	0.2	3.6	0.5	1.1	0.8	0.5	0.5	0.6	0.9	0.4
Q6SQ3A.就職活動開始時の希望（勤務時間限定正社員）：時間													
1.1時間	13	-	-	-	-	-	-	-	-	7.7	-	-	-
2.2時間	8	-	-	-	12.5	-	-	-	-	-	-	-	-
3.3時間	7	-	-	-	-	-	-	-	-	-	-	-	-
4.4時間	23	-	-	-	-	4.3	-	-	-	-	-	-	4.3
5.5時間	56	-	3.6	-	-	-	3.6	1.8	-	-	-	-	-
6.6時間	226	0.4	2.2	-	4.4	0.4	0.9	0.9	0.9	0.9	1.3	-	0.4
7.7時間	191	-	0.5	1.0	2.6	1.0	-	0.5	-	0.5	1.0	-	2.6
8.8時間（ただし、残業ががない）	2380	0.7	1.1	0.2	2.7	0.4	1.1	0.7	0.3	0.8	0.6	0.5	1.1
9.非該当	2697	0.6	0.7	0.2	3.3	0.4	1.0	0.9	0.4	0.4	0.6	0.8	0.6
Q7.就職活動終了状況													
1.終えた	3744	0.6	1.0	0.2	3.0	0.5	0.9	0.9	0.4	0.6	0.6	0.5	0.7
2.続けている	1857	0.6	1.0	0.3	3.2	0.3	1.2	0.7	0.7	0.5	0.6	0.9	1.1
Q8.就職活動終了時期													
1.２０１６年６月以前	70	-	-	1.4	4.3	-	1.4	1.4	-	1.4	1.4	-	-
2.２０１６年７月	27	-	-	-	3.7	-	-	-	-	-	-	-	-
3.２０１６年８月	-												
4.２０１６年９月	1												
5.２０１６年10月	2												
6.２０１６年11月	2												
7.２０１６年12月	1												
8.２０１７年１月	2												
9.２０１７年２月	19												
10.２０１７年３月	62	-	-	-	-	-	4.8	-	-	-	1.6	-	-
11.２０１７年４月	284	1.1	0.7	-	3.2	-	0.4	2.1	0.4	0.4	0.7	-	0.4
12.２０１７年５月	666	0.8	1.2	0.3	3.0	0.6	0.9	0.6	0.5	0.6	0.8	0.5	0.8
13.２０１７年６月	2078	0.6	0.9	0.2	2.8	0.5	0.7	0.6	0.4	0.4	0.7	0.6	0.7
14.２０１７年７月	274	-	1.8	-	3.3	1.1	0.7	2.2	0.4	2.2	-	0.4	1.1
15.無回答	256	0.4	1.2	-	4.3	1.2	2.3	1.6	0.4	0.4	-	0.4	1.2
16.非該当	1857	0.6	1.0	0.3	3.2	0.3	1.2	0.7	0.7	0.5	0.6	0.9	1.1
Q9.就職活動終了理由													
1.希望する就職先の内定を得たから	3133	0.6	1.0	0.2	2.9	0.5	1.0	1.0	0.4	0.7	0.6	0.5	0.7
2.希望していた就職先ではないが、内定を得たから	557	0.4	0.7	-	3.6	0.5	0.5	0.5	0.4	0.2	0.7	0.2	0.7
3.内定を得ていないが、希望する就職先が他になく、留年することにしたから	11												
4.大学院に進学することにしたから	25												
5.海外に留学することにしたから	3	-											33.3
6.家業を継ぐことにしたから	2												
7.その他	13	-	-	-	7.7	-	7.7	-					
8.非該当	1857	0.6	1.0	0.3	3.2	0.3	1.2	0.7	0.7	0.5	0.6	0.9	1.1
Q10.就職予定先企業の業種													
1.農林・水産	27	-	3.7	-	-	-	-	3.7	-	3.7	3.7	-	-
2.食品	178	0.6	1.7	-	2.2	0.6	0.6	1.7	1.1	1.1	0.6	-	-
3.建設・設備関連	121	0.8	-	-	5.8	-	1.7	1.7	-	-	0.8	0.8	-
4.住宅・インテリア	57	-	1.8	-	8.8	1.8	1.8	1.8	-	-	1.8	-	-
5.アパレル・服飾関連	25	-	-	-	4.0	-	-	4.0	4.0	-	-	-	-
6.繊維・紙・パルプ	24	4.2	-	-	-	-	4.2	-	-	-	-	-	-
7.化学・石油	159	1.3	-	0.6	5.0	0.6	0.6	2.5	1.3	1.3	-	-	0.6
8.薬品・化粧品	169	0.6	-	0.6	1.8	0.6	0.6	0.6	0.6	0.6	2.4	0.6	-
9.ゴム・ガラス・セラミックス	27	-	-	-	-	-	3.7	-	-	-	3.7	-	3.7
10.鉄鋼・金属・鉱業	65	1.5	-	-	1.5	-	-	-	-	-	1.5	-	4.6
11.機械	118	-	3.4	-	0.8	0.8	0.8	0.8	-	0.8	-	-	0.8
12.プラント・エンジニアリング	34	2.9	2.9	-	5.9	2.9	-						
13.電子・電気・OA機器	194	1.0	-	0.5	1.5	0.5	0.5	-	-	1.0	0.5	0.5	0.5
14.自動車・輸送用機器	200	1.0	-	0.5	1.5	1.0	0.5	0.5	-	-	0.5	0.5	0.5
15.精密・医療機器	73	-	2.7	-	1.4	-	1.4	-	2.7	-	1.4	2.7	-
16.印刷・事務機器・日用品	39	-	-	-	2.6	2.6	-	-	-	-	-	-	-
17.スポーツ・玩具・ゲーム製品	18	-	-	-	-	-	-	-	-	5.6	-	-	-
18.その他メーカー・製造関連	34	-	-	-	2.9	2.9	5.9	-	-	-	-	2.9	-
19.総合商社	17	5.9	-	-	5.9	-	-	-	-	-	-	5.9	11.8
20.商社	84	1.2	-	-	4.8	-	2.4	-	-	2.4	-	-	1.2
21.百貨店・スーパー・コンビニ	67	-	1.5	-	3.0	-	-	1.5	-	-	-	-	-
22.専門店	56	-	1.8	-	5.4	-	1.8	-	-	-	-	-	1.8
23.銀行・証券	224	1.3	1.3	0.4	2.2	0.4	1.8	-	-	1.3	0.9	-	0.9
24.信金・労金・信組	61												
25.クレジット・信販・リース・その他金融	54	-	-	-	9.3	-	1.9	1.9	-	-	-	-	-
26.生保・損保	112	0.9	0.9	0.9	3.6	0.9	-	1.8	-	-	-	-	-
27.不動産	65	-	-	-	1.5	-	-	-	-	-	-	-	-
28.鉄道・航空	98	-	2.0	-	5.1	-	1.0	1.0	-	-	-	-	1.0
29.陸運・海運・物流	64	-	3.1	-	1.6	-	1.6	1.6	1.6	-	1.6	-	1.6
30.電力・ガス・エネルギー	49	2.0	2.0	-	4.1	-	2.0	2.0	-	2.0	-	2.0	-
31.レストラン・給食・フードサービス	14	-	-	-	7.1	-	-	-	-	-	-	-	-
32.ホテル・旅行	63	-	-	-	3.2	-	-	-	1.6	1.6	-	-	1.6
33.医療機関・調剤薬局	100	-	2.0	1.0	3.0	1.0	2.0	2.0	-	-	1.0	-	-
34.福祉サービス	23	-	-	-	-	-	-	-	-	-	-	-	-
35.フィットネスクラブ・エステ・理美容	5	-	-	-	-	-	-	20.0	-	-	-	-	-
36.アミューズメント・レジャー	12	-	-	-	8.3	-	-	-	-	-	-	-	-
37.冠婚葬祭	7	-	-	-	14.3	-	-	-	-	-	-	-	-
38.専門・その他サービス	58	-	1.7	-	-	-	1.7	1.7	-	-	-	-	-
39.コンサルティング・シンクタンク・調査	108	-	-	-	2.8	-	0.9	1.9	-	-	1.9	-	-
40.人材サービス（派遣・紹介）	43	-	-	-	2.3	-	2.3	-	-	-	-	-	-
41.教育	51	-	-	-	2.0	-	-	2.0	-	2.0	-	-	-
42.ソフトウエア・情報処理・ネット関連	429	0.2	1.6	-	3.7	0.5	0.5	0.5	0.7	0.2	0.2	1.6	1.6
43.ゲームソフト	7												
44.通信	63	1.6	-	-	4.8	3.2	1.6	-	1.6	-	3.2	1.6	1.6
45.マスコミ（放送・新聞）	33	-	-	-	3.0	-	3.0	-	-	6.1	-	-	-
46.マスコミ（出版・広告）	46	-	-	-	2.2	-	2.2	2.2	-	-	-	-	2.2
47.芸能・エンタテインメント	13	-	-	-	-	-	-	-	-	-	-	-	-
48.官公庁・公社・団体	83	-	3.6	-	3.6	1.2	-	-	-	1.2	-	-	-
49.これら以外のその他	19	-	-	-	-	-	-	5.3	-	-	5.3	-	-
50.非該当	1911	0.6	0.9	0.3	3.1	0.3	1.3	0.7	0.7	0.5	0.6	0.9	1.2

F2SQ3.高校卒業時の居住地域

	N	北海道	青森県	岩手県	宮城県	秋田県	山形県	福島県	茨城県	栃木県	群馬県	埼玉県	千葉県
全体	5601	3.2	0.7	0.8	1.9	0.7	0.8	1.2	2.4	1.4	1.4	5.8	4.6
Q11.就職予定先企業での働き方													
1.地域限定正社員（就業する地域が特定されているか一定の範囲内にあらかじめ決められている働き方の正社員）	818	2.7	0.7	1.0	2.2	0.9	0.9	1.8	1.2	1.7	2.0	4.5	6.0
2.職務限定正社員（従事する職務（職種）が特定されているか一定の範囲内にあらかじめ決められている働き方の正社員）	601	1.5	0.8	0.7	1.7	0.8	1.0	1.0	2.3	1.3	2.0	6.2	5.7
3.勤務時間限定正社員（所定の勤務時間を超えた勤務はないか、あっても一定の場合の限られた時間にあらかじめ決められている働き方の正社員）	106	2.8	0.9	0.9	1.9	-	-	1.9	2.8	1.9	5.7	5.7	5.7
4.上記のような限定のない一般の正社員	2534	3.0	0.6	0.9	1.9	0.6	0.8	1.1	2.4	1.4	1.4	6.0	4.1
5.契約社員	17	-	-	-	5.9	-	5.9	-	-	-	-	5.9	17.6
6.その他	23	-	-	4.3	4.3	-	-	-	-	-	-	4.3	-
7.非該当	1911	4.0	0.8	0.7	1.8	0.8	0.7	1.3	2.7	1.5	1.2	6.1	4.9
Q11SQ2.就職予定先企業での働き方は希望していたものか													
1.はい	3511	2.8	0.7	0.9	1.9	0.9	0.7	1.2	2.1	1.3	1.5	5.8	4.6
2.いいえ	179	3.4	0.6	0.6	3.4	0.6	1.7	0.6	3.4	2.8	2.2	4.5	3.4
3.非該当	1911	4.0	0.7	0.7	1.8	0.6	0.7	1.3	2.7	1.5	1.2	6.1	4.9
Q11SQ3.就職予定先企業での働き方が希望と異なった理由													
1.希望する働き方での募集がなかったから	40	-	-	-	2.5	-	2.5	-	2.5	2.5	-	2.5	-
2.その働き方でしか採用されなかったから	51	5.9	-	-	-	-	2.0	-	3.9	2.0	3.9	7.8	2.0
3.採用後に希望する働き方に転換できる可能性があったから	35	5.7	-	2.9	-	-	2.9	-	2.9	2.9	-	5.7	11.4
4.家庭の事情などで変化があったから	6	-	-	-	-	-	-	-	16.7	16.7	-	-	-
5.その他	14	-	-	-	14.3	-	7.1	-	-	-	7.1	-	-
6.特に理由はない	33	3.0	3.0	-	9.1	-	-	3.0	3.0	3.0	3.0	3.0	3.0
7.非該当	5422	3.2	0.7	0.8	1.8	0.7	0.8	1.2	2.3	1.4	1.4	5.9	4.7
Q12.就職活動継続理由													
1.まだ内定を得ていないから	990	5.2	0.6	1.0	1.7	0.7	0.8	1.7	2.1	1.8	1.3	6.2	4.9
2.すでに内定を得ているが、就職を希望する企業が他にあるから	818	2.3	0.9	0.5	1.7	0.5	0.5	1.0	3.4	1.0	1.1	6.1	4.5
3.その他	49	8.2	2.0	-	2.0	-	-	-	2.0	2.0	-	10.2	8.2
4.非該当	3744	2.9	0.6	0.9	2.0	0.7	0.9	1.1	2.2	1.4	1.5	5.6	4.5
Q13.希望業種の変化													
1.希望業種が拡がった	822	4.3	0.1	1.0	1.5	0.4	0.6	1.5	2.9	1.5	1.2	6.2	5.4
2.希望業種を絞った	414	4.1	1.4	0.5	1.2	0.5	0.5	1.4	2.9	1.4	1.2	8.0	3.4
3.大きな変化はない	621	3.5	1.1	0.6	2.4	1.0	0.8	1.1	2.3	1.4	1.1	5.2	5.2
4.非該当	3744	2.9	0.6	0.9	2.0	0.7	0.9	1.1	2.2	1.4	1.5	5.6	4.5
Q13SQ1.現在の希望業種													
1.農林・水産	103	7.8	1.0	1.9	1.0	1.0	1.9	3.9	3.9	5.8	-	2.9	2.9
2.食品	249	4.4	0.8	2.0	0.8	-	0.8	0.8	2.4	2.8	0.4	5.2	3.6
3.建設・設備関連	108	7.4	-	0.9	-	-	0.9	3.7	2.8	1.9	-	4.6	7.4
4.住宅・インテリア	114	2.6	-	2.6	1.8	-	1.8	2.6	4.4	0.9	-	4.4	6.1
5.アパレル・服飾関連	59	3.4	-	1.7	-	-	-	3.4	6.8	-	-	5.1	1.7
6.繊維・紙・パルプ	83	-	-	2.4	1.2	-	1.2	1.2	2.4	2.4	-	8.4	7.2
7.化学・石油	148	1.4	0.7	0.7	1.4	-	2.7	0.7	3.4	3.4	0.7	7.4	6.1
8.薬品・化粧品	129	1.6	-	1.6	-	-	2.3	2.3	3.9	2.3	0.8	4.7	3.9
9.ゴム・ガラス・セラミックス	62	-	-	1.6	-	-	1.6	3.2	1.6	3.2	-	9.7	8.1
10.鉄鋼・金属・鉱業	102	2.0	1.0	-	-	-	2.0	-	2.9	1.0	-	9.8	7.8
11.機械	125	4.0	-	-	-	-	-	1.6	2.4	1.6	2.4	5.6	4.0
12.プラント・エンジニアリング	71	4.2	-	-	-	-	-	1.4	5.6	1.4	-	9.9	9.9
13.電子・電気・OA機器	120	4.2	-	0.8	0.8	-	0.8	0.8	1.7	2.5	1.7	9.2	5.0
14.自動車・輸送用機器	78	1.3	-	-	1.3	-	-	-	1.3	1.3	1.3	7.7	6.4
15.精密・医療機器	113	0.9	-	1.8	-	0.9	1.8	0.9	2.7	0.9	1.8	10.6	4.4
16.印刷・事務機器・日用品	125	0.8	0.8	0.8	0.8	-	0.8	-	3.2	1.6	0.8	7.2	3.2
17.スポーツ・玩具・ゲーム製品	68	2.9	-	2.9	-	-	-	5.9	1.5	-	-	4.4	2.9
18.その他メーカー・製造関連	54	3.7	-	-	-	-	-	1.9	3.7	-	-	5.6	5.6
19.総合商社	112	2.7	-	1.8	-	-	-	3.6	1.8	2.7	-	7.1	2.7
20.商社	212	4.2	0.5	1.9	0.9	0.9	0.9	2.4	1.9	2.4	0.5	8.0	5.2
21.百貨店・スーパー・コンビニ	102	4.9	2.0	-	2.0	-	1.0	-	4.9	2.0	1.0	7.8	4.9
22.専門店	63	4.8	-	-	-	-	1.6	1.6	3.2	-	1.6	7.9	4.8
23.銀行・証券	160	6.3	0.6	0.6	1.9	0.6	-	1.9	1.9	3.8	2.5	5.0	5.0
24.信金・労金・信組	85	7.1	-	1.2	3.5	1.2	-	2.4	-	5.9	3.5	5.9	5.9
25.クレジット・信販・リース・その他金融	58	6.9	-	1.7	1.7	-	-	-	-	1.7	3.4	6.9	3.4
26.生保・損保	82	3.7	-	1.2	1.2	-	-	2.4	1.2	2.4	1.2	9.8	4.9
27.不動産	95	6.3	-	1.1	1.1	-	-	4.2	3.2	1.1	1.1	7.4	6.3
28.鉄道・航空	113	1.8	-	1.8	2.7	-	-	3.5	4.4	-	-	4.4	6.2
29.陸運・海運・物流	86	1.2	2.3	1.2	-	-	-	3.5	3.5	-	1.2	8.1	7.0
30.電力・ガス・エネルギー	73	8.2	-	-	-	-	1.4	-	1.4	1.4	-	6.8	5.5
31.レストラン・給食・フードサービス	38	-	-	2.6	2.6	-	-	-	10.5	-	-	5.3	5.3
32.ホテル・旅行	67	4.5	1.5	-	-	-	-	1.5	6.0	1.5	-	1.5	4.5
33.医療機関・調剤薬局	82	2.4	-	2.4	2.4	-	1.2	3.7	3.7	-	1.2	3.7	3.7
34.福祉サービス	44	4.5	-	2.3	-	2.3	2.3	6.8	4.5	-	2.3	4.5	4.5
35.フィットネスクラブ・エステ・理美容	15	13.3	-	6.7	-	-	-	6.7	-	-	-	-	-
36.アミューズメント・レジャー	47	8.5	-	2.1	2.1	-	-	2.1	4.3	-	-	4.3	4.3
37.冠婚葬祭	24	4.2	-	-	-	-	-	4.2	-	4.2	-	-	4.2
38.専門・その他サービス	54	5.6	-	-	-	-	1.9	-	3.7	7.4	-	3.7	5.6
39.コンサルティング・シンクタンク・調査	98	4.1	-	1.0	1.0	-	-	2.0	3.1	5.1	1.0	6.1	5.1
40.人材サービス（派遣・紹介）	89	6.7	-	-	3.4	-	-	1.1	5.6	2.2	-	4.5	4.5
41.教育	98	7.1	-	2.0	-	-	-	3.1	2.0	1.0	-	5.1	3.1
42.ソフトウエア・情報処理・ネット関連	251	4.4	-	-	1.2	0.4	0.4	1.6	4.0	0.8	0.8	7.2	5.2
43.ゲームソフト	39	12.8	-	-	-	-	-	5.1	-	-	-	7.7	2.6
44.通信	87	6.9	-	-	1.1	-	-	3.4	3.4	-	2.3	8.0	2.3
45.マスコミ（放送・新聞）	93	5.4	-	3.2	2.2	-	1.1	3.2	1.1	-	2.2	5.4	3.2
46.マスコミ（出版・広告）	130	6.2	0.8	1.5	0.8	-	0.8	-	0.8	-	-	7.7	3.8
47.芸能・エンタテインメント	55	7.3	1.8	-	1.8	-	-	3.6	1.8	-	-	10.9	3.6
48.官公庁・公社・団体	253	6.3	0.8	1.2	2.4	1.2	-	3.6	2.8	2.4	1.6	6.3	5.1
49.これら以外のその他	26	3.8	-	-	-	-	3.8	-	3.8	3.8	-	7.7	11.5
50.特に決めていない	46	4.3	2.2	-	-	-	-	2.2	4.3	-	2.2	8.7	4.3
51.非該当	4365	3.0	0.7	0.8	2.0	0.8	0.8	1.1	2.2	1.4	1.4	5.5	4.6

F2SQ3.高校卒業時の居住地域

	N	東京都	神奈川県	新潟県	富山県	石川県	福井県	山梨県	長野県	岐阜県	静岡県	愛知県	三重県
全体	5601	10.4	8.6	1.8	1.0	1.0	0.5	0.7	1.6	1.9	2.9	6.9	1.5
Q11.就職予定先企業での働き方													
1.地域限定正社員（就職する地域が特定されているか一定の範囲内にあらかじめ決められている働き方の正社員）	818	9.7	8.3	1.7	1.3	2.3	0.6	0.7	2.6	2.3	3.5	6.6	2.0
2.職務限定正社員（従事する職務（職種）が特定されているか一定の範囲内にあらかじめ決められている働き方の正社員）	601	11.8	8.8	1.8	1.3	1.5	0.8	0.8	1.5	1.3	2.8	6.0	1.7
3.勤務時間限定正社員（所定の勤務時間を超えた勤務はないか、あっても一定の場合の限られた時間にあらかじめ決められている働き方の正社員）	106	7.5	8.5	3.8	0.9		2.8		2.8	2.8	3.8	8.5	0.9
4.上記のような限定のない一般の正社員	2534	10.9	9.1	1.8	1.0	0.8	0.4	0.7	1.5	2.2	3.0	6.6	1.5
5.契約社員	17	11.8	5.9								5.9	5.9	
6.その他	23	21.7	17.4		8.7							4.3	
7.非該当	1911	9.7	7.5	1.9	0.9	0.6	0.6	0.8	1.5	1.5	2.8	7.4	1.4
Q11SQ2.就職予定先企業での働き方は希望していたものか													
1.はい	3511	10.8	9.3	1.8	1.0	1.2	0.4	0.7	1.7	2.1	3.0	6.7	1.5
2.いいえ	179	11.2	6.1	2.2	2.8	0.6	0.6		1.7	2.2	3.4	5.0	0.6
3.非該当	1911	9.7	7.5	1.9	0.9	0.6	0.6	0.8	1.5	1.5	2.8	7.4	1.4
Q11SQ3.就職予定先企業での働き方が希望と異なった理由													
1.希望する働き方での募集がなかったから	40	17.5	7.5	2.5	2.5						7.5	7.5	2.5
2.その働き方でしか採用されなかったから	51	9.8	2.0	5.9	3.9				2.0		2.0	5.9	
3.採用後に希望する働き方に転換できる可能性があったから	35	8.6	8.6			2.9			2.9	2.9		2.9	
4.家庭の事情などで変化があったから	6	16.7							16.7	16.7			
5.その他	14	7.1	7.1									7.1	
6.特に理由はない	33	9.1	9.1		6.1		3.0			6.1	6.1	3.0	
7.非該当	5422	10.4	8.7	1.8	1.0	1.0	0.5	0.7	1.6	1.9	2.9	7.0	1.5
Q12.就職活動継続理由													
1.まだ内定を得ていないから	990	9.9	6.6	2.0	0.5	0.5	0.8	0.3	1.4	0.9	2.6	7.7	1.4
2.すでに内定を得ているが、就職を希望する企業が他にあるから	818	9.8	8.4	1.7	1.1	0.6	0.5	1.3	1.7	2.1	2.8	7.5	1.2
3.その他	49	6.1	6.1	2.0	4.1	2.0				2.0	4.1	4.1	4.1
4.非該当	3744	10.8	9.2	1.8	1.1	1.1	0.4	0.7	1.7	2.1	3.0	6.6	1.5
Q13.希望業種の変化													
1.希望業種が拡がった	822	10.7	5.4	1.7	0.7	0.6	0.6	0.6	2.1	1.0	2.9	7.7	1.0
2.希望業種を絞った	414	9.4	9.4	2.4	1.0	0.7	0.2	1.0	1.4	1.4	2.7	7.2	1.9
3.大きな変化はない	621	8.7	8.7	1.8	1.0	0.5	1.0	0.8	0.8	2.1	2.6	7.4	1.6
4.非該当	3744	10.8	9.2	1.8	1.1	1.2	0.4	0.7	1.7	2.1	3.0	6.6	1.5
Q13SQ1.現在の希望業種													
1.農林・水産	103	7.8	1.9	1.0		1.0	1.0	2.9	2.9	1.9	4.9	3.9	1.0
2.食品	249	9.6	2.4	1.6	0.8		0.4	0.4	2.8	1.6	2.8	6.0	0.8
3.建設・設備関連	108	11.1	1.9	3.7	0.9			1.9	2.8	0.9	3.7	5.6	2.8
4.住宅・インテリア	114	8.8	2.6	2.6				0.9	1.8	2.6	3.5	11.4	
5.アパレル・服飾関連	59	15.3			1.7	1.7					5.1	3.4	-
6.繊維・紙・パルプ	83	9.6	1.2					1.2	2.4	1.2	2.4	3.6	
7.化学・石油	148	9.5	4.1	2.0		0.7		0.7	1.4	2.0	4.1	5.4	1.4
8.薬品・化粧品	129	12.4	2.3	1.6	0.8			0.8	1.6	0.8	3.1	7.0	2.3
9.ゴム・ガラス・セラミックス	62	9.7	1.6	1.6	1.6	1.6				1.6	6.5	9.7	1.6
10.鉄鋼・金属・鉱業	102	11.8	5.9	2.0	2.0	1.0		1.0	2.0	2.0	3.9	6.9	1.0
11.機械	125	8.8	4.8	3.2	1.6	0.8		0.8	3.2	0.8	1.6	13.6	1.6
12.プラント・エンジニアリング	71	7.0	4.2	4.2				1.4	1.4		2.8	5.6	1.4
13.電子・電気・OA機器	120	8.3	5.8	2.5	1.7	1.7		1.7	2.5	0.8	1.7	7.5	0.8
14.自動車・輸送用機器	78	3.8	5.1	3.8				1.3	2.6	3.8	6.4	16.7	3.8
15.精密・医療機器	113	9.7	2.7	1.8		0.9		1.8	2.7	1.8	2.7	5.3	1.8
16.印刷・事務機器・日用品	125	12.0	5.6	1.6	0.8		0.8	1.6	0.8	0.8	4.0	8.0	
17.スポーツ・玩具・ゲーム製品	68	14.7	7.4				1.5		1.5	2.9	5.9	10.3	1.5
18.その他メーカー・製造関連	54	18.5	5.6	1.9			1.9				5.6	7.4	1.9
19.総合商社	112	8.0	4.5	3.6			1.8	0.9	1.8	0.9	4.5	8.9	0.9
20.商社	212	8.5	2.4	2.4			0.5	0.9	2.4	0.5	2.4	9.4	1.4
21.百貨店・スーパー・コンビニ	102	9.8	2.0	2.9	2.0		1.0	2.0	2.0	1.0	1.0	7.8	1.0
22.専門店	63	11.1	1.6	3.2	3.2	1.6	1.6	1.6	3.2	1.6		9.5	1.6
23.銀行・証券	160	8.1	6.3	2.5	1.3		0.6	0.6	1.9	0.6	1.9	8.8	2.5
24.信金・労金・信組	85	5.9	8.2	3.5	1.2		1.2		3.5		1.2	9.4	1.2
25.クレジット・信販・リース・その他金融	58	10.3	12.1	5.2							5.2	6.9	1.7
26.生保・損保	82	6.1	6.1	3.7					2.4		3.7	11.0	1.2
27.不動産	95	6.3	6.3	2.1	2.1	1.1	1.1	1.1		3.2	1.1	7.4	1.1
28.鉄道・航空	113	10.6	5.3	0.9	0.9		0.9		1.8	1.8	0.9	11.5	1.8
29.陸運・海運・物流	86	14.0	3.5	2.3		2.3			2.3		2.3	5.8	4.7
30.電力・ガス・エネルギー	73	13.7	1.4	1.4					1.4		5.5	8.2	1.4
31.レストラン・給食・フードサービス	38	10.5	5.3	2.6	2.6				2.6		2.6	5.3	
32.ホテル・旅行	67	9.0	3.0	3.0					3.0	4.5	6.0	7.5	1.5
33.医療機関・調剤薬局	82	11.0	8.5	2.4	1.2	1.2	1.2		1.2		2.4	3.7	
34.福祉サービス	44	13.6	2.3	4.5	2.3				2.3	4.5	4.5	4.5	
35.フィットネスクラブ・エステ・理美容	15	6.7	6.7		6.7				6.7			6.7	
36.アミューズメント・レジャー	47	17.0	4.3				4.3		4.3	4.3		4.3	4.3
37.冠婚葬祭	24	8.3		4.2					4.2		4.2	4.2	
38.専門・その他サービス	54	13.0	9.3	1.9				1.9	3.7	1.9	1.9	3.7	1.9
39.コンサルティング・シンクタンク・調査	98	15.3	8.2	2.0				1.0	1.0		3.1	3.1	2.0
40.人材サービス（派遣・紹介）	89	13.5	4.5	1.1	1.1	1.1	2.2		1.1		4.5	2.2	1.1
41.教育	98	12.2	3.1	2.0	2.0		2.0			1.0	5.1	6.1	
42.ソフトウエア・情報処理・ネット関連	251	14.3	8.0	0.4	1.2	0.8	0.8	0.4	1.2	0.4	3.6	7.6	0.4
43.ゲームソフト	39	10.3	2.6			2.6	5.1	2.6				12.8	
44.通信	87	12.6	5.7	1.1		1.1	2.3				2.3	4.6	1.1
45.マスコミ（放送・新聞）	93	11.8	11.8	1.1			2.2	1.1		1.1	2.2	5.4	1.1
46.マスコミ（出版・広告）	130	13.8	6.9				2.3	1.5	0.8		1.5	8.5	
47.芸能・エンタテインメント	55	10.9	9.1				3.6		1.8		1.8	1.8	1.8
48.官公庁・公社・団体	253	11.9	7.9	1.6	2.0	0.4	0.8	1.6	1.6		4.3	4.0	2.0
49.これら以外のその他	26	15.4	7.7			3.8				3.8	3.8	3.8	3.8
50.特に決めていない	46	8.7	4.3			2.2						13.0	
51.非該当	4365	10.5	9.1	1.8	1.1	1.1	0.5	0.7	1.5	2.1	2.9	6.7	1.5

F2SQ3.高校卒業時の居住地域

全体	N	滋賀県	京都府	大阪府	兵庫県	奈良県	和歌山県	鳥取県	島根県	岡山県	広島県	山口県	徳島県
全体	5601	1.9	2.5	7.9	5.5	1.6	0.7	0.4	0.4	1.4	2.5	0.6	0.5
Q11.就職予定先企業での働き方													
1.地域限定正社員（就業する地域が特定されているか一定の範囲内にあらかじめ決められている働き方の正社員）	818	1.3	1.5	7.0	4.6	1.1	0.6	0.5	0.2	1.1	2.2	0.9	0.6
2.職務限定正社員（従事する職務（職種）が特定されているか一定の範囲内にあらかじめ決められている働き方の正社員）	601	2.3	3.0	6.7	5.3	1.7	1.0	0.3	0.3	1.5	2.0	0.5	0.7
3.勤務時間限定正社員（所定の勤務時間を超えた勤務はないか、あっても一定の場合の限られた時間にあらかじめ決められている働き方の正社員）	106	0.9	0.9	8.5	6.6	0.9	0.9	-	-	0.9	0.9	-	-
4.上記のような限定のない一般の正社員	2534	1.7	3.0	8.3	5.8	1.8	0.7	0.4	0.4	1.5	2.3	0.5	0.4
5.契約社員	17	-	-	17.6	11.8	-	-	-	-	-	-	-	-
6.その他	23	-	-	13.0	4.3	-	4.3	-	-	-	-	4.3	-
7.非該当	1911	2.3	2.2	7.9	5.2	1.4	0.6	0.4	0.3	1.5	3.0	0.6	0.7
Q11SQ2.就職予定先企業での働き方は希望していたものか													
1.はい	3511	1.7	2.6	7.9	5.6	1.7	0.7	0.4	0.4	1.4	2.3	0.6	0.5
2.いいえ	179	1.7	3.4	8.9	5.0	1.1	1.7	-	-	1.7	1.7	-	-
3.非該当	1911	2.3	2.2	7.9	5.2	1.4	0.6	0.4	0.3	1.5	3.0	0.6	0.7
Q11SQ3.就職予定先企業での働き方が希望と異なった理由													
1.希望する働き方での募集がなかったから	40	-	2.5	7.5	7.5	-	5.0	-	-	-	2.5	-	-
2.その働き方でしか採用されなかったから	51	2.0	3.9	15.7	7.8	2.0	-	-	-	3.9	2.0	-	-
3.採用後に希望する働き方に転換できる可能性があったから	35	2.9	2.9	2.9	5.7	2.9	-	-	-	-	2.9	-	-
4.家庭の事情などで変化があったから	6	-	-	-	-	-	-	-	-	-	-	-	-
5.その他	14	7.1	7.1	-	-	-	7.1	-	-	7.1	-	-	-
6.特に理由はない	33	-	3.0	12.1	-	-	-	-	-	-	-	-	-
7.非該当	5422	1.9	2.5	7.9	5.5	1.6	0.6	0.4	0.4	1.4	2.5	0.6	0.6
Q12.就職活動継続理由													
1.まだ内定を得ていないから	990	2.0	2.2	8.0	5.3	1.6	0.6	0.4	0.2	1.2	2.9	0.7	0.6
2.すでに内定を得ているが、就職を希望する企業が他にあるから	818	2.7	2.3	7.5	5.5	1.2	0.7	0.2	0.4	1.8	2.9	0.4	0.9
3.その他	49	-	2.0	10.2	2.0	-	-	2.0	2.0	2.0	2.0	2.0	-
4.非該当	3744	1.7	2.6	8.0	5.6	1.7	0.7	0.4	0.4	1.4	2.3	0.6	0.5
Q13.希望業種の変化													
1.希望業種が拡がった	822	2.1	2.9	8.2	5.6	1.5	1.0	0.4	0.6	1.7	2.6	0.5	0.6
2.希望業種を絞った	414	2.2	1.2	7.7	4.3	0.5	0.5	0.2	0.2	1.7	3.6	1.0	1.2
3.大きな変化はない	621	2.6	2.1	7.4	5.5	1.9	0.3	0.5	-	1.1	2.9	0.5	0.5
4.非該当	3744	1.7	2.6	8.0	5.6	1.7	0.7	0.4	0.4	1.4	2.3	0.6	0.5
Q13SQ1.現在の希望業種													
1.農林・水産	103	1.0	1.0	5.8	6.8	1.0	-	1.0	-	1.9	1.9	1.9	-
2.食品	249	1.2	3.6	13.3	7.6	1.6	-	0.8	-	1.2	3.6	0.8	1.2
3.建設・設備関連	108	1.9	2.8	6.5	5.6	-	1.9	-	-	1.9	-	0.9	-
4.住宅・インテリア	114	0.9	2.6	4.4	7.9	2.6	2.6	-	-	2.6	1.8	1.8	0.9
5.アパレル・服飾関連	59	8.5	3.4	10.2	5.1	3.4	-	1.7	-	1.7	1.7	1.7	1.7
6.繊維・紙・パルプ	83	4.8	2.4	14.5	7.2	4.8	-	-	-	2.4	1.2	1.2	1.2
7.化学・石油	148	2.7	2.0	11.5	6.1	2.0	-	1.4	-	2.0	3.4	0.7	0.7
8.薬品・化粧品	129	3.9	1.6	10.1	6.2	1.6	-	0.8	-	3.1	2.3	-	-
9.ゴム・ガラス・セラミックス	62	1.6	3.2	6.5	8.1	3.2	-	-	-	1.6	-	1.6	1.6
10.鉄鋼・金属・鉱業	102	1.0	1.0	7.8	7.8	2.0	-	-	-	1.0	2.9	1.0	1.0
11.機械	125	4.8	6.4	8.8	5.6	0.8	-	-	-	1.6	1.6	0.8	-
12.プラント・エンジニアリング	71	1.4	8.5	4.2	5.6	1.4	-	-	-	1.4	1.4	-	2.8
13.電子・電気・OA機器	120	5.8	4.2	5.8	6.7	-	-	-	-	-	2.5	-	1.7
14.自動車・輸送用機器	78	1.3	5.1	6.4	3.8	-	-	-	-	1.3	5.1	-	-
15.精密・医療機器	113	3.5	2.7	9.7	8.0	0.9	0.9	-	-	1.8	2.7	-	1.8
16.印刷・事務機器・日用品	125	2.4	4.0	10.4	8.0	1.6	-	-	-	-	1.6	2.4	-
17.スポーツ・玩具・ゲーム製品	68	-	2.9	8.8	10.3	1.5	-	-	-	-	-	1.5	1.5
18.その他メーカー・製造関連	54	1.9	7.4	7.4	7.4	-	-	1.9	-	-	3.7	1.9	-
19.総合商社	112	2.7	1.8	4.5	9.8	3.6	-	-	0.9	0.9	0.9	0.9	0.9
20.商社	212	3.3	1.4	9.0	7.1	2.4	-	-	0.9	0.5	2.4	0.9	-
21.百貨店・スーパー・コンビニ	102	2.0	2.0	4.9	4.9	-	-	-	-	3.9	3.9	-	1.0
22.専門店	63	1.6	-	6.3	7.9	-	-	-	-	-	3.2	-	1.6
23.銀行・証券	160	1.3	-	8.8	6.3	0.6	1.3	-	0.6	1.3	3.1	-	-
24.信金・労金・信組	85	2.4	-	7.1	4.7	-	1.2	-	-	-	1.2	-	1.2
25.クレジット・信販・リース・その他金融	58	-	1.7	5.2	8.6	-	1.7	-	-	-	1.7	1.7	1.7
26.生保・損保	82	-	1.2	8.5	7.3	2.4	1.2	-	-	1.2	4.9	-	1.2
27.不動産	95	2.1	2.1	6.3	4.2	2.1	-	-	1.1	3.2	1.1	-	-
28.鉄道・航空	113	2.7	3.5	6.2	7.1	0.9	-	-	0.9	0.9	1.8	1.8	-
29.陸運・海運・物流	86	-	4.7	5.8	5.8	1.2	-	-	-	2.3	2.3	1.2	1.2
30.電力・ガス・エネルギー	73	1.4	4.1	8.2	5.5	1.4	-	-	-	1.4	5.5	1.4	1.4
31.レストラン・給食・フードサービス	38	-	-	7.9	10.5	5.3	-	-	-	-	2.6	-	2.6
32.ホテル・旅行	67	3.0	4.5	6.0	6.0	-	-	-	-	-	3.0	1.5	1.5
33.医療機関・調剤薬局	82	2.4	2.4	6.1	3.7	1.2	-	-	-	4.9	2.4	1.2	1.2
34.福祉サービス	44	-	-	9.1	2.3	-	-	-	-	4.5	2.3	-	2.3
35.フィットネスクラブ・エステ・理美容	15	-	-	13.3	6.7	-	-	-	-	6.7	-	-	-
36.アミューズメント・レジャー	47	-	4.3	6.4	8.5	2.1	-	-	-	-	4.3	-	-
37.冠婚葬祭	24	-	-	4.2	8.3	-	-	-	-	8.3	4.2	-	-
38.専門・その他サービス	54	1.9	-	7.4	5.6	-	3.7	-	-	-	-	-	-
39.コンサルティング・シンクタンク・調査	98	2.0	2.0	4.1	5.1	1.0	2.0	-	-	-	3.1	-	1.0
40.人材サービス（派遣・紹介）	89	1.1	3.4	4.5	4.5	2.2	2.2	-	-	-	4.5	-	1.1
41.教育	98	3.1	4.1	8.2	4.1	-	-	1.0	1.0	2.0	5.1	-	1.0
42.ソフトウエア・情報処理・ネット関連	251	1.6	1.2	7.6	6.0	1.2	-	0.4	1.2	0.8	3.2	0.4	-
43.ゲームソフト	39	-	5.1	5.1	7.7	5.1	-	-	-	-	-	2.6	-
44.通信	87	-	-	6.9	6.9	1.1	-	-	2.3	-	5.7	1.1	-
45.マスコミ（放送・新聞）	93	1.1	2.2	6.5	4.3	1.1	-	-	-	1.1	2.2	-	1.1
46.マスコミ（出版・広告）	130	2.3	1.5	8.5	5.4	1.5	-	-	-	-	1.5	0.8	0.8
47.芸能・エンタテインメント	55	1.8	3.6	5.5	9.1	3.6	1.8	-	-	-	-	1.8	-
48.官公庁・公社・団体	253	2.8	1.6	6.3	5.9	-	0.4	0.4	0.8	0.8	1.6	-	0.8
49.これら以外のその他	26	3.8	-	3.8	3.8	3.8	-	-	-	-	-	-	-
50.特に決めていない	46	2.2	2.2	4.3	6.5	2.2	2.2	-	2.2	-	-	2.2	2.2
51.非該当	4365	1.8	2.5	7.9	5.6	1.7	0.6	0.4	0.4	1.4	2.4	0.6	0.5

F2SQ3.高校卒業時の居住地域

全体	N	香川県	愛媛県	高知県	福岡県	佐賀県	長崎県	熊本県	大分県	宮崎県	鹿児島県	沖縄県	海外
全体	5601	0.6	1.0	0.2	3.1	0.5	1.0	0.8	0.5	0.6	0.6	0.6	0.9
Q11.就職予定先企業での働き方													
1.地域限定正社員（就職する地域が特定されているか一定の範囲内にあらかじめ決められている働き方の正社員）	818	0.7	1.5	0.4	2.8	0.5	1.1	1.1	0.5	0.6	1.2	0.4	0.4
2.職務限定正社員（従事する職務（職種）が特定されているか一定の範囲内にあらかじめ決められている働き方の正社員）	601	1.0	0.5	0.2	3.0	0.5	1.2	0.7	0.7	0.7	0.7	0.3	0.2
3.勤務時間限定正社員（所定の勤務時間を超えた勤務はないか、あっても一定の場合の限られた時間にあらかじめ決められている働き方の正社員）	106	-	-	0.9	0.9	-	-	-	-	-	0.9	-	2.8
4.上記のような限定のない一般の正社員	2534	0.5	0.9	0.2	3.0	0.6	0.8	0.9	0.4	0.6	0.5	0.5	0.7
5.契約社員	17	-	-	-	-	-	-	-	-	-	-	-	5.9
6.その他	23	-	4.3	-	-	-	-	-	-	-	4.3	-	-
7.非該当	1911	0.6	0.9	0.3	3.1	0.3	1.3	0.7	0.7	0.5	0.6	0.9	1.2
Q11SQ2.就職予定先企業での働き方は希望していたものか													
1.はい	3511	0.6	1.0	0.2	2.9	0.5	0.9	0.9	0.4	0.6	0.7	0.5	0.7
2.いいえ	179	-	1.1	0.6	4.5	0.6	1.7	1.1	-	1.1	-	0.6	0.6
3.非該当	1911	0.6	0.9	0.3	3.1	0.3	1.3	0.7	0.7	0.5	0.6	0.9	1.2
Q11SQ3.就職予定先企業での働き方が希望と異なった理由													
1.希望する働き方での募集がなかったから	40	-	2.5	-	5.0	-	-	2.5	-	-	2.5	-	2.5
2.その働き方でしか採用されなかったから	51	-	-	-	3.9	-	-	-	-	-	-	-	-
3.採用後に希望する働き方に転換できる可能性があったから	35	-	-	-	5.7	-	-	8.6	2.9	-	-	-	-
4.家庭の事情などで変化があったから	6	-	16.7	-	-	-	-	-	-	-	-	-	-
5.その他	14	-	-	7.1	7.1	-	-	-	-	-	7.1	-	-
6.特に理由はない	33	-	-	-	3.0	3.0	-	-	-	-	-	-	3.0
7.非該当	5422	0.6	1.0	0.2	3.0	0.5	1.0	0.8	0.5	0.6	0.6	0.6	0.9
Q12.就職活動継続理由													
1.まだ内定を得ていないから	990	0.4	0.8	0.3	3.3	0.2	1.0	0.8	0.6	0.7	0.5	1.3	1.5
2.すでに内定を得ているが、就職を希望する企業が他にあるから	818	1.0	1.2	0.4	2.9	0.5	1.6	0.6	0.9	0.4	0.7	0.4	0.7
3.その他	49	-	-	-	4.1	-	-	-	-	-	-	2.0	-
4.非該当	3744	0.6	1.0	0.2	3.0	0.5	0.9	0.9	0.4	0.6	0.6	0.5	0.7
Q13.希望業種の変化													
1.希望業種が拡がった	822	0.7	0.9	0.5	3.4	0.5	0.9	0.4	0.9	0.7	0.2	0.7	1.5
2.希望業種を絞った	414	1.0	0.7	0.2	3.4	-	1.2	0.2	0.7	0.2	0.2	1.0	1.2
3.大きな変化はない	621	0.3	1.3	0.2	2.7	0.3	1.8	1.4	0.5	0.5	1.3	1.1	0.6
4.非該当	3744	0.6	1.0	0.2	3.0	0.5	0.9	0.9	0.4	0.6	0.6	0.5	0.7
Q13SQ1.現在の希望業種													
1.農林・水産	103	1.0	1.0	2.9	3.9	-	1.0	1.0	-	1.9	-	1.0	-
2.食品	249	1.2	1.6	1.2	2.8	0.8	0.8	0.4	-	0.4	0.4	0.4	0.8
3.建設・設備関連	108	0.9	-	0.9	3.7	0.9	-	-	-	0.9	0.9	1.9	3.7
4.住宅・インテリア	114	0.9	-	-	0.9	-	2.6	-	-	0.9	0.9	1.8	1.8
5.アパレル・服飾関連	59	-	1.7	-	5.1	-	-	-	-	-	-	1.7	3.4
6.繊維・紙・パルプ	83	-	-	-	3.6	-	-	-	-	3.6	-	1.2	3.6
7.化学・石油	148	0.7	-	-	2.0	-	0.7	-	1.4	1.4	-	-	2.0
8.薬品・化粧品	129	0.8	0.8	1.6	3.1	0.8	0.8	0.8	-	0.8	-	2.3	2.3
9.ゴム・ガラス・セラミックス	62	1.6	-	-	1.6	-	-	-	1.6	3.2	-	-	-
10.鉄鋼・金属・鉱業	102	2.0	-	-	1.0	-	1.0	-	-	-	-	-	2.9
11.機械	125	1.6	-	-	0.8	-	1.6	-	-	-	0.8	-	2.4
12.プラント・エンジニアリング	71	-	-	-	4.2	-	-	-	-	-	-	2.8	2.8
13.電子・電気・OA機器	120	0.8	-	-	2.5	-	0.8	-	-	1.7	0.8	1.7	2.5
14.自動車・輸送用機器	78	1.3	-	-	-	-	1.3	-	1.3	-	-	1.3	3.8
15.精密・医療機器	113	-	2.7	-	2.7	-	0.9	-	-	0.9	0.9	0.9	1.8
16.印刷・事務機器・日用品	125	-	2.4	0.8	3.2	-	-	0.8	0.8	0.8	0.8	0.8	2.4
17.スポーツ・玩具・ゲーム製品	68	-	1.5	-	-	-	-	-	-	-	1.5	2.9	1.5
18.その他メーカー・製造関連	54	-	1.9	-	-	-	-	-	1.9	-	-	-	1.9
19.総合商社	112	-	1.8	1.8	0.9	-	-	0.9	-	-	1.8	1.8	6.3
20.商社	212	0.9	0.9	0.9	2.4	-	-	0.9	-	0.5	0.9	0.9	2.4
21.百貨店・スーパー・コンビニ	102	-	2.9	1.0	3.9	-	-	1.0	-	-	-	3.9	2.0
22.専門店	63	-	3.2	1.6	3.2	-	1.6	-	-	1.6	-	1.6	1.6
23.銀行・証券	160	0.6	1.3	0.6	2.5	0.6	1.3	-	0.6	1.3	-	1.3	1.9
24.信金・労金・信組	85	1.2	-	-	2.4	1.2	2.4	-	-	-	-	1.2	2.4
25.クレジット・信販・リース・その他金融	58	-	-	-	5.2	1.7	-	-	-	-	-	1.7	1.7
26.生保・損保	82	-	-	-	3.7	-	2.4	-	-	-	-	2.4	1.2
27.不動産	95	-	2.1	-	5.3	-	-	-	1.1	1.1	-	1.1	3.2
28.鉄道・航空	113	-	1.8	-	6.2	-	1.8	-	0.9	0.9	-	-	1.8
29.陸運・海運・物流	86	-	1.2	-	2.3	-	2.3	-	1.2	-	1.2	-	2.3
30.電力・ガス・エネルギー	73	-	1.4	-	4.1	-	-	-	-	1.4	-	1.4	-
31.レストラン・給食・フードサービス	38	-	-	-	2.6	-	2.6	2.6	-	-	-	2.6	2.6
32.ホテル・旅行	67	-	1.5	-	4.5	-	-	3.0	-	-	-	4.5	3.0
33.医療機関・調剤薬局	82	1.2	1.2	-	3.7	-	1.2	1.2	1.2	2.4	2.4	1.2	1.2
34.福祉サービス	44	-	2.3	-	2.3	-	-	-	-	-	2.3	-	-
35.フィットネスクラブ・エステ・理美容	15	-	-	-	-	-	-	-	-	-	-	6.7	6.7
36.アミューズメント・レジャー	47	-	-	-	-	-	-	-	-	-	-	2.1	2.1
37.冠婚葬祭	24	4.2	8.3	4.2	4.2	-	-	-	-	-	4.2	4.2	4.2
38.専門・その他サービス	54	-	1.9	-	3.7	3.7	1.9	-	-	-	1.9	1.9	-
39.コンサルティング・シンクタンク・調査	98	1.0	1.0	-	2.0	1.0	-	-	1.0	-	-	4.1	4.1
40.人材サービス（派遣・紹介）	89	1.1	2.2	-	3.4	1.1	1.1	-	-	1.1	-	3.4	2.2
41.教育	98	-	2.0	-	4.1	-	2.0	1.0	-	-	1.0	2.0	1.0
42.ソフトウエア・情報処理・ネット関連	251	-	0.8	-	4.0	-	0.8	0.4	0.8	0.4	0.4	1.2	2.8
43.ゲームソフト	39	-	2.6	-	2.6	-	-	-	-	-	-	-	5.1
44.通信	87	1.1	2.3	-	1.1	-	1.1	1.1	-	-	-	2.3	6.9
45.マスコミ（放送・新聞）	93	2.2	-	-	7.5	-	-	1.1	2.2	1.1	1.1	-	-
46.マスコミ（出版・広告）	130	-	1.5	-	4.6	0.8	-	0.8	-	0.8	0.8	3.1	3.8
47.芸能・エンタテインメント	55	1.8	-	-	1.8	-	-	1.8	1.8	-	-	-	3.6
48.官公庁・公社・団体	253	1.2	-	0.4	2.4	-	0.8	0.4	0.8	1.2	-	-	-
49.これら以外のその他	26	-	-	-	3.8	-	-	-	-	-	-	-	-
50.特に決めていない	46	-	2.2	-	6.5	-	-	-	4.3	2.2	-	-	-
51.非該当	4365	0.5	1.0	0.2	3.0	0.5	1.0	1.0	0.4	0.6	0.6	0.5	0.7

-199-

F2SQ3.高校卒業時の居住地域

	N	北海道	青森県	岩手県	宮城県	秋田県	山形県	福島県	茨城県	栃木県	群馬県	埼玉県	千葉県
全体	5601	3.2	0.7	0.8	1.9	0.7	0.8	1.2	2.4	1.4	1.4	5.8	4.6
Q14.希望する働き方の変化													
1.限定正社員や契約社員を希望していたが、一般の正社員希望に変えた、または一般の正社員に絞った	132	7.6	0.8	0.8	2.3	-	0.8	0.8	1.5	2.3	1.5	7.6	3.0
2.一般の正社員を希望していたが、限定正社員や契約社員を希望するようになった	64	4.7	1.6	1.6	-	1.6	-	1.6	4.7	1.6	-	12.5	3.1
3.大きな変化はない	1661	3.7	0.7	0.7	1.7	0.6	0.7	1.4	2.7	1.4	1.2	5.9	5.1
4.非該当	3744	2.9	0.6	0.9	2.0	0.7	0.9	1.1	2.2	1.4	1.5	5.6	4.5
Q14SQ1.現在希望する働き方													
1.地域限定正社員（就業する地域が特定されているか一定の範囲内にあらかじめ決められている働き方の正社員）	43	2.3	-	2.3	-	2.3	-	-	7.0	2.3	-	11.6	2.3
2.職務限定正社員（従事する職務（職種）が特定されているか一定の範囲内にあらかじめ決められている働き方の正社員）	32	3.1	-	3.1	-	-	-	-	9.4	3.1	-	9.4	-
3.勤務時間限定正社員（所定の勤務時間を超えた勤務はないか、あっても一定の場合の限られた時間にあらかじめ決められている働き方の正社員）	17	5.9	5.9	-	-	-	-	-	-	5.9	-	17.6	11.8
4.契約社員（一定の業務に就くことを前提に、期間の定めのある契約で採用する社員）	19	15.8	-	5.3	-	5.3	-	-	-	-	-	5.3	5.3
5.その他	4	-	-	-	-	-	-	25.0	-	-	-	-	-
6.非該当	5537	3.2	0.7	0.8	1.9	0.7	0.8	1.2	2.3	1.4	1.4	5.7	4.7
Q14SQ2.希望する働き方が変わった理由													
1.希望している企業のなかでは、その働き方でしか求人していない企業がないから	69	13.0	-	2.9	-	-	-	2.9	-	4.3	-	10.1	4.3
2.その働き方でしか内定が得られないと思うから	46	-	-	-	4.3	2.2	-	-	2.2	2.2	-	8.7	-
3.採用後に希望する働き方に転換できる可能性がある求人があるから	39	2.6	-	-	-	-	2.6	-	2.6	-	-	12.8	5.1
4.家庭の事情などで変化があったから	7	-	28.6	-	-	-	-	-	-	-	-	-	33.3
5.その他	3	-	-	-	-	-	-	-	-	-	-	-	33.3
6.特に理由はない	32	9.4	-	-	3.1	-	-	-	9.4	-	6.3	6.3	-
7.非該当	5405	3.1	0.7	0.8	1.9	0.7	0.8	1.2	2.4	1.4	1.4	5.7	4.7
Q15.通年募集・秋季募集は良いと思うか													
1.はい	3395	3.2	0.5	0.9	2.0	0.7	0.8	1.3	2.4	1.4	1.3	5.4	4.6
2.いいえ	436	3.2	0.2	0.7	1.6	0.2	0.5	1.1	3.0	1.6	1.1	4.4	6.2
3.どちらともいえない	1770	3.2	1.1	0.7	1.8	0.7	0.8	1.0	2.3	1.3	1.6	6.9	4.4
Q15SQ1.通年募集・秋季募集が良いと思う理由													
1.就職活動に時間をかけて自分に合った企業を見極めたいから	2078	3.1	0.5	0.8	1.7	0.8	0.7	1.5	2.6	1.8	1.7	5.9	4.7
2.希望する就職先の候補が複数あり、採用スケジュールが重なるのを避けたいから	1626	3.4	0.7	1.0	1.8	0.9	0.9	1.4	2.8	1.5	1.5	6.0	4.8
3.現在のスケジュールでは、学業に支障があるから	1165	3.7	0.3	0.9	2.2	0.9	0.7	1.5	2.8	1.5	1.1	5.4	4.9
4.海外留学をして帰国する際に、より容易に就職活動できるようになるから	533	4.3	0.2	0.8	1.3	0.4	0.6	0.9	1.9	1.3	0.9	5.3	4.7
5.教育実習のスケジュールと重なるから	250	2.8	0.8	0.8	2.0	0.4	0.4	1.2	1.2	2.0	2.0	7.2	4.0
6.公務員試験のスケジュールと重なるから	497	4.6	0.8	1.2	1.6	0.4	1.4	1.6	2.6	2.4	1.8	4.2	4.4
7.卒業をしばらくしてから仕事に就くことができるようになるから	791	3.3	0.5	1.1	1.4	0.6	0.8	1.4	2.7	1.8	1.4	6.7	4.6
8.家庭の事情などで特定の時期に集中して就職活動ができないから	283	1.8	-	1.4	1.8	-	0.4	2.1	1.8	1.4	1.4	4.6	4.2
9.その他	56	-	1.8	-	1.8	-	-	-	3.6	1.8	-	12.5	1.8
10.特に理由はない	157	4.5	-	1.3	2.5	0.6	-	-	0.6	0.6	-	5.7	3.8
11.非該当	2206	3.2	0.9	0.7	1.8	0.6	0.8	1.0	2.4	1.4	1.5	6.4	4.7
Q16.海外留学経験													
1.したことがある	854	3.4	0.2	1.1	0.7	0.4	0.6	0.6	1.9	0.7	1.1	4.6	5.0
2.したことはない	4747	3.2	0.8	0.8	2.1	0.7	0.8	1.3	2.5	1.5	1.5	6.0	4.6
Q16SQ1.海外留学の形													
1.海外の大学・大学院に入学し、卒業した	66	6.1	-	-	-	-	-	-	1.5	1.5	-	1.5	1.5
2.日本の大学・大学院の課程の一環で一定の期間留学した	492	3.5	0.2	1.0	0.6	0.6	0.6	0.6	2.0	0.8	1.0	5.5	4.5
3.その他	296	2.7	0.3	1.4	1.0	-	0.3	0.7	1.7	0.3	1.4	3.7	6.8
4.非該当	4747	3.2	0.8	0.8	2.1	0.7	0.8	1.3	2.5	1.5	1.5	6.0	4.6
Q16SQ2.海外留学終了時期と採用スケジュールのミスマッチ													
1.あった	22	13.6	-	-	-	-	-	-	-	-	-	-	-
2.なかった	44	2.3	-	-	-	-	-	-	2.3	2.3	-	2.3	2.3
3.非該当	5535	3.2	0.7	0.8	1.9	0.7	0.8	1.2	2.4	1.4	1.4	5.9	4.7

F2SQ3.高校卒業時の居住地域

	N	東京都	神奈川県	新潟県	富山県	石川県	福井県	山梨県	長野県	岐阜県	静岡県	愛知県	三重県
全体	5601	10.4	8.6	1.8	1.0	1.0	0.5	0.7	1.6	1.9	2.9	6.9	1.5
Q14. 希望する働き方の変化													
1.限定正社員や契約社員を希望していたが、一般の正社員希望に変えた、または一般の正社員に絞った	132	9.1	5.3	2.3	1.5	0.8	-	0.8	1.5	1.5	3.0	6.8	1.5
2.一般の正社員を希望していたが、限定正社員や契約社員を希望するようになった	64	9.4	6.3	4.7	-	-	-	1.6	-	-	4.7	4.7	3.1
3.大きな変化はない	1661	9.8	7.6	1.7	0.8	0.6	0.7	0.7	1.6	1.5	2.6	7.6	1.3
4.非該当	3744	10.8	9.2	1.8	1.1	1.2	0.4	0.7	1.7	2.1	3.0	6.6	1.5
Q14SQ1. 現在希望する働き方													
1.地域限定正社員（就業する地域が特定されているか一定の範囲内にあらかじめ決められている働き方の正社員）	43	7.0	9.3	4.7	-	-	-	-	-	-	4.7	7.0	4.7
2.職務限定正社員（従事する職務（職種）が特定されているか一定の範囲内にあらかじめ決められている働き方の正社員）	32	15.6	6.3	6.3	-	-	-	-	-	-	3.1	3.1	3.1
3.勤務時間限定正社員（所定の勤務時間を超えた勤務はないか、あっても一定の場合の限られた時間にあらかじめ決められている働き方の正社員）	17	11.8	-	-	-	-	-	-	-	-	11.8	-	-
4.契約社員（一定の業務に就くことを前提に、期間の定めのある契約で採用する社員）	19	10.5	5.3	5.3	-	-	-	5.3	-	-	-	10.5	5.3
5.その他	4	25.0	-	-	-	-	-	-	-	-	-	-	-
6.非該当	5537	10.5	8.6	1.8	1.0	1.0	0.5	0.7	1.6	1.9	2.9	6.9	1.4
Q14SQ2. 希望する働き方が変わった理由													
1.希望している企業のなかでは、その働き方でしか求人してい
る企業がないから	69	8.7	5.8	2.9	1.4	-	-	1.4	1.4	1.4	1.4	4.3	1.4
2.その働き方でしか内定が得られないと思うから	46	8.7	6.5	4.3	-	2.2	-	2.2	-	-	4.3	6.5	2.2
3.採用後に希望する働き方に転換できる可能性がある求人があ
るから	39	12.8	10.3	2.6	-	-	-	-	-	-	7.7	7.7	-
4.家庭の事情などで変化があったから	7	-	-	-	-	-	-	-	14.3	-	-	14.3	14.3
5.その他	3	-	-	-	-	-	-	-	-	-	33.3	-	-
6.特に理由はない	32	9.4	-	3.1	3.1	-	-	-	-	3.1	-	6.3	3.1
7.非該当	5405	10.5	8.7	1.8	1.0	1.0	0.5	0.7	1.6	1.9	2.9	6.9	1.4
Q15. 通年募集・秋季募集は良いと思うか													
1.はい	3395	11.2	8.7	1.7	1.1	0.9	0.5	0.6	1.6	1.5	2.9	6.8	1.4
2.いいえ	436	8.7	8.9	0.7	0.5	1.4	0.5	0.9	1.4	3.2	3.2	8.3	1.8
3.どちらともいえない	1770	9.4	8.4	2.3	1.1	1.1	0.5	0.8	1.7	2.3	2.9	6.8	1.4
Q15SQ1. 通年募集・秋季募集が良いと思う理由													
1.就職活動に時間をかけて自分に合った企業を見極めたいから	2078	11.4	9.0	1.5	1.2	0.8	0.6	0.6	1.7	1.5	2.9	7.0	1.3
2.希望する就職先の候補が複数あり、採用スケジュールが重なるのを避けたいから	1626	10.3	7.6	1.8	1.0	0.9	0.9	0.6	1.7	1.2	3.1	6.3	1.8
3.現在のスケジュールでは、学業に支障があるから	1165	11.8	8.7	2.3	1.2	0.6	0.5	0.4	1.1	1.2	3.6	6.4	0.9
4.海外留学をして帰国する際に、より容易に就職活動できるようになるから	533	13.7	9.9	0.9	0.6	1.1	0.9	0.8	2.3	1.7	1.9	6.6	1.3
5.教育実習のスケジュールと重なるから	250	13.2	10.4	1.2	0.8	0.8	0.4	0.4	1.6	2.0	2.8	3.6	1.2
6.公務員試験のスケジュールと重なるから	497	10.1	8.5	1.8	1.2	1.4	0.4	1.0	2.0	1.0	3.4	6.0	1.8
7.卒業後しばらくしてから仕事に就くことができるようになるから	791	12.8	9.2	1.6	1.3	0.6	0.6	0.6	1.4	1.6	2.5	6.8	1.0
8.家庭の事情などで特定の時期に集中して就職活動ができないから	283	12.4	9.5	2.5	0.7	1.1	1.8	0.7	1.4	1.8	2.5	8.1	2.1
9.その他	56	10.7	14.3	-	-	-	3.6	1.8	-	-	-	7.1	1.8
10.特に理由はない	157	15.9	7.6	1.9	1.3	1.9	-	0.6	1.3	1.9	0.6	7.6	1.3
11.非該当	2206	9.2	8.5	2.0	1.0	1.1	0.5	0.8	1.6	2.5	3.0	7.1	1.5
Q16. 海外留学経験													
1.したことがある	854	12.2	8.5	1.5	0.8	0.9	0.2	0.5	0.9	2.3	2.0	9.3	1.1
2.したことはない	4747	10.1	8.6	1.9	1.1	1.0	0.5	0.8	1.7	1.8	3.1	6.5	1.5
Q16SQ1. 海外留学の形													
1.海外の大学・大学院に入学し、卒業した	66	4.5	6.1	1.5	-	-	-	1.5	-	-	1.5	12.1	-
2.日本の大学・大学院の課程の一環で一定の期間留学した	492	14.0	9.8	1.0	0.6	1.4	-	0.4	1.2	2.4	2.0	7.9	0.8
3.その他	296	10.8	7.1	2.4	1.4	-	0.7	0.3	0.7	2.4	2.4	10.8	1.7
4.非該当	4747	10.1	8.6	1.9	1.1	1.0	0.5	0.8	1.7	1.8	3.1	6.5	1.5
Q16SQ2. 海外留学終了時期と採用スケジュールのミスマッチ													
1.あった	22	9.1	-	4.5	-	-	-	4.5	-	-	-	9.1	-
2.なかった	44	2.3	9.1	-	-	2.3	-	-	-	2.3	-	13.6	-
3.非該当	5535	10.5	8.6	1.8	1.0	1.0	0.5	0.7	1.6	1.9	2.9	6.8	1.5

F2SQ3.高校卒業時の居住地域

	N	滋賀県	京都府	大阪府	兵庫県	奈良県	和歌山県	鳥取県	島根県	岡山県	広島県	山口県	徳島県
全体	5601	1.9	2.5	7.9	5.5	1.6	0.7	0.4	0.4	1.4	2.5	0.6	0.5
Q14.希望する働き方の変化													
1.限定正社員や契約社員を希望していたが、一般の正社員希望に変えた、または一般の正社員に絞った	132	1.5	3.0	8.3	4.5	0.8	0.8	0.8	-	-	1.5	-	0.8
2.一般の正社員を希望していたが、限定正社員や契約社員を希望するようになった	64	4.7	1.6	4.7	3.1	1.6	1.6	-	-	1.6	-	1.6	-
3.大きな変化はない	1661	2.2	2.2	7.9	5.4	1.4	0.6	0.4	0.4	1.6	3.1	0.6	0.7
4.非該当	3744	1.7	2.6	8.0	5.6	1.7	0.7	0.4	0.4	1.4	2.3	0.6	0.5
Q14SQ1.現在希望する働き方													
1.地域限定正社員（就業する地域が特定されているか一定の範囲内にあらかじめ決められている働き方の正社員）	43	4.7	2.3	4.7	2.3	2.3	-	-	-	2.3	-	2.3	-
2.職務限定正社員（従事する職務（職種）が特定されているか一定の範囲内にあらかじめ決められている働き方の正社員）	32	6.3	3.1	3.1	3.1	3.1	3.1	-	-	-	-	-	-
3.勤務時間限定正社員（所定の勤務時間を超えた勤務はないか、あっても一定の場合の限られた時間にあらかじめ決められている働き方の正社員）	17	11.8	-	-	-	5.9	-	-	-	-	-	5.9	-
4.契約社員（一定の業務に就くことを前提に、期間の定めのある契約で採用する社員）	19	10.5	-	-	-	5.3	-	-	-	-	-	-	-
5.その他	4	-	-	25.0	25.0	-	-	-	-	-	-	-	-
6.非該当	5537	1.8	2.5	8.0	5.5	1.6	0.7	0.4	0.4	1.4	2.5	0.6	0.5
Q14SQ2.希望する働き方が変わった理由													
1.希望している企業のなかでは、その働き方でしか求人している企業がないから	69	1.4	-	7.2	2.9	-	-	-	-	1.4	-	-	-
2.その働き方でしか内定が得られないと思うから	46	6.5	4.3	8.7	4.3	2.2	2.2	2.2	-	-	2.2	-	2.2
3.採用後に希望する働き方に転換できる可能性がある求人があるから	39	-	5.1	5.1	7.7	2.6	2.6	-	-	-	2.6	2.6	-
4.家庭の事情などで変化があったから	7	-	14.3	14.3	-	-	-	-	-	-	-	-	-
5.その他	3	-	-	-	-	33.3	-	-	-	-	-	-	-
6.特に理由はない	32	3.1	-	6.3	-	-	-	-	-	-	-	-	-
7.非該当	5405	1.9	2.5	8.0	5.5	1.6	0.7	0.4	0.4	1.5	2.6	0.6	0.5
Q15.通年募集・秋季募集は良いと思うか													
1.はい	3395	1.7	2.5	8.0	5.6	1.6	0.7	0.4	0.5	1.4	2.4	0.5	0.7
2.いいえ	436	3.7	3.7	7.6	4.8	2.3	0.7	0.5	0.2	2.1	1.6	1.1	-
3.どちらともいえない	1770	1.8	2.2	7.9	5.5	1.4	0.7	0.5	0.2	1.5	2.8	0.7	0.4
Q15SQ1.通年募集・秋季募集が良いと思う理由													
1.就職活動に時間をかけて自分に合った企業を見極めたいから	2078	1.9	2.2	7.6	5.3	1.4	0.5	0.3	0.6	1.3	2.6	0.5	0.5
2.希望する就職先の候補が複数あり、採用スケジュールが重なるのを避けたいから	1626	1.5	2.3	7.9	5.6	1.4	0.7	0.4	0.4	1.5	2.0	0.6	0.5
3.現在のスケジュールでは、学業に支障があるから	1165	2.1	2.3	8.3	5.8	1.5	0.3	0.7	0.5	1.1	2.5	0.3	0.5
4.海外留学をして帰国する際に、より容易に就職活動できるようになるから	533	1.3	2.8	8.3	4.5	0.9	0.4	-	0.6	0.8	1.9	0.8	0.6
5.教育実習のスケジュールと重なるから	250	1.2	2.0	7.6	4.8	1.6	-	0.4	0.4	2.0	4.0	0.8	-
6.公務員試験のスケジュールと重なるから	497	1.8	2.0	8.0	4.6	1.2	0.2	0.2	0.4	0.4	2.4	0.8	1.2
7.卒業後しばらくしてから仕事に就くことができるようになるから	791	1.5	2.1	8.0	4.7	1.1	0.8	0.4	0.5	1.1	2.9	0.9	0.5
8.家庭の事情などで特定の時期に集中して就職活動ができないから	283	0.4	2.1	11.7	6.0	2.1	0.4	0.7	0.4	1.1	1.4	-	-
9.その他	56	-	8.9	-	8.9	3.6	1.8	1.8	-	1.8	-	-	-
10.特に理由はない	157	0.6	5.1	6.4	8.3	2.5	1.9	-	-	1.9	0.6	0.6	0.6
11.非該当	2206	2.2	2.5	7.8	5.3	1.5	0.7	0.5	0.2	1.6	2.6	0.8	0.3
Q16.海外留学経験													
1.したことがある	854	1.5	2.6	9.0	5.5	1.4	0.6	0.1	0.4	1.2	2.5	0.8	0.2
2.したことはない	4747	1.9	2.5	7.7	5.5	1.6	0.7	0.4	0.4	1.5	2.5	0.6	0.6
Q16SQ1.海外留学の形													
1.海外の大学・大学院に入学し、卒業した	66	-	3.0	7.6	4.5	3.0	1.5	-	1.5	1.5	-	1.5	-
2.日本の大学・大学院の課程の一環で一定の期間留学した	492	1.2	2.6	9.3	5.1	1.2	0.4	0.2	0.4	1.0	3.0	1.2	0.4
3.その他	296	2.4	2.4	8.8	6.4	1.4	0.7	-	-	1.4	2.0	-	-
4.非該当	4747	1.9	2.5	7.7	5.5	1.6	0.7	0.4	0.4	1.5	2.5	0.6	0.6
Q16SQ2.海外留学終了時期と採用スケジュールのミスマッチ													
1.あった	22	-	-	9.1	4.5	-	-	-	4.5	-	-	4.5	-
2.なかった	44	-	4.5	6.8	4.5	4.5	2.3	-	-	2.3	-	-	-
3.非該当	5535	1.9	2.5	7.9	5.5	1.6	0.7	0.4	0.4	1.4	2.5	0.6	0.5

F2SQ3.高校卒業時の居住地域

	N	香川県	愛媛県	高知県	福岡県	佐賀県	長崎県	熊本県	大分県	宮崎県	鹿児島県	沖縄県	海外
全体	5601	0.6	1.0	0.2	3.1	0.5	1.0	0.8	0.5	0.6	0.6	0.6	0.9
Q14.希望する働き方の変化													
1.限定正社員や契約社員を希望していたが、一般の正社員希望に変えた、または一般の正社員に絞った	132	0.8	0.8	0.8	3.0	-	2.3	1.5	0.8	-	2.3	1.5	1.5
2.一般の正社員を希望していたが、限定正社員や契約社員を希望するようになった	64	-	-	-	3.1	-	3.1	-	1.6	1.6	-	-	3.1
3.大きな変化はない	1661	0.7	1.0	0.3	3.2	0.4	1.1	0.7	0.7	0.5	0.5	0.9	1.0
4.非該当	3744	0.6	1.0	0.2	3.0	0.5	0.9	0.9	0.4	0.6	0.6	0.5	0.7
Q14SQ1.現在希望する働き方													
1.地域限定正社員（就業する地域が特定されているか一定の範囲内にあらかじめ決められている働き方の正社員）	43	-	-	-	2.3	-	2.3	-	2.3	2.3	-	-	2.3
2.職務限定正社員（従事する職務（職種）が特定されているか一定の範囲内にあらかじめ決められている働き方の正社員）	32	-	-	-	3.1	-	6.3	-	3.1	-	-	-	-
3.勤務時間限定正社員（所定の勤務時間を超えた勤務はないか、あっても一定の場合の限られた時間にあらかじめ決められている働き方の正社員）	17	-	-	-	-	-	-	-	-	-	-	-	5.9
4.契約社員（一定の業務に就くことを前提に、期間の定めのある契約で採用する社員）	19	-	-	-	-	-	-	-	-	5.3	-	-	-
5.その他	4												
6.非該当	5537	0.6	1.0	0.2	3.1	0.5	1.0	0.8	0.5	0.6	0.6	0.6	0.8
Q14SQ2.希望する働き方が変わった理由													
1.希望している企業のなかでは、その働き方でしか求人してい␣る企業がないから	69	1.4	1.4	-	4.3	-	1.4	1.4	1.4	1.4	-	1.4	4.3
2.その働き方でしか内定が得られないと思うから	46	-	-	2.2	-	-	4.3	-	2.2	-	-	-	-
3.採用後に希望する働き方に転換できる可能性がある求人があ␣るから	39	-	-	-	2.6	-	-	-	-	-	2.6	-	-
4.家庭の事情などで変化があったから	7												
5.その他	3												
6.特に理由はない	32	-	-	-	6.3	-	6.3	3.1	-	-	6.3	3.1	3.1
7.非該当	5405	0.6	1.0	0.2	3.1	0.5	1.0	0.8	0.5	0.6	0.6	0.6	0.8
Q15.通年募集・秋季募集は良いと思うか													
1.はい	3395	0.6	1.1	0.2	3.2	0.5	0.9	0.8	0.4	0.6	0.6	0.7	0.9
2.いいえ	436	0.7	0.5	0.5	2.8	-	1.1	0.5	0.5	0.2	0.2	0.2	1.4
3.どちらともいえない	1770	0.6	0.9	0.2	2.9	0.6	1.2	0.9	0.6	0.5	0.7	0.5	0.6
Q15SQ1.通年募集・秋季募集が良いと思う理由													
1.就職活動に時間をかけて自分に合った企業を見極めたいから	2078	0.6	0.9	0.2	2.8	0.5	0.7	0.7	0.3	0.7	0.7	0.9	0.7
2.希望する就職先の候補が複数あり、採用スケジュールが重な␣るのを避けたいから	1626	0.5	1.3	0.2	3.7	0.1	0.6	0.6	0.4	0.9	0.6	1.0	0.9
3.現在のスケジュールでは、学業に支障があるから	1165	0.8	0.9	0.2	2.6	0.3	0.8	0.6	0.3	0.9	0.5	0.6	1.1
4.海外留学をして帰国する際に、より容易に就職活動できるよ␣うになるから	533	0.6	0.9	0.4	3.6	0.2	0.9	0.9	1.1	1.1	0.6	0.8	2.1
5.教育実習のスケジュールと重なるから	250	-	1.2	0.4	4.4	0.8	1.6	0.4	-	-	1.6	1.2	0.4
6.公務員試験のスケジュールと重なるから	497	1.0	1.6	-	2.0	0.2	0.6	1.2	0.6	1.2	1.6	0.6	0.2
7.卒業後しばらくしてから仕事に就くことができるようになる␣から	791	0.8	0.5	0.1	3.0	0.3	0.5	0.8	0.5	0.4	0.6	0.6	1.0
8.家庭の事情などで特定の時期に集中して就職活動ができない␣から	283	0.4	1.1	-	2.5	0.4	1.1	0.7	0.4	-	0.7	0.4	1.1
9.その他	56	-	1.8	-	1.8	-	1.8	-	-	-	1.8	3.6	-
10.特に理由はない	157	0.6	0.6	0.6	2.5	0.6	1.3	1.9	-	-	-	-	1.3
11.非該当	2206	0.6	0.8	0.2	2.9	0.5	1.2	0.8	0.6	0.5	0.6	0.5	0.7
Q16.海外留学経験													
1.したことがある	854	0.1	0.9	0.5	3.0	0.2	1.2	1.1	0.4	0.6	0.5	0.6	4.8
2.したことはない	4747	0.7	1.0	0.2	3.1	0.5	1.0	0.8	0.5	0.6	0.6	0.6	0.1
Q16SQ1.海外留学の形													
1.海外の大学・大学院に入学し、卒業した	66	-	-	-	1.5	1.5	-	1.5	1.5	3.0	-	-	25.8
2.日本の大学・大学院の課程の一環で一定の期間留学した	492	0.2	1.0	0.4	3.0	0.2	1.4	0.8	0.4	0.6	0.2	0.8	1.8
3.その他	296	-	1.0	0.7	3.4	-	1.0	1.4	-	-	1.0	0.3	5.1
4.非該当	4747	0.7	1.0	0.2	3.1	0.5	1.0	0.8	0.5	0.6	0.6	0.6	0.1
Q16SQ2.海外留学終了時期と採用スケジュールのミスマッチ													
1.あった	22	-	-	-	-	-	-	4.5	4.5	-	-	-	27.3
2.なかった	44	-	-	-	2.3	2.3	-	-	-	4.5	-	-	25.0
3.非該当	5535	0.6	1.0	0.2	3.1	0.5	1.0	0.8	0.5	0.5	0.6	0.6	0.6

F3.大学（大学院）での所属

	N	文系	理系
全体	5601	57.4	42.6
F0.就職活動有無			
1.就職活動をしている（していた）	5601	57.4	42.6
2.就職活動をしていない	－	－	－
F1.性別			
1.男性	3027	50.8	49.2
2.女性	2574	65.2	34.8
F2.居住地域			
1.北海道	181	49.7	50.3
2.青森県	39	38.5	61.5
3.岩手県	40	47.5	52.5
4.宮城県	125	44.0	56.0
5.秋田県	27	25.9	74.1
6.山形県	32	25.0	75.0
7.福島県	22	50.0	50.0
8.茨城県	110	51.8	48.2
9.栃木県	40	45.0	55.0
10.群馬県	57	61.4	38.6
11.埼玉県	336	62.2	37.8
12.千葉県	280	58.9	41.1
13.東京都	926	66.1	33.9
14.神奈川県	569	60.6	39.4
15.新潟県	68	44.1	55.9
16.富山県	54	35.2	64.8
17.石川県	76	35.5	64.5
18.福井県	20	55.0	45.0
19.山梨県	33	60.6	39.4
20.長野県	33	24.2	75.8
21.岐阜県	76	50.0	50.0
22.静岡県	104	47.1	52.9
23.愛知県	350	62.3	37.7
24.三重県	46	43.5	56.5
25.滋賀県	96	61.5	38.5
26.京都府	286	62.9	37.1
27.大阪府	488	62.1	37.9
28.兵庫県	276	72.8	27.2
29.奈良県	80	56.3	43.8
30.和歌山県	13	46.2	53.8
31.鳥取県	16	18.8	81.3
32.島根県	20	50.0	50.0
33.岡山県	88	29.5	70.5
34.広島県	106	53.8	46.2
35.山口県	26	65.4	34.6
36.徳島県	19	15.8	84.2
37.香川県	17	35.3	64.7
38.愛媛県	45	48.9	51.1
39.高知県	15	26.7	73.3
40.福岡県	179	54.2	45.8
41.佐賀県	26	30.8	69.2
42.長崎県	35	65.7	34.3
43.熊本県	44	38.6	61.4
44.大分県	27	63.0	37.0
45.宮崎県	13	53.8	46.2
46.鹿児島県	21	38.1	61.9
47.沖縄県	18	50.0	50.0
48.海外	3	33.3	66.7

F3.大学（大学院）での所属

	N	文系	理系
全体	5601	57.4	42.6
F2SQ2.大学（大学院）の所在地域			
1.北海道	183	48.1	51.9
2.青森県	38	39.5	60.5
3.岩手県	40	45.0	55.0
4.宮城県	123	44.7	55.3
5.秋田県	25	28.0	72.0
6.山形県	32	21.9	78.1
7.福島県	23	60.9	39.1
8.茨城県	81	42.0	58.0
9.栃木県	38	34.2	65.8
10.群馬県	57	54.4	45.6
11.埼玉県	109	62.4	37.6
12.千葉県	145	35.2	64.8
13.東京都	1607	69.7	30.3
14.神奈川県	297	45.5	54.5
15.新潟県	67	43.3	56.7
16.富山県	50	34.0	66.0
17.石川県	78	35.9	64.1
18.福井県	22	54.5	45.5
19.山梨県	34	58.8	41.2
20.長野県	32	21.9	78.1
21.岐阜県	40	32.5	67.5
22.静岡県	94	45.7	54.3
23.愛知県	403	62.5	37.5
24.三重県	20	40.0	60.0
25.滋賀県	80	50.0	50.0
26.京都府	400	69.3	30.8
27.大阪府	474	61.6	38.4
28.兵庫県	234	70.5	29.5
29.奈良県	45	42.2	57.8
30.和歌山県	16	31.3	68.8
31.鳥取県	17	23.5	76.5
32.島根県	18	44.4	55.6
33.岡山県	94	29.8	70.2
34.広島県	101	55.4	44.6
35.山口県	31	64.5	35.5
36.徳島県	19	15.8	84.2
37.香川県	17	35.3	64.7
38.愛媛県	45	48.9	51.1
39.高知県	15	33.3	66.7
40.福岡県	174	54.6	45.4
41.佐賀県	26	23.1	76.9
42.長崎県	34	64.7	35.3
43.熊本県	43	39.5	60.5
44.大分県	26	61.5	38.5
45.宮崎県	12	50.0	50.0
46.鹿児島県	21	38.1	61.9
47.沖縄県	18	50.0	50.0
48.海外	3	33.3	66.7

<u>F3.大学（大学院）での所属</u>

	N	文系	理系
全体	5601	57.4	42.6
F2SQ3.高校卒業時の居住地域			
1.北海道	181	59.1	40.9
2.青森県	38	42.1	57.9
3.岩手県	46	54.3	45.7
4.宮城県	106	53.8	46.2
5.秋田県	38	50.0	50.0
6.山形県	44	45.5	54.5
7.福島県	67	56.7	43.3
8.茨城県	133	51.1	48.9
9.栃木県	79	44.3	55.7
10.群馬県	78	50.0	50.0
11.埼玉県	326	60.1	39.9
12.千葉県	260	60.4	39.6
13.東京都	585	64.8	35.2
14.神奈川県	482	59.3	40.7
15.新潟県	103	60.2	39.8
16.富山県	58	60.3	39.7
17.石川県	55	49.1	50.9
18.福井県	27	59.3	40.7
19.山梨県	40	55.0	45.0
20.長野県	90	50.0	50.0
21.岐阜県	107	57.9	42.1
22.静岡県	163	47.9	52.1
23.愛知県	387	62.3	37.7
24.三重県	82	41.5	58.5
25.滋賀県	105	50.5	49.5
26.京都府	140	57.1	42.9
27.大阪府	444	60.8	39.2
28.兵庫県	307	64.8	35.2
29.奈良県	89	61.8	38.2
30.和歌山県	38	52.6	47.4
31.鳥取県	22	50.0	50.0
32.島根県	21	66.7	33.3
33.岡山県	81	42.0	58.0
34.広島県	140	53.6	46.4
35.山口県	34	61.8	38.2
36.徳島県	30	63.3	36.7
37.香川県	33	39.4	60.6
38.愛媛県	54	59.3	40.7
39.高知県	13	53.8	46.2
40.福岡県	171	53.8	46.2
41.佐賀県	26	50.0	50.0
42.長崎県	57	43.9	56.1
43.熊本県	46	47.8	52.2
44.大分県	27	40.7	59.3
45.宮崎県	32	56.3	43.8
46.鹿児島県	34	50.0	50.0
47.沖縄県	34	50.0	50.0
48.海外	48	68.8	31.3

—206—

<u>F3.大学（大学院）での所属</u>

	N	文系	理系
全体	5601	57.4	42.6
F3.大学（大学院）での所属			
1.文系	3215	100.0	–
2.理系	2386	–	100.0
Q1.学年			
1.学部４年（４年に進級後留年していない）	3860	76.6	23.4
2.学部４年（４年に進級後留年している）	206	73.8	26.2
3.学部６年（医・薬学部など、６年に進級後留年していない）	138	–	100.0
4.学部６年（医・薬学部など、６年に進級後留年している）	7	–	100.0
5.大学院修士（前期博士）課程	1342	7.4	92.6
6.大学院博士（後期博士）課程	33	9.1	90.9
7.その他	15	40.0	60.0
Q2.専攻			
1.人文科学（文学、史学、哲学など）	672	100.0	–
2.社会科学（法学・政治学、商学・経済学、社会学など）	1709	99.8	0.2
3.理学（数学、物理学、化学、生物学、地学など）	461	–	100.0
4.工学（機械工学、電気通信工学、土木建築工学、応用化学、応用理学、原子力工学、鉱山学、金属工学、繊維工学、船舶工学、航空工学、経営工学、工芸学など）	1205	–	100.0
5.農学（農学、農芸化学、農業工学、農業経済学、林学、林産学、獣医学、畜産学、水産学など）	283	2.8	97.2
6.保健（医学、歯学、薬学、看護学など）	263	3.0	97.0
7.商船	4	–	100.0
8.家政（家政学、食物学、被服学、住居学、児童学など）	120	28.3	71.7
9.教育（教育学、小学校など学校・幼稚園課程、体育学、障害児・特別支援教育課程など）	121	96.7	3.3
10.芸術（美術、デザイン、音楽など）	100	91.0	9.0
11.その他（教養学、総合科学、人文・社会科学、国際関係学、人間関係科学など）	663	87.3	12.7
Q3.就職活動を始めた時期			
1.２０１６年６月以前	1778	58.8	41.2
2.２０１６年７月	521	59.5	40.5
3.２０１６年８月	297	63.6	36.4
4.２０１６年９月	205	62.9	37.1
5.２０１６年１０月	363	62.3	37.7
6.２０１６年１１月	199	57.8	42.2
7.２０１６年１２月	402	51.5	48.5
8.２０１７年１月	291	50.5	49.5
9.２０１７年２月	464	55.4	44.6
10.２０１７年３月	689	53.4	46.6
11.２０１７年４月	76	46.1	53.9
12.２０１７年５月	28	85.7	14.3
13.２０１７年６月	21	76.2	23.8
14.２０１７年７月	11	63.6	36.4
15.無回答	256	54.7	45.3

F3.大学（大学院）での所属

	N	文系	理系
全体	5601	57.4	42.6
Q4.就職活動開始時の希望業種			
1.農林・水産	358	40.5	59.5
2.食品	1497	52.8	47.2
3.建設・設備関連	450	56.9	43.1
4.住宅・インテリア	548	79.9	20.1
5.アパレル・服飾関連	242	86.8	13.2
6.繊維・紙・パルプ	423	50.6	49.4
7.化学・石油	803	29.3	70.7
8.薬品・化粧品	817	30.2	69.8
9.ゴム・ガラス・セラミックス	345	37.7	62.3
10.鉄鋼・金属・鉱業	443	52.4	47.6
11.機械	620	43.4	56.6
12.プラント・エンジニアリング	311	29.9	70.1
13.電子・電気・OA機器	674	32.5	67.5
14.自動車・輸送用機器	669	43.9	56.1
15.精密・医療機器	551	38.3	61.7
16.印刷・事務機器・日用品	525	72.8	27.2
17.スポーツ・玩具・ゲーム製品	427	73.1	26.9
18.その他メーカー・製造関連	252	60.7	39.3
19.総合商社	593	85.3	14.7
20.商社	737	84.4	15.6
21.百貨店・スーパー・コンビニ	437	88.1	11.9
22.専門店	262	82.4	17.6
23.銀行・証券	1060	89.4	10.6
24.信金・労金・信組	473	93.4	6.6
25.クレジット・信販・リース・その他金融	347	93.7	6.3
26.生保・損保	503	87.1	12.9
27.不動産	502	87.5	12.5
28.鉄道・航空	872	73.5	26.5
29.陸運・海運・物流	342	83.0	17.0
30.電力・ガス・エネルギー	519	55.3	44.7
31.レストラン・給食・フードサービス	123	66.7	33.3
32.ホテル・旅行	515	93.6	6.4
33.医療機関・調剤薬局	300	35.7	64.3
34.福祉サービス	131	84.0	16.0
35.フィットネスクラブ・エステ・理美容	45	75.6	24.4
36.アミューズメント・レジャー	220	85.5	14.5
37.冠婚葬祭	155	92.3	7.7
38.専門・その他サービス	105	75.2	24.8
39.コンサルティング・シンクタンク・調査	413	63.9	36.1
40.人材サービス（派遣・紹介）	263	87.8	12.2
41.教育	366	84.4	15.6
42.ソフトウエア・情報処理・ネット関連	836	46.3	53.7
43.ゲームソフト	261	55.2	44.8
44.通信	420	45.2	54.8
45.マスコミ（放送・新聞）	486	84.0	16.0
46.マスコミ（出版・広告）	574	87.5	12.5
47.芸能・エンタテインメント	253	87.7	12.3
48.官公庁・公社・団体	873	64.1	35.9
49.これら以外のその他	49	65.3	34.7
50.特に決めていなかった	157	79.6	20.4

F3.大学（大学院）での所属

	N	文系	理系
全体	5601	57.4	42.6
Q4SQ2.就職活動開始時もっとも希望した業種			
1.農林・水産	64	34.4	65.6
2.食品	491	41.8	58.2
3.建設・設備関連	103	26.2	73.8
4.住宅・インテリア	85	68.2	31.8
5.アパレル・服飾関連	28	78.6	21.4
6.繊維・紙・パルプ	25	60.0	40.0
7.化学・石油	237	14.3	85.7
8.薬品・化粧品	276	15.9	84.1
9.ゴム・ガラス・セラミックス	16	31.3	68.8
10.鉄鋼・金属・鉱業	41	39.0	61.0
11.機械	149	22.1	77.9
12.プラント・エンジニアリング	38	10.5	89.5
13.電子・電気・OA機器	172	13.4	86.6
14.自動車・輸送用機器	203	37.9	62.1
15.精密・医療機器	82	28.0	72.0
16.印刷・事務機器・日用品	62	77.4	22.6
17.スポーツ・玩具・ゲーム製品	86	84.9	15.1
18.その他メーカー・製造関連	35	62.9	37.1
19.総合商社	89	85.4	14.6
20.商社	94	88.3	11.7
21.百貨店・スーパー・コンビニ	55	94.5	5.5
22.専門店	26	84.6	15.4
23.銀行・証券	325	93.2	6.8
24.信金・労金・信組	50	96.0	4.0
25.クレジット・信販・リース・その他金融	42	95.2	4.8
26.生保・損保	100	82.0	18.0
27.不動産	98	88.8	11.2
28.鉄道・航空	277	74.0	26.0
29.陸運・海運・物流	64	87.5	12.5
30.電力・ガス・エネルギー	88	42.0	58.0
31.レストラン・給食・フードサービス	15	53.3	46.7
32.ホテル・旅行	126	95.2	4.8
33.医療機関・調剤薬局	139	16.5	83.5
34.福祉サービス	26	92.3	7.7
35.フィットネスクラブ・エステ・理美容	9	77.8	22.2
36.アミューズメント・レジャー	30	86.7	13.3
37.冠婚葬祭	18	100.0	－
38.専門・その他サービス	19	89.5	10.5
39.コンサルティング・シンクタンク・調査	132	54.5	45.5
40.人材サービス（派遣・紹介）	35	91.4	8.6
41.教育	107	86.9	13.1
42.ソフトウエア・情報処理・ネット関連	373	33.2	66.8
43.ゲームソフト	45	55.6	44.4
44.通信	50	32.0	68.0
45.マスコミ（放送・新聞）	150	85.3	14.7
46.マスコミ（出版・広告）	193	91.7	8.3
47.芸能・エンタテインメント	58	89.7	10.3
48.官公庁・公社・団体	401	68.8	31.2
49.これら以外のその他	17	58.8	41.2
50.非該当	157	79.6	20.4

F3.大学（大学院）での所属

	N	文系	理系
全体	5601	57.4	42.6
Q5.就職活動開始時の希望就職先			
1.海外展開もしている企業	1527	53.0	47.0
2.全国規模の企業であって、全国転勤がある企業	1655	59.2	40.8
3.全国規模の企業であって、勤務地が特定の地域に限定されている企業	2240	54.3	45.7
4.主に特定の地域に展開している企業	1497	62.5	37.5
5.公務員（教員を除く）	735	62.0	38.0
6.教員	86	73.3	26.7
7.その他	141	59.6	40.4
8.特に決めていなかった	1101	53.5	46.5
Q6SQ1.就職活動開始時の希望（地域限定正社員）：応募			
1.是非応募したい	1372	68.4	31.6
2.処遇に大きな差がなければ応募したい	2692	55.1	44.9
3.応募したくない	440	63.9	36.1
4.考えたことがない	1097	46.8	53.2
Q6SQ1A.就職活動開始時の希望（地域限定正社員）：地域			
1.現在お住まいの都道府県	3114	63.9	36.1
2.高校卒業時点でお住まいだった都道府県	1705	54.5	45.5
3.大学・大学院のある都道府県	1368	58.8	41.2
4.その他の都道府県	747	49.7	50.3
5.海外	98	67.3	32.7
6.特にない	178	41.6	58.4
7.非該当	1537	51.7	48.3
Q6SQ2.就職活動開始時の希望（職務限定正社員）：応募			
1.是非応募したい	946	54.0	46.0
2.処遇に大きな差がなければ応募したい	2301	55.7	44.3
3.応募したくない	787	67.2	32.8
4.考えたことがない	1567	57.1	42.9
Q6SQ2A.就職活動開始時の希望（職務限定正社員）：職務			
1.大学・大学院の専攻に直結した仕事	1193	27.7	72.3
2.一般事務の仕事	809	90.2	9.8
3.経理、会計の仕事	138	94.9	5.1
4.営業の仕事	319	89.7	10.3
5.販売の仕事	28	92.9	7.1
6.接客の仕事	139	78.4	21.6
7.調査、研究開発の仕事	431	20.2	79.8
8.生産・建設現場の仕事	69	14.5	85.5
9.運送関係の仕事	14	57.1	42.9
10.その他	107	69.2	30.8
11.非該当	2354	60.5	39.5

F3.大学（大学院）での所属

	N	文系	理系
全体	5601	57.4	42.6
Q6SQ3.就職活動開始時の希望（勤務時間限定正社員）：応募			
1.是非応募したい	869	63.1	36.9
2.処遇に大きな差がなければ応募したい	2035	55.7	44.3
3.応募したくない	619	62.2	37.8
4.考えたことがない	2078	55.2	44.8
Q6SQ3A.就職活動開始時の希望（勤務時間限定正社員）：時間			
1.1時間	13	92.3	7.7
2.2時間	8	62.5	37.5
3.3時間	7	71.4	28.6
4.4時間	23	43.5	56.5
5.5時間	56	64.3	35.7
6.6時間	226	71.2	28.8
7.7時間	191	67.5	32.5
8.8時間（ただし、残業ががない）	2380	55.6	44.4
9.非該当	2697	56.8	43.2
Q7.就職活動終了状況			
1.終えた	3744	51.1	48.9
2.続けている	1857	70.1	29.9
Q8.就職活動終了時期			
1.2016年6月以前	70	50.0	50.0
2.2016年7月	27	55.6	44.4
3.2016年8月	－	－	－
4.2016年9月	1	100.0	－
5.2016年10月	2	50.0	50.0
6.2016年11月	2	50.0	50.0
7.2016年12月	1	100.0	－
8.2017年1月	2	－	100.0
9.2017年2月	19	31.6	68.4
10.2017年3月	62	37.1	62.9
11.2017年4月	284	28.5	71.5
12.2017年5月	666	41.0	59.0
13.2017年6月	2078	55.6	44.4
14.2017年7月	274	66.1	33.9
15.無回答	256	54.7	45.3
16.非該当	1857	70.1	29.9
Q9.就職活動終了理由			
1.希望する就職先の内定を得たから	3133	49.6	50.4
2.希望していた就職先ではないが、内定を得たから	557	60.1	39.9
3.内定を得ていないが、希望する就職先が他になく、留年することにしたから	11	63.6	36.4
4.大学院に進学することにしたから	25	20.0	80.0
5.海外に留学することにしたから	3	66.7	33.3
6.家業を継ぐことにしたから	2	100.0	－
7.その他	13	61.5	38.5
8.非該当	1857	70.1	29.9

F3.大学（大学院）での所属

	N	文系	理系
全体	5601	57.4	42.6
Q10.就職予定先企業の業種			
1.農林・水産	27	40.7	59.3
2.食品	178	29.2	70.8
3.建設・設備関連	121	33.1	66.9
4.住宅・インテリア	57	59.6	40.4
5.アパレル・服飾関連	25	92.0	8.0
6.繊維・紙・パルプ	24	29.2	70.8
7.化学・石油	159	18.9	81.1
8.薬品・化粧品	169	13.6	86.4
9.ゴム・ガラス・セラミックス	27	25.9	74.1
10.鉄鋼・金属・鉱業	65	33.8	66.2
11.機械	118	17.8	82.2
12.プラント・エンジニアリング	34	17.6	82.4
13.電子・電気・OA機器	194	20.6	79.4
14.自動車・輸送用機器	200	33.0	67.0
15.精密・医療機器	73	15.1	84.9
16.印刷・事務機器・日用品	39	48.7	51.3
17.スポーツ・玩具・ゲーム製品	18	77.8	22.2
18.その他メーカー・製造関連	34	55.9	44.1
19.総合商社	17	94.1	5.9
20.商社	84	82.1	17.9
21.百貨店・スーパー・コンビニ	67	92.5	7.5
22.専門店	56	76.8	23.2
23.銀行・証券	224	92.0	8.0
24.信金・労金・信組	61	93.4	6.6
25.クレジット・信販・リース・その他金融	54	94.4	5.6
26.生保・損保	112	84.8	15.2
27.不動産	65	86.2	13.8
28.鉄道・航空	98	69.4	30.6
29.陸運・海運・物流	64	85.9	14.1
30.電力・ガス・エネルギー	49	34.7	65.3
31.レストラン・給食・フードサービス	14	42.9	57.1
32.ホテル・旅行	63	88.9	11.1
33.医療機関・調剤薬局	100	15.0	85.0
34.福祉サービス	23	87.0	13.0
35.フィットネスクラブ・エステ・理美容	5	60.0	40.0
36.アミューズメント・レジャー	12	75.0	25.0
37.冠婚葬祭	7	100.0	‒
38.専門・その他サービス	58	60.3	39.7
39.コンサルティング・シンクタンク・調査	108	54.6	45.4
40.人材サービス（派遣・紹介）	43	69.8	30.2
41.教育	51	90.2	9.8
42.ソフトウエア・情報処理・ネット関連	429	44.8	55.2
43.ゲームソフト	7	42.9	57.1
44.通信	63	42.9	57.1
45.マスコミ（放送・新聞）	33	69.7	30.3
46.マスコミ（出版・広告）	46	87.0	13.0
47.芸能・エンタテインメント	13	92.3	7.7
48.官公庁・公社・団体	83	63.9	36.1
49.これら以外のその他	19	68.4	31.6
50.非該当	1911	69.4	30.6

F3.大学(大学院)での所属

	N	文系	理系
全体	5601	57.4	42.6
Q11.就職予定先企業での働き方			
1.地域限定正社員(就業する地域が特定されているか一定の範囲内にあらかじめ決められている働き方の正社員)	818	61.5	38.5
2.職務限定正社員(従事する職務(職種)が特定されているか一定の範囲内にあらかじめ決められている働き方の正社員)	601	39.1	60.9
3.勤務時間限定正社員(所定の勤務時間を超えた勤務はないか、あっても一定の場合の限られた時間にあらかじめ決められている働き方の正社員)	106	48.1	51.9
4.上記のような限定のない一般の正社員	2534	50.4	49.6
5.契約社員	17	70.6	29.4
6.その他	23	47.8	52.2
7.非該当	1911	69.4	30.6
Q11SQ2.就職予定先企業での働き方は希望していたものか			
1.はい	3511	50.4	49.6
2.いいえ	179	65.9	34.1
3.非該当	1911	69.4	30.6
Q11SQ3.就職予定先企業での働き方が希望と異なった理由			
1.希望する働き方での募集がなかったから	40	60.0	40.0
2.その働き方でしか採用されなかったから	51	70.6	29.4
3.採用後に希望する働き方に転換できる可能性があったから	35	74.3	25.7
4.家庭の事情などで変化があったから	6	50.0	50.0
5.その他	14	57.1	42.9
6.特に理由はない	33	63.6	36.4
7.非該当	5422	57.1	42.9
Q12.就職活動継続理由			
1.まだ内定を得ていないから	990	69.1	30.9
2.すでに内定を得ているが、就職を希望する企業が他にあるから	818	71.4	28.6
3.その他	49	69.4	30.6
4.非該当	3744	51.1	48.9
Q13.希望業種の変化			
1.希望業種が拡がった	822	73.8	26.2
2.希望業種を絞った	414	72.5	27.5
3.大きな変化はない	621	63.6	36.4
4.非該当	3744	51.1	48.9

<u>F3.大学（大学院）での所属</u>

	N	文系	理系
全体	5601	57.4	42.6
Q13SQ1.現在の希望業種			
1.農林・水産	103	48.5	51.5
2.食品	249	62.7	37.3
3.建設・設備関連	108	72.2	27.8
4.住宅・インテリア	114	80.7	19.3
5.アパレル・服飾関連	59	86.4	13.6
6.繊維・紙・パルプ	83	65.1	34.9
7.化学・石油	148	53.4	46.6
8.薬品・化粧品	129	47.3	52.7
9.ゴム・ガラス・セラミックス	62	61.3	38.7
10.鉄鋼・金属・鉱業	102	72.5	27.5
11.機械	125	72.8	27.2
12.プラント・エンジニアリング	71	63.4	36.6
13.電子・電気・OA機器	120	64.2	35.8
14.自動車・輸送用機器	78	65.4	34.6
15.精密・医療機器	113	58.4	41.6
16.印刷・事務機器・日用品	125	80.0	20.0
17.スポーツ・玩具・ゲーム製品	68	82.4	17.6
18.その他メーカー・製造関連	54	63.0	37.0
19.総合商社	112	85.7	14.3
20.商社	212	89.2	10.8
21.百貨店・スーパー・コンビニ	102	84.3	15.7
22.専門店	63	87.3	12.7
23.銀行・証券	160	89.4	10.6
24.信金・労金・信組	85	94.1	5.9
25.クレジット・信販・リース・その他金融	58	93.1	6.9
26.生保・損保	82	91.5	8.5
27.不動産	95	88.4	11.6
28.鉄道・航空	113	78.8	21.2
29.陸運・海運・物流	86	89.5	10.5
30.電力・ガス・エネルギー	73	71.2	28.8
31.レストラン・給食・フードサービス	38	71.1	28.9
32.ホテル・旅行	67	91.0	9.0
33.医療機関・調剤薬局	82	58.5	41.5
34.福祉サービス	44	90.9	9.1
35.フィットネスクラブ・エステ・理美容	15	100.0	-
36.アミューズメント・レジャー	47	97.9	2.1
37.冠婚葬祭	24	87.5	12.5
38.専門・その他サービス	54	85.2	14.8
39.コンサルティング・シンクタンク・調査	98	66.3	33.7
40.人材サービス（派遣・紹介）	89	79.8	20.2
41.教育	98	85.7	14.3
42.ソフトウエア・情報処理・ネット関連	251	70.1	29.9
43.ゲームソフト	39	82.1	17.9
44.通信	87	69.0	31.0
45.マスコミ（放送・新聞）	93	84.9	15.1
46.マスコミ（出版・広告）	130	84.6	15.4
47.芸能・エンタテインメント	55	87.3	12.7
48.官公庁・公社・団体	253	68.4	31.6
49.これら以外のその他	26	76.9	23.1
50.特に決めていない	46	87.0	13.0
51.非該当	4365	52.9	47.1

F3.大学（大学院）での所属

	N	文系	理系
全体	5601	57.4	42.6
Q14.希望する働き方の変化			
1.限定正社員や契約社員を希望していたが、一般の正社員希望に変えた、または一般の正社員に絞った	132	72.7	27.3
2.一般の正社員を希望していたが、限定正社員や契約社員を希望するようになった	64	64.1	35.9
3.大きな変化はない	1661	70.1	29.9
4.非該当	3744	51.1	48.9
Q14SQ1.現在希望する働き方			
1.地域限定正社員（就業する地域が特定されているか一定の範囲内にあらかじめ決められている働き方の正社員）	43	69.8	30.2
2.職務限定正社員（従事する職務（職種）が特定されているか一定の範囲内にあらかじめ決められている働き方の正社員）	32	50.0	50.0
3.勤務時間限定正社員（所定の勤務時間を超えた勤務はないか、あっても一定の場合の限られた時間にあらかじめ決められている働き方の正社員）	17	52.9	47.1
4.契約社員（一定の業務に就くことを前提に、期間の定めのある契約で採用する社員）	19	63.2	36.8
5.その他	4	100.0	－
6.非該当	5537	57.3	42.7
Q14SQ2.希望する働き方が変わった理由			
1.希望している企業のなかでは、その働き方でしか求人している企業がないから	69	72.5	27.5
2.その働き方でしか内定が得られないと思うから	46	67.4	32.6
3.採用後に希望する働き方に転換できる可能性がある求人があるから	39	64.1	35.9
4.家庭の事情などで変化があったから	7	57.1	42.9
5.その他	3	100.0	－
6.特に理由はない	32	75.0	25.0
7.非該当	5405	56.9	43.1
Q15.通年募集・秋季募集は良いと思うか			
1.はい	3395	62.1	37.9
2.いいえ	436	48.2	51.8
3.どちらともいえない	1770	50.6	49.4
Q15SQ1.通年募集・秋季募集が良いと思う理由			
1.就職活動に時間をかけて自分に合った企業を見極めたいから	2078	63.7	36.3
2.希望する就職先の候補が複数あり、採用スケジュールが重なるのを避けたいから	1626	63.5	36.5
3.現在のスケジュールでは、学業に支障があるから	1165	56.3	43.7
4.海外留学をして帰国する際に、より容易に就職活動できるようになるから	533	66.0	34.0
5.教育実習のスケジュールと重なるから	250	68.8	31.2
6.公務員試験のスケジュールと重なるから	497	66.0	34.0
7.卒業後しばらくしてから仕事に就くことができるようになるから	791	60.2	39.8
8.家庭の事情などで特定の時期に集中して就職活動ができないから	283	64.0	36.0
9.その他	56	67.9	32.1
10.特に理由はない	157	59.2	40.8
11.非該当	2206	50.1	49.9

<u>F3.大学（大学院）での所属</u>

	N	文系	理系
全体	5601	57.4	42.6
Q16.海外留学経験			
1.したことがある	854	74.0	26.0
2.したことはない	4747	54.4	45.6
Q16SQ1.海外留学の形			
1.海外の大学・大学院に入学し、卒業した	66	78.8	21.2
2.日本の大学・大学院の課程の一環で一定の期間留学した	492	75.8	24.2
3.その他	296	69.9	30.1
4.非該当	4747	54.4	45.6
Q16SQ2.海外留学終了時期と採用スケジュールのミスマッチ			
1.あった	22	86.4	13.6
2.なかった	44	75.0	25.0
3.非該当	5535	57.1	42.9

<u>Q1.学年</u>

	N	学部4年（4年に進級後留年していない）	学部4年（4年に進級後留年している）	学部6年（医・薬学部など、6年に進級後留年していない）	学部6年（医・薬学部など、6年に進級後留年している）	大学院修士（前期博士）課程	大学院博士（後期博士）課程	その他
全体	5601	68.9	3.7	2.5	0.1	24.0	0.6	0.3
F0.就職活動有無								
1.就職活動をしている（していた）	5601	68.9	3.7	2.5	0.1	24.0	0.6	0.3
2.就職活動をしていない	－	－	－	－	－	－	－	－
F1.性別								
1.男性	3027	62.5	4.6	1.2	0.1	30.5	0.8	0.4
2.女性	2574	76.5	2.6	4.0	0.2	16.3	0.3	0.1
F2.居住地域								
1.北海道	181	68.0	3.3	2.2	－	23.8	2.2	0.6
2.青森県	39	71.8	2.6	－	－	25.6	－	－
3.岩手県	40	72.5	5.0	－	－	22.5	－	－
4.宮城県	125	50.4	1.6	2.4	－	43.2	2.4	－
5.秋田県	27	63.0	－	－	－	37.0	－	－
6.山形県	32	56.3	－	－	－	40.6	3.1	－
7.福島県	22	63.6	9.1	4.5	4.5	18.2	－	－
8.茨城県	110	59.1	4.5	－	－	35.5	－	0.9
9.栃木県	40	65.0	－	2.5	－	32.5	－	－
10.群馬県	57	80.7	1.8	－	－	17.5	－	－
11.埼玉県	336	75.6	4.2	1.8	0.3	17.6	0.3	0.3
12.千葉県	280	71.1	5.7	2.9	－	19.6	0.7	－
13.東京都	926	71.8	3.8	2.6	－	20.6	0.8	0.4
14.神奈川県	569	74.3	3.5	2.6	0.2	19.0	0.4	－
15.新潟県	68	61.8	－	－	－	38.2	－	－
16.富山県	54	53.7	3.7	3.7	－	38.9	－	－
17.石川県	76	57.9	5.3	2.6	－	34.2	－	－
18.福井県	20	75.0	－	－	－	25.0	－	－
19.山梨県	33	66.7	6.1	－	－	27.3	－	－
20.長野県	33	60.6	－	－	－	39.4	－	－
21.岐阜県	76	60.5	2.6	3.9	－	31.6	－	1.3
22.静岡県	104	60.6	1.9	5.8	－	31.7	－	－
23.愛知県	350	74.9	2.0	1.4	0.3	20.6	0.6	0.3
24.三重県	46	69.6	2.2	2.2	－	26.1	－	－
25.滋賀県	96	75.0	5.2	1.0	－	18.8	－	－
26.京都府	286	61.9	5.2	1.4	－	29.7	1.4	0.3
27.大阪府	488	68.4	2.5	3.9	－	24.4	0.2	0.6
28.兵庫県	276	74.6	5.4	0.4	0.4	18.8	0.4	－
29.奈良県	80	66.3	2.5	－	－	28.8	2.5	－
30.和歌山県	13	69.2	－	－	－	30.8	－	－
31.鳥取県	16	56.3	－	－	－	43.8	－	－
32.島根県	20	70.0	10.0	－	－	20.0	－	－
33.岡山県	88	59.1	2.3	10.2	－	27.3	－	1.1
34.広島県	106	64.2	6.6	5.7	0.9	22.6	－	－
35.山口県	26	80.8	－	3.8	－	11.5	－	3.8
36.徳島県	19	57.9	－	10.5	－	26.3	5.3	－
37.香川県	17	70.6	5.9	11.8	－	11.8	－	－
38.愛媛県	45	73.3	4.4	2.2	－	20.0	－	－
39.高知県	15	80.0	－	－	－	20.0	－	－
40.福岡県	179	60.9	5.0	2.2	－	31.3	0.6	－
41.佐賀県	26	53.8	7.7	－	－	38.5	－	－
42.長崎県	35	80.0	2.9	5.7	－	11.4	－	－
43.熊本県	44	63.6	4.5	9.1	2.3	20.5	－	－
44.大分県	27	70.4	11.1	－	－	18.5	－	－
45.宮崎県	13	53.8	7.7	7.7	－	30.8	－	－
46.鹿児島県	21	57.1	－	－	－	38.1	4.8	－
47.沖縄県	18	72.2	5.6	－	－	22.2	－	－
48.海外	3	66.7	－	－	－	33.3	－	－

－217－

Q1.学年

	N	学部4年（4年に進級後留年していない）	学部4年（4年に進級後留年している）	学部6年（医・薬学部など、6年に進級後留年していない）	学部6年（医・薬学部など、6年に進級後留年している）	大学院修士（前期博士）課程	大学院博士（後期博士）課程	その他
全体	5601	68.9	3.7	2.5	0.1	24.0	0.6	0.3
F2SQ2.大学（大学院）の所在地域								
1.北海道	183	67.2	2.7	2.2	-	25.1	2.2	0.5
2.青森県	38	73.7	2.6	-	-	23.7	-	-
3.岩手県	40	70.0	5.0	-	2.5	22.5	-	-
4.宮城県	123	48.8	2.4	2.4	-	43.9	2.4	-
5.秋田県	25	60.0	-	-	-	40.0	-	-
6.山形県	32	56.3	3.1	-	-	37.5	3.1	-
7.福島県	23	73.9	8.7	4.3	-	13.0	-	-
8.茨城県	81	46.9	3.7	-	-	48.1	-	1.2
9.栃木県	38	60.5	-	2.6	-	36.8	-	-
10.群馬県	57	78.9	-	-	-	21.1	-	-
11.埼玉県	109	76.1	2.8	2.8	-	18.3	-	-
12.千葉県	145	64.8	4.8	4.8	0.7	24.1	0.7	-
13.東京都	1607	74.1	4.6	2.6	-	17.8	0.6	0.3
14.神奈川県	297	72.7	1.7	0.7	0.3	24.2	0.3	-
15.新潟県	67	61.2	-	-	-	38.8	-	-
16.富山県	50	52.0	4.0	4.0	-	40.0	-	-
17.石川県	78	59.0	5.1	2.6	-	33.3	-	-
18.福井県	22	77.3	-	-	-	22.7	-	-
19.山梨県	34	67.6	5.9	-	-	26.5	-	-
20.長野県	32	59.4	-	-	-	40.6	-	-
21.岐阜県	40	45.0	2.5	5.0	-	42.5	2.5	2.5
22.静岡県	94	59.6	2.1	5.3	-	33.0	-	-
23.愛知県	403	76.2	2.0	1.5	-	19.9	0.2	0.2
24.三重県	20	55.0	-	-	-	45.0	-	-
25.滋賀県	80	71.3	6.3	1.3	-	21.3	-	-
26.京都府	400	65.5	6.0	2.3	0.3	24.5	0.8	0.8
27.大阪府	474	70.9	2.3	1.9	-	24.1	0.6	0.2
28.兵庫県	234	68.8	4.7	3.0	0.4	22.6	0.4	-
29.奈良県	45	57.8	-	-	-	40.0	2.2	-
30.和歌山県	16	75.0	-	-	-	25.0	-	-
31.鳥取県	17	58.8	-	-	-	41.2	-	-
32.島根県	18	72.2	11.1	-	-	16.7	-	-
33.岡山県	94	59.6	3.2	10.6	-	25.5	-	1.1
34.広島県	101	64.4	5.9	5.9	1.0	22.8	-	-
35.山口県	31	77.4	-	-	-	19.4	-	3.2
36.徳島県	19	57.9	-	10.5	-	26.3	5.3	-
37.香川県	17	76.5	-	11.8	-	11.8	-	-
38.愛媛県	45	73.3	4.4	2.2	-	20.0	-	-
39.高知県	15	80.0	-	-	-	20.0	-	-
40.福岡県	174	62.6	4.6	2.3	-	29.9	0.6	-
41.佐賀県	26	46.2	7.7	-	-	46.2	-	-
42.長崎県	34	82.4	-	5.9	-	11.8	-	-
43.熊本県	43	60.5	7.0	9.3	2.3	20.9	-	-
44.大分県	26	73.1	7.7	-	-	19.2	-	-
45.宮崎県	12	50.0	8.3	8.3	-	33.3	-	-
46.鹿児島県	21	57.1	-	-	-	38.1	4.8	-
47.沖縄県	18	72.2	5.6	-	-	22.2	-	-
48.海外	3	66.7	-	-	-	33.3	-	-

<u>Q1.学年</u>

	N	学部4年（4年に進級後留年していない）	学部4年（4年に進級後留年している）	学部6年（医・薬学部など、6年に進級後留年していない）	学部6年（医・薬学部など、6年に進級後留年している）	大学院修士（前期博士）課程	大学院博士（後期博士）課程	その他
全体	5601	68.9	3.7	2.5	0.1	24.0	0.6	0.3
F2SQ3.高校卒業時の居住地域								
1.北海道	181	73.5	3.3	1.1	－	20.4	1.1	0.6
2.青森県	38	63.2	2.6	－	－	34.2	－	－
3.岩手県	46	63.0	4.3	－	－	30.4	2.2	－
4.宮城県	106	64.2	3.8	2.8	－	27.4	1.9	－
5.秋田県	38	65.8	2.6	－	2.6	28.9	－	－
6.山形県	44	59.1	2.3	2.3	－	34.1	－	2.3
7.福島県	67	73.1	4.5	4.5	－	17.9	－	－
8.茨城県	133	66.2	3.0	3.0	－	27.1	－	0.8
9.栃木県	79	60.8	1.3	2.5	－	35.4	－	－
10.群馬県	78	67.9	1.3	－	－	28.2	1.3	1.3
11.埼玉県	326	73.9	4.0	1.5	0.3	19.9	－	0.3
12.千葉県	260	71.9	5.0	3.8	－	18.1	0.8	0.4
13.東京都	585	73.5	4.8	2.1	－	18.5	1.2	－
14.神奈川県	482	73.9	2.9	3.5	0.2	19.3	0.2	－
15.新潟県	103	68.9	3.9	1.0	－	25.2	1.0	－
16.富山県	58	69.0	3.4	1.7	－	25.9	－	－
17.石川県	55	67.3	9.1	－	－	23.6	－	－
18.福井県	27	77.8	3.7	3.7	－	14.8	－	－
19.山梨県	40	70.0	－	2.5	－	27.5	－	－
20.長野県	90	66.7	－	3.3	－	28.9	1.1	－
21.岐阜県	107	66.4	2.8	0.9	－	29.0	－	0.9
22.静岡県	163	63.8	3.1	3.7	－	27.6	1.8	－
23.愛知県	387	72.4	3.1	1.0	0.3	22.5	0.3	0.5
24.三重県	82	63.4	1.2	1.2	－	32.9	－	1.2
25.滋賀県	105	66.7	2.9	1.0	－	29.5	－	－
26.京都府	140	65.0	2.9	3.6	－	27.9	0.7	－
27.大阪府	444	69.1	2.5	4.3	－	23.6	－	0.5
28.兵庫県	307	71.7	4.2	1.0	0.3	22.1	0.7	－
29.奈良県	89	73.0	2.2	1.1	－	22.5	－	1.1
30.和歌山県	38	65.8	－	2.6	－	28.9	2.6	－
31.鳥取県	22	59.1	4.5	－	－	31.8	4.5	－
32.島根県	21	57.1	14.3	－	－	23.8	－	4.8
33.岡山県	81	65.4	－	4.9	－	28.4	－	1.2
34.広島県	140	64.3	7.9	3.6	－	24.3	－	－
35.山口県	34	67.6	2.9	2.9	2.9	20.6	2.9	－
36.徳島県	30	70.0	3.3	3.3	－	20.0	3.3	－
37.香川県	33	54.5	3.0	9.1	－	33.3	－	－
38.愛媛県	54	72.2	1.9	3.7	－	22.2	－	－
39.高知県	13	69.2	－	－	－	30.8	－	－
40.福岡県	171	59.6	7.6	2.9	0.6	28.7	0.6	－
41.佐賀県	26	73.1	－	3.8	－	23.1	－	－
42.長崎県	57	54.4	8.8	3.5	－	33.3	－	－
43.熊本県	46	67.4	2.2	4.3	－	26.1	－	－
44.大分県	27	55.6	7.4	3.7	－	33.3	－	－
45.宮崎県	32	62.5	9.4	－	－	28.1	－	－
46.鹿児島県	34	64.7	－	8.8	－	26.5	－	－
47.沖縄県	34	67.6	5.9	－	－	26.5	－	－
48.海外	48	41.7	6.3	－	－	45.8	6.3	－

<u>Q1.学年</u>

	N	学部4年（4年に進級後留年していない）	学部4年（4年に進級後留年している）	学部6年（医・薬学部など、6年に進級後留年していない）	学部6年（医・薬学部など、6年に進級後留年している）	大学院修士（前期博士）課程	大学院博士（後期博士）課程	その他
全体	5601	68.9	3.7	2.5	0.1	24.0	0.6	0.3
F3.大学（大学院）での所属								
1.文系	3215	91.9	4.7	－	－	3.1	0.1	0.2
2.理系	2386	37.9	2.3	5.8	0.3	52.1	1.3	0.4
Q1.学年								
1.学部4年（4年に進級後留年していない）	3860	100.0	－	－	－	－	－	－
2.学部4年（4年に進級後留年している）	206	－	100.0	－	－	－	－	－
3.学部6年（医・薬学部など、6年に進級後留年していない）	138	－	－	100.0	－	－	－	－
4.学部6年（医・薬学部など、6年に進級後留年している）	7	－	－	－	100.0	－	－	－
5.大学院修士（前期博士）課程	1342	－	－	－	－	100.0	－	－
6.大学院博士（後期博士）課程	33	－	－	－	－	－	100.0	－
7.その他	15	－	－	－	－	－	－	100.0
Q2.専攻								
1.人文科学（文学、史学、哲学など）	672	91.2	5.2	－	－	3.1	0.1	0.3
2.社会科学（法学・政治学、商学・経済学、社会学など）	1709	92.1	4.9	－	－	2.9	－	0.1
3.理学（数学、物理学、化学、生物学、地学など）	461	33.2	2.2	0.4	－	61.2	2.8	0.2
4.工学（機械工学、電気通信工学、土木建築工学、応用化学、応用理学、原子力工学、鉱山学、金属工学、繊維工学、船舶工学、航空工学、経営工学、工芸学など）	1205	36.4	2.8	－	－	59.3	1.1	0.4
5.農学（農学、農芸化学、農業工学、農業経済学、林学、林産学、獣医学、畜産学、水産学など）	283	48.1	0.7	2.1	0.4	47.7	0.7	0.4
6.保健（医学、歯学、薬学、看護学など）	263	16.0	1.1	48.3	2.3	30.4	0.8	1.1
7.商船	4	75.0	－	－	－	25.0	－	－
8.家政（家政学、食物学、被服学、住居学、児童学など）	120	87.5	2.5	－	－	9.2	0.8	－
9.教育（教育学、小学校など学校・幼稚園課程、体育学、障害児・特別支援教育課程など）	121	86.0	5.0	－	－	8.3	0.8	－
10.芸術（美術、デザイン、音楽など）	100	89.0	3.0	－	－	8.0	－	－
11.その他（教養学、総合科学、人文・社会科学、国際関係学、人間関係科学など）	663	90.8	4.1	0.5	－	4.5	－	0.2
Q3.就職活動を始めた時期								
1.2016年6月以前	1778	69.7	1.9	3.0	－	25.1	0.1	0.1
2.2016年7月	521	72.6	1.7	2.7	0.2	22.6	0.2	－
3.2016年8月	297	76.1	2.4	3.7	0.3	17.5	－	－
4.2016年9月	205	76.6	3.9	2.0	1.0	16.6	－	－
5.2016年10月	363	72.5	4.1	2.2	－	20.4	0.3	0.6
6.2016年11月	199	65.8	3.5	5.0	－	22.6	2.0	1.0
7.2016年12月	402	64.7	3.5	2.5	－	27.1	2.0	0.2
8.2017年1月	291	62.5	6.9	2.1	－	27.5	0.7	0.3
9.2017年2月	464	63.8	5.8	0.9	－	27.2	1.5	0.9
10.2017年3月	689	66.2	5.5	1.0	0.1	26.3	0.6	0.3
11.2017年4月	76	55.3	18.4	3.9	1.3	18.4	2.6	－
12.2017年5月	28	89.3	7.1	－	－	3.6	－	－
13.2017年6月	21	66.7	4.8	－	－	28.6	－	－
14.2017年7月	11	81.8	－	－	－	18.2	－	－
15.無回答	256	70.7	3.9	2.7	0.4	21.1	0.8	0.4

Q1.学年

	N	学部4年（4年に進級後留年していない）	学部4年（4年に進級後留年している）	学部6年（医・薬学部など、6年に進級後留年していない）	学部6年（医・薬学部など、6年に進級後留年している）	大学院修士（前期博士）課程	大学院博士（後期博士）課程	その他
全体	5601	68.9	3.7	2.5	0.1	24.0	0.6	0.3
Q4.就職活動開始時の希望業種								
1.農林・水産	358	68.7	3.4	1.1	−	26.5	0.3	−
2.食品	1497	69.3	3.5	1.1	0.1	25.3	0.5	0.3
3.建設・設備関連	450	79.1	4.4	−	−	16.2	−	0.2
4.住宅・インテリア	548	88.3	2.4	−	−	8.8	−	0.5
5.アパレル・服飾関連	242	90.9	4.1	−	−	5.0	−	−
6.繊維・紙・パルプ	423	56.7	4.0	−	−	38.3	0.5	0.5
7.化学・石油	803	39.5	3.4	1.1	−	54.0	1.4	0.6
8.薬品・化粧品	817	42.1	2.3	8.9	0.1	44.9	1.1	0.5
9.ゴム・ガラス・セラミックス	345	41.7	4.9	0.3	−	51.9	0.6	0.6
10.鉄鋼・金属・鉱業	443	59.8	5.6	−	−	34.3	0.2	−
11.機械	620	58.9	4.4	−	−	36.3	0.2	0.3
12.プラント・エンジニアリング	311	48.2	5.8	−	−	45.3	0.6	−
13.電子・電気・OA機器	674	50.0	3.0	0.1	−	45.7	0.9	0.3
14.自動車・輸送用機器	669	57.8	3.6	−	−	38.1	0.1	0.3
15.精密・医療機器	551	50.3	3.6	0.7	−	44.3	0.9	0.2
16.印刷・事務機器・日用品	525	77.9	2.5	−	−	19.2	0.2	0.2
17.スポーツ・玩具・ゲーム製品	427	82.0	3.7	−	−	14.3	−	−
18.その他メーカー・製造関連	252	68.7	5.2	0.8	−	25.4	−	−
19.総合商社	593	83.3	7.3	0.3	−	8.9	−	0.2
20.商社	737	88.5	4.3	0.7	−	6.1	0.1	0.3
21.百貨店・スーパー・コンビニ	437	92.2	3.7	−	−	3.7	0.2	0.2
22.専門店	262	90.8	3.8	0.8	−	4.2	0.4	−
23.銀行・証券	1060	89.6	4.3	0.2	−	5.5	0.2	0.2
24.信金・労金・信組	473	92.6	4.4	0.2	−	2.5	0.2	−
25.クレジット・信販・リース・その他金融	347	91.4	4.0	−	−	4.6	−	−
26.生保・損保	503	89.9	3.8	0.2	−	6.0	0.2	−
27.不動産	502	87.8	5.4	0.2	−	6.6	−	−
28.鉄道・航空	872	76.7	6.4	0.1	−	16.6	0.1	−
29.陸運・海運・物流	342	83.3	7.3	−	−	9.1	−	0.3
30.電力・ガス・エネルギー	519	63.4	5.2	−	−	30.8	0.2	0.4
31.レストラン・給食・フードサービス	123	94.3	3.3	−	−	2.4	−	−
32.ホテル・旅行	515	91.7	5.2	0.2	−	2.5	0.4	−
33.医療機関・調剤薬局	300	50.0	2.7	36.3	1.7	8.7	0.3	0.3
34.福祉サービス	131	87.8	6.1	−	−	5.3	−	0.8
35.フィットネスクラブ・エステ・理美容	45	91.1	4.4	−	−	4.4	−	−
36.アミューズメント・レジャー	220	90.5	4.5	0.5	−	4.5	−	−
37.冠婚葬祭	155	91.6	3.2	−	−	5.2	−	−
38.専門・その他サービス	105	82.9	1.9	−	−	14.3	1.0	−
39.コンサルティング・シンクタンク・調査	413	61.5	6.1	1.2	−	29.1	1.9	0.2
40.人材サービス（派遣・紹介）	263	84.4	6.1	1.5	−	7.6	−	0.4
41.教育	366	81.7	4.6	0.3	−	12.3	0.8	0.3
42.ソフトウエア・情報処理・ネット関連	836	70.3	4.5	0.4	−	23.8	0.7	0.2
43.ゲームソフト	261	76.6	4.2	0.4	0.4	18.0	0.4	−
44.通信	420	68.8	4.8	−	−	24.5	1.2	0.7
45.マスコミ（放送・新聞）	486	84.6	3.7	0.2	−	11.3	0.2	−
46.マスコミ（出版・広告）	574	85.2	5.2	0.5	−	8.7	0.3	−
47.芸能・エンタテインメント	253	90.9	3.6	0.4	−	4.7	0.4	−
48.官公庁・公社・団体	873	69.8	4.4	2.9	−	22.0	0.8	0.2
49.これら以外のその他	49	75.5	2.0	6.1	−	14.3	−	2.0
50.特に決めていなかった	157	90.4	4.5	−	−	3.8	1.3	−

Q1.学年

	N	学部4年（4年に進級後留年していない）	学部4年（4年に進級後留年している）	学部6年（医・薬学部など、6年に進級後留年していない）	学部6年（医・薬学部など、6年に進級後留年している）	大学院修士（前期博士）課程・	大学院博士（後期博士）課程	その他
全体	5601	68.9	3.7	2.5	0.1	24.0	0.6	0.3
Q4SQ2.就職活動開始時もっとも希望した業種								
1.農林・水産	64	70.3	1.6	1.6	−	26.6	−	−
2.食品	491	69.5	1.6	0.2	0.2	28.3	0.2	−
3.建設・設備関連	103	73.8	3.9	−	−	21.4	−	1.0
4.住宅・インテリア	85	88.2	−	−	−	11.8	−	−
5.アパレル・服飾関連	28	92.9	7.1	−	−	−	−	−
6.繊維・紙・パルプ	25	72.0	−	−	−	28.0	−	−
7.化学・石油	237	19.4	3.0	−	−	73.8	2.5	1.3
8.薬品・化粧品	276	29.7	1.4	16.3	0.4	49.6	1.8	0.7
9.ゴム・ガラス・セラミックス	16	31.3	−	−	−	68.8	−	−
10.鉄鋼・金属・鉱業	41	39.0	7.3	−	−	51.2	2.4	−
11.機械	149	49.0	2.7	−	−	47.7	−	0.7
12.プラント・エンジニアリング	38	28.9	−	−	−	71.1	−	−
13.電子・電気・OA機器	172	29.1	2.3	−	−	64.5	3.5	0.6
14.自動車・輸送用機器	203	52.2	3.4	−	−	43.8	0.5	−
15.精密・医療機器	82	43.9	2.4	−	−	53.7	−	−
16.印刷・事務機器・日用品	62	83.9	3.2	−	−	11.3	−	1.6
17.スポーツ・玩具・ゲーム製品	86	86.0	3.5	−	−	10.5	−	−
18.その他メーカー・製造関連	35	77.1	−	−	−	22.9	−	−
19.総合商社	89	82.0	9.0	−	−	9.0	−	−
20.商社	94	91.5	4.3	1.1	−	3.2	−	−
21.百貨店・スーパー・コンビニ	55	90.9	3.6	−	−	3.6	−	1.8
22.専門店	26	88.5	7.7	3.8	−	−	−	−
23.銀行・証券	325	94.8	1.5	−	−	3.1	0.3	0.3
24.信金・労金・信組	50	94.0	6.0	−	−	−	−	−
25.クレジット・信販・リース・その他金融	42	97.6	−	−	−	2.4	−	−
26.生保・損保	100	86.0	3.0	−	−	11.0	−	−
27.不動産	98	91.8	2.0	−	−	6.1	−	−
28.鉄道・航空	277	78.0	6.9	−	−	14.8	0.4	−
29.陸運・海運・物流	64	87.5	9.4	−	−	1.6	−	1.6
30.電力・ガス・エネルギー	88	52.3	5.7	−	−	42.0	−	−
31.レストラン・給食・フードサービス	15	100.0	−	−	−	−	−	−
32.ホテル・旅行	126	92.1	7.9	−	−	−	−	−
33.医療機関・調剤薬局	139	36.0	1.4	52.5	2.9	7.2	−	−
34.福祉サービス	26	92.3	7.7	−	−	−	−	−
35.フィットネスクラブ・エステ・理美容	9	100.0	−	−	−	−	−	−
36.アミューズメント・レジャー	30	93.3	3.3	−	−	3.3	−	−
37.冠婚葬祭	18	94.4	−	−	−	5.6	−	−
38.専門・その他サービス	19	89.5	5.3	−	−	5.3	−	−
39.コンサルティング・シンクタンク・調査	132	50.0	7.6	0.8	−	39.4	2.3	−
40.人材サービス（派遣・紹介）	35	82.9	2.9	2.9	−	8.6	−	2.9
41.教育	107	83.2	0.9	0.9	−	13.1	0.9	0.9
42.ソフトウエア・情報処理・ネット関連	373	70.8	5.1	−	−	23.6	0.5	−
43.ゲームソフト	45	73.3	4.4	−	2.2	20.0	−	−
44.通信	50	50.0	4.0	−	−	44.0	−	2.0
45.マスコミ（放送・新聞）	150	87.3	2.7	−	−	10.0	−	−
46.マスコミ（出版・広告）	193	84.5	6.7	−	−	8.8	−	−
47.芸能・エンタテインメント	58	89.7	3.4	−	−	6.9	−	−
48.官公庁・公社・団体	401	74.3	4.5	2.7	−	17.7	0.7	−
49.これら以外のその他	17	64.7	5.9	11.8	−	17.6	−	−
50.非該当	157	90.4	4.5	−	−	3.8	1.3	−

Q1.学年

	N	学部４年（４年に進級後留年していない）	学部４年（４年に進級後留年している）	学部６年（医・薬学部など、６年に進級後留年していない）	学部６年（医・薬学部など、６年に進級後留年している）	大学院修士（前期博士）課程	大学院博士（後期博士）課程	その他
全体	5601	68.9	3.7	2.5	0.1	24.0	0.6	0.3
Q5.就職活動開始時の希望就職先								
1.海外展開もしている企業	1527	56.5	4.8	1.7	0.1	35.4	1.0	0.5
2.全国規模の企業であって、全国転勤がある企業	1655	66.9	3.6	2.3	0.1	26.3	0.4	0.3
3.全国規模の企業であって、勤務地が特定の地域に限定されている企業	2240	67.1	2.5	2.9	0.1	26.5	0.5	0.3
4.主に特定の地域に展開している企業	1497	74.9	3.6	3.4	0.3	17.2	0.4	0.1
5.公務員（教員を除く）	735	70.9	4.2	4.4	–	19.7	0.7	0.1
6.教員	86	70.9	2.3	–	–	26.7	–	–
7.その他	141	70.9	4.3	3.5	–	19.9	1.4	–
8.特に決めていなかった	1101	69.2	3.6	1.9	0.1	24.5	0.5	0.2
Q6SQ1.就職活動開始時の希望（地域限定正社員）：応募								
1.是非応募したい	1372	81.2	2.9	3.2	0.1	12.0	0.4	0.1
2.処遇に大きな差がなければ応募したい	2692	67.2	3.8	2.7	0.1	25.2	0.6	0.4
3.応募したくない	440	65.9	4.3	2.0	0.5	26.1	0.5	0.7
4.考えたことがない	1097	58.9	4.2	1.2	–	34.9	0.7	0.1
Q6SQ1A.就職活動開始時の希望（地域限定正社員）：地域								
1.現在お住まいの都道府県	3114	75.7	3.3	2.9	0.2	17.4	0.4	0.2
2.高校卒業時点でお住まいだった都道府県	1705	68.9	2.9	2.9	0.1	24.5	0.4	0.3
3.大学・大学院のある都道府県	1368	68.4	3.7	2.7	0.1	24.4	0.4	0.2
4.その他の都道府県	747	62.5	3.7	4.1	0.1	28.2	0.9	0.3
5.海外	98	55.1	12.2	2.0	1.0	28.6	1.0	–
6.特にない	178	56.2	1.1	2.2	–	37.6	1.1	1.7
7.非該当	1537	60.9	4.2	1.4	0.1	32.4	0.7	0.3
Q6SQ2.就職活動開始時の希望（職務限定正社員）：応募								
1.是非応募したい	946	68.9	2.2	4.9	0.3	22.8	0.7	0.1
2.処遇に大きな差がなければ応募したい	2301	68.1	3.8	2.3	–	25.0	0.5	0.3
3.応募したくない	787	72.7	3.3	1.5	–	21.1	0.9	0.5
4.考えたことがない	1567	68.2	4.6	1.8	0.2	24.6	0.4	0.3
Q6SQ2A.就職活動開始時の希望（職務限定正社員）：職務								
1.大学・大学院の専攻に直結した仕事	1193	50.6	2.8	6.1	0.2	39.1	0.8	0.3
2.一般事務の仕事	809	93.1	3.2	–	–	3.5	–	0.2
3.経理、会計の仕事	138	87.7	7.2	–	–	5.1	–	–
4.営業の仕事	319	94.4	3.8	0.3	0.3	1.3	–	–
5.販売の仕事	28	96.4	3.6	–	–	–	–	–
6.接客の仕事	139	89.2	2.2	6.5	–	2.2	–	–
7.調査、研究開発の仕事	431	38.1	3.2	2.6	–	53.8	2.1	0.2
8.生産・建設現場の仕事	69	47.8	1.4	–	–	50.7	–	–
9.運送関係の仕事	14	85.7	7.1	–	–	7.1	–	–
10.その他	107	75.7	5.6	3.7	0.9	13.1	–	0.9
11.非該当	2354	69.7	4.2	1.7	0.1	23.4	0.6	0.3

Q1.学年

	N	学部4年（4年に進級後留年していない）	学部4年（4年に進級後留年している）	学部6年（医・薬学部など、6年に進級後留年していない）	学部6年（医・薬学部など、6年に進級後留年している）	大学院修士（前期博士）課程	大学院博士（後期博士）課程	その他
全体	5601	68.9	3.7	2.5	0.1	24.0	0.6	0.3
Q6SQ3.就職活動開始時の希望（勤務時間限定正社員）：応募								
1.是非応募したい	869	76.9	2.8	4.4	0.3	15.1	0.2	0.3
2.処遇に大きな差がなければ応募したい	2035	68.5	3.9	2.7	-	24.3	0.4	0.2
3.応募したくない	619	67.5	4.4	1.5	-	25.5	0.8	0.3
4.考えたことがない	2078	66.5	3.6	1.8	0.2	26.9	0.8	0.3
Q6SQ3A.就職活動開始時の希望（勤務時間限定正社員）：時間								
1.1時間	13	92.3	-	-	-	7.7	-	-
2.2時間	8	75.0	-	-	-	25.0	-	-
3.3時間	7	71.4	-	-	-	28.6	-	-
4.4時間	23	52.2	17.4	-	-	30.4	-	-
5.5時間	56	76.8	1.8	7.1	-	14.3	-	-
6.6時間	226	77.9	4.4	2.7	-	14.2	0.4	0.4
7.7時間	191	78.0	4.7	3.1	0.5	12.6	-	1.0
8.8時間（ただし、残業ががない）	2380	69.7	3.4	3.2	0.1	23.1	0.4	0.2
9.非該当	2697	66.7	3.8	1.7	0.1	26.5	0.8	0.3
Q7.就職活動終了状況								
1.終えた	3744	64.6	2.9	2.7	0.1	28.8	0.6	0.3
2.続けている	1857	77.7	5.2	2.0	0.1	14.2	0.5	0.3
Q8.就職活動終了時期								
1.2016年6月以前	70	61.4	1.4	8.6	-	28.6	-	-
2.2016年7月	27	63.0	-	-	-	37.0	-	-
3.2016年8月	-	-	-	-	-	-	-	-
4.2016年9月	1	-	100.0	-	-	-	-	-
5.2016年10月	2	100.0	-	-	-	-	-	-
6.2016年11月	2	50.0	-	50.0	-	-	-	-
7.2016年12月	1	100.0	-	-	-	-	-	-
8.2017年1月	2	-	-	-	-	100.0	-	-
9.2017年2月	19	57.9	5.3	-	5.3	26.3	5.3	-
10.2017年3月	62	59.7	1.6	6.5	-	29.0	3.2	-
11.2017年4月	284	51.1	2.5	2.8	0.4	41.9	0.7	0.7
12.2017年5月	666	59.3	2.9	3.5	0.3	32.9	1.1	0.2
13.2017年6月	2078	66.0	2.9	2.2	-	28.3	0.4	0.2
14.2017年7月	274	77.7	3.6	2.2	-	15.7	0.4	0.4
15.無回答	256	70.7	3.9	2.7	0.4	21.1	0.8	0.4
16.非該当	1857	77.7	5.2	2.0	0.1	14.2	0.5	0.3
Q9.就職活動終了理由								
1.希望する就職先の内定を得たから	3133	63.2	2.8	2.8	0.1	30.0	0.7	0.2
2.希望していた就職先ではないが、内定を得たから	557	71.5	3.2	1.8	-	23.0	0.2	0.4
3.内定を得ていないが、希望する就職先が他になく、留年することにしたから	11	45.5	27.3	-	9.1	18.2	-	-
4.大学院に進学することにしたから	25	80.0	-	4.0	-	16.0	-	-
5.海外に留学することにしたから	3	100.0	-	-	-	-	-	-
6.家業を継ぐことにしたから	2	100.0	-	-	-	-	-	-
7.その他	13	69.2	-	-	-	23.1	-	7.7
8.非該当	1857	77.7	5.2	2.0	0.1	14.2	0.5	0.3

<u>Q1.学年</u>

	N	学部4年（4年に進級後留年していない）	学部4年（4年に進級後留年している）	学部6年（医・薬学部など、6年に進級後留年していない）	学部6年（医・薬学部など、6年に進級後留年している）	大学院修士（前期博士）課程	大学院博士（後期博士）課程	その他
全体	5601	68.9	3.7	2.5	0.1	24.0	0.6	0.3
Q10.就職予定先企業の業種								
1.農林・水産	27	63.0	11.1	–	–	25.9	–	–
2.食品	178	66.3	2.2	–	–	30.9	0.6	–
3.建設・設備関連	121	75.2	4.1	–	–	19.8	–	0.8
4.住宅・インテリア	57	82.5	–	–	–	17.5	–	–
5.アパレル・服飾関連	25	100.0	–	–	–	–	–	–
6.繊維・紙・パルプ	24	29.2	4.2	–	–	66.7	–	–
7.化学・石油	159	23.9	3.1	–	–	69.2	3.8	–
8.薬品・化粧品	169	30.2	0.6	16.0	–	50.3	1.8	1.2
9.ゴム・ガラス・セラミックス	27	29.6	–	–	–	70.4	–	–
10.鉄鋼・金属・鉱業	65	33.8	6.2	–	–	58.5	1.5	–
11.機械	118	44.9	3.4	–	–	50.8	–	0.8
12.プラント・エンジニアリング	34	44.1	–	–	–	55.9	–	–
13.電子・電気・OA機器	194	35.1	1.0	–	–	61.9	1.5	0.5
14.自動車・輸送用機器	200	41.5	2.5	–	–	55.5	0.5	–
15.精密・医療機器	73	26.0	4.1	–	–	69.9	–	–
16.印刷・事務機器・日用品	39	64.1	–	–	–	35.9	–	–
17.スポーツ・玩具・ゲーム製品	18	66.7	11.1	–	–	22.2	–	–
18.その他メーカー・製造関連	34	76.5	2.9	–	–	20.6	–	–
19.総合商社	17	100.0	–	–	–	–	–	–
20.商社	84	92.9	1.2	–	–	6.0	–	–
21.百貨店・スーパー・コンビニ	67	94.0	1.5	–	–	4.5	–	–
22.専門店	56	94.6	3.6	1.8	–	–	–	–
23.銀行・証券	224	91.5	1.3	0.4	–	6.3	–	0.4
24.信金・労金・信組	61	98.4	1.6	–	–	–	–	–
25.クレジット・信販・リース・その他金融	54	94.4	3.7	–	–	1.9	–	–
26.生保・損保	112	89.3	2.7	–	–	8.0	–	–
27.不動産	65	87.7	4.6	–	–	7.7	–	–
28.鉄道・航空	98	78.6	5.1	–	–	16.3	–	–
29.陸運・海運・物流	64	90.6	4.7	–	–	3.1	–	1.6
30.電力・ガス・エネルギー	49	49.0	4.1	–	–	46.9	–	–
31.レストラン・給食・フードサービス	14	100.0	–	–	–	–	–	–
32.ホテル・旅行	63	95.2	3.2	–	–	1.6	–	–
33.医療機関・調剤薬局	100	23.0	1.0	62.0	4.0	9.0	–	1.0
34.福祉サービス	23	95.7	–	–	–	4.3	–	–
35.フィットネスクラブ・エステ・理美容	5	100.0	–	–	–	–	–	–
36.アミューズメント・レジャー	12	75.0	8.3	–	–	16.7	–	–
37.冠婚葬祭	7	85.7	14.3	–	–	–	–	–
38.専門・その他サービス	58	65.5	6.9	5.2	–	22.4	–	–
39.コンサルティング・シンクタンク・調査	108	52.8	7.4	0.9	–	37.0	1.9	–
40.人材サービス（派遣・紹介）	43	79.1	2.3	2.3	–	14.0	2.3	–
41.教育	51	82.4	–	–	–	17.6	–	–
42.ソフトウエア・情報処理・ネット関連	429	73.2	3.7	–	–	22.6	0.5	–
43.ゲームソフト	7	71.4	–	–	–	28.6	–	–
44.通信	63	61.9	–	–	–	34.9	1.6	1.6
45.マスコミ（放送・新聞）	33	75.8	6.1	–	–	18.2	–	–
46.マスコミ（出版・広告）	46	76.1	4.3	–	–	19.6	–	–
47.芸能・エンタテインメント	13	100.0	–	–	–	–	–	–
48.官公庁・公社・団体	83	67.5	3.6	–	–	25.3	2.4	–
49.これら以外のその他	19	68.4	–	10.5	–	15.8	5.3	–
50.非該当	1911	77.6	5.2	2.0	0.2	14.3	0.5	0.3

<u>Q1.学年</u>

	N	学部4年（4年に進級後留年していない）	学部4年（4年に進級後留年している）	学部6年（医・薬学部など、6年に進級後留年していない）	学部6年（医・薬学部など、6年に進級後留年している）	大学院修士（前期博士）課程	大学院博士（後期博士）課程	その他
全体	5601	68.9	3.7	2.5	0.1	24.0	0.6	0.3
Q11. 就職予定先企業での働き方								
1.地域限定正社員（就業する地域が特定されているか一定の範囲内にあらかじめ決められている働き方の正社員）	818	74.9	3.1	5.4	0.2	15.8	0.5	0.1
2.職務限定正社員（従事する職務（職種）が特定されているか一定の範囲内にあらかじめ決められている働き方の正社員）	601	58.6	2.0	4.7	0.5	32.8	1.0	0.5
3.勤務時間限定正社員（所定の勤務時間を超えた勤務はないか、あっても一定の場合の限られた時間にあらかじめ決められている働き方の正社員）	106	67.9	0.9	4.7	－	25.5	0.9	－
4.上記のような限定のない一般の正社員	2534	62.4	3.0	1.9	－	31.9	0.7	0.2
5.契約社員	17	88.2	5.9	－	－	－	5.9	－
6.その他	23	60.9	4.3	8.7	－	21.7	4.3	－
7.非該当	1911	77.6	5.2	2.0	0.2	14.3	0.5	0.3
Q11SQ2. 就職予定先企業での働き方は希望していたものか								
1.はい	3511	63.6	3.0	2.8	0.1	29.6	0.7	0.3
2.いいえ	179	80.4	1.1	1.1	－	17.3	－	－
3.非該当	1911	77.6	5.2	2.0	0.2	14.3	0.5	0.3
Q11SQ3. 就職予定先企業での働き方が希望と異なった理由								
1.希望する働き方での募集がなかったから	40	77.5	2.5	－	－	20.0	－	－
2.その働き方でしか採用されなかったから	51	82.4	2.0	2.0	－	13.7	－	－
3.採用後に希望する働き方に転換できる可能性があったから	35	77.1	－	－	－	22.9	－	－
4.家庭の事情などで変化があったから	6	83.3	－	16.7	－	－	－	－
5.その他	14	85.7	－	－	－	14.3	－	－
6.特に理由はない	33	81.8	－	－	－	18.2	－	－
7.非該当	5422	68.5	3.8	2.5	0.1	24.2	0.6	0.3
Q12. 就職活動継続理由								
1.まだ内定を得ていないから	990	75.5	6.2	1.8	0.1	15.5	0.7	0.3
2.すでに内定を得ているが、就職を希望する企業が他にあるから	818	80.4	4.2	2.3	0.1	12.5	0.2	0.2
3.その他	49	77.6	2.0	2.0	－	18.4	－	－
4.非該当	3744	64.6	2.9	2.7	0.1	28.8	0.6	0.3
Q13. 希望業種の変化								
1.希望業種が拡がった	822	77.6	6.3	1.0	－	14.4	0.5	0.2
2.希望業種を絞った	414	80.2	4.1	3.1	0.2	11.6	0.5	0.2
3.大きな変化はない	621	76.2	4.3	2.7	0.2	15.8	0.5	0.3
4.非該当	3744	64.6	2.9	2.7	0.1	28.8	0.6	0.3

Q1.学年

	N	学部4年（4年に進級後留年していない）	学部4年（4年に進級後留年している）	学部6年（医・薬学部など、6年に進級後留年していない）	学部6年（医・薬学部など、6年に進級後留年している）	大学院修士（前期博士）課程	大学院博士（後期博士）課程	その他
全体	5601	68.9	3.7	2.5	0.1	24.0	0.6	0.3
Q13SQ1.現在の希望業種								
1.農林・水産	103	63.1	8.7	1.9	–	25.2	1.0	–
2.食品	249	73.1	6.8	0.4	–	19.3	0.4	–
3.建設・設備関連	108	75.0	8.3	–	–	15.7	0.9	–
4.住宅・インテリア	114	80.7	7.9	–	–	10.5	0.9	–
5.アパレル・服飾関連	59	79.7	11.9	–	–	8.5	–	–
6.繊維・紙・パルプ	83	61.4	10.8	–	–	26.5	1.2	–
7.化学・石油	148	52.7	8.8	1.4	–	36.5	0.7	–
8.薬品・化粧品	129	52.7	7.0	4.7	–	35.7	–	–
9.ゴム・ガラス・セラミックス	62	58.1	11.3	–	–	29.0	1.6	–
10.鉄鋼・金属・鉱業	102	68.6	9.8	–	–	21.6	–	–
11.機械	125	75.2	8.0	–	–	16.8	–	–
12.プラント・エンジニアリング	71	57.7	12.7	–	–	26.8	1.4	1.4
13.電子・電気・OA機器	120	67.5	6.7	–	–	25.0	0.8	–
14.自動車・輸送用機器	78	71.8	7.7	–	–	20.5	–	–
15.精密・医療機器	113	60.2	10.6	0.9	–	26.5	1.8	–
16.印刷・事務機器・日用品	125	81.6	6.4	0.8	–	10.4	0.8	–
17.スポーツ・玩具・ゲーム製品	68	85.3	7.4	–	–	5.9	1.5	–
18.その他メーカー・製造関連	54	64.8	13.0	–	–	22.2	–	–
19.総合商社	112	77.7	8.9	0.9	–	12.5	–	–
20.商社	212	88.2	5.7	0.5	–	5.7	–	–
21.百貨店・スーパー・コンビニ	102	86.3	9.8	–	–	3.9	–	–
22.専門店	63	92.1	6.3	–	–	1.6	–	–
23.銀行・証券	160	89.4	3.8	–	–	6.3	0.6	–
24.信金・労金・信組	85	90.6	5.9	–	–	3.5	–	–
25.クレジット・信販・リース・その他金融	58	82.8	12.1	–	–	5.2	–	–
26.生保・損保	82	86.6	8.5	–	–	4.9	–	–
27.不動産	95	83.2	10.5	1.1	–	5.3	–	–
28.鉄道・航空	113	75.2	11.5	–	–	13.3	–	–
29.陸運・海運・物流	86	81.4	14.0	–	–	4.7	–	–
30.電力・ガス・エネルギー	73	65.8	16.4	–	–	17.8	–	–
31.レストラン・給食・フードサービス	38	81.6	7.9	–	–	10.5	–	–
32.ホテル・旅行	67	85.1	10.4	–	–	4.5	–	–
33.医療機関・調剤薬局	82	72.0	7.3	13.4	1.2	6.1	–	–
34.福祉サービス	44	81.8	15.9	–	–	2.3	–	–
35.フィットネスクラブ・エステ・理美容	15	93.3	–	–	–	6.7	–	–
36.アミューズメント・レジャー	47	95.7	2.1	–	–	2.1	–	–
37.冠婚葬祭	24	91.7	4.2	–	–	4.2	–	–
38.専門・その他サービス	54	85.2	3.7	–	–	11.1	–	–
39.コンサルティング・シンクタンク・調査	98	60.2	14.3	1.0	–	20.4	3.1	1.0
40.人材サービス（派遣・紹介）	89	74.2	14.6	–	–	10.1	–	1.1
41.教育	98	85.7	6.1	–	–	7.1	1.0	–
42.ソフトウエア・情報処理・ネット関連	251	78.1	6.8	–	–	13.9	0.8	0.4
43.ゲームソフト	39	79.5	10.3	–	–	7.7	2.6	–
44.通信	87	70.1	12.6	–	–	17.2	–	–
45.マスコミ（放送・新聞）	93	84.9	7.5	–	–	7.5	–	–
46.マスコミ（出版・広告）	130	81.5	9.2	–	–	9.2	–	–
47.芸能・エンタテインメント	55	85.5	5.5	–	–	9.1	–	–
48.官公庁・公社・団体	253	73.1	4.0	4.0	–	18.2	0.8	–
49.これら以外のその他	26	84.6	7.7	–	–	7.7	–	–
50.特に決めていない	46	87.0	8.7	–	–	4.3	–	–
51.非該当	4365	66.2	3.1	2.7	0.1	26.9	0.6	0.3

Q1.学年

	N	学部4年（4年に進級後留年していない）	学部4年（4年に進級後留年している）	学部6年（医・薬学部など、6年に進級後留年していない）	学部6年（医・薬学部など、6年に進級後留年している）	大学院修士（前期博士）課程	大学院博士（後期博士）課程	その他
全体	5601	68.9	3.7	2.5	0.1	24.0	0.6	0.3
Q14.希望する働き方の変化								
1.限定正社員や契約社員を希望していたが、一般の正社員希望に変えた、または一般の正社員に絞った	132	78.8	3.8	2.3	–	12.9	0.8	1.5
2.一般の正社員を希望していたが、限定正社員や契約社員を希望するようになった	64	76.6	3.1	–	–	18.8	1.6	–
3.大きな変化はない	1661	77.7	5.4	2.1	0.1	14.1	0.4	0.2
4.非該当	3744	64.6	2.9	2.7	0.1	28.8	0.6	0.3
Q14SQ1.現在希望する働き方								
1.地域限定正社員（就業する地域が特定されているか一定の範囲内にあらかじめ決められている働き方の正社員）	43	83.7	2.3	–	–	14.0	–	–
2.職務限定正社員（従事する職務（職種）が特定されているか一定の範囲内にあらかじめ決められている働き方の正社員）	32	71.9	–	–	–	25.0	3.1	–
3.勤務時間限定正社員（所定の勤務時間を超えた勤務はないか、あっても一定の場合の限られた時間にあらかじめ決められている働き方の正社員）	17	70.6	5.9	–	–	23.5	–	–
4.契約社員（一定の業務に就くことを前提に、期間の定めのある契約で採用する社員）	19	84.2	–	–	–	10.5	5.3	–
5.その他	4	100.0	–	–	–	–	–	–
6.非該当	5537	68.8	3.7	2.5	0.1	24.0	0.6	0.3
Q14SQ2.希望する働き方が変わった理由								
1.希望している企業のなかでは、その働き方でしか求人してい␣る企業がないから	69	78.3	5.8	1.4	–	14.5	–	–
2.その働き方でしか内定が得られないと思うから	46	78.3	2.2	–	–	15.2	2.2	2.2
3.採用後に希望する働き方に転換できる可能性がある求人があ␣るから	39	79.5	–	2.6	–	17.9	–	–
4.家庭の事情などで変化があったから	7	71.4	–	–	–	28.6	–	–
5.その他	3	66.7	–	–	–	–	–	33.3
6.特に理由はない	32	78.1	6.3	3.1	–	9.4	3.1	–
7.非該当	5405	68.6	3.7	2.5	0.1	24.3	0.6	0.2
Q15.通年募集・秋季募集は良いと思うか								
1.はい	3395	71.0	4.5	2.1	0.1	21.3	0.8	0.3
2.いいえ	436	62.6	1.8	4.6	0.2	30.0	0.5	0.2
3.どちらともいえない	1770	66.6	2.5	2.7	0.2	27.5	0.3	0.2
Q15SQ1.通年募集・秋季募集が良いと思う理由								
1.就職活動に時間をかけて自分に合った企業を見極めたいから	2078	72.5	4.8	2.0	–	19.6	0.6	0.4
2.希望する就職先の候補が複数あり、採用スケジュールが重な␣るのを避けたいから	1626	71.2	4.9	2.2	0.1	20.5	0.7	0.5
3.現在のスケジュールでは、学業に支障があるから	1165	63.4	4.7	2.5	0.1	27.6	1.2	0.5
4.海外留学をして帰国する際に、より容易に就職活動できるよ␣うになるから	533	64.4	7.7	0.9	0.2	25.0	1.3	0.6
5.教育実習のスケジュールと重なるから	250	78.8	5.6	3.2	–	12.4	–	–
6.公務員試験のスケジュールと重なるから	497	73.6	4.8	1.8	–	19.1	0.4	0.2
7.卒業後しばらくしてから仕事に就くことができるようになる␣から	791	65.6	5.2	1.4	0.1	26.2	1.3	0.3
8.家庭の事情などで特定の時期に集中して就職活動ができない␣から	283	71.4	7.4	2.1	–	17.0	1.4	0.7
9.その他	56	73.2	3.6	3.6	–	19.6	–	–
10.特に理由はない	157	73.9	1.3	1.9	–	21.0	1.9	–
11.非該当	2206	65.8	2.4	3.0	0.2	28.0	0.3	0.2

<u>Q1.学年</u>

	N	学部4年（4年に進級後留年していない）	学部4年（4年に進級後留年している）	学部6年（医・薬学部など、6年に進級後留年していない）	学部6年（医・薬学部など、6年に進級後留年している）	大学院修士（前期博士）課程	大学院博士（後期博士）課程	その他
全体	5601	68.9	3.7	2.5	0.1	24.0	0.6	0.3
Q16.海外留学経験								
1.したことがある	854	69.8	6.8	0.8	0.1	20.7	1.3	0.5
2.したことはない	4747	68.8	3.1	2.8	0.1	24.5	0.5	0.2
Q16SQ1.海外留学の形								
1.海外の大学・大学院に入学し、卒業した	66	62.1	6.1	1.5	－	28.8	1.5	－
2.日本の大学・大学院の課程の一環で一定の期間留学した	492	70.3	7.3	1.0	0.2	19.1	1.6	0.4
3.その他	296	70.6	6.1	0.3	－	21.6	0.7	0.7
4.非該当	4747	68.8	3.1	2.8	0.1	24.5	0.5	0.2
Q16SQ2.海外留学終了時期と採用スケジュールのミスマッチ								
1.あった	22	59.1	9.1	－	－	27.3	4.5	－
2.なかった	44	63.6	4.5	2.3	－	29.5	－	－
3.非該当	5535	69.0	3.6	2.5	0.1	23.9	0.6	0.3

JILPT　調査シリーズ　No. 178
　　　　大学生・大学院生の多様な採用に対するニーズ調査
　　　　　　　　　　　　　　　　定価（本体 2,100 円＋税）

発行年月日　　2018 年 3 月 23 日

編集・発行　　独立行政法人　労働政策研究・研修機構
　　　　　　　〒177-8502　東京都練馬区上石神井4-8-23

（照会先）　研究調整部研究調整課　TEL:03-5991-5104

（販　売）　研究調整部成果普及課　TEL:03-5903-6263
　　　　　　　　　　　　　　　　　FAX:03-5903-6115

印刷・製本　　有限会社　正陽印刷

©2018　JILPT　　　　ISBN978-4-538-86181-4　　　　Printed in Japan

＊調査シリーズ全文はホームページで提供しております。（URL:http://www.jil.go.jp/）